Ursula Gustav Kliem

„Raus! Raus! Raus!

Familiengeschichte dreier verfolgter Generationen.

Erstausgabe 2021

Inhaltsverzeichnis

An meine Freundinnen und Freunde

Still verließ Manfred nach erfolglosem Kampf gegen den Krebs, im September 2013 diese Welt. Mir blieb sein umfangreicher Nachlass und der von ihm, dem leidenschaftlichen Historiker und Sammler, fachmännisch zusammengestellte Nachlass meiner Großeltern und Eltern. Ich war dadurch im Besitz eines Familienarchivs. Für mich stand nun die Frage, was ich damit machen werde. Ungeordnet meinen Kindern hinterlassen? Waren sie überhaupt an der Geschichte ihrer Vorfahren interessiert? Sollte ich die Lebensdokumente gleich an Archive geben? Einen Teil der Dokumente meiner Großeltern hatte Manfred schon auf Anforderung an die „Stiftung Archiv der Parteien und Massenorganisationen der DDR im Bundesarchiv“ (SAPMO) gegeben, und an seinem Nachlass bestand Interesse von Seiten der Humboldt-Universität zu Berlin.

Ich sichtete und ordnete erst einmal die an mich überkommenen Materialien, stieß dabei auf viele Einzelheiten und politische Zusammenhänge, die mir nicht bekannt waren, schrieb Teile ab oder ließ sie fotokopieren, bevor ich die Originale an Archive geben würde.

Als Nachlassverwalter meiner Großeltern und Eltern hatte Manfred im Laufe der Jahre schon sehr detaillierte Chroniken über sie und auch eine Dokumentation über seine Eltern verfasst. Viele seiner Briefe und Notizen, die er schrieb, bevor er mich kennenlernte, und seine Korrespondenz mit ausländischen Historikern, gaben mir die Möglichkeit, mich in seine Gedankenwelt hineinzuversetzen. Meine Tagebuchaufzeichnungen und private Originalbriefe halfen mir, Jahre zurückliegendes Geschehen in mein Gedächtnis zurückzuholen. Mir stand also ein reicher Fundus persönlicher Dokumente unserer Vorfahren zur Verfügung und da ich schon immer, psychisch mich stark berührende Situationen durch Aufschreiben verarbeitete, entschied ich mich, eine Familiengeschichte zu schreiben.

Mir war klar, dass mein Vorhaben für mich, eine nichtprofessionelle Schreiberin, mutig und sehr riskant war. Während meiner Arbeit am Manuskript begleiteten mich viele Zweifel an meiner Fähigkeit, einen interessanten, gut lesbaren Text fertigzubringen.

Mein Bestreben war, so authentisch wie möglich die Inhalte zu vermitteln und so ging ich davon aus, dies vorwiegend durch wörtliche Wiedergabe aus Dokumenten, Briefen und Tagebuchaufzeichnungen zu erreichen. So entstand im Laufe von mehr als fünf Jahren meine „Familiengeschichte dreier Generationen“ – im Stil eines

Dokumentarberichtes. Diese Form empfand ich den realen Geschehnissen angemessen. Ein guter Roman ist für mich ein Gedankenexperiment, angereichert mit fiktiven Spannungsmomenten. Dafür hätte meine denkerische Fähigkeit nicht ausgereicht.

Letztendlich ermöglichte mir die intensive Beschäftigung mit den Lebensumständen meiner Vorfahren und die fünfzig Jahre des Zusammenlebens mit Manfred, mir bewusst werden zu lassen, dass eben diese Lebensumstände meine Identität bestimmen.

Manfred starb sieben Monate vor dem Erreichen seines achtzigsten Lebensjahres und ich war sechsundsiebzig Jahre alt. Die Ärzte der Charité hatten mehrmals betont, dass er biologisch viel jünger sei und den Krebs besiegen wird. Daran glaubten wir beide bis Zuletzt. Sein Gedächtnis arbeitete bis zur letzten Minute, aber sein Herz und Körper versagten.

Nun allein gelassen, wurde meine „Schreiberei" zu einer Sucht, die mein Rentnerleben bestimmte und verlangte, meinen Alltag diszipliniert zu strukturieren. Aber immer wieder kamen mir Zweifel, ob mein Handeln richtig sei, ob meine Lebenszeit ausreichen wird, mein Vorhaben, das Leben dreier Generationen im Zeitraum von 127 Jahren zu dokumentieren (1886, dem Geburtsjahr meines Großvaters bis ins Jahr 2013, dem Todesjahr meines Mannes) zu Ende zu bringen. Wenn ich Einladungen aus meinem Freundeskreis mit der Begründung absagte, ich müsse an meiner Familiengeschichte schreiben, hatte dafür jeder Verständnis und fand mein Handeln gut.

Mich bewegte zeitweise die Frage, ob es von Belang ist, unsere DDR-Wohnungsprobleme, meine ehrenamtliche Tätigkeit in Usbekistan und die von Manfred nach dem Umbruch, und unsere Reisen nach Frankreich, so ausführlich in der Familiengeschichte – allein die dritte Generation betreffend –, zu schildern? Siglinde und Armin, die einige Abschnitte lasen, bestärkten mich, auch diese Seite unseres Lebens im vereinten Deutschland nicht auszulassen.

Beim Nachdenken über einen Buchtitel, entschied ich mich für „Raus! Raus! Raus!", denn dieser Forderung, raus aus Nazideutschland mussten meine Großeltern folgen; meine Schwiegereltern mussten als Kriegsfolge aus ihrem Haus raus; Manfred nach Veröffentlichung „seines Marx" aus dem Verlag und wir beide, nach Berliner Mauerfall, aus unserem Berufsleben raus!

Bei Armin und Siglinde bedanke ich mich für ihre geistige Unterstützung, bei meiner Tochter Anne für ihre menschliche Fürsorge, bei Peter, ihrem Lebensgefährten, für seine tatkräftige Hilfe nicht nur die

Computertechnik betreffend, bei Siegfried, dem langjährigen Freund der Familie, der aus Erdmannsdorf im Erzgebirge kam und die handwerklichen Arbeiten in Haus und Hof besorgte. Das Layout gestalte Mathias Scholz. Aus Moldawien kam Georg und beschnitt Obstbäume, Hecken und sprach mit mir Russisch.

Meine Großeltern – die erste Generation

Kindheit und Jugend meines Großvaters mütterlicherseits Bericht des Großvaters

Was für eine freudige Überraschung als ich im Nachlass meines Großvaters seine von ihm auf der Schreibmaschine geschriebenen Erinnerungen entdecke. Aus den Parteizwängen endlich entbunden, nur noch seine Erfahrungen an die Studenten der Bergakademie Freiberg in Sachsen in Vorträgen vermittelnd, verfasste er sie so etwa im Alter von dreiundsechzig Jahren. Nachdem ich die Texte über seine Kindheit in den Masuren und seine Jugendjahre im Ruhrgebiet gelesen hatte, begriff ich viel besser, welche Gründe und Lebensumstände dazu führten, ihn zu der Persönlichkeit – einem Anführer im Kampf für ein besseres Leben der Bergarbeiter – werden zu lassen.

Einigen meiner Freunde las ich Teile der umfangreichen Texte vor und alle waren mit mir fasziniert davon, wie es meinem Großvater nach so vielen Jahren gelungen ist, seine kindlich-jungenhafte Denkungsweise durch seine Schilderung interessant und glaubwürdig zu vermitteln. Seine ungekünstelte, ehrliche und sehr direkte Darstellung der Verhältnisse in einem religiösen Elternhaus und seine sich entwickelnden Zweifel an der Richtigkeit ihrer Lebensauffassung sind so überzeugend, dass ich beschloss, den kompletten Text ungekürzt in meine Familien-Geschichte aufzunehmen und sprachlich so zu belassen.

Den südlichen Teil der Provinz Ostpreußen nennt man Masuren, so beginnt Gustav Sobottka (G. S.) seine Erinnerungen.
Der Name ´Masuren´ wurde als Landschaftsbezeichnung seit Beginn des 19. Jahrhunderts benutzt, um 1830 wurde er auf ihre Bewohner übertragen, wobei diese Bezeichnung zunächst nur von den preußischen Behörden benutzt worden ist. Ab 1850 wurde die Bezeichnung ´Masuren´ auch von der polnisch sprechenden Bevölkerung übernommen, jedoch nur im Hinblick auf die polnisch sprachigen Protestanten dieser Region.

Erster Teil:
Kindheit im masurischen Dorf

Einige Sägemühlen sind hier die einzige Industrie. Die Dörfer sind klein, 200 bis 400 Einwohner zählen die größten. Die gesamte Bevölkerung ernährt sich von Landwirtschaft. Der Boden ist schlecht, sandig und steinig, gibt nur einen sehr geringen Ertrag. Der weitaus größte Teil des Bodens befindet sich im Besitz von großen Gutsbesitzern und wird von großen Gutshöfen aus bewirtschaftet. Die Bauern in den Dörfern sind, man kann sagen, Großbauern, denn sie besitzen verhältnismäßig sehr viel Land. Aber trotzdem sind sie arm, da der Boden sehr wenig einbringt und die Bauern beim Verkauf an die landwirtschaftliche Genossenschaft, die auch im Besitz der Großgrundbesitzer ist, für ihr Getreide und ihr Vieh nur Spottpreise erhalten. So herrscht in diesem Masurenland Armut.

Sie herrschte auch, als ich im Jahre 1886 in dem kleinen Dorf Turowen geboren wurde. Die arme Bevölkerung dieser Gegend setzte sich damals aus Gutsarbeitern auf den großen Gütern, aus Bauern in den Dörfern und sogenannten Kätnern zusammen. Kätner waren solche Arbeiter, die ein eigenes Haus hatten – man kann viel weniger Haus, viel eher Hütte dazu sagen – und gegen Tagelohn entweder auf irgendein Gut oder zu einem Bauern in Arbeit gingen. Ein solcher Hausbesitzer oder Kätner war mein Vater, als ich geboren wurde. Ich war das vierte Kind, zwei Schwestern und ein Bruder waren in Abständen von vier Jahren schon vor mir auf der Welt.

Mit Hilfe der beiden ältesten Schwestern und meiner Mutter hatte sich mein Vater auf einem Grundstück, das er erworben hatte, eine Lehmhütte gebaut und rückte so von dem einfachen Arbeiter in den Stand der Kätner auf. Diese „Herrlichkeit“ dauerte jedoch nicht lange.

Eines Tages erschien ein Großbauer und erklärte, dass der Boden, auf dem unsere Lehmhütte stand, ihm gehört, das sei beim Gericht im Grundbuch so eingetragen. Er verlangte, dass das Grundstück sofort geräumt würde. Ein Prozess vor Gericht wurde geführt, den mein Vater verlor. Er hatte bei dem Kauf des Grundstücks die juristischen Formeln nicht eingehalten und das Grundstück nicht auf seinen Namen in den einige Jahre vorher gesetzlich angeordneten Grundbüchern eintragen lassen. Deshalb gehörte ihm das Grundstück nicht, obwohl er es dem Großbauern bezahlt hatte.

Einige Tage nach dem Gerichtstermin kam der Gerichtsvollzieher – es war an einem Herbsttag im Jahre 1889 – und setzte uns alle auf die

Straße, in den Sand. Mein Vater, empört über diese Tat, setzte sich zur Wehr. Dafür kam er wegen Widerstandes gegen die Staatsgewalt für 14 Tage ins Gefängnis. Die Mutter und wir Kinder erhielten vom Gemeindevorsteher in einer sogenannten Kaserne – in Wahrheit ein Armenhaus – einen Raum zugewiesen.

Als mein Vater aus dem Gefängnis nach Hause kam, erklärte er, dass er unter diesen Umständen im Dorf nicht mehr arbeiten werde. Seine Absicht war, nach Westfalen auszuwandern. Das war für alle Arbeiter das Land des Glücks. Viele waren schon dorthin ausgewandert. Dort, wo die Kohlenzechen eine an der anderen stehen, wo Hochöfen, Eisenschmelzen und Fabriken gigantische Maschinen herstellen, das war das Land der Sehnsucht für alle in den Masuren. Dort gab es keine Gutsbesitzer, keine betrügerischen Großbauern, dort war jeder frei, konnte tun und lassen was er wollte, so wurde in den masurischen Dörfern erzählt.

Dahin wollte auch mein Vater. Aber um nach Westfalen zu kommen, brauchte man Geld – viel Geld – besonders für eine Familie von sechs Köpfen. Dieses in Masuren noch aufzubringen, hätte man 100 Jahre arbeiten müssen. Deshalb beschloss mein Vater (also mein Urgroßvater. U. K.), *zuerst allein nach Westfalen zu fahren und wenn er tüchtig Geld verdient hatte, uns Geld zu schicken, damit wir nachkommen können. Nach vielen Mühen gelang es ihm, das Fahrgeld bei Verwandten in anderen Dörfern zusammen zu leihen. An einem Novembertage früh verabschiedete er sich von uns, um zur nächsten vier Wegestunden entfernt liegenden Eisenbahnstation zu gehen. Wir begleiteten den Vater mit den größten Hoffnungen, denn nun, so glaubten wir Kinder, wird uns bald aus der Not geholfen werden. Der Vater wird Geld schicken und wir werden dann auch abfahren nach Westfalen – ins gelobte Land.*

Ich war damals noch nicht ganz vier Jahre alt, kann mich aber des Zustandes, in dem wir uns befanden, ganz gut erinnern, denn er war unvergesslich. Unsere Nahrung bestand nur aus schwarzem Roggenbrot, trockenen, gekochten Erbsen und Kartoffeln. Diese erhielten wir von den Großbauern, bei denen meine Schwestern, die eine 16 Jahre, die andere 12 Jahre alt, arbeiteten.

14 Tage nach der Abreise meines Vaters wurde meine jüngste Schwester geboren. Das hinderte meine Mutter längere Zeit zu arbeiten, außerdem war nun ein Esser mehr in der Familie. Durch die Geburt meiner Schwester hatte auch ich eine Beschäftigung erhalten.

Den Winter über musste mein Bruder, der vier Jahre älter als ich war, die Wiege schaukeln und die kleine Schwester verwahren, wenn die Mutter zur Arbeit ging. Im Sommer ging aber mein Bruder mit acht

Jahren auch schon zum Bauern, um Kühe zu hüten. Da hatte ich die Aufgabe, die kleine Schwester zu verwahren und zu beschützen.

Etwa drei Wochen nach der Abreise meines Vaters kam von ihm der erste Brief. Wir hofften, dass er uns schon mitteilen würde, wann wir nachkommen können. Aber als die Mutter ihn vorlas, waren wir enttäuscht. Der Vater schrieb, dass er nach 14 Tagen des Herumwanderns in einer Zementfabrik in Schwerdte Arbeit erhalten habe. Der Lohn sei zwar groß, er betrage 2,50 Mark pro Tag für 12 Stunden Arbeit – der Höchstlohn beim Bauern oder Gutsbesitzer in den Masuren betrug 0,25 Mark pro Tag –, aber alles sei so teuer, dass man kaum allein damit auskommen könnte. Wir sollten uns nur gedulden, sobald er könne, würde er uns Geld schicken. An ein sofortiges Nachkommen sei aber vorläufig nicht zu denken, denn er würde auch in Westfalen das Reisegeld nicht so schnell zusammenbringen, wie er es gehofft hatte.

Die nun folgenden Jahre meiner Kindheit waren Jahre der Not und Entbehrung. Obwohl uns der Vater Geld aus Westfalen schickte, mussten die Mutter und die Schwestern von morgens früh bis abends spät beim Bauern arbeiten. Alles was sie kauften, mussten sie doppelt und dreifach bezahlen, weil die Bauern meiner Mutter sagten: Dein Mann ist in Westfalen, er schickt dir Geld und du kannst bezahlen.

Mit acht Jahren meinen Lebensunterhalt verdienen

Bis zu meinem siebenten Lebensjahr musste ich besonders im Sommer auf meine kleine Schwester aufpassen, da meine Mutter und meine älteren Schwestern von frühmorgens bis spätabends arbeiteten. Als ich ein Jahr meiner Schulzeit absolviert hatte, wurde ich „großjährig“, das heißt, im zweiten Schuljahr und im 9. Lebensjahr konnte mich meine Mutter im Sommer von April bis Oktober von der Schule beurlauben lassen, um beim Bauern Kühe oder Schafe zu hüten. Von diesem Recht machte sie Gebrauch und ich kam zu einem Bauern und hütete dort fünf Kühe.

Morgens früh bei Tagesgrauen mit einem Stück Schwarzbrot ausgerüstet, trieb ich die Kühe auf die Weide, des Mittags brachte mir jemand im Vorübergehen in einem Topf Kartoffelsuppe oder sonst irgendetwas zu essen und dazu ein Stück Schwarzbrot. Die Kühe wurden mittags nicht gemolken, weil die Weide so schlecht und dürr war, dass die Kühe nur zweimal am Tage Milch gaben. Deshalb blieben sie den ganzen Tag draußen. Ich konnte natürlich nicht den ganzen Tag stehen und mit meiner langen Peitsche um die Kühe herumlaufen. Wenn mich die

Müdigkeit übermannte, setzte ich mich hin. Dabei hatte ich regelmäßig das Pech, einzuschlafen. Diese Gelegenheit nutzten die Kühe, um sich besseres Futter im Roggen-, Gersten- oder Erbsenfeld zu suchen. Meistens blieben sie dann so lange im Feld drin, bis der Bauer oder die Bäuerin selbst heran gelaufen kamen und die Kühe herausführten. Dabei wurde ich natürlich geweckt, aber meistens wurde ich schon vom Geschrei des Bauern wach, aber wenn mich der Bauer schlafend erwischte, bekam ich von ihm eine Tracht Prügel. Zweimal ließ ich mir das gefallen, denn ich glaubte, es wäre wirklich meine Schuld, wenn ich einschliefe. Dann aber merkte ich, dass ich mir die größte Mühe geben konnte, um nicht einzuschlafen, aber dass es doch vergeblich sei, irgendjemand, sei es eine höhere Macht oder der allmächtige Gott, bringt mich in den Schlaf, und dafür kann ich nichts.

Als ich mal wieder eingeschlafen war und die Kühe in einem grünen Erbsenfeld einen ziemlichen Schaden angerichtet hatten, wollte mich der Bauer erneut verprügeln. Aber ich riss aus zur Mutter nach Hause. Als mich der Bauer am Abend wieder holen wollte, erklärte ich, dass ich nicht mit ihm gehen werde, wenn man mich wieder verprügelt. Auch die Mutter schimpfte mit dem Bauern. Dieser versprach, mich nicht mehr zu prügeln, worauf ich wieder mitging. Ich war noch sehr oft eingeschlafen, aber Prügel habe ich nicht mehr bekommen.

Als Lohn sollte ich freies Essen und im Herbst einen Anzug für den Winter bekommen.

Als aber der Herbst kam und ich wieder zur Mutter und zur Schule ging, erklärte der Bauer, dass er mir keinen Anzug geben könne, denn die Kühe hätten während meines Schlafens zu viel Schaden angerichtet. Eigentlich müsste meine Mutter noch für den Schaden bezahlen, aber er wäre so großzügig, dass er darauf verzichtet. So wurde ich schon als Kind um den Lohn betrogen.

Meine anderen Geschwister arbeiteten ebenfalls beim Bauern. Die älteste, Amalia oder kurz Male genannt, blieb auch im Winter beim Bauern; die zweite, Lotte, mein Bruder Rudolf, ich und die jüngste Schwester, waren den Winter über zu Hause. Tageweise ging Mutter auch im Winter spinnen oder Flachs klopfen (reinigen). Da wir Kinder im Sommer vom Bauern zu essen bekamen und nur Mutter allein täglich 10 oder 15 Pfennig Lohn erhielt oder erhalten sollte, mussten wir im Winter von dem Geld leben, was der Vater uns aus Westfalen schickte. Das war auch nicht viel.

Die Arbeit, die der Vater in Schwerdte gefunden hatte, dauerte nicht lange. Auch verdiente er nur so viel, dass er kaum selber davon leben konnte. Er ging deshalb Anfang 1902 von der Zementfabrik fort und nahm Arbeit auf einer Zeche in Gelsenkirchen an. Die Mutter erhielt regelmäßig Geld vom Vater geschickt, aber es reichte nur für das Notwendigste. Bei jedem Brief vom Vater hofften wir Kinder, dass er schreibt: Ihr könnt jetzt nachkommen.

Kurz vor Weihnachten 1895 teilte er mit, dass er zu Weihnachten nach Hause kommen werde. Wir freuten uns. Gleichzeitig waren wir auch enttäuscht. Unser Wunsch war doch, ihm nachzufahren in das reiche Westfalenland und nun kehrte er wieder zurück. Zwei Tage vor Weihnachten stand er vor der Tür. In der Zwischenzeit waren wir aus der Kaserne in ein anderes Haus umgezogen, das die Mutter von einem Bauern gemietet hatte.

Zu Weihnachten wurde ein großer Tannenbaum in die Stube gebracht und mit ein paar Talglichtern geschmückt. Wir Kinder mussten uns alle um den Tannenbaum herumstellen und Weihnachtslieder singen. Vater und Mutter beteten und wir Kinder mussten auch beten.

In die Kirche konnten wir nicht gehen, denn diese war in einem anderen Dorf, fünf Kilometer entfernt. In unserem Dorf versah der Schullehrer auch die Dienste des Pfarrers. Er ging am Weihnachtsabend von Haus zu Haus und gab christliche Ratschläge. Die besten erhielten immer diejenigen, die ihm vor Weihnachten die fetteste Gans gebracht hatten. Wer ihm keine Gans geschenkt hatte, der wurde auch nicht gesegnet. Zu uns war er hereingekommen nicht deshalb, weil er eine Gans erhalten hatte, sondern aus Neugierde, um zu erfahren, was mein Vater von Westfalen erzählen würde.

Mein Vater hatte für uns Kinder auch Weihnachtsgeschenke mitgebracht. Wir Jungens erhielten Mützen, so wie wir sie noch nie gesehen hatten. Die Mädchen bekamen Schürzen und Halstücher. Auch Bonbons gab es für alle und sogar Nüsse. Alles Sachen, die wir das erste Mal in unserem Leben sahen. Unsere Sehnsucht nach Westfalen war nun umso größer, besonders bei mir, nachdem ich vom Vater erfuhr, dass die Jungens dort keine Kühe zu hüten hätten, sondern nur vor- oder nachmittags die Schule besuchen müssten. In die Schule wollte ich gehen, auch den ganzen Tag, bloß nicht Kühe hüten, wobei man immer einschlief.

Vater und Mutter führten die Weihnachtstage bis zu Neujahr sehr ernste Gespräche. Dabei erfuhren auch wir Kinder, dass der Vater von Anfang an nicht die Absicht hatte, uns alle nach Westfalen nachkommen zu lassen. Seine Absicht war, allein eine Zeitlang dort zu bleiben, Geld zu sparen und dann wieder ins Dorf zurückzukommen, mit dem gesparten Geld ein neues Grundstück kaufen und ein neues eigenes Haus zu bauen. Das war sein Ziel.

Er wollte dem Großbauern, der ihn um sein erstes Grundstück und sein Haus betrogen hatte, zeigen, dass er doch wieder hochkommen könnte. Aber – so erzählte Vater weiter – er hätte sich in Westfalen die größte Mühe gegeben, um zu sparen. Er hätte Überstunden und Sonderschichten gemacht, auch sonntags gearbeitet und doch nur das ersparen können, was er der Mutter geschickt hat. Zwar sei der Lohn in Westfalen sehr hoch, aber alle Lebensmittel teuer. Für Steuern, Wohnung und was man sonst noch brauchte, sei das Geld alles draufgegangen. Mutter erzählte nun ihrerseits, wie auch sie immer sparen wollte, die Kinder fleißig gearbeitet haben und doch noch das geschickte Geld alles ausgegeben werden musste, um nicht zu verhungern oder im Winter zu erfrieren.

Ich hörte den Gesprächen der Eltern aufmerksam zu. Die Erzählung des Vaters war nicht geeignet, die Sehnsucht nach Westfalen besonders zu steigern. Aber wenn es dort Bonbons und Nüsse gibt, dann ist es auf jeden Fall besser als in Masuren.

Vater und Mutter waren übereingekommen, nun alle Versuche für ein neues Grundstück zu sparen, aufzugeben. Der Vater sollte sofort zurückfahren, er hatte seine Arbeitsstelle nicht aufgegeben, sondern war nur beurlaubt. Wir alle sollten nachkommen, sobald das Fahrgeld zusammengebracht war. Bis zum Sommer hoffte der Vater, es zu schaffen. Das nächste Weihnachtsfest würden wir dann schon in Westfalen feiern. Als ich diesen Entschluss hörte, war ich riesig erfreut und wollte gleich mit dem Vater fahren, um bloß nicht noch einen Sommer Kühe hüten zu müssen.

In der masurischen Dorfschule

Der Vater reiste kurz nach Neujahr wieder ab. Für uns ging das Leben wie gewohnt weiter. Während des Winters ging ich regelmäßig in die Schule. Nur wenn der Schnee zu hoch lag und alle Wege versperrt waren, konnten die Kinder zu Hause bleiben.

Die Schule war eine einklassige, alle acht Jahrgänge waren in einer Klasse bei einem Lehrer. Die Sprache war in Masuren Polnisch mit einem besonderen masurischen Akzent. Wir sprachen zu Hause auch polnisch. In der Schule war aber polnisch zu sprechen bei Strafe verboten.

Der Lehrer verließ oft das Klassenzimmer, meistens um sein Vieh zu füttern oder sonst irgendetwas in seiner Wohnung zu machen. Während dieser Zeit musste der älteste Schüler oder Schülerin aufpassen, dass keiner polnisch sprach. Hatte doch ein Schüler ein polnisches Wort fallen gelassen, so wurde vor seinem Platz ein Brettchen auf die Schulbank gestellt. Dieses Brettchen konnte er einem anderen Klassenkameraden hinstellen, wenn er diesen beim Polnisch Sprechen erwischte. Wenn der Lehrer dann wieder in die Klasse kam, erhielt derjenige Prügel, bei dem das Brettchen stand. Auf diese Weise sollte die polnische Sprache ausgerottet und die deutsche eingeführt werden.

Ich konnte nicht verstehen, warum der Lehrer solche Maßnahme durchführte. Er hätte uns doch auch in polnischer Sprache unterrichten können. Erst in späteren Jahren erfuhr ich, dass diese Maßnahmen von der preußischen Regierung angeordnet waren. Durch sie sollte die polnische Sprache aus dieser Provinz überhaupt verschwinden und Ostpreußen zu einer guten deutschen Provinz gemacht werden.

In der Schule erfuhren wir in der Hauptsache von Gott dem Allmächtigen, der die Welt erschaffen und von Jesus Christus, der die Welt erlöst hatte. Überhaupt war über die Hälfte der Schulzeit mit Religionsunterricht ausgefüllt.

Ich war ein fleißiger Schüler, aber ich konnte nicht verstehen, warum der gute Vater Gott so große Unterschiede unter seinen Kindern duldete. Während ich mit vielen anderen Kameraden sehr schlecht gekleidet und frierend in Holzklumpen zur Schule gehen musste, obwohl wir alle immer arbeiteten, kamen die Kinder der Großbauern in warmen Schafspelzen und Lederstiefeln in die Schule.

Wenn ich zur Schule ging, bekam ich von der Mutter ein Stück trockenes Brot, oft war auch dieses nicht vorhanden; dann kochte sie einen Topf voll Erbsen bis diese gar waren, dann wurde das Wasser abgeschüttet und der Topf solange über Feuer gehalten, bis die Erbsen trocken waren. Damit füllten wir uns die Taschen voll. Die Kinder der Großbauern dagegen hatten oft weißes Brot, ein Stück Speck oder Eier zum Essen in die Schule mitgebracht.

Zwischen uns 30 Schülern in der Klasse bestanden große Gegensätze. Die Kinder der Großbauern sahen uns über die Schulter an, bildeten sich immer ein, mehr zu sein als wir Armen. In der Nähe unseres Dorfes befanden sich zwei große Güter. Die Kinder dieser Gutsbesitzer kamen nicht in unsere Schule. Sie wurden jeden Morgen mit einem Schlitten, der mit zwei Pferden bespannt und Glockengeklingel durchs Dorf fuhr, in die Stadt zur höheren Schule gebracht.

Ich konnte mir nicht erklären, wenn doch alle Menschen von einem Gott erschaffen wurden, dass er so viel Ungerechtigkeit unter den

Menschen zuließ. Meine Zweifel trug ich meiner Mutter vor. Meine Mutter war sehr fromm. Sie erklärte mir, dass alles von Gott so eingerichtet wäre und wenn wir Armen, die wir auf Erden Not leiden müssten, so kämen wir doch nach dem Tode in den Himmel. Von den Reichen hätte Christus aber gesagt: Es ist eher möglich, dass ein Kamel durch ein Nadelöhr gehe, als dass ein Reicher in den Himmel käme.

Mir wäre es zwar lieber gewesen, wenn ich jetzt schon auf Erden mehr Brot und Stiefel gehabt hätte als später im Himmel. Aber wenn die Mutter das so sagte, dann musste das wohl richtig sein.

Im Frühjahr wurde ich wiederum vom Schulunterricht befreit und kam wieder zum Bauern, Kühe zu hüten. Es war nicht derselbe Bauer, der mich im vorigen Jahr um den Anzug betrogen hatte, sondern ein anderer. Hier hatte ich auch fünf Kühe und einige Schafe zu hüten. Zwei der Kühe waren besonders wild, deshalb wurden sie an den Vorderbeinen so gefesselt, dass sie nur kurze Schritte machen konnten. Für mich war dieser Sommer eine Wiederholung der Leiden des vorigen Sommers, denn auch die Kühe dieses Bauern hatten die böse Angewohnheit, wenn ich schlief, in die Getreidefelder zu laufen, wofür ich dann Prügel bekam. Ich rächte mich dann an den Kühen. Meine Schlafstelle befand sich ebenfalls im Stall bei den Kühen. Wenn nun alles abends dunkel war, nahm ich, bevor ich mich hinlegte, meine Peitsche und verdrosch die Kühe für ihre Verbrechen, die sie am Tage begangen hatten.

Einmal erwischte mich der Bauer dabei und ich erhielt wiederum Prügel, obwohl ich doch nur die Kühe bestrafen wollte, damit sie nicht am nächsten Tag wieder ins Getreidefeld liefen. Alles was ich also machte, war falsch und der Schuldige war immer ich.

Die Felder oder Wiesenstreifen, auf denen ich jetzt die Kühe hütete, lagen am Rande der Chaussee, die zur Stadt führte. Jeden Morgen und am späten Nachmittag fuhr hier die Kutsche vorbei, die die Kinder des Gutsbesitzers zur Schule hin und wieder zurückbrachte. Ich hatte eine mächtige Wut gegen diese Pinkels. Es waren von dem einen Gut zwei Jungen und ein Mädel. Von den Jungens sagte man, sie wollten Leutnant werden, das Mädel wurde Komtesse genannt.

Wenn ich mit nackten Füßen, bespritzt bis zu den Knien am Wegesrand stand und sie in der Kutsche vorbeifuhren, dann lachten sie regelmäßig über mich. Das hatte meine Wut gegen sie noch erhöht. Eines Morgens warfen sie mir einen Apfel zu. Als ich ihn aufhob, um ihn zu essen, war es ein fauler Apfel. Ich beschloss, mich dafür zu rächen, da ich in dem Zuwerfen des faulen Apfels eine gemeine Verhöhnung sah.

Als am Nachmittag die Kutsche wieder zurückkam, stand ich wiederum am Wegesrand. Meine Taschen waren aber mit Steinen angefüllt und als die Kutsche in Wurfnähe kam, eröffnete ich ein Steinbombardement auf sie. Der Kutscher drohte mir mit der Peitsche, dann aber trieb er die Pferde stärker an, um sich meinem Steine-Werfen zu entziehen. Ich freute mich riesig, dass ich die feinen Pinkels in die Flucht gejagt hatte. Das dicke Ende kam aber danach.

Schon am nächsten Morgen in aller Frühe kam der Gemeindediener, ich solle sofort zur Schule kommen. Ich glaubte, dass ich jetzt wieder zur Schule gehen darf und vom Kühe hüten erlöst würde. Als ich aber mit dem Gemeindediener in die Schule kam, war meine Mutter auch dort. Als sie mich sah, fing sie sofort an zu weinen. Dann kam der Lehrer in Begleitung des Gutsinspektors. Dieser wollte sich sofort auf mich stürzen, aber meine Mutter nahm mich in Schutz. Jetzt wurde beraten, was mit mir geschehen sollte. Der Gutsinspektor verlangte, dass ich sofort in die Besserungsanstalt gebracht werden müsste. Der Lehrer und meine Mutter aber waren der Auffassung, eine Tracht Prügel würde genügend Strafe sein. So bekam ich gründlich Dresche und konnte wieder zu meinen Kühen gehen. Einerseits war ich froh, so glimpflich davongekommen zu sein, andererseits nahm meine Wut gegen die Reichen zu. So hatte ich nur den einen Gedanken, wie kannst du diesen Herrschaften schaden. Am liebsten hätte ich sie umgebracht, wenn ich nur gewusst hätte, wie?

Gott, König und Sozialdemokrat

Noch ein anderes Ereignis aus dieser Zeit ist bei mir gut in Erinnerung. Eines Tages mussten alle Männer des Dorfes in die Schule kommen. Dort stand im Klassenzimmer ein großer Kasten, um den herum der Gutsinspektor, der Lehrer und einige Großbauern saßen. Alle Männer des Dorfes mussten kommen und jeder erhielt einen Zettel. Diesen Zettel steckten sie in ein Kuvert und der Lehrer ließ dann das Kuvert durch einen Schlitz in den Kasten fallen. Später erfuhr ich, dass es sich um eine Reichstagswahl handelte.

Am Abend noch desselben Tages ging eine Schreckensmeldung durchs Dorf. Unter den Stimmzetteln wurde einer für einen Sozialdemokraten abgegeben. Das ganze Dorf war in Aufregung, überall hörte man, ein Sozialdemokrat sei im Dorf. Ich war neugierig zu erfahren, was „ein Sozialdemokrat“ ist? Ein Großbauer meinte: Das ist ein Mensch, der sofort aus dem Dorf gejagt werden muss, ein Verbrecher schlimmster Sorte, der das ganze Dorf ins Unglück stürzen will.

Ich fragte meine Mutter, ob das wahr sei und sie sagte mir: Jawohl, der Sozialdemokrat glaubt nicht an Gott, er will den König, der von Gott eingesetzt ist und in Berlin wohnt, töten. Das ist die schwerste Sünde, die ein Mensch begehen kann. Deshalb sei es schon eine Sünde, einen Sozialdemokraten überhaupt nur anzusehen. Auf meine Frage, was denn der König in Berlin für uns täte und ob er auch so arm wie wir ist, konnte sie mir keine Antwort geben. Sie meinte, danach dürfe ich nicht fragen, ich hätte nur zu gehorchen, denn der König sei von Gott eingesetzt und hätte über alle Menschen zu bestimmen.

Mir wollte das nicht einleuchten, dass ein einziger Mann über alle anderen Menschen bestimmen dürfe und dass Gott das so haben wollte. Aber wenn die Mutter das sagte, dann war das auch wahr.

Am anderen Morgen wusste schon das ganze Dorf, wer dieser Sozialdemokrat war.

Es war Schuster Freiss, ein Mann, der für die Bauern die Stiefel flickte und für die armen Leute im Winter die Holzklumpen anfertigte. Er war bei den Bauern nicht gut angesehen. Diese behaupteten, dass er ihnen für Stiefelflicken viel zu viel Geld abverlangte, obwohl sie ihm den größten Teil überhaupt nicht bezahlten.

Bei den Armen im Dorf dagegen war er gern gesehen, weil er im Winter manchem Kind ein paar Holzklumpen anfertigte, ohne überhaupt Geld dafür zu verlangen. Auch bei uns war er in guter Erinnerung. Als er nämlich einmal bei uns zu Hause war, klagte die Mutter, dass ich und meine kleine Schwester keine Klumpen haben. Er erbot sich sofort, jedem ein Paar anzufertigen. Als meine Mutter ihm sagte, sie könne aber nicht sofort bezahlen, erklärte er, das sei nicht so schlimm, sie könne bezahlen, wenn sie mal Geld hätte. Ich erhielt ein Paar neue Holzklumpen. Dadurch war der Schuster bei mir im Ansehen sehr gestiegen. Jedoch konnte ich ihn persönlich nicht gut leiden.

Er war ein hagerer, kleiner Mann mit einem Buckel und einem übermäßig großen Kopf. Der Buckel und der riesige Kopf machten den Schuster für mich zu einer komischen und unheimlichen Figur. Dieser Flickschuster hatte sich nun im Dorf als „Sozialdemokrat" entpuppt.

Der Mann sollte sofort das Dorf verlassen. Alle Bauern erschienen vor seiner Hütte. Der Bauer, in dessen Haus der Schuster wohnte, verlangte, dass er sofort auszieht und ließ dessen Sachen aus dem Haus tragen. Dem Schuster blieb nichts anderes übrig, als sich mit seiner Frau – Kinder hatte er nicht – auf- und davonzumachen. Er konnte noch froh sein, dass er nicht gelyncht oder gesteinigt wurde. Mir gefiel das nicht, ich konnte nicht begreifen, dass man einen Menschen so fortjagte, nur weil er einen Zettel abgegeben hatte, auf dem nicht das stand, was die Bauern wollten.

Meine Mutter erzählte mir aber, dass der Buckel und der unförmige Kopf des Schusters eine Strafe Gottes seien. Der liebe Gott bestrafe jeden schon zu Lebzeiten, der nicht an ihn glaube. Und weil der Schuster nicht an Gott glaubte, deshalb habe ihn Gott mit dem Buckel und dem großen Kopf bestraft. Weitere Fragen an meine Mutter stellte ich vorerst nicht und bemühte mich, an Gott zu glauben, um nicht auch einen Buckel und einen viel zu großen Kopf zu bekommen.

Unsere Abreise in das Land der Sehnsucht

Mitten im Sommer des Jahres 1896 schrieb mein Vater meiner ältesten Schwester, sie solle sofort nach Westfalen kommen und helfen, die Wohnung einzurichten, die er schon gemietet hat. Im Herbst sollten wir dann alle nachkommen. Das war eine Freudenbotschaft.

Es gab aber vorher noch einige Schwierigkeiten. Der Bauer, bei dem meine Schwester bis zum Herbst als Magd verdingt war, wollte sie nicht gehen lassen. Als sie und meine Mutter aber auf den Lohn, den meine Schwester verdiente, verzichteten, war auch diese Klippe überwunden und meine Schwester reiste ab.

Im September war es dann soweit, dass wir alle nachfahren konnten. Meine zweitälteste Schwester und mein Bruder beendeten gerade ihre Dienstverhältnisse und kamen nach Hause. Sie halfen der Mutter bei der Vorbereitung der Abreise. Unser Hab und Gut wurde in Säcke gepackt. Was wir nicht mitnehmen konnten verkaufte oder vielmehr verschenkte meine Mutter. An einem Freitag kam ein Verwandter meiner Mutter aus dem Ort – der sich näher zur nächsten Eisenbahnstation befand – mit einem Wagen, um alles abzuholen.

Drei Tage wollte Mutter noch bei den Verwandten bleiben, um die letzten Formalitäten – polizeiliche Abmeldung usw. – zu erledigen und am Dienstag der nächsten Woche sollte die Abfahrt von der Eisenbahnstation Johannesburg erfolgen.

Ich sollte noch bis Sonntag bei dem Bauern, bei dem ich die Kühe hütete, bleiben und erst am Montag zu den Meinen gehen. So wollte es der Bauer, denn ich war bis 1. Oktober bei ihm verdingt. Als aber meine Mutter mit den anderen Geschwistern mit ihrem Hab und Gut das Dorf verlassen hatten, hielt ich es nicht mehr aus. Ich befürchtete, sie würden allein abreisen und mich schließlich zurücklassen.

Am Abend trieb ich meine Kühe in den Stall. Beim Essen machte ich noch eine freundliche Miene, damit niemand mein Vorhaben bemerkte. Als aber auf dem Bauernhof alles still war, ging ich nicht in den Stall um zu schlafen, sondern marschierte zum nächsten Dorf, wohin Mutter schon abgereist war. In der Nacht kam ich bei meinen Angehörigen an. Meine Mutter schimpfte zwar, dass ich so ungehorsam sei, aber sie fand sich damit ab. Nur die Gans, die mir der Bauer versprochen hatte als Lohn auf die Reise zu geben, war futsch.

Die Mutter kaufte für uns zur Reise neue Kleider, wozu der Vater das Geld geschickt hatte. Ich erhielt einen ganz neuen Anzug, eine neue Mütze und zum ersten Mal in meinem Leben ein Paar Schuhe ganz aus Leder. Ich musste alles anprobieren und wirklich, es passte alles. Nur in den Schuhen konnte ich schlecht laufen, aber die Mutter sagte, ich müsste mich daran gewöhnen.

Sehnsüchtig wurde von mir der letzte Morgen, an dem uns der Onkel zur Bahn bringen wollte, erwartet. Endlich war er da. Wir bestiegen den Wagen – es war ein einfacher Bauernwagen mit dem sonst alles Mögliche transportiert wurde – und die Reise ging zur Bahnstation nach Johannisburg. Schon eine Stunde vor Abfahrt des Zuges waren wir auf dem Bahnhof.

Unterwegs schärfte mir meine Mutter ein, wenn einer mich nach meinem Alter fragt, dann sollte ich sagen: ich sei neun Jahre. Ich war aber schon zehn Jahre. Da ich groß war, hätte ich mich gern als 11- oder 12-Jähriger vorgestellt. Die Mutter sagte, wenn ich mich nicht daran halte, zu sagen, dass ich nur neun Jahre alt bin, müsste ich dableiben und könnte nicht mitfahren.

Auf der Station, als Mutter die Fahrkarten löste, rief mich auf einmal der Stationsbeamte: Hej, du bist doch schon zehn Jahre alt…

Ich überlegte einen Moment, dann antwortete ich: Nein, ich bin neun Jahre. Er fragte: Wann bist du geboren? Hier wäre ich beinahe hereingefallen, ohne Zweifel hätte ich geantwortet: Am 12. Juli 1886. Meine ältere Schwester, die neben mir stand, hatte die Situation schneller erfasst und antwortete: Am 12. Juli 1887. Der Stationsbeamte schnauzte meine Schwester an, sie sei nicht gefragt worden, sondern ich. Jetzt erklärte auch ich, dass ich 1887 geboren bin. Ich begriff jetzt erst, worum es ging.

Bei einem Alter von 10 Jahren hätte meine Mutter für mich den vollen Fahrpreis zahlen müssen. War ich nur neun Jahre konnte ich für die Hälfte fahren. Auf der Fahrt wiederholte sich das Examen über mein Alter mehrere Male. Die Zugkontrollbeamten behaupteten immer wieder, ich sei älter als neun Jahre. Ich blieb aber fest, neun Jahre war ich alt und nicht mehr.

Wir verabschiedeten uns vom Onkel und schon bald setzte sich der Zug in Bewegung. Ich bestaunte die Wagen und die prustende Lokomotive. Ich sah alles zum ersten Mal in meinem Leben. Wir fuhren vierter Klasse. Die Wagen waren schmutzig, die Fenster klein und bestaubt. Für meine Begriffe waren das aber Salonwagen. Wenn man schon mit solchen Wagen nach Westfalen fuhr – so dachte ich – wie herrlich muss es da erst in Westfalen sein.

Wenn wir durch die Städte fuhren bestaunte ich die großen Häuser. Auf den Bahnhöfen, wo der Zug länger hielt, wurde Bier verkauft, Würstchen, weiße Brötchen – kleine Flaschen mit Schnaps – Zigarren, Zeitungen und alles Mögliche lag da auf Tischen und wurde angeboten zu kaufen. Von den meisten Sachen, die ich sah, kannte ich nicht einmal den Namen. Meine ältere Schwester konnte mir aber alles erklären. Sie war zuletzt bei einem Lehrer in Stellung und kannte diese Sachen schon, wenn auch nur vom Hörensagen. Meine Mutter erkundigte sich mehrmals nach den Preisen, denn sie wollte für uns etwas kaufen, aber die Preise waren ihr zu hoch und so begnügten wir uns mit dem Ansehen all dieser schönen Dinge und aßen unterwegs weiter unser Schwarzbrot mit Quark-Käse.

Am nächsten Morgen erreichten wir Berlin. Länger als eine Stunde fuhr der Zug entlang sehr hoher Häuser. Menschenmassen standen auf den Bahnhöfen. Die Mutter erklärte uns, dass hier der König wohnt und es gäbe hier viele Soldaten, die dem König dienen. Wenn mein Bruder und ich groß wären, dann könnten wir auch Soldaten werden und dem König dienen.

Hier in Berlin mussten wir den Zug wechseln. Unser Zug nach Westfalen fuhr vom Lehrter Bahnhof ab, aber erst mittags. Uns blieben drei Stunden, die wir im Wartesaal zubrachten. Mutter kaufte Kaffee zum Frühstück, denn der, den wir mitgenommen hatten, war alle. Mein Bruder und ich überredeten sie, doch auch Bier zu kaufen, es gab doch so viel davon. Nachdem sie etwa dreimal nach den Preisen verschiedener Gläser mit Bier fragte, kaufte sie ein Glas. Wir tranken zum ersten Mal Bier.

Laute Musik lockte mich aus dem Wartesaal. Über den großen Vorplatz des Bahnhofs marschierte ein großer Zug Soldaten, eine Musikkapelle mit blinkenden Musikinstrumenten an der Spitze. Die Musik gefiel mir, aber auch die Soldaten mit ihren blitzblanken Stiefeln und blinkenden Helmen, ein Gewehr auf der Schulter und mit einem schneeweißen Riemen um den Leib. Wie herrlich musste es doch sein, mitmarschieren zu können. An der Seite des Soldatenzuges liefen viele Menschen und erfreuten sich an der Musik. Mitten im Staunen riss mich die Mutter am Arm, wir mussten zum Zug. Mich durchzuckte der Gedanke, mit diesen Soldaten mitzulaufen, etwas Schöneres konnte es auch in Westfalen nicht geben. Doch der feste Griff meiner Mutter brachte mich zur Besinnung und ich ging mit ihr betrübt zum Zug.

Als wir schon im Zug saßen, erklärte die Mutter, die Soldaten, die vorbeimarschierten, das sei die Garde des Königs gewesen. Bei dieser Garde, die immer bei dem König sei, konnten nur diejenigen dienen, die unbestraft seien und einen frommen Lebenswandel führen. Wenn ich das befolgen werde, könnte ich auch bei der Garde des Königs Soldat werden. So entstand mein sehnlichster Wunsch, auch Soldat der Garde zu werden und in so schönen Stiefeln, mit leuchtendem Helm, hinter einer Musikkapelle zu marschieren.

Ankunft in Wanne

Spät abends kamen wir in Wanne an, damals ein Ort mit etwa 25.000 Einwohnern. Auf dem Bahnhof erwarteten uns schon der Vater und die Schwester. Als wir den Bahnhof verließen, sah ich wieder große Häuser. Nach etwa einer halben Stunde Wegs in der Dunkelheit kamen wir an einem dreistöckigen Haus an. Hier hatte mein Vater im dritten Stock eine Zweizimmer-Wohnung gemietet. Das eine Zimmer war zum Kochen und Wohnen, das andere zum Schlafen eingerichtet. Vater und Mutter hatten sich viel zu erzählen und zu beraten.

Ich musterte unsere neue Wohnung. Es waren hier ganz andere Sachen, als wir sie in Masuren hatten. Der Ofen war aus Eisen, die Schränke aus ganz dünnen Brettern. Am besten gefielen mir die Betten, zwar waren darin auch Strohsäcke, aber das Holz war schön angestrichen und der Strohsack sauber und neu. Zwischen dem Bett, in dem ich und mein Bruder jetzt schlafen sollten, und meiner Kiste im Kuhstall beim Bauern, war ein Unterschied wie zwischen Himmel und Hölle.

An diesem Abend gab es noch eine Überraschung. Als wir alle zu Bett gegangen waren und die Lampe ausgelöscht, wurden unsere Stuben *auf einmal von einer Riesenflamme, die in die Fenster leuchtete, erhellt. Erschreckt und erstaunt sprangen wir alle auf. Was war denn das? Es sah aus, als ginge die Welt in der Flamme unter. Wir standen staunend am Fenster und der Vater erklärte: Gegenüber unserer Häuserreihe, in der wir nun wohnten, liegen die „Müller-Hochofenwerke“, und aus einem der Hochöfen wird gerade das flüssige Eisen herausgelassen, das diesen gewaltigen Schein verursache. Vor uns sahen wir ein gigantisches Bild, was einem Inferno glich.*

Auf dem Fabrikplatz bewegten sich unzählige Arbeiter – Loren schiebend mit Kalk und allem Möglichen. Kleine Lokomotiven zogen andere Loren mit glühendem Eisen. Hammerschläge und Pfeifensignale dröhnten bis zu unseren Fenstern. Wir wunderten uns, dass hier nachts gearbeitet wurde. Vater erklärte, dass der Fabrikbetrieb Tag und Nacht durchgeht, dass die Arbeiter in zwei Schichten zu je 12 Stunden arbeiten.

Ich konnte mich nicht satt sehen an dem schaurig schönen Bild, den der Hochofenabstich mit seinem glühenden Eisen zeigte. Lange dauerte es, bis ich einschlief.

Die ersten Monate in der neuen Heimat

Als ich am nächsten Tag aufwachte war es schon spät. Neun Uhr, sagte die Mutter. Aber ich sah keine Sonne. Wenn ich in Masuren morgens um vier Uhr im Kuhstall geweckt wurde, da sah ich schon die Sonne durch die Spalten der Tür. Hier war es aber schon neun Uhr und keine Sonne war zu sehen. Meine älteste Schwester, die schon Erfahrung hatte, belehrte mich, dass hier fast überhaupt kein Lichtstrahl zu sehen wäre. Die Fabriken erzeugten so viel Rauch und Nebel, dass man nur selten die Sonne sehen kann. Vom Fenster aus sah ich jetzt die ganze gegenüberliegende Fabrik; wie aus den hohen Schornsteinen schwarze Rauchsäulen hervorquollen, die sich wie ein Schleier auf alles legte. Die Fenster unserer Wohnung konnten wir nicht öffnen, denn sofort würde ein dicker Rauchschwaden in unsere Stuben ziehen.

Nach dem Frühstück stieg ich die Treppen hinab auf die Straße. Hier spielten viele Kinder, die mich sofort umringten. Sie riefen: Ein neuer Junge aus Ostpreußen! Ich war verwundert, woher wussten sie, dass ich aus Ostpreußen kam? Einige fragten mich, wie ich heiße und warum ich meinen neuen Anzug noch trug. Einige sehr schlaue behaupteten, meine Schuhe seien Mädchenschuhe. Verblüfft war ich, als mich ein Junge, ungefähr in meinem Alter, in polnischer Sprache anredete. Ich war der Meinung, hier in Westfalen kann keiner polnisch. Um weiteren Fragen aus dem Wege zu gehen, lief ich schleunigst wieder nach oben. Von der Schwester erfuhr ich, dass die Leute, die hier wohnen, fast alle aus Ostpreußen, Westpreußen und Posen zugezogen sind. Richtige Westfalen wohnen hier nicht. Das seien nur die Beamten, Geschäftsleute und die Fabrik- und Zechenbesitzer.

Mein Vater war morgens um sechs Uhr schon zur Arbeit gegangen. Er arbeitete auf der Zeche „Königsgrube“, am Tage 12 Stunden – also von sechs Uhr morgens bis sechs Uhr abends – manchmal machte er auch Überstunden. Mittags hatte er eine Stunde Pause.

Die Zeche lag eine halbe Stunde von der Wohnung entfernt, und so brachte ihm meine Schwester das Mittagessen dorthin. Am ersten Tag ging ich mit ihr, dann war aber vorgesehen, dass ich dem Vater jeden Tag das Mittagessen zu bringen habe. Mein Bruder, der nicht mehr zur Schule ging, sollte so bald wie möglich auf der Zeche arbeiten. Meine großen Schwestern, so war beschlossen, sollten in einer in der Nähe liegenden Porzellanfabrik oder irgendwo als Dienstmädchen in Stellung gehen.

Am ersten Tag begleiteten mich noch meine Schwester und mein Bruder zum Essentragen für den Vater. Als wir unseren Wohnblock verließen und die Hauptstraße betraten, kam uns ein großer Wagen entgegen. Aber ich sah kein Pferd und der Wagen fuhr so schnell an uns vorbei, dass wir nur flüchtig, die in ihm sitzenden Menschen sehen konnten. Es war die elektrische Straßenbahn, die vom Bahnhof Gelsenkirchen zum Bahnhof Wanne fuhr. Meine Verwunderung nahm kein Ende. Ungefähr auf halbem Weg zur Zeche mussten wir an einer Schranke warten. Ein gewaltiger Zug raste an uns vorbei und es schien, als hätte er nur einen Wagen; aber der hatte große Fenster und sah ganz anders aus, als jener, mit dem wir gefahren sind. Die Schwester belehrte mich, dass dies ein D-Zug gewesen sei, in dem nur reiche Leute fahren könnten. Wie sollte ich mir das erklären? In Ostpreußen mussten wir durch Lehm und Dreck gehen, während die Reichen in der Kutsche fuhren und hier, in Westfalen, war es für uns ein schmutziger Zug mit kleinen Fenstern und Holzbänken und nicht ein D-Zug mit großen Fenstern, Polstersitzen, weißen Tischen.

Durch das Gespräch mit der Schwester, angeregt durch meine Unwissenheit und Neugier, kamen wir etwas spät am Zechentor an, so, dass mein Vater schon auf uns wartete. Er nahm den Henkelmann mit dem

Essen und ging mit uns etwas zur Seite und setzte sich auf eine Erhöhung neben der Straße.

Während Vater aß, bestaunten mein Bruder und ich die Zeche. Da standen vor uns zwei gewaltige Turmgerüste. Oben auf jedem Gerüst zwei große Räder, über die ein dicker Strick lief. Die Räder bewegten sich eine Zeitlang, dann standen sie wieder still. Über die Straße führte eine hohe Brücke, auf der Kohlewagen hin und her rollten.
Große Eisenbahnwaggons standen in der Zeche herum oder wurden von Lokomotiven rangiert. Arbeiter liefen in mit dicken Nägeln beschlagenen Schuhen, mit einer Blechflasche auf dem Rücken und
einem in Papier gewickelten Päckchen in der Jackentasche zum Zechentor.

Als Vater mit dem Essen fertig war, erklärte er uns das ganze Bild. Die Turmgerüste nennt man Fördertürme, an den Seilen werden die Kohlewagen hochgezogen und die Arbeiter mit den Blechflaschen sind die Bergleute. Mein Bruder freute sich schon, denn er sollte ja in einigen Tagen auch Bergmann werden. Auf mich machte das alles einen solchen Eindruck, dass ich die Sprache verlor und aus dem Staunen nicht herauskam.

Am nächsten Tag brachte mich meine Schwester zur Schule. Meinen neuen Anzug behielt ich nicht an, sondern meine alten Kleider wurden zurechtgemacht und die zog ich wieder an.
Das betrübte mich nicht, denn die Mitschüler waren auch nicht besser gekleidet. Auch ihre Anzüge waren geflickt, so dass man vor lauter Lappen den Stoff nicht erkennen konnte.
Ich hatte mich schnell befreundet und fand viele Spielkameraden.

Überhaupt fand ich das Leben hier herrlich. Keine Kühe hüten und nur vier Stunden vormittags und zwei Stunden nachmittags die Schule besuchen und mittwochs und samstags war der Nachmittag überhaupt frei. Alle übrige Zeit konnte ich machen, was ich wollte. So ging der Winter vorüber. Soviel Schnee und Kälte wie in Masuren gab es hier auch nicht, was das Durchhalten beim Spielen auf der Straße erleichterte.

Mittlerweile wurde mein Bruder schon Bergmann, wenn auch noch kein richtiger, denn erst ab 16 Jahren durfte er in die Grube. Er war 1882 geboren und wurde am 1. März 1897 erst fünfzehn Jahre. Mein Vater wusste aber Rat. Er hatte schon der Mutter nach Ostpreußen geschrieben, sie solle auf dem Abmeldeschein, den der Gemeindevorsteher in Turowen ausstellte, als Geburtsdatum für Bruder Rudolf nicht das Jahr 1882, sondern 1. März 1881 eintragen lassen. Auf diese Weise wurde mein Bruder ein Jahr älter gemacht und durfte schon am 1. März 1897 in die Grube einfahren, bis dahin arbeitete er über Tage.

Der Betrug kam erst ein Jahr später heraus. Mit siebzehn Jahren musste nämlich jeder Bergmann in die Knappschaftskasse aufgenommen werden. Das erforderte die Vorlage der amtlichen Geburtsurkunde und als diese aus der alten Heimat ankam, entdeckte man den Schwindel. Irgendwelche Folgen hatte das allerdings nicht. Der Zechenbeamte erklärte nur: Die „Pollacken“ wissen überhaupt nicht, wann sie geboren sind.

Für den Zechenbeamten waren alle Arbeiter „Pollacken“.

Die Zeit bis zu meiner Schulentlassung

Im Frühjahr 1897 beschlossen meine Eltern umzuziehen. Die Wohnung sollte näher an der Zeche sein. Auch wollten meine Eltern eine größere Wohnung, um Kostgänger halten zu können. Mein Vater mietete eine Wohnung in Röhlinghausen, etwa zehn Minuten von der Zeche „Königsgrube“, auf der er und mein Bruder arbeiteten, entfernt. In Röhlinghausen, dass damals ungefähr 7 000 Einwohner zählte, wohnten nur Bergleute, die auf „Königsgrube“ und auf „Pluto“, so hieß eine andere Zeche in Röhlinghausen, arbeiteten.

Wir bezogen im April 1897 eine Vierzimmerwohnung im dritten Stock eines Hauses. Es wurden noch Betten und einige andere Möbel gekauft und eine Stube für Kostgänger eingerichtet.

Einige Monate später heiratete meine älteste Schwester. Auch die zweite heiratete bald. Nun waren sie beide Bergmannsfrauen, bezogen mit ihren Männern eigene Wohnungen, die allerdings auch nur aus Küche und einem Zimmer bestanden und notdürftig mit auf Abzahlung gekauften Möbeln eingerichtet wurden.

Die Wohnungseinrichtung meiner Eltern war auch auf Abzahlung gekauft. Regelmäßig jeden Monat kam ein Mann im Anzug und kassierte 10 Mark. Der Hausbesitzer verlangte monatlich 25 Mark Miete. Mein Vater verdiente 80 Mark, wenn er viele Überstunden machte, 90 Mark im Monat. Davon gingen Steuern und 10 Mark für Sozialversicherung ab, sodass er höchstens 70 oder 80 Mark ausbezahlt erhielt. Wenn die Miete und die Rate für die Möbel bezahlt waren, blieben kaum 40 Mark zum Leben übrig. Der Bruder verdiente 30 – 35 Mark im Monat. Für die ganze Familie war das zum Leben zu wenig. Es mussten noch andere Einkommensquellen gesucht werden, eine davon kam durch das Kostgänger-Halten.

In Röhlinghausen gab es viele alleinstehende, aus Ostpreußen zugewanderte Männer, die auf den Zechen arbeiteten, keine Wohnung hatten und in Kost gingen. Meine Eltern hielten vier solche Kostgänger. Meine Mutter kochte für sie, wusch die Wäsche und die Grubenbekleidung, machte ihre Betten und räumte das für sie eingerichtete Zimmer auf. Solange die älteren Schwestern noch im Hause wohnten, halfen sie der Mutter dabei. Nachdem diese verheiratet und ausgezogen waren, musste ich helfen. Meine jüngste Schwester war dafür noch zu klein.

Ich war jetzt das reinste Dienstmädchen. Bevor ich morgens zur Schule ging, besorgte ich Kohlen, holte aus der Wasserleitung, die sich im Hof befand Wasser, damit Mutter nicht zu schleppen brauchte, sondern Essen kochen konnte. Mittags, wenn ich aus der Schule kam, half ich Wäsche waschen, spülte das Geschirr und ging manchmal auch Einkaufen.

Die Kostgänger wollten ebenfalls alle möglichen Botengänge von mir, wie Schnaps und Tabakholen.

Vom Vater war ein kleiner Handwagen gezimmert worden und sobald ich etwas Zeit hatte, fuhr ich mit meiner kleinen Schwester auf diesem Handwagen zur Steinhalde, auf die die Steine, die aus der Grube kamen, abgekippt wurden. Zwischen den Steinen befanden sich noch Kohlestücke, die wir Kinder heraussuchten. Das war verboten und wir mussten höllisch aufpassen, dass uns der Aufseher nicht erwischte. Wurden wir erwischt, dann mussten die Eltern Strafe zahlen, die höher war als der Preis einer ganzen Tonne Kohlen.

In einem Sommer war das Glück auf unserer Seite. Einer unserer Kostgänger arbeitete auf der Steinhalde beim Steinkippen. Wenn er wusste, dass wir nachmittags kamen, um Kohlestücke zu suchen, dann hatte er schon im Laufe des Tages viele Kohlestücke beiseitegelegt. Wenn er uns sah, winkte er uns und bedeutete die Stelle, wo diese Stücke lagen. An dieser Stelle waren meine Schwester und ich dadurch allein und bevor die anderen Kinder zu dieser Stelle gelaufen kamen, waren alle Kohlen schon in unserem Sack. So sammelten wir in einem Sommer so viele Kohlen, dass wir den ganzen Winter nicht zum Sammeln zu gehen brauchten und auch mein Vater keine kaufen musste.

Mein Traum von dem schönen Leben in Westfalen war unter diesen Umständen vollkommen verflogen. Musste ich in Ostpreußen schon als Kind mein Brot verdienen, so war es in Westfalen nicht anders. Wir arbeiteten alle – Vater, Mutter, der Bruder, ich, selbst die kleine Schwester – jeder was und wie er konnte. Trotzdem reichte aller Verdienst nicht, um sich regelmäßig satt zu essen, viel weniger für einigermaßen Kleidung oder irgendwelche Vergnügungen.

Die einzige Erholung gab es für mich am Sonntag. Die Kostgänger spielten Karten, wobei ich zuschauen durfte, wenn ich ihnen Schnaps aus der Wirtschaft holte. Überhaupt war bei den ost- und westpreußischen Arbeitern das Kartenspielen und Schnapstrinken eine Gewohnheit, die ich nicht kannte. Jeden Sonntag und in jeder freien Stunde spielten sie Karten und tranken Schnaps. Wenn sie dann betrunken waren, gab es Zank und Streit, der oft zur Schlägerei ausartete. Bücher lasen sie nicht und niemals hörte ich ein Wort von einer Gewerkschaft oder ähnlicher Vereinigung. Öfter allerdings sprachen sie von Sozialdemokraten, in dem Sinne, dass diese nicht an Gott glauben wollen.

Mein Vater kümmerte sich auch nicht um Politik. Er ging seiner Arbeit nach. Abends zu Hause trank er auch ein Gläschen Schnaps. In die Kirche ging er nur selten. Dafür öfter in eine Sektenversammlung sogenannter „Mucker". Manchmal nahm er auch mich und meine kleine Schwester mit.

Im Frühjahr 1898 hörten wir, wie auf der Zeche „Karolinenglück" durch eine Schlagwetterexplosion die ganze Grube zerstört wurde. Viele Bergleute seien tot. „Karolinenglück" lag etwa eine Stunde von unserem Wohnort entfernt. Mit ein paar Jungen liefen wir dorthin, um nachzusehen, was passiert war. Die Zeche war von Gendarmen umstellt, nur Angehörige mit einem Ausweis ließ man durch. Wir schlichen uns jedoch auf Umwegen hinein und gelangten in die Waschkaue, wo viele Tote braun und schwarz verbrannt auf dem Boden lagen. Einige lagen schon in Särgen. Viele wurden noch aus der Grube getragen. An den Särgen knieten weinende Frauen und Kinder. Der Anblick war furchtbar – für mich unvergesslich – auch das ist Westfalen, von dem ich so träumte. (Die Schlagwetterexplosion auf „Karolinenglück" bei Bochum ereignete sich am 17. Februar 1898. Getötet wurden 116 Bergleute.)

So wie ich heranwuchs dachte ich immer mehr über unser Leben nach. Ich verglich unser Leben in Masuren und jetzt in Westfalen und fand immer mehr, dass es eigentlich keinen wesentlichen Unterschied für uns gab. Ich fing wieder an zu grübeln und meine Zweifel an Gott wurden größer.

Ab meinem zwölften Lebensjahr besuchte ich den Konfirmanden-Unterricht, das hieß, jede Woche neben den Schulstunden, vier Stunden Unterricht bei einem Pastor, der uns auf die Konfirmation vorbereitete. Nach der Konfirmation, so sagte er uns, würden wir erst zu richtigen evangelischen Christen. In der Schule und auch im Konfirmanden-Unterricht lernte ich gut. Als einer der besten Schüler saß ich mit drei anderen Kameraden – es waren auch Kinder von Arbeitern – das ganze Jahr über in der ersten Bankreihe.

Zu Ostern 1900 sollten wir konfirmiert und aus der Schule entlassen werden. Es war nun Sitte und im Volksmund bekannt, dass die besten Schüler zuerst konfirmiert werden. Die in der Kirche zur Konfirmation versammelte Gemeinde konnte anhand der Sitzordnung sehen, wer die besten und wer die schlechtesten Schüler waren.

Wir vier Burschen hatten nun immer als die Besten gegolten und glaubten fest, wir würden auch als erste konfirmiert. Aber, in der letzten Unterrichtsstunde setzte uns der Pastor in die zweite Bankreihe.

An unsere Stelle setzte er vier Söhne von höheren Zechenbeamten, die als ganz faule Dummköpfe immer auf der letzten Bank gesessen hatten. Diese Faulen stellte nun der Pastor der versammelten Gemeinde bei der Konfirmation als die fleißigsten vor. Mir war klar, dies geschah nur, weil es Söhne von Zechenbeamten sind.

Aber dieser Vorgang hatte für mich eine andere Bedeutung. Er zerstörte in mir den Glauben an Gott und an die Lehre, die uns der Pastor zwei Jahre lang predigte. Recht und Gerechtigkeit hatte er uns gepredigt und er selber beging nun den schlimmsten Betrug. Als ich an diesem Tag nach Hause kam, erklärte ich der Mutter, dass ich nicht konfirmiert werden möchte; es gibt keinen Gott und keine Gerechtigkeit, alles, was von Gott erzählt wird, ist Schwindel. Meine Mutter war entsetzt und fing an zu weinen.

Als mein Vater nach Hause kam, wollte er wissen, woher ich diese Meinung habe. Auch die Kostgänger waren sehr erstaunt. Sie alle glaubten an Gott und waren dabei alt geworden. Und nun kommt ein vierzehnjähriger Bengel und erklärt, er glaube nicht an Gott, denn die ganze Lehre sei Schwindel. Einer der Kostgänger riet meinem Vater, mir eine Tracht Prügel zu verpassen, das sei die beste Lehre, wieder an Gott zu glauben. Aber der Vater schlug mich nicht. Die Mutter redete lange auf mich ein, hielt mir vor, welche Schande das für die ganze Familie wäre, wenn ich nicht zur Konfirmation und zum ersten heiligen Abendmahl ginge. Ich erhielte ja auch einen neuen Anzug zur Konfirmation und sie wolle dafür sorgen, dass der Vater einen recht guten kauft.

Schließlich ließ ich mich doch überreden und versprach zur Konfirmation und auch zum ersten heiligen Abendmahl mit den Eltern zu gehen, um ihnen keine Schande anzutun. Ich blieb aber dabei, dass der Pastor zwei Jahre lang gelogen hatte, seine Lehre ein Schwindel sei und es keinen Gott gibt. Wenn ich aber weiter darüber nachdachte, dann tauchten in mir Fragen auf.

Wenn kein Gott da ist, wer hat dann die Welt erschaffen? Wer ließ die Fabriken und Zechen entstehen? Wer hat den König eingesetzt, der alle Menschen regiert?

In meinen Kinderjahren dachte ich oft an den Schuster, der in unserem Masurendorf auch nicht an Gott glaubte und den man deswegen einen Sozialdemokraten nannte und aus dem Dorf jagte. Ich glaubte, der Schuster hatte Recht, wenn er an Gott nicht glaubte. Aber er war ja Sozialdemokrat und wollte, wie die Mutter sagte, den König umbringen. War ich nun auch „Sozialdemokrat", wenn ich an Gott nicht glaubte? Das alles ging mir im Kopf herum und ich fand keine Antwort. Es gab aber auch keinen Menschen in meiner Umgebung, der mir in dieser Situation helfen konnte. Zuhause konnte ich mit niemandem darüber sprechen, keiner hatte Verständnis, jeder ging nur seiner Arbeit nach. Blieb noch Zeit, so wurde gebetet, Karten gespielt und Schnaps getrunken.

Im evangelischen Jünglingsverein

Nach meiner Schulentlassung und Konfirmation wurde ich einige Monate bei einem Milchhändler beschäftigt. Dieser war ein frommer Katholik, was ihn jedoch nicht davon abhielt, mich morgens um fünf Uhr zu wecken und bis abends neun oder 10 Uhr arbeiten zu lassen. Die Jungen in meinem Alter arbeiteten auf der Grube nur 10 – 12 Stunden.

Es ist daher verständlich, wenn ich, obwohl ich etwas mehr verdiente als die Jungens auf der Grube, eines Tages nach Hause kam und dem Vater sagte, ich wolle auch lieber auf der Grube arbeiten. Mein Vater ging auch mit mir sofort zum Betriebsführer, der mich gleich einstellte, da ja auf der Grube unsere ganze Familie arbeitete: mein Vater, mein Bruder, die beiden Ehemänner meiner Schwestern und die zwei Onkel mit ihren Söhnen, die ebenfalls alle aus Ostpreußen zugezogen waren.

Die ganze Familie arbeitete nun auf der „Königsgrube" und aufgrund dessen erhielt mein Vater eine Wohnung von der Grubenverwaltung. Diese Grubenwohnung war billiger und auch größer als die privat gemietete Wohnung. Man konnte mehr Kostgänger aufnehmen, auch hatte sie einen Garten, in dem wir Kartoffeln und Gemüse anbauten.

15 Jahre war ich alt, als ich auf der Grube anfing zu arbeiten. Meine erste Tätigkeit bestand aus Steineklauben auf der Lesebank, später kam ich in die Lampenstube zum Grubenlampen-Putzen.

Kaum arbeitete ich einige Tage auf der Grube, forderte man mich auf, mich bei dem Markenkontrolleur (ein Beamter, der Beginn und Ende der Arbeitszeit überwachte) zu melden. Als ich in der Markenstube erschien fragte mich der Kontrolleur, ob ich schon einem Verein angehöre. Von Vereinen hatte ich schon gehört.

Im Sommer feierte der Bergmannsverein immer ein großes Fest, auf dem viel getrunken wurde. Auch einen Kriegerverein gab es im Ort, der ebenfalls jeden Sommer ein Fest veranstaltete und im Winter des Kaisers Geburtstag feierte. Auf diesen Festen trank man auch sehr viel und danach gab es regelmäßig Schlägereien. Diesen Vereinen gehörten aber nur erwachsene Männer an. Ich war deshalb über diese Frage etwas erstaunt. Der Markenkontrolleur meinte nun, ich müsse Mitglied des evangelischen Jünglingsvereins werden, denn in diesem Verein sei es schön, es würde dort nicht so gesoffen wie bei den Ostpreußen zu Hause, sondern Musik geübt, schöne Spiele gelernt und geturnt. Er teilte mir die Adresse des Lokals mit, wohin ich am nächsten Sonntag kommen sollte, um Mitglied des evangelischen Jünglingsvereins zu werden.

Ich wusste zwar nicht, was dieser Verein zu bedeuten hatte, aber um am Sonntag irgendwohin gehen zu können und nicht zu Hause dem Kartenspiel und dem Schnapstrinken der Kostgänger zusehen zu müssen, ging ich am Sonntag in das besagte Lokal und wurde Mitglied im evangelischen Jünglingsverein.

Von jetzt ab ging ich fast jeden Sonntag zum Jünglingsverein, wo Lieder gesungen, alle möglichen Spiele veranstaltet und Theaterstücke eingeübt wurden. Auch Bücher zum Lesen konnte man sich ausleihen. An Wochentagen wurde geturnt oder Ball gespielt. Auch der Pastor kam dann und wann zu unseren Versammlungen. Aber sein Ton, in dem er mit uns hier sprach, war ein anderer als früher im Konfirmanden-Unterricht.

Hier kam ich mit Kameraden zusammen, die älter als ich waren und mit einigen weitaus älteren Männern des Jünglingsvereins, die man Ehrenmitglieder nannte. Diese unterhielten sich mit uns Jungen über Fragen des Arbeitsverhältnisses, unsere häuslichen Bedingungen u. v. m.

Etwa 100 Mitglieder zählte unser Verein und er bot viele Möglichkeiten der Freizeitbeschäftigung an. Ich fühlte mich eigentlich ganz wohl in diesem Verein. Erst später bemerkte ich, dass aber hier die Erziehung wie in der Schule und im Konfirmanden-Unterricht lediglich fortgesetzt wurde und ich nichts Neues hinzu lernen konnte. Ich ging also nicht mehr hin.

Einige Wochen nach meinem Fernbleiben aus den Versammlungen des Jünglingsvereins erhielten eine ganze Anzahl von Jungen, die mit mir auf der Lampenstube beschäftigt waren, einen Groschen als Zulage zum Tagelohn. Der Aufseher der Lampenstube teilte dies jedem mit. Ich erhielt nicht die Zulage, obwohl, wie der Aufseher mir sagte, er mich auch vorgeschlagen hat. Daraufhin ging ich zum Platzmeister, der die Lohnzulagen verteilte und dieser erklärte mir, ich brauche keine Zulage, da ich ja nicht mehr in den Jünglingsverein gehe. Mir wurde klar, dass allein die Grubenverwaltung ein besonderes Interesse an dem Jünglingsverein hatte, obwohl keiner der Zechenbeamten diesem Verein angehörte. Der Bruch, den ich mit der Religion bei meiner Konfirmation erlebte und der beinahe im evangelischen Jünglingsverein verkittet worden wäre, war vollends aufgerissen. Ich hatte einen Hass gegen alles, nichts konnte mich befriedigen.

Drang zum Lesen wurde in mir lebendig, um einzudringen in die für mich unlösbaren Fragen. Aber was sollte ich lesen? Die Geschichten aus dem Jünglingsverein? Nein! Die Bibel, zu deren Lesen die Mutter uns immer noch anhielt, kam nach meinen Enttäuschungen auch nicht mehr in Frage. Da, auf einmal, brachte mein Bruder einen Roman – 100 Hefte über „Der Fetzer, Räuberhauptmann des Schwarzwaldes". Das war wirklich etwas zum Lesen!

Herrlich, wie dieser Held an der Spitze einer Schar von Räubern die Burgen der Reichen oder die Städte überfiel, wie er den Reichen ihr Hab und Gut wegnahm und unter die Armen verteilte. Dieser Räuberhauptmann Fetzer hatte meine ganze Sympathie. Ich stürzte mich auf die Räubergeschichten. Jede freie Zeit wurde zum Lesen und jeder Groschen, den ich übrighatte, zum Kauf aller möglichen Räuber- und Indianerromane benutzt.

Als Jungarbeiter in der Grube

Im Juli 1902 wurde ich 16 Jahre und durfte in die Grube fahren. Ich meldete mich sofort beim Betriebsführer zur Grubenarbeit. Dieser erklärte mir aber, ich müsste vorläufig noch über Tage arbeiten, da Tagesarbeiter fehlen. Die 16jährigen Jungen, die in der Grube arbeiteten, verdienten zwei Groschen mehr pro Tag als die über Tage arbeitenden und so wollte ich natürlich auch in die Grube einfahren. Als ein weiterer Monat verging, verlangte ich vom Betriebsführer, in die Grube genommen zu werden. Als er auch jetzt ablehnte, kündigte ich sofort. Junge Burschen erhielten in der damaligen Zeit auf jeder Grube sofort Arbeit.

Kaum war ich vom Betriebsführer weggegangen, wurde mein Vater zu ihm gerufen, der meinem Vater erklärte, wenn ich von der Grube weggehe, er auch sofort gekündigt wird und die Zechenwohnung sofort geräumt werden müsse.

Mein Vater war aber schon weit über 50 Jahre alt und Arbeiter in diesem Alter wurden auf keiner Grube neu eingestellt. Dazu kam noch der Verlust der Wohnung. Dieser Druck veranlasste mich, meine Kündigung zurückzunehmen und weiter für zwei Groschen weniger pro Tag über Tage zu arbeiten. Auch später, als ich schon als Schlepper unter Tage eingesetzt war, erhielt ich 1 oder 2 Groschen pro Tag weniger als diejenigen Kameraden, die keinen alten Vater hatten und in keiner Koloniewohnung lebten. Dieser Zustand empörte mich, aber wie ihn ändern, blieb für mich eine Frage.

Im Sommer 1904 kam auch ich endlich in die Grube. Man beschäftigte mich sofort als Schlepper, da ich schon fast 18 Jahre alt war und als Pferdejunge oder zur Bedienung eines Haspels nicht mehr in Frage kam.

Mit einem anderen Kameraden, Franz Wenzel, zusammen mussten wir von einem Stapel (ein etwa 100 Meter hoher Schacht von einer Sole zur anderen) die Kohlewagen abnehmen und etwa 100 Meter zur Seilbahn schieben, mit der sie dann im Querschlag zum Schacht befördert wurden. Von diesem Stapel kamen pro Schicht mehr als 200 Wagen mit Kohle (Wageninhalt etwa 12 Zentner) herunter. Das war die Fördermenge des gesamten vom Steiger Hansleben geleiteten Revier. Wenn bei uns beiden etwas nicht klappte, die vollen Wagen nicht schnell genug abgezogen und schnell genug aufgeschoben wurden, so litt die Förderung des ganzen Reviers. Die Kohlenhauer, die oben im Stapel in den verschiedensten Flözen arbeiteten, erhielten dann nicht genügend leere Wagen und der Reviersteiger erreichte nicht sein Soll.

Franz und ich hatten durch unsere Arbeit sozusagen das ganze Revier in der Hand. Der Steiger war deshalb auch meistens freundlich zu uns, während er andere Schlepper öfter ausschimpfte, sagte er zu uns nur: „Jungens, macht bloß keine Dummheiten, sorgt dafür, dass die Kumpels da oben Leere bekommen und ich mein Soll!"

Ich hatte mir den Steiger, der doch immerhin als ein mittlerer Beamter galt und über 250- 300 Arbeiter bestimmte, als einen Mann vorgestellt, der etwas galt und vor dem man Respekt haben müsste. Je länger ich aber in der Grube arbeitete, merkte ich, dass der Steiger genauso gepeinigt wurde wie wir Arbeiter. Kam der Obersteiger ins Revier, so fand er immer etwas, was ihm Veranlassung gab, den Steiger in gemeinster Weise auszuschimpfen und ihm mit Kürzung der Prämie zu drohen.

Einmal kam Betriebsführer Hahn ins Revier. Beim Kontrollieren der Betriebspunkte im Stapel hatte er an einer Stelle einen Bruch vorgefunden und als er unten am Stapel den Steiger traf, beschimpfte er diesen in übelster Weise. Beide gingen an mir und Franz vorbei in den Querschlag. Wir waren neugierig und wollten hören, was die beiden tief im Querschlag besprechen würden. Wir hängten unsere Lampen an die Stempel und folgten ihnen im Dunkeln. Als wir etwa 50 Schritte gegangen waren und der Betriebsführer glaubte, sich von uns weit genug entfernt zu haben, drehte er sich um und fing an, den Steiger, der an Jahren viel älter war, zu ohrfeigen. Rechts und links schlug er dem Steiger an die Ohren. Danach riss der Steiger aus und hätte uns beide bald umgerannt, da wir so schnell nicht zu unseren Grubenlampen kamen. Dem Steiger waren wohl die Ohrfeigen nicht so unangenehm wie die Tatsache, dass Franz und ich Zeugen waren. Ich begriff nicht, dass ein erwachsener Mann, dazu noch ein Beamter, sich schlagen ließ. Ich erwartete, dass der Steiger den Betriebsführer vor Gericht verklagen werde, denn Schlagen in der Grube wurde besonders schwer bestraft. Der Steiger klagte nicht, er tat so, als sei nichts geschehen.

Wenn Franz und ich manchmal etwas Zeit hatten, was zu Beginn der Schicht vorkam, dann gingen wir zu den Arbeitspunkten der Kohlenhauer. Hier war es sehr heiß, die Hauer arbeiteten nur mit einer Hose bekleidet und einer Kappe auf dem Kopf. Der größte Teil von ihnen waren aus Ost- und Westpreußen, aus Posen und Schlesien zugewanderte Arbeiter. Die älteren von ihnen sprachen gewöhnlich ein schlechtes Deutsch, worüber wir Jungens uns lustig machten.

Die aus Posen zugewanderten katholischen Arbeiter wickelten ihre Brote in die polnisch-nationalistische Zeitung „Wiarus Polski“ ein. Wenn sie nun die Kohle schossen, mussten die Ersatzpatronen auch in Papier eingewickelt werden. Wir sagten ihnen, sie sollten zum Einwickeln nur den „Wiarus Polski“ nehmen, dann kommt der Schuss viel stärker. („Wiarus“ bedeutet im Polnischen: alter Soldat, Krieger, Haudegen. U.K.) *Diese Zeitung, in die die Bergleute ihr Brot einwickelten, spielte überhaupt eine große Rolle.*

Wenn die Leute ihr Brot aufgegessen hatten, steckten sie das Papier hinter einen Stempel oder einen Stein am Streckenstoß. Der Obersteiger und auch der Betriebsführer untersuchten sehr oft dieses Zeitungspapier. Auch die Brotpakete, die noch in den Taschen der aufgehängten Jacken der Bergleute steckten, wurden ausgewickelt und der Name der

Zeitung festgestellt. Warum diese Untersuchung so gemacht wurde, damit die polnischen Bergleute nichts bemerkten, begriff ich erst viel später.

Mein Kumpel Franz war auf diesem Gebiet schon schlauer als ich. Er erzählte mir, dass es auch eine vom sozialdemokratischen Bergarbeiterverband herausgegebene Zeitung gibt und auch eine Zeitung, die „Volksblatt" hieß. Dieses „Volksblatt" sei die Zeitung für Sozialdemokraten. Wenn der Obersteiger oder Betriebsführer ermittelte, dass das Brot in der Bergarbeiterzeitung oder dem „Volksblatt" eingewickelt war, wussten sie, dass der betreffende Arbeiter ein Sozialdemokrat ist. Er kommt dann auf die „schwarze Liste" und wird entlassen. Wer aber einmal auf der schwarzen Liste stehe, bekomme auf keiner Zeche mehr Arbeit.

Erst einige Tage später erfuhr ich, dass Franz der Sohn eines Sozialdemokraten ist und deshalb gut Bescheid wusste. Franz selbst verteilte schon illegale Zeitungen oder Flugblätter. Zu mir hatte er nie darüber gesprochen, obwohl wir gute Kameraden waren. Meine Familie galt als „zechenfromm". Deshalb traute Franz Welzel mir in dieser Angelegenheit nicht. Sein Vater arbeitete als Gesteinshauer auf derselben Grube wie wir. Sehr oft besuchte ich Franz, der bei seinen Eltern wohnte, aber auch dabei habe ich nie etwas von Sozialdemokraten gehört. Mir fiel auch nicht auf, dass bei den Welzels in der Wohnung keine Bilder von Heiligen und dem Kaiser hingen, wie bei uns zu Hause.

Mein erster Streik

Anfang 1905 erzählten sich die Bergleute untereinander, dass in der Bruchstraße bei Dortmund gestreikt würde. Unmittelbarer Anlass war die am 5. Dezember 1904 auf der Zeche Bruchstraße eingeführte Verlängerung der Schichtzeit um eine halbe Stunde – durch Veränderung der Ein- und Ausfahrtszeiten. Allgemein wurde davon geredet, ob es auf „Königsgrube" auch zum Streik kommen könnte. Viele meinten, das habe keinen Zweck, es würde doch nichts erreicht. Andere meinten, dass man streiken müsse, um überhaupt leben zu können. Wir Schlepper berieten auf dem Wege zum Schacht, ob wir streiken sollten oder nicht.

Eines Morgens teilte uns Franz mit, dass die Schlepper auf den Zechen „Hannibal" und „Hannover" ebenfalls vorhaben zu streiken. Die Schlepper dort verlangen 3,80 Mark Schichtlohn und die Bremser mindestens 3 Mark. Wenn man ihnen das nicht bewilligt, würden sie morgen nicht einfahren. Wir Schlepper auf „Königsgrube" erhielten 3,30 Mark bis 3,50 Mark, die Bremser 2,50 Mark. Wenn die Kumpels auf „Hannover" und „Hannibal" das forderten, wollten wir das auch! Wir wurden uns darin einig, wenn auf „Hannover" gestreikt wird, wir auch sofort in den Streik treten werden. Um diesen Beschluss allen Schleppern, Bremsern und den Hauern mitzuteilen, malten Franz und ich mit Kreide an die Förderwagen: „Morgen Streik oder 3,80 Mark Schichtlohn".

Am nächsten Morgen, es war der 14. oder 15. Januar, gingen wir Jungen früher zum Schacht, denn wir wollten sehen, ob die Alten einfuhren oder nicht. Es standen schon einige Gruben im Streik, warum sollten wir auf „Königsgrube" nicht auch streiken, zumal unsere Hauer doch ebenfalls so einen erbärmlichen Lohn bekamen und wegen Mindermaß sehr oft bestraft wurden. Der Streik kann die Strafen beseitigen und den Lohn auch für die Hauer erhöhen, war unser Standpunkt. Doch diesen Morgen wurde es nichts. Die Hauer gingen, wenn auch zögernd und sich in Gruppen unterhaltend, zur Grubeneinfahrt. Auch wir Schlepper fuhren ein, den Bauch voller Zorn darüber, dass die Hauer nicht streiken wollen.

Franz und ich waren uns einig. Wir müssen uns rächen an den „Polacken", so nannten wir spöttisch die Hauer, die in den Streben arbeiteten und nicht streiken wollten. Gleich beim ersten Zug im Stapel legten wir einen Stempel so in den Förderwagen, dass er sich in der Stapelzimmerung verfing und einige Seitenstützen herausriss. Es dauerte zwei Stunden bis der Stapel durch Zimmerhauer wieder in Ordnung gebracht war. Natürlich konnten wir nichts für diesen Unfall; weder Franz noch ich wussten, wie der Stempel zwischen Korb und Zimmerung gekommen war. Wir hatten aber erreicht, dass die Hauer keine leeren Wagen erhielten und auf ihren Kohlehaufen sitzen blieben. Nachdem etwa 30 Wagen heruntergelassen waren, sich der Steiger und alle Zimmerhauer aus dem Stapel entfernt hatten, legten wir wiederum einen kurzen Stempel in den Stapelstumpf, sodass, als der Korb mit vollem Wagen herunter kam, der Wagen nicht abgezogen werden konnte, weil der Korb zu hoch stand. Der Wagen vom oberen Korb konnte auch nicht abgezogen werden, weil hier der Korb zu niedrig stand. Da es ein Stapel mit Kontergewicht war, das heißt, der volle Wagen den leeren heraufzog, konnte diese Störung nur dadurch behoben werden, dass Leute herbeigeholt wurden, die den unteren Korb anhoben und das Hindernis, den Stempel, unter dem Korb wegzogen. Das dauerte wiederum mehr als eine Stunde.

Franz und ich wussten natürlich nicht, wie der Stempel unter den Korb gekommen war. Unserer Meinung nach war der Stempel, während der Wagen oben stand, plötzlich heruntergefallen. Die Hauer wussten aber *genau Bescheid. An diesem Tage kamen anstatt 200 Wagen mit Kohle nur 110 vom Stapel herunter.*

Als die Hauer nach Schichtschluss vom Stapel herunterkamen und zu schimpfen begannen, erklärten wir ihnen: "Sorgt dafür, dass wir 3,80 Mark Schichtlohn bekommen, dann bekommt ihr auch mehr leere Wagen und der Stapel wird funktionieren."

Am nächsten Tag waren wir Schlepper wiederum die ersten am Schacht. Die Frage, wird gestreikt oder nicht, bewegte uns immer noch. Im Revier streikten schon mehr als 40 Zechen, so wurde erzählt. In die Waschkaue kam der Betriebsführer mit einer Reihe anderer Beamten. Auch der geohrfeigte Steiger betrat zusammen mit dem Betriebsführer die Waschkaue. Ich dachte, gerade dieser Steiger müsste auch für eine menschenwürdigere Behandlung streiken. Aber gerade er forderte die Bergleute auf, nicht in der Waschkaue zu bleiben, sondern zum Schacht zu gehen und einzufahren.

Als schon größere Trupps am Schacht standen und auf die Einfahrt warteten, erscholl auf einmal eine Stimme. Keiner wusste, woher sie kam. Die Stimme verkündete: „Kameraden, der Zechenverband hat die Forderungen der Bergarbeiter abgelehnt. Er will keine Lohnerhöhung bewilligen. Deshalb ist für das ganze Revier der Streik beschlossen. Über 40 Gruben stehen schon im Streik, auch wir müssen uns dem Streik anschließen. Keiner darf heute einfahren." Das war für uns Schlepper das Signal: Streik, nicht einfahren! Schrien wir wie aus einem Munde. Unser Geschrei riss die Alten und Wankelmütigen mit fort, vom Schacht zurück zur Waschkaue. Die Grubenkleider wurden abgelegt. Es ging auf die Straße und dann nach Hause. Es wird solange gestreikt, bis wir 3,80 Mark Schichtlohn erhalten. Darüber bestand bei mir kein Zweifel.

Als ich nach Hause kam staunte meine Mutter, warum ich schon nach Hause komme? Stolz erklärte ich ihr, dass wir für 3,80 Mark Schichtlohn streiken und bevor dies nicht bewilligt sei, ginge keiner mehr zur Grube. Anstelle mich zu unterstützen, fing sie an zu schimpfen. Der ganze Streik sei ein großer Unsinn und von den Sozialdemokraten gemacht, um die Menschen ins Unglück zu stürzen. Ohne Arbeit könne keiner leben und nur der Mensch der arbeitet, habe Recht auf Lohn. Ja, 3,80 Mark könne man fordern, aber wenn die Zeche diesen Lohn geben könnte, dann würde sie es auch tun, ohne Streik. Mein Vater, der krank im Bett lag, mischte sich auch ins Gespräch ein. Auch er meinte, dass der Streik nur von Sozialdemokraten angezettelt sei und dass es für mich besser wäre, sofort morgen wieder arbeiten zu gehen.

Die Tatsache, dass mir meine Eltern unterschoben, von Sozialdemokraten aufgehetzt zu sein und zum Streik keine Berechtigung besteht, empörte mich am meisten. Ich war fest überzeugt, die Eltern hatten Unrecht, denn mit einem Sozialdemokraten hatte ich noch nie gesprochen, wie konnte mich dann einer von ihnen zum Streik aufhetzen? Mit Sozialdemokraten wollte ich überhaupt nichts zu tun haben – ich wollte nur mehr Lohn. Um sonntags ein Glas Bier zu trinken, mir ein Paar anständige Schuhe, einen Hut und Anzug zu kaufen. Dann wollte ich auch genügend zu essen haben.

Die Mutter selbst war doch die größte Ursache für einen Streik. Sie war es, die immer klagte und sagte, wir brächten zu wenig Geld nach Hause und dass es fast unmöglich ist, davon zu leben. Wenn es in der Woche kein Fleisch zum Mittagessen gab und ich fragte: Warum gibt es kein Fleisch, dann antwortete sie: Verdient mehr, dann gibt es auch mittags Fleisch.

Nun wollte ich mehr verdienen, den Grubenbesitzer zwingen, dass er mir mehr Lohn zahlte, so war das nach Meinung meiner Eltern wieder nicht recht. Da soll ich von Sozialdemokraten aufgehetzt worden sein, die mich ins Unglück stürzen wollten, das verstand ich nicht. Wütend verließ ich das Haus.

In unserem Bergarbeiterdorf herrschte jetzt reges Leben. Auf den Straßen und in den Zechenkolonien sprachen die Bergleute über den Streik und überlegten, was nun werden wird. Ein großes Polizeiaufgebot aus Köln, Berlin und anderen Großstädten war zu Fuß oder zu Pferde angerückt und besetzte alle Straßen und Plätze. Die Zechen bewachte man besonders. Die Zechenbeamten waren ebenfalls mit Revolvern bewaffnet und durch Armbinden als Hilfspolizei gekennzeichnet. Sie durchstreiften die Kolonien und forderten die Arbeiter auf, zur Arbeit zu gehen. Wer nicht gehen wollte, dem wurde mit Rauswurf aus der Wohnung gedroht.

Wir jungen Burschen versammelten uns auf der Straße und bestaunten die Polizei, die ganz anders als unsere alten Dorfpolizisten aussahen. Am meisten amüsierten wir uns über die Zechenbeamten, die in der Grube vom Betriebsführer Ohrfeigen erhielten, jetzt mit Revolvern als Hilfspolizisten herumliefen und Streikbrecher suchten. Aber sie hatten wenig Erfolg. Nur wenige Arbeiter von der Nachmittagsschicht gingen zur Arbeit. Unterwegs begleitete sie der Ruf: Streikbrecher, Verräter.

Gleich am ersten Streiktag, dem 17. Januar, fand die erste Streikversammlung unserer Grube statt. Die Belegschaft, die 1.700 Bergleute zählte, war fast vollzählig erschienen.
Zusammen mit einigen Kameraden ging auch ich zu dieser Versammlung. Es war die erste Versammlung in meinem Leben.

Die Versammlung eröffnete ein älterer Bergarbeiter, der nicht zu unserer Grube gehörte. Er teilte mit, dass er die Versammlung eröffnen müsse, da von der „Königsgrube“ sich kein Kamerad gefunden habe, der öffentlich die Leitung der Versammlung in die Hand nehmen könne, denn alle befürchteten, dafür gemaßregelt zu werden. Es sei auch überall bekannt, dass „Königsgrube“ die reaktionärste Zeche sei. Deshalb seien die Kameraden von „Königsgrube“ auch fast als die letzten in den Streik getreten. Nun stände aber das ganze Ruhrgebiet im Streik. Von den 280 000 Bergarbeitern arbeiteten kaum noch 10 Prozent. Diese Einigkeit der Bergarbeiter verbürge den Sieg der Streikenden.

Er teilte weiter mit, dass die vier Bergarbeiterverbände sich auch geeinigt hätten und eine gemeinsame Streikleitung bildeten, die sich Siebener-Kommission nennt. Nur diese Siebener-Kommission (bestehend aus sieben Personen) habe jetzt die Führung und sie würde mit dem Verein der Zechenbesitzer über die Forderungen der Streikenden verhandeln. Der Streik würde nicht eher beendet, bevor die Lohnforderungen bewilligt würden. Die Zechen könnten sehr gut eine Erhöhung der Löhne tragen. Die „Königsgrube“ habe im letzten Jahr 43 % Dividende ausgezahlt. Die fünf Aktionäre, denen die Zeche gehört, hätten in dem einen Jahr allein drei Millionen Mark verdient, in den letzten drei Jahren mehr als sechs Millionen.

Von jedem Bergarbeiterverband sprach dann noch ein Vertreter. Sie ermahnten uns zu Einigkeit und zur strengen Befolgung aller Anweisungen der Siebener-Kommission. Alle Referenten verwahrten sich gegen die von den Zechenbesitzern und ihren Zeitungen aufgestellten Behauptungen, der Streik sei von den Sozialdemokraten arrangiert. Die Sozialdemokraten hätten mit dem Streik nichts zu tun, versicherten alle Redner. Der Streik ginge nur um die Durchsetzung der Lohnerhöhung und Verkürzung der Arbeitszeit, geregelte Ein- und Ausfahrtzeiten, Beseitigung der Überschichten und des Strafsystems, sowie des Wagennullens. Zum Schluss wurden wir aufgefordert, uns in den Streikbüros zu melden, der Gewerkschaft beizutreten und keine Streikbrecher auf die Zeche zu lassen.

Kurz zur Lage der Bergarbeiter und den unmittelbaren Ursachen des Streiks von 1905

Mit der fortschreitenden Industrialisierung Deutschlands in der Mitte des 19. Jahrhunderts stieg die Bedeutung der Erkundung, Förderung und Verarbeitung einheimischer Rohstoffe enorm. Der Bergbau spielte in diesem Industrie-Entwicklungs-Prozess eine zentrale Rolle.
Das Ruhrgebiet entwickelte sich aufgrund seiner reichen Vorkommen an Steinkohle zu einem der wichtigsten Industriezentren Deutschlands. Betrug die Steinkohleförderung im Jahre 1880 nur 40 Millionen Tonnen, so stieg sie 1890 auf 70 Millionen und im Jahre 1910 auf etwa 110 Millionen Tonnen. Über 80% der geförderten Kohle entfielen auf das Ruhrgebiet. Die Zahl der Bergarbeiter nahm von Jahr zu Jahr zu. In den Jahren 1895 bis 1905 hatte sich die Belegschaft mehr als verdoppelt.

Ein erster deutscher Bergarbeiterstreik fand im Jahre 1872 statt. Der große Bergarbeiterstreik von 1889 führte zur Gründung von Bergarbeiter-Gewerkschaften. Diese spielten bei den Streiks von 1905 und 1912 eine wichtige Rolle. Die katholische Geistlichkeit hatte im Jahre 1894 den „Gewerkverein christlicher Bergarbeiter“ gegründet. Auch die Hirsch-Dunkerschen-Gewerkschaften gründeten eine Fachgruppe der Bergarbeiter. Im Jahre 1904 bestanden somit im Ruhrbergbau vier Bergarbeiter-Organisationen, in denen von den 280 000 Bergleuten etwa 75 000 organisiert waren. Die vier Verbände bekämpften sich gegenseitig. Und die Führer des Christlichen Gewerkvereins waren gegen die Proklamierung des Generalstreiks.

Von den 280 000 Bergleuten im Ruhrgebiet waren mehr als 75 % zugewanderte Arbeiter aus den östlichen Provinzen Deutschlands oder aus Österreich und anderen Agrarländern. Diese zugewanderten Arbeiter wurden von den Grubenbesitzern in Kolonien in unmittelbarer Nähe der Zechen untergebracht und in politischer Hinsicht streng überwacht. In Landsmännischen Vereinen, meist von Geistlichen geleitet, wurden die ausländischen Arbeiter zusammengefasst und ihre Religiosität zu ihrer Isolierung benutzt. Es herrschte große Armut und Elend unter den Bergleuten. Bei niedrigstem Lohn wurde von den Grubenverwaltungen außerdem ein Strafsystem für angeblich zu schlecht beladene Kohlewagen und oder für unreine Kohle angewandt, was dazu führte, dass in einer Schicht mehrere Wagen mit Kohle überhaupt nicht gezählt und bezahlt wurden. Dieser Umstand führte dazu, dass auch unter den politisch indifferenten Bergarbeitern Unmut Platz griff.

Die unmittelbaren Ursachen des Streiks von 1905 lagen überwiegend in der Tatsache, dass einige der Grubenverwaltungen die Arbeitszeit über die festgelegten acht Stunden hinaus verlängerten. Das geschah dadurch, dass die Seilfahrtzeiten in die Gruben, deren Dauer nicht gesetzlich festgelegt war, verlängert wurden. Die Seilfahrt dauerte 30 Minuten, bei kleineren Belegschaften bedurfte es weniger Zeit. War die Arbeitszeit von 6 Uhr morgens bis 14 Uhr festgesetzt, so mussten die letzten Arbeiter um 6 Uhr in der Grube sein und der erste um 14 Uhr wieder ausfahren. Die Seilfahrt fand also von 5.30 Uhr bis 6 Uhr und mittags von 14 bis 14.30 Uhr statt.

Viele Grubenverwaltungen erklärten nun einfach, diese Zeiten reichen nicht aus und legten mit der Arbeitsordnung fest, dass um 5.15 Uhr mit der Einfahrt begonnen wird und wenn kein Mann mehr am Schacht stand, die Seilfahrt beendet und mit der Kohleförderung begonnen wird. Wer zu spät kam, musste wieder nach Hause gehen. Mittags wurde dann auch nicht um 14 Uhr, sondern um 14.20 Uhr mit der Ausfahrt begonnen. Auf diese Weise wurde die Arbeitszeit um eine halbe Stunde oder mehr verlängert, aber im Lohn nicht angerechnet.

Ein anderer Grund für den Streik war das „Wagennullen". Die Arbeitsordnung sah vor, dass Wagen, die nicht voll beladen waren oder sich zu viele Steine zwischen den Kohlestücken befanden, nicht angerechnet wurden. Die Kontrolle und Überwachung lag in der Verantwortung eines Zechenbeamten, der die Aufsicht am Schacht hatte, wo die Wagen zu Tage und zur Verladung kamen. Diesem pflichteifrigen Aufseher war vorgegeben, von jeder Schicht 8, 10 oder noch mehr Prozent der aus der Grube kommenden Wagen, als „ungenügend beladen" oder mit „zu viel Steinen", zu erklären, das hieß zu „nullen". Die Hauer bekamen diese Wagen nicht bezahlt.

Da dem Aufseher neben dem „Nullen" noch andere Tätigkeiten auferlegt waren, erledigte er das Nullen einfach dadurch, indem er, um seine Arbeit auftragsgemäß zu erfüllen, die vorgegebenen 8 bis 10 Prozent von der geförderten Kohlemenge wahllos abzog. Jede Kameradschaft war durch eine Nummer an den Wagen gekennzeichnet. Diese schematische Herangehensweise der Aufseher führte dazu, dass Wagennummern als unrein gezählt wurden, die aber aus Flözen mit vollkommen reiner Kohle stammten. Dies betrachteten die Bergleute als reinen Diebstahl.

Meine Betätigung während des Streiks von 1905

Von den Vorgängen, den politischen Gegensätzen, den Aufgaben, dem Zweck und dem Ziel gewerkschaftlicher Organisationen, hatte ich natürlich nicht die geringste Ahnung.
Zu Hause hörte ich nie etwas von solchen Dingen, auch hatte ich nie davon gelesen. Meine Eltern hielten von uns Jungens alles fern, was sich mit ihrer Auffassung nicht vereinbaren ließ. Ein weiterer Grund für meine Ahnungslosigkeit war, dass auf der Grube, auf der ich arbeitete, jede freie Regung mit brutalsten Mitteln unterdrückt wurde und diejenigen Arbeiter, die mit den Sozialdemokraten sympathisierten oder in der Gewerkschaft organisiert waren, unsere Grube von selbst verließen und dort Arbeit suchten, wo man sie weniger beobachtete. Unter diesen Umständen erfuhr ich von den Arbeitskameraden nichts von der Existenz einer gewerkschaftlichen Organisation, weder bei der Arbeit noch im persönlichen Verkehr außerhalb der Arbeitsstätte. Unser Bergarbeiterdorf war vom politischen Leben in dieser Zeit fast vollkommen abgeschnitten.

Die erste Belegschaftsversammlung an der ich teilnahm, machte auf mich einen großen Eindruck. Die Versicherung der Redner, dass der Streik keine sozialdemokratische Mache sei, sondern ein ehrlicher Kampf um Gerechtigkeit und mehr Lohn für unsere schwere Arbeit, befriedigte mich außerordentlich. Ich konnte meiner Mutter jetzt sagen, dass sie unrecht hatte, dass die Sozialdemokraten nichts mit dem Streik zu tun hätten und auch kein Sozialdemokrat in der Versammlung war, denn ich hätte niemand mit einem Buckel gesehen. Alle Versuche meiner Mutter mich zu zwingen, am nächsten Morgen zur Arbeit zu gehen, waren so vergeblich. Auch mein Bruder ging nicht. Unsere Kostgänger versuchten zur Grube zu gehen, aber die Straßen waren trotz Dunkelheit, voller streikender Bergleute, sodass auch sie umkehrten und lieber den ganzen Streik über Karten spielten.

Während der Streiktage wollten wir Jungens natürlich auch eine Beschäftigung haben. Da niemand und keine Organisation sich um uns kümmerte, suchten wir selbst uns eine Betätigung. Wenn die Polizei und die Hilfspolizisten die Streikbrecher zu ihren Wohnungen begleiteten, stellten wir uns an den schmalen Straßen der Kolonie auf und riefen aus Leibeskräften ihnen hinterher: Streikbrecher, pfui! – und rissen dann aus. Die Polizisten rannten hinter uns her. Wir hatten über die Übergangswege dünne Drähte gespannt, über die wir mühelos hinüber sprangen, die Polizisten diese aber nicht sahen und so regelmäßig hinfielen.

Eine weitere Aktion war folgende. An den Häusern der Bergmannswohnungen waren kleine Viehställe angebaut, um die, wollte man ins Haus, herumlaufen musste. Am Kopfende des Stalles befand sich eine abgedeckte Grube, in die der Stalldung entsorgt wurde. Die Grubendeckel hoben wir heraus und wenn die Polizisten uns verfolgten, rannten wir in die Richtung jener Gruben, übersprangen sie oder liefen um sie herum. Aber die Polizisten, die die Örtlichkeiten nicht kannten, fielen hinein und nicht nur ihre Stiefel, sondern oft auch die ganze Uniform war dann voller Jauche. Nachdem wir etwa eine Woche lang unsere freie Zeit so vertrieben und mehr als ein Dutzend Polizisten hingestürzt oder mit der Jauchegrube Bekanntschaft gemacht hatten, lief kein Polizist mehr hinter uns her.

Gleich in den ersten Streiktagen hatte die Grubenverwaltung angeordnet, dass die Arbeitswilligen alle in einer Schicht arbeiten sollten. Es waren auf unserer Grube etwa 100 Mann. Wenn sie morgens zur Arbeit gingen, war es noch dunkel. Die Wege in den Kolonien waren durch Gaslaternen beleuchtet. An die Hähne der Gaslaternen banden wir einen langen Faden und führten diesen über die Bäume bis zur nächsten Hausecke. Kam der Streikbrecher mit dem Polizisten in den Lichtkreis der Laterne, rissen wir an dem Bindfaden, sodass die Straßenlaterne plötzlich erlosch. Wir schrien dann: Streikbrecher, Streikbrecher – und er dachte, er würde überfallen und riss aus. Alles Mögliche wurde von uns ausgeklügelt, um die Streikbrecher und Polizisten zu ärgern.

In die Nähe der Grube durfte niemand, der nicht zur Arbeit ging. Die Grubenbeamten und Polizisten passten genau auf und ließen nur diejenigen durch, die ihr Brotpaket in der Jackentasche und die Kaffeepulle auf der Schulter hatten. Wir Jungens waren neugierig zu erfahren, wer arbeitet. Das konnten wir nur, wenn wir bis in die Waschkaue vordrangen.

Mit fünf jungen Burschen – mein Kumpel Franz und ich waren die Anführer – verabredeten wir uns, den nächsten Morgen ein Brotpaket in die Tasche zu stecken und die Kaffeeflasche umzuhängen und auch zur Grube zu gehen. Die Polzisten ließen uns auch ruhig bis in die Waschkaue durchgehen – die Kaffeepulle war Ausweis genug. Nachdem wir festgestellt hatten, welche Nummern arbeiten, brüllten wir: „Wo sind unsere Grubenkleider. Die Streikbrecher haben unsere Grubenkleider gestohlen." Die Streikbrecher, die sich gerade umzogen, verblüffte unser Geschrei und unser Schimpfen, sie meinten, wir können aufgrund des

Diebstahls nicht anfahren. In Wirklichkeit hatten wir unsere Grubenkleider nach der letzten Schicht mit nach Hause genommen. Ein Zechenbeamter schließlich merkte unseren Schwindel, wir wurden festgehalten, unsere Namen aufgeschrieben und mit Schlägen vom Zechenplatz gejagt. Wegen dieser Tat wurden wir fünf nach Beendigung des Streiks zur Strafe noch vier Wochen lang ausgesperrt.

Bereits Anfang Februar hatte die Siebener-Kommission verkündet, dass sie bereit sei, den Streik zu beenden, wenn der Verein der Zechenbesitzer erklärt, dass keine Maßregelungen erfolgen, sondern alle Arbeiter wieder eingestellt werden. Der Verein der Zechenbesitzer aber ließ erklären, er werde in keine Verhandlungen eintreten. Nirgends gab es eine feste Streikführung, der Streik fing an abzubröckeln.

Am 9. Februar beschlossen die Siebener-Kommission und die Revierkonferenz in Essen den Abbruch des Streiks. Aber am 16. Februar streikten noch 10 000 Bergleute im Ruhrgebiet. Nach dem Bericht des Oberbergamtes Dortmund streikten am 19. Januar 87,43 % der Untertage-Belegschaft. Auf der Grube, in der ich arbeitete, war von 1600 Mann Untertage-Belegschaft die Zahl der Streikbrecher vom Beginn des Streiks an bis zu seinem Ende am 9./10. Februar nie über 60 Mann hinausgegangen, also nicht einmal vier Prozent.

Unsere Grube nahm die Arbeit wieder auf.

Im Bergarbeiterverband wurde erregt über den Verlauf des Streiks diskutiert, und die Siebener-Kommission stellte in ihrem Aufruf zum Streikabbruch fest, der Streik hätte dadurch Erfolg gehabt, da die Regierung die Bergarbeiterforderungen als berechtigt anerkannt haben und nun per Gesetz festgelegt werden wird, wozu die Grubenherren freiwillig nicht bereit gewesen wären. Die Presse der Grubenbesitzer warf der Regierung vor, dass sie in die Bahnen der Sozialdemokratie geglitten sei und deren Ziele fördere. Das Selbstbewusstsein und das Machtgefühl der Sozialdemokratie werden dadurch unendlich steigen und ihr Ansehen bei den Arbeitern wachsen, sie werden ihr in Scharen zuströmen. Die Presse hatte nicht ganz unrecht. Wenn die Mitgliederzahl am Ende des Jahres 1904 rund 80 000 Mitglieder betrug, so stieg die Mitgliederzahl 1905 auf 100 000 und 1907 auf 114 476 Mitglieder. In derselben Zeit hatte der Christliche Gewerkverein ebenfalls 30 000 Mitglieder gewonnen.

Innerhalb der Sozialdemokratischen Partei führte der Bergarbeiterstreik zu einer breiten Diskussion über die Bedeutung des politischen Massenstreiks. Auch die Bergleute diskutierten, ob nun der Streik ein Erfolg oder eine Niederlage für sie darstellte? Eine Reihe meiner jungen

Kameraden, auch ich, wurden wegen unserer Jugendstreiche, so sagte es der Betriebsführer, weitere vier Wochen ausgesperrt, aber schon nach 14 Tagen zur Arbeit geholt, da man uns brauchte. Mein Bruder, der schon älter war und keine „Dummheiten“ mehr machte, erhielt keine Arbeit mehr auf den Ruhrzechen. Trotz vier Wochen Streik hatten wir unsere Forderung, 3,80 Mark Schichtlohn, nicht erreicht. Aber keiner von uns empfand es als Niederlage. Im Gegenteil, wir waren stolz, gestreikt und den Herren gezeigt zu haben, dass sie nicht alles mit uns machen konnten, was sie wollten.

Und etwa zwei Wochen nach Wiederaufnahme der Arbeit erhielten wir zwanzig Pfennig Zulage zum Schichtlohn. Also einen Erfolg hatte der Streik gehabt, wenn der Steiger auch sagte, die 20 Pfennig hätten wir auch ohne Streik erhalten. Die Beamten sprachen in anständigerem Ton mit uns. Meine Kameraden und ich hatten das Gefühl, dass der Streik doch nicht umsonst gewesen ist.

Zweiter Teil:
Der Soldat allein ist der freie Mann!
Flucht aus dem Elend

Meine Eltern jedoch meinten, dass alle Streiks keinen Zweck haben, sie verurteilten jede Arbeitsverweigerung und glaubten an die göttliche Fügung aller Dinge.

Durch den Ausfall des größten Teils des Familieneinkommens war eine Verschlechterung unseres täglichen Lebens eingetreten. Das Stück Fleisch, was früher klein war, fiel jetzt ganz weg. Dafür nahmen die Vorwürfe der Mutter zu, ihren Rat nicht befolgt zu haben. Leider hatte die Mutter recht behalten, aber mir war bewusst, dass ich für höheren Lohn aus freiem Willen gestreikt hatte und nicht von Sozialdemokraten aufgehetzt.

Während die Reichen im Wohlleben alles genießen konnten – Sonne, Luft, Theater und Kultur – mussten wir Armen in tiefen Gruben ihnen die Reichtümer schaffen, allzeit vom Tode oder Unfall bedroht, ohne das Recht auf Erholung. Trotz harter Arbeit lebten wir in tiefster Armut. Eine solche Weltordnung ist nicht gerecht und kann nicht, wie die Mutter immer behauptete und wie der Vater mit der Bibel beweisen wollte, von Gott geschaffen und unabänderlich sein. Diese Gedanken rumorten verstärkt in meinem Kopf und ich erinnerte mich wieder der Taten und des freien Lebens des Räuberhauptmanns Fetzer.

Auch ging mir das Lied nicht aus dem Kopf, das die Soldaten, als wir vor Jahren durch Berlin fuhren, vor dem Lehrter Bahnhof gesungen hatten. Der Refrain des Liedes „Die Feigheit herrschet und Hinterlist bei dem feigen Menschengeschlechte. Der dem Tode ins Angesicht schauen kann, der Soldat allein ist ein freier Mann!" – hielt sich noch in meinem Bewusstsein. Die Soldaten sangen das mit einer solchen Begeisterung, dass ich schon damals, als zehnjähriger Knirps, mit ihnen davongelaufen wäre.

Nun war ich 18 Jahre alt, und es stand nichts im Wege, zu den Soldaten zu gehen. Ich war groß und stark genug, um als Freiwilliger genommen zu werden. Kurz entschlossen ging ich in die Stadt zum Bezirkskommando. Dort erhielt ich die Auskunft, erst mit der väterlichen Zustimmung einen Meldeschein zu erhalten. Mein Vater machte keine Schwierigkeiten. Nach etwa 14 Tagen erhielt ich den Meldeschein und fuhr nach Düsseldorf, der nächsten Garnisonsstadt. Da ich zeitlebens Soldat bleiben wollte, um aus der Knechtschaft der Grubenbesitzer herauszukommen, war es mir egal, ob der Truppenteil, bei dem ich mich melden sollte, zwei- oder dreijährige Dienstzeit bedeutete. So wählte ich das in Düsseldorf stationierte reitende Artillerie- Regiment.

Bei der Vorstellung ließ mich der Hauptmann erst turnen und über ein Holzpferd springen, um zu sehen, wie gelenkig ich bin. Das Schieben der Kohlewagen hatte mich gelenkig und stark gemacht, sodass ich die Probe gut bestand. Bei der ärztlichen Untersuchung stellte sich allerdings heraus, dass bei meiner Körpergröße von 1,72 Meter ich nur einen halben Zentimeter mehr an Brustumfang hatte als unbedingt vorgeschrieben war. Der Regimentsarzt erklärte, er stelle zwar niemand ein, der nicht mindestens zwei Zentimeter mehr als vorgeschrieben an Brustumfang habe, aber er wolle mal eine Ausnahme machen und mich annehmen. Anfang Oktober 1905 wurde ich Soldat.

Mit 30 Rekruten rückten wir in die Kaserne der III. Batterie des Artillerie-Regiments ein. Die Hälfte meiner Kameraden kam aus Elsass-Lothringen, weitere sechs waren wie ich Freiwillige und der Rest kam aus rheinischen und westfälischen ländlichen Gebieten.

Die Enge der Kaserne, die neuen Kameraden, die Unteroffiziere, der Stall, die Pferde, der Dienst auf dem Kasernenhof, in der Reitbahn und der Stube, nahmen mich voll in Anspruch. Zum Nachdenken blieb mir überhaupt keine Zeit.

Um neun Uhr abends legte man sich wie zerschlagen ins Bett und glaubte, gerade eingeschlafen zu sein, da brüllte es um 4 Uhr morgens: Aufstehen, antreten zum Stalldienst. Beim Exerzieren, Reiten und bei jedem Dienst wurden wir mit: Schweine, Kamele, Rindvieh, Hammel, Hornochse, Idiot und was es sonst noch von den Unteroffizieren benutzte Bezeichnungen für uns gab, beschimpft. Nach geraumer Zeit schauten wir zehn Kameraden, die auf der Stube zusammenwohnten, uns gegenseitig an, um festzustellen, inwieweit wir Kamele oder Schweine waren. Auf jeden Fall meinten wir, dass wir Menschen sind, aber in einer Unterrichtsstunde machte uns der Vizewachtmeister klar, dass seine Majestät „speist", der Herr Unteroffizier „isst" und der Hammel – das waren wir – „frisst".

Nach vier Wochen gründlicher Vorbereitung fand die feierliche Vereidigung statt. Zuvor hatten uns schon die „alten Leute" – das waren die Männer, die schon im zweiten oder dritten Jahr dienten – gesagt, dass das bisher Erlebte nur ein Vorspiel gewesen sei und der wirkliche Dienst beginne erst nach der Vereidigung. Doch wir glaubten nicht, dass es noch schlimmer kommen konnte. Am Tag der Vereidigung erhielten wir den Nachmittag frei, das hieß, wir wurden von unserem Unteroffizier zum ersten Mal in die Stadt geführt und durften uns im zoologischen Garten die Affen – das seien wir nach Erklärung des Unteroffiziers – anschauen.

Mistkuhle polieren

Abends beim Stalldienst, da merkten wir schon, dass die „Alten" recht hatten.

Der Futtermeister brüllte uns in einem noch schärferen Ton an. Er riss vom Pferdeständer, auf dem das Zaumzeug schon richtig hing, alles herunter und warf es in die Stallgasse. Dabei bemerkten wir nicht, dass der Futtermeister und seine Gehilfen die Zaumzeuge mit einem nassen Lappen anfassten, sodass am nächsten Morgen das Metall voller Rost war und der Reitlehrer wie wahnsinnig brüllte, weil wir „Schweine" die Zaumzeuge nicht geputzt haben.

Zum Ende des Stalldienstes, als wir in der Stallgasse angetreten waren und jeden Augenblick das Kommando: „Links um, ohne Tritt Marsch" erwarteten, hieß es: „Rechts um!" Natürlich drehte sich die Hälfte der Rekruten links um, denn das saß schon in den Knochen. Erst nach zwanzig Mal Üben der Wendung nach rechts erfolgte der Befehl: „Ohne Tritt Marsch!" Aber nicht zum Ausgang in die Kaserne, sondern in Richtung der großen Mistkuhle. Die zwei- und dreijährigen „Alten" hatten den Mist aus den Ställen herausgefahren und die Schubkarren neben der Kuhle abgekippt. „So, seht mal ihr Schweine", sagte der Futtermeister,

„was ihr gemacht habt, ich werde euch beibringen, den Mist richtig zu entladen. Ran da, die Mistkuhle polieren!"

Wir sahen uns gegenseitig an und einige wollten Mistgabeln und Schippen holen, da brüllte aber schon der Futtermeister und mit ihm die sogenannten „Alten": „Was, Mistgabeln wollt ihr? Habt ihr keine Mistgabeln mitgebracht? Eure Pfoten sind Mistgabeln genug. Los, an die Arbeit!" Wir hatten begriffen. Es galt also, mit den Händen die großen Haufen Pferdemist in die Mistkuhle zu befördern. Als nun der Mist an der richtigen Stelle lag, hieß es: „Rauf auf den Haufen und fest trampeln!" Kaum standen wir oben auf dem Misthaufen, hieß es: „Singen, na, könnt ihr nicht, dann werdet ihr trampeln bis ihr schwarz werdet." Wir sangen: Alle Vögel sind schon da, alle Vögel alle.

Dieses „Vergnügen" die „Mistkuhle polieren", wiederholte sich jeden Sonntag und an allen Tagen, wenn vom übrigen Dienst noch einige Zeit blieb.

Schikane der „Alten"

Eine andere Schikane geschah einen Sonntag morgens. Die Mistkuhle war von uns schon poliert und wir wollten durch den Stall in die Kaserne gehen, da ging im Stall plötzlich das Licht aus. An den Seiten der dunklen Stallgasse standen die „alten Leute" mit Obergurten, Zugsträngen und sonstigem Pferdegeschirr, mit dem sie auf uns einschlugen, als wir durch die Stallgasse gingen. Ganz gleich, wohin sie trafen – auf den Kopf, den Rücken, die Beine – hagelten die Schläge, und wir konnten in der Dunkelheit nicht sehen, wer genau von den „Alten" uns prügelte.

Hatte ich bisher alles über mich ergehen lassen und sozusagen als notwendige Begleiterscheinung aufgenommen, so traf mich diese Prügelei, die ohne Zweifel mit Wissen des Futtermeisters und der Unteroffiziere veranstaltet wurde, bis ins tiefste Innere. Von den Schlägen hatte ich nicht viele abbekommen, nur einen kräftigen Hieb über die Schulter, der nicht sehr stark schmerzte. Aber die Tatsache, dass man uns schlagen ließ und dazu noch von den eigenen Kameraden, tat enorm weh. In meiner Stube angekommen, fiel ich auf mein Bett und weinte. Die Tränen überwältigten mich. Unmöglich, auch nur einen Tag länger hier zu bleiben, so ging es durch meinen Kopf. Davonlaufen, nie wieder in diesen Stall und auf diesen Misthaufen gehen.

Der Unteroffizier vom Dienst und der Wachtmeister kamen auf unsere Stube und der Wachtmeister fragte mich, was mit mir los sei. Kein Wort kam über meine Lippen. Ich verweigerte jede Antwort im Bewusstsein, *dass auch dem Wachtmeister all die Schikanen denen wir ausgesetzt waren, bekannt waren. Meine Stuben-Kameraden sagten auch nichts, weil es ja keine Besserung, sondern nur das Gegenteil gebracht hätte.*

Mein Enthusiasmus für das Soldatenleben war erschöpft. Mein einziger Wunsch war, so schnell wie möglich hier herauszukommen. Aber wie? Desertieren? Davonlaufen, nach Hause? Ich hatte mich ja freiwillig gemeldet. Ein Zurück gab es nicht. Aber mein Vorsatz, als Soldat zu dienen, war dahin. Die drei Jahre erschienen mir wie eine Ewigkeit, wie konnte ich sie überleben? Nur ein Sturz vom Pferd oder ein anderer Unfall können mich von diesem Soldatenleben befreien. Diese Gedanken brachten es mit sich, dass mir alles gleichgültig wurde, mein Leben mir nichts mehr bedeutete. „Morgenrot, Morgenrot, leuchtest mir zum frühen Tod“ - so sangen wir, wenn wir zu Reitübungen in die Heide zogen. Wenn er nur käme, der Tod, dachte ich.

Freute ich mich bisher, wenn mir ein Pferd, was fromm und zahm war, zugewiesen wurde, so war von jetzt ab mein Wunsch, das wildeste Pferd unseres Beritts zu erhalten. Wenn in der Reitbahn oder dem Sprunggarten der Reitlehrer uns über die Hürden jagte und aufs strengste verbot, sich beim Sprung an der Mähne des Pferdes festzuhalten, so führte ich dies exakt aus, wenn ich dabei auch in den Sand, auf die Hürde oder in den Graben fiel. Die anderen Kameraden, die sich beim Absprung des Pferdes an der Mähne festhielten, fielen nicht so leicht vom Pferd, aber sie wurden als „Waschlappen“ bezeichnet.

Der Bergmannsjunge wird zum besten Reiter

Mir war nichts zu gefährlich, ich tat alles, was befohlen wurde, ob beim Reiten, Springen, Exerzieren, Turnen oder Kanonenschieben. Ich nahm keine Rücksicht mehr auf mich selbst. So wurde ich der mutigste, ein Held, den kein noch so wildes Pferd ängstigte. Und so galt ich bei Vorführungen als der beste Reiter.

Diese meine waghalsige Haltung verschaffte mir bei den Vorgesetzten, Offizieren und Unteroffizieren Anerkennung. In meinem Jahrgang waren über die Hälfte der Rekruten Bauernjungs, die von Kindheit an mit Pferden Umgang hatten und bei Diensteintritt sich rühmten, reiten zu können. Nachdem wir drei bis vier Monate zusammen reiten lernten, war ich, der Bergmannsjunge, der früher nie ein Pferd angefasst hatte, allen überlegen. Ich ritt am besten, egal ob in der Reitbahn oder im Sprunggarten, jedes Pferd gehorchte meinem Schenkeldruck – es ging oder sprang ob über Graben, Wall oder Hürde.

Ähnlich ging es mir beim Exerzieren mit Geschützen und im Artilleriedienst, denn ich hatte mir schon vor meinem Eintritt von einem Bekannten ein Lehrbuch der Artillerie beschafft und darin eifrig studiert. Spielend erlernte ich so die Schießregeln, das Entfernungsmessen und die Richtmittel zu bedienen. Reiten und die Geschütze bedienen, waren die beiden wichtigsten Zweige des Dienstes bei der reitenden Artillerie. Wer diese Zweige am besten beherrschte, bei dem wurde beim Exerzieren – was meine schwache Seite war – manches übersehen.

Neue Rekruten kamen zu uns und wir waren jetzt „alte Leute". Vorbei das „Polieren der Mistkuhle", das mussten jetzt die anderen machen. Nun hatte ich auch mehr freie Zeit, konnte mehr nachdenken, und so fing das Soldatenleben an, beinahe schön zu werden. Dies umso mehr, da die Mutter regelmäßig ein Paket schickte und mitunter auch Geld. Außerdem war jetzt jeder Nachmittag am Sonntag frei; man durfte in die Stadt gehen. Als „alter Mann" konnte man die Kaserne auch an Wochentagen, wenn man es sich einrichtete, verlassen, sich mit Mädeln anfreunden und den Tanzboden besuchen.

Bereits nach Ablauf des ersten Dienstjahres ernannte man mich zum Gefreiten, und später wurde ich zu Unteroffiziersdiensten herangezogen. Der Batteriechef bemühte sich in der ganzen Zeit, mich zu gewinnen, beim Militär zu bleiben. Mit der Begründung, ich müsse für meine alten Eltern sorgen, lehnte ich dies ab.

Tanzen im „verbotenen" Lokal

An einem Sonntagnachmittag machte ich mich mit meinem Freund Joseph, einem Duisburger Gemüsehändlersohn, auf, um endlich mal tanzen zu gehen. Wir waren vom Abendstalldienst befreit und hatten bis 24 Uhr Urlaub.

Wir überlegten wohin gehen? Die Tanzlokale in der Stadt waren teuer, jeder Tanz kostete einen Groschen. Wenn wir fünf Stunden dort tanzen wollten, zersprengte das unsere Geldbeutel. Wir beschlossen in die Arbeiterviertel zu gehen, dort wird es doch auch Tanzlokale und Mädels geben. Nicht lange überlegt, schlenderten wir die Kölner Straße entlang, an der Erhardtschen Fabrik vorbei und liefen bis Geresheim. Dort hörten wir Tanzmusik aus einem Lokal und kurz entschlossen gingen wir hinein.

Neben der Eingangstür an einem kleinen runden Tisch saß ein älterer Mann in Arbeiterkleidung, und vor ihm standen zwei weiße Teller. Wir fragten den Mann: Wird hier getanzt? Was kostet der Eintritt? Freundlich gab uns der Mann Auskunft: Ja, getanzt wird hier bis 24 Uhr und es werden auch kleine Theaterstücke gezeigt. Der Eintritt koste 50 Pfennig im Vorverkauf und an der Kasse jetzt 75 Pfennig, aber Soldaten haben bei ihnen immer freien Eintritt. Ob auch Mädels genug zum Tanzen kommen würden, wollten wir noch wissen. Ja, meinte der Alte, junge und hübsche Mädels und auch ältere kommen genügend, nach der Kaffeezeit würden ganze Familien kommen. Wir gingen also hinein und setzten uns an einen leeren Tisch an der Seite des Saales, schnallten unsere Säbel ab und hängten sie mit unseren Mützen an die Garderobenhaken.

Der Kellner kam, wir bestellten ein Bier und begannen das Publikum zu mustern. Wir schauten vor allem nach Mädels, die wir zum Tanz holen könnten. Dabei fiel uns auf, dass wir von allen Anwesenden angestaunt wurden. Wir wurden unsicher, prüften nach, ob die Knöpfe an der Uniform zugeknöpft sind, schauten in den Taschenspiegel, ob die Haare glatt waren, der Scheitel noch richtig saß – alles war in bester Ordnung. Auch das Bier tranken wir nicht wie in der Kantine mit einem Zug aus, sondern hatten nur einen Schluck getrunken, weniger aus Anstand als vielmehr aus Rücksicht auf unseren Geldbeutel.

Ich hatte mir schon eine schlanke Blondine ausgesucht, die ich, sobald die Musik einsetzte, zum Tanz holen wollte. Sie saß an einem Tisch mit vier älteren Männern, von denen jeder ihr Vater sein konnte. Die Männer unterhielten sich lebhaft und sahen immer wieder in unsere Richtung. Einer von ihnen, mit mächtig langem Schnurrbart, kam an unseren Tisch.

Zuerst dachten wir, er will unsere Eintrittskarten kontrollieren, denn für uns war immer noch ein Rätsel, dass wir ohne etwas zu bezahlen, in das Tanzlokal gelassen wurden. Aber nein, er redete uns mit „Artilleristen“ an und fragte, ob wir denn keine Angst hätten. Wir lachten und meinten, wenn wir auch die einzigen hier im Saal sind, aber ängstliche Soldaten seien wir nicht. Daraufhin meinte der Schnauzbart, es freue ihn, dass wir das Fest besuchen, aber es könnte eine Patrouille kommen. Wir erwiderten, dass wir Urlaub haben und jede Patrouille könne uns den Buckel runterrutschen. Gewiss, das sei klar, er wolle uns nur darauf hinweisen, dass dies ein verbotenes Lokal ist. Nun wurde uns verständlich, warum uns die Leute alle so anstarrten.

In den Instruktionsstunden im vergangenen Jahr erhielten wir eine Namensliste aller in Düsseldorf für uns verbotenen Lokale – es waren nicht wenige. Man begründete das Verbot damit, dass in jenen Lokalen Verbrecher, Huren, Zuhälter, Diebe und alle Spitzbuben, die es gibt, verkehren, und Soldaten in solche Lokale auf keinen Fall gehen dürfen. Wir sahen aber im Saal Menschen, die auf keinen Fall wie Zuhälter und

Verbrecher aussahen; Arbeiter mit ihren Frauen, unschuldige Mädchen mit frischen Wangen und Kinder saßen an den Tischen, und so vermuteten wir, dass uns der Schnauzbart anschwindelt. Nein, meinte der Alte, in diesem Lokal verkehren nur anständige Leute. Die Lokale in denen Zuhälter und Prostituierte verkehren, sind für Soldaten nicht verboten, nur jene, die Arbeiter und deren Vereine und Gewerkschaften besuchen. Das Militärkommando will verhindern, dass die Soldaten mit Arbeitern Kontakt bekommen. Deshalb wird ein Lokal, in welches wir zum Tanzen eingelassen wurden, verboten. Wir erfuhren, dass die Gesellschaft in die wir zufällig geraten waren, das Jahresfest eines Arbeitergesangsvereins war. Der Mann mit dem Schnurrbart, ein Metallarbeiter aus der Erhardtschen Fabrik, lud uns ein, vorausgesetzt wir wollen bleiben, am Tisch seiner Familie Platz zu nehmen und nicht so allein an der Seite des Saales zu sitzen. Wenn eine Patrouille kommt erfährt er das früh genug und würde uns warnen. Natürlich blieben wir. Am Tisch des Schnauzbartes lernten wir seine Frau und Töchter kennen und viele seiner Kollegen setzten sich auch zu uns. Unser Bier brauchten wir nicht bezahlen. Es fand sich immer ein Kollege, der sich beleidigt fühlte, wenn wir ablehnen wollten, dass er unser Bier bezahlte. Wir sahen uns die Theaterstücke an, hörten die Freiheitslieder, die ganz anders klangen als unsere Soldatenlieder, und tanzten mit den Mädels und Frauen, die alle mit den Soldaten mal tanzen wollten. In dieser Gesellschaft fühlte ich mich wohl. Diese Menschen waren freundlich und anständig, unterhielten sich frei und ungezwungen und doch sehr ernst.

Sozialdemokraten ohne Buckel

Aus den Gesprächen der Männer erfuhr ich, dass sie nicht nur Arbeiter, sondern auch Sozialdemokraten waren. Die Männer wussten, dass wir an dem Sonntag, an dem die große Wahlrechtsdemonstration in Düsseldorf stattfand, den ganzen Tag mit gesattelten Pferden in der Kaserne bereit standen und für unsere Kanonen scharfe Munition empfangen hatten; uns informierte man jedoch über den Zweck unseres Einsatzes nicht.

Als wir sagten, wir glaubten an jenem Sonntag, es gehe in den Krieg gegen Frankreich, da lachten die Männer und erklärten uns, dass wir mobil gemacht wurden, eine Demonstration der Düsseldorfer Arbeiter zu verhindern und im Ernstfall auf die Demonstrierenden zu schießen. Die Arbeiter wollten mit ihrer Demonstration nichts anderes erreichen, als sowohl an der Wahl zum Preußischen Landtag wie auch zum Reichstag teilnehmen zu dürfen. Ich staunte über alles, was diese Männer wussten und was sie auch erzählen konnten.

Da ich nun wusste, dass die meisten von ihnen Sozialdemokraten waren, wollte ich von ihnen wissen, warum sie nicht an Gott glauben und gegen den König oder Kaiser sind. Einen König müsste es doch geben, der das Land regiert. Einer der Arbeiter antwortete: Der König regiere doch gar nicht, das sind ganz andere Herren, nämlich die Industriekönige und ostelbischen Junker und die interessiert nicht wie die Leute im Lande leben. Und Gott? - jeder Mensch soll glauben was er will. Wer an einen Gott und seine Unfehlbarkeit glaubt, demjenigen wollen die Sozialdemokraten den Glauben nicht nehmen. Aber derjenige, der an Gott nicht glaubt, der soll auch dasselbe Recht haben, an das zu glauben, woran er will. Dieser Standpunkt gefiel mir, denn an Gott glaubte ich schon lange nicht mehr. Beim Kirchgang unserer Batterie ging ich immer mit zwei anderen Kameraden freiwillig die Orgel treten, um nicht singen zu müssen. Wenn man während der Predigt einschlief, wurde das vom Unteroffizier vom Dienst notiert, und man bekam zwei Stunden Strafexerzieren verordnet.

Wir blieben an unserem freien Nachmittag solange auf dem Fest wie es unsere Urlaubskarte erlaubte. Mit unzähligen guten Wünschen verabschiedeten wir uns von unseren neuen Freunden und erreichten in letzter Minute die Kaserne. Von den vielen Gesprächen war ich so benommen, dass ich trotz des vielen Bieres lange nicht schlafen konnte.

Wie dem Metallarbeiter – der Mann mit dem Schnurrbart – versprochen, sobald wir wieder einen freien Sonntag haben werden, ihn in seinem Stammlokal in Flingen zu besuchen, gingen ich und mein Freund Joseph schon den folgenden Sonntag in die bezeichnete Kneipe. Im Hinterstübchen trafen wir auf die Männer, mit denen wir uns am vorigen Sonntag im Tanzlokal befreundet hatten. Auch diese Kneipe zählte für uns zu den „verbotenen" Lokalen. Die Themen, über die die Arbeiter diskutierten, waren hochinteressant und fingen an, auch mich zu bewegen. Und so verbrachte ich viel von meiner Freizeit mit diesen Arbeitern.

Sie erzählten von Marx und Engels - Namen, die ich noch nie gehört hatte – zwei kluge Köpfe, die einwandfrei nachgewiesen hätten, dass nur in einer kommunistischen Gesellschaft der Mensch frei und alle Menschen gleich sein werden. Jetzt von Freiheit zu reden, sei Quatsch, denn im Kapitalismus gäbe es keine Freiheit für die Arbeiter.

Aber in der Kirche wird doch etwas ganz anderes gepredigt, die Pastoren seien doch auch für die Freiheit. Ja, das stimme, aber der Glaube an Gott wird von ihr nur benutzt, um die Kapitalisten in ihrem Streben nach Profit zu unterstützen. Die Sozialdemokraten seien die einzigen, die die Leute über diese Tatsache aufklären. Die Sozialdemokraten seien auch nicht gegen das Militär, im Gegenteil, August Bebel führe im Reichstag einen ständigen Kampf gegen Misshandlungen der Soldaten, für eine bessere Verpflegung und höheren Sold. Die Soldaten seien doch in der Mehrzahl Söhne von Arbeitern und die Sozialdemokraten wollen verhindern, dass die Soldaten auf die eigenen Väter und Mütter schießen sollen. Deshalb müssen die Arbeiter und Soldaten fest zusammenhalten. Dieser Standpunkt überzeugte mich.

Aber dem, was im Hinterstübchen über eine Große Französische Revolution aus dem Jahre 1789 und eine Revolution in Preußen im Jahre 1848 gesprochen wurde, konnte ich nicht folgen. Von diesen Ereignissen hatte ich noch nie etwas gehört und war erstaunt über das ungeheure Wissen dieser Männer. In der Schule hatte ich am fleißigsten gelernt, war der beste Schüler, aber von diesen Revolutionen redeten weder die Lehrer noch Pastoren, und meine Eltern lasen ausschließlich die Bibel. Von den Schlachten und Heldentaten der preußischen Armee und von Königin Luise erfuhr ich vom Lehrer. Kein Mensch aus meinem früheren Umfeld wusste so viel über Geschichte und gegenwärtige Politik wie diese Düsseldorfer Metallarbeiter.

Meine Bewunderung konnte ich vor den Männern nicht verbergen und fragte sie, woher man solche Bücher bekommen könnte, aus denen sie das erfahren haben. Natürlich gibt es Bücher von Marx und Engels, Bebel und anderen Sozialdemokraten. Auch Zeitungen und Zeitschriften gibt es, aus denen du viel lernen könntest. Aber geben können wir dir keine, das ist nicht gut für dich, denn wenn man bei einer Spindkontrolle diese Bücher bei dir findet, kommst du ins Loch oder ins Gefängnis. Wieso, was hat denn die Spindrevision damit zu tun, die wird doch nur durchgeführt, um zu sehen, ob alles sauber ist, erwiderte ich. Das sagen euch die Wachtmeister und Unteroffiziere, aber in Wirklichkeit suchen sie in euren Schränken nach sozialdemokratischer Literatur, die euch Soldaten verboten ist zu lesen, erklärten mir die Männer. Und sie hatten wirklich recht.

Fast immer am Montag, wenn wir vom Exerzierplatz kamen, hieß es: „Stehen bleiben, nicht wegtreten", und dann nahmen die Offiziere die Soldaten in vierer Gruppen oder zu fünft mit auf die Stuben und durchsuchten deren Spinde. Auch die Taschen des Sonntagsrocks und der Hose wurden geprüft ob sie nicht „zerrissen" sind. Ich meinte, die Offiziere tun das aus Sorge um uns Soldaten, damit unser Sonntagsrock ganzes Taschenfutter behielt. Nun erfuhr ich, diese Metallarbeiter wussten über unser Soldatenleben besser Bescheid als wir.

Nach jedem Sonntag bei meinen Freunden im „verbotenen" Lokal musste mein Kopf das Gehörte erst einmal verarbeiten. Ob beim Stalldienst, beim Exerzieren oder beim Reiten ließen mich die ziemlich wirren Gedanken nicht los; aber ich kam zu der Überzeugung, dass diese Männer recht hatten und auf dem richtigen Weg waren, für eine Welt in Freiheit und Gerechtigkeit zu kämpfen. Weg und Ziel standen für mich jetzt fest. Schluss mit dem Dasein als Artillerist und zurück zur Grube, von der ich fortgelaufen war, um eigentlich nicht zurückzukehren. Aber jetzt war ich entschlossen, zurück zu den Hauern, Schleppern und Pferdejungs zu gehen und sie für den gemeinsamen Kampf gegen Gott und König zu gewinnen – für eine schönere und bessere Welt für alle Menschen.

Nach meiner Entlassung vom Militärdienst 1908 übernahm ich die Koloniewohnung meiner Eltern, da mein Vater Invalide geworden war.

Dritter Teil:
Sozialdemokrat und Bergmann

Die sonntäglichen Zusammenkünfte mit den sozialdemokratischen Metallarbeitern veränderten mein Denken.

Nach meiner Entlassung aus dem Militärdienst im Herbst 1908 stürzte ich mich auf das Lesen von sozialistischer Literatur. Mit Hilfe meines freigewerkschaftlich organisierten Bruders, der mir Eintritt in die Gewerkschaftsbibliothek verschaffte, fing ich mein Studium mit dem 1. Band „Das Kapital" von Karl Marx an. Nachdem ich etwa 14 Tage lang versuchte, Karl Marx zu verstehen, gab ich das Weiterlesen auf.

Beim Umtausch des Buches belehrte mich der Bibliothekar, dass ich natürlich nicht mit dem „Kapital" anfangen dürfe. Er gab mir von August Bebel das Buch „Die Frau und der Sozialismus". Neben kleineren Broschüren und einschlägiger Literatur las ich dann Bücher über die Geschichte der deutschen Arbeiterbewegung, über die Französische Revolution, aber auch sehr intensiv das Buch von Edward Aveling: „Die Darwinsche Theorie", eine Anzahl religiöser Schriften, über die Geschichte der Entstehung des Christentums und des deutschen Bauernkrieges und was ich auf dem Gebiet der Geschichte noch alles finden konnte. Später las ich auch von F. Engels: „Der Ursprung der Familie, des Privateigentums und des Staats". Mein Bestreben war, mir selbständig ein Bild von den Zwecken und Zielen der Arbeiterbewegung, dem Begriff „Sozialismus" und der Geschichte im Allgemeinen zu erarbeiten.

Heirat

Am 14. Juli 1909 heiratete ich Henriette Schantowski, die ich schon seit einigen Jahren kannte und nun, da sie 21 Jahre alt war, heiraten konnte.

Sie war in Mingfen, Kreis Ortelsburg/ Ostpreußen als Kind von Landarbeitern, die am Anfang der neunziger Jahre in das Ruhrgebiet umsiedelten, geboren. Im Ruhrgebiet arbeitete der Vater als Bergmann, er verstarb 1900. Ihre Mutter verlor sie zwei Jahre danach. Henriette besuchte in Wanne-Eickel die 8-klassige Volksschule. Mit 14 Jahren war sie völlig auf sich allein gestellt und sorgte noch für ihren jüngeren Bruder. Sie arbeitete bis zu unserer Heirat als Haushaltshilfe in „Stellung" in verschiedenen Geschäftshaushalten.

(Ergänzung von mir: Aus dem Familien-Stammbuch, nicht aus den „Erinnerungen" und diversen Lebensläufen meiner Großeltern ersehe ich, dass die Eheschließung der beiden auf dem Standesamt Röhlinghausen/ Landkreis Gelsenkirchen und zwei Tage später, die kirchliche Trauung in der evangelischen Kirche Röhlinghausen erfolgte.

Meine Großmutter Henriette beginnt ihre Erinnerungen, die sie ein Jahr nach dem Tode ihres Mannes, mit Feder und Tinte aufschreibt, folgendermaßen: „Er war ein einfacher Mensch und guter Mann. Außen raue Schale, ein ehrliches Herz, mit hartem Willen, eisernem Fleiß und Selbstdisziplin, kämpfte er sein ganzes Leben zum Wohle der Arbeiterschaft".

Und an die Zeit ihrer Eheschließung erinnert sie: „Im Jahr 1909 beschlossen wir unseren Ehebund. Der Anfang der Ehe war sehr schwer. Mein Mann und ich hatten kein Vermögen, ich war Waise, sein Vater war Invalide. Die Möbel mussten wir auf Abzahlung nehmen. Damals war Krise im Absatz der Kohle, es wurden Feierschichten eingelegt, es gab kein vorwärts, Kredit hat es nicht gegeben.")

Weiter im Text meines Großvaters.

1910 – Mitglied der SPD

Am 1. Oktober 1909 – ich war 23 Jahre alt – schloss ich mich dem Verband der Bergarbeiter an und im Januar 1910 der Sozialdemokratischen Partei in Röhlinghausen, Wahlkreis Bochum.

(Als Geburtsstunde der Sozialdemokratie gilt der im Mai 1863 von Ferdinand Lassalle in Leipzig gegründete „Allgemeine Deutsche Arbeiterverein" (ADAV), ab 1890 heißt die Partei: „Sozialdemokratische Partei Deutschlands" (SPD). U. K.).

Ich arbeitete wieder auf meiner alten Grube unter Tage. Mein Vertrauensmann informierte mich, dass ich Stillschweigen über meine Mitgliedschaft im Bergarbeiterverband und in der Partei
bewahren muss, keiner dürfe erfahren, dass ich Sozialdemokrat bin, da auf „Königsgrube" die gewerkschaftliche Organisation verboten ist und wenn man dahinter kommt, ich entlassen würde. Partei und Gewerkschaft legten aber Wert darauf, auch auf der „Königsgrube" Mitglieder zu haben. Ich sollte daher im Stillen für Verband und Partei werben. Der Vertrauensmann machte mich relativ schnell mit den anderen freigewerkschaftlichen Arbeitern bekannt und damit begann meine erste illegale Parteiarbeit für eine Partei, die gesetzlich nicht verboten war. Meine Bergarbeiterzeitung und das „Bochumer Volksblatt", die Tageszeitung der Partei, wurden für mich bei einem Friseur abgegeben und von mir oder meiner Frau dort abgeholt.

Schon im Januar 1909 wurde mit einer Novelle zum preußischen Berggesetz die Verantwortlichkeit für die Sicherheit der Bergwerke schärfer gefasst, die geheime Wahl für Arbeiterausschüsse eingeführt und diesen Ausschüssen die Wahl von Sicherheitsmännern zugestanden. Die Sicherheitsmänner durften aber nur in Begleitung eines Aufsichtsbeamten ihre Steiger-Abteilung kontrollieren. Auf ihrem Kongress Anfang Februar 1909 forderten die Bergleute ein Reichsberggesetz, in dem mehr Arbeitsschutz für Bergwerke festgeschrieben wird, dass die Grubenkontrolleure von den Bergarbeitern gewählt werden und ein Verbot der Führung von „Schwarzen Listen" erfolgt.

Drei Monate vorher waren mehr als 300 Bergmänner unter Tage ums Leben gekommen. Fast 70 Prozent der Unfälle
werden durch Betriebsmängel und die Gefährlichkeit in den Betrieben, rund 30 Prozent durch Verschulden der Beschäftigten verursacht. /So die amtliche Statistik/.

Bei den ersten Sicherheitsmännerwahlen, die bei uns 1910 aufgrund des Gesetzes von 1909 stattfanden, waren wir 22 Verbandsmitglieder bei einer Belegschaft von 200 Mann. Die Gelben (gemeint sind „Gelbe Gewerkschaften", als Gegenbewegung zu den „Roten" in Frankreich 1899 entstandenen Gewerkschaften, sind reaktionär und haben meist katholische Mitglieder. U. K.) *und der Christliche Gewerkverein dominierten bei diesen Wahlen, sie hatten schon Wochen vorher die Mandate unter sich verteilt; erfuhren aber eine Niederlage. Unser „Sieg" in drei von fünf Revieren war in Wirklichkeit kein Erfolg, denn das Gesetz schützte die Gewählten nicht vor Entlassung. Sie wurden in ein anderes Revier verlegt und nach kurzer Zeit doch entlassen.*

1911 wurde ich in der Zahlstelle des Verbandes zum zweiten Vertrauensmann und in der Partei zum Ortsgruppenleiter gewählt.

Bei den Reichstagswahlen 1912 erfuhr der Direktor der „Königsgrube", dass ich Sozialdemokrat bin und ließ mir sagen, dass auf „Königsgrube" kein Platz für Sozialdemokraten ist. Wenn ich am 15ten nicht kündige, wird mir gekündigt. Ich wurde entlassen. Zwölf Jahre hatte ich auf dieser Grube gearbeitet und mein Vater 24 Jahre. Ich hatte mir, außer meiner politischen Tätigkeit nach der Militärzeit nichts zu Schulde kommen lassen und mein Vater hatte sich für die Zechenherren zum Krüppel geschunden.

Zugewanderte „Ruhrpolen"

Die zunehmende Industrialisierung Deutschlands erfordert vor allem für die Bergbauindustrie an Rhein und Ruhr den Zustrom von Arbeit suchenden Männern. Mit der bergbaulichen Entwicklung begann etwa ab 1860 die Übersiedlung von polnischen Männern aus ostpreußischen Provinzen.

1877 hatte sich ein Kollege auf einer Massenversammlung der Bergarbeiter öffentlich als „Sozialdemokrat" bezeichnet. Um die Lage der deutschen Bergarbeiter kümmerten sich Sozialdemokraten, deren Ideen waren unter den Zugewanderten völlig unbekannt.

Die Sorge der herrschenden Bourgeoisie war, dass die zugewanderten Ostprovinzler der Sozialdemokratie in die Hände fallen könnten. Sie waren ein „königstreues, national-deutsches Element", fromm und gottesfürchtig. Es galt sie der Obhut der katholischen Geistlichkeit anzuvertrauen. Ostpreußen- und Westpreußen-Vereine, diverse Sekten, Mucker, Baptisten, Blaukreuzler u. a. wuchsen wie Pilze aus dem Boden. Ein Dutzend masurisch sprechender Pastoren waren bald herbeigeholt.

Bei uns in Eickel hatten sich vor allem Leute aus den Masuren, was Jahrhunderte schon zu Preußen gehörte, angesiedelt und wir Kinder mussten schon in der Schule Deutsch sprechen. Meine Eltern sprachen masurisch und besuchten natürlich die Gottesdienste. In den evangelischen Kirchen wurde, ganz im Sinne der nationalliberalen Partei, der Partei der Grubenherren, der Gottesdienst in masurischer Sprache durchgeführt.

Anders war es mit den katholischen Ruhrpolen, sie erhielten vor 1890 keine Erlaubnis zum polnischen Gottesdienst. So wandte sich der Erzbischof von Posen mit einem Hirtenbrief an die Katholiken des Rheinlands und Westfalens und empfahl den Geistlichen auch über das Seelenheil der Polen, die sehr gläubige Katholiken seien, zu wachen.

Aber was nützte das, wenn die Polen erklärten, sie könnten nicht Deutsch beten, weil die Muttergottes von Tschenstochau nur polnisch versteht, und wenn sie nicht polnisch beten dürfen, dann täten sie es lieber gar nicht. So war es 1890, dann änderten sich die Dinge.

Der Erzbischof von Posen sandte den polnischen Kaplan Dr. Franz Liss zu den Ruhrpolen mit besonderem Auftrag, eine Organisation des rheinisch-westfälischen Polentums im klerikalen Sinne zu schaffen. Dr. Liss erhielt das Recht in polnischer Sprache zu predigen. Er und weitere polnische Pastoren zogen von Ort zu Ort im Ruhrgebiet und gaben Gottesdienste. Sie gründeten Polenvereine, deren Versammlungen mit einem Hoch auf König, Kaiser und Papst eröffnet und beendet wurden.

Es ging nicht nur um die Abhaltung der Gottesdienste, sondern auch um die Seelsorge und Beichte, die sich mit allen Lebenslagen der Ruhrpolen zu beschäftigen hatten. Dr. Liss musste etwa 15 000 polnischsprachige Gläubige versorgen. Die polnisch nationalgesinnte Seelsorge stellte auch für die preußische Regierung ein Problem dar.
An katholischen Feiertagen und zu Wallfahrten durften sie ihre polnischen Fahnen und die schwarze Muttergottes von Tschenstochau tragen.

*Eine „Tägliche Volkszeitung für die Polen in der Fremde“, die Zeitung „Wiarus Polski“, sozusagen das Sprachrohr der katholischen Ruhrpolen, gab Dr. Liss ebenfalls heraus und so wäre alles gut und schön gewesen, aber die Polen waren „undankbar“, sie wollten nicht für das Zentrum (ge-*meint ist die Partei der Grubenbesitzer. U. K.) *stimmen, sondern ihre eigenen Kandidaten zu den Gemeindewahlen und zu den Kirchenwahlen stellen.*

1894 fiel Dr. Liss in Ungnade und wurde abberufen, obwohl er von Anfang an darauf hingewiesen hatte, dass ohne ausreichende polnisch-

sprachige Seelsorge die Ruhrpolen leicht der Sozialdemokratie verfallen könnten, wie dies schon vielerorts geschehen sei, und die älteren Katholiken aufgrund der mangelnden seelsorgerischen Betreuung für den Himmel verloren gehen würden.

Die katholische Geistlichkeit kam nun auf die Idee, deutsche Kaplane die polnische Sprache erlernen zu lassen. Doch die Polen merkten bald, dass dieses Polnisch nicht von ihrer Muttergottes gesegnet war, und als man einen solchen verkappten polnischen Kaplan von der Kanzel geholt und verprügelt hatte, gab der Klerus den Schwindel auf.

Bei den Reichstagswahlen 1898 beschlossen die Ruhrpolen keine eigenen Kandidaten aufzustellen, aber sie lehnten auch ab, für das Zentrum zu stimmen und proklamierten Wahlenthaltung. Der Erzbischof aus Posen forderte, veranlasst von der preußischen Regierung, von den Polen im Rheinland und in Westfalen Gehorsam und Unterordnung. Bei den Kirchenwahlen gelang es ihnen jedoch eine ganze Reihe von Kirchenvorständen nur mit Polen zu besetzen.

1904 veranstalteten sie eine große Konferenz in Eickel, auf der sie acht Forderungen dem Klerus und den deutschen Behörden unterbreiteten. In der Hauptsache forderten sie, in allen Gemeinden polnischen Hauptgottesdienst, Beichte und Kommunion in polnischer Sprache, ebenso Taufen, Trauungen und Begräbnisse, Seelsorge durch polnische Geistliche; die Kosten sollten von der allgemeinen Kirche getragen werden.

So waren, kurz skizziert, die Verhältnisse, unter denen die sozialdemokratische Arbeiterschaft im Ruhrgebiet ihre Gewerkschaften aufbauen musste.

Die Reichstagswahlen im Jahre 1907 zeigten, ein großer Teil auch der Polen hatte seine Stimme nicht für den eigenen Kandidaten abgegeben. Auch im Wahlkreis Bochum-Gelsenkirchen stimmte ein Teil der Polen, trotz religiöser und nationaler Verhetzung schon für die Sozialdemokratie. (Folgende Ergänzung zum Text meines Großvaters aus der Inaugural - Dissertation mit dem Thema: „Die Ruhrpolen – Nationale und konfessionelle Identität im Bewusstsein und im Alltag 1871 – 1918“ von Sylvia Haida, Bonn 2012.

„Die evangelischen „Ruhrmasuren“ sind dem Polentum nicht geneigt, zum großen Teil stehen sie ihm feindlich gegenüber. Den Polenvereinen schließen sie sich fast ausnahmslos nicht an, weder den Geselligkeitsvereinen noch den Berufsorganisationen, ebenso wenig aber auch der christlich-nationalen Arbeiterbewegung, wie sie überhaupt schwer für den Gedanken der politischen und gewerkschaftlichen Organisation zu gewinnen sein sollen. Soweit sie beruflich organisiert sind, gehören sie dem deutschen Bergarbeiterverband an, weil angeblich diese Organisation in der Verbesserung ihrer wirtschaftlichen Lage ihnen die meisten Vorteile bietet, aus diesem Grund stimmen sie auch zum großen Teil bei Wahlen jeder Art für die sozialdemokratischen Kandidaten. Ansonsten sind ihnen Wesen und Bestrebungen der Sozialdemokratie fremd.")

Keine Solidarität unter den Bergleuten

Den Leuten aus den Masuren und den Polen war von der Grubenverwaltung unter Strafe der Entlassung verboten, jedwede Veranstaltung zu besuchen, die nicht genehmigt war. Nur gegen eines hatten die Grubenverwaltungen nichts einzuwenden: Schnaps durfte in jeder Menge gesoffen werden. Wenn in der Nähe der Kolonie es noch keine Kneipe gab, wurde dafür gesorgt, dass schnell eine hingebaut wurde. Bei Wahlen wurde dann das Stimmvieh mit Freischnaps eingeölt. Die alten Kumpels sagten: Nur zwei Mann haben das Recht, die Polen zu betreuen. Das sind der Pfaffe und der Schnapsbrenner.

Die Arbeit im Bergbau ist eine Kameradschaftsarbeit, das heißt, es arbeiten sechs, acht oder auch mehr Arbeiter in einer Kameradschaft. Viele Einheimische lehnten ab, mit den Polen zusammen zu arbeiten. So entstanden Kameradschaften auf der einen Seite von Polen und auf der anderen von Einheimischen. Diese Verhältnisse schufen eine tiefe Kluft unter der Arbeiterschaft. Die Trennung bestand nicht nur in der Grube, sondern auch in den Wohngebieten.

Die Polen, neu zugewandert, waren sehr bedürftig, ihnen fehlte nicht nur Essen und Kleidung, sondern auch jegliche Wohnungseinrichtung, so versuchten sie durch „feste drauflos wühlen", viel zu verdienen. Besonders verhasst waren die „Zugvögel", die den Winter über so viel verdienen wollten, um sich im Frühjahr ein Rittergut in Ostpreußen kaufen zu können. Dadurch drückten sie das Gedinge (im Bergbau werden die Akkordsätze „Gedinge" genannt) und schädigten die gesamte Arbeiterschaft.

Bisher wurden von den Unternehmern die Arbeitsbedingungen durch Arbeitsordnung und Gedingevertrag einseitig festgelegt. Die Grubenherren lehnten es ab, mit den Arbeitsorganisationen auf gleichem Fuß zu verhandeln. Eine tarifliche Regelung, die die Schichtzeit, den Zeit- oder Schichtlohn, sowie den Gedingelohn, die Löhne für Neben- und Sonntagsarbeiten, der Materiallieferung und etwaiger Deputatkohlen für die Arbeiter umfasste, gab es nicht.

Die Generalversammlung fordert im Mai 1909 erneut ein Reichsberggesetz und eine Reform des Knappschaftswesens. Als die Knappschaftsbeiträge erhöht und die Sozialleistungen herabgesetzt wurden, erklärten die Zechenbeamten, dass dies die Schuld der Polen sei, die durch ihre Saufereien zu der Unfallsteigerung beitragen. Sonntags besaufen sie sich und montags hacken sie sich ins Bein und die Knappschaft muss zahlen.

Bis 1887 erhielt ein kranker Bergmann vom ersten Tag an Krankengeld. Als die Grubenherren die drei Karenztage im Krankheitsfall einführten, schrieb die Zechenpresse, dies sei notwendig geworden, um den „Schnapsbrüdern" das Bummeln abzugewöhnen. Bis zu einem gewissen Grade war diese Behauptung verständlich, denn tatsächlich betranken sich die Polen am Lohntag, meldeten sich dann zwei, drei oder vier Tage krank und bezogen Krankengeld. Nach Einführung der Karenztage gab es erst ab dem vierten Tag das Krankengeld. So verlor der Kranke für drei Tage Krankengeld.

Im Mai 1898 setzten die Grubenherren ein neues Statut für die Knappschaft durch; der Beitrag für die Knappschaft wurde fast verdreifacht. Damals bestanden schon der „Alte Verband" und der „Christliche Gewerkverein", in denen lange über das neue Statut gestritten wurde. Von all dem erfuhren aber die polnischen Bergleute nichts, denn sie besuchten weder eine Versammlung noch lasen sie eine Zeitung. Ihre polnische Zeitung „Wiarus Polski" informierte ausschließlich über die Forderung, den Gottesdienst in polnischer Sprache durchzuführen.

Als aber im Juni der Lohntag kam, da stand im Lohnbuch unter „Abzüge für die Knappschaft" nicht 1,50 Mark, sondern 4,50 Mark. Die Polen stürmten das Verwaltungsgebäude, wurden von Polizei und Gendarmerie von dort verjagt, sammelten sich in den Straßen der Stadt Herne. Es wurden Schaufenster eingeschlagen, Läden geplündert, von Polizei und Gendarmerie wurde geschossen und es gab viele Tote und Verwundete.

Ich muss dazu bemerken, damals war ich 12 Jahre, auch ein Kind von Eltern aus den Masuren, aber wir wurden von den evangelischen Vereinen nicht als Polen betrachtet, sondern gegen die „Polaken" aufgehetzt.

Auf Zeche „Pluto" und „Shamrock III/IV"

Nach meiner Entlassung aus der Zeche „Königsgrube" nahm ich auf der Zeche „Pluto" und später auf „Shamrock III/IV" Arbeit an und verzog gleichzeitig in den Ort Eickel.

Als Mitglied der Ortsverwaltung beteiligte ich mich an der Organisierung des Bergarbeiterstreiks im Jahre 1912, entging aber den Maßregelungen, da ich durch den Wechsel der Arbeitsstelle auf der neuen Grube noch unbekannt war.

(Aus den Erinnerungen von Henriette zum Streik von 1912 auf der Zeche „Pluto" folgendes: „Die Bergarbeiterfrauen beteiligten sich mit am Streik, indem sie aufpassten wenn die Streikbrecher, von Polizisten beschützt, nach Hause gingen. Auf den Straßen und aus den Fenstern schimpften sie: Vollgefressener Strumpf, Lump, Streikbrecher, pfui! Von der Polizei wurde nach den Frauen gesucht, die geschrien hatten, aber die waren sich einig, es wurde niemand verraten. Sie übten unter sich „Solidarität", halfen sich mit Lebensmitteln aus. Wenn Frauen, durch die Menge unbarmherzig reitender Gendarmerie, verletzt wurden, so sorgten einige von uns sofort, dass die Wunden verbunden wurden." Übrigens, meine Großmutter Henriette war seit Mitte 1910 ebenfalls Mitglied der SPD.)

Weiter im Text des Großvaters:
In der Zeit von 1910 – 1914 besuchte ich verschiedene Kurse der Gewerkschaft, war Delegierter zum Kreis- sowie zum Bezirksparteitag der SPD und fing an, mich journalistisch zu betätigen. Inzwischen hatte ich auch das Buch von F. Engels „Die Lage der arbeitenden Klasse in England" gelesen.

Bereits am zweiten Mobilmachungstag des I. Weltkrieges wurde ich eingezogen und diente bis November 1918 als Wachtmeister in einer Artillerie-Munitionskolonne.

Mitglied der USPD

In der Partei war ich mit der Haltung einiger Funktionäre zur Rolle der Gewerkschaften, den Fragen des Parlamentarismus und ihrer teilweise kriegsbilligenden Haltung, nicht einverstanden. Ich schloss mich im Kreis Bochum-Gelsenkirchen den „Unabhängigen" an und beteiligte mich nach Rückkehr aus dem Krieg am Aufbau der USPD (Unabhängige Sozialdemokratische Partei Deutschlands). Dem Spartakusbund habe ich mich nicht angeschlossen, weil ich mit seinen Zielen, was die Gewerkschaftsfrage und einige andere Fragen anbelangte, nicht übereinstimmte.

Anfang 1920 kam ich in Verbindung mit Paul Schwenk (1880-1960), der seit 1905 Mitglied der SPD, seit 1917 Mitglied der USPD und von Berlin aus die Vereinigung beider Parteien organisierte. Ich erhielt von ihm – er war Redakteur im USPD-Organ „Freiheit“ und ab 1920 Sekretär der USPD-Fraktion im preußischen Landtag – regelmäßig Materialien über die Notwendigkeit der Vereinigung beider Parteien; was mich auch im Hinblick auf die Situation in unserem Kreis und Bezirk „südliches Westfalen“ überzeugte. Einige Funktionäre der Gewerkschaft in unserem Bezirk traten gegen die Vereinigungsbestrebungen auf, erhielten jedoch bei der Abstimmung und der Wahl der Delegierten nicht die Mehrheit der Stimmen.

Inzwischen gehörte ich der Kreisleitung sowie dem Bezirksausschuss der USPD an und wurde Delegierter zum sogenannten Spaltungsparteitag im Oktober 1920 in Halle sowie zum Vereinigungsparteitag im Dezember 1920.

Außerdem zählte man mich zu den Mitbegründern der linksradikalen „Union der Hand- und Kopfarbeiter“, die einen sehr großen Teil der gewerkschaftlich organisierten Bergleute in ihren Reihen vereinigte.

Bis 1925 war ich Vorsitzender der Gruppe Bergbau dieser Gewerkschaft, die von der KPD-Führung als „Sondergewerkschaft“ betrachtet und aufgelöst wurde, womit ich nicht einverstanden war. Ich blieb aber Mitglied der KPD und beugte mich der Parteilinie. Die Mehrzahl meiner Gewerkschaftskollegen schloss sich dann dem Bergarbeiterverband an. Im April 1928 wurde ich aus dem Bergarbeiterverband ausgeschlossen und Mitbegründer der RGO (Revolutionäre Gewerkschaftsopposition).

Durch meine Tätigkeit in der Gewerkschaft, sowie politischen Bewegung in der Vor- und in der Nachkriegszeit, war ich unter den Arbeitern des gesamten Ruhrgebiets bekannt geworden, sodass ich Ende 1920, noch vor dem Vereinigungsparteitag (zwischen USPD und KPD) von der Delegiertenkonferenz der USPD einstimmig zum Kandidaten für die bevorstehenden Landtagswahlen vorgeschlagen wurde.

Nach der Vereinigung beider Parteien (linker Flügel der USPD mit KPD) wurde dieser Vorschlag auch von der Delegiertenkonferenz der vereinigten Partei gutgeheißen und ich wurde bei den Landtagswahlen als Kandidat der Kommunistischen Partei im Februar 1921 in den Preußischen Landtag gewählt und gehörte in ihm bis zum Jahre 1932 der Grubensicherheits-Kommission und der Kommission für das Bergrettungswesen an.“ Soweit der Text meines Großvaters G. S., den ich wörtlich aus seinen etwa 1951 geschriebenen „Erinnerungen“ übernommen habe. Als Ergänzung entnehme ich aus dem Lebenslauf, den er im Nov.

1935 in Moskau für das Internationale Komitee der Bergarbeiter schrieb, (mit Stempel des sowjetischen Staatssicherheitsarchivs F 495, op. 205, d. 35, Blätter 124 – 126) folgendes:

Ich, G. Sobottka, genannt Ernest Huber bin also deutscher Nationalität und Staatsangehörigkeit. Deutsch ist meine Muttersprache, spreche außerdem etwas polnisch und kann mich in Französisch und Holländisch verständigen. Ich kenne durch meine Tätigkeit der letzten Jahre alle europäischen Länder mit Ausnahme der Balkanländer
Bis zu meinem 34. Lebensjahr arbeitete ich auf verschiedenen Gruben im Ruhrgebiet als Bergmann Wegen oppositioneller politischer Tätigkeit in der Gewerkschaft sowie als Betriebsrat meiner Grube wurde ich 1920 aus dem Verband der Bergarbeiter Deutschlands ausgeschlossen. Im Jahr 1925 wurde ich wieder aufgenommen. Im Mai 1928 wieder ausgeschlossen wegen oppositioneller Tätigkeit und Teilnahme an einer internationalen Bergarbeiterberatung.

Der revolutionären Gewerkschaftsbewegung (RGO) gehöre ich seit ihrer Gründung an. Von 1921 bis 1929 leitete ich die revolutionäre Bergarbeiterbewegung Deutschlands in der Gewerkschaftsabteilung der KPD und nahm an den Kongressen der Roten Gewerkschaftsinternationale (RGI) und den internationalen Tagungen der Bergarbeiter teil. Seit 1930 war ich Generalsekretär des Internationalen Komitees der Bergarbeiter, das seinen Sitz zuerst in Berlin, dann in Saarbrücken und seit September 1934 bis jetzt in Paris hatte. 1930 war ich einer der Organisatoren der Streiks im Ruhrgebiet. In meiner internationalen Tätigkeit nahm ich aktiven Anteil an den Bergarbeiterstreiks 1929, 1930, 1931 in Frankreich, Schottland, Süd-Wales und Polens. Während des großen Streiks der belgischen Bergarbeiter 1932 wurde ich verhaftet, kam vom 28. Juli bis zum 7. September 1932 ins Gefängnis und wurde danach ausgewiesen.

Nach der Machtübernahme durch Hitler wurde in Deutschland meine Verhaftung angeordnet und Anklage wegen Hochverrats in fünf Fällen, die zum Teil bis in das Jahr 1929 zurücklagen, erhoben.

Auf Beschluss des Vollzugsbüros der Profintern (Gewerkschaftsinternationale, RGI) und mit Zustimmung der KPD verließ ich Anfang April 1933 Deutschland und überleitete meine Arbeit nach Saarbrücken, später nach Paris.

Großvater Gustav, 13 Jahre, Volksschüler in Röhlinghausen/Ruhrgebiet.
Zweite Reihe von oben, 2. von links

Gustav als Kavallerist

Frühes Foto als Abgeordneter des Preußischen Landtag,1921

Mit Kollegen. Gustav: 2. Reihe, dritter von links

Hochzeitsbild nach Trauung am 16.7.1909 in evangelischer Kirche von Röhlinghausen

Meine Großmutter Henriette und ihre Kinder

Meine Großmutter mütterlicherseits ist am 9. März 1888 als Tochter des Bergmanns Winfried Schantowski und seiner Ehefrau Wilhelmine in Mingfen/Kreis Ortelsburg (heute Szczytno, Polen, Woiwodschaft Olsztyn) geboren. Seit ihrem 12. Lebensjahr ist Henriette Vollwaise, sie hat einen Vormund und kann laut Gesetz erst im Alter von 21 Jahren frei über sich entscheiden. Mit 17 Jahren lernt sie den zwei Jahre älteren Bergmann Gustav Sobottka, Sohn des Dachdeckers Adam und seiner Ehefrau Auguste kennen. Bei welcher Gelegenheit, ob beim Tanz oder in einem anderen Zusammenhang, schreibt keiner von beiden in seinen Erinnerungen. Bis zu ihrer Heirat diente Henriette als Hausmädchen in verschiedenen bürgerlichen Haushalten.

Henriette schreibt über ihre Kindheit: *Als Kind schon verdiente ich mir ein paar Groschen, indem ich von Frühjahr bis zum Herbst die Gärten der Steiger pflegte. Eines Tages traf meinen Vater in der Grube ein Unglück, ein großer Stein fiel ihm auf den rechten Oberschenkel. Kein Arzt konnte ihm helfen. Mein Vater wurde wahnsinnig und wollte sich das Leben nehmen. Meine Mutter sagte ihm, er solle an seine Familie denken, sie konnte ihn damit beruhigen und erreichte, dass er ins Krankenhaus ins Dorf Eickel geschafft wurde. Dort hatte er sich im Bett durchgelegen, bekam Tuberkulose und starb nach einem halben Jahr. Er war 42 Jahre alt. Ich war damals sieben Jahre, meine Brüder neun und elf Jahre alt. Meine Mutter war eine kleine zarte Frau. Sie bekam für uns drei Kinder eine Rente von 40 Mark – 20 Mark von der Zechenverwaltung und 20 Mark von der Gemeinde. Die Miete für die Zweizimmerwohnung betrug 11 Mark. Von der Rente konnten wir nicht leben. Meine Mutter ging als Wäscherin und Reinemachefrau – 12 Stunden täglich für eine Mark – arbeiten. Wir Kinder trugen das Lokalblättchen „Generalanzeiger/Gemeinde Wanne" aus. Die Zeitung erschien so gegen sechs-sieben Uhr abends, wir mussten durch drei Dörfer laufen und waren erst um zehn Uhr abends wieder zu Hause. Die Mutter sagte zu uns: Kinder, geht jetzt ins Bett, morgen früh wecke ich euch um sechs Uhr und ihr macht eure Schularbeiten. So stand ich jeden Morgen um sechs Uhr auf, machte Schularbeiten, räumte die Wohnung auf und im Galopp in die Schule. Zwei Stunden Unterricht bis 10 Uhr und danach im Galopp nach Hause, Feuer im Küchenherd anmachen, inzwischen einen halben Liter Milch vom Bauern geholt, Milchsuppe gekocht und die Pfanne für Bratkartoffeln auf den Herd gestellt, schnell gegessen, meine Brüder versorgt und im Galopp wieder in die Schule.*

Mit 21 Jahren heiratet Henriette ihren mindestens zwei Köpfe größeren, starken, breitschultrigen, blonden Gustav, der, wie ehemals ihr Vater, auch unter Tage schwer arbeitet. Dieser Mann wird mein Großvater mütterlicherseits.

Gustav engagierte sich früh für die Rechte der Bergarbeiter, vor allem für die Verbesserung der Sicherheitsmaßnahmen für die unter Tage schuftenden Kumpels.
(Siehe die Erinnerungen des Großvaters am Anfang).

1910 wird ihr erstes Kind, Tochter Charlotte, meine Mutter, 1911 mein Onkel Bernhard und 1915 mein Onkel Gustav geboren. Meine Mutter und Onkel Bernhard werden, beide acht Tage alt, von Pfarrer Tigges in Röhlinghausen getauft; mein Onkel Gustav im Alter von 15 Tagen von Pfarrer Winter in Eickel.

Im Haushalt des Einfamilienhauses mit kleinem Garten in der Wanne-Eickler Bergmanns-Siedlung führt Henriette das Regime. Der Garten sichert durch Anbau von Gemüse, Kartoffeln und Kräutern, die relative Selbstversorgung der fünfköpfigen Arbeiterfamilie und ermöglicht auch die Haltung von Hühnern, einer Ziege, manchmal auch eines Schweins. Auch ein kleiner Hund gehört zur Familie. Mutter Henriette sorgt für die Winterbevorratung. Legt Sauerkohl und Soleier in Steinguttöpfen ein. Kauft Heringe, brät sie, sodass die Familie das ganze Jahr über sauer eingelegten Brathering zu Bratkartoffeln essen kann. Aus den Erzählungen meiner Mutter weiß ich, dass keines der Kinder es wagte, auf dem Dachboden aus dem großen Steinguttopf heimlich Bratheringe zu naschen, außer dem Jüngsten, Gustav Junior.

Tochter Charlotte

Die Armut unter den kinderreichen Grubenarbeitern war groß und Henriette engagierte sich sehr für die sozialen Belange der Leute im Ort. Oft klopften Arbeits- oder Obdachlose an die Tür, weil sie wussten, bei Henriette bekommen sie immer einen Teller warmer Graupen- oder Gemüsesuppe. Eine Zeitlang konnte auch als „Schlafbursche“ ein arbeitsloser Lehrer Obdach im Haus der Sobottkas haben.

Charlotte musste sehr früh im Haushalt helfen; Fenster putzen, Treppen wischen; sie beschwerte sich oft beim Vater darüber, denn Lotte hätte lieber mehr Zeit zum Lesen gehabt. Vater Gustav setzte sich gegenüber Henriette immer für seine Tochter ein, allerdings war er selten zu Hause.

Seit Vater Gustav Abgeordneter des Preußischen Landtags in Berlin ist und Diäten bekam, stand nicht nur Margarine, sondern auch mal Butter auf dem Esstisch. Wenn unverhoffter Besuch von Vaters Kollegen an der Tür klingelte, wurden Butter und Käse vom Tisch genommen. Das neue Fahrrad von Bruder Bernhard durfte auch keiner der Nachbarn sehen. Der Neid unter den Kollegen war groß. Oft gab es Graupensuppe, die meine Mutter nicht mochte, aber sie durfte nicht eher vom Tisch aufstehen, bevor der Teller nicht leer gegessen war. Henriette hatte wenig Zeit, sie verließ zwischendurch die Küche, sodass der Hund Charlotte helfen konnte, die verhasste Graupensuppe aufzuschlecken. So Erzählungen meiner Mama.

Als Landtagsabgeordneter pendelte Vater Gustav zwischen Wanne-Eickel und Berlin. Laut Gesetz hatte er das „Recht zur freien Fahrt auf den auf das Reich übergangenen Strecken der ehemals preußisch-hessischen Staatseisenbahngemeinschaft sowie auf allen in diesem Gebiete vorhandenen Privateisenbahnen, nebenbahnähnlichen Kleinbahnen und Kraftposten der Deutschen Reichspost." Als Mitglied des Landtags erhielt er „vor dem ersten Zusammentritt des Landtags an bis zum Ende des Monats, in dem die Wahlperiode abläuft oder der Landtag aufgelöst wird, 25 vom Hundert des Grundgehalts eines Staatsministers als Aufwandsentschädigung."(...) "Für die Teilnahme an Ausschusssitzungen, die durch Eintragung in die Anwesenheitsliste nachgewiesen wird, erhalten die Ausschussmitglieder an Tagen, an denen keine Vollsitzungen des Landtags stattfinden, für jeden Tag ihrer Anwesenheit zu ihrer Aufwandsentschädigung einen Zuschlag von einem Dreißigstel des Monatsbetrags." Soviel zur finanziellen Lage der Sobottka-Familie in den Jahren 1921 bis 1932. Ich habe dies aus der „Preußischen Gesetzsammlung", 1927, ausgegeben zu Berlin, den 18. Mai 1927, Nr.17, entnommen. Wie viel mein Großvater von seinem Einkommen an die KPD abzugeben hatte, fand ich nicht in den Dokumenten.

Zurück zu Tochter Charlotte. Lotte war eine gute Schülerin, las gern Gedichte und war sehr musikalisch, sang gern und spielte auf der Mandoline. Ihre Brüder lernten auf der Geige zu spielen. Von Ostern 1924 bis Ostern 1926 absolvierte sie mit guten Noten die „Kaufmännische Schule der Handelskammer zu Bochum" und wurde von der mündlichen Prüfung befreit. Hier lernte sie auch Englisch und für „Kurzschrift" bekam sie ein „gut" für 140 Silben. In ihren späteren Lebensläufen bezeichnete sie sich als „Stenotypistin" oder Sekretärin. Nach Abschluss der Handelsschule, sie ist 16 Jahre alt, bekommt Lotte in Essen eine Anstellung als Kontoristin bei der „Rheinisch-Westfälischen Verlags- und

Zeitungsvertriebs GmbH“ und schickt von ihrem ersten Lohn der Mutter 100 Mark, damit Henriette endlich die Schulden beim Kaufmann begleichen kann.

Sohn Bernhard

Besonders innig war Charlottes Beziehung zu ihrem nur um ein Jahr jüngeren Bruder Bernhard. Bernhard war, wie sie, künstlerisch veranlagt, zeichnete gern und begleitete Lotte zu Auftritten der Mandolinen-Gruppe.

In dem Schul-Entlassungs-Zeugnis lese ich, dass der „Schüler Bernhard, Sohn des Bergmanns“ die “I. Klasse der fünf-klassigen weltlichen Volksschule zu Eickel“ am 31. März 1925 abschließt.

Vater Gustav unterzeichnet am 11. September 1925 für Bernhard einen „Kaufmännischen Lehrvertrag“ mit der Firma Gebr. Kaufmann, als Dekorateur-Lehrling für drei Jahre. Nach Abschluss der Lehre wird Bernhard aus der Kunstgewerbe-Oberstufe der „Gewerblichen Berufsschule Wanne-Eickel“ ein Entlassungs-Zeugnis mit „ausnahmslos gut“ in den Hauptfächern und in Betragen mit „lobenswert“ ausgestellt. Die Firma Gebr. Kaufmann in Wanne-Eickel schreibt in ihrem Lehrzeugnis, dass er „ausschließlich in der Dekoration bzw. Ausstattung der Fenster beschäftigt und hierin viel Geschmack entwickelte und sich so zu einem brauchbaren, jüngeren Dekorateur ausgebildet ist. Bezüglich seiner übrigen Eigenschaften wie Fleiß, Ehrlichkeit und Treue können wir ihm nur das beste Zeugnis ausstellen.“

Von Wanne-Eickel nach Berlin

Im April 1930 ziehen die Eltern mit den Söhnen Bernhard und Gustav aus dem Ruhrgebiet nach Berlin-Oberschöneweide in die Goethestraße 36.

Tochter Charlotte ist seit November 1931 mit Kurt verheiratet und arbeitet als Stenotypistin und Sekretärin bei der DEROG AG in Essen. Kurt ist politisch als Referent für die KPD im Bezirk Niederrhein aktiv, wohnt 1929 „möbliert“ in Düsseldorf, arbeitet erst als Volontär dann als Redakteur in der Zeitung „Freiheit“ in Düsseldorf und danach als Umbruchredakteur bei der Zeitung „Ruhr Echo“ in Essen. Beide ziehen kurz nach der Heirat zusammen und wohnen in Hannover in der Grotefendstrasse 3 zur Untermiete.

Am 27.2.1933 werden Lotte und Kurt in Hannover verhaftet. Lotte wird an demselben Tag freigelassen. Kurt kommt sechs Wochen in Einzelhaft ins Polizeigefängnis von Hannover, wird wegen „Vorbereitung zum Hochverrat“ angeklagt und ins Konzentrationslager Moringen/Solling abtransportiert.

Lotte meldet sich Ende Mai 1933 von Hannover zur Untermiete bei der Mutter und den Brüdern nach Berlin um. Vater Gustav hat sein Büro ins Saargebiet verlegt. Lotte hilft dem Vater beim Umzug und reist mehrere Male illegal zu ihrem Vater nach Saarbrücken.

Im November 1933 wird Kurt vom KZ Moringen in das KZ in Oranienburg, später Sachsenhausen, verlegt, wo Charlotte ihren Mann besucht. Im Februar 1934 wird Kurt aus dem KZ entlassen. Er meldet sich am 22.4.1934 von Hannover/Göhren nach Berlin-Adlershof, Kaiser-Friedrich-Straße 55 polizeilich um.

Bruder Gustav besucht das Kant-Gymnasium in Berlin-Karlshorst und Bruder Bernhard kümmert sich sofort nach Umzug nach Berlin, um eine Anstellung. Er vervollständigt seine fachlichen Kenntnisse, indem er an der „Höheren Fachschule für Dekorations-Kunst“, Berlin W 30, Landshuterstr. 38, die Klassen: Praktisches Dekorieren, Dekorations-Entwurf, Schrift und Plakat und einen Kurs in Farbenlehre belegt und mit Erfolg absolviert. Er bekommt eine Anstellung als Hilfsdekorateur und Plakatmaler mit Probezeit im „Modehaus Behrendt GmbH“, Berlin W 8, Leipziger Straße 96/ Ecke Charlottenstraße – sein Monatsgehalt beträgt 120 Mark. Er wird von „Drescher GmbH Damenmoden“, Berlin W 50, Tauentzienstraße 18 a, das vormals Modehaus Behrendt GmbH hieß, übernommen und arbeitet hier als Dekorateur bis zum 30. November 1942.

Nach Wechsel der Schaufensterdekorationen kann Bernhard die Damenkleider preislich günstig kaufen. Charlotte, schlank und hübsch, profitiert davon und ist so stets gut und elegant gekleidet.

Für seine 10jährige Arbeit bescheinigt ihm Herr Drescher: *Herr Bernhard S. dekorierte unsere Fenster und pflegte diese äußerst sorgfältig und sauber zu unserer vollsten Zufriedenheit. Die dazu gehörenden Schilderzeichnungen wurden auch von Herrn S. zu unserer Zufriedenheit angefertigt. Da Herr S. heute die Stellung in unserem Haus aufgibt, um sich zu verändern, wünschen wir ihm das Beste.*

Und was macht Henriette nach Übersiedlung in den Berliner Industriebezirk? Sie kauft einen Zeitungsstand, um sich und den jüngsten Sohn Gustav ernähren zu können. Charlotte und Bernhard sind selbständig und haben Arbeit. Der Ehemann arbeitet in Saarbrücken.

1933 - Reichstagsbrand

Der Reichstagsbrand (29. Februar 1933) diente als Vorwand, eine enorme Verhaftungslawine gegen Sozialdemokraten und Kommunisten in der Reichshauptstadt loszutreten. In meiner Familie waren alle gegen die Nationalsozialisten und Hitler – ihre Namen standen auf „schwarzen" Listen. Von rund 340.000 Mitgliedern der Kommunistischen Partei Deutschlands (KPD) im Dezember 1932, befinden sich 1936 ungefähr 160.000 in Gefängnissen, Zuchthäusern und Konzentrationslagern.

Henriette schreibt in ihren Erinnerungen: *Seit 1931 arbeitet mein Mann illegal als internationaler Bergarbeiterfunktionär. Er hatte sein Büro mit Angestellten in der Berliner Hollmannstr.17. Er war viel auf Reisen im Ausland und im Ruhrgebiet. Als der Reichstag brannte war mein Mann mit einem Kollegen auf einer Bergarbeiterkonferenz in Essen. Vor der Reise hatte er mir anvertraut, wenn er mal nicht nach Hause kommt, solle ich mich nicht ängstigen. Uns ist bekannt, dass alle Landtags- und Reichstagsabgeordneten und die Funktionäre der KPD verhaftet werden sollen.... Einen Tag nach dem Reichstagsbrand, morgens um vier Uhr brach eine Horde SA auch bei uns ein und führte sich so auf, wie es seinerzeit üblich war. Sie durchsuchten die ganze Wohnung; sämtliche Bücher, Akten und die Schreibmaschine wurden beschlagnahmt. Zwei Kriminale fragten mich: Wo ist ihr Mann? Meine Antwort war: Mein Mann hat mich und die Kinder verlassen, ich weiß nicht wo er ist. Ich blieb immer bei derselben Aussage. Meldete meinen Mann bei der Polizei als unbekannt verzogen ab. Das Haus wurde bewacht, Tag und Nacht. Damit mein Mann sicher war, kaufte ich mir von seinen Ersparnissen einen Zeitungskiosk. So konnte ich mich und meine Kinder ernähren.*

In ihrem Zeitungskiosk wurde Henriette verhaftet und kommt für einige Tage ins Berliner Frauengefängnis.

Brief von Henriette an ihre Tochter, Sonntag, 13. August 1933: *Mein liebes Lottchen. Bin mal wieder für 1 T. in Dircksenstraße eingeliefert worden. Bernhard und Gustav hat man nach Columbiastraße, Innenhof, eingeliefert. Ich hoffe, dass Du noch zu Hause bist, so möchte ich Dich bitten sofort zu schreiben, ob die beiden, Bernhard und Gustav, wieder zu Hause sind. Wie ist es mit der Wäsche, habe doch die Waschküche bestellt. Du kannst die Wäsche waschen lassen. Sage der Waschfrau Nagel Bescheid, sie wohnt Rathenaustraße 24 bei Graf. Vielleicht kann die Grete (die Freundin von Bernhard. U. K.) bei uns wohnen, damit Du nicht*

so allein bist. Ich weiß ja nicht, wie lange man mich hier festhalten wird. Mach Dir um mich keine Sorgen, halte Dich tapfer, es ist kein Leid zu groß, es geht alles vorüber, besonders wenn man angeblich beschuldigt wird.
Liebes Lottchen, Du kannst mir saubere Wäsche schicken, Hemd, Büstenhalter, Strümpfe, Hose, den schwarzen Unterrock, Zahnbürste, Kamm, Taschentücher und Mantel. Außerdem 1 Mark. Sobald Du meinen Brief erhältst, bringe mir die Wäsche. Sie kann von 9- 10 Uhr abgegeben werden. Wenn Du schreibst, nimm bitte Freimarken. Grüße alle Bekannten von mir. Sei herzlich gegrüßt und geküsst von Deinem Dich liebenden Muttchen.

Im April 1934 wird Henriette auf Veranlassung des „Geheimen Staatspolizei-Amtes (GESTAPA)“, Vorläufer der GESTAPO, der Gewerbeschein zum Betreiben ihres Zeitungsstandes entzogen und ein zweiter Haftbefehl gegen sie erlassen.

In einem Brief schreibt der Vater an den jüngsten Sohn: *Die Mutter hatte in den Zeitungskiosk 1000 Mark investiert, die nun verloren sind. Gleichzeitig hat sie ihre Existenzgrundlage verloren, denn von den Einnahmen des Kioskes lebte sie. Der erlassene Haftbefehl gegen Mutter kann nicht ausgeführt werden, da sie untergetaucht ist. Selbst Charlotte weiß nicht, wo sich Mutter aufhält.*

Im März 1934 hatte Henriette über diesen Zeitungsstand noch 34,- Mark Parteibeiträge kassiert und an die illegale KPD abgeführt. Die Tätigkeit für eine verbotene Partei erfüllte nach dem Ein-Parteien-Gesetz vom 7. Juli 1933, nur die NSDAP (Nationalsozialistische Arbeiterpartei Deutschlands) war zugelassen, den Tatbestand des Hochverrats. Die Einweisung in ein Konzentrationslager (KZ) war Henriette damit sicher, wenn sie erneut verhaftet werden würde. Aber zum Glück, fanden die Nazis meine Großmutter nicht.

Im Lebenslauf, den Henriette 1951 zwecks Umtausch ihres Parteimitgliedsbuches schreibt, finde ich, wie es ihr gelang, einer zweiten Verhaftung zu entgehen. Sie schreibt: *Durch glückliche Umstände wurde ich nach drei Wochen im Frauengefängnis Niederbarnimstraße entlassen, weil man mir eine illegale Tätigkeit nicht nachweisen konnte. Im Januar 1934 sollte ich abermals verhaftet werden. Ich hielt mich aber zu der Zeit bei einer Freundin in Pommern auf. Dorthin sandte man einen Steckbrief, ich wurde aber von dem dortigen Bürgermeister gewarnt und konnte rechtzeitig der Verhaftung entgehen. Ich hielt mich dann noch eine Weile illegal in Deutschland auf, ging dann nach Saarbrücken zu meinem Mann…*

„Schutzhaft" für Henriettes Söhne

Am 15. August 1933 waren beide Söhne in Berlin von der Gestapo verhaftet worden. Vier Monate werden beide im Zuchthaus bzw. in Konzentrationslagern sein, davon sechs Wochen in Oranienburg und zehn Wochen in Sonnenburg in der Neumark. Gustav ist 18 und Bernhard 22 Jahre alt. Die Briefe meiner Onkel aus den Konzentrationslagern, die ich aus dem Nachlass meiner Mama habe, tragen alle den Stempel „Zensur-Abteilung".

Einen ersten Brief schreibt Gustav an seine Schwester gleich am 15. August und alle weiteren Briefe immer er; Bernhard setzt am Ende jeden Briefes seinen Namen darunter. Bernhard hat im Gegensatz zu Gustav schon eine Freundin und so schreibt er vermutlich vorwiegend seiner Grete. Gustav Junior bittet, Lotte soll nicht traurig sein, sich keine Sorgen machen, sich aufrecht halten und tapfer sein.

Ich denke ja, dass man uns nach kurzer Zeit entlassen wird. Denn es geht ja nicht an, dass man uns ohne jeden Grund festhält. Wir sind nicht einmal ordentlich verhört worden. Schließlich kann man uns ja nicht dafür verantwortlich machen, was Vater früher gemacht hat. (…) Wie willkürlich man mit uns verfahren ist, sieht man ja daran, dass man Bernhard in Schöneweide erst entlassen wollte, aber dann doch mitnahm. Hoffentlich wird man uns die Möglichkeit geben wieder nach Hause zu gehen, nachdem wir Gelegenheit haben unseren Fall aufzuklären.

Das geschieht nicht, Charlottes Brüder kommen in Konzentrationslager.

Das KZ Oranienburg ist im März 1933 als eines der ersten in Preußen von der Sturmabteilung (SA) auf einem ehemaligen Brauereigelände in der Stadt Oranienburg (etwa 35 km von Berlin) eröffnet. „Jüdisch-bolschewistisch Verhetzte und Irregeleitete" sollen hier durch körperlich schwere Arbeit umerzogen werden. Vor allem sind es SPD- und KPD-Funktionäre, die hier ohne konkreten Tatvorwurf und ohne Beteiligung von Justizorganen in „Schutzhaft" befohlen sind. Seit Februar 1933 stehen einige Gebäude auf dem ehemaligen Brauerei-Fabrikgelände auch als Unterkunft für arbeits- und wohnungslose SA-Männer zur Verfügung. Hier herrscht die „SA-Standarte 208".

Gustav jun. schreibt: *Und dass man nun noch die Mutter holt und im Polizeigefängnis festhält, ist ein schwerer Schlag für uns. Ich nahm an, dass man sie nach kurzer Zeit entlassen wird, da sie ja eine alte Frau ist.* (Henriette ist 45 Jahre alt. U. K.). *Mutter hat bestimmt eben so wenig dafür gekonnt, dass Vater Landtagsabgeordneter war und sich politisch rege betätigt hat, wie wir und deshalb kann man sie doch nicht einsperren.* Auf die Frage der Schwester, was die Brüder arbeiten, schreibt Gustav, dass er *draußen im Wald beim Kultivieren arbeitet.* Näheres wird er Lotte am nächsten Sonntag, wenn sie beide besucht, erzählen....
Du kannst nur sonntags von 6 – 6,30 Uhr kommen. Vielleicht kommt Bernhards Braut mit. Zuerst schicke jedem von uns einmal folgende Sachen: Handtuch, Seife, Zahnbürste, zwei Hemden, Pullover, zwei Paar Strümpfe, eine alte Hose. Rasierzeug für Bernhard. Bitte je ein Paket für jeden extra in einem großen Karton. Die Adresse: Konzentrationslager Oranienburg, 6. Kompanie 1. Zug. Nummer von Gustav - 1369, von Bernhard - 1370.

In einem Brief zwei Tage später bittet er darum, dass Lotte noch zwei Decken, Schuhfett, Bernhards Sandalen, Trainingsanzug, Zucker usw. schicken möge. In der ersten Zeit trugen die Häftlinge ihre Privatkleidung, die sie bei der Einlieferung anhatten; später wurden alte Polizeiuniformen ausgegeben. Bernhard bedankt sich für *die freundlichen Zeilen, die Du uns gesandt hast* und erkundigt sich, ob Lotte schon bei seiner Firma war und ihn entschuldigt hat. *Es interessiert mich wie die Firma sich behilft, da ich ihr einziger Dekorateur war. Ich nehme an, Gretchen hat sich schon mal nach mir erkundigt. Du wirst es ihr ja schonend beigebracht haben, in welcher Lage ich mich befinde. Hoffentlich nimmt sie es nicht so tragisch. Sage ihr tausend Küsse und Umarmungen von mir. Von meinem Geld habe ich im Moment gar nichts. Bei meiner Einlieferung in der Columbia-Straße wurde es in Verwahrung genommen, auch meine Uhr. Doch bei meiner Auslieferung (nach Oranienburg) waren Geld und Sachen vermisst und man sagte mir, wenn sich die Sachen wieder einfinden, würde man sie mir nachschicken. Über Muttis Lage kann ich mich noch gar nicht fassen, wenn Du ihr schreibst, grüße sie und schreibe, dass ich immer an sie denke. Sei herzlich gegrüßt bis auf ein baldiges Wiedersehen.*

14 Tage später schreibt Gustav und Bernhard zeichnet den Brief ab, dass sie das Paket dankend erhalten haben. Wörtlich: *Es ist gut zu wissen, dass man sich um uns kümmert. Jeden Tag denkt man daran, ob man will oder nicht, entlassen zu werden. Nun, man muss sich fügen und abwarten. Jetzt haben wir uns schon einigermaßen eingewöhnt und*

es fällt uns nicht mehr so schwer wie in der ersten Zeit, sich in die Verhältnisse einzufügen.

Gustav erkundigt sich nach dem Befinden der Mutter und rät der Schwester, sich nicht zu viel *unnötige Sorgen* zu machen, *die Dich nur belasten und Deiner Gesundheit schaden. Mach Dir das Leben nicht so schwer. Kurt wird ja auch nicht immer fern von Dir sein.*
Wenn Du ihm schreibst, grüße ihn von uns. Hoffentlich wirst Du nicht krank, pflege Dich. Bleibe tapfer. Schreibe uns regelmäßig, damit wir die Gewissheit haben, dass alles bei Dir beim alten ist.

Am 1. September schreibt Gustav: *Drei Wochen sind wir nun schon von zuhause fort. Ach, was nützt es, immer daran zu denken, entlassen zu werden. Jetzt sind von hier ein großer Teil von Berlinern entlassen worden, die man bei Razzien verhaftet hatte. Durchweg waren sie 6-8 Wochen hier. Ich lege diesem Brief einen Ausweis bei, mit dem Du Dir auf der Polizeiwache bescheinigen lassen musst, dass Du mit mir verwandt bist. Ohne diese Bescheinigung will man hier niemand mehr hereinlassen. Wenn Du nächsten Sonntag kommst, bringe mir doch bitte irgendein Buch mit. Beachte bitte, dass Bücher und Zeitungen nicht aus einem jüdischen Verlag sind.*

Henriette ist aus dem Gefängnis entlassen

Gustav wendet sich in seinem Brief vom 8. September an Mutter und Schwester. *Die Taschentücher mit Bonbons haben wir erhalten. Der Kartoffelsalat und die anderen Sachen, die ihr Sonntag mitgebracht hattet, haben uns gut geschmeckt. Herzlichen Dank dafür. Gesund sind wir noch und selbstverständlich auch `munter`. Einige aus Schöneweide wurden nach Sonnenburg gebracht, wir sind nicht dabei, also nach wie vor kannst Du uns hier besuchen. Wir hoffen, dass ihr gesund seid. Die Wäsche und die leeren Gefäße könnt Ihr Sonntag wieder mitnehmen. Vergesst nicht, Ihr könnt Sonntag schon eine halbe Stunde früher kommen, also schon um 5,30 Uhr.*

Wird das Tor, über dem „Konzentrationslager der Standarte 208" geschrieben steht, und vor dem zwei SA-Männer mit Gewehr Wache halten, schon früher geöffnet, sodass die Angehörigen eine halbe Stunde mehr für ein Gespräch mit ihren Lieben haben? Wohl eher nicht.

Am 3. Oktober 1933 schreibt Gustav an Mutter und Schwester aus dem KZ Sonnenburg bei Küstrin: *Gestern bereits sind wir schon hier angekommen. Eure Briefe, die Ihr uns nach Oranienburg geschickt hattet, auch Pakete und die 5 Mark haben wir erhalten. Jetzt braucht*

Ihr kein Geld mehr zu schicken. Wir sind noch gesund, Bernhard und ich. Macht Euch keine unnützen Sorgen. Sieben Wochen sind wir ja schon in Schutzhaft. Viel länger wird man uns ja nicht festhalten. Ihr könnt keine Pakete und Geld schicken. Schreibt und schickt etwas zum Lesen, Zeitungen und ein Buch. Unsere Adresse: Schutzhäftling Gustav S., Konzentrationslager i. d. Neumark, Westflügel Station 4, Zelle 7; Schutzhäftling Bernhard S., Westflügel Station 4, Zelle 6.

Konzentrationslager 1933/34–Ergänzung zu den Briefen meiner Onkel.

Von Geheimen Staatspolizisten, die in der linken Hand eine Kette mit den gefesselten Gefangenen und in der rechten Hand eine Pistole hielten, wurden die Häftlinge in Transportwagen – im Volksmund „Grüne Minna" –zum Schlesischen Bahnhof gebracht. Von mit Karabinern bewaffneten SA-Leuten wurden sie empfangen, mit Gewehrkolbenstößen und Beschimpfungen durch die Stadt bis zum Konzentrationslager Sonnenburg getrieben. Das KZ Sonnenburg ist ein ehemaliges Zuchthaus, das 1930 aus katastrophalen hygienischen Gründen geschlossen wurde, dessen Verhältnisse sich bis 1933 nicht verändert hatten, in welches ab Anfang April 1933 vornehmlich Funktionäre der KPD und SPD kamen, die in feuchten, engen Einzelzellen und in feuchten Massenquartieren untergebracht wurden. Ende April 1933 wurden Berliner SA-Leute durch die „SS Standarte 27" aus Frankfurt/Oder ersetzt, die für verschärfte „Umerziehungsmaßnahmen" sorgte.

Für alle Konzentrationslager gab es eine Lagerordnung, deren Vorschriften für die Aufrechterhaltung von „Zucht und Ordnung" im Lager galten. Die vollziehende Strafgewalt lag in den Händen des Lagerkommandanten, der für die Durchführung der erlassenen Vorschriften dem Inspektor des Konzentrationslagers persönlich verantwortlich war und dem Chef der Gestapo unterstellt ist. Gemäß dieser Lagerordnung wird mit „14 Tagen strengem Arrest und mit 25 Stockhieben zu Beginn und am Ende der Strafe bestraft, wer in Briefen oder sonstigen Mitteilungen abfällige Bemerkungen über nationalsozialistische Führer, über Staat und Regierung, Behörden und Einrichtungen zum Ausdruck bringt, marxistische oder liberalistische Führer oder Novemberparteien verherrlicht, Vorgänge im Konzentrationslager mitteilt, oder in Briefen wider besseres Wissen seine Unschuld beteuert und damit Unruhe in die Öffentlichkeit trägt."

Ob den Häftlingen überhaupt der gesamte Text der detaillierten Lagerordnung zum Lesen gegeben wurde, bezweifle ich; aber die wichtigsten Passagen wurden ihnen sicherlich zur Kenntnis gegeben, denn das von meinen Onkeln Geschriebene zeigt, dass sie diese Vorschriften in ihren Briefen berücksichtigten.
Zitat aus einer KZ-Lagerordnung: „Wer einen Posten oder SS-Mann tätlich angegriffen, den Gehorsam oder an der Arbeitsstelle die Arbeit verweigert und andere zu den gleichen Taten aufgefordert oder verleitet hat, die Marschkolonne oder Arbeitsstätte verlässt und andere dazu auffordert, wer während des Marsches oder der Arbeit johlt, hetzt, Ansprachen hält, wird als Meuterer auf der Stelle erschossen oder nachträglich erhängt." (Siehe: „Oranienburg. Erster authentischer Bericht eines aus dem Konzentrationslager Geflüchteten". Von Gerhart Seger, Mitglied des Deutschen Reichstags der V., VI.,VII. und VIII. Wahlperiode. Verlagsanstalt Graphia, Karlsbad, 1934. Mit einem Geleitwort von Heinrich Mann.)

In Sonnenburg waren Gustav und Bernhard zehn Wochen in Einzelzellen; auf hartem Lager, bei Wasser und Brot und erhielten nur jeden 4. Tag ein warmes Essen. Strafarbeit umfasste harte körperliche und besonders schmutzige Arbeit unter bewaffneter Aufsicht. Als Nebenstrafen kamen in Betracht: Strafexerzieren, Prügelstrafe, Postsperre, Kostentzug, Pfahlbinden. Arrest und Strafarbeit verlängerten die Schutzhaft um mindestens acht Wochen, eine verhängte Nebenstrafe verlängert die Schutzhaft um mindestens vier Wochen.

Erschossen oder erhängt wurde keiner meiner Onkel in Oranienburg und auch nicht in Sonnenburg, von Stockhieben und strengem Arrest durften sie nicht schreiben, ob sie während der sonntäglichen Besuchszeit in Oranienburg ihrer Schwester davon berichteten, weiß ich nicht. Solange die Brüder in Oranienburg sind, besuchte sie Lotte jeden Sonntag.

Ich kenne die Verkehrsverhältnisse jener Jahre nicht. Auf alle Fälle musste meine Mutter mitten in der Nacht losfahren, um frühmorgens um 5,30 Uhr am Tor des Zuchthauses zu sein. Eine Stadtbahn-Verbindung von Schöneweide bis Oranienburg gab es nicht. Sie konnte nur mit der Dampf-Vorortbahn fahren und war mindestens zweieinhalb Stunden unterwegs. Meine im Herzen starke Mama, 23 Jahre alt, damals körperlich sehr unterernährt, fuhr sechs Wochen lang jeden Sonntag nach Oranienburg zu ihren verhafteten Brüdern.
Mir hatte sie nie davon erzählt.

Wohnhaus in
Bergarbeitersiedlung in Eickel

1915 – Großmutter Henriette mit
Ihren Kindern Charlotte, Bernhard
und Gustav

Die Söhne in der Geigenschule, sitzend in der 2. Reihe von rechts Bernhard und daneben Gustav

Charlotte, 14 Jahre alt

Bernhard, 14 Jahre alt

Gustav Junior, 18 Jahre alt

Bernhard, 18 Jahre alt

Bescheinigung.

Zum Zwecke des Besuches
wird hiermit zur Vorlage beim Konzentrationslager
Oranienburg 1 amtlich bescheinigt,
daß die am 16. 1. 10 zu Wanne-Eickel
geborene Frau Charlotte Herholz
geb. Sobottka Ehefrau des ... Kurt Herholz
vom 29. 5. 33 bis jetzt ununterbrochen
vom ... bis ...
vom ... bis ...
vom ... bis ...
vom ... bis ...
in Berlin, gegenwärtig — Berlin-Oberschöneweide,
Goethestr. 36 bei Sobottka
gemeldet ist.

Berlin-Oberschöneweide, am 15. 12. 1933

Der Polizeipräsident
Meldeamt
233. Polizeirevier

(Unterschrift)

Bescheinigung für Lotte zum Besuch ihrer Brüder im KZ Oranienburg.

1933 - Vater Gustav geht in die Illegalität

Noch vor der Saarland-Abstimmung am 13. Januar 1935, in der sich 91% der Saarländer für die Rückgliederung des Saargebiets an Deutschland entschieden, verlässt G. S. zusammen mit etwa tausend anderen Emigranten der verschiedensten politischen Richtungen Saarbrücken und übersiedelt mit seinem Büro der "Internationalen Bergarbeiter-Gewerkschaften" nach Paris. Er bleibt weiterhin ihr Generalsekretär. Ehefrau und jüngster Sohn sind bei ihm in Paris. G. S. wäre mit Frau und jüngstem Sohn gern in Paris geblieben. Sein freundschaftlicher Kontakt zu Willi Münzenberg (1889-1940) war nie abgebrochen.

Aus dem mir vorliegenden Formular „Nummer 2. Streng vertraulich" geht hervor, dass G.S. nach Frankreich reisen sollte, zwecks „Übernahme der Geschäftsleitung des deutschen Komintern-Verlages ´Prometheus´, welcher zum Tätigkeitsbereich von Willi Münzenberg gehörte und der zur Verbreitung und Herausgabe deutscher antifaschistischer Literatur, insbesondere in den Ländern mit deutscher Bevölkerung arbeitete.

Alle Instanzen des EKKI (Exekutivkomitee der Kommunistischen Internationale) hatten auf diesem Formular am 22.Oktober 1937 ihre Zustimmung zur Ausreise von G.S. aus der UdSSR gegeben und den Auftrag erteilt, die Unterlagen für seine Ausreise fertig machen zu lassen. Was oder wer letzten Endes gegen den Einsatz meines Großvaters in Frankreich sprach, konnte ich nicht herausfinden. Ich weiß nur, dass er gern in Paris gearbeitet hätte. Aber es kam leider anders, er musste in Moskau bleiben, obwohl Pierre Vigne von der Kommunistischen Partei Frankreichs geschrieben hatte: *Wir kennen den Gen. Sobottka und sein Verhältnis zu den Sowjetgewerkschaften. Wir haben in Frankreich sechs deutschen Bergarbeiterfunktionären Wohnung und Arbeit besorgt, und wenn Gen Sobottka nach Frankreich kommen sollte, so werden wir auch ihm helfen, trotz der Gegensätze, die zwischen uns bestanden haben.*

Für die NKWD-Organe zählte die Verbindung mit sozialdemokratischen und kommunistischen Organisationen in Westeuropa als „Westkontakte" und das wurde G. S. später zum Vorwurf gemacht.

Ganz egal wie in dem russischen Bescheid an meinen Großvater geschrieben steht, ob *po saprosu* (auf Anfrage) oder *po wysowu* (auf Anforderung), er muss der Aufforderung der KOMINTERN folgen, Paris verlassen und im „Büro für internationale Verbindungen der Bergarbeitergewerkschaften (PROFINTERN)" in Moskau arbeiten.
Diesem „Befehl" aus Moskau widersetzte er sich nicht.

Noch in Saarbrücken erhält G. S. den Auftrag, zur Berichterstattung nach Moskau zu kommen. Da sich sein Antrag, auch eine Genehmigung für die Übersiedlung seiner Frau und des jüngsten Sohnes nach Moskau zu bekommen, zeitlich verzögerte, plante er, die Gelegenheit der Dienstreise zu nutzen, um in Moskau die Dinge persönlich zu regeln. Er ließ Frau und Sohn „schon nach Prag fahren, um sie von dort aus dann leichter nachkommen zu lassen". So nimmt G. S. seine Frau und den *Jungen* bis Prag mit, er selbst fährt weiter zur geforderten Berichterstattung nach Moskau.

Gefälschte Reisepässe

In der KPD-Vertretung der Komintern in Moskau hatte G. S. eine heftige Auseinandersetzung mit Vertretern der Exil-KPD. Diese wollten nicht erlauben, dass mein Großvater seine Frau und den jüngsten Sohn, beide auch von den Nazis verfolgt, nach Moskau mitnehmen darf. Fritz Heckert (1884-1936) begründete es damit, dass die Personalabteilung und die „Rote Hilfe" gegen die Einreise sind, weil Schwierigkeiten in der Wohnungsbeschaffung und Lebensmittelversorgung bestünden und daher nur solche Genossen in die Sowjetunion zugelassen würden, die mindestens 15 Jahre schon im Zuchthaus in Deutschland waren.

Nach dieser Ablehnung wandte sich G.S. an die Interkom der Bergarbeiter *und es erklärten sich die Bergarbeiter-Verbände hier bereit, für meine Frau und den Jungen Wohnung zu beschaffen, und auch den Bezug der Lebensmittel sicherzustellen, sodass meine Frau auf den sogenannten „Insnab"* (Berechtigungsnachweis für einige Exilanten für den Einkauf in Sonderläden. U. K.) *verzichten könnte. Bei einer Aussprache im Sekretariat der Profintern* (Rote Gewerkschafts-Internationale)*, einen Tag vor meiner Abreise, wurde diese Familienangelegenheit nochmals erwähnt, da sie mit meiner Arbeit in engster Verbindung stand. Bei dieser Besprechung erklärte Genosse Max Maddalena, die Zustimmung zur Einreise meiner Frau und des Jungen sei nur an dem Verhalten des Genossen Fritz Heckert gescheitert.*

Max Maddalena (geboren 1895 in Riedheim/Konstanz, gestorben nach jahrelanger schwerer Krankheit am 23. Oktober 1943 im Zuchthaus Brandenburg) kannte G. S. aus der Gewerkschaftsarbeit in Berlin (so um 1925 herum). Der Sohn, auch mit Vornamen „Max" wie sein Vater, machte dasselbe durch, wie mein Onkel Gustav.

Großvater Gustav reist mit luxemburgischem Pass No. 6.724 auf den Namen Ernest Huber. Er ist Kaufmann, geboren am 24.2.1885 in Diekirch. Am 18. November 1935 reist er in die Schweiz/Basel ein, dann Österreich/Feldkirch, weiter über die Südroute über die Tschechoslowakei. Henriette reist mit einem luxemburgischen Pass No. 2.150 als Anne Cathérine Kill, geborene Bieven, geb. 28.1.1874 in Hetférange, Wohnort: Dudelange. Nationalität: Luxemburgerin. Sie fährt über eine abgewandelte Südroute von Paris nach Moskau, reist am 7.12.1935 in die Schweiz/Basel ein.

Das Einreisevisum in die UdSSR erteilt vom Consulat Général á Paris war gültig; das übliche Einlegeblatt mit Einreisestempel des sowjetischen Zolls lag nicht bei den Originalakten im ehemaligen Komintern-Archiv, sodass ich nicht weiß, an welchen Tagen Gustav und Henriette russischen Boden betraten.

Aus dem „Registrier-Buch der Pässe der ausländischen Mitarbeiter der Profintern für 1934/1935“ geht hervor, dass unter der „Nr.97“ ein „Gustave Sobotka“ unter dem Namen „Rubinstein“ mit einem Pass, dessen Herkunftsland nicht angegeben ist, mit Visum „No.441552“, ausgestellt vom sowjetischen General-Konsulat in Paris, reiste. Wie viele Reisepässe hatte mein Großvater? Aus Saarbrücken reiste er als Luxemburger Kaufmann Ernest Huber, und wie kommt er nun zu dem Namen „Rubinstein“? Ich, die ich zum Glück nie emigrieren musste, finde den Namen „Rubinstein“ (ein Vorname ist nicht angegeben) in seiner Biographie im Zusammenhang mit der Genehmigung seiner Arbeitsstelle für eine Mitarbeiterin. Die Stelle wird besetzt mit der 1908 geborenen Russin Sofija Sinowna Rubinstein, „Stenografin für das Französische“ – so im Stellenplan der Profintern des Jahres 1934. Sofija Rubinstein, nicht verheiratet, ihre Eltern leben auch in Moskau, in der Petrowka 19. Aller Wahrscheinlichkeit nach hat mein Großvater auch den sowjetischen Pass des Vaters von Sofija benutzt.

Seit dem Eintreffen meiner Großeltern in Moskau dürfen sie mit ihren Kindern, den in Berlin wohnenden Charlotte und Bernhard und dem in Paris als Praktikant bei der Zeitung „l´ Humanité“ arbeitenden Gustav Junior, keinen Briefverkehr mehr führen.

Paris - 1935

In Paris leben 1935 etwa 70.000 deutsche Emigranten, von Kommunisten bis zu_Konservativen. (Zahlenangabe siehe Heinrich Mann in: "Ein Zeitalter wird besichtigt")._Mein Onkel erlebt die Stadt Paris mit 20 Jahren, ich erst 55 Jahre später. Bemüht um eine Arbeitsmöglichkeit, nimmt er gleich nach Ankunft in Paris Kontakt zum Genossen Otto Lorenz auf, von dem er weiß, dass dieser im Verlag „Carrefour" als Redakteur der Zeitschrift „Freie Jugend" arbeitet.

Otto Lorenz ist der KPD-Name von Otto Winzer. (1902 in Berlin-Reinickendorf geboren, 1920 in Fredersdorf bei Berlin zum Mitglied der KPD geworden, 1928-1930 Mitarbeiter im Westeuropäischen Büro der Komintern unter Georgi Dimitroff in Berlin, 1945 kommt O. Winzer mit der Ulbricht-Gruppe zurück nach Deutschland, wird 1965 DDR-Außenminister, setzte die internationale Anerkennung der DDR und ihre Aufnahme in die Vereinten Nationen 1973 durch. Gestorben ist er 1975 in Ostberlin. Im Volksmund hieß das Gebäude des DDR-Außenministeriums am Werderschen Markt (inzwischen abgerissen), „Winzer-Stuben").

Lorenz erinnert, dass *Gustav Junior Artikel und Notizen für die „Freie Jugend" schrieb; er wurde auch mit der Herausgabe eines Bulletins über die Arbeit des deutschen Jugendverbandes beauftragt, das er aus Berichten aus Deutschland zusammenstellte, selbst abzog und auch verschickte.*

Die letzten Monate in Paris arbeitete mein Onkel als Volontär bei der „l´ Humanité", dem Zentralorgan der französischen Kommunisten. Er spricht und schreibt zu dieser Zeit fließend Französisch. Die Grundlagen erhielt er durch fünf Jahre Französisch-Unterricht auf dem Kant-Gymnasium in Berlin-Karlshorst. Von Oktober 1934 bis Mitte Dezember 1935 lebt Gustav in Paris.

Auf Veranlassung des Vaters wird für den Sohn in Paris für die Übersiedlung in die UdSSR ein Pass besorgt. Gustav Sobottka jun. reist mit einem gefälschten Schweizer Reisepass No.12.726, als Johann (Hans) Boden, ein lediger Schweizer Bürger, Kaufmann, geboren am 7. Juli 1915, „heimatberechtigt" in Meilen/Kanton Zürich. Er benutzt für die Reise von Paris nach Moskau die Nordroute, an Hitlerdeutschland vorbei und checkt am 13.12.1935 in Port Aerien du Bourget-Dugny ein, fliegt mit Zwischenlandung in Stockholm bis Finnland (16.12.1935) und von der finnischen Grenze über Leningrad (heute St. Petersburg) nach Moskau (18.12.1935).

Gustav Junior in Moskau in Freiheit?

Der 20-jährige junge Mann, gewöhnt an westeuropäische Verhältnisse, füllt in einem Formular mit Datum 1. Januar 1936 unter „Wohnungsangabe" aus: „Vorläufig Hotel ´Metropol´, Zimmer 299." Er sieht, unwissend wie er ist, diese Unterbringung lediglich als Übergangslösung an, hat aber in der Realität in Moskau keine Chance, ein Zimmer, geschweige eine Wohnung wie in Paris, jemals zu bekommen.

Das zentral gelegene Moskauer Hotel „Metropol", 1899 bis 1904 erbaut, war zu Zarenzeiten das modernste Hotel, sozusagen eine Nobel-Absteige. Das Hotel zählt einschließlich der Dachetage sechs Stockwerke und hat mehr als 400 „Nummern" für Gäste, das Zimmer 299 befindet sich im 5. Stock. Im Gefolge der Verlegung des Regierungssitzes von Petrograd nach Moskau, residierte hier seit 1918 das höchste Organ der Sowjetregierung, das „ Allrussische Zentrale Exekutiv-Komitee" mit seinem ersten Sowjet - Präsidenten J.M.Swerdlow. W.I. Lenin hielt im „Metropol" mehrere Reden.

Die Eltern sind die ersten Monate im „Lux" untergebracht. Sohn Gustav besaß keinen Sonderausweis, darf also nicht das „Lux" betreten. Telefongespräche werden abgehört. Wer sich mit jemandem treffen wollte, musste das in den Parkanlagen an der Kreml-Mauer oder auf dem Manege-Platz tun – immer auch streng beobachtet.

Über die Lebensbedingungen im „Lux" sind von nicht Betroffenen die vielfältigsten Geschichten gewoben worden, die ich nicht kommentieren will. Nur so viel, was Enge an Lebensraum, Sauberkeit, sanitäre Anlagen, Wanzen, Ratten, Kakerlaken anbelangte, entsprach dies nach meiner späteren Erfahrung, „normalen" sowjetischen Wohnverhältnissen. Unten im „Lux" befand sich ein Laden des „Insnab"- eine Sonderversorgung, für die man einen speziellen „Propusk" (Ausweis) besitzen musste. Die oberen fünf Stockwerke über dem Erdgeschoss waren hotelmäßig angelegt. Die Zimmer hatten als Komfort ein sehr kleines separates Zimmer-Klosett mit Handwaschbecken. Sich waschen oder duschen war nur in „Gemeinschafts-Baderäumen" möglich. Auf jeder Etage gab es vier solcher Baderäume, jeder jeweils für etwa 25- 30 Zimmer. Bettwäsche, Tisch- und Handtücher lieferte der Hoteldienst. Für die Körper-Wäsche gab es keinen zentralen Waschdienst; sie wurde selbst von Hand in den Gemeinschafts-Baderäumen gewaschen. Die für russische Hotelverhältnisse üblichen Teeküchen bzw. Serviceräume des Zimmerdienstes, jeweils vier auf jeder Etage, waren 1935 zu

Gemeinschaftsküchen umgewandelt worden. Sie waren ein Hort für ganze Kolonien, gegen Desinfektion resistenter Küchenschaben.

Die über die Flure gespannten Trockenleinen waren dicht mit Schlüpfern, Unterhosen, Büstenhaltern und Windeln behängt, was aber die Schergen des NKWD nicht davon abhielt, nachts oder am frühen Morgen unter den Leinen hindurch zu stiefeln, um ihre Opfer zum Foltern und Erschießen abzuholen. In den Jahren des „Großen Terrors“ gab es im „Lux“ unter den Männern besonders viele Verhaftungen. Zurück blieben die Ehefrauen und die Kinder, die nun allein dastanden, ohne Geld und ohne Berechtigung zur Nomenklatura zu gehören, das heißt, sie hatten keinen Anspruch mehr auf die bisherige Hotelversorgung, mussten sich durchhungern, weil sie weder Ersparnisse hatten, noch als Angehörige von „Volksfeinden“ eine Arbeitsstelle fanden. Die Frauen und Kinder wurden aus den „Lux-Quartieren“ ausgewiesen, durften für einige Zeit in einer Steinbaracke im Hof des Hotels zusammengepfercht noch weiterleben.

Meine Großmutter ereilte zu meinem Glück nicht das Schicksal jener Frauen und Mütter, deren Leid bis heute, von sogenannten "Kommunisten“ nicht erwähnt, geschweige denn geehrt werden. Ich halte diesen Fakt fest, da ich mich in die Situation der Frauen und Mütter einfühlen kann; Henriette, zwar aus sehr einfachen Verhältnissen stammend, also keinesfalls verwöhnt, litt sehr unter diesen engen, unhygienischen Verhältnissen.

Als ich in späteren Jahren bei Dienstreisen in sowjetischen Hotels übernachtete, musste jeder Hotelbesucher auf der betreffenden Etage am Schreibtisch der hier residierenden „Kljutsch-Mutter“ vorbei – so wurde sie harmlos von meinen Kollegen genannt – , da man erst von ihr den Schlüssel für das Zimmer bekam. Diese aufgetakelten, zugepuderten, meist sehr korpulenten Frauen standen im Dienste des KGB, bespitzelten uns Ausländer und hatten Zugang zu jedem Zimmer.

Zurück in die Jahre des „Großen Terrors“ in der UdSSR.
Im „Reichsanzeiger und Preußischer Staatsanzeiger“, N. 84 vom 14. April 1937, lese ich die Namen meiner Großeltern und meiner beiden Onkels im Gesamtverzeichnis der Ausbürgerungslisten 1933 – 1938 aus dem Deutschen Reich. Damit sind alle vier staatenlos.
Im Jahr 1938 sind es rund 1000 Personen, bis ins Jahr 1940 steigt die Zahl bis auf 10.000 Personen. Insgesamt wurde zwischen 1933 und

1945 etwa 40.000 Personen die deutsche Staatbürgerschaft entzogen, ungefähr die Hälfte von ihnen waren Juden.

Bei Ankunft in Moskau hatte der alte Sobottka bei seiner Arbeitsstelle die Einreisepapiere und Reisepässe seiner Familie abzuliefern, sie werden in seiner „Kaderakte“ deponiert. Ersatzweise erhalten die drei keine Papiere, die ihren Aufenthalt in der UdSSR und speziell in der Hauptstadt legitimieren. Lediglich der Vater hat einen Arbeitsausweis. Damit werden sie, wie alle KP-Emigranten faktisch vor die Tatsache gestellt, sich um die Staatsbürgerschaft der UdSSR zu bewerben. Andere Aufenthaltspapiere bekommen sie nur auf Antrag, mit Nachweis einer Wohnung und einer Arbeitsstelle. Von den sowjetischen Behörden wird mein Onkel Gustav bis zu seinem Tod unter dem Namen „Hans Boden“ aus dem gefälschten Reisepass geführt.

Obdach für Emigranten nicht sicher

Am 1. Dezember 1935 erhalten meine Großeltern die erste Aufenthaltsgenehmigung, gültig bis 30. Juni 1936, eine zweite vom 2. Mai 1936. Für Ausländer war die Aufenthaltsgenehmigung jeweils nur für ein halbes Jahr gültig. Eine vierte, bis Ende 1937 gültige, erhalten sie auch noch; nach der Verhaftung des Sohnes beginnen die Schikanen auch gegen die Eltern, indem ihnen die Aufenthaltsgenehmigungen für die Stadt Moskau verweigert werden.

Im Mai 1936 war es meinen Großeltern gelungen in das Haus der „Profintern“ (=Profsojusny International, ist die russische Bezeichnung „Gewerkschaftsinternationale“. U.K.) in der Leontjewskaja uliza 2a aufgenommen zu werden. Auch ihr Sohn darf das „Metropol“, in dem er 5 Monate wohnte, verlassen. Das „Interkom der Bergarbeiter“ (BIS) –eine Unterabteilung innerhalb der Profintern – hatte 1935 von der Profintern eine Wohnung gekauft. 15.000 Rubel werden für zwei Zimmer mit Gemeinschafts-Küche und Toilette, sowie 3.000 Rubel für Möbel gezahlt. Es sind die Zimmer 19 und 20 im Quartier 22 im obersten Stockwerk des fünfgeschossigen Hauses; der Emigranten-Familie Sobottka wird das Wohnen in diesen zwei Zimmern und die Benutzung der Gemeinschaftsküche erlaubt, aber nicht sicher garantiert.

Bergmann Gustav hasst es seit seiner Kindheit, betrogen zu werden. Ein halbes Jahr nach dem Einzug beschwert er sich
bei seinem Arbeitgeber darüber, dass 3.000 Rubel für Möbel gezahlt wurden, beim Bezug der Zimmer aber kein Mobiliar vorhanden war, jedenfalls nicht im Wert von 3.000 Rubel. Nach mehrfacher

Zimmerbesichtigung lässt die Hausverwaltung einige alte Möbelstücke in die Zimmer stellen. *Diese haben nur einen höchstgeschätzten Wert von 376,75 Rubel, und jetzt (Anfang Oktober 1937) verlangt man von mir die Bezahlung von 376,75 Rubeln.* Dies lehnte G. S. ab, da er es *nicht für ausgeschlossen hält, dass in absehbarer Zeit die Geschäftsleitung der Profintern kommen und erklären wird: Du arbeitest nicht bei der Profintern und musst aus der Wohnung raus. Ich ersuche daher die Geschäftsleitung der Profintern, dem Interkom der Bergarbeiter oder mir eine Bescheinigung auszustellen, dass die Zimmer 19 und 20 im Quartier 22 des Hauses Leontjewski 2a von der Profintern an das Interkom der Bergarbeiter einschließlich der Möbel verkauft und dessen Eigentum sind.*

Wie recht mein Großvater mit seiner Vermutung hatte und auf einer Zusicherung bestand, als sich herausstellte, dass die zwei Zimmer auch an das ZK der Gold- und Platinarbeiter weiterverkauft waren. Letzten Endes werden die Rechte meiner Großeltern an diesen zwei Zimmern von der übergeordneten Profintern bestätigt. Aber erst nach mehr als eineinhalb Jahren nach Einzug in das Quartier 22 erhält meine Großmutter mit „Protokoll Nr. 24 der Sitzung des Büros der Bergarbeiter", die entsprechende schriftliche Bestätigung ausgehändigt.

Bis Ende Januar 1938 arbeitet G. S. als Leiter des „Sekretariats für internationale Verbindungen der Bergarbeiter-Gewerkschaften" bei der Profintern. Dieses Sekretariat wird im Rahmen der Umstrukturierung der gesamten Auslandsarbeit von Komintern und Profintern Ende Januar 1938 aufgelöst; die einzelnen nationalen Sekretariate werden dem Zentralrat der sowjetischen Gewerkschaften (WCSPS) unterstellt. Vorgesehen war für G. S. ab Februar 1938 die Stelle eines Leiters des Sowjetischen Büros der Bergarbeiter. Diese Arbeitsstelle lehnte G. S. zuerst ab, da er hoffte, baldigst von Willi Münzenberg nach Frankreich gerufen zu werden. Was aber, aus welchen Gründen auch immer, nicht zustande kam.

G.S. musste also seine Abteilung auflösen. Ihm wird vom Büro der Bergarbeiter-Gewerkschaft Gehalt bis Ende April 1938 gezahlt. Er wird einer Parteiüberprüfung unterzogen und aus dem Zentralrat der sowjetischen Gewerkschaften (WCSPS). ausgeschlossen. Er ist arbeitslos.

Schlosser-Lehre in Moskau

Im ehemaligen Komintern-Archiv (Op. 205, F.495) finde ich den Antrag vom 21. Februar 1936, gestellt von der Deutschen Sektion beim EKKI

(=Exekutivkomitee der Kommunistischen Internationale), Hans Boden als „Politemigrant“ anzuerkennen. Die Anerkennung erfolgt am 23. Februar mit der Begründung: “Mit Hilfe der Profintern kam er in die Sowjetunion, da sein Vater dort beschäftigt ist.“

Sofort nach Eintreffen des Sohnes bemühte sich Vater Gustav für ihn um eine berufliche Ausbildung in Moskau. Auch der Sohn selbst kümmerte sich, hat im Kopf kühne Projekte, trägt sich mit dem Gedanken, an der Ostuniversität KUTW – „Kommunistische Universität der Werktätigen des Ostens“, an der von 1921 bis 1938 gelehrt wurde – , zu studieren. In Deutschland hatte er nach sechs Jahren das Kant-Gymnasium „geschmissen“, um Zeit für die Jugendarbeit in der KPD zu haben. Er ging also praktisch in der 10. Klasse vom Gymnasium ab. Bis zu seiner Emigration leistete er zwar Politarbeit, erhielt aber von der KPD keinerlei Bezahlung. Als Volontär bei der „l´ Humanité“ in Paris verdiente er sein erstes eigenes Geld, von dem er auch selbstständig leben konnte.

Nach wochenlangem Suchen – Vater Gustav erfährt dabei weder Unterstützung seiner Arbeitsstelle noch durch das „Büro Pieck“ (Exil-KPD-Führung) – macht er für seinen Sohn eine Lehrstelle als Schlosser in der Mechaniker-Werkstatt des Moskauer Betriebes NATI ausfindig. Gustav Junior ist mit der Schlosserlehre einverstanden; ab etwa 17. April, nach Ostern 1936, ist er im NATI Schlosserlehrling. Die Schwierigkeit besteht nur darin: Gustav Junior beherrscht die russische Sprache nicht.

Die Abkürzung NATI bedeutet: Wissenschaftliches-Allunions-Traktoren-Forschungs-Institut. Es ist der führende sowjetische Betrieb für die Entwicklung neuer und leistungsfähiger Traktoren. Unter verschiedenen Bereichen war das Forschungsinstitut der wichtigste. Umgesetzt wurden die Forschungsergebnisse im angeschlossenen Versuchsbetrieb, der die Prototypen herstellte und erprobte. Der Betrieb verfügte über alle Fachbereiche der Metallbearbeitung. Für die Lehrstelle war für Nicht-Sowjetbürger die Empfehlung einer staatlichen oder gesellschaftlichen Einrichtung erforderlich. Vom Sekretär des Büros der Bergarbeiter-Gewerkschaft, Slutzki, wird Hans Boden eine Empfehlung ausgestellt.

Zu Beginn seiner Schlosserlehre herrscht in Moskau allgemein eine aufgeheizte Stimmung; die Sowjetgesellschaft wähnt sich von Volksfeinden und kapitalistischen Spionen durchsetzt. Jeder belauert jeden. Die Kinder von Emigranten, noch dazu solche aus dem faschistischen Deutschland, sind in den sowjetischen Betrieben nicht gern gesehen. Sie könnten Nazi-Agenten sein. Der Betrieb NATI bildete allerdings eine kleine Ausnahme. Personalchef des Betriebes ist Herr Gelibter,

Sowjetbürger jüdischer Nationalität, er hatte bereits mehrere Söhne von deutschen Emigranten eingestellt. Vermutlich hat Solomon Losowski, Chef des Vaters, seinen Bekannten Gelibter kontaktiert und ein gutes Wort für den Sobottka-Sohn eingelegt.

Gustav Junior ist neben seiner Arbeit im NATI um seine Weiterbildung bemüht; er hat dazu Gelegenheit im „Ernst-Thälmann-Klub ausländischer Arbeiter", wo er deutsche Technik-Bücher in der Bibliothek ausleihen kann und einen Kurs „Russisch II. Stufe" besucht. Mein Onkel liest nicht nur Bücher aus der Klub-Bibliothek, er diskutiert mit anderen Jugendlichen auf Klubabenden, besucht auch Tanzveranstaltungen im Klub, zu denen Mädchen aus einer nahegelegenen Krankenschwesternschule eingeladen sind und auch kommen. Die Klubleitung spricht Anfang 1938 Besuchsbeschränkungen für Deutsche aus; Deutsche dürfen an bestimmten Tagen das Klubhaus nicht betreten und sind zu vielen Veranstaltungen nicht zugelassen. H. Boden will dies nicht akzeptieren, es kommt zu Auseinandersetzungen. Sein Vater versucht die Empörung des Sohnes zu dämpfen.

Die Verhaftung

Am 7. August 1937 liefert der Kommandant des Hauses Leontjewskaja 2a eine Liste an den Vorsitzenden der Profintern, S. Losowski, mit Namen der vom NKWD in der Zeit vom 10.4. bis 4.8.1937 verhafteten Bewohner des Hauses und der in den Wohnungen verbliebenen Angehörigen. Aus dieser Liste geht hervor, dass innerhalb dieser drei Monate 18 Personen verhaftet worden waren. Auf einer zweiten Liste stehen sieben Familiennamen mit der Angabe der entsprechenden Wohnungs- und Zimmernummern, die infolge der Verhaftungen der Angehörigen, nun zu groß seien und zu räumen sind. Aus einem Brief meiner Großmutter an ihre Kinder in Berlin, weiß ich, dass auch Henriette *einen Koffer gepackt hatte* und mit Verhaftung rechnete.
Gleich nach der Verhaftung meines Onkels ist ein solches Ansinnen an meine Großeltern nicht gestellt worden, jedoch ein Jahr später.

Im Folgenden schildere ich nicht einen im 21. Jahrhundert gedrehten Fernseh-Krimi, sondern die Realität der Verhaftung meines Onkels im Jahr meiner Geburt.

Im Zimmer meiner Großeltern (Nr.20) schrillt am 4. Februar 1938 spät abends das Telefon. Eine satte Männerstimme erkundigt sich nach Sohn „Gans Boden". Im nächsten Moment, Gustav Junior war zu Hause, werden alle Eingänge des Hauses Leontjewskaja 2a von 14 Männern des Verhaftungskommandos besetzt, und die Trupps, die die Verhaftung und Durchsuchung der zwei Zimmer vornehmen sollen, stürmen in den 5. Stock. Die Order auf Verhaftung und Hausdurchsuchung (Nr. 2.337) wird vom leitenden Sergeanten Kusin nur kurz vorgezeigt, eine Aushändigung ist nicht üblich. Kusin ist der erste „Untersuchungsführer" H. Bodens, der mit rohester Gewalt die falschen Geständnisse erpresst, die Grundlage für die erste Anklage sein werden. Vater und Mutter wissen nicht, dass sie in dieser Nacht einen der zukünftigen Peiniger ihres Sohnes leibhaftig vor sich sehen.

Kusin war ein von den Inhaftierten sehr gefürchteter Prügel-„Tschekist". Meines Erachtens war er nur ein paar Jahre älter als mein Onkel. Die Mehrzahl der für die Staatssicherheit rekrutierten jungen Männer kam aus der Provinz. Kusin, einer der Gefolgsleute des Volkskommissars für innere Angelegenheiten N. I. Jeschow, überstand die Ablösung seines Vorgesetzten durch Stalin und wurde nicht wie dieser umgebracht, sondern machte Karriere.In der Gorbatschow-Ära, noch vor 1990, wird er als „Opfer stalinistischer Verfolgung" eingestuft. Was könnte verlogener sein? Nach Auskunft der Bürgerrechtsbewegung MEMORIAL 1997 lebte Kusin mit einer für russische Verhältnisse nicht kleinen „Opfer" - Rente in Moskau.

Als mein Mann und ich 1997 im Moskauer Archiv nachforschten, sind wir erst im Zweifel, ob es sich bei der Verhaftung des H. Boden um eine sogenannte „große Verhaftung", aufgrund der bei Stalin eingereichten 383 NKWD-Listen handelte. Denn Freunde meines Großvaters aus Emigrationsjahren sagten uns, dass sich die Verhaftung von Hans Boden gegen ihn, den international bekannten Bergarbeiterfunktionär richtete und diesen gefügig machen sollte. Dass der alte Sobottka sich immer noch so bewegte, als lebe er in Frankreich, dass er entgegen allen unterschriebenen Revers Auslandspostverkehr nach Frankreich und Deutschland weiterhin betrieb, war vom NKWD nicht gelitten.

1998 übergab uns Natalja Mussijenko von MEMORIAL Fotokopien von fünf Dokumenten, aus denen hervorgeht, dass H. Boden auf jener Liste stand, die zu den 383 Terror-Listen Stalins und seiner Führungsclique gehörte. Sein Name war in die II. Kategorie eingestuft worden, was bei Verurteilung mindestens acht Jahre in Arbeitslagern des GULAG-Systems bedeutete. (GULAG ist Akronym für im Russischen: Glawnoje Uprawlenije Isprawitjelno-trudowych Lagerej, deutsch: Hauptverwaltung für Besserungs-u. Arbeitslager).

Gleich nach der Verhaftung wird H. Boden direkt zum Verhör in die Lubjanka (Zentrale des NKWD) gebracht. Er schreibt: *Das Verhör bestand nur darin, dass mehrere Untersuchungsführer mich schreiend zwingen wollten, über mich etwas niederzuschreiben. Sie nannten mich `Faschist´, ´Resident´ und beschimpften mich unflätig. Das Verhör dauerte mehr als 15 Stunden.* Das können mein Mann und ich in Archivdokumenten lesen.

Taganka - Gefängnis

H. Boden kommt ins Taganka-Gefängnis – ein Gefängnis mit russischer Tradition, von dem schon zu Zeiten der Zaren die Gefangenentransporte in die Verbannung nach Sibirien erfolgten.

Ein Gefängniswärter führt H. Boden Treppen hinunter in eine halbdunkle, sehr lange Kellerflucht und stößt ihn in einen dunklen Raum voller Männer, dicht gedrängt, bis an die Knöchel im Wasser stehend. Nach diesem „Fußbad" muss der Gefangene in einen Raum zur „Desinfektion", bevor er, gegen Quittung, die der Beamte behält, Geld und Wertgegenstände abzugeben hatte. Danach musste der Gefangene alle Kleidungsstücke, inklusive der triefenden Schuhe, auf einen Drahtring ziehen, der in eine Heißluft-Desinfektionskammer gehängt wurde. Splitternackt warteten dann die Verhafteten bis sie in ein Nebenzimmer aufgerufen wurden, das sie kahlgeschoren wieder verließen; Methode: „Desinfektion gegen Kopfläuse". Nackt und kahlgeschoren ging es ins Bad, das heißt, jeder bekam einen Holzkübel mit warmem Wasser zum Sich-Waschen, Handtücher zum Abtrocknen gab es nicht, das sollte der durch die scheibenlosen Fenster wehende Moskauer Februar-Wind besorgen. Nass, zitternd von kaltem Wind umweht, barfuß im Bad, nackt und kahlgeschoren, warteten die Gefangenen mehrere Stunden bis sie ihre Kleidungsstücke – total zerknittert, die Schuhe steinhart - aus der Desinfektionskammer wieder bekamen.

Lange dauerte es, bis H. Boden aufgerufen und vom Gefängniswärter in die Zelle gestoßen wird. In dieser Zwei-Mann-Zelle mit zwei Pritschen an der Wand waren schon mehr als 15 Mann eingepfercht. Nachts liegen zwei Mann auf jeder Pritsche, je fünf Mann liegen mit den Beinen unter den Pritschen und mit dem Körper im Gang, alle müssen auf der Seite liegen, sonst reicht der Platz nicht aus; im Schlaf wendet sich jeder auf die andere Seite, wenn der Nebenmann sich gedreht hatte, so geschah es zwei bis drei Mal pro Nacht. H. Boden hatte meistens keinen Platz zum Liegen, musste in der Türnische neben dem Scheißkübel stehen. In dieser Zelle im Taganka-Gefängnis blieb H. Boden bis Herbst 1938. Er durfte sich in dieser Zeit nicht ein einziges Mal waschen, nicht die Kleidung wechseln.

Selbstmordversuch

1998 erhielten mein Mann und ich von Frau Mussijenko von der Bürgerrechtsbewegung MEMORIAL die Xerokopie eines handschriftlichen russischen Dokuments (vom 29.12.1938) von NKWD-Untersuchungsführer Treibmann, gezeichnet mit der Unterschrift „Gans Boden“, das ich übersetzte und hier wortwörtlich aufschreibe. *Als ich während des zweiten Verhörs (Mitte Februar1938) konterrevolutionäre Tätigkeit verneinte, die ich nie betrieben habe, prügelte man mich und forderte immer wieder von mir, Geständnisse niederzuschreiben. Derartige Verhöre dauerten einige Tage. Während eines dieser Verhöre hat mir der Untersuchungsführer Kusin seinen Revolver auf die Brust gesetzt und mich zwingen wollen zu schreiben. Das führte zu nichts, weshalb ich wieder verprügelt wurde. Ein anderer Untersuchungsführer, der im Arbeitszimmer von Kusin anwesend war, ein Rothaariger (seinen Namen kenne ich nicht), hat nach meiner Verprügelung auf meine Worte, dass ich über konterrevolutionäre Tätigkeit nichts niederschreiben kann, geantwortet: ´Du wirst dir doch etwas ausdenken können.´ Diese Verhöre fanden dadurch einen Abschluss, dass ich im Arbeitszimmer des Untersuchungsführers Kusin – in einem äußerst desolaten Zustand, verprügelt und zerquält - , mir das Leben zu nehmen versuchte. Als der Untersuchungsführer ins Nebenzimmer gegangen war, habe ich die Vene der linken Hand mit einem Glassplitter aufgeschnitten, der von dem während der Prügelei kaputt gegangenen Lampenschirm stammte. Selbstmord zu begehen, habe ich deshalb versucht, weil ich fühlte, die Methoden der physischen Einwirkung nicht mehr aushalten zu können. Auch befürchtete ich, etwas Verbrecherisches zu erfinden und damit die Untersuchung auf einen falschen Weg zu lenken und dadurch dem Feind zu helfen. Danach wurde ich in die Krankenzelle des Taganka-Gefängnisses eingeliefert. Am 8. März wurde ich wieder zum Verhör (in die Lubjanka) gebracht. In der Krankenzelle war ich zu der Schlussfolgerung gekommen, künftig alles zu schreiben, was der Untersuchungsführer von mir verlangt. Es waren die Mithäftlinge, die mit den gebrochenen Rippen und Rückgraten, die auch in der Krankenzelle lagen und mir geholfen hatten, zu dieser Schlussfolgerung zu kommen.*

Bis 8. Oktober muss er weiter in der Zelle der traditionellen Taganka verbringen, die Verhöre mit Kusin und seinen Schlägertrupps in der Lubjanka beginnen von Neuem.

Kein Lebenszeichen vom Sohn

In der Nacht vom 4. zum 5. Februar 1938 sich verabschiedend, rief Gustav Junior seiner Mutter zu: *Weine nicht, Mutter. Ich war ja in Deutschland von den Faschisten verhaftet. Hier sind es Genossen und da ich mir keiner Schuld bewusst bin und mein Gewissen vollkommen rein ist, bin ich gewiss, dass sich der Irrtum in einigen Wochen aufklären wird und ich zurückkehre.* (Wörtliche Wiedergabe aus dem Brief des Vaters vom 13.12.1939).

Wohin der Sohn verbracht werden wird, sagte man den Eltern nicht. Von Februar 1938 bis Juni 1939 gelingt es ihnen nicht, seinen Aufenthaltsort ausfindig zu machen, oder auch nur zu erfahren, ob er noch lebt. Auch die gegen den Sohn vorgebrachte Beschuldigung, die zur Verhaftung führte, bleibt ihnen weiterhin unbekannt.

Am 8. März 1938 stellt die Rechtsabteilung der Profintern Henriette eine Bescheinigung über ihre Person „zum Vorzeigen bei den Organen des NKWD der UdSSR“ aus, denn einen Pass oder irgendeinen Ausweis besitzt sie nicht. In der schlimmen Zeit der Verfolgungen und Denunzierungen ist eine solche Tat keineswegs selbstverständlich. Diese Hilfe haben meine Großeltern ihrem Freund Solomon Losowski zu verdanken, der durch die Anklage gegen Juden im Dritten Schauprozess auch hätte bedroht werden können.

Mit dieser Bescheinigung beginnt Henriette alle Dienststellen, die ihr bekannt werden, abzulaufen: Taganka-Gefängnis, Zuchthaus Matrjosnaja tischina (Matrosenstille), Butyrka-Gefängnis, die Prokuratura (Staatsanwaltschaft) in der Dimitrowka 18. Sie erhält keinerlei Auskunft über ihren verschleppten Sohn. Dabei trifft sie auf viele Frauen, die, verzweifelt wie sie, in der Schlange vor den Stahltoren der Gefängnisse stehen, um für ihre Männer und Söhne Essen und Geld abzugeben.

Die Ablösung des Vorsitzenden des NKWD I. Jeschow hat unter der sowjetischen Bevölkerung Hoffnungen geweckt. Es heißt, J. Stalin habe I. Jeschow im November 1938 zum Rücktritt gezwungen. Er wird als Haupt der „terroristischen Verschwörer-Gruppe im Innern des NKWD“ angeklagt, verurteilt und am 4. Februar 1940 erschossen. Die Hoffnung der Menschen wird jedoch nicht erfüllt; zum neuen Geheimdienst-Chef wird Lawrenti P. Berija (1899-1953) berufen, der den sowjetischen

Staatsterrorismus von der Stufe der „Jeschowtschina“ auf die Stufe der „Berijewtschina“ steigert. Im Auftrag Stalins überzieht er das ganze Land mit einem engmaschigen Netz von Arbeits- und Straflagern, die bis 1955 auch als „Deutsche Kriegsgefangenenlager“ genutzt wurden.

Seit Juni 1938 läuft der sogenannte „Hitlerjugend“-Prozess. Henriette ist als Mutter eines „Volksfeindes“ ebenfalls Repressivmaßnahmen ausgesetzt. Sie weiß nicht, dass die ihrem Sohn erteilte „Aufenthaltserlaubnis für Ausländer“ am 27. Februar 1938 bereits abgelaufen war und ihr Sohn, als „deutscher Bürger ohne nationalen Passport“, als „staatenlos“ Erklärter, jederzeit nach Nazi-Deutschland abgeschoben werden kann.

Ihr wird im Oktober 1938 mitgeteilt, dass ihre Aufenthaltsgenehmigung für Moskau nur bis zum 4. November 1938 Gültigkeit hat. Der weitere Aufenthalt in Moskau wird von der Aufnahme einer Arbeit abhängig gemacht. Bisher genügte für die Erteilung einer Aufenthaltsgenehmigung für eine Ehefrau gemäß sowjetischer Vorschriften lediglich, dass der Ehemann sich in Arbeit befindet.

An mehreren Tagen im nasskalten Oktober in Gummigaloschen durch die tiefen Pfützen auf Moskaus Bürgersteigen stapfend, findet Henriette endlich Arbeit als „Strickerin“ in der Textilfabrik „Oktoberrevolution“. In der Zeit des “Großen Terrors“ waren auch Tausende sowjetischer Bürger umgebracht worden, es mangelte an Arbeitskräften, da nahm man auch billige ausländische Arbeitskräfte. Henriette bekommt eine Aufenthaltsgenehmigung.

Amoklauf der Eltern durch sowjetische Instanzen

Vater Gustav schreibt am 18. Februar 1938 an das NKWD, um Auskunft über den Verbleib und die Beschuldigung seines Sohnes zu erhalten. Keine Antwort!

Eine Woche später spricht er in der Prokuratura (Staatsanwaltschaft) in der Dimitrowka 18 vor. (Nach sowjetischem Recht sind Staatsanwalt und Richter in der Person des Prokurators vereint. U.K.) Der Prokurator schickt den Vater zum Militärgericht in den Arbat, Haus 37. Dort liege in der Sache „Hans Boden“ nichts vor, wird ihm gesagt. G. S. wird an die Zentrale des NKWD Kuznetzki Most 24 verwiesen, dort erfolgt die übliche Abweisung an der Pforte. Klar für den Vater, sein Sohn befindet sich noch in den Fängen des NKWD. Die „Ermittlungen“ laufen noch.

Von Henriette ergeht am 3. Oktober eine schriftliche Anfrage nach dem Verbleib ihres Sohnes an den Staatsanwalt der Stadt Moskau. Zuvor, Ende Juni 1938, hatte sie sich mit der Bitte um Freilassung ihres

unschuldigen Sohnes in einem Brief an J. W. Stalin gewandt. Antworten auf ihre Eingaben erhält sie nicht.
Einige Leute würden sagen, wie gläubig und naiv von dieser Frau, andere, wie mutig von ihr.

Sohn Gustav stellt am 16. Juni 1939 für seine Mutter eine Vollmacht in russischer Sprache aus; sie soll seinen noch ausstehenden Lohn vom Betrieb NATI, in dem er bis zu seiner Verhaftung gearbeitet hat, abholen. Für die Eltern war dies das erste Lebenszeichen seit der Verhaftung des Sohnes – nach fast eineinhalb Jahren.
Das Original der Vollmacht H. Bodens für seine Mutter finde ich im Nachlass meines Großvaters und auch seinen Brief, den er an NKWD-Chef Berija schrieb.... Am 22. Juni 1939 beglaubigt die 3. Abteilung des Moskauer Militärbezirks die Vollmacht für die Mutter; diese wird per Post zugeschickt und kommt auch bei ihr an, sonst fände ich sie nicht im Nachlass.

Auch an Generalstaatsanwalt Wyschinski schrieb mein Großvater (am13.12.1939); meine Großmutter hatte Ende Juni 1939 erkundet, dass der Sohn im Taganka-Gefängnis eingesperrt ist und dass ein Prozess gegen ihn aus Mangel an Material nicht stattfinden könne.

Besuchszeiten für solche Gefangenen wie meinen Onkel gab es ganz sicher nicht. Seit Juli 1938 bis Ende 1940 zahlten die Eltern *jeweils am 3. und 17.Tag jeden Monats Geld ein* (Notiz von G.S.) und gaben regelmäßig dem Wachposten am Gefängnistor für H. Boden warme Kleidung, Geld, Tabak und Nahrungsmittel ab. Ob er die Sachen bekam, bezweifle ich sehr. Zum wiederholten Mal reihte sich Henriette ab vier Uhr morgens in die lange Warteschlange vor dem Tor des Taganka-Gefängnis ein und erfährt letztendlich nach stundenlangem Stehen, dass ihr Sohn ins Gefängnis Butyrka überführt wurde.

Das Gefängnis „Butyrka“

Der Butyrka–Komplex – auch mit langer russischer Tradition –, nicht allzu weit vom Bjelorussischen Bahnhof entfernt, ist unter der Regentschaft Katharina der Großen 1782 als Festung gebaut worden. Bereits unter Peter I. (1672-1725) waren hier die rebellischen Strelitzen, 1883 die Volkstümler und 1885 die Teilnehmer des Morosow-Streiks inhaftiert. Schon damals war „die Butyrka“ ein Markenzeichen, bekannt für brutalste Haftbedingungen. In der Zeit des „Großen Terrors“ war dieses Gefängnis für 1000 Gefangene ausgelegt; in der Literatur liest man jedoch, dass bis zu 30.000 Inhaftierte, hier vegetieren mussten.

Persönliche Schilderungen der qualvollen Monate im Butyrka der 1930er Jahre, konnte ich von meinem Onkel nicht erfahren. Ich entnehme sie aus dem im Jahr 1990 erschienenen Buch: „Unter falscher Anschuldigung. 18 Jahre in Taiga und Steppe“ von Helmut Damerius (1905-1957). H. Damerius, der auch zu den Untersuchungshäftlingen des sognannten „Hitlerjugend“-Prozesses gehörte, schildert, bestimmt nicht übertrieben, sondern vorstellbar wahrheitsgemäß, die „Gefängnisordnung“ in jenen Jahren.
Auf dem Fußboden wurde hier nicht geschlafen, auf Pritschen mit Strohsäcken als Auflage und einer Decke. Die Decke war überflüssig, denn in der Zelle war es drückend schwül, weil durch die Maulkörbe vor den Fenstern wenig frische Luft herein konnte. Trotzdem war es im Vergleich zur Taganka luxuriös. Hier konnte man jede Woche in einer Verkaufsstelle Waren bestellen, wie Papirossy, Seife, Brot, d. h. wenn man genügend Geld hatte. Bei sich hatte man es natürlich nicht, es wurde von dem abgebucht, was einem bei der Verhaftung abgenommen worden war. Ich staunte sehr, dass dieser Betrag hier bekannt war. Bei der Unordnung in der Handhabung der Sowjetgesetze im Großen, herrschte eine Ordnung im Kleinen – die Gefängnisordnung. Einmal in der Woche konnte man ein Buch aus der Gefängnisbibliothek ausleihen. Es gab sogar Bücher in deutscher Sprache. Noch eine angenehme Einrichtung gab es: Die Besatzung der Zelle durfte einmal täglich an der frischen Luft im Gefängnishof 15 Minuten unter Aufsicht im Kreis laufen. Verboten waren dabei das Sprechen, das Blicken nach oben oder nach hinten und das Aufheben irgendwelcher Gegenstände vom Boden. Diese Gefängnisordnung wurde aber keineswegs den Gefangenen bekanntgegeben. Die Wärter entschieden über ihre Verletzung. Für zu lautes Sprechen einzelner wurde der ganzen Zelle für 4 Wochen die Einkaufmöglichkeit gesperrt; wenn beim Hofgang gesprochen, nach oben oder hinten geblickt oder etwas vom Boden aufgehoben wurde, gab es 10 Tage „Spaziergangs-Sperre“ für alle Zelleninsassen; weil einer auf der Pritsche stehend Gymnastikübungen gemacht hatte, wurde für alle die Buchausgabe für 4 Wochen gesperrt. Soweit Helmut Damerius.

Ich, im Jahr der Verhaftung meines Onkels geboren, komme zum ersten Mal als fast 40-Jährige mit diesem Gefängnis in Kontakt. Während des Abendessens in der Küche meiner Moskauer Freunde in der Nowolesnaja Uliza, erschrecken mich laute, schrille Schreie russischer Sprachfetzen, deutlich hörbar bis zu uns in die Küche im 5. Stock, die mir nicht erklärbar sind. Leonid, der Gastgeber, schaut an meinem verdutzten Gesicht vorbei und erklärt mir freundlich lächelnd, dass fast jeden Abend diese Schreie zu hören sind, je nachdem, wie der Wind steht. Unweit ihres Wohnblocks befände sich ein Gefängnis mit Mördern und Verbrechern, deren Angehörige auf diese Weise kommunizieren können. Leicht ironisch fügt er hinzu, dass er Bastel-Beschäftigungen mit einigen Gefangenen durchgeführt habe. Der Name „Butyrka" wurde an diesem Abend nicht genannt.

In jener Zeit habe ich nicht gewusst, dass auch mein Onkel zu den „Verbrechern" in diesem Gefängnis zählte.

Seit wann dieses Gefängnis offiziell „Untersuchungs-Haftanstalt Nr.2" heißt, weiß ich nicht. Für viele russische Bürger ist „Butyrka" immer noch ein Begriff für angewandte unmenschliche Grausamkeit und Wahrung russischer Tradition.

Juli 1940 – mein Onkel lebt noch

Entgegen der vom NKWD fingierten Mitteilung durch den Entlassenen Abelowski, in Moskau wohnhaft, der in der Wohnung der Sobottkas erscheint und mitteilt, dass H. Boden nicht mehr lebt, ist Gustav jun. im Juli 1940 noch am Leben.

Als Aufenthalt wird immer noch das Butyrka-Gefängnis angegeben; der Vater zahlt noch regelmäßig Geld für ihn ein und gibt Bekleidung ab. Er hat inzwischen erneut den Moskauer Advokaten (Rechtsanwalt) Rusakow beauftragen können, in der Sache seines Sohnes zu ermitteln und wendet sich auch persönlich an den Sekretär der Empfangsstelle von Berijas Volkskommissariat für innere Angelegenheiten, Kusnetzki Most 24, Zimmer 4. Der Sekretär informierte sich über den Stand in der Sache H. Boden und zeigt sich erstaunt, dass noch nichts entschieden sei.

Anfang Juli 1940 wird G.S. zu einem Gespräch mit dem Stellvertreter des leitenden, Staatsanwalts Sacharow, Arbat 37, Zimmer 26, empfangen. Sacharow erklärt, die Sache H. Boden sei seiner Meinung nach abgeschlossen. Er wundere sich, dass sich noch nichts mit der Freilassung getan habe. Um Zeit für die Klärung zu haben, vereinbart er ein neues Gespräch für den 8. Juli. Aber Staatsanwalt Sacharow hat auch an diesem Tag kein Ergebnis vorliegen; das Gespräch soll am 12. Juli fortgesetzt werden.

Am 2. September 1940 ist G.S. erneut bei Staatsanwalt Sacharow. Dieser teilt ihm nun mit, dass gegen H. Boden erneut Anklage wegen Spionage erhoben werden musste. G.S. schaltet wieder seine

Genossen W. Pieck und G. Dimitroff ein. Außerdem bittet er Rechtsanwalt Rusakow, ihm ein Gespräch mit Staatsanwalt Israeljew, der in der „Sache Boden“ die Gerichtsverhandlung leiten wird, zu vermitteln. Rusakow teilt mit, dass Israeljew mit W. Pieck und G. Dimitroff gesprochen habe und seit diesen Gesprächen von der Unschuld des Sohnes von G.S. überzeugt sei. Aber was bedeutete das schon in jener Zeit; meine Großeltern und auch ihre langjährige Freundin Martha Arendsee (1885-1953) waren von Anfang an der festen Überzeugung, dass der Sohn kein Spion ist.

Meine in Berlin lebenden Eltern korrespondierten nur verschlüsselt mit Moskau, denn alle Briefe werden sowohl von sowjetischer als auch von deutscher Seite gelesen. Per Telefon zu kommunizieren, wissentlich abgehört zu werden, war nicht möglich. Denn ich gehe davon aus, dass in den 1930er Jahren auch das sowjetische hauptstädtische Telefonnetz auf dem Niveau des vorwiegenden Verkehrs mit Pferdedroschken war. Selbst Anfang der 1960er Jahre verfügten die wenigsten Haushalte über einen Telefonanschluss. Eine telefonische Verbindung mit dem Ausland bekam man nur nachts, nach langem Warten im „Zentralen Post- und Telegrafenamt“ in der Gorki-Straße (heute wieder Twerskaja uliza).

Mein Großvater schreibt (1940) verschlüsselt an meine Mutter und meinen Onkel Bernhard in Berlin wörtlich: *Ihn [den Bruder] traf – wie auch viele, viele andere – das Unglück, dessen Rätsel bis heute noch nicht gelöst ist. Doch hoffen wir, dass die Sache bald geklärt wird, die nun schon zweieinhalb Jahre dauert und wir Gewissheit haben, dass das Unglück über G. nur eingetroffen ist auf Grund gemeiner Lüge.* Meine Eltern und mein Onkel Bernhard konnten daraus entnehmen, dass Bruder und Schwager seit Anfang Februar 1938 verhaftet, aber noch am Leben war.

Über den Stalinschen Terror hatte die deutsche Presse berichtet. Sie konnten sich also zusammenreimen, dass es dem Bruder verdammt schlecht ergangen war und dass die Presseberichte über den sowjetischen Terror nicht nur antikommunistische Propaganda der Nazis waren.

Am 23. August 1939 ist in Moskau der sogenannte „Hitler-Stalin-Nichtangriffspakt“ von Molotow und Ribbentrop unterzeichnet worden. Am 28. September 1939 folgte der deutsch-sowjetische „Grenz- und Freundschaftsvertrag“.

Im Sommer 1940 beantragte meine Mutter für sich und mich ein Einreisevisum für eine Besuchsreise nach Moskau. Meine Großeltern

freuten sich und waren voller Erwartung. Aber dem Antrag meiner Mutter wurde von den sowjetischen Behörden nicht stattgegeben.
Aus dem Nachlass meines Vaters besitze ich seinen Entwurf für den Brief meiner Mutter an ihre Eltern. Darin heißt es: *Was uns betrübt, sind neben der zu weiten Entfernung voneinander vor allem die Krankheit der Mutter und der Rückschlag Gustavs. Wir glauben an ein baldiges Wiedersehen, als ja die Sehnsucht nach der Heimat und die Liebe der Eltern zum Kinde und umgekehrt – je länger die Trennung dauert – umso stärker wird. Wir freuen uns, dass Mutter auf dem Wege der Genesung ist. Sie muss ja auch gesund werden, denn die Ursel will doch ihre Oma sehen. Als Euer Brief kam, empfing sie ihren Papa, der nicht jeden Tag nach Hause kommen kann, mit den Worten: ´Oma hat geschriebt´. Da Gustav sich auch von seinem Rückschlag erholen wird und bei uns alles wohlauf ist, wird sich Mutter wieder erholen – das wissen wir. Wir wollen auch hoffen, dass der Vater gesund ist, denn das war unsere Hauptsorge, da er doch schon hier immer mit seinem Herzen zu tun hatte.*

Am 4. November 1940 schreibt mein Großvater an seine Tochter: *Wir haben jetzt viele freudlose Tage. Die Krankheit Gustavs macht uns viele und große Schmerzen. Die letzte Nachricht, die wir über ihn haben, besagt, dass er schwer an Tuberkulose erkrankt ist und wir das Schlimmste zu erwarten haben. Ihr könnt Euch da selbst denken, wie schwer uns das trifft, und dass wir alles daran setzen, um, wenn wir sein Leben nicht mehr retten können, doch wenigstens sein Andenken in allen Ehren behalten. Sobald wir Genaueres von Gust. haben werden, werden wir Euch schreiben. Für heute fällt es uns zu schwer, die Feder zu führen.*

Henriette wird irre, schlägt um sich

Erst im Nachlass meines Großvaters, ich bin schon selbst Großmutter und werde „Oma" genannt, lese ich, was er über den Gesundheitszustand seiner Frau schreibt:

Mein Sohn wurde verhaftet, ich werde aus der Arbeit entlassen, bei der Erteilung der Aufenthaltserlaubnis wurden Methoden angewendet, die meine Frau bis an den Rand des Grabes gebracht haben. Fast zwei Jahre hat meine Frau den Schmerz um ihren Sohn getragen, in dem Glauben an die Gerechtigkeit der Sowjetorgane– und dann brach sie verzweifelt zusammen. Am 8. Dezember 1939 musste ich meine Frau in die Heilanstalt für Geisteskranke, „Kaschtschenko", bringen. Sie war seelisch völlig zusammengebrochen und sah in jedem Menschen einen

Feind. Ich kenne meine Frau seit ihrem 17. Lebensjahr, jetzt ist sie 52. Seit 31 Jahren sind wir verheiratet. Seit 1909 bin ich und seit 1910 ist meine Frau politisch organisiert, und seit dem Bestehen der kommunistischen Partei Deutschlands sind wir deren Mitglieder. Wir haben als Funktionäre der sozialistischen Arbeiterbewegung manche schwere Zeiten durchgemacht. Nie hat meine Frau irgendwelche Verzweiflung gezeigt; sie stand in allen Kämpfen tapfer an meiner Seite. Im März 1933, als ich auf Wunsch der Komintern Deutschland verließ, setzte sie tapfer als Kassiererin ihrer Parteizelle in Berlin-Oberschöneweide ihre Arbeit fort. Als drei Monate später unsere beiden Söhne verhaftet und ins Konzentrationslager zur „Umerziehung" geworfen wurden, auch da ließ sie den Mut nicht sinken.... Oft sagte sie: Wir müssen alles durchhalten, einmal wird die Arbeiterklasse siegen, dann wird es auch für alle besser. Und diese tapfere Frau, die niemals krank war, bricht jetzt verzweifelt am Leben zusammen. Ich habe meinen Sohn, als er 18 Jahre war, veranlasst, Deutschland zu verlassen, ich habe ihn als Kind gelehrt, dass die Sowjetunion das Land der höchsten Gerechtigkeit ist.
Heute weiß ich, dass die Verhaftung meines Sohnes nur auf Grund einer gemeinen Denunziation erfolgte. (Aus dem Brief meines Großvaters an W. Molotow vom 14. Februar 1940, auf den er keine Antwort erhielt.)

Am 18. Dezember 1939 bekam mein Großvater ausnahmsweise von der behandelnden Ärztin der Nervenheilanstalt einen Termin. Sie teilte ihm mit, dass ein Heilungserfolg bei seiner Frau nur zu erwarten sei, wenn sie möglichst bald ihren inhaftierten Sohn wiedersehen könne.

Nach drei Monaten wird Henriette an ihrem 52. Geburtstag (9. März 1940) aus der Nervenheilanstalt als „gebessert" entlassen. An der Ursache ihres Zustandes hat sich nichts geändert; ihr jüngster Sohn ist immer noch im Gefängnis. Meine Oma ist mit 52 Jahren zum Pflegefall geworden. Großvater hält von ihr alle negativen Nachrichten fern, geht allein einkaufen, sorgt für Sauberkeit und Essen. Jedoch, wie es immer unter den Eheleuten üblich war, alles gemeinsam zu besprechen und zu deuten, ist nicht mehr möglich. Ab jetzt behält G. S. seine Gänge zum NKWD und zur Staatsanwaltschaft für sich.

Nach etwa fünf Monaten erleidet Henriette einen schweren Rückfall. Für kurze Zeit ist erneut die Einweisung in die Psychiatrie erforderlich. Wie lange dieses Mal der Anstaltsaufenthalt dauerte, konnten wir im Juni 1997 nicht ermitteln. Ob mein Großvater überhaupt seine kranke Frau besuchen durfte, weiß ich nicht. Die Fahrt zur Nervenklinik nahm mehrere Stunden in Anspruch und Geld für ein Taxi hatte G.S. gewiss nicht.

Jeden Kranken überkommt Angst und er beginnt am ganzen Leibe zu zittern, hört er nur den Namen „Kaschtschenko-Klinik“. Mit dieser Klinik wird den Kranken gedroht, wenn angeblich nichts anderes mehr hilft und sie den Anweisungen der Sanitäterinnen nicht folgen. Meine Großmutter hat mit mir später nie über ihre Behandlung gesprochen.

Ich vermute, meine Großmutter war aggressiv, sie bekam Tobsuchtsanfälle und wurde mit sehr starken Medikamenten ruhiggestellt. Vielleicht sogar mit Schlägen.

Die medizinischen Untersuchungen wurden von Kommissionen durchgeführt, deren Ärzte nicht unabhängig, sondern dem NKWD/ KGB unterstellt waren. Über die Kaschtschenko-Klinik wird in Wikipedia (Herbst 2014) lakonisch festgestellt: *Aus der Stalinära ist wenig bekannt, was den Missbrauch der Psychiatrie für politische Zwecke betrifft.*

Als mein Mann und ich im Juni 1997 die Nervenheilanstalt aufsuchten, benötigten wir aus dem Zentrum Moskaus, per Metro und zu Fuß, fast zwei Stunden. Eine Metro-Linie bis in die Moskauer Vororte gab es zu Zeiten noch nicht, in denen meine Großeltern in Moskau leben mussten. Die erste Metro-Linie in Moskau („Kirowski-Radius“, 11,6 km mit 13 Stationen) wurde am 15. Mai 1935 eröffnet. Bis dahin bediente man sich des bis 1917 noch hauptsächlichsten Transportmittels, der Pferdedroschken.

Die Metro-Station „Dzerschinskaja Platz“ lag auf dieser zuerst erbauten Metrolinie und hatte schon damals zwei Ausgänge. Einer davon führte in einen nichtöffentlichen Metrotunnel-Anschluss, über den Gefangene aus dem Lubjanka-Gebäude ungesehen verladen oder wie Dokumente besagen, Inhaftierte aus dem Innern des Gebäudes des NKWD in die Tiefe des Metro-Tunnelschachtes gestürzt wurden.

Zu Zeiten der alten Droschkenkutscher, so lese ich in einem russischen Stadtführer aus dem Jahre 1982, war 1917 der Lubjanka Platz der wichtigste Verkehrsknotenpunkt Moskaus, über den auch fast alle Straßenbahnen – die es auch gab – führten.

Nach 1917 sei dieser Platz in Dzerschinski Platz umbenannt worden und auf der wesentlich verbreiterten Dzerschinski Straße befindet sich das 1899 von Architekt Iwanow erbaute mehrstöckige Verwaltungsgebäude der „Allrussischen Versicherungsgesellschaft“, das, nachdem es in den 1930er Jahren mit zwei Stockwerken und Attikafiguren aufgestockt und 1940 – 1947 im Monumentalstil erweitert wurde, der zentrale Sitz des NKWD ist.

Wörtlich heißt es im 1982er Moskauer Stadtführer: *In diesem Haus arbeitete in den ersten Jahren nach dem Oktober die ´Allrussische* *außerordentliche Kommission`, die die Sicherheit für die junge sowjetische Republik vor Umtrieben konterrevolutionärer Verschwörer und Saboteuren gewährleistete. An ihrer Spitze stand Felix Edmundowitsch Dzerschinski, der ´Eiserne Ritter der Revolution´.* Bis 1992 stand in gebieterischer Pose sein Riesendenkmal auf diesem Platz. Wann genau die Moskauer Bevölkerung den „Eisernen Ritter der Revolution“ von seinem Sockel stürzte, habe ich vergessen. Von meinen Freunden von MEMORIAL weiß ich, dass es ihnen gelungen war, am 30. Oktober 1990 zur Erinnerung an den stalinschen Terror, seitlich vom Lubjanka Platz einen Findling aus dem Solowezker Lager aufzustellen und mit einer kleinen Metallplatte zu versehen. Das in der russischen Monarchie für die Versicherungen erbaute repräsentative Gebäude, wird von den Bolschewiki zur Sicherung ihrer revolutionären Errungenschaften durch NKWD/KGB/FSB benutzt und erweitert und im Jahr 1998 lässt Chef W. Putin speziell für die Geheimdienstmitarbeiter nahe dem Hauptgebäude eine russisch-orthodoxe Kapelle errichten.

Benachrichtigung über den Tod

Am 13. November 1940 teilt ein Mitarbeiter (M. Dietrich) des Sektors Personalfragen des Komintern-Büros wortwörtlich W. Ulbricht mit: *Dem Genossen Sobottka sein Sohn ist im Gefängnis gestorben.* (Kein Schreibfehler! U.K.) Fast zwei Monate sind seit dem Tod von H. Boden vergangen, in denen es der NKWD nicht für nötig hielt, die Komintern und die Sobottkas zu benachrichtigen. So viel zu dem menschlichen Verhalten von „Kommunisten“.

Im „Aktenbuch eines russischen Standesamtes des Jahres 1940, Monat September, 25. Tag“ steht: „Betrifft Bürger Boden-Sobottka, Gans Gustawowitsch, gestorben im Jahre 1940, im Monat September am 22. Tag durch Lungentuberkulose. Leiter des Archivs des SAGS (Akronym für Standesamt), unleserliche Unterschrift.“

Ein dreiviertel Jahr nach dem Ableben seines Sohnes erhält der Vater von einem Standesbeamten die auf den 7. Mai 1941 datierte Sterbeurkunde – ohne Ortsangabe. In der Sammelmappe meines Großvaters „Persönliche Dokumente“ ist diese nicht enthalten. Seit der Geisteszerrüttung seiner Frau hat er alle Nachrichten über den Sohn unter Verschluss gehalten, und bevor er zurück nach Deutschland kommandiert wurde, vernichtet. Er kannte seine Henriette gut und wusste aus früheren Jahren, dass sie gern seine persönlichen Sachen inspizierte.

Henriette erfuhr nichts vom Tod ihres Sohnes und dabei blieb es bis sie selbst starb.

Nach der Abreise meines Großvaters aus der Sowjetunion lebte Henriette noch sieben Monate allein und einsam in der Leontjewskaja in Erwartung der Rückkehr ihres Jüngsten. Der schreckliche Weltkrieg war zu Ende, bald wird sie auch ihre Kinder in Deutschland wiedersehen können, diese Hoffnung hilft ihr, die letzten Monate ohne ihren Mann zu bewältigen. Das wenige Geld, welches sie als Strickerin verdiente, sparte sie, um gute Lebensmittel zu kaufen und den sicherlich abgezehrten Sohn wieder aufzupäppeln.
Im November 1945 kommt auch sie nach Deutschland zurück.

1931 Sotschi, Bergarbeiter-Sanatorium. G.S. 2. Reihe, zwischen Rjasanow und Max Hölz

Generalsekretär des Intern.
Komitees der Bergarbeiter
(Berlin, Saarbrücken, Paris)

1938, G.S nach Verhaftung
des jüngsten Sohnes.

1935, G.S. in Paris

1935, Henriette in Paris

Die Jahre 1941 bis 1953 im Leben meines Großvaters

1941 – Evakuierung nach Kuibyschew

Im Oktober 1941, als die deutschen Truppen vor Moskau standen, beschloss die Sowjetregierung am 15. Oktober alle wichtigen Moskauer Institutionen, Ministerien und Behörden, darunter auch die Kommunistische Internationale (Komintern), in Städte im Osten des Landes zu evakuieren.

Wie für Viele, kam auch für meine Großeltern am 17. Oktober 1941, nachmittags um vier Uhr die Nachricht überraschend, am nächsten Tag um sechs Uhr morgens auf dem Kasaner Bahnhof zu sein, um Moskau nach Kuibyschew an der Wolga zu verlassen. Jeder konnte nur so viel Sachen mitnehmen, wie er tragen konnte. Die Entfernung zwischen Moskau und Kuibyschew, östlich des Uralgebirges, beträgt etwa 3.000 km. Seit 1941 rollten Tag und Nacht Güterzüge nach Kuibyschew, die demontierte Werkbänke und Maschinen der wichtigsten Rüstungsbetriebe aus dem Westen und Norden der Sowjetunion an die Wolga brachten. Hier ließ sich Stalin Ende 1941, als sichere Zuflucht, einen Bunker in 42 Meter Tiefe unter der Erde des Gebäudes der Bezirksverwaltung bauen. 10.000 Tonnen Beton wurden verbaut, um Stalin einen bombensicheren Rückzugsort zu schaffen, den Stalin nie benutzt hat. Bis 1990 war der Stalinbunker ein Staatsgeheimnis, heute ist er ein beliebtes Ausflugsziel und Touristenattraktion. 1990 bekam die Stadt Kuibyschew wieder ihren alten Namen: Samara.

Ende November 1941 in Kuibyschew angekommen, wird mein Großvater nach einigen Tagen von W. Ulbricht informiert, dass er weiterhin in INORADIO mitarbeiten soll. „Weiterhin“ bezieht sich auf den Fakt, dass mein Großvater, seit Ende 1939 von Georgi Dimitroff als „Personal-Pensionär“ anerkannt, als „freier Journalist für die sowjetische sowie internationale Presse und für das deutsche Radio“ schon in Moskau wöchentlich zwei Ansprachen an die deutschen Arbeiter im INORADIO hielt.

Folgende Schilderung entnehme ich wörtlich aus Briefen meines Großvaters an W. Pieck und G. Dimitroff: *Hier habe ich die Radio-Administration gebeten mir eine sogenannte Bronja (Reservierung) auszustellen, damit die Hausverwaltung die Wohnung in Moskau unter einen bestimmten Schutz stellt und ich, wenn ich nach Moskau zurückkomme,*

meine Sachen zurückerhalte. Eine solche Bronja stellte die Administration für Angestellte aus, sie für mich auszustellen, lehnte sie ab....
An Dimitroff wörtlich: *Die Angestellten des Radios erhielten zwei Monatsgehälter als Entschädigung. Bei mir wurden aber von meinem Honorar, das ich für Oktober zu erhalten hatte (nach der Festlegung der Redaktion in Höhe von 1120 Rubel) noch 300 Rubel gestrichen, weil angeblich die Buchhaltung erst die Belege von Moskau beschaffen sollte. Warum man für mich das Honorar für Juli (1941) noch nicht angewiesen hat, konnte mir die Buchhaltung bis heute nicht erklären.*

Ich wohne in einer Ecke, die bis dahin unbewohnbar war, auf nacktem Boden, habe weder einen Stuhl noch ein Bett. Drei Wände hat der Raum, von zwei Wänden läuft das Wasser herunter, durch die faulen Dielen laufen die Ratten, obwohl meine Frau ständig bemüht ist, die Löcher zu verschmieren und zuzunageln....
Hier arbeite ich, da es für mich in der Redaktion weder Tisch noch Stuhl gibt, auf einem Koffer sitzend, auf dem anderen Koffer steht die Schreibmaschine und auf den Knien ein Brett. Den Leiter des Radio-Komitees, Stepanow, habe ich gebeten, dass er für die Durchführung wenigstens dreier Dinge sorgen soll: Erstens: zu veranlassen, dass ich bei der Miliz angemeldet werde, denn bis 6. Februar war ich noch nicht polizeilich gemeldet, weil angeblich nur Angestellte angemeldet würden. Zweitens: eine Möglichkeit zu schaffen, dass ich entweder in der Redaktion oder in meiner sogenannten Wohnung einen Stuhl, Tisch und Licht erhalte, um arbeiten zu können. Drittens: dass mir und meiner Frau Bettgestelle zur Verfügung gestellt werden, die ich natürlich zu bezahlen bereit bin, obwohl andere auch Betten ohne Bezahlung erhalten haben. Als Bettgestelle und Matratzen kamen, wurden nur die Angestellten versorgt. Junge Männer und Frauen haben also Betten und Matratzen, ich liege hier mit meiner Frau für mehr als zwanzigjährige Arbeit für den Kommunismus auf verfaulten Bodenbrettern. Auch standen in der Zeit Zimmer frei, aber die Versprechungen des Leiters des Radio-Komitees führte der Kommandant nicht durch, die Zimmer bekamen andere. Nach fünf Monaten ist lediglich die polizeiliche Anmeldung erledigt und die anderen zugesicherten Dinge sind leere Versprechungen geblieben. Eswird wohl solange dauern, bis meine Frau und auch ich im Krankenhaus landen, denn wenn es anfängt zu tauen, wird uns das Wasser eines Tages hinwegschwemmen. Meine Arbeit am hiesigen Radio hing davon ab, ob die Administration bereit war, mir Unterkunft und Lebensmöglichkeit zu geben. Die Administration weigerte sich jedoch mit der Begründung, ich sei kein Angestellter und gehe sie daher nichts an. Erst nach 10 Tagen

erhielten wir Lebensmittelkarten, damit wir Brot zu essen haben, aber nicht die Möglichkeit etwas selbst zu kochen. Und erst nach zwei Monaten, als ich dem Leiter des Radio-Komitees Stepanow erklärte, dass ich mich weigere, am Mikrophon zu erscheinen, wenn ich nicht die Möglichkeit bekomme, mir und meiner Frau Tee zu kochen, bekam ich für uns beide die Zusage in der Stolowaja (Speisesaal) des Radio-Komitees Mittag zu essen.

Anhand der im Aufbau-Verlag im Jahr 2000 erschienenen „Tagebücher 1933 – 1943“ von Georgi Dimitroff kann ich nachvollziehen, wie groß die Schwierigkeiten für die Arbeit des evakuierten Komintern-Propaganda-Apparates während des Krieges waren. Die technischen Voraussetzungen seien äußerst unbefriedigend gewesen und dass die Sendungen aus Kuibyschew im Ausland gehört werden konnten, war keineswegs gewährleistet.

Beim Verlassen Moskaus hinterließen meine Großeltern im Zimmer 20 der Leontjewskaja 2a vier Koffer mit Kleidungsstücken, der elektrischen Kochplatte, Kochtöpfen und anderen lebensnotwendigen Sachen, verschlossen in einem Schrank. Die Kofferschlüssel nahm G. S. an sich und den Zimmerschlüssel gab er am Morgen des 18. Oktober Petruschkin, dem Kommandanten des Hauses.

Als sie nach Moskau zurückkehrten, wohnte in den Zimmern 19 und 20 eine Familie, deren Name der Kommandant sich weigerte zu nennen; er machte zur Bedingung, nur die zwei Zimmer und die Koffer wiederzugeben, wenn ihm die Anmeldung bei der Miliz vorgelegt werde.

Die Sachen aus dem zugeschlossenen Schrank im Zimmer 20 waren geplündert. Meine Großmutter sprach mit Bewohnerinnen des Hauses und erfuhr, dass Söhne der einen Bewohnerin mehrmals mit Bündeln aus dem Zimmer 20 herauskamen, die diese in einem Dorf gegen Fleisch, Kartoffeln und andere Lebensmittel eintauschten. Eine andere Bewohnerin erklärte, dass sie vom Kommandanten Petruschkin Sachen aus den Koffern bekommen hat. Als Henriette Petruschkin die Zeuginnen nennt, wird er zornig und droht ihr mit dem Gericht.

Nationales Komitee „Freies Deutschland“

Die Geschichte der Bewegung „Freies Deutschland“ beginnt mit der Niederlage der Wehrmacht in Stalingrad – der bislang furchtbarsten Schlacht des Zweiten Weltkrieges. Der von Hitler angezettelte Weltkrieg ist entschieden, der Nimbus der Unbesiegbarkeit der deutschen

Wehrmacht ist endgültig dahin, die Befreiungsfronten von Ost und West rücken stetig näher, verzweifelte Nazis kämpfen in deutschen Städten gegen die vorrückende Sowjetarmee und die Exilanten – aus West- und Ostemigrationen – bereiten sich gedanklich, organisatorisch und logistisch auf ihre notwendigen Aktivitäten zum Wiederaufbau Deutschlands vor. Ob rechtzeitig, können nur die Damaligen beurteilen, aber die sind inzwischen tot. Mich in die Frontverläufe hineinzuversetzen fällt mir sehr schwer. Mein Interesse liegt vor allem darin, die Rolle meines Großvaters in jenem Prozess nachzuvollziehen.

Anfang Oktober 1941 findet im Kriegsgefangenenlager Nr. 58 eine erste Beratung kriegsgefangener deutscher Soldaten mit Vertretern der KPD statt. Die Debatte führt zur Annahme des „Appells an das deutsche Volk", unterzeichnet von 158 deutschen Soldaten. Weitere Debatten finden in anderen der zahlreichen Kriegsgefangenenlagern statt. Unter anderem befand sich im Lager Nr. 27 in Krasnogorsk (25 km nordwestlich von Moskau) ein kleines Sonderlager, dem die Antifa-Schule „Lunjowo" zugeordnet war. Eine Viertelmillionen deutsche Soldaten sind eingekesselt. Die 6. Armee wird von dem Oberbefehlshaber, General der Panzertruppen, Friedrich Paulus (1890-1957) geführt. Das gegenseitige Morden nimmt kein Ende. Am 28. Juni 1942 kommen zirka 1.900 deutsche Kriegsgefangene zusammen und verabschieden einen Aufruf an die deutschen Soldaten.

Im Juni 1943 stimmt die Regierung der UdSSR der Bildung eines Nationalkomitees „Freies Deutschland" auf dem Territorium der Sowjetunion zu. Am 10. Juli 1943 erscheint im „Das freie Wort", der ersten Zeitung deutscher Kriegsgefangener, ein Aufruf zur Gründung eines nationalen Komitees „Freies Deutschland". Nach realistischen Analysen der Frontlage fordert der Aufruf alle deutschen Offiziere und Soldaten in den Kriegsgefangenenlagern zum Kampf gegen Hitler auf. In den ersten Julitagen 1943 versammelten sich im Lager 27 Delegationen, um das Nationalkomitee zu gründen; sie repräsentierten kaum die Masse der Kriegsgefangenen. Stundenlange Diskussionen finden um das Zustandekommen eines Manifestes im Keller der Antifa-Schule statt.

Am 12. und 13. Juli 1943 kommt es im Klubhaus des Ortssowjets von Krasnogorsk zur Gründungsversammlung des Nationalkomitees „Freies Deutschland" (NKFD). Fast alle KPD-Emigranten sitzen im Saal – auch mein Großvater. Vor einem Transparent mit der Losung: *Für ein freies und unabhängiges Deutschland* wird der Schriftsteller Erich Weinert (1890-1953) zum Präsidenten des Nationalkomitees gewählt.Major Karl Hetz (1906-1985) und Leutnant Heinrich Graf von Einsiedel (1921-2007) werden Vizepräsidenten. Ein Manifest, das auch „der Bergarbeiterführer und Landtagsabgeordneter, Ruhrgebiet“ unterzeichnet, ruft zum Kampf gegen Hitler auf und endet mit den Worten: *Kein äußerer Feind hat uns Deutsche jemals so tief ins Unglück gestürzt wie A. Hitler!*

Im Nationalkomitee waren die Kommunisten im Übergewicht. Von Seiten der Offiziere herrschte ihnen gegenüber Ablehnung, sie hatten die Gründung des Komitees beobachtet, sie hegten keinen Zweifel am weiteren Verlauf des Krieges, doch durch die propagandistischen Thesen des Manifestes wurden sie abgeschreckt und hatten es nicht unterschrieben. Ihren Eid wollten sie nicht verleugnen. Viele der Offiziere stammten aus dem Adel, die meisten gehörten zum Besitz- und Kleinbürgertum und zur Intelligenz. Um sie zu gewinnen, mussten sie besonders angesprochen und vor allem ihr Standesdünkel berücksichtigt werden. So schlugen die Sowjets noch im Juli den Offizieren vor, eine Initiativgruppe zu bilden und auf diese Weise einen selbständigen Offiziersbund vorzubereiten – nicht als Ergänzung zum Nationalkomitee. Die meisten Offiziere der 6. Armee waren in gesonderten speziellen Lagern untergebracht; die Mannschaften in Sammellagern, in denen Seuchen und Sterben vorherrschte.

Bei einem Besuch W. Piecks, der für das zu gründende NKFD warb, zeigte sich Generalfeldmarschall Paulus – im Gegensatz zu den meisten Offizieren - zwar gesprächsbereit, weigerte sich aber entschieden, zur Gründung des Komitees beizutragen. Auch die am 8. Januar 1943 von der Roten Armee angebotene ehrenvolle Kapitulation lehnte Generalfeldmarschall Paulus ab. Als sowjetische Offiziere am 31.Januar Paulus im Keller eines Kaufhauses gefangen nehmen, erklärt er ihnen, er sei Privatperson und könne den noch eingeschlossenen deutschen Soldaten keinen Befehl zur Kapitulation erteilen.

(Von den 260.000 Männern, die Paulus nach Stalingrad befehligte, kamen mehr als 150.000 in der Schlacht um, weitere 108.000 gerieten in Gefangenschaft. Von ihnen kehrten bis 1955 nur 5.000 lebend zurück).

Am 11./12. September 1943 gründen die Initiativgruppe und fünf Lager-Delegationen in Lunjowo den „Bund Deutscher Offiziere“(BDO), der sich am 14. September 1943 an das NKFD anschließt; dessen Präsidium wird um 17 Offiziersmitglieder erweitert. Der gefangene Oberbefehlshaber der 6. Armee F. Paulus nahm an der Gründung des „Bundes deutscher Offiziere“ nicht teil. Erst nach dem Attentat auf Hitler am 20.Juli 1944, richtet Paulus am 8.August 1944 über Radio Moskau einen Appell

„An die kriegsgefangenen deutschen Offiziere und Soldaten und an das deutsche Volk", in dem er sie aufruft, sich von Hitler loszusagen und sagt: *Es handelt sich um einen von Hitler mitten im Frieden vom Zaune gebrochenen Raub- und Eroberungskrieg, wie die Welt noch keinen sah.*

Die Arbeit meines Großvaters in jener Zeit bestand darin, in den Offizierslagern für die Bildung eines Bundes deutscher Offiziere und dessen Zusammengehen mit dem NKFD zu werben. Für den Sender „Freies Deutschland" schreibt er regelmäßig Kommentare und seit dem 10.3.1944 spricht G. S. täglich abends im Sender „Radio Moskau" (Mittelwelle) *an meine Kameraden in den Bergwerken an der Ruhr, in Schlesien, in Sachsen-Mitteldeutschland" und klärt sie unter anderem über den Betrug der Goebbels-Propaganda zum sogenannten „Bergmannstreuegeld" auf.*

Zum 45. Jahrestag seit Gründung des NKFD erscheint in der DDR-Wochenzeitschrift „Neue Berliner Illustrierte" (Nr. 29/1988) ein zweiseitiger Artikel mit dem Text: *Ein Ritterkreuzträger, der adlige Generalleutnant von Lützow, im Gespräch mit einem Kommunisten, dem Reichstagsabgeordneten Gustav Sobottka – ein solches Foto war einmal eine Sensation. Denn die Kommunisten hatten vor Hitler und vor dem Krieg gewarnt, die Generale diesen Krieg, nur allzu willig und lange Zeit von Erfolgen berauscht, geführt. Die Ernüchterung kam mit Stalingrad, zumindest bei denen, die in sowjetische Gefangenschaft geraten waren.* Beim Betrachten des Fotos frage ich mich heute, was wohl die beiden Männer damals verband, außer, dass beide in Westpreußen geboren waren?

In seinem für mich sehr aufschlussreichen Buch: „Verräter oder Patrioten. Das Nationalkomitee ´Freies Deutschland´ und der ´Bund der Offiziere´ in der Sowjetunion 1943-1945", Frankfurt am Main, 1993, schreibt der Historiker Bodo Scheurig (1928-2008) auf der Seite 177, dass die Bewegung „Freies Deutschland" *unglaubwürdig (war), weil sie im Lager des Gegners agierte.* Wenn B. Scheurig damit zum Ausdruck bringen wollte, dass eine Kapitulation von Seiten deutscher Offiziere im Jahr 1943 wirkungsvoller gewesen wäre, ohne die Bemühungen der sowjetischen und deutschen Kommunisten, die wie er schreibt, *oft sogar erpresserisch in den Gefangenenlagern zum Stalinismus bekehrten*, so hat er nur zum Teil recht; die Realität an der Front war eine andere. Tatsache ist, dass beide Seiten, Komitee und BDO, vereinigt in Lunjowo zum NKFD, ohne Unterlass bittere Wahrheiten aussprachen – mit welchen Mitteln und Methoden auch immer; über Lautsprecher in

Schützengräben, in Versammlungen, über Radiosender oder mit Flugblättern –, beiden Seiten lagen letzten Endes patriotische Gefühle zugrunde, indem sie zur Beendigung des Krieges aufriefen.

Dabei ist für mich Scheurigs Fragestellung *ob Überläuferpropaganda schon ab Januar 1944 gerechtfertigt war,* da *dies weder eindeutig zu beweisen noch schlüssig zu widerlegen ist*, von zweitrangiger Bedeutung. B. Scheurig bezweifelt, dass Denk- und Redensart der KPD-Leute –*leblose Phraseologie, Ulbrichts Dogmatik* – bei Soldaten und schon gar nicht bei den Offizieren, glaubwürdige Wirkung hatte. Konzediert aber, dass *die Schriftsteller Friedrich Wolf, Johannes R. Becher und andere, die schon vor 1933 bekannte Autoren von Lyrik und Dramatik waren, sich kultiviert und einfühlsam gaben. Entscheidend ist, dass sie den Offizieren, mit denen sie in ein Gespräch zu kommen suchten, zunächst als konziliante Partner erschienen.*

Nicht erwähnt wird von Scheurig, dass alle KPD-Mitglieder im NKFD von Anfang an gegen Hitlers Machtergreifung waren, in Deutschland verfolgt, zu Staatsverrätern erklärt, das Land verlassen mussten und unter schwierigsten Bedingungen ihr Leben einsetzten.

1945 - Initiativgruppen der KPD

Vorausschicken muss ich, dass mein Interesse an Geschichte weder durch die Schulbildung noch durch spätere politische Zusammenhänge geweckt worden war. Ich liebte Geschichten, die ich in Büchern lesen konnte oder im Theater dargestellt bekam – dies vorbemerkt zu meinem Anliegen, über die Arbeit meines Großvaters nach dem Krieg, Genaueres zu erfahren.

Nach dem Sieg der „Roten Armee“ über den Hitlerfaschismus machten sich die Kommunisten Deutschlands zur Aufgabe bei der Neugestaltung des Staates eine führende Rolle zu spielen. Noch in der Emigration in Moskau sich befindend, stellte Wilhelm Pieck (1876-1960) drei sogenannte Initiativgruppen der KPD zusammen. In den DDR-Medien wurde vor allem die „Ulbricht-Gruppe“ in ihrer Bedeutung erwähnt, dass es auch eine mit A. Ackermann und G.S. an der Spitze gab, erfuhr ich erst sehr spät durch meinen Mann; und erst nach dem Zusammenbruch der DDR, konnte ich im Manuskript eines jungen Historikers – seit 1992 Mitarbeiter im „Forschungsverbund SED-Staat“ –, dessen Forschungsergebnisse „Zur Entstehungsgeschichte der Gruppen „Ackermann“, „Ulbricht“ und „Sobottka“ lesen, wie die Auswahl des Leiters der 3. Gruppe zustande gekommen war.

Der Historiker stellt fest, dass es *Anfang 1944 erhebliche Schwierigkeiten bei der Auswahl von Personen aus dem Sowjet-Exil für die Zusammenstellung von Initiativgruppen zur Neuordnung der Verwaltungen in den von der Sowjetarmee befreiten Ländern gab. Von sowjetischer Seite erfolgten akzentuierte Festlegungen zu dem Unterstellungsverhältnis der Einsatzteams.*

Die Person meines Großvaters betreffend, entnehme ich dem Forschungsergebnis des Historikers, kurz zusammengefasst, Folgendes: *Auf einer Liste von ersten Vorschlägen für die personelle Zusammensetzung von ´politischen Arbeitsgruppen´ bei den Stäben der auf deutsches Gebiet vorstoßenden Fronten erscheint der Name G. S. zum ersten Mal als Verantwortlicher der Gruppe für den Raum Schlesien – Lausitz und eventuell auch Sachsen, zugeordnet der 1. Ukrainischen Front unter Marschall Konjew. Einundvierzig ´Moskau-Kader´ wurden überprüft und bestätigt und Ende April 1945 stand der Personenkreis fest, aus dem sich die Gruppen ´Ackermann´, ´Ulbricht´ und ´Sobottka´ rekrutieren sollten. Aufzeichnungen W. Piecks über eine Beratung am 25. April 1945 sind dahin zu interpretieren, dass zwischenzeitlich eine Arbeitsgruppe für das Gebiet Mecklenburg und Pommern nicht vorgesehen war. Wie es zur Reaktivierung dieser Einsatzoption kam, kann aufgrund der vorliegenden Quellen nicht nachvollzogen werden. Ob hier die auf alliierter Ebene beschlossenen ostdeutschen Gebietsabtrennungen an den zukünftigen polnischen Staat und der damit verbundene Verlust der pommerschen Großstadt Stettin eine Rolle spielten, bleibt spekulativ. Am 27. April 1945 erscheint neben den Gruppen „Ulbricht“ und „Ackermann“ wieder eine „Gruppe 3“ für Mecklenburg und Pommern. Ihr Personalbestand zeugt von einer offenbar überstürzten Formierung und von einem Mangel an ortskundigen, überprüften und sofort einsatzbereiten KPD-Kadern. Nur so lässt sich erklären, dass die beiden ersten Positionen in der „Gruppe 3“ von den ehemals für die Entsendung nach Schlesien bzw. ins Ruhrgebiet vorgesehenen Bergarbeitern Sobottka und Grünberg besetzt wurden. Der Name des 1886 geborenen Sobottka, der bereits eine Personalrente bezog, war ab Mitte April 1945 sogar völlig aus den überlieferten Planungsunterlagen verschwunden.*

Soweit wörtlich aus dem mir freundlicherweise zur Verfügung gegebenen Forschungsergebnis zum Einsatz des 59jährigen „Personalrentners“ G. Sobottka. Ich wollte unbedingt dahinterkommen, welche Gründe es gab, dass *zwischenzeitlich eine Arbeitsgruppe für das Gebiet Mecklenburg und Pommern nicht vorgesehen war*, es aber zwei Tage später, am 27. April 1945 zur *Reaktivierung* dieser *Einsatzoption* kam.

Unter Zuhilfenahme der Recherchen meines Mannes, eines aktuellen Brockhaus und des Internets, habe ich mir den historischen Hintergrund jener Zeit verdeutlicht. Noch nie hatte ich von einer „Curzon-Linie" gehört, die bereits nach dem Ersten Weltkrieg am 8.12.1919 in Paris als polnisch-russische Demarkationslinie festgelegt worden war. Auch wusste ich nicht, dass von 1919 bis 1921 ein Polnisch-Sowjetischer Krieg stattgefunden hatte und in dessen Folge, im Friedensvertrag von Riga (18. März 1921), Polen Gebiete östlich der Curzon-Linie erhielt, die größer waren als das Territorium Ende 1918.

„Hitler-Stalin-Pakt"

Nach zwanzig Jahren spielt die „Curzon-Linie" in den Verhandlungen des Deutsch-Sowjetischen Nichtangriffsvertrags, bekannt als „Hitler-Stalin-Pakt", wieder eine wichtige Rolle. Im geheimen „Zusatz-Protokoll" dieses Paktes wurde vereinbart, dass: *Für den Fall einer territorial-politischen Umgestaltung der zum polnischen Staat gehörenden Gebiete wären die Interessensphären Deutschlands und der UdSSR ungefähr durch die Linie der Flüsse Narew, Weichsel und San abgegrenzt.*

Und unter Punkt 2. heißt es: *Ob die beiderseitigen Interessen der Erhaltung eines unabhängigen polnischen Staates erwünscht erscheinen lassen und wie dieser Staat abzugrenzen wäre*, das sollte erst *im Laufe der weiteren politischen Entwicklung geklärt werden.* Dieses „Zusatz-Protokoll" wurde von der Sowjetregierung abgestritten und von ihr der Hinweis auf seine Existenz, fast fünfzig Jahre als antisowjetische Verleumdung bezeichnet. 1948 war es von der amerikanischen Besatzungsmacht enthüllt und erstmalig publiziert. Erst bei der Übergabe der Macht von M. Gorbatschow an B. Jelzin (1991) kam das russische Original zu Tage.

Auf der Konferenz in Teheran (27. Oktober 1943) stand die „polnische Frage" erneut im Mittelpunkt der Verhandlungen der drei Alliierten (Roosevelt, Churchill, Stalin) und die Curzon-Linie wurde als künftige Ostgrenze zwischen Polen und der UdSSR anerkannt. Zugleich nahmen Churchill und Roosevelt den Vorschlag Stalins an, dass Polen eine umfangreiche Entschädigung auf Kosten Deutschlands erhalten solle. Von Stalin wurde zum ersten Mal der Fluss Oder als Westgrenze des zukünftigen polnischen Staatsgebietes genannt. Im Juli 1944 hatten die Sowjettruppen die Curzon-Linie überschritten und Stalin bestand auf der Curzon-Linie als künftige Westgrenze, während die polnische Exil-Regierung nicht auf die polnischen Ostmarken verzichten wollte.

Auf der Konferenz in Jalta auf der Krim (4.-11. Februar 1945) informierte Stalin gebieterisch die Staatschefs der USA und Großbritanniens, Franklin D. Roosevelt und Winston Churchill, über die von ihm beschlossene „Westverschiebung“ Polens; das hieß, nach dem Sieg über Hitlerdeutschland sollte Polen weite Teile in Pommern, Schlesien und der Neumark erhalten, während die Sowjetunion ihrerseits Teile Ostpolens erhielt, die sie bereits zwischen 1939 und 1941 besetzt hatte.

Die neue Grenze entsprach der altbekannten Curzon-Linie.

In Lublin hatte sich ein „Komitee der nationalen Befreiung“ aus Moskautreuen Polen gegründet, das im von der Sowjetarmee besetzten Gebiet zwischen Weichsel und Bug agierte, sich am 1. Januar 1945 in die Polnische Provisorische Regierung umbildete und am 18. Januar 1945 in den Ruinen des befreiten Warschau ihren Sitz einnahm.

Im Frühjahr 1945 hatte die Sowjetarmee die Wehrmacht in ganz Polen besiegt.

Auf der Potsdamer Konferenz, die vom 17. Juli bis 2. August 1945 im Schloss Cecilienhof stattfand, kam es am letzten Tag zum Potsdamer Abkommen zwischen H. S. Truman, Stalin und C. Attlee. (C. Attlee war ab 28.7.1945 als neu gewählter britischer Premier an die Stelle von Winston Churchill getreten).

Stalin hatte sich gegenüber den West-Alliierten in der Weise durchgesetzt, dass die *unscharfe Fassung der Deklaration von Jalta (11. Februar 1945) und die inzwischen zu Ende geführten militärischen Operationen, der UdSSR die Möglichkeit bot, in der polnischen Frage, die angelsächsischen Mächte vor vollendete Tatsachen zu stellen. So einigten sich die „Großen Drei“ im August 1945 hinsichtlich der Westgrenze Polens auf die Flussverläufe Lausitzer-Neiße – Oder (Stromverlauf), das heißt an der Ostsee entlang des Hauptstroms „unmittelbar östlich von Swinemünde.*

Im Potsdamer Abkommen war unter anderem festgelegt, dass – *vorbehaltlich einer endgültigen friedensvertraglichen Regelung* – in den Artikeln VI und IX *die Stadt Königsberg und der Nordteil Ostpreußens unter sowjetische, die übrigen deutschen Gebiete östlich der Oder-Neiße-Linie unter polnische „Verwaltung“ gestellt wird;* und der Artikel XIII des Abkommens besagte, dass *die zurückgebliebene deutsche Bevölkerung im nunmehrigen Polen, in der Tschechoslowakei und in Ungarn in ordnungsgemäßer und humaner Weise nach Deutschland zurückzuführen* sei.

Am Ende des Zweiten Weltkrieges betrug die deutsche Bevölkerung in den Ostgebieten des Deutschen Reiches und den deutschen

Siedlungsgebieten außerhalb der Reichsgrenzen von 1937, rund 16,6 Millionen Menschen. Zwischen Ende Mai und Anfang August 1945 kehren etwa 1,25 Millionen deutsche Flüchtlinge in ihre ostdeutsche Heimat jenseits von Oder und Neiße zurück, um bald darauf – noch vor dem Potsdamer Abkommen (2.8.1945) –, von Polen wieder vertrieben zu werden. Das betrifft vor allem Niederschlesien, die Neumark und ab Sept./Oktober auch das Stettiner Gebiet. Deutsche Berechnungen gehen von 12 bis 14 Millionen deutscher Vertriebener aus, von denen zirka 2 Millionen ums Leben kamen.

Ende meiner mühevollen Recherche als Nicht-Historikerin; unter anderem als Ergänzung und Klarstellung der Aussage des Historikers aus dem Jahr 1992, dass *der Verlust der pommerschen Großstadt Stettin, verbunden ist mit der auf alliierter Ebene beschlossenen Gebietsabtretungen an den zukünftigen polnischen Staat, spekulativ bleibt.* Hätte der Forscher 1992 das schon 1956 veröffentlichte Buch von Elizabeth Wiskemann: „Germany´s Eastern Neighbours. Problems Relating to the Oder-Neiße-Linie", London-New York-Toronto, zur Hand genommen, hätte er sich sein Spekulieren ersparen können.

Initiativgruppe für Mecklenburg

Die Stadt Stettin wurde am 25. April 1945 von der 2. Belorussischen Front unter Marschall Rokossowski eingenommen, am 5. Juli von der sowjetischen Kommandantur unter polnische Verwaltung gegeben und im September 1945 wird der Stettiner Hafen von der polnischen Regierung übernommen.

Am 6. Mai 1945 wird in Moskau die zehnköpfige „Gruppe 3" zum Einsatz in Mecklenburg bei der 2. Belorussischen Front von W. Pieck verabschiedet. In den Erinnerungen von Rudolf Herrnstadt (1903-1966), die seine Tochter Irina Liebmann im Jahr 2008 veröffentlichte, kann ich über den Flug der 3. KPD-Gruppe von Moskau nach Stettin folgendes lesen: *Zehn Minuten vor halb drei Uhr sollten wir uns vor dem Seitenportal des „Lux" versammeln und den Autobus erwarten, um drei Uhr setzte sich der Bus in Bewegung. Eine knappe halbe Stunde später erreichten wir den in der Stadt gelegenen Flugbahnhof Aeroport. Es gab ja noch keinen geregelten Flugverkehr. Das Tor nach Europa war soeben erst aufgestoßen worden, man spürte den Windzug, wenn die Tür zum Flugfeld geöffnet wurde. Als schließlich die Passagiere zum Flug nach Stettin aufgerufen wurden, bestiegen wir, Sobottka voran, die*

Transportmaschine und setzten uns längsseits in die metallenen Vertiefungen, die die Sitze markierten.

Auf dem Feld bei Insterburg (heute Tschernjachowsk, 90 Km von Kaliningrad. U.K.) *landeten wir gegen 12 Uhr Mittag. Bei Nebel und diesigem Regen sahen wir Kolonnen ehemaliger deutscher Soldaten, den Spaten geschultert, mit gesenktem Kopf über das Feld ziehen, offenbar zu Planierungsarbeiten an diesem Behelfsflugplatz. Etwa zwei Stunden später, nach einer kurzen Zwischenlandung in Landsberg* (heute Gorzów Wielkopolski. U.K.), *landeten wir erneut auf einem freien Feld und warteten, bis eine Kolonne von Lastkraftwagen sich näherte. Sobottka und Sotolow wurden von einigen Offizieren begrüßt, dann fuhren wir gemeinsam in unbekannter Richtung davon. Zerschossene Panzer lagen hier und da am Wegrand und immer wieder tote Kühe und Pferde mit aufgeblähten Leibern. Mehrfach überquerten wir von Pionieren errichtete Notbrücken und kamen schließlich in das wie ausgestorben daliegende, zum Teil zerstörte Stettin (Szczecin). Wir fuhren durch die Stadt hindurch zu einem hochgelegenen, dörflichen Vorort Warsow. Dort war in einem mehrflügeligen Bauernhaus, Bredower Straße 4, bei Ziehm, Quartier für uns besorgt worden. Nachts schliefen Sobottka, Raab und ich in einem Zimmer.*

Da in Warsow die Arbeitsbedingungen nicht gut sind, verlegt die Gruppe ihr vorläufiges Quartier nach Stettin-Krekow in die Artillerie-Kasernen, wo umfangreiche sowjetische Truppen konzentriert sind und auch die Frontschule des NKFD untergebracht ist.

In Stettin arbeitete zu dieser Zeit bereits eine Ortsgruppe der KPD, die am 5. Mai ihre erste Mitgliederversammlung mit etwa 80 Kommunisten durchgeführt hatte und schon provisorische Mitgliederkarten ausgab. Unmittelbar nach Eintreffen der Initiativgruppe war der Kontakt zu dieser Ortsgruppe hergestellt. Bis Ende Mai organisiert die Gruppe ihre Arbeit von Stettin-Krekow aus und verlegt im Juni ihren Sitz nach Waren/Müritz. Ab Juni beginnt die sogenannte „wilde Vertreibung" der Deutschen durch polnisches Militär in den Kreisen in der Nähe von Oder und Neiße.

Vom 3. bis 10.Juni 1945 sind die Leiter der drei Initiativgruppen zur Berichterstattung in Moskau. Am 4. Juni, abends 18 Uhr, haben die Deutschen Ackermann, Ulbricht und Sobottka bei Stalin unter Anwesenheit von Molotow und Shdanow über ihre Arbeit zu berichten. („Stalin-Audienz" im handschriftlichen Text von G. S.)

Zum Tagesordnungspunkt 1: „Frage – welche Beschwerden im Lande?" Berichterstattung der drei Leiter. Ulbricht und Ackermann halten sich zurück, nur G. S. spricht die Vergewaltigungen, Plünderungen und andere Ausschreitungen in seinem Verantwortungsgebiet an und fordert von Stalin der Armeeführung den Befehl zu geben, die Gewaltexzesse zu verbieten und zu bestrafen. G. S. war der einzige Vater eines „Staatsfeindes der Sowjetunion", der bei einer „Audienz" dem Diktator persönlich gegenüber getreten ist und ihm unverblümt seine Meinung gesagt hat. In den sowjetischen Archiven werden dem Benutzer nur Ausschnitte ohne die „Beschwerden" vorgelegt. Im Nachlass meines Großvaters fand mein Mann jedoch seine handschriftliche Rede-Vorlage, die mich nicht an der Wahrhaftigkeit des Auftretens meines Großvaters zweifeln lässt.

Unter dem Tagesordnungspunkt „Festlegung der Perspektive": „Es wird 2 Deutschlands geben", erfolgt erstmalig die Bekanntgabe der Abtrennung Ostdeutschlands jenseits von Oder und Neiße aufgrund der sowjetischen Vereinbarung mit Polen. Laut seiner handschriftlichen Aufzeichnungen erfährt G. S. hier erstmalig von der vorgesehenen Zession der deutschen Ostgebiete.

Am 10. Juni 1945 endet die Arbeit als deutsche „Nordgruppe" bei der Sowjetarmee und im Sinne des Befehls Nr. 2 der SMAD (Sowjetische Militäradministration) bekommen die Leiter der drei Gruppen den Auftrag, die Wiederbegründung der KPD-Organisationen in den betreffenden Ländern zu initiieren.

Als „Landessekretär der KPD für Mecklenburg-Vorpommern" fliegt G. S. zu seiner Gruppe am 11. Juni 1945 nach Waren/Müritz zurück. Mit dem Zurückziehen der britischen und kanadischen Truppen westwärts hinter die vereinbarte Demarkationslinie (spätere Zonengrenze, nach 1949 Staatgrenze der DDR), übersiedelt ab Anfang Juli die ehemalige „Nordgruppe" in die Landeshauptstadt Schwerin und
nimmt hier am 5. Juli ihren offiziellen Sitz.

Vor 1933 gab es in Mecklenburg etwa 2.800 KPD-Mitglieder; im Juli 1945 bewerben sich etwa 5.000 alte KPD-Mitglieder um Wiederaufnahme, darunter viele sogenannte „Umsiedler".
Bis zu 14 Millionen mussten nach 1945 Ost- und Mittelosteuropa verlassen. Mecklenburg nahm prozentual die meisten Vertriebenen auf – die Einwohnerzahl hatte sich nach dem Krieg nahezu verdoppelt.

November 1945 – Henriette kommt nach Hause

Nach fast zehn Jahren kommt meine Großmutter Henriette am 7. November 1945 mit dem Zug aus Moskau zurück. Die Bibliothek, in Kisten verpackt, kommt später nach. Meine Mutter holt Henriette vom damaligen Schlesischen Bahnhof ab.(Ab 1950 heißt er Ostbahnhof). Henriette hat mehrere Koffer und bringt eine Katze mit, die sie vorher im Brief angekündigt hatte und die für mich bestimmt ist.

Henriette trägt einen alten schwarzen Mantel, den sie von Fanny Meyer aus Riga, deren Mann Heino 1938 bei den „Säuberungen" ums Leben kam, geschenkt bekommen hatte. Auch meine Mutter war schwarz gekleidet, um anzudeuten, dass Bruder Bernhard tot ist. Aber Henriette achtet nicht darauf; erst in der Wohnung fragt sie ihre Tochter, warum sie Trauerkleidung trägt. Meine Mutter sagt ihr: Weil unser Bernhard tot ist! Da schreit Henriette auf, fängt an, wirr zu reden und zu schimpfen. Erst meinem Großvater gelingt es, Henriette zu beruhigen. Ein paar Tage bleibt Henriette bei ihrer Tochter in Berlin und wird dann mit dem Auto nach Schwerin gebracht. Für mehrere Monate lebt unsere Familie in Schwerin. Ich kann mich gut an das Haus in der Johann-Sebastian-Bach-Str. 34 erinnern, ein schönes braunrotes Backsteinhaus, von Spalierobst umgeben.

Für mich ist nach der Beschäftigung mit dem Nachlass meines Großvaters unwichtig, wie die DDR-Historiker die Initiativgruppen später bezeichneten, als 1., 2. oder 3. Gruppe in Abhängigkeit von dem Entsendungstermin nach Deutschland oder entsprechend der Wichtigkeit ihrer zu verrichtenden Arbeit. Klar ist mir, dass die Rückkehrer aus dem Sowjet-Exil nicht mehr die jüngsten und alle erschöpft waren, es an geeigneten Personen mangelte. Dass W. Ulbricht, der Spezialist für Verwaltungsbürokratie und angepasste ideologische Zielsetzung, die zentrale Gruppe für Berlin und Brandenburg anführte, entsprach seinem Naturell; und dass er zuließ, dass die beiden anderen Gruppen nicht erwähnt wurden, entsprach dem Kult um seine Person. Mein schwer herzkranker Großvater wäre wahrscheinlich wirklich lieber „Rentner" geworden, doch W. Pieck kannte G. S. gut und wusste um die Stärken, des in Westpreußen aufgewachsenen, russisch sprechenden Bergarbeiterfunktionärs aus dem Ruhrgebiet und dessen Kenntnisse der Wirtschaft.

Deutsche Zentralverwaltung für Brennstoffindustrie in der Sowjetisch besetzten Zone (SBZ)

G. S. ist Mitunterzeichner des Aufrufs des ZK der KPD: „Manifest an das deutsche Volk" vom 11. Juni 1945. Er arbeitet noch in Schwerin, doch schon Anfang November 1945 wird G. S. als Landessekretär der KPD in Mecklenburg abberufen, zwecks Übernahme einer zentralen Funktion in Berlin; er kommt Ende November 1945 nach Berlin und nimmt ab 20.12.1945 die Tätigkeit als Erster Stellvertreter bzw. Vizepräsident der Deutschen Zentralverwaltung für Brennstoffindustrie in der SBZ auf. Als Präsident war von Marschall Shukow am 1. August 1945 Dr. Ferdinand Friedensburg (1886-1972) ernannt.

Im Lebenslauf vom 30. September 1949 hält G. S. die von ihm damals vorgefundene Lage so fest: *Ich muss gestehen, dass der Zustand wie er in dieser Verwaltung vorhanden war, mich überraschte. Ich war darauf gefasst, dass manches dort noch in Unordnung war, aber dass fast die gesamte Verwaltung noch aus alten Nazis und zum größten Teil aus reaktionären früheren preußischen Beamten bestand, das hatte ich nicht erwartet. Die Gruppe der KPD bestand nur aus drei Personen, dem Genossen Bergholz, seiner Tochter und der Genossin Käte Blenkle, weiter waren noch acht Mitglieder der SPD unter Führung von Gustav Dahrendorf (1901-1954) vorhanden. Die Aufgabe, die mir hier gestellt war, ging fast über meine Kraft, galt es doch, den Verwaltungsapparat so zu gestalten, dass er eine Gewähr für eine demokratische Entwicklung gab und weiter den Wiederaufbau der Kohleindustrie, die zum größten Teil zerstört war, zu organisieren und den Einfluss reaktionärer Syndikatskräfte aus den Leitungen der Gruben und Unternehmungen auszuschalten.*
Es gab zwischen Dr. Friedensburg (CDU) und seinen Stellvertretern (KPD), denen er fachliche Inkompetenz vorwarf, Differenzen. Danach ist G. S. bis 1948 Präsident der Zentralverwaltung für Brennstoffindustrie der SBZ. Von meiner Mutter, die in der ersten Zeit als seine Sekretärin arbeitete, weiß ich, dass mein Großvater ein gutes persönliches Verhältnis zu Dr. Friedensburg hatte.

Seit feststeht, dass G. S. nicht mehr in Schwerin sondern in Berlin zu arbeiten hat, bereitet meine Mutter die Wohnung eines ehemaligen Naziaktivisten in Berlin-Oberschöneweide, Schillerpromenade 12, vor. Die Frau des ehemaligen Bewohners kam noch während der Einrichtungsarbeiten, um sich restliche persönliche Dinge zu holen und beschimpfte meine Mutter als *neue Machthaber*. Die Wohnung war von der SMAD aus den Beständen beschlagnahmter Naziwohnungen zur Verfügung gestellt worden. Damals herrschte Ausgangssperre, und als meine Mutter erst nach 22 Uhr zu ihrer Wohnung in der Griechischen Allee 40 kam, wurde sie von einem sowjetischen Kontrollposten verhaftet und im Keller der Ortskommandantur eine Nacht lang festgehalten.

Präsident der Zentralverwaltung für Brennstoffindustrie ist G. S. nur kurze Zeit. Aufgrund des Befehls Nr. 138 der SMAD wird die Deutsche Wirtschaftskommission (DWK) zwecks Koordination der Zentralverwaltungen errichtet. G. S. wird in der DWK zum Leiter der Hauptverwaltung Brennstoffindustrie. Stellvertretender Vorsitzender der DWK und Leiter der Hauptverwaltung Industrie ist Fritz Selbmann (1899-1975), der ab Oktober 1949 zum Minister des DDR-Ministeriums für Industrie und Schwerindustrie wird. In diesem Ministerium leitet G. S. die Hauptabteilung Kohle und kritisiert 1950 die Parteibeschlüsse zu den Produktionsverhältnissen im Bergbau der DDR. Bis April 1951 leitet er diese Abteilung. Am 12. Januar 1951, anlässlich seines 50jährigen Bergarbeiterjubiläums wird G.S. als „Verdienter Bergmann der DDR“ ausgezeichnet.

1949-1951 - Säuberungsaktion in der SED

Im Laufe seines Arbeitslebens hatte G.S. zahlreiche Gewissens-Überprüfungen durch Parteifunktionäre durchgestanden. Gleich nach Gründung der DDR beschließt am 17. Oktober 1949 das SED-Politbüro, durch Kommissionen die Mitglieder zu überprüfen, ob die Aushändigung eines Mitgliedsbuches gerechtfertigt ist.

Im Rahmen der Zentralen Revisionskommission werden verschiedene Vorwürfe gegen G. S. erhoben. Am Beispiel eines Grubenrettungsgerätes des SAG-Betriebes „Grubenlampenfabrik Zwickau“, dessen Produktion er angeblich verhinderte, wird festgestellt, dass *G. S. sehr zögernd und eigensinnig in den Entscheidungen betreffs des Vorantreibens der Mechanisierung im Bergbau, der Entwicklung von Wettbewerben und bei der Auswertung von Vorschlägen fortschrittlicher technischer Kräfte ist.* Weiterhin *wurde festgestellt, dass G. S. unter den Gewerkschaftskollegen aufgrund seiner früheren gewerkschaftlichen Tätigkeit, großes Ansehen genießt, man hält ihn jedoch nicht für den richtigen Mann als Leiter der Hauptabteilung Kohle, weil er sich besonders in der Frage des Steinkohlenbergbaus zu sehr nur auf seine persönlichen Erfahrungen im Ruhrgebiet und auf die Ratschläge eines Kreises von Bergbau-Spezialisten mit Erfahrungen in den ehemaligen oberschlesischen Steinkohlenbergbau – Revieren verlässt.* Am 28. März 1951 beschließt die Sonderkommision: „Das Mitgliedsbuch ist auszuhändigen.“ Die Begründung lautet: *Genosse S. ist ein alter parteiergebener und parteitreuer Genosse. Seine etwas stark ausgeprägte Eigenwilligkeit wird er nach Ansicht der Kommission schon aufgrund seines Alters nicht mehr überwinden.*

Die Dokumente mit diesen „Feststellungen“ (in deutscher Sprache) von Eberling unterschrieben, sind alle mit dem russischen Stempel des RZCHIDNI (Russisches Zentrum zur Aufbewahrung und Erforschung von Dokumenten der neuesten Geschichte) versehen.

Bergakademie Freiberg/Sachsen

Im Buch „Deutsche Kommunisten. Biographisches Handbuch 1918 bis 1945“ von Hermann Weber/Andreas Herbst, Karl Dietz Verlag Berlin, 2008 steht: Mit Bildung der DWK (Deutsche Wirtschaftskommission) 1948 wurde G. S. zum Leiter der Hauptverwaltung Energie und Brennstoffversorgung. Anschließend bis 1951 Leiter der Hauptverwaltung Kohle im DDR-Ministerium für Schwerindustrie, dann nur noch in untergeordneten Funktionen, z. B. für die Schulung im Bergbau verantwortlich.“

Im Mai 1951 wurde G. S., nach parteiinternen Auseinandersetzungen, *aus gesundheitlichen Gründen* abgesetzt. Er darf seinen Arbeitsraum im Ministerium für Schwerindustrie nicht mehr betreten. Von Minister Fritz Selbmann erhält der FDJ-Sekretär Alfred Hoffmann den Auftrag den Schreibtisch von G. S. auszuräumen, die persönlichen Dinge zur Rückgabe an G. S. extra zu legen, aber alles dienstliche und vor allem belastendes Material sicherzustellen. Dazu fertigte Hoffmann detaillierte Listen an. (Diese Details hatte Alfred Hoffmann in einem persönlichen Gespräch meinem Mann erzählt. Ich lernte Hoffmann als Planungsleiter im Ministerium für Kohle und Energie und auch seine Frau Freya Ende der 1970er Jahre kennen.)

Längere Zeit ist mein Großvater danach krank. Arbeitet aber bald wieder mit eisernem Fleiß an einem Manuskript zur Geschichte der Bergarbeiter, an Erinnerungen aus seiner Kindheit und Jugend und an Vorträgen und Vorlesungen für die Bergakademie Freiberg.

Den folgenden Text und die Fakten über die Bergakademie Freiberg nach 1945 entnehme ich, mit Erlaubnis der Herausgeber, den 90 DIN A4 Seiten über: „Die Neueröffnung der Bergakademie Freiberg am 8. Februar 1946“.

In der sowjetischen Besatzungszone existierte eine erhebliche Disproportion zwischen der Zahl der vorhandenen wissenschaftlich-technischen Kader und den Aufgaben beim demokratischen Neuaufbau der Wirtschaft. So standen nach Angaben der Volkszählung im Oktober 1946 der Montanindustrie in der SBZ nur 660 Bergingenieure, 260

Hütteningenieure und 65 Markscheider mit Hochschulabschluss zur Verfügung. Zu dieser Situation hatten insbesondere der rapide Rückgang der Studentenzahlen auch in den technischen Hochschulen in der Zeit des Faschismus und die hohe Zahl der Opfer unter der wissenschaftlich-technischen Intelligenz während des Krieges geführt. Mit der Einteilung Deutschlands in vier Besatzungszonen, standen den drei technischen Hochschulen in der SBZ elf in den westlichen Zonen und den Westsektoren Berlins gegenüber. Eine dieser drei technischen Hochschulen in der SBZ war die Bergakademie Freiberg. Erschwerend für die Wiederaufnahme des Hochschulbetriebes kam hinzu, dass die Mehrzahl der Hochschullehrer einer faschistischen Organisation angehört hatte. Obwohl viele von ihnen meinten, auf Positionen des „Nur-Fachmannes", der „unpolitischen Wissenschaft" zu stehen, hatten die meisten bewusst oder unbewusst, zur wissenschaftlich-technischen Vorbereitung und Durchführung des Krieges beigetragen.

Der erforderliche Neubeginn in der Tätigkeit der Bergakademie konnte also nur durch Entnazifizierung eingeleitet werden. Zwar wurde ein Teil der Professoren, die der NSDAP angehört hatten, zunächst nicht für die Lehrtätigkeit zugelassen, sie blieben aber Angehörige der Bergakademie.

Am 2. Januar 1946 erfolgt der Befehl der SMAD über den Beginn des Studiums und die Bedingungen für die Aufnahme der Studenten an die Bergakademie. Und einen Monat später laden Rektor und Senat zur „Eröffnungsfeier und zur Feier des 180jährigen Bestehens der Bergakademie" am 8. Februar 1946 „ergebenst" ein. Im großen Hörsaal des Braunkohlen-Forschungsinstituts, Agricolastr.1 findet der Festakt mit der Eröffnungsrede des Präsidenten Dr. F. Friedensburger statt; und am Samstag, dem 9. Februar hält er die Eröffnungsvorlesung: „Die staatsbürgerlichen Pflichten des heutigen Studenten.

Das Hauptaugenmerk von G. S. galt dem Nachwuchs für Bergbauingenieure aus Arbeiter -und Bauernfamilien, was im Einklang mit den Freiberger Wissenschaftlern war.

So wurde im Frühjahr 1946 ein Vorstudienkurs eingerichtet, in dem 11 Bewerber, die nur den Abschluss einer Volksschule hatten, auf das Hochschulstudium vorbereitet. Der Rat der Stadt Freiberg stellte jährlich 10.000 RM für Stipendien zur Verfügung. Weitere Spenden folgten, auch eine für seine Verhältnisse nicht unerhebliche von G. S. persönlich.

Aus der mit seinem Namen gegründeten Stiftung erhalten sechs Studierende aus Bergarbeiterfamilien ein Stipendium.

Von den ersten 161 Studenten, die ihr Studium aufnahmen, hatten 125 der faschistischen Wehrmacht angehört. Mehr als die Hälfte (93) waren zwischen 20 und 25 Jahre.

Im Befehl der SMAD vom 2. Januar 1946 waren in 16 Punkten Bedingungen für die Neueröffnung der Bergakademie festgelegt. Unter anderem in Punkt 7:

„Der Chef der sowjetischen Verwaltung der Brennstoffindustrie, General Kurmaschew, genehmigt die Lehr- und Studienpläne. Der Präsident der deutschen Zentralverwaltung der Brennstoffindustrie, Dr. Friedensburg, kontrolliert diese Pläne sowie die Aufnahme der Studenten nach den geltenden Bestimmungen."

In Punkt 14: „Der Präsident der Landesverwaltung Sachsen, Dr. Friedrichs, gibt an die Professoren, Doktoren und Assistenten, die als Leiter von Forschungsgruppen fungieren, sowie an die Institutsdirektoren zusätzlich Lebensmittelkarten der 1. Kategorie für Schwerstarbeiter aus. Alle übrigen Wissenschaftler erhalten die Schwerstarbeiterkarte ohne Zusatz. Studenten erhalten die Schwerarbeiterkarte."

In Punkt 15: „Die Bergakademie muss eine Mensa für Professoren, Assistenten und Studenten einrichten. Für ein Mittagessen müssen täglich 250 Fett g Kartoffeln, 50 g Mehl oder Nährmittel und 5 g Fett zu normalem Preis von der Landesverwaltung zusätzlich bereitgestellt werden."

Soweit die Schilderung der Wissenschaftler der Bergakademie Freiberg über die Zeit des Neubeginns nach dem Krieg.

Am 5. März 1953 erfährt mein Großvater vom Tod Stalins und führt zu Hause Freudentänze auf, er fällt um, alle vermuten einen Schlaganfall, er kommt ins Krankenhaus. Georg Kassler (1887-1962) ist seit 1952 Verwaltungsdirektor des Regierungskrankenhauses. Beide Männer haben durch Stalin ihre Söhne verloren. Schorsch kommt zu Gustav ans Bett und beide diskutieren die Nacht hindurch, freuen sich und trinken vermutlich auch Alkohol.

Am 6. März stirbt mein Großvater im Krankenhaus.

Selbst um die Beerdigung gibt es unter den Funktionären der SED Querelen. Martha Arendsee erreicht, dass die Urne in der Mauer auf dem „Friedhof der Sozialisten" in Berlin-Friedrichsfelde (neben Erich Weinert) beigesetzt wird.

Viele Jahre später wendet sich im Sommer 1996 der „Verein der Freunde und Förderer der TU Bergakademie Freiberg e.V." an unsere Familie mit dem *Anliegen, Näheres über das tragische Schicksal dieses*

Mannes (G.S.) zu erfahren, der eine Zeitlang Betreuer und auch Förderer der Bergakademie war und dem die Bergakademie in einer schwierigen Zeit sehr viel verdankt. Diese Informationen sollen einesteils in unser Hochschularchiv mit eingehen und bei einer Abfassung der neueren Geschichte mit aufgenommen werden.
Unverständlich, aber sicher nicht einmalig ist uns die Tatsache, wie ein Mann wie G. Sobottka Kommunist bleiben konnte, nachdem ihm vom sowjetischen Regime so viel Unrecht und Leid zugefügt wurde.
Mein Mann und ich sind im Sommer 1996 mit Hausbau und Vorbereitung meines Einsatzes in Russland sehr beschäftigt und messen dem Anliegen zu wenig Bedeutung bei. Der stellvertretende Vorsitzende des Vereins, Prof. em. Dr.-Ing. Dr. h.c. W. Arnold, schreibt an mich im Mai 1998, dass sie *eine kleine Dokumentation zusammenstellen wollen.* Er bittet um Fotos von G.S. und seiner Familie und schreibt: *Er war mehrere Jahre der Schirmherr der Bergakademie, und ich bin ziemlich sicher, dass sich sonst niemand um das Andenken Ihres Großvaters kümmert. Nachdem Ihr Großvater in seinem Leben so viele Ungerechtigkeiten erfahren hat, dürfte es sicher im Interesse seiner Familie liegen, dass in Freiberg eine Dokumentation über Ihren Großvater vorliegt, die ein objektives Bild über seine Persönlichkeit widerspiegelt.*

Juni 1945, erstes Lebenszeichen an Tochter Charlotte

1947, Präsident der Zentralverwaltung für Brennstoffversorgung

G.S. mit Erich Rammler und Fritz Selbmann

Familiengeschichte - die zweite Generation

Meine Eltern

Vater Kurt – 1905 in Danzig geboren

Mein Vater hat mit mir kaum über seine Herkunft, seine Kindheit, Jugend, überhaupt über sein Leben gesprochen. So wusste ich über seine Kindheit und Jugend wenig und die Erzählungen meiner Mutter waren spärlich; sie lernte ihn kennen, da war er schon 20 oder 21 Jahre alt. Er selbst sprach zu mir erst darüber, als er meinte, mir, der Dreißigjährigen klarer vor Augen führen zu müssen, aus welchen knorrig-harten, grauen Wurzeln ich erwachsen bin. Doch die wenigen Erzählungen meiner Mutter über das Elternhaus meines Vaters sind in meiner Erinnerung geblieben. Über Auseinandersetzungen während ihrer Ehejahre sprach sie mit mir erst, immer sehr vorsichtig und verständnisvoll, als ich schon selber Eheprobleme hatte.

Nach dem Tod meiner Mutter – sie hat meinen Vater 17 Jahre überlebt – kann ich in seinen Lebensläufen, minutiös geführten Taschenkalendern und privaten Aufzeichnungen lesen. Tagebücher haben weder mein Vater noch meine Mutter geschrieben. In seinem Adressbuch steht in seiner sehr deutlichen, nicht viel Platz einnehmenden Handschrift der Spruch: „Am Abend wird man klug für den vergangenen Tag, doch niemals klug genug für den, der kommen mag. (Rückert)“. An anderer Stelle eines Notizbuches steht: „Das Ganze ist mehr als die Summe seiner Teile…“ Ich vermutete, es ist ein Satz von Immanuel Kant, mit dem sich mein Vater intensiv schon in jungen Jahren beschäftigte; aber das stimmt nicht, der Satz ist von Aristoteles (384 – 322 vor unserer Zeitrechnung).

Die Eltern meines Vaters und deren Vorfahren kamen aus Schidlitz (heute Siedlce in Polen), einem Vorort westlich von Danzig. Die Männer arbeiteten allesamt auf der Königlichen/Kaiserlichen Marinewerft Danzig. Mein Großvater Artur väterlicherseits war 1880 und Großmutter Agnes 1881 geboren. Der Mädchenname von Agnes war Breczinski, also eher polnisch als deutsch.

Ich stamme also väterlicherseits von Kaschuben ab. Großmutter Agnes hatte insgesamt 12 oder 13 Kinder zur Welt gebracht, davon überlebten dauerhaft sechs Kinder, das älteste war mein Vater Kurt. Im proletarischen Haushalt von Kurts Eltern war kein Platz für Bücher. Bücher zu kaufen, dazu reichte das Geld nicht. Er und sein ein Jahr jüngerer Bruder Alfred mussten schon als Kinder mithelfen, um zur Ernährung der Familie beizutragen. Der bildungshungrige halbwüchsige Kurt beschaffte sich von Freunden Literatur und las, wie ich von ihm weiß, heimlich auf dem Dachboden des Mietshauses bei Kerzenschein, Bücher von Charles Dickens und später von August Bebel, Karl Marx und Immanuel Kant.

Seinen am 1. Oktober 1949 fünfseitigen mit Schreibmaschine geschriebenen Lebenslauf beginnt mein Vater so: *1905 wurde ich in Danzig geboren. Mein Vater Arthur H., beschäftigt auf der Danziger Werft, wurde 1905 dort gemaßregelt und erhielt als eingeschriebenes Mitglied der Sozialdemokratischen Partei in Danzig keine Arbeit mehr. Er übersiedelte mit seiner Familie (inzwischen war Bruder Alfred geboren) etwa 1907 in das Ruhrgebiet. Unser Wohnsitz wurde Gelsenkirchen. Hier besuchte ich die Volksschule von 1912 bis 1919. Durch meinen Vater, der aktives Mitglied der Sozialdemokratie und Gewerkschaftler war, wurden wir Kinder früh mit der sozialistischen Bewegung verbunden. Ich selbst habe bereits als Kind geholfen bei der Flugblattverteilung usw. In Erinnerung ist mir noch eine Wahlversammlung mit Otto Hue* (damaliger Gewerkschaftsfunktionär. U. K.), *in die mich mein Vater unter seinem Mantel in die Versammlung schmuggelte. Der imperialistische Weltkrieg 1914 – 1918 brachte auch uns – wir waren fünf Geschwister – schwere Zeiten. Meine Mutter trug frühmorgens Zeitungen aus, ich half ihr dabei und ging dann zur Schule. Mein Vater musste in den Krieg und meine Mutter in der Kokerei arbeiten. Während dieser Zeit versorgte ich meine Geschwister, leistete Hausarbeit, half bei Schularbeiten und ging selbst noch zur Schule. Drei Sommer war ich mit meinem Bruder aufs Land nach Pommern verschickt worden. Vom Schulbesuch war ich das letzte Halbjahr befreit, um für den Unterhalt der Familie mit sorgen zu können. Ich arbeitete in einem Papierladen. Mein Vater befand sich noch in amerikanischer Gefangenschaft und kam erst spät im Jahre 1919 wieder. Nach 7-jähriger Schulzeit war ich offiziell am 31. März 1919 aus der 1. Klasse der Volksschule entlassen, d.h. ein Jahr wurde mir geschenkt. Die Schule wollte mir bei einer Lehrstelle behilflich sein. In einer Buchdruckerei blieb ich knapp eine Woche, dann warf ich dem Prinzipal die Typen vor die Füße und ging. Im Büro eines Rechtsanwalts war die Luft zu stickig und muffig, und so ging ich schon nach wenigen Tagen. Eine der Ursachen – vom Verdienst zunächst abgesehen – war, dass wir*

Jungen abends zusammenkamen, die vom Pütt und jene aus den Fabriken oder vom Bau. Im Büro oder büroähnlichem Betrieb war mir die Luft zu eng und das Leben zu einseitig. Hinzu kam, dass es in jener Zeit mit der Berufswahl sehr schwer war. Doch der entscheidende Grund mit war, dass ich helfen wollte mehr zu verdienen." Seine Arbeitsstelle, auf der es mein Vater – 14 Jahre alt – länger aushielt, war die berühmte Herdfabrik Küppersbusch AG in Gelsenkirchen-Schalke. Wie er in seinem Lebenslauf schreibt, trat er dort sofort dem Deutschen Metallarbeiterverband und der sozialistischen Jugend bei. Er schreibt: *Es dauerte nicht lange und ich wurde Jugendobmann in der Herdschlosserei und Jugendvertrauensmann des Betriebes.*

Im November 1918 findet in Deutschland die „Novemberrevolution" statt. Sie begann am 3. November mit dem Aufstand der Matrosen der Kriegsflotte in Kiel gegen die Fortführung des imperialistischen Krieges. Am 9. November traten die Arbeiter und Soldaten auch in Berlin in den Generalstreik und es kommt zum bewaffneten Aufstand. In der Endphase des Ersten Weltkrieges kommt es zum Sturz der Hohenzollernmonarchie im Deutschen Reich und zu dessen Umwandlung in eine parlamentarische Demokratie, die „Weimarer Republik".

Als junger Gewerkschaftler bringt auch Kurt auf Demonstrationen seinen Unmut gegen die bestehenden Verhältnisse zum Ausdruck, wird infolge von Streiks entlassen. 1924 wechselt er zum Baugewerbe über und erlernt in der Firma von Herrmann Bresart in Gelsenkirchen-Schalke den Beruf des Maurers. Kurt schließt sich dem Deutschen Baugewerbsbund (DBGB) an, wird Leiter der Jugendgruppe und Mitglied des ADGB-Jugendkartells in Gelsenkirchen. In der Zeit der Ruhrbesatzung (1924) tritt er in den Kommunistischen Jugendverband (KJVD) ein und *wurde*, wie er im Lebenslauf schreibt, *1926 in die KPD übernommen. Ich war 1926 zum Vorsitzenden der Ortsgruppe des DBGB (ca. 800 Mitglieder) gewählt worden. Durch eifriges Selbststudium eignete ich mir ein bestimmtes Wissen an. Nach meinem Übertritt vom KJVD besuchte ich eine achttägige Schulung für Funktionäre, die von der Bezirksleitung Ruhrgebiet der KPD durchgeführt wurde. Diese Schule war für mich ein sehr großes Erlebnis. Neben meiner schweren Arbeit am Bau, Funktionen in der Zelle und als Vorsitzender des Deutschen Baugewerbsbundes war ich als Referent in Versammlungen, Schulungsveranstaltungen, auf Kundgebungen, Demonstrationen, Streikversammlungen usw. tätig.*

1926 – Kurt und Charlotte begegnen sich

Auf einer dieser Veranstaltungen lernt Kurt im Sommer 1926 die sechzehnjährige Charlotte kennen. Kurt war schon ein angesehener Jugendfunktionär in Nordrhein-Westfalen.
Einige Male habe ich später meinen Vater auf öffentlichen Veranstaltungen reden gehört.

Seine Reden waren nicht akademisch dozierend – woher auch, er war Arbeiterfunktionär – aber sehr sachlich, leidenschaftlich und mitreißend. Ich kann mir gut vorstellen, dass er großen Eindruck auf die Jungkommunistin Charlotte S. machte; sie zu ihm aufblickte, ihn aber bestimmt nicht vergötterte.

Für mich ist mein Vater ein beispielhafter Vertreter jener Generation von Proletariern, die aufgrund ihrer Herkunft nur eine sogenannte „Pantinen-Schule“ besucht hatten, aber durch frühes Engagement in der Gewerkschaft und später im kommunistischen Jugendverband, sich zu gebildeten Arbeitern heranbildeten. Als Autodidakt und fleißiges Selbststudium schaffte er es, als Redakteur in maßgeblichen Arbeiterzeitungen im Ruhrgebiet zu arbeiten.

Schon damals war es für Lotte ein Ärgernis, dass, soviel Unterwäsche sie auch ihrem geliebten Kurt vom mühsam Ersparten schenkte, seine Brüder davon profitierten und für Kurt immer nur die schäbigsten Stücke aus dem Wäsche-Kreislauf übrigblieben. Eine Zeitlang nahm es Lotte hin, aber irgendwann platzte ihr der Kragen und sie beschwerte sich bei Agnes darüber. Ich vermute, bis zur Heirat meiner Eltern änderte sich nichts im Haushalt meiner Großmutter Agnes. Ob Kurt seinen Eltern Lotte als zukünftige Braut vorgestellt hatte, bezweifle ich. Ihren Schwiegervater Artur lernte Charlotte kennen; er sei wohl ein sehr mürrischer und despotischer Mensch gewesen, er starb 1935 an Magenkrebs, mein Vater verehrte ihn sehr.

Aus Erzählungen meiner Mutter weiß ich, dass sie vor ihrer Heirat eine kurze Zeit in Moskau gearbeitet hatte. Bei meiner Beschäftigung mit dem Nachlass der Familie hoffte ich, dass meine Eltern zu gleicher Zeit in Moskau gewesen sein mögen und verglich die Daten ihres Moskauer Aufenthalts. Das wäre doch für beide eine interessante Zeit gewesen. Aber so war es nicht. Kurt erhielt *ganz plötzlich*, wie er schreibt, *den Beschluss der Bezirksleitung der KPD über seine Delegierung an die Lenin-Schule nach Moskau.* Er bat um einen späteren Termin, was aber abgelehnt wurde. So besuchte Kurt von Ende 1928 bis Juli 1929 einen

Halbjahreskurs auf der internationalen „Lenin-Schule“. Lotte kommt erst im Februar 1930 nach Moskau.

Vom 13. Mai 1929 bis 10. Februar 1930 arbeitete Charlotte als Stenotypistin in der Techno-Import-Abteilung der Handelsvertretung der UdSSR in Berlin SW 68, Lindenstraße 20-25 für die deutsche Schwerindustrie, deren Exporte nach Russland bedeutend waren. Bald stellte man fest, dass es billiger ist und schneller geht, wenn deutsche Stenotypistinnen die Geschäftsbriefe vor Ort, in Moskau, schreiben.

Sie reiste am 11.2.1930 über Negoreloje (damals Grenzstation zwischen Polen und der Sowjetunion) aus Deutschland aus und arbeitete bis Ende März 1931 als Stenotypistin und Sekretärin für deutsche Sprache im Allunions-Unternehmen „Metalloimport“ in Moskau, Kalantschewskaja uliza, dom 15/a. Sie wohnt zusammen mit Freundin Lieschen Harms in einer 2-Raumwohnung im Stadtbezirk za Moskwareschije, in der Bolschaja Ordinka Nr.53. Für diese Tätigkeit bekamen die jungen Frauen 175,-Reichsmark pro Monat auf die Bank in Deutschland überwiesen.

Nach der Rückkehr aus der UdSSR bekommt Charlotte am 12.7.1931 eine Anstellung in Essen, Am Handelshof 1, bei der „DEROP Deutsche Vertriebs-Gesellschaft für Russische Oel-Produkte-AG“. Ein Jahr arbeitet Charlotte in Essen und die Firma bescheinigt ihr: *Frau Herholz-Sobottka ist als Sekretärin bei uns beschäftigt und hat sich während Ihrer Tätigkeit als äußerst verlässliche, sehr fleißige Beamtin erwiesen, die sämtliche ihr zugewiesenen Arbeiten zu unserer größten Zufriedenheit erledigte. Frau Herholz-Sobottka besaß auch Inkasso-Vollmacht und pflegte oft größere Beträge für uns einzuziehen. Ihr Ausscheiden aus unserer Firma am 31.8.1932 erfolgt auf eigenen Wunsch. Wir bedauern den Weggang dieser wertvollen Kraft lebhaft und wünschen Frau Herholz-Sobottka für die Zukunft das Allerbeste.*

Am 9.November 1931 hatten Kurt und Charlotte in Gelsenkirchen geheiratet. Mit Einwilligung der Eltern hätte meine Mutter schon vor ihrem 21. Lebensjahr heiraten können. Ob Lotte diesen Wunsch gehabt hätte, weiß ich nicht, habe sie auch nie danach gefragt.

Was zählt schon das Heiraten, wenn die Arbeits- und Lebensumstände nicht von persönlichen, sondern von parteipolitischen Interessen dominiert werden. Das bezieht sich vor allem auf die Arbeitsstellen meines Vaters, der von der KPD in Zeitungsredaktionen in Hannover, Düsseldorf, Mannheim und anderen Städten eingesetzt wurde.

Mein Vater schreibt in seinem Lebenslauf über diese Zeit: *So kam ich etwa gegen Ende Mai (1931) nach Hannover an die „Niedersächsische Arbeiterzeitung“ als Redakteur.*
Jeden Abend bin ich in Versammlungen.

Junge Ehe in Hannover

Meine Mutter litt darunter, dass mein Vater abends oft zu Veranstaltungen der Gewerkschaft unterwegs war. Sie hatte ihre gutbezahlte Stellung in Essen zum 31.8.1932 aufgegeben, um mit Kurt in Hannover zusammenwohnen zu können. Sie wohnten möbliert bei Hedwig und Heinz Schäfer in der Glogseestraße. (Von den Schäfers habe ich auch eine sehr herzliche Gratulation zu meiner Geburt gefunden, es waren wohl fortschrittliche Leute). Wann meine Eltern in die Grotefendstraße 4 in Hannover umzogen, weiß ich nicht. Ins „Kaffee Kröpke“ ließ sich Charlotte gern von Kurt einladen und bezahlte wohl auch oft die Rechnung.

In die Versammlungsorte rund um Hannover fuhr ihn mit dem Auto sein um Jahre älterer Freund, Gemüsehändler Hampe. Hampe gegenüber sah es Kurt sicherlich nicht nur als dankzeigende Verpflichtung für die Autofahrten an, an einigen Abenden in der Woche und vor allem am Wochenende, mit Hampe in der Kneipe zu zechen, Billard, Skat, Klammergast oder Sechsundsechzig zu spielen. Dieses Leiden teilte meine Mutter mit vielen Frauen, nicht nur mit jungen. Ob Hampe Kurt auch am Freitag, dem 14. Oktober 1932 nach Wülfel, ungefähr 20 km südlich von Hannover gefahren hatte, stand in der „Neuen Arbeiter-Zeitung“ nicht, nur, dass Kurt im Rahmen der „Roten Versammlungsfront“ um 20 Uhr in Wülfel bei „Vollmer“ spricht. Es war eine Zeit voller politischer Diskussionen über den notwenigen Widerstand gegen den aufkommenden Nationalsozialismus. In der Zeitung schrieb man die Losung: “Verstärkt den Kampf um die Befreiung der proletarisch-politischen Gefangenen“.

Lotte war so dahintergekommen, dass ihr geliebter Kurt nicht die volle Wahrheit sagte, wenn er spät nach Hause kam, weil er nach der Gewerkschaftsversammlung noch in der Kneipe saß und Karten mit seinen „Kumpels“ spielte. Hinzu kam, dass die Schatulle, in die beide ihren Arbeitslohn legten, meist schon leer war, wenn Lotte Geld brauchte. Als Lotte mit gepackten Koffern zurück zu ihren Eltern wollte, redete Hedwig Schäfer ihr gut zu, dies nicht zu tun.

Kurt schreibt in seinem Lebenslauf: *Jeden Abend bin ich in Versammlungen. In der Nacht vom 27. zum 28. Februar (1933) von außerhalb nach Hause kommend, werde ich morgens von der Wohnungsinhaberin mit der Meldung ´Der Reichstag brennt!´, geweckt. Noch wütend über diese gemeine Provokation der Faschisten, wollte ich noch nach hinten entwischen, jedoch war das Haus schon umstellt und ich wurde mit meiner Frau ins Präsidium gebracht. Meine Frau wurde auf energischen Protest hin entlassen. Im Präsidium verblieb ich ca. 6 Wochen in Einzelhaft. Die Vernehmungen führten nichts zu Tage, die Genossen hielten dicht und so ging es ins Konzentrationslager (KZ) Moringen auf Solling (einem sogenannten Arbeitshaus).*

Im KZ Moringen ist Kurt in halbdunkler Zelle ohne Bett (nur Zementbett) untergebracht, muss im Steinbruch arbeiten und befindet sich sechs Tage im Hungerstreik. Charlotte besucht ihn auf ihrer illegalen Fahrt zum Vater nach Saarbrücken zwei Mal. Im August 1933 bekam Moringen einen SS-Kommandanten und Kurt wird mit 180 politischen Häftlingen in das KZ Oranienburg überführt.. Das zunächst als Vorzeigelager ausgestaltete KZ unterstand der SS (Schutzstaffel der NSDAP) und war in einer alten, seit der Weltwirtschaftskrise stillliegenden Brauerei des Ortes untergebracht. Kurze Zeit musste Kurt schwere körperliche Arbeit im sogenannten Moorgraben verrichten, kam aber bald in die „Maurerkolonne“, wie er schreibt. *Etwa am 10.2.1934 wurde ich zum sog. Sturmführer gerufen, der mir eröffnete, dass meine Frau einen Entlassungsantrag gestellt habe. Er erkundigte sich, was ich mache und warum ich in Moringen vier Kreuze bekommen habe. Plötzlich war dieser Sturmführer weg. Sein Obertruppführer wurde Nachfolger und diesem unterstand die Maurerkolonne, da er selbst Maurer war. Nach Erledigung aller Formalitäten durfte ich am 17.2.1934 um 17 Uhr durch das Tor das KZ verlassen. Ich konnte es nicht glauben, machte manchen Umweg bis zum Bahnhof und vermied allzu hastig zu laufen.*

Charlotte war am 31. Mai 1933 zu ihren Eltern nach Berlin umgezogen.

Fotografien aus jener Zeit

Baby- oder Kinderfotos meiner Eltern besitze ich nicht, hat es wohl in den Arbeiterfamilien auch selten gegeben. Ich besitze lediglich eine Fotografie der etwa sechsjährigen Charlotte, die links neben ihrer Mutter steht. Auf Henriettes Schoß liegt Baby Gustav und rechts von ihr steht Bruder Bernhard, sein linker Arm liegt auf dem Schoß der Mutter; Lotte steht, beide Arme fest an ihrem Körper gehalten, ernst und trotzig dreinschauend. Sie ist ein sehr schönes Kind, blondgelockt mit Schleifen im Haar. Von meiner Mutter als junge Frau gibt es mehrere Fotografien, die mein Onkel Bernhard sehr professionell von ihr machte. Ihr lockiges

Haar ist immer kurz geschnitten und ihre großen Augen sind sehr ausdrucksvoll. Von meinem Vater habe ich eine Fotografie, die ihn als Konfirmanden zeigt, stehend, mit aufgelegter Hand auf einen kleinen Tisch – gemacht im Palst-Atelier, Bahnhofstraße 14, in Gelsenkirchen - , in der Pose des „kleinen“ Erwachsenen, in Anzug mit Weste, steifem weißen Hemdkragen und Fliege. Aus Erzählungen meines Vaters weiß ich, dass der Konfirmationsanzug geliehen war und er sich in ihm nicht wohlfühlte. Nur die Schuhe waren nicht geliehen.

Eine Fotografie zeigt Lotte als junges Mädchen in der Zeit, als sie meinen Vater kennenlernte. Blondgelockter Bubikopf, in sportlicher Windbluse, auf ein hölzernes Brückengeländer gestützt. Ob mein Vater, der Jugendfunktionär und Redakteur, am Wochenende oft zum Tanz in die Gasthöfe von Eickel oder zu den Auftritten des Mandolinenorchesters, in dem Lotte spielte, ging, bezweifle ich. Aber auch er war ein sehr musikalischer Mensch, der zwar kein Instrument spielte, aber gut sang und gern tanzte.

Ein Foto, auch von meinem Onkel Bernhard gemacht, da gibt es mich schon, gefällt mir besonders. Es zeigt meinen Vater in einem dunklen Rollkragenpullover mit Pfeife im Mund, freundlich dreinschauend.

Ein Hochzeitsfoto meiner Eltern kenne ich nicht. Überhaupt gibt es wohl kein Bild auf dem beide in jungen Jahren, nebeneinander als Paar, fotografiert sind. Beide waren schöne Menschen, mittelgroß, mein Vater etwas größer und kräftiger, dunkler Typ und Lotte blond, wie Gretchen aus Goethes „Faust“. In welcher Kleidung sie die standesamtliche Ehe-Registrierung absolvierten, erzählte mir keiner von ihnen. Mein Inneres sagt mir, dass sie fein und festlich angezogen waren, nicht billig, eher vornehm, sportlich elegant, denn beide hatten einen guten Geschmack.

1938 – Charlotte wird Mutter

Kurt liebte seine Lotte, davon bin ich überzeugt. Nur konnte er ihr, als Redakteur der „Niedersächsischen Arbeiterzeitung“, kein sicheres Einkommen bieten. Sein Leben war dominiert durch die politische Arbeit. Eine wirklich gute Grundlage für das Heranwachsen eines Kindes, als lediglich das Gefühl ihrer Liebe, hatten meine Eltern damals nicht. Die Frucht ihres ersten Kindes ließ sich Charlotte für 100 Mark, ihre einzigen Spargroschen, mit Narkose kostete es mehr, von einer Frau, die Schneiderin war, entfernen. Hinzu kam, dass die jungen Frauen, mit denen Charlotte befreundet war, *für Hitler keine Kinder gebären wollten*. Sie wussten: *Hitler bedeutet Krieg!*

Die Abtreibungen, egal wie viel bis zu meiner Geburt, ob mit oder ohne Narkose, haben sich tief in ihre Persönlichkeitsstruktur eingegraben. Erst als ich so Mitte Dreißig war, sprach meine Mutter sehr zaghaft über dieses Thema. Sie brachte viel Mut auf und entschied jedes Mal allein, ohne Wissen meines Vaters.

Doch dann wurde ich doch geboren, natürlich nicht für Hitler, sondern schon für ein neues Deutschland. Ich war, wie meine Mutter betonte, ein *Kind der Liebe*. Ein Wunschkind! Es wurde ja aber auch Zeit, Charlotte war 28 Jahre und Kurt 33 Jahre alt; sie kannten sich seit zwölf Jahren und waren seit sieben Jahren verheiratet.

Für die Entbindung hatte sich Charlotte eine evangelische Privatklinik in Berlin-Köpenick, Lindenstraße, unweit der Spree, ausgesucht. Was ihr fast zum Verhängnis wurde. Warum? Meine sehr zarte Mutter trug in sich ein sehr großes Baby, die Entbindung war kompliziert, denn ich wollte wohl nicht auf diese traurige Welt geboren werden. Ich hatte mich in eine Steißlage begeben und die Nabelschnur mehrmals um den Hals gewunden, falls man mich doch auf die Welt zwingt. Die Wehen hatten schon längst eingesetzt, aber die Hebamme, eine Diakonissin, erklärte der sich Quälenden, dass an Karfreitag keine Kinder auf die Welt geholt werden. Zum Glück meiner Mutter war unter den Besuchern ein Arzt, der meiner Mutter eine Narkosespritze gab, den Damm aufschnitt, sodass mein Kopf endlich nicht immer zurück in den Mutterleib flüchten konnte. Es war am 14. April 1938 keine leichte Geburt. Als meine Mutter aus der Narkose aufgewacht und die Krankenschwester ihr zwei Babys zur Auswahl stellte, entschied sie sich, wie sie später erzählte, für das Baby, welches die Kopfform meines Vaters hatte. Diese Geschichte mit den zwei Babys zur Auswahl auf dem Arm der Säuglingsschwester, erzählte meine Mutter gelegentlich auch in Gesellschaft von Freunden. Wollte sie mich verunsichern, oder mir vorwerfen, dass ich seit meiner Geburt meinem Vater ähnlich bin? Ich habe sie nie nach dem Motiv ihrer Erzählung gefragt.

Bis zu meiner Geburt arbeitete meine Mutter von März 1935 bis April 1938 in der Deutschen Philipps GmbH, Berlin W 35, Potsdamer Straße 39. Zuerst in der Mahnbuchhaltung und später als Stenotypistin bei dem Kreditchef. In einem Schriftstück, unterzeichnet von Graf Westarp, bescheinigt man ihr, *dass sie eine fleißige und gewissenhafte Mitarbeiterin ist, die das ihr angesagte Diktat flott und sauber in Maschinenschrift übertrug. Frau H. scheidet mit dem heutigen Tag (8.4.1938) auf eigenen Wunsch aus unseren Diensten aus. Wir können sie als perfekte*

Stenotypistin jederzeit bestens empfehlen. Für die Zukunft wünschen wir Frau H. alles Gute.

In dem Zeugnis über ihre Stenotypistenprüfung, die sie am 14.6.1934 im Arbeitsamt Berlin-Mitte ablegte, steht: *Prüfungsfächer: Kurzschrift – System: Stolze-Schrey; Schreibfertigkeit: 120 Silben in der Minute. Maschinenschrift: 5.28 Anschläge in der Sekunde, Abschreiben: 3.93 Anschläge in der Sekunde. Ein kaufmännischer Probebrief wurde formgerecht geschrieben.* Ab dem 1.6.1935 verdiente meine Mutter bei der Deutschen Philips GmbH *monatlich brutto 168,50 Reichsmark, nach Klasse K. 2,5 des Tarifvertrages für die in der Berliner Metallindustrie beschäftigten Angestellten, postnumerando zahlbar.* Ab dem 1.1.1938 bekam sie 190 RM brutto/monatlich.

Ich schreibe hier diese Dinge aus den Unterlagen meiner Mutter nur der Vollständigkeit halber auf, denn heute, im Zeitalter von Computertechnik und Smartphone etc. schließen sich Vergleichsmöglichkeiten aus.

Bloß gut, dass mein Vater 1937 seine Gesellenprüfung in Zossen machte und als Polier Arbeit bei "Beton- und Monierbau GmbH" in Berlin fand. Ob aber die Allgemeine Ortskrankenkasse (AOK) auch 70 % der Kosten des Aufenthaltes meiner Mutter in einer Privatklinik bezahlte, weiß ich nicht.

Meine Mutter schrieb am 17. April 1940 folgendes zu meiner Gesundheit auf:

Ursula wurde knapp vier Monate gestillt, d.h. in den letzten zwei Monaten ganz mangelhaft.

(Meine Mutter hatte eine schwere Nierenentzündung, hohes Fieber und lag fest im Bett. Mein Vater arbeitete und versorgte sie. Eine evangelische Kinderschwester betreute nur mich, nicht meine Mutter). *Mit 6 Wochen bekam sie die Flasche sowie Grießbrei dazu. Krankheiten: Mitte 14 Tagen hatte U. eine Nabelentzündung (der Nabel hat geblutet und wildes Fleisch hatte sich angesetzt). Jeden zweiten Tag ging es zum Arzt Dr. Lämmerhirt, wo der Nabel mit Höllenstein ausgebeizt wurde. Nach 14 Tagen war der Nabel in Ordnung und U. konnte das erste Bad bekommen, da war sie 4 Wochen alt. Als U. fünf Monate alt war, bekam sie Brechdurchfall, vermutlich durch zu viel Obstsaft. Dieser Durchfall hatte sich aber nach ganz kurzer Zeit wieder behoben, um umso heftiger einzusetzen, als U. 7 Monate alt war. Ärztlicherseits wurde daraufhin der Magen und Darm durch strenge Diätvorschriften gründlich kuriert, und zwar mit pulverisierter Buttermilch, Nährzucker, später Buttermilch, nach*

und nach Obst und Gemüse. Nach 2-3 Monaten war der kleine Magen und Darm wieder stabil. Kurz nach dem 1. Lebensjahr deutete der Arzt eine Brustkorbrachitis an, welche sich trotz sofortiger Maßnahmen: Höhensonne, Vigantoloel, Lebertran, nicht besserte. Mit 1 ½ Jahren erhielt U. wiederum 20 Höhensonnenbestrahlungen sowie laufend Vigantol. Auch danach hatte sich keine Besserung eingestellt. Dieser Mangel ist nicht auf allgemeine Ursachen zurückzuführen, sondern muss in der Konstitution liegen. Denn Ursula hat alles bekommen, was einem Kind zusteht, ja oft weit über die finanziellen Verhältnisse hinaus. Schon mit sechs Monaten hat Ursula Vitamin C gegen die Rachitis bekommen, und die ganze Ernährung und Pflege war immer darauf eingestellt, um möglichst die englische Krankheit zu verhindern. Mit 2 Jahren erhielt Ursula auf Verordnung der Fürsorgeärztin täglich 30 Tropfen Vigantoloel (Vitamin C), sowie täglich 2 Teelöffel Lebertran und Höhensonne.
Ab 1.2.1940 (während des Krieges) ging Ursula zur Kinderkrippe in Oberschöneweide, Ostendstraße 5/6. Sie wurde jeden Morgen um 7,30 Uhr von mir dort abgeliefert und abends gegen 6 Uhr abgeholt. Ursula fühlt sich augenscheinlich sehr wohl dort, nimmt gut zu, und ist immer guter Laune. Sie verträgt sich gut mit den anderen Kindern (insgesamt 10 Kinder im Alter von 11/2 bis 3 Jahren). Nach Urteil der Kindergärtnerin ist Ursula ein für ihr Alter gut körperlich und geistig entwickeltes Kind.
Soweit die Notizen meiner Mama über meine früheste Kindheit.

Im Haushalt meiner Eltern lebte damals auch mein Onkel Bernhard. Alle meine Kinderfotos sind von ihm. Er hatte als Dekorateur in einem jüdischen Modehaus am Spittelmarkt bis 1942 eine unbefristete Arbeitsstelle. Charlottes Eltern und ihr jüngster Bruder lebten seit 1935 weit weg von ihr, in der Emigration in Moskau.1939 marschiert die deutsche Wehrmacht in Polen ein, der Zweite Weltkrieg beginnt.

Meine Kindheit

Vater in Polen

Es ist Krieg. Mein Vater ist von der Fa. Beton- und Monierbau GmbH als „Wehrmachtsunwürdiger“ für die Organisation des Herrn Todt zum Brückenbau nach Westpolen versetzt. 1943 wird Onkel Bernhard verhaftet. und ich bin mit meiner Mama ganz allein.

Der Bauingenieur Fritz Todt, seit 1922 Mitglied der NSDAP und ab 1933 Generalinspekteur für Straßenwesen, gründet 1938 die Bautruppe, die nach ihm benannt wird. Mit zunehmenden Kriegshandlungen in ganz Europa reichten die sechs Millionen deutschen Arbeitslosen für Autobahn-, Westwall- und U-Boot-Häfen-Bau nicht aus; die „Organisation Todt" (OT) wurde eine Art Arbeitsbeschaffungsmaßnahme, die auch Zwangsarbeiter, Kriegsgefangene und ehemalige KZ-Häftlinge verdingte.

Über die Details seiner Arbeit im von der deutschen Wehrmacht besetzten Polen, hat mir mein Vater nichts erzählt. Erst nach dem Tod meiner Mutter konnte ich in seinen Briefen an sie aus Polen darüber lesen. In mehr als 50 Briefen – mit Füllfederhalter in deutlicher akkurater Schrift – schreibt er fast täglich an seine *Liebste Lotte* über seine Befindlichkeit, seine Arbeit und vor allem über seine Sehnsucht wieder zu Frau und Kind zurückzukehren.

Die Stadt Krakau war von der deutschen Wehrmacht am 6. September 1939 kampflos eingenommen worden. Hier hatten die Vorgesetzten der OT, der Regierungsbeauftragte Herr Meier und Herr Kampgen, als Verbindungsmann zwischen Zentrale und Baustellen, ihren Sitz.

Die Aufgaben der faschistischen „Organisation Todt" (OT) waren mir bislang kein Begriff. Erst die Briefe meines Vaters an meine Mutter verdeutlichten mir, unter welcher ständigen Bedrohung von Seiten seiner deutschen Vorgesetzten sich mein Vater als ehemaliger politischer KZ-Häftling befand. Von polnischen Racheaktionen wurde er verschont, da er, wie er in seinem Lebenslauf schreibt, mit dem polnischen örtlichen Widerstand Kontakt hielt. Die Orte, in denen sich die Baustellen befanden, wurden spontan oft gewechselt; sie befanden sich in unwegsamen Gegenden, weit entfernt von Verkehrsanbindungen, und die Unterbringung der Arbeiter war sehr dürftig. Vaters Briefe kommen aus dem Dorf Dorohuzk, der Stadt Biecz, 163 km östlich von Krakau, aus der Stadt Gorlice, 140 km südöstlich von Krakau, aus Neu-Sandez und anderen Orten, die in der heutigen Woiwodschaft Kleinpolen liegen.

Die Baustellen und Unterkünfte lagen meist kilometerweit von Postämtern entfernt, aber die Bauführer, die von Krakau aus nach Berlin fahren durften, nahmen hin und wieder Briefe und auch Päckchen mit. Generell ist erlaubt, nach Deutschland Pakete bis zu einem Kilogramm zu schicken, aber alle Pakete, die mehr als 250 Gramm wiegen, gingen über die Zollstelle und wurden geöffnet. Mein Vater schickte unter anderem Briefpäckchen mit „zollfrei"-Aufkleber, mit *etwas Butter, einer kleinen Scheibe Speck, und ein paar Bonbons für meine Süße.* Meine

Mutter schickte warme Sachen, Handtücher, Seife, Zigarrenstumpen, deutsche Zeitungen, Bücher und vieles mehr.

Am 3. Januar 1942 kommt aus Dorohuzk sein erster Brief, in dem er über die Umgebung von Roznow schreibt, dass sie *landschaftlich sehr schön ist, ebenso Unterkunft und Verpflegung gut. Aber ganz grob gesprochen, einfach ein großes Schlammloch, in welchem man haust. Hier sagen sich die Füchse „Gute Nacht!". Es gibt hier kein Geschäft, keinen Friseur, keine sanitären Einrichtungen. Der einzige Verkehr mit der Außenwelt ist die 40 km von hier entfernte Post, die nächste Bahnverbindung ebenfalls in 40 km Entfernung.* Er schreibt, er möchte nicht als *kultivierter Robinson so dahinleben, der mit einem die Stube teilt, der schon um 20,30 Uhr im Bett liegt, da lese und schreibe ich noch. Aber sein zunehmendes Schnarchen treibt mich dann auch ins Bett. Um 5 Uhr morgens stehe ich auf, der andere liegt noch. Bis 6,30 Uhr lese ich und gehe dann frühstücken.*
Die Wetterbedingungen sind schon im Herbst und in den langen Wintermonaten sehr hart, warme Kleidung gab es nicht, Zehen erfroren; meine Mutter nähte ihm Fußlappen. Schaftstiefel, die er beantragt hatte, konnte er erst nach mehreren Monaten in Krakau für 150 Zloty kaufen. Aus Dorohuzk schickte er seinen *alten Pullover*, da meine Mutter geschrieben hatte, dass sie keine Wolle bekommt und keine Handschuhe hat. Er schreibt: *Nun kannst Du den Pullover ja für Dich und Ursel verwenden. Das umso mehr, da ich eine ganz gute Strickweste bekommen habe.* Er fragt an, ob Charlotte und ich genügend zu essen haben – Eier zu Ostern, Frischgemüse, Kartoffeln und Speck?
Du kennst meine Passion. Was mir hier fehlt ist eine anständige Zigarre. Es gibt hier jede Woche 100 Stück Zigaretten, die ich gegen Tabak tausche. Kannst Du mir nicht ein Briefpäckchen mit Zigarren schicken und bitte auch ein Wörterbuch?

Zu Pfingsten 1942 bekam mein Vater Heimaturlaub und ich habe eine von meinem Onkel Bernhard gemachte Foto-Serie, die zeigt, wie mein Vater mich, im Schlafanzug, auf seinem Arm zu Bett bringt und ich lachend mit erhobenem Fäustchen auf seine Stirn boxe und dabei das Wort „Dobb" gesagt haben soll. Keiner meiner Lieben wusste, was dieses „Dobb" bedeutete. Nach dem Heimaturlaub schreibt mein Vater: *Den Abend hat sie mich ja noch so gedrückt und ich musste doch hart sein. Wenn man für so kurze Zeit zu Hause ist, hat man doch so wenig Zeit gewisse „Wunden“ zu heilen. Hoffentlich denkt das kleine Hirn nicht schlecht von mir. Aber man darf doch auch nicht zu weich sein, selbst wenn einem das Herz blutet. Du glaubst gar nicht, wie mir das in gewissen Stunden durch den Kopf geht. Verliere Du bitte nicht die Nerven. Es ist gut, wenn die Mutter nicht so hart ist und mehr nachsichtig. Ich nehme schon ganz gern in Kauf, wenn das Kind vor mir mehr Respekt hat. Nur eins nicht: es soll keine Furcht haben! Denn es ist doch auch mein Kind und ich liebe es. Ich verlasse mich da ganz und gar auf Dich.*

In meiner frühen Kindheit konnte kein so enges Verhältnis wie zu meiner Mama entstehen, denn mein Vater war ja fast nie zu Hause. Doch wenn er zu Hause war, konnte ich herrlich mit ihm rumtoben. Eigentlich lernte ich meinen Vater erst mit acht Jahren so richtig kennen, davor hatten wir beide wenig Möglichkeiten uns gefühlsmäßig abzutasten. Alle sagten, die mich als Kind kannten, ich sei ein hübsches Mädelchen gewesen, blond, sehr lebhaft, ein Wildfang, aufgeschlossen, mit jedem, der mir sympathisch war, einen Plausch anzettelnd, aber nicht unangenehm altklug. Meine Mutter betonte in ihren Erzählungen über mich als Kind meine Eigenwilligkeit, Selbstständigkeit und Zärtlichkeit. Sie konnte drollige Geschichten über mich erzählen. Wie ich diesen entnahm, hatte sie es in jener Zeit nicht einfach mit mir. Nur durch eindringliches Überreden konnte sie mich, den Trotzkopf, beruhigen und von meinen Wünschen abbringen.

In ihren Briefen scheint meine Mutter über ihre Probleme mit mir geschrieben zu haben, denn sie erhält von meinem Vater Ratschläge für meine Erziehung.

Mit Ursel hast Du gewiss manchen Strauß auszufechten. Ich glaube, ich schrieb schon in einem meiner letzten Briefe davon, dass es nicht ratsam ist, ihr immer wieder vom ´Artig-sein´ etc. zu erzählen, ich habe mir das alles überlegt, und wir haben uns ja oft über Ursel unterhalten. Wir sollen sie mehr leiten und lenken. Ja, die Selbständigkeit müssen wir etwas zügeln, in geordnete ihr verständliche Bahnen lenken, ohne dieselbe zu töten. Wir wollen kein superkluges, aber ein kluges Kind erziehen. Lass´ alle anderen reden, wir machen das, was wir für richtig empfinden. Was Du mir über Ursel schreibst, ist für mich belustigend interessant, wie sie sich bemüht, doch zu erwirken, dass Du es so machen sollst, wie sie es will. Wahrscheinlich sind wir auch etwas schuld, indem wir konstant behaupten, sie soll alles so machen, wie wir es wollen. Zwischen ihrem und unserem Denken liegen doch immerhin 28-33 Jahre. Im Laufe der Entwicklung von Ursel – wobei wir ihr stets erläuternd zur

Seite stehen müssen – wird sie durch mannigfache Umstände gezwungen sein, ihre stark entwickelten Willensäußerungen den obwaltenden Bedingungen unterzuordnen. Liebe Lotte, mir ist klar, dass Du es schwer hast, in der heutigen Zeit so ganz allein dazustehen. Dir hilft nur Geduld, auf scheinbar winzige Kleinigkeiten entsprechend zu reagieren.

Im November 1942 liege ich im Köpenicker Hufeland-Krankenhaus und habe eine Lungenentzündung und Keuchhusten. Mein Vater hofft zu Weihnachten Urlaub zu bekommen, was nicht klappt. Er schreibt meiner Mama: *So schwer es ist, wenn Du ins Krankenhaus gehst, lass´ Dich nicht sehen. Es wäre zu viel Aufregung für sie und die Gefahr für ihr kleines Herz größer als die Freude – als etwas spezifisch momentanes – und Du kannst Dir doch denken, dass eine Wunde die heilt, schwerer wieder zuheilt, wenn sie oft aufgerissen wird.*

Meinem Vater gelang es, nachdem er in Biecz seine Schlafstätte im Büro der Baustelle hatte, in Gorlice in eine Wohnung zu ziehen. Er war zum 1. Polier, quasi zum Bauleiter, aufgestiegen. Aus seinen Briefen lese ich, dass er ab Juni 1942 bei „vierwöchentlicher Lohnwoche" für 14 Tage zirka 120,- RM erhielt, die von Beton- und Monierbau an meine Mutter überwiesen wurden. Die Trennungszulage betrug 9,- RM. Er erreichte, dass meine Mutter und ich ihn im Sommer in Gorlice besuchen konnten. Fast drei Monate waren wir bei ihm und daran erinnere ich mich gut. Ich spielte mit polnischen Kindern, lernte von ihnen Polnisch, schäkerte mit dem Küchenjungen Marek, war in der Obhut der Küchenleiterin Fräulein Staschka; und besonderes Vergnügen machte mir, wenn ich auf einer Kiste stehend durch das kleine Fenster den Arbeitern ihr Mittagessen reichen durfte. Auf der Rückfahrt aus Polen hatte ich mir im Zug Läuse eingefangen.

Den letzten Brief schreibt mein Vater aus Lézajsk Anfang April 1944 nach Graupa, wohin meine Mutter mit mir evakuiert worden war. In seinem späteren Lebenslauf lese ich, dass er am 15.1.1945 aus Krakau floh und am 11. April 1945 auf den Bahnanlagen der Kleinbahn Waggons mit KZ-Häftlingen von der Lokomotive abgehängt hatte. Das Kriegsende erlebte mein Vater in Letzlingen im Kreis Gardelegen. In Letzlingen läuteten am 13. April 1945 um 8,30 Uhr die Kirchenglocken und verkündeten das Nahen der amerikanischen Panzer. In den letzten Kriegstagen war mein Vater noch Zeuge von Erschießungen russischer Kriegsgefangener und der Ermordung von KZ-Insassen; er konnte ihnen zwar nicht helfen, dokumentierte aber sorgfältig alle Geschehnisse und versuchte – nach dem Einmarsch der Amerikaner – die größeren

Zusammenhänge aufzuklären und half, die Schuldigen dingfest zu machen.

Wohnungsdurchsuchungen

Zu meiner Kindheit gehören Wohnungsdurchsuchungen durch die Gestapo. Aus den Erzählungen meiner Mutter weiß ich, dass, wenn die Männer in schwarzen Uniformen und Reitstiefeln alles durchwühlten, ich, knapp drei Jahre, Hinweise gab, in welchen Koffern und Kommoden sie noch nicht gesucht haben. Wenn sie sich mit dem Liebe-Onkel-Gesicht an mich, den Drei-Käse-Hoch wandten und fragten, wo denn mein Vater, Großvater und mein Onkel seien, gab ich ihnen phantastisch klingende Antworten, mit denen keiner dieser Nazi-Schwachköpfe etwas anfangen konnte.

Ein Geschehen, das ich, vierjährig, erleben musste und an das ich mich heute noch erinnere, prägte wie kein zweites meine spätere politische Überzeugung.

Drei Männer in schwarzen Uniformen klingelten abends stürmisch an unserer Wohnungstür. Mama und ich waren allein, ich war schon im Bett. Sie bedrängten Mama, nun endlich zu sagen, wo ihr Vater sei. Schrien sie an. Der eine schubste meine Mama in eine Ecke im Flur, der andere ging ganz dicht an sie heran, fasste ihren Leib an, dann zog er sie an sich und schlug ihr ins Gesicht. Sie wehrte sich, da schubsten sie die Männer auf den Boden und traten sie mit Füßen – ein dritter Nazi schaute nur zu. Meine Mama schwieg, sie weinte nicht. Ich aber weinte und schrie so laut ich konnte. Die drei schwarzen Männer verließen polternd unsere Wohnung. Ich wollte Mama in ihr Bett bringen, aber sie stand nicht auf. Sie haben meine Mama totgeschlagen schrie ich aus unserer Wohnung im dritten Stock und lief, tränenüberströmt, am ganzen Leibe zitternd eine Treppe tiefer zu Frau Rosenberg. Bei ihr gab mich Mama manchmal ab, wenn sie etwas zu erledigen hatte.

Herr und Frau Rosenberg gehen mit mir in unsere Wohnung und sind entsetzt. Sie heben
Mama vom Boden auf und tragen sie ins Schlafzimmer.
„Wann kommt dein Papa nach Hause“ – fragt mich Frau Rosenberg.
„Wo ist dein Onkel?“.
Ich: „Mein Papa arbeitet in Polen, mein Onkel ist im Skiurlaub in den Alpen“.

Herr Rosenberg geht in seine Wohnung, um einen Arzt anzurufen. Zwei Nächte schlafe ich im Gästezimmer der Rosenbergs, danach ist meine Mama aus dem Krankenhaus zurück.

Herr Rosenberg war Beamter, er trug auch zu Hause Ärmelstulpen über seiner Hausjoppe. Er hatte ganz wenig graue Haare, die eng auf seinem Kopf verteilt lagen, er lächelte mich immer freundlich an wenn ich zu ihnen kam, ging aber gleich in sein Zimmer und überließ mich der Fürsorge seiner Frau. Frau Rosenberg, mittelgescheiteltes, im Nacken zu einem Knoten zusammengeführtes, schwarzes Haar, meist in schwarzem Kleid mit weißem Bubikragen, war Hausfrau und beschäftigte sich liebevoll mit mir. Die Rosenbergs hatten keine Kinder, so genau weiß ich es aber nicht; und Nazis waren sie nicht, sonst hätten sie auf mich Kommunistenbalg nicht aufgepasst.

Frau Rosenberg brachte mir bei, wie man fein und ohne Abreißen Kartoffeln schält. Wenn ich es schaffe, die Schale in einem Stück von der Kartoffel zu schälen, könne ich mir etwas wünschen - ein Kleid oder ähnliches - , wenn die Schale jedoch abreißt, gibt es nur eine Bluse. Noch heute muss ich beim Kartoffelschälen schmunzeln, wenn ich an den Spruch von Frau Rosenberg mich erinnere. Auch in die Kirche zur Christmesse nahm mich Frau Rosenberg einige Male mit.

Neben dem Ehepaar Rosenberg ist mir aus meiner Kindheit in guter Erinnerung auch das Hausmeister-Ehepaar Wachsmuth mit ihren drei Söhnen, die im Parterre wohnten und mich nicht, wie Frau Hettwer anschrien, wenn ich die Treppen schnell und laut hinunterlief. Frau Hettwer, klein und fett, schien den lieben langen Tag nur hinter ihrer Wohnungstür auf mich zu lauern, herauszutreten und zu schimpfen. Sie hatte keine Kinder. Mit den Wachsmuth-Jungen spielte ich gern; sie folgten willig meinen Spielideen. Eltern von Mädchen in unserer Wohngegend, meist Beamte oder Lehrer, begrüßten es, dass sie mit mir spielten, da ich nicht wie andere Kinder berlinerte, sondern hochdeutsch sprach. Meine Eltern kamen ja aus Westfalen und achteten sehr auf meine Sprache. Meine Mama sprach ein sehr gedehntes westfälisches Hochdeutsch, worüber sich die Berliner amüsierten. Von den sechs Mietparteien in der Griechischen Allee 40 war das Ehepaar Hettwer und das Ehepaar Meyer, unsere Nachbarn im dritten Stock, Mitglieder der Nazi-Partei. Als alle Hausbewohner eng zusammen im Luftschutzkeller lebten, beanspruchten sie, von den anderen Bewohnern des Hauses getrennt, für sich einen extra gesicherten Raum im Keller.

1943 – Onkel Bernhard wird verhaftet

Am 30. März 1943 wird mein Onkel Bernhard auf seiner Arbeitsstelle, dem Aetz- und Emaillierwerk „Schilder-Fischer", Inhaber Friedrich Curtius, zusammen mit der „Fulicke-Gruppe" von der Gestapo verhaftet.

Im Lebenslauf (1978) schreibt meine Mutter: *Durch die Standhaftigkeit des Genossen Fulicke fiel für meinen Bruder die Anklage vor dem Volksgerichtshof und es wurde seine Straftat im Juli 1943 zur Verhandlung an das Kriminalgericht des Kammergerichts überführt.*

Mein Bruder wurde ungewollt durch seine Verlobte belastet.

Sieben und einen halben Monat lang ist mein Onkel in Untersuchungshaft, zuerst bei der Gestapo im Prinz-Albrecht-Palais, dann im Zellengefängnis Berlin-Moabit, Block 12 A. Am 15. November 1943 erfolgt das Urteil: Vier Jahre Zuchthaus wegen Vorbereitung zum Hochverrat. Nach der Urteilsverkündung kommt er zurück in die Untersuchungshaftanstalt beim Kriminalgericht des Kammergerichts in Berlin-Alt Moabit 12 A; mit verschärften Haftbedingungen – keine Besuche und keine Lebensmittelzuwendungen von Verwandten.

Fulicke hatte im Prozess alles auf sich genommen und keinen anderen belastet. Vom Volksgerichtshof wurden alle aus dem „Fulicke-Prozess" zum Tode verurteilt.

Meine Mutter schreibt in ihrem Lebenslauf (1978): *Sofort nach der Verurteilung wurde Fulicke gestattet, Besuch zu empfangen, Abschied zu nehmen und etwas zum Verzehren anzunehmen. Seine Schwestern hatten sich von ihm losgesagt. Ich habe ihn in der Todeszelle besucht, ohne Furcht und Angst, dass mir selber etwas angeflickt werden könnte.*

Meine Mutter war dem zum Tode Verurteilten noch nie begegnet. Er wirkte auf sie ruhig und gefasst. Charlotte war eine junge zierliche Frau von 90 Pfund und Fulicke von großer kräftiger Statur. Von Freunden meiner Mutter, die bei „Aschinger" arbeiteten, bekam sie Wurst und Butterbrote, sie kochte Kaffee und Kakao und brachte dies zu Fulicke in die Todeszelle. Diese Details weiß ich aus Erzählungen meiner Mutter.

Dank dieses Menschen Fulicke, wurde mein Onkel Bernhard nicht zum Tode verurteilt, sondern kommt für vier Jahre ins Zuchthaus. Lotte betreut ihren Bruder während seiner gesamten Haftzeit, nutzt Möglichkeiten der illegalen Zuwendung von Geld und Lebensmitteln.

Meine Mama bewies in all den Jahren des faschistischen Terrors ungeheuren Mut, auch für sie bestand die Gefahr, dass man ihr die deutsche Staatsbürgerschaft aberkennt, so wie es mit ihren Eltern und den Brüdern geschehen war. Nur da sie nach ihrer Heirat einen anderen

Namen trug, war sie als Einzige aus der Familie keine „Staatenlose“. Durch ihre illegale Tätigkeit in der Widerstandsgruppe von Harro Schulze-Boysen in Berlin, bestand aber auch für sie die Gefahr verhaftet zu werden.

Bomben auf Berlin

Seit November 1943 greifen Bomberverbände der Royal Air Force deutsche Städte an. Mütter mit Kindern werden mit Zunahme der Luftangriffe auf Berlin zeitweise evakuiert. Meine Mama kommt mit mir zu lieben Leuten in den kleinen Ort Graupa bei Pirna in Sachsen. Am 8.12.1943 schreibt Lotte aus Graupa an die Gefängnisleitung des Untersuchungsgefängnisses in Berlin-Alt-Moabit und bittet um *Auskunft, ob meinem Bruder Bernhard S. Nr. 37/27, verurteilt am 15.11.1943, bei den Terrorangriffen auf Berlin etwas passiert ist. Mündlich konnte mir keine Auskunft erteilt werden.* Ihr wird vom Gefangenenlager Elberegulierung geantwortet, dass sich *Ihr Bruder seit dem 17.12. hier in Griebo bei Coswig befindet.*

Das Strafgefangenenlager „Elberegulierung“ in Griebo bei Coswig/Sachsen-Anhalt – für Niedrigwasserregulierung an der Elbe mit Hilfe schwerster körperlicher Erdbewegungsarbeiten durch Kommandos von Strafgefangenen – ist nach Art eines Konzentrationslagers eingerichtet. Außer „politischen“ werden hier Kriegsdienstverweigerer, Zeugen Jehovas, Homosexuelle und sogenannte „Bibelforscher“ gefangen gehalten. In diesem Zuchthaus starben monatlich von 100 Gefangenen acht an Tuberkulose. Die Ernährung der Gefangenen war generell miserabel, und hier in Griebo wurden all diejenigen eingeliefert, die in den umliegenden Lagern zur Arbeit nicht mehr *verwendbar* waren. Daraus schließe ich, dass mein Onkel Bernhard, ein zarter Mann, nach acht Monaten Untersuchungshaft in Alt-Moabit, so geschwächt nach Griebo kam, dass er nicht „moorfähig“ war.

1944 – Briefe aus Griebo nach Graupa

Elbelager Block 16 b. Mit Brief vom 15. Januar 1944 antwortet Bernhard auf zwei von Lotte erhaltene Briefe. Er schreibt: *Von Moabit aus konnte ich Dir nicht schreiben. Acht Tage vor Weihnachten bin ich hier in Griebo eingetroffen. Also hätte ich Dir Weihnachten schreiben können. Da ich aber lagerunfähig bin, soll ich nach Gollnow in Pommern. Ich bin*

Heiligabend auf Transport gekommen und konnte Dir deshalb wieder nicht schreiben. Über Weihnachten lag ich krank in Dessau und bin nach dem Fest wieder nach Griebo zurückgekommen, weil der Transportweg gesperrt ist. Vorläufig werde ich in Griebo bleiben. Zu Deinem Brief: Du hast doch schon erfahren, dass mir in Moabit nichts passiert ist. Ich freue mich, dass euch allen auch nichts passiert ist. Und nun kommen einige kleine Wünsche. Schicke mir bitte einen Rasierapparat, Klingen und ein Stück Waschseife sonst nichts, außer Nähnadel und eine Rolle schwarzen Zwirn (…). Wenn Du mir etwas Wichtiges mitzuteilen hast, schreibe bitte. Ich werde wohl vorläufig nicht mehr schreiben dürfen. Erst nach sechs Monaten, oder wenn ich in eine andere Anstalt komme (…). Schicke mir doch bitte Fettcreme für die Hände mit.

Im Brief vom 6. Februar 1944 hofft er, dass seine liebe Schwester seinen Brief vom 15. Januar erhalten hat.

Den Rasierapparat habe ich noch nicht erhalten. Freitag soll ich auf Transport nach Gollnow. Ich hatte die Wahl entweder nach Gollnow, oder in Griebo bleiben. Ob ich einen Fehler gemacht habe, weiß ich nicht, denn ich habe mich für Gollnow entschlossen. Es ist ja auch noch nicht 100% sicher, ob der Transport möglich ist. Du weißt, in 24 Stunden kann sich wieder vieles ändern. Ich werde jetzt in der Gemüseputzküche beschäftigt, aber es ist doch schwer für mich hier im Lager. Man wollte mich eben hier halten. Ich nehme an, dass Du Dich über diesen Brief freuen wirst. Hoffentlich erhältst Du ihn überhaupt. Ich beiße die Zähne aufeinander, aber hoffentlich dauert es nicht mehr so lange.

Brief vom 10. Februar 1944: *„Deinen lieben Brief vom 6.2. habe ich erhalten. Wegen der Karte habe ich einen Anschnauzer bekommen. Hoffentlich hast Du mit dem Rasierzeug-Paket keine Lebensmittel geschickt, sie werden mir doch nicht ausgehändigt. Im Übrigen ist das Paket eingetroffen. Ich soll vielleicht morgen auf Transport nach Gollnow. Weiß aber bis heute Abend noch nichts Genaues. Erwähne bitte diese Briefe in keinem legalen Brief.*

Brief vom 13. Februar 1944: *Leider konnte ich Freitag nicht sofort schreiben, da wir wegen Fliegeralarm kein Licht hatten. Freitag ist überhaupt kein Transport abgegangen. Ich soll nächsten Freitag abgehen, aber wer weiß, ob? Wenn Du diesen Brief erhältst, schreibe mir an die unten angegebene Adresse sofort wieder, aber schnellstens, damit ich bis Donnerstag den Brief erhalte. Wenn ich ihn nicht erhalte, kommt er zu Dir zurück. Schicke auch bitte 30 Mark in eingeschriebenem Brief mit. Das Geld erhältst Du nicht zurück. Ich habe mir schon etwas darauf geborgt. Bald bekommst Du weitere Nachricht. Wenn ich noch hier bleibe, kannst Du mir auf diesem Wege Lebensmittel schicken. Anweisung folgt.*

Im nächsten geschmuggelten Brief (18.2.1944) schreibt er die geheime Adresse von Fritz Steinbacher, Zeuthen, Dorfstraße, Kanuheim. Er schreibt: *Ich bin wieder nicht auf Transport gekommen. Erwarte einen Brief von Dir an unten angegebene Adresse. Sei bitte so gut und schicke mir etwas zum Essen. Aber kleine Portionen aus bestimmten Gründen, und zwar etwas Speck, Würfelzucker, Butter, harte Wurst, Kunsthonig, wenn Du kannst. Nur ein kleines Päckchen bitte (1/2 kg). Die Butter bitte geteilt so in Nivea-Schachteln oder ähnliches. Bitte schnellstens abschicken. Rasierzeug und Seife brauchst Du nicht zu schicken, ich habe mir hier schon alles gekauft. Einige Rasierklingen schicke bitte mit. Weitere Nachricht folgt. Das Päckchen bitte per Einschreiben schicken.*

Am 22. Februar 1944 bestätigt er den Erhalt des Rasierzeugs. *Der Inhalt des Päckchens wurde mir ganz ausgehändigt. Ich kann alles gut gebrauchen. Am Freitag (25.2.) sollte ich wieder auf Transport nach Gollnow. Habe aber gesagt, ich möchte hier bleiben. Wenn ich hier bleibe, werde ich verlegt und diese Verbindung wird aussetzen. Ich muss dann eine neue aufnehmen. Hoffentlich erhalte ich noch Dein Päckchen. Die Verlegung kann schon morgen sein oder später. Vielleicht erhalte ich dann doch noch die Sachen auf Umwegen. Also Du musst weitere Nachrichten abwarten. Ich hoffe stark, dass wir uns in zwei Monaten wiedersehen.*

Zuchthaus Gollnow/ Pommern

Seit dem 18. März 1944 ist Bernhard im Zuchthaus Gollnow. Am 19. März 1944 schreibt er:

Liebe Schwester! Nach dreiwöchiger Reise bin ich nun in Gollnow eingetroffen. Ich kann Dir schreiben, dass ich noch gesund und munter bin, was ich auch von Dir hoffe. Wie geht es Klein-Ursel und Kurt? Schreibe mir bitte, wie es der Inge geht und wo sie jetzt ist? Ich liege hier auf einer Gemeinschaftszelle C III (Block) 232 (Zelle).

Liebe Schwester, Du kannst mir ein Stück Seife und Süßstofftabletten schicken, das ist erlaubt. Was macht Deine Wohnung in Berlin, steht das Haus noch? Schreibe mir recht bald wieder, denn ich habe nun schon lange nichts mehr von Hause gehört.

Am 30.4.1944 schreibt Bernhard: *Ich habe Deinen Brief vom 1. April und 14 Tage später den vom 9. März erhalten. Auch ich habe an Mutters Geburtstag* [Henriette hat am 9.März Geburtstag, sie lebt in Moskau und

es besteht keinerlei Verbindung zum verhafteten Sohn] *gedacht und hoffe, dass sie uns noch recht lange bleibt, und wir sie mal wiedersehen. Zu der Zeit war ich noch auf dem Transport in Hannover. Ja, liebe Schwester, ich bin froh, dass ich die Strapazen des Transports hinter mir habe. Unterwegs habe ich sogar einen Kahlkopf bekommen, wegen Kopfläusen und das in Stettin so kurz vor dem Ziel. Am 11. Juni kann ich wieder schreiben. Und nun, nachträglich noch herzliche Glückwünsche zum Geburtstag für Urselchen. Ursel wird doch nun bald zur Schule gehen. Erzählt sie schon davon? Du schreibst, der Walter hätte schöne Aufnahmen von ihr gemacht, vielleicht kannst Du mir ein Bild schicken. Hast Du mein Negativalbum aus Berlin gerettet oder ist es mit verbrannt? In dem Album waren alle Negative von Ursel.*
Liebe Schwester, Du schreibst, dass Du mich besuchen willst. Aber, die Fahrt ist doch sehr umständlich und ich werde Dir nicht böse sein, wenn Du mich nicht besuchen kommst. Ich kann Dir mitteilen, dass ich noch gesund bin und mein Gewicht jetzt 50 kg beträgt. Ich hoffe,
dass Du, Urselchen und Kurt noch bei guter Gesundheit seid, und bleibt auch weiter gesund, bis wir uns wiedersehen. Es grüßt Dich recht herzlich dein Bruder Bernhard.

Schwester Lotte ist aus Graupa nach Berlin zurückgekehrt, sie schreibt am 5. Juni 1944 an die Verwaltung des Zuchthauses in Gollnow und bittet um Sprecherlaubnis für ihren Bruder.
Der Verwaltungsinspektor des Zuchthauses antwortet: *Da der Strafgefangene Bernhard S. am 18.3.1944 hier eingeliefert wurde und nach den bestehenden Vorschriften Besuche erst sechs Monate nach der Einlieferung stattfinden dürfen, kann Ihnen z.Zt. eine Besuchserlaubnis nicht erteilt werden.*

Mit Datum 5.10.1944 erhält Charlotte eine „Bescheinigung zur Nutzung der Eisenbahn“, die sie berechtigt am 8.10.1944 von Berlin nach Gollnow und zurück zu fahren. „Reisegrund: Sprecherlaubnis des im Zuchthaus anwesenden Bruders.“ Ich habe bisher keinen Nachweis in den Unterlagen meiner Mutter gefunden, dass sie die Reise nach Gollnow angetreten ist.

Mein Vater schreibt am 1. Weihnachtsfeiertag des Jahres 1944 aus Krakau seinem Schwager, dass dieser vermutlich ebenso wie Kurt an *jene Weihnachten denkt, wo wir alle in Familie zusammen waren und das Fest feierten.*

Auch Kurt durfte die letzten zwei Jahre zu Weihnachten nicht nach Hause fahren, obwohl jene Kollegen aus der Firma, die keine Kinder haben, fahren durften. Bei Kurt, so schreibt er an Bernhard, *kommt deshalb keine Bitternis auf und ich denke, dass Du in Kraft und Zuversicht über eventuelle Schwächeanwandlungen ebenso hinwegkommst.* Zum bevorstehenden Jahreswechsel wünscht er dem Schwager alles Gute, hofft, dass dieser *auch gesundheitlich auf dem Posten ist und wir uns in Bälde doch wohl wiedersehen. Noch klingt mir in den Ohren „...gnadenbringende Weihnachtszeit..." und wenn schon jetzt nicht, so hoffe ich, dass mit dem für uns glücklichen Ausgang dieses Krieges, auch für Dich eine Möglichkeit kommt, eventuell früher entlassen zu werden. Möge das Jahr 1945 uns allen das freudige Wiedersehen geben. Es grüßt Dich herzlichst Dein Schwager Kurt.*

Fast 10 Monate befindet sich Bernhard im Zuchthaus in Gollnow/Kreis Naugard – von 1939 bis 1945 war dies der Ortsname des heutigen polnischen Goleniów in Westpommern. Im Januar 1945 wird er in das Zuchthaus Hamburg-Fuhlsbüttel verlegt. Aus diesem Gefängnis sind keine Briefe meines Onkels im Nachlass. Es sind von ihm auch sicherlich keine geschrieben worden. Er ist krank, stark entkräftet – bei einer Größe von 1,85 Meter wiegt er nur noch 50 kg, wie er im letzten Brief an seine Schwester schreibt. Und er hat dabei bestimmt sehr aufgerundet, um Lotte nicht noch mehr zu beunruhigen.

Berlin wird endlos bombardiert

Von den insgesamt gezählten 363 Luftangriffen der US-amerikanischen und britischen Luftstreitkräfte auf die Region, galten 310 der Stadt selbst, darunter 40 schwere und 29 Großangriffe. Dabei wurden 45.517 Tonnen Bomben abgeworfen. Es gab 421 Vollalarme.
In den Abendstunden des 27. Januar 1944 flog die britische Royal Air Force (RAF) mit 481 Bombern und warf 1.761 Tonnen Bomben auf die Stadt, am Tage des 6. März 1944 bombardierten US-amerikanische (USAAF) Bomberverbände die Stadt, dem folgte am 18.3.1945 Berlins größtes Bombeninferno. Der letzte große Tagesangriff auf Berlin durch die USAAF war am 10.4.1945 und der letzte Luftangriff der RAF auch am 10. April 1945. (Wikipedia 2017).

Ich schrecke bis heute bei dem Geheul von Sirenen immer noch zusammen und bekomme Angstzustände.

Bei nächtlichem Fliegeralarm musste meine Mama mich aus dem Schlaf wecken, mich schnell und behutsam anziehen, mir mein stets gepacktes Rucksäckchen auf meine Schultern schnallen und schlafwandelnd mit mir in den im Haus befindlichen Luftschutzkeller zu den anderen Mitbewohnern hinabsteigen. Wie oft dies nachts geschah, weiß ich nicht, jedenfalls waren alle froh, wenn die Entwarnung kam und alle wieder in ihre Wohnungen gehen konnten. Wenn am Tage die Sirenen heulten und ich im Kindergarten des evangelischen Gemeindehauses war, kam meine Mutter aus der Fabrik – sie war bei der AEG zum „Dienst verpflichtet" – den relativ weiten Weg zu mir in den Luftschutzkeller des Gemeindehauses gerannt. Manchmal schaffte sie es nicht und ich weinte und hatte Angst um meine Mama.

In den letzten Wochen vor Kriegsende lebten alle Bewohner im Luftschutzkeller des Hauses. Wir Kinder schliefen in Doppelstockbetten. Ich im unteren mit meiner Mama, die beiden älteren Wachsmuth-Jungen über uns. Die erwachsenen Bewohner saßen auf Stühlen, mit verängstigten Gesichtern, eng aneinander gedrängt. Wie lange wir im Keller lebten, weiß ich nicht, aber an folgende Situationen erinnere ich mich genau: In einer Kellernische stand ein kleiner gusseiserner Ofen – ein sogenannter „Kanonenofen" – , auf dessen Herdplatte ein Topf mit Kartoffeln kochte. Plötzlich kam schimpfend ein alter Mann in unseren Keller, behauptete, es sei sein Ofen und packte mit beiden Händen den heißen Ofen und trug ihn in den Nachbarkeller; eine Frau konnte gerade noch ihren Topf mit Kartoffeln retten.

Nun konnten die Bewohner unseres Kellers nur noch in einer windgeschützten Ecke im Hof, auf einem Feuer zwischen zwei Ziegelsteinen kochen. Es waren hauptsächlich getrocknete, kleine Kartoffelstückchen. Meine Mama hatte noch in der Wohnung für uns Gulasch gekocht und den Topf im Keller unter ein Fenster gestellt. Bei einem Bombenangriff fielen Fenstersplitter in den Topf. Mama bemühte sich die Scherben aus dem Gulasch heraus zu sammeln, musste ihn aber letzten Endes wegschütten. Wovon wir uns überhaupt in den Monaten im Keller ernährten, weiß ich nicht, denn die Brotreste, die meine Mama in einem Leinenbeutel gesammelt hatte, waren bald alle.

Nachdem die Sowjetarmee in Berlin einmarschiert war, kamen vom Hofeingang her zu uns in den Keller mehrere Male sowjetische Soldaten gestürmt, meist sehr dunkelhäutige. Sie schrien „Uri, Uri" und wollten in unseren Schutzraum. Die Frauen saßen, ihre Gesichter mit Mehl eingepudert und in Kopftücher gehüllt, vor Angst zitternd.

Aber meine Mama war auf der Hut, passte die Soldaten schon im Gang ab und schob sie beherzt die Kellertreppen hinauf auf die Straße. Sie sprach mit den Soldaten Russisch, was sie in Moskau bei der Arbeit in der deutschen Handelsvertretung gebraucht hatte und das sie im Frühjahr 1935 in einem dreimonatigen Russischen Mittelkurs der „Slawischen Kurse an der Deutsch-Russischen Höheren Schule“ in Berlin W 30, Hohenstaufenstraße 49, vervollkommnet hatte.

Folgende Begebenheit sei noch erwähnt, an die ich mich auch erinnere. In der Mitte unserer Griechischen Allee war eine Art Boulevard, mit Bäumen bewachsen. Hier hielten auf der Rasenfläche die sowjetischen Soldaten Pferde und Kühe. Meine Mama ging mit Hausmeisterfrau Wachsmuth zu den Soldaten und fragte sie, ob sie Milch für uns Kinder bekommen könnten. Antwort: Ja, können sie, wenn sie selbst melken. Frau Wachsmuth holte einen Kochtopf, molk eine Kuh und brachte uns Kindern Milch. Ihre drei Söhne tranken gierig die Milch, aber ich war nicht zu bewegen die Milch zu trinken, ich ekelte mich. Frau Wachsmuth durfte mehrmals die Kühe melken.

Der Krieg ist zu Ende

In unserer Gegend waren nur wenige Häuser zerbombt, unser Haus nicht. Aber viele Obdachlose zogen durch unsere Straße und suchten eine Bleibe. Unter ihnen auch beste Freunde meiner Eltern. Tante Hete und Onkel Nikolaus Roullier hatten durch mehrmalige Bombardements der dichtbewohnten Holzmarktstraße im Zentrum Berlins alles verloren und kamen mit einem kleinen Leiterwagen zu uns nach Oberschöneweide. Meine Mutter beschaffte ihnen eine Wohnung in der Griechischen Allee. Nicht nur ihnen, auch vielen anderen obdachlos gewordenen Menschen half meine Mutter in den Nachkriegsjahren. Noch viele Jahre nach dem Krieg bedankten sich die Frauen bei meiner Mutter, wenn sie sie auf der Straße trafen.

Die Originalbriefe meines Onkels Bernhard an meine Mutter finde ich erst nach ihrem Tod und ich werde sie an kein Archiv geben. Geschrieben sind die Briefe auf unterschiedlich großem Papier, aber, sei der Zettel noch so klein, vergisst mein Onkel nie, liebe Grüße an seine Verlobte Inge, deren Mutter, meinen Vater – seinen Schwager – und „Klein-Ursel“ zu übermitteln. Bernhard kannte mich seit meiner Geburt, er lebte bis zu seiner Verhaftung im Haushalt meiner Eltern. All meine Baby- und Kinderfotos sind von ihm gemacht. Mit ihnen gewann er auf Fotowettbewerben erste Preise. Mein erstes Goldkettchen bekam ich von ihm. Er war ein großer, zarter, schöner Mann, mit dichtem welligen dunkelblondem Haar, bildschönen braunen Augen. Immer gut und elegant gekleidet. Ein sportlicher Typ, der in einer Gruppe von Naturfreunden nackt im Sommer Gymnastik betrieb und im Winter in die Alpen zum Ski-Laufen fuhr. Seine Fotoausrüstung habe ich geerbt. Seine Schlittschuhe (Größe 38), seine Spikes und seinen Skianorak habe ich bis zu meinem 25. Lebensjahr getragen.

Grüße und Küsse übermittelte er in jedem Brief aus dem Strafgefangenenlager auch an seine Verlobte Inge. Er wusste wahrscheinlich nicht, dass sie es war, die ihn an die Gestapo unbewusst verraten hatte. Aus Unkenntnis politischer Zusammenhänge hatte Inge irgendjemandem erzählt, dass Bernhard „Radio Moskau und BBC“ hört. Inge wurde vernommen und erklärte, dass er lediglich seinen Vater im Radio hören wollte. Was ja auch stimmte.

Endlich ist der Krieg zu Ende. Rundum in Berlin ist alles zerstört. Tote und elende Menschen in den Ruinen. Kurt, Lotte und „Urselchen“ haben überlebt. Auch Onkel Bernhard, der in das Gestapo-Gefängnis Hamburg-Fuhlsbüttel verlegt worden war und das von der britischen Armee befreit wurde. Im Nachlass meiner Mutter finde ich die “A.E.F. Assembly Center Registration Card”, die besagt, dass Bernhard S. am 23. Mai 1945 registriert wurde und als “Destination or Reception Center: City or Village Berlin“ (mit roter Tinte geschrieben) angegeben ist. Ebenfalls erhielt er eine „A.E.F.D.P. Meal record Card“, die nicht übertragbar ist.

Bernhard ist in einem sehr schlechten Gesundheitszustand und wird nicht nach Berlin transportiert, sondern wird in ein Hamburger Krankenhaus eingeliefert. Am 30. Juni 1945 war mein Onkel Bernhard 34 Jahre alt geworden. Er stirbt am 20. Juli 1945 frühmorgens um halb vier. In der Sterbeurkunde steht „wohnhaft in Hamburg-Groß-Flottbek“, was meine Vermutung, dass er im Krankenhaus gestorben ist, bestätigt.

Onkel Bernhard wird in Hamburg begraben

Lagerleiter Hans-Jürgen Guhl gibt an die „Großhamburgische Bestattungsgesellschaft m.b.H., Hamburg 1, Große Allee 55 den Auftrag, für die Beerdigung von Bernhard S. am 21.Juli 1945 zu sorgen.

Die Trauerfeier findet an einem Mittwoch um 11.30 Uhr in der Kapelle 9 statt. Eingekleidet in ein Laken, Jacke, mit Kissen und Decke (4 Mark), Einbetten-Unkosten (15 Mark) usw. wird er im Sarg (75 Mark) mit dem Auto zum Friedhof gefahren. Ein Kruzifix, ein Kreuz und zwei Leuchter werden aufgestellt, ein Harmonium (5 Mark) spielt und 11 Kränze (315 Mark) schmücken die Totenhalle. Die Trauerandacht hält Pastor Buchmann. Die Kosten für die feierliche Beerdigung betragen 187 Mark, hinzu kommen 315,-Mark für die Blumenkränze, und dies alles scheint die Betreuungsstelle für ehemalige politische Häftlinge, Lager, Schule, Telemannstraße 10 bezahlt zu haben. Im Nachlass meiner Familie finde ich keinen Gegenbeweis.

In eine vorgedruckte, schwarz umrandete Liste tragen sich (mit Bleistift) 97 Trauergäste ein. 21 Teilnehmer von ihnen, darunter sieben Frauen, mit der Adressenangabe: „Hamburg, Telemannstraße 10, Lager, Schule, Betreuungsstelle ehemaliger politischer Häftlinge".

Am 11. August 1945 schreibt Hans-Jürgen Guhl aus Hamburg-Emsbüttel, Ottersbekallee 11, an die Verlobte Inge nach Berlin-Charlottenburg: *Ich selber habe Bernhard zur letzten Ruhe geleitet. Er ist an Lungenschwindsucht als Folge der Haft verstorben. Ich war die letzten Stunden um ihn und habe auch seine Leiche gesehen. Er ist ruhig und sanft entschlafen. Er wusste, dass er sterben musste. Bei seinem Begräbnis habe ich gesprochen. Sein Grab ist auf dem Ohlsdorfer Friedhof Hamburg. Wenn Sie der Weg nach Hamburg führt, kommen Sie bitte zu mir. Anbei seine Papiere. Seine Kleidung habe ich aus Gesundheitsgründen vernichten lassen.*

Bernhard ist auf dem Ohlsdorfer Friedhof, bei Kapelle 9, Block AF 41, Reihe 28, Grab 14, seit dem 21. Juli 1945 beerdigt. Nicht wie sein Bruder in einem Massengrab bei Moskau verscharrt.

Inzwischen ist Vater Gustav aus der Emigration heimgekehrt und nimmt Kontakt zu den Kommunisten der Bezirksleitung Hamburg-Wasserkante auf. Meinen Großvater kennen die Genossen in Hamburg und man hat Verständnis, dass die Familie den Wunsch hat, die Leiche des Sohnes nach Berlin zu überführen.

Die Stadtleitung Hamburg schreibt am 21. 6. 1946: *Wie schon mitgeteilt, erfolgt die Ausgrabung vom Friedhofsamt Ohlsdorf erst ab 1. November 1946. Eine Überführung nach Berlin übernehmen nur Privatfirmen. Dazu ist folgendes erfahren worden: Es werden zurzeit keine Waggons für Überführungen, sei es in die amerikanische, französische oder in die russische Zone, gestellt. Diese könnte erst geschehen, wenn die Zonengrenzen gefallen sind. Die englische Militärregierung gibt auch innerhalb der Zonengrenze noch keine Waggons hierfür frei. Hinzu kommt noch, dass der betreffende Auftraggeber für einen wasserdichten Sarg aufkommen muss. Es braucht kein Zinksarg zu sein. Es besteht noch eine andere Möglichkeit, allerdings noch nicht sofort, aber immerhin in einer gewissen Zeit. Von dem Friedhofsamt könnte die Leiche ausgegraben werden und dieselbe im Krematorium verbrannt werden, sodass dann nur die Asche zu überführen wäre. Nur hängt es im Moment noch davon ab, dass nur in Hamburg Ansässige verbrannt werden und auch nur 100 Leichen im Monat, da die nötigen Mengen von Gas zur Verbrennung noch nicht zur Verfügung stehen.*

Wir bitten dieses zur Kenntnis zu nehmen und den Genossen Sobottka davon zu informieren." Mein Großvater bedankt sich und "hofft in einigen Wochen persönlich nach Hamburg zu kommen, um an Ort und Stelle über eine Umbettung schlüssig zu werden. Vielleicht ist zu diesem Zeitpunkt auch die Möglichkeit der Verbrennung schon gegeben; die Überführung der Asche wird wohl nicht so schwierig sein.

Herr Guhl scheint nur einen sehr lieben Brief an die Verlobte Inge, in Berlin-Charlottenburg wohnend, geschrieben zu haben, denn meine Mutter schreibt, dass sie und mein Vater erst im Oktober 1945 vom Tod Bernhards erfuhren. Aber wie es auch gewesen sei, nicht Inge fährt nach Hamburg und kümmert sich, sondern Schwester Charlotte. Sie stellt einen Antrag nach Hamburg-Fuhlsbüttel zu reisen. Wobei für Lotte, die in Ostberlin wohnt, die Schwierigkeit darin besteht, eine Reiseerlaubnis für den Britischen Sektor von der sowjetischen Militäradministration zu bekommen. Sie erhält eine „Interzonen – Reisegenehmigung für das besetzte Deutschland" (Nr. P 14121), ausgestellt am 16. November 1946 von der Alliierten Kontrollbehörde, Berlin, die gültig ist bis 30. Mai 1947, verlängert wird bis 31.12.1947 und danach noch einmal verlängert bis 25. August 1948.
Von sowjetischer Seite sind vier Varianten der Route von Berlin aus bis zum Britisch-Sowjetischen Zonengrenzübergang in Helmstedt vorgegeben.

Anhand der Stempel im Interzonen-Reisepass sehe ich, dass meine Mutter mehrmals die Grenze passierte, um die Überführung der Urne von Hamburg nach Ostberlin zu erreichen – persönlich diese mitzunehmen, gestattete man nicht.

Am 4. Februar 1948 brachte meine Mutter meinen Bruder Bernd zur Welt. Anhand des Poststempels ist ersichtlich, dass am 5. März 1948 die Urne vom Krematorium aus Hamburg-Ohlsdorf in Berlin eingetroffen ist. Charlotte holt die Urne mit der Asche ihres geliebten Bruders Bernhard von der Post ab.

Sie sorgt dafür, dass die Urne in der Grabstelle der ermordeten Antifaschisten aus Oberschöneweide feierlich beigesetzt und der Name von Bernhard S. auf dem Gedenkstein hinzugefügt wird.

Im April 2001 fahren mein Mann und ich nach Hamburg und suchen das ehemalige Gestapo-Gefängnis Fuhlsbüttel am Suhrenkamp 98 auf. Ein riesiger roter Backsteinkomplex – seit 1879 im Volksmund „Santa Fu“ genannt. Seit März 1933 befand sich im Haus II das Konzentrationslager Fuhlsbüttel, in dem Hunderte von den Nazis verfolgte Hamburger ihr Leben verloren. 1987 gestalteten ehemalige Kola-Fu-Häftlinge im historischen Torhaus eine Gedenkstätte.
Nach dem Besuch der Gedenkstätte verfolgt mich bis heute der Gedanke, ob mein Onkel Bernhard noch die Kraft hatte, auf eigenen Füßen durch dieses „Tor zur Hölle“ zu gehen.

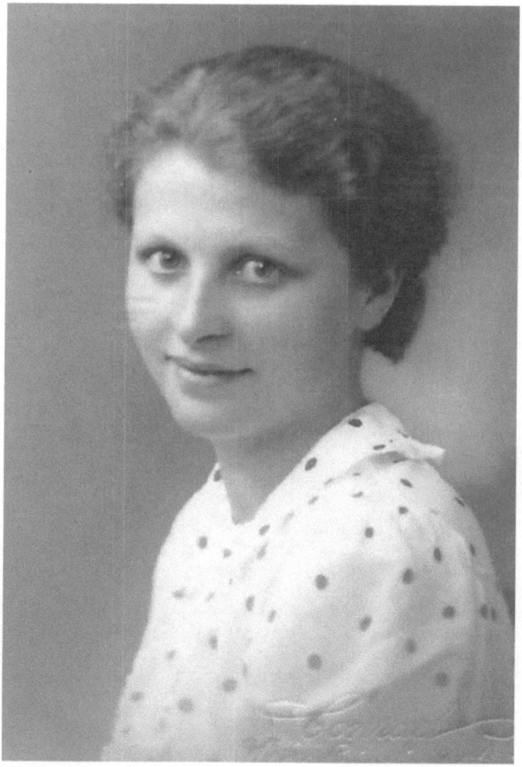

Charlotte Sobottka, 18 Jahre alt

1940, meine Mama 30 Jahre alt

1940, mein Vater 35 Jahre alt

Meine Eltern mit Schwiegermutter, 1937 – ich im Leib meiner Mama.

1940, Onkel Bernhard 29 Jahre

Onkel Bernhard mit mir

1941/42, „Dobb“

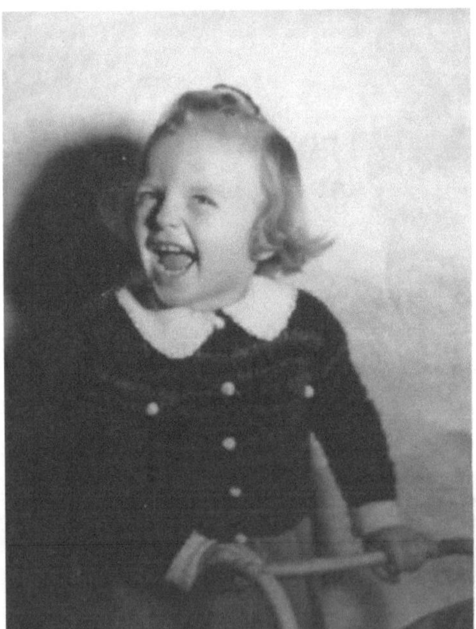

Ich in der Strickjacke von „Moskau-Oma“

1947, meine Eltern mit mir.

Sich erinnern fällt Charlotte schwer

Mein Vater war einige Zeit schon tot, da erwähnte ich beiläufig meiner Mutter gegenüber, dass ich wieder das Tagebuchschreiben aufgenommen habe. Sie: Was schreibst Du denn da hinein? Ich: Alles was ich so erlebe. Sie: Was erlebst Du denn? Ich: Du solltest auch etwas aus deinem Leben aufschreiben. Sie: Ich habe alles vergessen.

Ein paar Jahre später, wenn ich nach konkreten Zusammenhängen nachfragte, konnte, oder wollte sie sich nicht erinnern. Nur unter meinem Druck, bitte ein wenig nachzudenken, vielleicht kommt dann die Erinnerung, bedauerte sie, früher nicht etwas aufgeschrieben zu haben, mindestens in ein Diarium, es müsste ja nicht ein Tagebuch gewesen sein. Ihr Tagebuch, ein schönes in weinrotes Saffianleder gebundenes, abschließbares, mit Goldschliff, dass sie als junges Mädchen von ihrem Vater bekommen hatte, war unbenutzt. Als ich etwa 10 Jahre alt war, schenkte sie es mir.

Für meine Mutter bildete das Zusammenleben mit den Eltern und den Brüdern den Nährboden für Liebe und Geborgenheit in guten, aber besonders in schlechten Zeiten. Warum folgte sie nicht dem Rat ihres Vaters, ihre Gefühle dem weinroten Tagebuch anzuvertrauen – sie konnte es doch verschließen!

Später als sie selbst Familie hatte, nahm sie sich auch nicht die Zeit zum Aufschreiben, sondern ließ sich von Alltagssorgen erdrücken. Durch das Vorbild der Eltern zu einer selbst denkenden, nicht dem Mann hörigen jungen Frau erzogen, trat sie meinem Vater selbstbewusst gegenüber, war aber meistens auf seinen Rat angewiesen. Die Schulbildung meines Vaters war geringer als die meiner Mutter, aber beide waren intelligent und wissbegierig, lasen gern Bücher – meine Mutter Romane, mein Vater Sachbücher. Meine Mutter hat sich nie in den Mittelpunkt gedrängt. Das Geltungsbedürfnis meines Vaters war viel größer als das meiner Mutter, die stets sehr ruhig und zurückhaltend in ihren Äußerungen war. Mein Vater dagegen sehr lebhaft und teilweise unbeherrscht. Die Frage, wer von beiden der sensiblere Mensch war, kann ich mir bis heute nicht beantworten.

In der Familie galt, dass meine Mama im Vergleich zu meinem Vater die gesundheitlich schwächere ist. Er dagegen, der robuste, der starke Kämpfer; der meines Erachtens, jedoch seine Kräfte überschätzte und mehrere Herzattacken und Erschöpfungszustände durchlitt.

Mein Vater arbeitete bis weit über die gesetzliche Rente. Bis ihn der Magenkrebs total entkräftete war er ehrenamtlich für die Partei tätig, fuhr in

regelmäßigen Abständen im Nachtzug nach Erfurt, um dort den Genossen die neuesten Parteibeschlüsse zu erklären.
Er wurde 78 Jahre alt.

Meine Eltern hätten als Rentner in ihre Heimat nach Westdeutschland reisen können. Meinem Vater war es vermutlich von der Partei verboten. Er bedauerte es wohl auch nicht, denn es bestanden keine familiären Kontakte mehr.
Meine Mutter, sie ging mit 59 Jahren(1969) in Rente, hätte nach Westdeutschland in ihren Geburtsort reisen können. Sie liebäugelte mit diesem Gedanken. Bekannte hatten jedoch geraten, nicht zu fahren, denn sie, als Tochter eines Kommunisten, könne man unter irgendeinem Vorwand dort festnehmen; keiner könne für ihre Sicherheit garantieren. Ich meine, sie wäre aber schon gern gereist.

Die gewaltfreie Wende zwanzig Jahre später begrüßte sie, und konnte nun die Plätze ihrer Kindheit und Jugend, wenn auch nur flüchtig, dem Sohn und der Schwiegertochter zeigen. Mit ihren 85 Jahren verkraftete sie die Autoreise in dem sehr heißen Sommer, bei mehr als 30 Grad, ausgezeichnet. Dass sie mir das Mitfahren nicht anbot, nahm ich ihr übel. Als ich es ihr sagte, tat sie verwundert, auf die Idee, dass ich gern mitgefahren wäre, sei sie nicht gekommen. Sie wollte eben nur ihrem Sohn ihre Heimat zeigen.

Meine Mutter lehnte ab, ein Testament zu machen, da sie ja Kinder habe und alles staatlich geregelt sei. Ich bat sie mehrmals, wenigstens aufzuschreiben, welches Erinnerungsstück sie ihren Enkeltöchtern oder mir oder ihrem Sohn oder wem auch immer zukommen lassen möchte. Es müsse ihr doch ein Bedürfnis sein; sie tat es nicht.

Wie jeder Mensch brauchte meine Mutter viel Zärtlichkeit und Zuneigung, konnte selbst aber körperlich oder mit Worten, kaum Wärme vermitteln. Als Achtzigjährige sagte sie mir mal, sie wisse, dass sie „eiskalt“ sei. Daran könne sie nichts ändern. Wie auch? Von ihrer Mutter hatte sie nicht vorgelebt bekommen, zärtlich zu sein, dazu war im Bergmannshaushalt wenig Zeit. Henriette verlor ihre Mutter schon mit 12 Jahren und wurde zu begüterten, fremden Leuten in „Dienste“ geschickt, wie konnte da Warmherzigkeit entstehen?

In den letzten Jahren ihres Lebens erzählte mir meine Mutter entrüstet von ihrer Mutter folgendes: „Stell dir vor, als ich 1947 mit deinem Bruder schwanger war, sagte mir meine Mutter ´Was, von dem Kerl hast du dir noch ein Kind machen lassen?´ Und als dein Bruder 1948 geboren wurde, sagte sie: ´Ach, schenk mir doch den Jungen´. Stell dir mal vor, was sie von mir verlangte?!“

Dazu muss ich bemerken, dass das Verhältnis zwischen meiner Großmutter und ihrem Schwiegersohn – meinem Vater – kein gutes war, was auf Gegenseitigkeit beruhte. Worin die tieferen Ursachen lagen, konnte ich nicht ergründen. Beide waren sehr beharrliche Dickköpfe, stritten gern und konnten sich nicht versöhnen. Vielleicht war auch das ein Grund, warum meine Mutter keine Freude an Erinnerungen empfand.

In den letzten Wochen vor ihrem Tod legte ich mich zu ihr ins Bett und sang ihr Kinderabendlieder vor. Sie sprach deutlich Texte, die sie als Schülerin bei Krippenspielen zu Weihnachten aufgesagt hatte. Dieses ihr noch vorhandene Erinnerungsvermögen berührte mich sehr. Aber vor allem, mir auf ihrem Sterbebett anzuvertrauen, dass sie meinem Vater immer treu war. Was wollte sie mir damit sagen?
Am 3. November 2000 um 17,30 Uhr ist meine Mama im Krankenhaus ruhig eingeschlafen, fast 91 Jahre alt ist sie geworden.

In den Jahren des Hitlerfaschismus betreute sie nicht nur während der Haftzeit meinen Onkel Bernhard, sondern auch im Wohnort illegale Genossen, Angehörige von Inhaftierten und parteilose Antifaschisten, indem sie diese mit Nahrungsmitteln, Lebensmittelmarken und auch Geld versorgte. Wie meine Mutter in ihrem Lebenslauf schreibt, *waren es keine großen Taten, für mich eine Selbstverständlichkeit und für die illegale Arbeit eine Hilfe und Unterstützung.* Einige Male erhielt meine Mutter eine Vorladung zur Vernehmung bei der Gestapo, mich hatte sie ihrer Freundin anvertraut und alle Dinge geregelt, weil sie jedes Mal mit ihrer Verhaftung rechnete. Sie verhielt sich geistesgegenwärtig so, dass man ihr nichts nachweisen konnte und sie nach Hause schickte.

Seit ihrem 18. Lebensjahr war meine Mutter Mitglied der KPD. Bis zu ihrem Tode Mitglied der SED und auch der PDS – also 72 Jahre Mitgliedschaft, ohne Unterbrechung und ohne Parteistrafe. In den letzten Jahren meiner Mutter kümmerte sich kein Funktionär ihrer Partei um die Antifaschistin. Nach dem Mauerfall war man einzig mit sich beschäftigt.

In Momenten, in denen sie nicht mehr leben wollte, meinte sie mir gegenüber, es wäre doch auch für sie die Zeit gekommen, dass Gott sie zu sich nähme.

Meine Mutter hat meinen Vater um 17 Jahre überlebt. Beide haben für mich speziell Aufgeschriebenes aus ihrem Leben nicht hinterlassen. Außer ein paar Zeilen, die meine Mutter, einen Monat nach dem Tod

meines Vaters an ihn richtete und mir einige Jahre nach seinem Tode so ganz nebenbei gab.
Am 5. Juli 1983, also 13 Tage bevor mein Vater an Krebs stirbt, schrieb sie folgenden Dialog mit ihm auf.
Kurt: *Im Unterbewusstsein bin ich ganz ruhig. Es ist aber sehr schwer. Einmal muss Schluss sein, aber doch nicht durch solche „Scheiße“. Ich gönne sie keinem meiner Kinder. Drücke mir die Daumen, dass es nicht so lange dauert.*
Charlotte: *Du wirst Dich schon wieder hochrappeln.*
Kurt: *Ich freue mich auf die Spritze zur Nacht, damit ich gut schlafen kann. Ich kann nur hoffen, dass mein Herz das nicht durchhält.*

Auf einem zweiten Blatt Papier steht: *2. September 1983. Lieber Kurt! Heute, Freitag, den 2.9., fast 4 Wochen nach Deiner Trauerfeier und Urnenbeisetzung am Montag, dem 8. August d.J., habe ich Deine Ruhestätte aufgesucht und Dir einen Blumengruß gewidmet. Es ist für mich noch unsagbar schwer, diesen Weg zu gehen. Ich habe nie gedacht, dass das Scheiden so schwer ist und so weh tut. Die Tränen fließen und sind nicht abzustellen. Jeden Tag, jeden Abend möchte ich Dir schreiben, aber es geht nicht. Und ich wollte so tapfer sein, bin es aber nur nach außen. Verzeihe mir, es ist nicht in Deinem Sinne. Deine L.*

Rückblende zur Tätigkeit meines Vaters 1945-1949

1945 – Mecklenburg-Vorpommern

Auf Wunsch meines Großvaters, der als Leiter einer Initiativgruppe der KPD die antifaschistisch-demokratische Umgestaltung in Mecklenburg organisieren sollte, kam mein Vater nach Kriegsende nach Schwerin; auch meine Mutter und ich lebten einige Monate in dieser Stadt. Mein Vater war Mitglied der mecklenburgischen Bodenreform-Kommission, die im Norden der Sowjetischen Besatzungszone die Enteignung der Junker, der kapitalistischen Agrargroßbetriebe und Landwirtschaften von Nazi- und Kriegsverbrechern zu entscheiden hatte. Das hieß im Einzelnen neben der vielfältigen Anleitung und Kontrolle auch, in komplizierten Fällen im Kollektiv zu entscheiden, ob enteignet und aufgeteilt wurde oder nicht. Die Protokolle der Bodenreform-Kommission liegen im Staatsarchiv Schwerin; sie zeigen, dass im Rahmen einer insgesamt revolutionär zu nennenden Aktion in Härte– und Grenzfällen menschlich entschieden wurde.

Die Bildung von „Freien Gewerkschaften“ auf dem Gebiet der Sowjetischen Besatzungszone wurde am 10. Juni 1945 durch Befehl Nr. 2 der sowjetischen Militäradministration zugelassen. Nun galt das Hauptaugenmerk meines Vaters dem Wiederaufbau der Gewerkschaften. Bereits im Herbst 1945 stand er als einer der 1.Landesvorsitzenden an der Spitze der mecklenburgischen Gewerkschaften. Der „Freie Deutsche Gewerkschaftsbund (FDGB)“ wurde erst Anfang Februar 1946 gegründet, ihn gab es also noch nicht.

Das Ansinnen meines Vaters lief darauf hinaus, in dem unterentwickelten Agrargebiet vor allem junge Arbeiter und Bauern für die Gewerkschaft zu gewinnen. So baute er – fußend auf seinen Erfahrungen aus dem Ruhrgebiet – eine Gewerkschaftsjugend auf, was ihm sehr bald harte Kritiken aus Berlin einbrachte. W. Ulbricht verfolgte ein anderes Konzept, nach sowjetischem Muster. Alles sollte Einheitsbewegung werden: Einheitsgewerkschaft und Einheitsjugend. Wozu eine konkurrierende Gewerkschaftsjugend?

1947 – mein Vater, ein Verschwörer

Im Nachlass meines Mannes finde ich sein umfangreiches Manuskript, das er von Januar bis März 1990, noch auf seiner „Erika-Kleinschreibmaschine“, auf schlechtem Papier, nicht auf einem Computer geschrieben hat. Er gab ihm den Titel: “Drei Generationen einer Familie unter Stalinismus und Neostalinismus zwischen 1937 und 1989“.

Unter der Überschrift: „Das Fiasko der humanistischen Sozialisten in den letzten 50 Jahren“ schildert er die Details der Zusammenhänge des Falls von Wolfgang Leonhard und der Tätigkeit meines Vaters an der Parteihochschule „Karl Marx“, die sich 1946/1947 in Liebenwalde (21 km nordöstlich von Oranienburg) und ab 1948 in Kleinmachnow befand. Mein Vater war von 1946 bis 1949 Lehrer an dieser Schule, an der auch Wolfgang Leonhard, gemäß der Darstellung in seinem Buch: „Die Revolution entlässt ihre Kinder“, Lehrer war. W. Leonhard war damals 26 Jahre und mein Vater 42 Jahre alt.

Aus dem Manuskript meines Mannes übernehme ich teils wörtlich.

Der international wohl aufsehenerregendste Fall einer Abkehr vom stalinistischen SED-Regime war der von Wolfgang Leonhard. Der Name Leonhard trat in mein Leben bereits in den frühen Nachkriegsjahren. Er gehörte zu den Autoren einer unabhängigen Jugendzeitung, die den

Namen „Start“ führte und deren Chefredakteur Arne Rehahn (1924 – 1975) war. Die wöchentlich einmal erscheinende Zeitung wurde 1949 mit der Tageszeitung „Junge Welt“ vereinigt, die der einzigen Jugendorganisation der Sowjetischen Besatzungszone und der späteren DDR, der Freien Deutschen Jugend, gehörte. Insbesondere hatte mich Leonhards Serie zur Geschichte der deutschen Arbeiterbewegung beeindruckt, in der er die generelle Entwicklung in ihrer Vielfalt einzufangen versuchte und sie mit vielen interessanten Details würzte, die mein besonderes Interesse fanden. Alle Teile dieser Serie schnitt ich mir aus, und sie begleiteten mich viele Jahre, auch noch in der Zeit meines Geschichtsstudiums, das ich 1952 an der Martin-Luther-Universität in Halle an der Saale begann. Zu diesem Zeitpunkt war Leonhard bereits zur „Unperson“ erklärt. Aber er war nicht „vergessen“, also kein Unbekannter, wenn ich mich an die Ausführungen Leo Sterns erinnere, des in Österreich geborenen und als Offizier der Roten Armee zurückgekehrten Historikers, der in keiner Vorlesungsankündigung vergaß, seine drei Doktortitel vor seinen Namen zu setzen. Leonhard war für ihn der Mensch gewordene „Verräter“; er hatte Sozialismus, humanistische und kommunistische Ideale, Partei und ich weiß nicht, was alles noch, verraten. Doch gerade diese Übersteigerung machte neugierig. Ich war zwar Leiter des von Stern geleiteten Studentenzirkels zum Kapp-Putsch und nahm auch an verschiedenen Tagungen der von ihm geleiteten „Forschungsgemeinschaft zur Geschichte der deutschen Arbeiterbewegung“ teil, in der eine ganze Reihe von nazibelasteten Professoren, die ihr Lehramt verloren hatten, tätig waren. Doch traute ich mich nicht, Fragen zu stellen, die auf Leonhard hinausliefen. Einer von Sterns Assistenten, Dr. Rudolf Sauerzapf, war gerade gemaßregelt worden, was Auswirkungen auf die ganze Fachrichtung Geschichte hatte. Sauerzapf war ein ganzes Jahr lang mein Seminarleiter gewesen; durch ihn hatte ich von dem nun schon Jahre zurückliegenden „Fall Leo Kofler“ erfahren, der – aus der Schweiz kommend – eine Berufung als Professor der Geschichtsphilosophie nach Halle angenommen hatte und nach Beginn der Stalinisierung im Jahre 1948 flüchtete. Sein Buch „Zur Geschichte der bürgerlichen Gesellschaft“, das 1948 erschienen und gleich eingezogen wurde, gab es 1953/54 noch in einigen privaten Buchhandlungen Halles zu kaufen. Leonhards Buch „Die Revolution entlässt ihre Kinder“ erschien 1955. Um das Jahr 1960 las ich es das erste Mal, mit gemischten Gefühlen.

Manches erschien mir damals antikommunistisch eingefärbt, insbesondere alle Ausführungen über die Prozesse in den Enddreißiger

Jahren in der Sowjetunion gegen die ganze alte Leninsche Garde, die Bürgerkrieg und Konterrevolution überlebt und nun verurteilt, erschossen oder verbannt wurde; aber auch das Vorgehen gegen die deutschen Emigranten. Als ich 1963 in die Sobottka-Familie einheiratete, - meine Frau ist die Enkelin von Gustav Sobottka - , und von den Schicksalen der einzelnen Familienmitglieder erfuhr, sich also herausstellte, dass alles stimmte, ja sogar noch schrecklicher war als veröffentlicht, erfuhr mein Geschichtsbild eine herbe Korrektur.

„Der Fall Wolfgang Leonhard" und seine Folgen

Das Problem des „Titoismus", mit dem sich der erste Versuch verband, einen humanistischen Sozialismus aufzubauen, wurde mir in den sechziger Jahren über den „Fall Wolfgang Leonhard", wie ihn die SED und die offiziellen Stellen in der DDR nannten, näher bekannt. Zwischen 1948 und 1956, von der Kominform-Büro-Erklärung bis zur Moskauer Deklaration der KPdSU und des BdKJ (Bund der Kommunisten Jugoslawiens) hatte es eine allgemeine Verdammung der „Tito Faschisten" durch die kommunistische Welt gegeben, deren Nachwirkungen noch lange anhielten. Erst 1976 erschien in der DDR eine parteioffizielle Ausgabe von Titos „Reden", allerdings auch nur derjenigen aus den Jahren nach dem XX. Parteitag der KPdSU.

In die Vorzugssituation, diese Dinge wesentlich früher kennenzulernen, kam ich durch meinen Schwiegervater Kurt H. Die zwölf Jahre antifaschistischer Widerstand hatten natürlich Kurt H. sehr geprägt. Sie bestärkten nicht nur seine sozialistischen Überzeugungen, sondern formten auch seinen Charakter ganz erheblich. Er war nicht – durch Haft – geknickt und psychisch deformiert worden, sondern hatte seinen Mann mit verfemten Überzeugungen immer in „freier Wildbahn" stehen müssen. Das bestärkte zweifellos sein Wahrheits- und Gerechtigkeitsstreben, entwickelte bei ihm aber auch ein Gefühl für Möglichkeiten, die ausschöpfbar waren, und Grenzen, an die man sich zu halten hatte. Während in den ersten Nachkriegsjahren, 1945 bis 1947, Wahrheits- und Gerechtigkeitssinn gefragt waren, forderte die einsetzende Stalinisierung devote Ein- und Unterordnung, mit der Kurt H. schon immer seine Schwierigkeiten gehabt hatte. So war abzusehen, dass er in Schwierigkeiten geraten musste.

Wladimir Leonhard kam als 24-Jähriger zusammen mit der von Walter Ulbricht geleiteten Initiativgruppe der KPD aus der Sowjetunion nach Berlin zurück. Ab 1947 arbeitete er als Assistent an der SED-

Parteihochschule „Karl Marx“ in Liebenwalde/ Kleinmachnow. Vom Universitätsbetrieb hatte sie die Einteilung in Fakultäten übernommen. Die Mehrzahl der leitenden Kräfte – Dr. Frida Rubiner, Viktor Stern und Rudolf Lindau – kamen aus sowjetischer Emigration und hatten zumeist schon an Schulungseinrichtungen als Lehrkraft gearbeitet. Obwohl es inzwischen schon die SED gab, herrschte an der Schule eine Dominanz der ehemaligen KPD.

Kurt H. kam im Sommer 1945 aus Polen durch Vermittlung seines Schwiegervaters nach Schwerin/Mecklenburg - Vorpommern und setzte seine ganze Kraft in dieser Region für den Neuaufbau von Verwaltung und Gewerkschaft ein, was letzten Endes zum gesundheitlichen Zusammenbruch und mehreren Monaten Krankheit führte. Nach Wiederherstellung seiner Gesundheit entschied die Partei auf Grund der ärztlichen Untersuchungsergebnisse, Kurt H. als Lehrer zunächst für ein halbes Jahr an die Parteihochschule nach Liebenwalde zu schicken. Ihm selbst erschien das damals als Schonposten, in schlechten Momenten sprach er von „Abschieben“. Er, der Nichtwissenschaftler, rechnete mit erheblichen Eingewöhnungsschwierigkeiten. Als gelernter Maurer war er das Arbeiten an frischer Luft gewöhnt; als Redakteur an KPD-Zeitungen der Weimarer Republik hatte er das freie, schöpferische Leben kennengelernt. Würde er die gelehrte Schreibtischarbeit überhaupt aushalten?

Seinem Wunsch entsprechend kam Kurt H. im Mai 1946 an die Geschichtsfakultät und arbeitete unter Erich Paterna (1897-1982) als Lehrer, vor allem für die Geschichte der Arbeiterbewegung. Seine besonderen Interessengebiete waren der Lassalleanismus und Gewerkschaftsgeschichte. Als Rüstzeug brachte er ein halbes Jahr internationale Leninschule in Moskau (1928/29) und einen Halbjahreskurs an der Reichsparteischule „Rosa Luxemburg“ (1931) sowie eine große Belesenheit auf den verschiedensten Gebieten mit. Alle freien Stunden nutzte er, um sein Wissen zu erweitern. Viele Mitschriften, Konspekte und Nachbereitungen für Philosophie, Politische Ökonomie und Geschichte in seinem Nachlass zeigen, wie ernst er seine Lehrertätigkeit tatsächlich nahm – aus dem halben Jahr von ihm bezeichneter „Schonzeit“ wurden drei Jahre.

Meine Mutter und ich besuchten meinen Vater an einigen Wochenenden im Sommer in Liebenwalde. Inmitten einer herrlichen Blumenwiese konnte ich herumtoben. Mein Papa hatte mir an einen Stock ein Netz montiert, mit dem ich Schmetterlinge und längs eines kleinen Kanals bunte Libellen einfing und diese in mein Herbarium – in einer Kommode mit herunterklappbarer Glasscheibe – einsperrte, um sie zu beobachten. Wenn sonnabends die Erwachsenen sich zum geselligen Beisammensein im Speisesaal trafen, durften wir Kinder bis 20 Uhr aufbleiben und auch tanzen. Ich war das einzige kleine Mädchen und die kleinen Jungs wollten mit mir tanzen; vor allem die beiden Söhne von Viktor Stern. Ich gab mir große Mühe, ihnen das Tanzen beizubringen. Aber sie waren unmusikalisch, steif und traten mir auf die Füße. Die Erwachsenen amüsierten sich über unsere kindlichen Bemühungen.

Bei irgendeiner Gelegenheit schenkte eine mir unbekannte, ziemlich alt aussehende, schwarzbärtige Frau, einen Fächer aus Sandelholz. Ich bedankte mich mit einem Knicks bei ihr und fragte meinen Vater, wer diese Frau gewesen sei. Mein Vater erklärte mir, dass es Frida Rubiner (1879-1952) war. Soweit meine Erinnerung aus jener Zeit, eigentlich unwesentlich, innerhalb des Manuskripts meines Mannes, verfasst im Frühjahr 1990.

Weiter im Text meines Mannes: *Kurt H. lernte W. Leonhard (1921 – 2014) kennen, als dieser im September 1947 an die Parteihochschule kam. Leonhard konnte ihn zu den aufgeschlossenen Kräften zählen, denen er seine „Bauchschmerzen“ in politischer Hinsicht mitteilte, die die stalinistische Profilierung der SED betrafen, und mit denen er auch mehr oder weniger offen über den auf Humanismus und Demokratie aufgebauten jugoslawischen Weg zum Sozialismus als Alternative sprechen konnte. Kurt H. hatte einen Ruf als ehrlicher Sozialist, bei dem Worte und Taten eins waren und nicht – wie bei so vielen – auseinanderklafften; auch war er als Gerechtigkeitsfanatiker bekannt, der über seinem Streben nach Wahrheit und Recht die von der stalinistischen Ideologie gezogenen Grenzen übersprang, ohne Ansehen der Person und ohne Zurückhaltung für seine eigene Sicherheit und die Zukunft seiner Familie. Als Wolfgang Leonhard am 12. März 1949 der SED in der Sowjetischen Besatzungszone den Rücken kehrte und seine Flucht über Prag nach Belgrad antrat, wusste keiner aus dem Lehrkörper Bescheid.*

Der 12. März war ein Sonntag. Am Sonnabend hatten Leonhard und Kurt H. ihr letztes Zusammentreffen. Leonhard berichtete, dass es an der Schule nichts Neues gäbe. In der nächsten Woche müsse er eine Vorlesung halten und habe außerdem noch Verpflichtungen in Berlin. Außerdem, so deutete er geheimnisvoll an, erwarte ihn ein Sonderauftrag. Dann drückte er Kurt H. noch einen Packen Material aus Jugoslawien in die Hand, das dieser in seinem Zimmer offen auf den Schreibtisch legte. Es war Wochenende und Kurt H. wollte schnell zu seiner Familie nach Berlin.

Das Verhängnis für Kurt H. bahnte sich in der folgenden Woche an. Dass Leonhard zunächst ausblieb, beunruhigte noch keinen. Er hatte ja von einem Sonderauftrag gesprochen. Als er zur angesagten Vorlesung nicht kam, erregte dies bereits Missfallen. Aber auch hier wurde selbst Direktor R. Lindau (1888 – 1977) noch nicht stutzig, hatte aber insgeheim bereits die Zimmer von Leonhard und Kurt H. inspiziert und dabei in beiden Zimmern verdächtiges Material gefunden, das er an Ort und Stelle liegen ließ. Sosehr überall Nachforschungen nach Leonhard unternommen wurden, er blieb unauffindbar.

Leonhard kam, wie er in seinem Buch schreibt, am 25. März 1949 in Belgrad an; er hatte also vierzehn Tage für die Flucht aus dem von den sowjetischen Truppen kontrollierten Bereich Europas benötigt. Die internationalen Medien meldeten erst Anfang April 1949 von der geglückten Flucht und Leonhards Bekenntnis zum demokratischen Sozialismus Jugoslawiens, was dazu ausreichte, dass die SED-Parteiführung ihn sogleich als „Tito-Agenten" diffamierte, dem der Boden unter den Füßen zu heiß geworden wäre und der sich deshalb zu seinen „Tito-faschistischen" Auftraggebern in Sicherheit gebracht hätte. Es war der Tonfall der typischen stalinistischen Beschimpfungen.

Kurt H. konnte sich denken, was ihn nun erwartete. Bei seiner politischen Vergangenheit konnte er nicht nur als Helfershelfer eines Agenten sondern selbst zu einem „Tito-Agenten" abgestempelt werden. Möglichkeiten zur Flucht nach Westberlin hätte er zu diesem Zeitpunkt noch gehabt. Er fühlte sich aber völlig nicht schuldig an diesem Gang der Ereignisse.

In Kenntnis der stalinistischen Methoden, die seine Familie 1938 bis 1941 durchmachten, rechnete er mit Verhaftung und Verurteilung. Nach diesem Muster würde die SED-Führung mit ihm ein Exempel statuieren. Als sich die Auseinandersetzungen über den Titoismus und die Flucht Leonhards, an der Parteihochschule in der ersten Aprilwoche zuspitzten, bekam es Kurt H. mit der Angst zu tun und verbrannte die Materialien, die er von Leonhard bekommen hatte. Direktor R. Lindau fragte ihn sehr bald, warum er dieses trotzkistische Material aus den Händen des Agenten Leonhard nicht sofort der Partei- und Schulleitung als Signal übergeben hatte.

Kurt H. beriet sich mit seinem Schwiegervater, wie er sich verhalten solle und jener riet ihm, an den klügsten Kopf der Partei zu schreiben, an Anton Ackermann. Diesen Rat befolgt Kurt H. und schildert die Ereignisse minutiös in einem mehrseitigen Brief an A. Ackermann.

„Strenge Rüge" – nach 32 Jahren gelöscht

Im Manuskript meines Mannes ist dieser Brief vom 9.4.1949 komplett enthalten, aus ihm zu zitieren führt zu weit. Der Brief offenbart die Schwierigkeit eines Sympathisanten mit dem „neuen Sozialismus", sich der parteioffiziellen Sprache und Diskriminierung zu bedienen mit dem Ziel die drohende Verurteilung zum ´Tito-Agenten´ zu verhindern. Die letzte Zeile des Briefes lautet: „So ist mir klar, dass ich unter diesen Umständen keine Lehrerfunktion an der Hochschule der Partei ausüben kann. In diesem Sinne habe ich auch mit dem Genossen Lindau gesprochen."

Der Brief erfüllte seinen Zweck, die erhobenen Anschuldigungen zu relativieren. Doch gemaßregelt musste werden und so ging es im Parteiverfahren immer noch um den Ausschluss aus der SED, bis letztendlich eine ´strenge Rüge´ beschlossen wurde.

Diese Rüge hat eine eigene Geschichte. Sie wurde nicht nach zwei Jahren oder – da sie in der Parteiführung ausgehandelt worden war – nach dem nächsten Parteitag (Juli 1950) gelöscht, vielmehr versackte sie in den Registraturen der zunehmenden Parteibürokratie.

Erst nach dem XX. Parteitag der SED (April 1981) teilte Kurt Seibt, Vorsitzender der Zentralen Revisionskommission, Kurt H. mit, dass beim Aufarbeiten alter Materialien die alte, noch ungelöschte Strafe, entdeckt und ´selbstverständlich gelöscht´ worden sei. Nach 22 Jahren. Ein Rekord des stalinistischen SED-Apparats?

Zu der Person Anton Ackermanns eine kurze Erklärung von mir, da ihn mein Mann in seinem Manuskript als „klügsten Kopf der Partei" bezeichnet. Anton Ackermann war 1905 als Sohn eines Strumpfwirkers und Heimarbeiters in Thalheim/Erzgebirge geboren worden. Mit 21 Jahren trat er der KPD bei, war 1929 Kursant der Internationalen Lenin-Schule in Moskau, von 1931 bis 1933 dort Aspirant und Lektor, 1937 leitete er zeitweilig die Politschule der Internationalen Brigaden in Spanien, am 1. Mai 1945 traf er als Leiter der KPD-Initiativ-Gruppe für Sachsen aus Moskau in Deutschland ein, war Mitverfasser des Aufrufs der KPD vom 11. Juni 1945 und im Februar 1946 erschien sein programmatischer Aufsatz „Gibt es einen besonderen Weg Deutschlands zum Sozialismus?" Der jugoslawische Weg zum Sozialismus wurde als Tito-faschistisches Unternehmen verteufelt und mit ihm der „besondere deutsche Weg zum Sozialismus", den Ackermann vertrat. Öffentlich musste Ackermann 1948 seine These selbstkritisch widerrufen, wurde im August 1953 aus allen Funktionen abberufen, erhielt eine „strenge Rüge", wurde 1962 Parteiveteran, nahm sich am 4. Mai 1973 das Leben.

Der Name Anton Ackermann klang in den Gesprächen in meiner Familie immer nur positiv, im Unterschied zum Namen Walter Ulbrichts.

Im Notizbuch meines Vaters aus jener Zeit steht: *Es ist falsch, Deutschland das Sowjetsystem aufzuzwingen.* Und er nennt drei Gründe für seine Auffassung: *a) Die Deutschen in der Sowjetischen Besatzungszone haben die ´Revolution´ nicht selbst ´gemacht´; b) es gab eine zahlenmäßige Schwäche des Vortrupps, der Partei, die für eine solche gewaltige Veränderung nicht ausgereicht hätte; c) die ideologische Verseuchung im Bewusstsein der Menschen durch den Nazismus war zu gewaltig. Man kann nichts überspringen, die Arbeiter müssen sich selbst befreien, das System muss hervorwachsen.*

Aus Erzählungen meines Vaters weiß ich, dass auf privater Ebene zwischen meinem Großvater und Anton Ackermann zum Thema „besonderer Weg" schon in Moskau am Ende des Krieges im Nationalkomitee „Freies Deutschland" oft diskutiert wurde. Nach dem Krieg nahm mein Vater manchmal an diesen Gesprächen teil. Mein Mann schreibt in seinem Manuskript, er habe Ackermann anlässlich runder Geburtstage meines Großvaters, auf dem Friedhof der Sozialisten in Berlin-Friedrichsfelde stets begrüßt.

Bei der Schilderung seiner „politischen Bauchschmerzen" erwähnt Leonhard einen „oppositionellen Funktionär" mit dem er „auf dem Territorium der Parteihochschule spazieren ging". Mein Mann meinte, dieser „oppositionelle Parteifunktionär" könnte mein Vater gewesen sein und wendet sich, noch zu DDR-Zeiten, mit einem Brief an W. Leonhard, um Genaueres über die Zusammenarbeit mit Kurt H. an der Geschichtsfakultät zu erfahren. Leonhard erwidert auf die Bitte, ziemlich arrogant, er kenne keinen Kurt H. Später steht in seinem Buch „Spurensuche", 1992 erschienen: „Herholz, damals Lehrer an der SED-Parteihochschule, wurde gerügt, weil er von mir jugoslawische Broschüren in deutscher Sprache erhalten und hierüber keine Meldung an Partei oder Schulleitung gemacht hatte."

Eine letzte Bemerkung von mir zu von der Partei geforderten Lebensläufen meiner Vorväter: Mein Vater beschreibt den Vorgang mit W. Leonhard an der Parteihochschule lediglich in seinem Lebenslauf vom 25. März 1951. In allen weiteren Lebensläufen, und deren waren viele, da er mehrmals von Parteifunktionären „abgeschoben" und die Arbeitsstelle wechseln musste, erwähnt er nur, dass er drei Jahre Lehrer an der Parteischule war, jedoch nichts von der Parteistrafe wegen Beihilfe zum Tito-Agententum und seiner Entlassung.

Und mein Großvater? Er wird mit Brief vom 27.8.1949 zwecks Erneuerung der personalpolitischen Unterlagen aufgefordert, einen Fragebogen auszufüllen und zusammen mit *einer möglichst detaillierten, unterzeichneten Biographie und zwei Fotos, in der Zeit vom 3. bis 12. September gegen Bestätigung an den Gen. Kling zu senden. Eventuelle sehr interne Angaben bitten wir gesondert an den Gen. F. Dahlem zu geben, wie wir Dir anheimstellen, sämtliche Unterlagen an diesen zu übermitteln.*

In diesem, mehr als zehn Seiten umfassenden Lebenslauf vom 30. 9.1949, erwähnt mein Großvater nicht die Verhaftung und den Tod seines jüngsten Sohnes und seine darauffolgende Erwerbslosigkeit in der Moskauer Emigration.

Ich frage mich, werden Lebensläufe, mehr oder weniger ausführliche, immer noch verlangt? Hoffentlich nicht, die Zeiten haben sich zum Glück geändert. Persönliche Daten sind heute irgendwo gespeichert und angeblich geschützt. Ihre Verwendung für Verleumdung und Denunziation ist erschwert. Oder kann schon die KI (Künstliche Intelligenz) dazu benutzt werden, menschliche Feindschaften für politische Zwecke einzusetzen.

Kindheit und Teenager nach dem Krieg

Im August 1944 war ich in Graupa bei Pirna eingeschult worden. Frau Fanny Zschaler aus der Lindenallee 17 hatte meine Mama und mich in ihr kleines Haus mit Garten freundlich aufgenommen. Ich erinnere mich an meine Spielgefährtin Evi, an das Kirschenpflücken im Sommer und an mein erstes auf kleinen Skibrettern den Berg Hinunterfahren im schneereichen Winter 1944. (In einem aus Mamas altem Wollmantel genähten Kindermantel mit einer aus weißen Kaninchenfellen genähten Zipfelmütze).

An das Innere der Schule erinnere ich mich nicht mehr, aber an das mit viel Liebe auf dem Vorplatz der Schule veranstaltete Fest der Einschulung. Als Hasen verkleidete Schüler zogen bunt geschmückte Leiterwagen mit kleinen Geschenken für uns ABC-Schützen (Schulanfänger).

Im Sommer 2008 besuchten mein Mann und ich Graupa und wir finden auch die alte Schule mit dem etwas tiefer liegenden Vorplatz. Eine Frau im benachbarten Museum sagt uns, dass die Schule abgerissen werden soll. Hier in Graupa, jenem kleinen Ort in der Sächsischen Schweiz zwischen Pirna und Dresden, hat 1846 Richard Wagner (1818-1883) mit seiner ersten Frau Minna die Sommermonate verbracht und die Musik zu seiner Oper „Lohengrin“ skizzenhaft niedergeschrieben. R. Wagners damaliges Wohnhaus wurde 2006/07 zu einer Gedenkstätte rekonstruiert und heißt „Lohengrinhaus“, in dem heute ein Museum ist und auch Konzerte gegeben werden.

Im Mai 1945 war endlich der Krieg zu Ende, meine Eltern lebten und wir waren nicht ausgebombt. Spielplätze gab es zwar nicht, aber wir konnten auf der Straße murmeln, „Hopse“ spielen, Rollschuh- und Rad fahren und auf unseren hölzernen „Klapperlatschen“ Spitzentänze vollführen. Kein Auto brachte uns in Gefahr.

Meine „Moskau-Oma“

Als ich etwa vier Jahre war, zeigte mir meine Mutter eine Fotografie und erklärte: *Die Strickjacke, die du auf dem Foto anhast, hat deine Oma in Moskau gestrickt.* Es war eine marineblaue, mit kleinen weißen Noppen und einem weißen runden Krägelchen. Nach aufmerksamem Betrachten des Fotos, benutzte ich den Namen „Moskau-Oma“. Mit sieben Jahren lernte ich diese Oma persönlich kennen. Und erst im Alter von achtzig Jahren kann ich ihren Brief lesen, den sie vor ihrer Heimfahrt nach Deutschland geschrieben hat. Dieser Brief, den sie an ihre Tochter und mich schrieb, berührt mich heute noch sehr, deshalb wird er von mir nicht nur erwähnt, sondern wörtlich in meine „Familiengeschichte“ aufgenommen.

Moskau, den 7.6.45. Meine liebe Tochter Lotte und Ursula!
Der Vater kam heute mit der frohen Nachricht, dass Du noch lebst, mit Deinem Kinde. Einerseits freut man sich, andererseits tut einem das Herze weh, weil man nicht weiß ob Kurt und Bernhard noch leben? Dass dem Bernhard was passiert ist hat mein Herz gefühlt. Ich habe stets zum Vater gesprochen: Dem Bernhard ist was passiert, da stimmt was nicht. Man muss ja auf alles gefasst sein, in einer solchen Zeit, nun ja, habe einen Schmerz erfahren, den ich nie vergesse. So muss man den zweiten und dritten Schmerz auch überwinden.
Lotte, für Dich war das doch sicher eine Überraschung, als Vater Dich besucht hat, ich kann mir vorstellen, wie glücklich Du warst. Du wirst

noch glücklicher, wenn Kurt und Bernhard zurückkommen. Ich denke, auch bald bei Dir zu sein, dann leben wir mal wieder zusammen und werden uns freuen und unsere Erinnerungen auffrischen. Wie ist mir doch die kleine Ursula ins Herz hinein gerauscht, ich stelle sie mir klein vor, und ist doch schon ein großes verständiges Mädel.
Liebe Lotte, ich habe etwas gespart und sende Dir was zum Naschen, es ist wenig, aber herzlich. Ich möchte, wenn Bernhard und Kurt zurückkommen, dass Du sie gut pflegst. Nur nicht verzagen, es bleibt nicht so alle Tage, es ändern sich die Zeiten, es wechselt der Mond, die Sonne scheint, auch muss Regen dabei sein. Mein liebes Kind, seit 34 haben wir uns nicht gesehen. Es ist mir so wie heute, wie ihr beiden, Bernhard und Du mich zum Schlesischen Bahnhof gebracht habt und Du mir zuriefst: Mutter, helfe uns den Hitler aufhängen! Ich war damals sehr erschrocken, aber es hat mir nicht Leidgetan alles zu verlassen. Und nun werden nur Trümmerhaufen und traurige Menschen mich erwarten. Wer hätte das damals 1934 gedacht? Keiner von uns. Ich fühle auch kein Mitleid, warum? Habe alle meine Kraft daran gesetzt, dass es nicht soweit kommt. Man hat mich die Treppen hinunter gejagt, geschlagen, verfolgt und was noch alles. So muss die Menschheit doch für eigene Sünden büßen. Kann man sagen, es geschieht euch recht? Nein, das kann man nicht, man muss helfen, die Schmerzen zu lindern. Und aus Schaden lernt man nur. O wehe, wer jetzt noch nicht gelernt hat, der lernt nimmermehr.
Ich will meiner Ursel auch ein paar Worte schreiben, wir kennen uns nicht, doch fühle ich ihre Nähe, sie schaut auf mich mit ihren Augen, ach das ist die Oma, ich weiß nicht, was sie für einen Eindruck von mir bekommen wird, wenn sie mich wird der Oma wird sie Russisch lernen und dem Peter (ein Kater) Deutsch beibringen. Nicht wahr Urselchen, ich denke die Mutti wird Dir meine geschriebenen Worte vorlesen und Du fragst die Mutti, wie lange es noch dauert, bis die Oma kommt? Wenn die Eisenbahn fertig ist, die kaputte, dann wird die Oma fahren. Ursel wird auf dem Bahnhofe stehen, ein Beinchen auf dem andern und warten, den Hals ausrecken und schreien: Mutti, die Oma kommt! Sie wird sich schon ein Bild von mir gemacht haben. Ich weiß nicht, was für eines? Nun gut, lebt wohl, bleibt gesund, küsst den Opa für mich ab, ich fühle es schon im Voraus. Ja liebe Ursel, Deine Oma hat einen breiten Buckel, er hat viele Jahre Schmerzen getragen, das verschwindet nicht, ich hoffe, Du machst mir Freude. Seid nicht traurig, Bernhard und Kurt kommen zu euch zurück, wenn nicht, auch gut.
Es küsst Dich Deine Oma.

Erst im November 1945 kam meine Oma nach Berlin. Mein Großvater, der schon Anfang Mai nach Deutschland zurückgekommen war, arbeitete in Schwerin. Meine Mutter hatte eine Wohnung in der Schillerpromenade 12 in Oberschöneweide für die ganze Familie eingerichtet und wir waren von der Griechischen Allee 40 in die Schillerpromenade 12 gezogen. Diese Wohnung war groß genug für alle; auch für Onkel Bernhard und seine Verlobte gab es ein Schlafzimmer.

Meine Moskau-Oma war 58 Jahre alt, als sie mich zum ersten Mal in die Arme nehmen konnte. Einen ihrer Koffer packten wir gemeinsam aus. Ich war ein neugieriges Mädchen. Aus dem Koffer kamen, in Handtücher eingewickeltes russisches Spielzeug und andere Dinge zum Vorschein, die ich noch nie gesehen hatte und mit ihnen Düfte, die ich nicht kannte.

Erst viel später erinnere ich mich wieder an jene „Düfte", die aus dem Kleiderschrank meiner russischen Freundin entströmten – Mottenpulver. Damals, in Anwesenheit meiner Oma war für mich der Geruch von Mottenpulver und den mit Kernseife gewaschenen Handtüchern zwar total ungewohnt, aber nicht sehr unangenehm, eher exotisch.
Auf meine Neugier und Lebhaftigkeit beim Kofferauspacken reagierte Oma nicht theatralisch-überschwänglich, sondern sehr ruhig, fast ein wenig traurig. Vermutlich war sie mit ihren Gedanken ganz woanders und hatte mein Geplapper gar nicht wahrgenommen.
Durch eine in der Kindheit nicht behandelte Mittelohrvereiterung war sie schwerhörig, was mir keiner gesagt hatte.

Zwei Jahre wohnten wir mit meinen Großeltern zusammen in der Schillerpromenade 12. In einem Haus mit zwei separaten Treppenaufgängen und großzügigen Wohnungen, die vor uns von leitenden Angestellten der AEG bewohnt wurden. Im Hof des Hauses baute meine Oma auf kleiner Fläche Gemüse und Kartoffeln an; in einem Gehege waren ein paar Hühner und ein Hahn und auch ich bekam ein kleines Beet für Radieschen und Blumen. Auf einem der Balkons stand ein Karnickelstall, den auch meine Oma versorgte, der mich aber nicht interessierte. Ich turnte lieber an der Teppichklopfstange im Hof, fuhr auf Rollschuhen oder mit dem Rad auf der Straße mit meinen Spielgefährten Herbert und Joachim um die Wette. Herbert, Sohn eines Ingenieurs, dessen Vater nicht aus dem Krieg zurückgekommen war, und Joachim war der Sohn des Zahnarztes, der seine Praxis in der Wohnung unter uns hatte.

Mein Opa

Meinen Großvater Gustav lernte ich auch erst mit sieben Jahren kennen; als er starb war ich fünfzehn Jahre alt. In meiner Erinnerung ist er als für die Familie sorgender, aufmerksamer, lieber Großvater erhalten. Geduldig brachte er mir das Schachspielen und das Kartenspiel „17 und vier" bei. Lächelnd schaute er meinem kleinen Bruder und mir beim Spielen zu. Zu Weihnachten wurden von ihm für uns Kinder altersentsprechende, sehr schöne Geschenke ausgesucht.

Er war ein großer stattlicher Mann, hohe Stirn, sehr ernste Augen in einem markanten Antlitz mit sinnlichen Lippen und keinem brutalen Kinn; sein relativ großer Schädel war in angemessener Proportion zu seinem gesamten Körper – breiter Brustkorb und Bauch. Sein Schoß war der ideale Platz, um mich an seine Brust zu kuscheln.

Henriette sorgte sich um eine gesunde Ernährung ihres Mannes – wenn er zuhause war. Im Restaurant aß er gern Eisbein mit Sauerkraut, mein Vater ebenfalls. Beide rauchten Pfeife und Zigarren. Ich sehe sie noch heute: Schach spielen oder an einem kleinen runden Tisch unter einer Stehlampe, neben sich ein Glas Kognak, sich ruhig unterhalten.

In der Zeit in der mein Großvater Vizepräsident und ab August 1947 Präsident der Deutschen Zentralverwaltung für Brennstoffindustrie war, lud er Kollegen und Freunde zu uns in die Wohnung ein und ich hatte die Aufgabe, die Gäste zu bedienen; es waren vorwiegend ältere Männer. Im Flur waren zwei kleine Fässer mit Bier und Wein aufgestellt und ich durfte selbständig den Zapfhahn auf- und zudrehen, Wein oder Bier einfüllen und die Gläser auf einem Tablett servieren. In einer seidenen Bluse, die vor ein paar Jahren schon mein Opa im Kaukasus gekauft hatte und die mir jetzt passte, und mit einer weißen Schürze, wie sie Serviererinnen trugen, zapfte ich und trug die Getränke zu den in Sesseln sitzenden Gästen. Das machte mir sehr großen Spaß und noch als erwachsene Frau erzählte ich meinen Freunden von diesem aufregenden Kindheitserlebnis.

Man trank nicht nur zusammen, sondern es wurde vor allem sich unterhalten und auch gesungen. Die Männer sangen „Die Gedanken sind frei, wer kann sie erraten, sie fliegen vorbei, wie nächtliche Schatten…" und wenn sie das russische Volkslied „Abendglocken" (Wetscherni Swon) sangen, setzte ich mich auf Opas Schoß, der mit seiner Bassbaritonstimme den Klang der Glocken intonierte. Stalins Lieblingslied „Suleiko" und auch „Kalinka" wurde von den Männern nicht gesungen.

Allerdings erinnere ich mich auch, wie mein Großvater mal meine Oma anschrie – in Russisch – , worum es ging, habe ich nicht verstanden; er schrie bestimmt nur, weil Oma mal wieder ihr Hörgerät nicht eingeschaltet hatte. Vermutlich war er auch ein wenig cholerisch, jedoch nie uns Kindern gegenüber.

Meine Tante Hete

Hedwig und Nikolaus Roullier, die durch mehrfache Bombardements der Mitte Berlins ihre Wohnung in der Holzmarktstraße verloren hatten, wohnten jetzt in der Griechischen Allee 44. Mama hatte ihnen diese Wohnung besorgt. Tante Hete hatte keine Kinder, aber nach dem Krieg zwei halbwüchsige Mädchen, deren Eltern vermisst waren, bei sich für eine kurze Zeit aufgenommen.

Wenn ich aus der Schule kam, ging ich zu Tante Hete, denn sie kochte für mich und die zwei Söhne vom Schuhmacher „Onkel Jarosch". Das Mittagessen schmeckte bestimmt gut, denn die Jungen aßen immer alles auf, ich jedoch war eine sehr schlechte Esserin. In der kleinen Küche waren zwei Kochherde, auf dem einen stand eine Glaskiste, in der Tante Hete Küken unter einer Glühbirne aufzog. Auf dem anderen Herd kochte sie das Mittagessen und machte für uns in einer kupfernen Pfanne aus Zucker und Butter Bonbons. Onkel Nickel brachte Lebensmittel mit, denn er war Koch in der Berliner Wallstraße, wo unter anderem für Wilhelm Pieck gekocht wurde. Von Tante Hete hörte ich meine ersten Worte in Französisch: Chemisette und Cochonnerie. Nie werde ich diese Worte vergessen!

Tante Hete war damals etwa fünfundvierzig Jahre alt, ihr genaues Alter weiß ich nicht. Sie war für mich keine leibliche Tante, aber meine liebste und beste. Leibliche Tanten hatte ich nur väterlicherseits, die im Ruhrgebiet lebten, aber zu denen mein Vater keinen Kontakt pflegte.

Wie die meisten Städter nach dem Krieg, hatte auch Tante Hete auf dem Hof ein kleines Stück Acker mit Gemüse und zwei oder drei Sauerkirschbäumen. Aus den Kirschen presste sie Saft, mit dem sie mich bei Fieber wieder gesund machte. Ich hatte oft Angina, bis man mir mit zwölf Jahren die Mandeln herausnahm.

Hedwig und Nikolaus (Onkel Nickel) Roullier stammten aus Elsass – Lothringen; sie kamen Anfang der 1930er Jahre nach Berlin und fanden hier Anstellung in anerkannt vornehmen Hotels im Zentrum der Stadt. Hedwig leitete die Frauen des Kalten Buffets und Onkel Nickel war Koch.

Wie und wann genau meine Großeltern und Eltern die Roulliers kennenlernten, habe ich nie erfahren. Bestimmt nicht im Hotel oder Restaurant, eher durch ihre Tätigkeit in einer antifaschistischen Widerstandsgruppe, denn Hedwig und Nikolaus nutzten die Möglichkeiten der Hotelküche, die im Untergrund lebenden Antifaschisten mit Lebensmitteln zu unterstützen.

Während des Krieges – mein Vater arbeitete im besetzten Polen - , besuchte meine Mama mit mir oft die Roulliers in der Holzmarktstraße.

Ich war vier oder fünf Jahre und erinnere mich genau an die hochherrschaftliche Wohnung. An die hohen Zimmertüren an deren Klinken ich nur herankam, wenn ich mich auf Zehenspitzen stellte, um von den Erwachsenen unbemerkt oder doch von ihnen registriert, in das Schlafzimmer mit der wundervollen Frisierkommode gelangte. Die für meine Größe ideale Kommode mit großem Spiegel und allen für mich greifbaren Utensilien – Bürste, Kamm und Handspiegel, alle gleich schön verziert in Silber und passend dazu die Parfüms und Parfümzerstäuber - , war mein Lieblings-Spiel-Platz. Hier störte mich keiner und die Erwachsenen im Nebenzimmer konnten sich in Ruhe unterhalten. Im Wohnzimmer standen eine Recamiere und ein großes Aquarium in barock verschnörkeltem goldfarbenem Rahmen. Auf die Recamiere legte ich mich gern, schaute den Fischen zu und schlief ein. Meistens war es schon spät geworden und meine Mutter musste mich nach Hause tragen.

Klavierunterricht

Wenn ich heute darüber nachdenke, war es mein Großvater, der sich um meine musische Bildung kümmerte, denn er war es, der erst ein Akkordeon (mit 80 Bässen, viel zu groß und schwer für mich) und dann das Klavier „Hupfeld-Gotha“ für mich kaufte. (Meine Mutter spielte auf der Mandoline und ihre beiden Brüder besuchten die Geigenschule).

Ende 1948 waren meine Großeltern nach Eichwalde und wir in die Griechische Allee 2 gezogen. Hier hatte auch mein Klavier Platz und ich bekam Klavierunterricht. Meine erste Klavierlehrerin hieß Frau Klawitter und kam ins Haus. Ich erinnere mich an ihre schwarzen Strickhandschuhe, die die Finger frei ließen und daran, dass sie mit Lebensmittelmarken und warmem Essen belohnt wurde. Bei ihr hatte ich nur kurze Zeit Unterricht, lernte weiter am Konservatorium in Johannistal und einige Jahre war mein Lehrer Herr Gnirk; ein etwa vierzigjähriger Mann durch einen Buckel sehr gebeugt, der ein paar Straßen von uns entfernt, hinter der katholischen Kirche, mit seiner Schwester zusammenlebte.

Was meine Eltern ihm monatlich für seinen Unterricht zahlten, weiß ich nicht. Herr Gnirk war kein strenger Lehrer, er hatte immer Verständnis, wenn ich nicht geübt hatte. An den Klavierstimmer, Herrn Seidenstücker erinnere ich mich auch gut, denn dem Blinden schaute ich bei der Arbeit zu und vergaß meine Furcht vor seinem Schäferhund, der friedlich neben dem Klavier lag.

Im Parterre des Hauses in der Griechischen Allee 2 befand sich links der einstige „Kolonialwarenladen" von Herrn Kaste, jetzt verkaufte er Eingemachtes als „Feinkost", und rechts die Wohnung und der Milchladen von Herrn und Frau Michaelis. Mit dem freundlichen Ehepaar Michaelis konnte ich während des Einfüllens in meine große Milchkanne aus Aluminium, einen Schwatz machen und meine Lieblingsbonbons – grüngefärbte „Maiblätter" aus großen Gläsern – kaufen, die mir das Klavierüben versüßten.

Bis zu meinem 17. Lebensjahr schaffte ich von Franz Schubert das „1. Impromptu Opus 90", von Felix Mendelssohn Bartholdy „Lied ohne Worte", Opus 19 Nr.1 und anderes zu spielen. Auswendig, ohne Noten konnte ich diese Stücke nicht spielen, aber ich spielte sie mit viel Gefühl meiner jungen Jahre.

Als Siebenjährige erzählte ich im Schweriner Rundfunk, dass mir meine Oma aus Moskau eine schwarze Katze mitgebracht hat. Ich war der kindlichen Überzeugung, alle hören mir an ihren Radios zu und wollen wie ich, dass alle Menschen lieb zueinander und Freunde sind.

Mit ungefähr zehn Jahren hatten mir meine Eltern einen Radioapparat in mein Zimmer gestellt, so konnte ich unabhängig von ihnen, allein mich interessierende Sendungen hören. Mein Radio, am Kopfende der weinroten Schlafcouch, war neben Literatur und Theaterbesuchen, meine liebste Wissensquelle. Wenn ich nicht Schularbeiten an meinem Schreibtisch machte, lag ich auf der Couch oder im Winter auf einer Decke vor dem Heizkörper, der nicht schaffte das Zimmer warm zu bekommen, las, hörte Radio oder träumte.

Abends hörte ich „Die Schlager der Woche", die Namen Bully Buhlan, Bill Ramsey und Chris Howland sind noch im Gedächtnis; auch der Text, den man damals auf die Melodie von „Sentimental journey" sang: „Stell dir vor wir hätten was zu rauchen, brauchten keine Kippen mehr zu schlauchen"....oder auf die Melodie von Chattanooga Choo Choo: „Hallo mein Herr, fährt hier der Zug nach Kötschenbroda?" (Den Ort gibt es tatsächlich in der Nähe von Dresden, was ich damals nicht wusste.)

Lieder wie: „Berliner Jungens die sind richtig, Berliner Jungs sind auf dem Kien; mit einem Sechser in der Tasche, frag´n se oft, wat kost´ Berlin?“ oder „Pack die Badehose ein…“ sang ich begeistert mit, wenn sie im Radio erklangen.

Ich war „Junger Pionier“ und mit 14 Jahren trat ich in die „Freie Deutsche Jugend“ ein. Die Texte, wie *Jugend erwach, erhebe dich jetzt, die grausame Nacht hat ein End. Und die Sonne schickt wieder Strahlen hernieder…..bau auf, bau auf, freie deutsche Jugend bau auf, für eine bessere Zukunft richten wir die Heimat auf….*Oder: *Deutsche Jugend voran, brich dir selber die Bahn für Frieden, Freiheit und Recht…* Oder: *„Wir bauen eine neue eine schönre Stadt, wird laut auch Hohn geschrien, ein Deutscher muss auch Berliner sein, weil Berlin uns einig macht* – sind bis heute in meinem Gedächtnis geblieben und ich kann sie singen. Die Lieder waren von begabten Komponisten wie André Asriel, Paul Dessau, Reinhold Limberg u.a. Unsere Nationalhymne: „Auferstanden aus Ruinen und der Zukunft zugewandt“…., entsprach meiner jugendlichen Gefühlswelt. Bei der Hymne: „Deutschland, Deutschland über alles“ erfasste mich Kummer und Zorn, auch wenn man mir sagte, dass die Melodie von Joseph Haydn sei.

Im Schulchor sangen wir mit Fräulein Grabow aus Mozarts „Zauberflöte“ den Chor „Dank sei dir Osiris…“ und andere anspruchsvolle Chöre.

Auf keinen Fall verpasste ich abends die Sendung „Die Insulaner“ und sonntags die Theaterkritiken von Friedrich Luft. Hier im RiAS oder AFN hörte ich Benny Goodman, Duke Ellington, die Bigband unter Kurt Edelhagen mit Glenn-Miller-Melodien und andere Musiker. In dieser Zeit entstand meine Liebe zum Jazz und Swing.

Mit der Natur kam ich in jener Zeit kaum in Berührung. Aus dem Fenster schauend sah ich nur Häuserwände, keine Bäume, keine Wiesen oder einen See; unser Balkon im dritten Stock war nicht zum Draußen-Sitzen eingerichtet. Mit den Eltern am Sonntag spazieren zu gehen, in der Natur zu wandern, kannte ich nicht.

Meine „Klaus-Oma“

Meiner Großmutter Agnes, väterlicherseits, gab ich den Namen „Klaus-Oma“, da sie meinen Cousin Klaus betreute und zusammen mit Tante Irmgard in Berlin-Neukölln lebte.
Die Drei wohnten am Schierker-Platz in einer Einzimmerwohnung mit Küche und Toilette. Eine winzige Wohnung, die zu ebener Erde lag und zu jeder Jahreszeit sehr kalt war. Tante Irmgard (jüngste Schwester

meines Vaters) arbeitete nach dem Krieg am Fließband, mein Cousin war Lehrling und die Rente meiner siebzigjährigen Oma war sehr gering. Wenn ich sie besuchte, schickte sie mich zum Laden um die Ecke, bei dem sie die Schoko-Tafel „Karina“, die sie mir schenkte, anschreiben ließ.

Die S-Bahnfahrt von Schöneweide bis Neukölln dauerte zirka 15 Minuten, vom Bahnhof bis zum Schierker Platz waren es nur ein paar Schritte, also ging ich wie jedes junge Mädchen manchmal die einladende Karl-Marx-Straße rauf und runter und orientierte mich, was modern ist. Die Schaufenster waren mit den herrlichsten Sachen dekoriert, aber ich konnte nicht in Versuchung kommen, ich hatte kein Westgeld. Einmal tauschte ich mir in der Wechselstube zum Tageskurs von 5 Ostmark für 1 Westmark Geld für einen Plüschpulli um.

Bis zum Mauerbau besuchte uns Klaus-Oma regelmäßig in Oberschöneweide und ihr gelang bei jeder Rückfahrt, dass die unter ihrem Mantel versteckte Salami und die Koteletts, die ihr meine Mutter mitgab, kein Polizist wegnahm.

Ich erinnere mich noch gut an die Sylvesterfeiern mit Tante Irmgard und ihrem Freund bei uns in Ostberlin. Tante Hete hatte immer ein leckeres kaltes Buffet gezaubert. Auf der Diele räumten wir den schäbigen Teppich beiseite und tanzten; sehr ausgelassen tanzte mein Vater mit seiner Mutter. Wir sangen Lieder vom Rhein und lachten über „Tünnes- und Schäl-Witze“.

Meine Klaus-Oma war eine sehr lebenslustige Frau. Einmal erkundigte sie sich nach dem Leben in Moskau und fragte, ob ich schon einen Freund habe. Als ich ihre Frage bejahte, ihr ein Bild von Jura zeigte, sagte sie: „Was, ein Russe? - der sieht ja gut aus!“

Als Jura und ich am Ende meiner Studentenzeit geheiratet hatten und er nach vielen Schwierigkeiten die Erlaubnis bekam, mich in Berlin im August 1961 zu besuchen, wollte ich meinen russischen Mann auch meiner Klaus-Oma vorstellen und ihr von dem schwarzen Kaviar – Jura hatte eine 1,5 kg schwere Büchse bester Kaviarsorte mitgebracht – eine angemessene Portion geben. In der Nacht zum 13. August 1961 wurde die Mauer errichtet und wir konnten nicht zu meiner Klaus-Oma fahren.

Meine Großmutter Agnes starb am 20. August 1968, im Alter von 88 Jahren, meine Tante Irmgard starb am 7. Mai 1976 im Alter von 62 Jahren - an ihren Beerdigungen konnte ich nicht teilnehmen.

Schülerin im Berlin noch ohne Mauer

Wie schon geschrieben hatte ich Klavierunterricht und hörte viel Radio, aber den größten Teil meiner Freizeit verbrachte ich im „Haus der Kinder“ in der Parkaue in Lichtenberg. (1953 nannte man es in „Zentralhaus der Jungen Pioniere“ um). Der Theaterzirkel war mein zweites Zuhause. Uns Kinder unterrichteten professionelle Leute vom Theater; unter anderem spielten wir „Aschenputtel“, in dem ich die Hauptrolle spielte. Unsere „Aschenputtel“-Aufführung fand auch vor dem damaligen Präsidenten Wilhelm Pieck im Admiralspalast statt. Die zwei Eintrittskarten, die ich bekam, gab ich meinem Opa und meiner Tante Hete.
(Übrigens spielte Tommy Langhoff, Sohn von Wolfgang Langhoff, den Hofmarschall im „Aschenputtel“, und Helga Hahnemann den Monat Dezember im „Märchen von den 12 Monaten“.)

Schwimmen lernte ich in der 5. Klasse der Grundschule. Mit der Straßenbahn fuhren wir nach Lichtenberg in das 1928 eröffnete „Hubertusbad“, eine städtische Volksbadeanstalt. Ich schwimme heute noch sehr gern. Aber der einzige Sport, der mir damals wirklich Spaß machte, war das Florettfechten. Mein Lehrer war Herr Schmidt, der in Westberlin wohnte, als Statist auf der Bühne der Komischen Oper unter Walter Felsenstein stand und die Sportgruppe „Fechten“ für Leute vom Theater leitete.

In der Hoffnung meinen Lieblingssport könnte ich auch während meines Studiums weiterbetreiben, nahm ich mein Florett samt Ausrüstung mit nach Moskau. Leider fand ich dort keine meinen Wünschen entsprechende Fechtsportgruppe und so blieb mein geliebtes Florett mit Gesichtsmaske auf der Datscha. Die Begriffe: Finte, Coupé, Engarde und Patinando sind mir als einziges geblieben.
Meine Leidenschaft galt der Oper, dem Theater und dem Film.
In der Deutschen Staatsoper, die in den 1950er Jahren im Admiralspalast sich befand, ließen meine Freundin Elgrid und ich keine Oper aus; in den Kurvenplätzen im dritten Rang kostete das Billett nur drei Ostmark. Berlin war bis August 1961 nicht geteilt; Opernsänger und Schauspieler, die in Westberlin wohnten, traten in der Komischen Oper, der Staatsoper, im Deutschen Theater und im Theater am Schiffbauerdamm auf.

Helge Roswaenge hörte ich als Florestan in der Oper „Fidelio“ und mit Maria Cebotari in „Rigoletto“; Erich Witte als Stolzing in den „Meistersingern von Nürnberg“; Tiana Lemnitz und Erna Berger in Opern von Mozart und Verdi; Eduard von Winterstein sah ich als „Nathan der Weise“;

Jochen Brockmann als Georgi Dimitroff; Margarete Taudte als Gretchen in „Faust I. Teil“; Regine Lutz, Helene Weigel, Ernst Busch, Angelika Hurwicz in „Mutter Courage und ihre Kinder“ – Inszenierungen, die mein Verständnis von Schauspielkunst prägten.

Am Deutschen Theater spielten Willi A. Kleinau, Franz Kutschera, Curt Bois und andere mich begeisternde Darsteller. Curt Bois war einzigartig in seiner Rolle als Chlestakow im „Revisor“ von Nikolai Gogol. Durch diese Theateraufführung vernahm ich zum ersten Mal den Namen „Gogol“. Später, während des Studiums, wurde N. Gogol zu einem meiner liebsten russischen Schriftsteller und Poeten.

Im Kino „UT Lichtspiele“ in der Wilhelminenhofstraße sah ich nach dem Krieg noch UFA-Filme aus den 1930er Jahren. Unter anderem mit Heinz Rühmann „Die Drei von der Tankstelle“, „Lumpaci vagabundus“ und „Der Mustergatte“. Ich fand diese Filme albern und den kleinen verklemmten Spießer gar nicht amüsant. Mir gefielen solche deutschen männlichen Schauspieler wie Hans Söhnker, O. W. Fischer, Hans Albers.

Meine Lieblingsfilme waren damals „Solange Du da bist“ und „Der träumende Mund“ mit Maria Schell und O. W. Fischer und der Film von René Clair „Gervaise“ mit Maria Schell. Die Filme von Wolfgang Staudte „Die Mörder sind unter uns“ mit Hildegard Knef, „Der Untertan“ mit Werner Peters, „Rotation“, „Das Beil von Wandsbek“, und „Karbid und Sauerampfer“ mit Erwin Geschonneck entsprachen meinem Verständnis von Realismus, unterstützt durch nicht oberflächlichen Humor. Diese mich begeisternden Filme waren alle bis 1955 von W. Staudte bei DEFA-Film in Potsdam-Babelsberg gedreht.

Es würde zu weit führen, erwähnte ich alle mich als Jugendliche begeisternden Filme, nur noch seien erwähnt: „Sie tanzte nur einen Sommer“ mit Ulla Jacobsson, „Die blonde Hexe“ mit Marina Vlady-Versois und „Ditte Menschenkind“.

Meine Liebe galt damals auch schon französischen, und Filmen des italienischen Neorealismus. Der Film „Fahrraddiebe“ von Vittorio de Sica, „La Strada“ mit Giulietta Masina und Anthony Quinn und alle frühen Filme mit Anna Magnani, erschütterten mich zutiefst.

In Ostberlin wurden auf französischen Festivals preisgekrönte Filme vom VEB DEFA-Studio synchronisiert und im Verleih des VEB Progress Film-Vertrieb GmbH gezeigt. Ich sah „Die Liebenden von Toledo“ nach einer Novelle von Stendhal mit Alida Valli und Francoise Arnoul; „Des Anderen Weib“ unter der Regie von Marcel Pagnol und zwei Teile von

„Der Graf von Monte Christo“ nach dem Roman von Alexander Dumas d. Ä..
Die Filme „Die Kartause von Parma“ und „Rot und Schwarz“ nach den Romanen von Stendhal mit meinem geliebten Gerard Philipe sah ich mehrmals. So, wie Fabrizio del Dongo seine Clelia liebte, wollte auch ich einmal geliebt werden.

In welchem Berliner Kinotheater ich meine ersten Filme mit Charlie Chaplin sah, weiß ich heute nicht mehr, ob im Zoopalast oder in den UT-Lichtspielen, das ist auch unwichtig. Seine ersten Stummfilme „The Kid“ und „Goldrausch“ sah ich mehrmals. Wie Chaplin in „Goldrausch“ genüsslich seine Schuhe mit Schnürsenkeln (aus Lakritze) verspeist und den „Brötchentanz“ vorführt, ist bis heute in meinem Gedächtnis geblieben. Sein Film „Limelight“ rührte mich zu Tränen.

Meine Begeisterung für Charlie Chaplin konnte ich an meine Töchter weitergeben.
Sämtliche Filme von und mit Jacques Tati amüsieren mich und meine Enkelkinder bis heute.
Fazit: In meiner Jugend prägten mich italienische, französische und deutsche Nachkriegsfilme von W. Staudte – , keine amerikanischen schlechten Liebesfilme und brutale Action-Filme.

Pierrot und Bip

Wie schon erwähnt, konnten sich die Menschen bis zum 13. August 1961 zwischen West- und Ostberlin frei bewegen. Im „Zoo-Palast“ bekam man noch Eintrittskarten für Ostmark und hier sah ich die Filme „Kinder des Olymp“ mit Jean Louis Barrault, Pierre Brasseur und Maria Casares und „La Belle et la Bête“ unter der Regie von Jan Cocteau mit Jean Marais in der Hauptrolle.

Besonders nachhaltig wirkte auf mich der von Marcel Carné nach einem Drehbuch von Jacques Prévert gedrehte Film „Kinder des Olymp“, der das Pariser Theatermilieu um das Jahr 1835 schildert. Hier im chaotischen Theatre des Funambules entsteht aus dem schrillen, geschwätzigen, mit dummen Witzen das Publikum begeisternden Harlekin, der stumme, nachdenkliche Typ des „Pierrot“ von Jean Gaspard Debureau. Nicht in buntes Seidenkostüm wie Harlekin gekleidet, sondern in eine weit fließende weiße Leinenjacke mit großen runden Knöpfen, einer sehr weiten langen Hose, unter der die Spitzen zierlicher Schnallenschuhe zu sehen sind, ermöglichen als Ausdrucksmittel, allein die Mimik des weiß gepuderten Gesichts und Bewegungen des Körpers, die Gefühle von Pierrot dem Zuschauer zu vermitteln, nicht Worte.

Mein Vater hatte mir den Roman „Meister Pierrot“ von Frantisek Kozik, die im Prager Artia-Verlag 1954 erschienene Lizenzausgabe für das Gebiet der DDR, geschenkt. Eine 492 Seiten starke Biografie mit 12 Abbildungen des berühmten böhmisch-französischen Pantomimen Jean Gaspard Debureau (1796-1846). Dieses Buch wurde damals zu einem meiner Lieblingsbücher. In ihm konnte ich Details über den Werdegang des Pantomimen aus dem 18. Jahrhundert erfahren, die mir den Film „Kinder des Olymp“ verdeutlichten.

Einen lebenden großartigen Pantomimen, Marcel Marceau, sah ich 1951 auf der Bühne der Ostberliner Volksbühne. Seine Studien: „Gehen“, „Gehen gegen den Wind“, „Tauziehen“, „Fischen unter Wasser“, „Die Dusche“, „Jugend, Reife, Alter und Tod“ und viele mehr, begeisterten mich. Ein zweites Mal sah ich Marcel Marceau und seine Mimen-Truppe am 8. Dezember 1954 in dem Mimodrama „Der Mantel“ nach der Novelle von Nikolai Gogol. Marcel Marceau trat mehrere Male in Ostberlin auf und jedes Mal gelang es mir Theaterkarten zu bekommen. Auch für sein „Gastspiel anlässlich der XIV. Berliner Festtage in der Hauptstadt der DDR“ Anfang Oktober 1970 im Berliner Ensemble. Mit unserer sechsjährigen Tochter besuchten mein Mann und ich die Nachmittagsvorstellung.

Wir kauften uns ein Plakat mit Marcel Marceau als BIP. Mein Mann malte mit leuchtend roter Farbe die Lippen und die Blume aus, konservierte das Plakat mit farblosem Lack, versah es mit
einem sieben Zentimeter breiten, alten schönen Holzrahmen (0,80 x 1,00 m) und hängte es in unserem Wohnzimmer auf. Ich kann mich bis heute nicht von diesem eingerahmten Plakat trennen.

Meinen Filmliebling Gerard Philipe – auch er besuchte mehrmals die DDR – sah ich auch in Persona einmal auf der Bühne; 1955 als „Ruy Blas“, in dem gleichnamigen Schauspiel von Victor Hugo in der „Volksbühne“ am Rosa-Luxemburg-Platz.

Mit meiner damaligen Freundin Barbara, die später Schauspielerin wurde, fuhren wir noch im Dunkeln mit der ersten S-Bahn aus Schöneweide zum Alexanderplatz (mit einer Decke, heißem Tee und Stullen im Rucksack) und waren über die lange Schlange vor dem Theater überrascht, denn wir dachten, so früh wären wir die ersten und einzigen Fans von Gerard Philipe. Die jungen Leute, die vor uns in Decken eingehüllt auf Campingstühlen saßen, hatten wohl schon die Nacht so zugebracht.

Aus wie vielen Vorstellungen das Gastspiel des Théatre National Populaire (T. N. P.) unter der Direktion von Jean Vilair in der Volksbühne bestand, kann ich heute anhand des aufbewahrten Theaterprogramms nicht erfahren, jedenfalls erstanden meine Freundin und ich Eintrittskarten für eine der Vorstellungen und waren glücklich.

Die äußerste Knappheit der Inszenierung mit einem auf das Allernotwendigste auskommenden Bühnenbild (nur weiße Vorhänge, wenig Möbel, aber viel Licht) überließ der Darstellung und der Stimme des Helden absolute Vorherrschaft. Obwohl ich den französischen Text nicht verstand, nahm mich die Gestalt und der Klang der Stimme des Gerard Philipe völlig in Bann.

Mein späterer Ehemann Manfred, damals Student in Berlin, saß in der gleichen Vorstellung nur zwei Parkettreihen vor mir, wie er mir später sagte. Im Unterschied zu mir, die die französische Sprache noch nicht verstand (ich lernte erst während des Studiums Französisch) und mich auch mit dem historischen Hintergrund des Stückes nicht beschäftigt hatte, verstand er von der Handlung ganz sicher mehr als ich. Meine jugendliche Begeisterung für Gerard Philipe teilten viele mit mir. Die Verehrerinnen sangen auf die Musik der Ouvertüre von Rossinis Oper „Wilhelm Tell“: „Wir lieben dich Gerard Philipe, wir sagen es dir klar und klipp, wir lieben dich Philipe Gerard, wir sagen es dir klipp und klar:“ Wer sich diesen Text wohl ausgedacht haben mag? Bestimmt kein Mann.

G. Philip war damals 33 Jahre alt und wenn ich daran denke, dass er nach vier Jahren an Leberkrebs starb, erfasst mich immer noch Trauer.

Meine Freunde vermuteten, dass ich den Wunsch habe, auf die Schauspielschule zu gehen, sie meinten, ich wäre begabt. Mein Wunsch war, Theaterwissenschaften zu studieren, da ich meinte, das entspräche eher meinem Naturell. Diesen Studienwunsch hatte ich auch noch nach dem Abitur. Aber es kam alles ganz anders.

Die Verehrung zu Charly Chaplin, Gerard Philipe, Marcel Marceau und vielen anderen berühmten Darstellern teilte ich glücklicherweise auch mit meinem zukünftigen (deutschen) Mann. In dieser Beziehung war unsere Gefühlswelt völlig identisch.

Meine Lehrer

Was meine Lehrer in der Grundschule betraf, so kann ich mich an Frau Schmidt aus der ersten Klasse erinnern, die wir ABC - Schützen nicht mit „Heil Hitler“ wie bei Herrn Bogdansky begrüßen mussten; an meine gehbehinderte Deutschlehrerin Frau Schiller, die mich zur „Leseratte" machte und an meinen Mathe- und Musiklehrer Herrn Glatzel; katholisch, Vater von fünf Kindern, der mir im Musikunterricht seine Geige auf den Kopf schlug. Genau weiß ich den Grund nicht mehr, wahrscheinlich war mir langweilig und ich hatte gestört.

Meine Oberschulklasse bestand aus 11 Mädchen und 3 Jungs – vorwiegend Kinder von Apotheken- und Ladenbesitzern – mit mir waren nur fünf in der FDJ, ich war bis zur 11. Klasse Klassensprecherin.

Von meinen Lehrern in der Oberschule „Fritjof Nansen" sind in meiner Erinnerung lediglich Fräulein Grabow, die Musiklehrerin, Herr Dr. Heininger, der Deutschlehrer und mein Lateinlehrer, dessen Namen ich zwar vergessen habe, mich aber an ihn dadurch erinnere, da ich oft, in der ersten Schulbank sitzend, seine feuchte Aussprache zu spüren bekam. Fräulein Grabow leitete den Schulchor, in dem ich war, und sie gestaltete die festlichen Veranstaltungen der Schule, auf denen ich Gedichte rezitierte.

Kritische Auseinandersetzungen mit meinen Eltern gab es sicherlich, doch sind sie nicht vergleichbar mit heutigen von heranwachsenden Kindern gegenüber Vater und Mutter gezeigter Respektlosigkeit und Aggressivität. Meine Generation war sicherlich den Eltern gegenüber auch renitent, aber wir machten ihnen nicht mehrere Jahre das Leben schwer. Die (angeblichen) biologischen Gründe im Gehirn der „Pubertierenden" dafür, wurden wohl erst später von Neurologen entdeckt und der Gesellschaft erläutert.

Mir fiel schwer mein Elternhaus, was mir in jeder Situation Schutz gab, mit siebzehn Jahren zu verlassen. Am Ende der 11. Klasse hatte ich mich für ein Auslandsstudium entschieden. Außer mir waren noch zwei Jungs vorgesehen, die den Vorschlag des Schuldirektors jedoch ablehnten; der eine Junge wollte nicht seine Mutter allein lassen und der zweite nicht aus Oberschöneweide raus.

So kam ich an die Arbeiter- und Bauern-Fakultät (ABF II) der Martin-Luther-Universität in Halle, an der die für ein Auslandsstudium vorgesehenen Schüler ihr Abitur machten. Ich gehörte zu den Jüngsten; die meisten hatten schon einen Beruf erlernt und sich „in der Produktion bewährt". Mein Konto an Lebenserfahrung war ihnen gegenüber einstellig, das Konto praktischer Liebeserfahrung gleich Null.

Viele meiner Mitschüler waren schon Mitglieder oder Kandidaten der SED. Ihre angeregten Diskussionen waren für mich neu, sie gefielen mir;

da war doch Stimmung im Karton. Ich wollte mit ihnen sein, am Aufbau mithelfen und nichts im Leben versäumen.

Mein Vater reagierte freudig zustimmend auf meinen Wunsch und gab mir bei einem Wochenendbesuch zu Hause, das „Kommunistische Manifest“ zur Lektüre mit nach Halle.

Ja, die Forderung von Marx und Engels: „Proletarier aller Länder vereinigt euch!“ - das ist ein Weg. Die 11. Feuerbach-These: „Die Philosophen haben die Welt verschieden interpretiert, es gilt sie zu verändern!“, war für mich eine begreifbare Erkenntnis in dem Zusammenhang, dass ich viel zu wenig von der Welt wusste, noch viel zu lesen und zu lernen hatte, um die Welt zu verändern.

Meine Auffassungsgabe war zwar schnell, aber die Verknüpfung naturwissenschaftlicher abstrakter Inhalte fiel mir nicht leicht.

Den größten erzieherisch prägenden Einfluss auf mich in jener Zeit hatte mein Vater. In familiären Disputen streckte er nicht den Patriarchen unangenehm heraus, eher den väterlichen Ratgeber. Wenn es jedoch um Politik ging, war er rechthaberisch und bezeichnete meine liberale oder loyale Meinung als „Gefühlsduselei“.

Die erste Erschütterung meines bis dahin durch mein Elternhaus geprägtes Weltbild, erfuhr ich durch den Direktor der ABF II in Halle, Horst Wokittel, der zusammen mit einer Russischlehrerin das Aufnahmegespräch für die Kandidatur in die SED führte.

Als Geographielehrer war sein Hauptthema „Mustafa Kemal Atatürk“, der die Umwandlung der Türkei von einem tief im Islam verwurzelten rückständigen Agrarstaat in eine Westeuropa zugewandte Republik erzwang. Dieser Lehrer war mir jedoch rein äußerlich sehr unsympathisch – sehr hager, ein kalter Typ mit fettigem dürrem Haar, langer Nase und kleinen Ohren.

Meine Antipathie steigerte sich, als er mich bei dem Aufnahmegespräch als Kandidatin in die SED als erstes fragte, warum ich mich so modern kleide? Eine derart unwichtige Frage in einem für mich wichtigen Moment, verblüffte mich total. Wokittel wusste doch genau, dass ich aus Berlin und nicht aus der Provinz komme. Ja klar, meine Kreppsohlenschuhe (Budapester), meine kakaobraunen Cordhosen, unten eng mit breitem Aufschlag und meine Winterjacke mit großem Kragen, den man in eine Kapuze verwandeln konnte, waren nicht im Konsum in Oberschöneweide gekauft, sondern von unserem Nachbarn, Schneidermeister Dentzer, genäht.

Mir wurden von H. Wokittel keine weiteren Fragen gestellt, nur die einzige nach meiner modernen Kleidung.

Viel später, 2018 lese ich in Wikipedia, dass es 1956 im Zusammenhang mit dem beginnenden Entstalinisierungskurs, Auseinandersetzungen in der SED-Parteileitung der ABF/II, dessen Mitglied Wokittel war, gegeben hat. Dass Wokittel aufgrund seines reformpädagogischen Erziehungskonzepts auf Ablehnung bei den Dogmatikern stieß, dass er Kündigungen oder Degradierung von Dozenten wegen ihres religiösen Bekenntnisses oder parteikritischen Bemerkungen zum politischen Zeitgeschehen, verhinderte.

Auch wusste ich nicht, dass seit der Eröffnung der ABF/II (Herbst 1954) zwischen der Direktion und dem Ministerium für Staatssicherheit „offizielle Kontakte" bestanden. Woher auch konnte ich es erfahren?
Am 2. September 1957 ging H. Wokittel in den „Westen".

Erstes Verliebtsein

Ich war lange am Überlegen, in die Erinnerung an meine Jugendzeit auch einen Abschnitt über die „Erste Liebe" aufzunehmen.
Die Gefühlswelt hat sich durch die Medien, Werbung und die Vielzahl äußerer Reize, heute für Mädchen stark verändert; die Gedanken der 12 und 14-Jährigen – früher nannte man sie „Backfische" oder „Teenager" – sollen darum kreisen, ob sie schon geküsst wurden oder „Sex" hatten und was Liebe und Freundschaft bedeutet. In allen Medien werden ihnen Ratschläge, Hinweise und Anleitung gegeben, wie sie sich verhalten sollen, um „sexy" auf das andere Geschlecht zu wirken.

In meiner Backfisch-Zeit und auch später als Teenager, interessierten mich diese Fragen nicht. Es liegen ja aber auch zwei Generationen dazwischen; aufgrund der Akzeleration sind die heutigen Mädchen reifer als wir in den 1950er Jahren. Jedenfalls war es so bei mir, im Osten.

In der 8. Klasse der Grundschule hatten viele meiner Mitschülerinnen schon einen „festen Freund", mit dem sie „gingen" und der ihnen die Handtasche trug. Ich hatte keinen. Meine Mutter nervte mich auch nicht mit der Frage, ob ich schon einen Freund habe, sondern riet mir, mehrere Freunde zu haben. In der Oberschule folgte ich ihrem Rat und nahm Angebote von meinen Verehrern aus höheren Klassen an. In die Oper ging ich mit Gunter W., zum Tanzen in den Schulclub mit Peter N. und mit Willi B. teilte ich seine Leidenschaft des Fotografierens und durfte bei ihm im Fotolabor meine Filme entwickeln. Keiner dieser Jungs küsste mich, die Worte „knutschen" und „kuscheln" kannten wir nicht, und die aus dem Englischen in die Alltagssprache übernommenen Obszönitäten, gehörten nicht zu unserem Vokabular.

Meine Lektüre bestand als ich 14/15 Jahre alt war, aus französischen Romanen von H. Balzac, G. de Maupassant, Flaubert und Victor Hugo. Soweit ich mich erinnere, behandelten diese vorwiegend die Probleme reifer unglücklicher Frauen aus dem Bürgertum – in heutigem Verständnis würde man es als „Affären" bezeichnen – und nicht deren „Erste Liebe". Und in Goethes „Leiden des jungen Werther" geht es um die Liebesdramatik eines jungen Mannes, der sich am Ende tötet.

Später lese ich auch deutsche Romane der Weltliteratur – Goethes „Wahlverwandschaften", Leonhard Franks "Links wo das Herz ist", Thomas Manns „Zauberberg", Erzählungen von Klaus Mann, von Franz Kafka „Beim Bau der Chinesischen Mauer". Generell liebe ich Gedichte, bis heute; die Gedichte von Hermann Hesse, aber auch sein „Glasperlenspiel". Als junge Frau sind die Romane von Stefan Zweig – „Verwirrung der Gefühle", „Ungeduld des Herzens" und „Sternstunden der Menschheit" – meine Lieblingslektüre.

Meinen ersten Kuss bekam ich als ich 15 Jahre war; von einem zwei Jahre älteren Jungen, der wie ich, stark anämisch und blass, in ein Erholungsheim für Kinder von Opfern des Faschismus an die Ostsee verschickt worden war. Dieser Junge erwarb meine Aufmerksamkeit weniger durch seinen mir unbekannten Dialekt, als durch sein Klavierspiel und lautes Singen im Speisesaal des Erholungsheimes. Am Tage nahm er seine Gitarre an den Strand mit, wir sangen im oder vor dem Strandkorb und abends beobachteten wir, wie die Sonne allmählich am Horizont verschwand. Ein einmaliges Erlebnis für mich das Stadtkind. Er war es auch, der mir richtiges Tischtennis-Spielen beibrachte.

Nach diesem Sommererlebnis in Ahlbeck schrieben wir uns und er besuchte mich einmal zu Hause. Meinem Vater, dem der Junge mit den Worten: „Wir Kommunisten" auf die Schulter klopfte, gefiel der sehr selbstbewusst auftretende junge Mann nicht.

In meinen ersten Wintersemesterferien war ich in Berlin und K., der inzwischen Assistent am Berliner Ensemble war und von meiner Theaterleidenschaft wusste, schleuste mich in die Abendvorstellung. Wie mein Reisepass in die Hände von K. kam, kann ich mir bis heute nicht erklären. Jedenfalls brauchte ich den Pass, um am nächsten Tag wieder zum Studium nach Moskau zu fliegen. Nach Ende der Vorstellung, K. war schon nach Hause gegangen, blieb mir nichts anderes übrig, als zu K. zu gehen, der nicht weit vom Theater wohnte, um meinen Pass zu holen. Es war schon Mitternacht. K. öffnete mir die Wohnungstür; im Dunkeln stand er im Schlafanzug vor mir, ließ mich ein und forderte mich auf, mich neben sich auf sein Bett zu setzen. Soweit ich weiß, tat ich es nicht. Ich war ängstlich und vor allem sehr wütend, forderte meinen Pass. Später erfuhr ich aus seiner Biografie, dass er in jener Zeit ein festes Verhältnis „zu einem Weib“ hatte.

Wenn zum Gefühl der „ersten“ Liebe gehört, dass dem Mädchen „das Herz wehtut“, wie ich diesen Moment in meinem Tagebuch festhielt, so war es der große, rothaarige Armin, den ich kurz vor dem Abitur kennenlernte; dessen Küsse ich erwiderte, von dessen Eltern ich eingeladen wurde, mit dem ich den Sommer vor Beginn unseres Auslandsstudiums, Armin ging nach Warschau, verbrachte. Wir trafen uns im Treptower Plänterwald, küssten und umarmten uns; im Tagebuch erwähne ich, dass ich „Verlangen“ nach ihm spürte. Jung wie wir waren schworen wir uns ewige Treue.

Vom Tod meines Mannes erfährt Armin aus der „Berliner Zeitung“, drückt zu meiner Überraschung seine Anteilnahme aus und es entsteht nach 57 Jahren, dieses Mal per E - Mail, ein erneuter Schriftwechsel zwischen uns, von dem seine Frau nichts wissen darf.

Wir sind gleichaltrig, haben beide den überwiegenden Teil unseres Lebens hinter uns und Armin schreibt, dass ich, das „blonde Mädchen“, seine „erste Liebe“ gewesen sei.

Ich bezweifle das, argumentiere dagegen; er weicht von seinem Standpunkt nicht ab. Er schickt mir Fotos aus jener Zeit, ich finde im Nachlass meiner Mutter unsere Briefe, krame im Tagebuch nach. Na gut, wenn auch er es so empfunden hat, scheint es zu stimmen.

Studentin in Moskau – 1956-1961

Erste Eindrücke

Manche Begebenheiten kann ich nach fast 60 Jahren nur anhand der Briefe an meine Mutter, die sie, chronologisch geordnet, aufgehoben hat, in mein Gedächtnis zurückrufen. Sie ermöglichen mir, meine jugendlichen Gedanken und Gefühle, die inzwischen teilweise schon verblasst und überlagert sind, unverfälscht wörtlich wiederzugeben.

Mein Vater brachte mich Ende August 1956 zum Ostbahnhof, trug den ziemlich großen, stabilen Koffer, den mein Großvater 1934 in Paris gekauft hatte.

Wie viel angehende DDR-Studenten mit mir 1956 zum ersten Mal in die Sowjetunion fuhren, weiß ich nicht – wir waren nicht wenige.

Zwei Tage und zwei Nächte fuhren wir im Schlafwagen. Zum Schlafen nahm ich die obere Pritsche und am Tage saßen wir vier Mädchen auf den unteren Bänken und schauten die meiste Zeit aus dem Fenster. Die polnische Grenzstation Terespol verschlief ich. Eigentlich war nicht viel zu sehen; kilometerlang weite Felder, Wiesen, Sümpfe, weder Baum noch Strauch, keine Hütten geschweige denn Häuser.

Hatten die deutschen Soldaten als sie gegen die Sowjetunion in den Krieg zogen, überhaupt eine Vorstellung über die Weite dieses Landes? – ging mir damals durch den Kopf.

Wir müssten doch auf der langen Strecke auch mal an einer Stadt vorbeifahren und anhand des Bahnhofsschildes erkennen, wo wir uns befanden. Ich las immer wieder nur das Schild „Kipjatok"; haben denn hier alle Orte den gleichen Namen? Keiner von uns, auch die Jungen hatten eine Erklärung. Erst als wir eine Dampflokomotive am „Kipjatok" – Schild sahen, begriffen wir, es war keine Ortsbezeichnung, sondern lediglich eine Station, an der die Lokomotiven heißes Wasser tankten.

So gegen Mittag des nächsten Tages, damals habe ich mir leider noch keine Notizen gemacht, erreichten wir die Grenze zwischen Polen und Weißrussland – die Stadt Brest-Litowsk. Der Zug wurde von der mitteleuropäischen Regelspurweite (1,435 Meter) auf die breiteren russischen Gleise (1,520 Meter) umgesetzt. Dieses Umspurverfahren dauerte damals mehr als zwei Stunden; wir stiegen aus, sahen uns den unschönen Bahnhof an und auch das Restaurant. Ich weiß nicht mehr, was wir Mädels ansonsten in den zwei Stunden machten. Die Jungens hatten sich den Gepflogenheiten schnell angepasst und gingen in ihren Pyjamas wie die russischen Männer aus dem Zug direkt ins Restaurant.
(Als ich 1981 mit meiner zwölfjährigen Tochter zu Freunden nach Moskau fuhr, dauerte das Umspuren nur 1 Stunde und man konnte im Zug bleiben. Was wir auch taten.)

In meinem ersten Brief aus Moskau an meine Eltern schreibe ich, dass wir Studenten am 27. August 1956 um 12,45 Uhr auf
dem Bjelorussischen Bahnhof in Moskau angekommen sind; nach einer *Fahrt, die zwar eine einzige Strapaze war, bei der man jedoch die Müdigkeit, Unsauberkeit und Unbequemlichkeiten bei all den neuen Eindrücken vergaß. In Brest bekamen wir die ersten 100 Rubel, falls wir uns etwas kaufen wollten. Es war für uns alles sehr fremd und schmutzig. Mama, ich bin Dir sehr dankbar, dass Du mir so viel zu essen mitgegeben hast. Die Preise sind doch ganz schön hoch und wenn man nicht wie ein Schießhund aufpasst, wird man beschummelt.*

In Moskau angekommen, wurden wir mit Bussen in das Studentenwohnheim „Stromynka“ gebracht. Ich war todmüde und legte mich angezogen auf ein Bett und schlief sofort ein. Am anderen Morgen war ich von Wanzen zerstochen. Einige Mädels hatten sich nicht hingelegt, erkannten vermutlich die Schar von Wanzen an der Decke und waren gleich zum „Roten Platz“ gegangen.

Zum Glück holte uns vier Mädchen, die am Institut für Außenhandel studieren sollten, am nächsten Morgen der Student Hans N. ab und brachte uns in unser Studentenwohnheim in die „Vierte kleinbürgerliche Straße“.

Noch eine Sequenz aus meinem ersten Brief an meine Eltern vom 29. August 1956: *Ich war auf dem Roten Platz. Die Metro ist einzigartig – die Türen gehen automatisch auf und zu und wer sich nicht beeilt, muss draußen bleiben. Die nächste Bahn kommt nach zwei oder drei Minuten. Die Leute wissen das natürlich, trotzdem drängeln und schubsen sie. Mir ist die Freundlichkeit und Bescheidenheit der russischen Menschen aufgefallen. Sie sind meist alle ärmlich und liederlich gekleidet und nicht eingebildet, trotzdem sie es sein könnten, wenn man die Pracht in der Metro betrachtet. Auf den Straßen sieht man viele Männer, alte, aber auch junge, die sich auf zwei Krücken stützen oder Beinamputierte, die auf Holzbrettern die Bürgersteige lang rollen.*

Die hygienischen Einrichtungen sind sehr schlecht. Die Toiletten, von denen Papa erzählte, sind ja wirklich schrecklich. Ich war vier Tage nicht auf der Toilette.(...) Ein Liter Milch kostet 1 Rubel und 20 Kopeken, ein 500 Gramm-Brot 74 Kopeken, aber ein Meter Seide kostet 112 Rubel. Wenn ihr mir ein Päckchen schicken wollt, vergesst nicht Seife, Seifenpulver, Toilettenpapier und Zahnpasta.

Am 4. September 1956 schreibe ich: *Wisst Ihr, wo ich jetzt sitze? In einer Vorlesung. Ich verstehe einzelne Worte, manchmal auch Zusammenhänge, aber an Mitschreiben ist nicht zu denken. Die Russen sprechen alle furchtbar schnell und können natürlich nicht auf die paar Ausländer Rücksicht nehmen. Unsere Russischdozentin verstehe ich gut, sie ist mir auch sehr sympathisch. Nach drei Jahren machen wir ein Staatsexamen in russischer Sprache. Eine zweite Sprache beginnt ab dem 2. Studienjahr. Ich werde Englisch nehmen, da ich es schon auf der Oberschule hatte – dann kann ich nach fünf Jahren drei Sprachen: Deutsch, Russisch und Englisch. Aber nach den fünf Jahren werde ich ein einziges Nervenbündel sein, da die Bedingungen zu ungewöhnlich sind.(...) An die Kost habe ich mich schon einigermaßen gewöhnt, nur mein Körper noch nicht, ich habe am ganzen Körper rote Flecken. In der Nacht und am Tage ist es schon sehr kalt. Vor allem in der Nacht friere ich, da wir nur zwei sehr dünne Decken haben und ich doch an ein Federbett gewöhnt bin. Ich muss schon wieder die Mutti anbetteln bzw. bitten, mir einiges zu schicken. Bitte schicke mir „Lucien Ölhaarwäsche“, da man sich hier heißes Wasser kochen kann und ich mir den Kopf schon einmal sehr gut mit gepumpter flüssiger Ölhaarwäsche gewaschen habe. Dann bitte einige Pakete „WOK“, da wir die Wäsche selber waschen. Bettwäsche und Handtücher werden alle 10 Tage gewechselt – ich brauche also meine Handtücher gar nicht. Weißt Du, was auch schön wäre, wenn Du mir so fertige Suppen oder Eierkuchenmehl in Tüten mitschicken würdest, das gibt´s hier noch nicht. Bitte auch Zahnpasta und Seife, das ist nämlich hier nicht besonders. Und ein Paket Spalttabletten, da es lange nicht so gut ist mit der medizinischen Hilfe, wie immer geschrieben wird. Unsere „alten“ Studenten haben uns prophezeit, dass wir im Winter sehr frieren werden, da sie im Institut nur im Leseraum anständig heizen. Und ich glaube es, denn wir frieren jetzt schon ganz schön. Gegen dicke Socken hätte ich auch nichts einzuwenden.*

Im Staatssekretariat für Hoch- und Fachschulwesen bekam man auf Antrag eine Bescheinigung, der meine Eltern und mich berechtigten alle drei Monate ein zollfreies Paket im Wert von 30 Mark zu schicken. Im Prinzip erhielt ich von meinen Eltern alle lebensnotwendigen Dinge – sämtliche Kleidung, Schuhe, Absätze für meine Pumps, Hautpflegemittel, ich hatte aufgrund der vitaminlosen Ernährung eine stark ausgeprägte Akne.

Das Essen in der Mensa war sehr einseitig, als Gemüse gab es nur Weißkohl, der, wenn er stundenlang auf dem Feuer steht, angeblich viele Vitamine enthält, aber nicht schmeckte. In den staatlichen Läden gab es weder Gemüse noch Obst und auf dem Kolchosmarkt war es sehr teuer. Im Frühling kaufte ich mir Zwiebellauch und aß das Lauch mit „Smetana“ (saurer Sahne) und Salz als Salat. (Was ich mir heute noch gern zubereite).

In stickigen und ungeheizten Räumen studierend, war ich im Winter oft erkältet und die Spuren der Behandlung mit Schröpfköpfen waren auf meinem Rücken meine ständigen Begleiter.

Den Mädchen aus den „Demokratien“ hatte der russische Studentenrat des Instituts verboten lange Hosen zu tragen. Das betraf uns deutsche Mädels, die wir Skihosen oder andere lange Hosen im Winter trugen. Wir hielten uns natürlich nicht an dieses Verbot, denn nur in langen Hosen, darunter dicke lange Unterhosen, konnten wir die für uns ungewohnten Frostgrade überstehen.

Am 7. September schreibe ich an meine Eltern: *In der Volkswirtschaftsvorlesung versteht man überhaupt nichts. Das liegt aber auch an Professor Krotkow. Er ist schon sehr alt, spricht sehr ungegliedert und undeutlich. Wir Ausländer sitzen in seiner Vorlesung vorn, um besser zu verstehen, selbst die sowjetischen Studenten verstanden nichts. Aber die nehmen das Studium nicht so ernst, sprechen laut miteinander, was auch stört. Irgendwann drehte ich mich zu Ilse um, um ihr zu sagen, dass, wenn wir heute etwas Geld bekämen, wir mal anständig essen gehen könnten. Das sah der Professor (er sitzt an einem Tisch erhöht auf der Bühne vor uns) und schimpfte; da ich ihn nicht verstand und wahrscheinlich dementsprechend guckte, fragte er, ob wir „demokratische Studenten" sind und aus welchem Land. Ich antwortete: aus Deutschland (in Russisch) und er entschuldigte sich überschwänglich. Er fuhr dann in seiner Vorlesung fort, übersetzte uns einige Begriffe ins Deutsche und fragte uns, ob wir jetzt verstehen. Seine Vorlesung handelte von der Entwicklung der „Hanse-Städte" aber wie sollte ich von „ganseitscheskij" auf „Hanse" kommen?*
Die deutschen Studenten sind sehr beliebt, da sie, im Gegensatz zu den meisten sowjetischen Studenten, sehr fleißig sind. Auf diesem Institut sind die meisten sowjetischen Studenten Töchter und Söhne von führenden Persönlichkeiten, denen der Sinn wenig nach Arbeit steht.

Brief vom 18. September 1956: *Mein liebes Muttichen! Ja, die Zeit wird erlebnisreich sein, aber trotzdem wird sie voller Entbehrungen. Mutti, wenn Du sehen würdest wie wir wohnen, wie wir uns waschen können, wie wir essen und wie wir lernen müssen, dann würdest Du mich verstehen. Ich lerne hier erst mal alles so richtig schätzen, alles, in jeder Beziehung.*
Aber man muss sich mit den Tatsachen abfinden und der Mensch gewöhnt sich an alles, wenn er weiß, wofür er die Unbequemlichkeiten und Unsauberkeiten auf sich nimmt. Die russischen Menschen sind eben ganz anders geartet, als die deutschen – besonders was Ordnung, Sauberkeit und Kleidung betrifft. Bei Euch in Berlin ist Sommer und hier ist schon „deutscher Winter". Wir frieren nur, da man noch nirgends heizt, ich bin so froh über meine Bett- und Strickjacke, denn hätte ich die nicht, käme ich vor Zittern gar nicht zur Ruhe.

Oktober 1956 – Volksaufstand in Polen und Ungarn

Mein Freund Armin, der am Warschauer Polytechnikum studiert, schreibt mir sehr liebe Briefe und schildert seine ähnlichen Probleme, die er aufgrund seiner mangelnden Kenntnisse der polnischen Sprache hat. Er versteht in den Vorlesungen auch nicht alles, bedauert, nur ein Mathe-Buch in Deutsch mitgenommen zu haben und sich sehr einsam fühlt. Aus seinen Briefen an mich (auch diese hat meine Mama alle aufgehoben) lese ich, wie er damals die Ereignisse in Polen erlebt hat.

Er schreibt: *Am 24. Oktober 1956 war ganz Warschau auf den Beinen, da Gomulka auf dem Platz vor dem Kulturpalast vor einigen hunderttausend Warschauern sprach. Gewaltige Demonstrationen in allen Teilen des Landes gingen dem voraus. Man erhofft sich sehr viel von den Umbildungen im Politbüro und erwartet wesentliche Maßnahmen zur Demokratisierung des öffentlichen Lebens. Bin neugierig, was unsere Presse von den Dingen berichten wird.[...] Der Name Gomulka (1905 – 1982) ist in aller Munde. Wenn diese Begeisterung anhält – und sie ist momentan riesig für das neue ZK, vor allem für Gomulka - , dann müsste dieses Volk große Erfolge erringen. Aber man hört auch andere Stimmen: die sind bloß für Gomulka, weil er 7 oder 8 Jahre im Gefängnis gesessen hat. Aber das glaube ich nicht. Gomulka fordert die Unabhängigkeit Polens und speziell den Abzug der sowjetischen Truppen, die noch in Polen stationiert sind.*

Zu gleicher Zeit, am 23. Oktober, löst eine friedliche Demonstration von Studenten in Budapest den Volksaufstand gegen die Regierung der kommunistischen Partei und der sowjetischen Besatzungsmacht aus. Unsere ungarischen Kommilitonen hören Tag und Nacht den englischen Sender BBC und wollen nach Hause fahren. Aus unserer DDR-Presse erfahren wir nichts.

Armin schreibt: *Gegenwärtig hält uns alle Ungarn in Atem. Die polnische Presse berichtet gut und im Radio hört man eine Menge (wenn man es versteht). Was wir alle nicht gewusst haben, dass sich sowjetische Truppen in den Volksdemokratien befinden – und das laut „Warschauer Vertrag“. Du wirst sicherlich erfahren haben, dass sowjetische Panzer in die Kampfhandlungen eingegriffen haben. Aus Warschau wurde ein Flugzeug mit Medikamenten nach Budapest geschickt. Was noch am meisten erschüttert, ist die Stellungnahme, vielmehr die Art der Berichterstattung in unserer Presse. Was dort stand entsprach in keiner Weise dem tatsächlichen Geschehen.*

Armin erhielt in Warschau Informationen über die ersten Aufstände in Polen und Ungarn und schrieb mir darüber. Und ich? Ich saß, weit von ihm entfernt, allein mit Wörterbuch, bis in die Nacht hinein im Lesesaal in der 4. Kleinbürgerlichen, aufgemuntert durch starken türkisch aufgebrühten Kaffee, um meine lückenhaften Aufzeichnungen zu verstehen und zu ergänzen. Die anderen deutschen Mädchen hatten sich schon mit Ungarn und Tschechen angefreundet, gingen mit ihnen ins Kino und ich saß und büffelte. Ich wollte wieder nach Hause.

Juri Wassiljewitsch

So etwa im November sprach mich auf dem Flur im Institut ein großer, schlanker, modern gekleideter Student aus einem höheren Studienjahr lächelnd an, nahm meine linke Hand, zeigte auf den Ring und sagte etwas, was ich nicht verstand. Meine Mama hatte mir einen ziemlich breiten goldenen Ring geschenkt, der einem Ehering glich. Was ich ihm antwortete, weiß ich nicht mehr, jedenfalls verabredeten wir uns und sahen im Kinotheater „Udarnik" (Stoßarbeiter) den italienischen Film mit Gina Lollobrigida: „Liebe, Brot und 1000 Küsse". Ich lehnte mich an seine Schulter und er küsste mich. Wir wurden Freunde und sehr bald ein Liebespaar. Juri Wassiljewitsch war Student im 3. Studienjahr und lebte mit seiner Mutter und seinem Stiefvater in „Schelesnodoroschnaja" (Eisenbahn-Station), einem Vorort von Moskau, in einer geräumigen Datscha, umgeben von einem großen Garten mit Obstbäumen.

Ich, ein ausgesprochenes Stadtkind kannte nur Tomaten, die mein Vater im Blumenkasten auf unserem kleinen Balkon wachsen ließ. Als ich noch klein war, fuhr meine Mutter mit mir manchmal zu Kollegen meines Vaters, die in Vororten von Berlin ein Häuschen mit Garten hatten. Hier konnte ich planschen, die Blumen gießen und unter einem Baum im Schatten meinen Mittagsschlaf halten.

Bewusst die Natur und die Vorzüge eines Gartens zu erleben, erfuhr ich erst durch Jura. Unter einem blühenden Apfelbaum Tee zu trinken, ganz früh, noch im Nachthemd, Erdbeeren und Himbeeren im Garten zu naschen, war für mich einzigartig.

Mit Vorliebe zog ich Juras weinrotes Cordhemd und seine Hosen an und er trug mich auf den Schultern Huckepack durch den Garten, damit ich hören konnte, wie er sich mit den Vögeln unterhielt. Jura machte gekonnt Vogelstimmen nach und ich meine, die Vögel antworteten ihm.

Im Unterschied zu mir, war Jura in seiner Kindheit nicht von engen Häuserreihen, sondern von Wald, weiten Feldern und Wiesen geprägt.

Wenn wir abends auf dem breiten Diwan im Wohnzimmer vor dem, die Kälte abweisenden, Wandteppich lagen, beruhigten wir uns nicht, wie in westlichen Filmen dargestellt, „mit der Zigarette danach“, sondern sangen uns gegenseitig in den Schlaf. Ich begann mit dem „Heideröslein“ oder mit der „Launischen Forelle“ und Juras Bariton pries den „ rauschenden Brjansker Wald“.

Frühjahr und Herbst waren hier weniger schöne Jahreszeiten, man konnte nur in Galoschen durch den Schlamm und auf den wenigen buckligen Teerstraßen zur Elektrischen gelangen. Im Winter, wenn alles zugefroren und von dichtem Schnee überdeckt, kam man in Walenki (hohe Filzstiefel) besser voran. Das Plumsklo im Garten stank zwar im Winter nicht, aber bei minus zwanzig oder mehr Graden, seine Notdurft zu verrichten, war für den Unterleib nicht gerade vorteilhaft.

Ich erinnere mich genau an Ostern und sehe Babuschka Sidorowna mit ihrem in ein weißes Leinentuch eingewickelten, vom Popen mit Wasser gesegneten Kulitsch (der traditionelle Osterhefekuchen) vor mir. Glückstrahlend grüßt sie mich mit den Worten:
Christos woskress! (Christus ist auferstanden) und ich antworte ihr: *Da, woskress!*

Wo sich die Kirche des Ortes befand, hatte mir in all den Jahren, die ich in Juras Familie lebte, keiner gesagt, aber ich hatte auch nicht danach gefragt.

Juras Mama, Maria Wassiljewna, meine erste Schwiegermama, war auf ihre Art religiös, wenn sie mir sagte: *In jedem Menschen lebt Gott.*

Im Dorf in der Nähe der Stadt Brjansk (etwa 380 km südlich von Moskau), in dem Maria Wassiljewna geboren wurde, müssen die Verhältnisse total unorganisiert gewesen sein; doch Sidorowna war wohl tatsächlich Marias leibliche Mutter. Sidorowna bekam nach Maria noch weitere Kinder von einem Mann, der der 14-jährigen Maria an die Wäsche gehen wollte, worauf Maria aus dem Dorf in die Stadt Brjansk floh.

In der Stadt, 14 Jahre alt, mutterseelenallein, lernte Maria den 10 Jahre älteren polnischen Ingenieur, Juras Vater, kennen.
Mitte der 1930iger Jahre bemerkte Juras Vater einem Arbeitskollegen gegenüber, dass Stalin ein Idiot sei. Daraufhin kam er in ein Straflager und starb dort.

An seinen Vater hatte Jura, 1935 geboren, kaum Erinnerungen. Mit Beginn des Überfalls auf die Sowjetunion wurde Maria mit ihrem Sohn nach Sibirien evakuiert. Als Frau eines „Volksfeindes“ mit einem

sechsjährigen Sohn, alleinstehend, hatten beide kein leichtes Leben in Sibirien.
Nach Ende des Krieges kaufte Maria W. in der Umgebung von Moskau eine Datscha, eben jene in Schelesnodoroschnaja. Nach und nach zogen Babuschka Sidorowna und auch die Halbgeschwister von Maria W. hinterher und wohnten in ihrer Nähe. Maria arbeitete als Buchhalterin in einem großen Kaufhaus im Zentrum Moskaus und schleppte von dort die Lebensmittel heran, um die Großfamilie zu versorgen. Ich habe sie alle kennengelernt – Tamara, Nina, Viktor, Wolodja und deren Kinder – und auch die Urgroßmutter, die manchmal zu den Maifeiertagen aus dem Dorf geholt wurde.

Wenn wir jungen Leute im Mai auf der Datscha unsere Party feierten, setzte sich Urgroßmutter zu uns, strich ihr Kopftuch hinter die Ohren (große Ohren) und lächelte uns verschmitzt und neugierig aus großen azurblauen Augen an. Unsere studentische Ausgelassenheit, unser Tanzen, war ihr total fremd, schien ihr aber zu gefallen. Ich bin überzeugt, sie hatte nicht begriffen, dass ich und meine Freundin aus Deutschland kamen.

Auf die Frage an die Urgroßmutter, wie alt sie denn sei, antwortete sie lächelnd, sie sei in der Zeit der Heuernte geboren, als Zar Nikolai I. regierte. Einen Personalausweis oder etwas Ähnliches mit ihren Lebensdaten besaß sie nicht. Der Name „Lenin“ oder „Oktoberrevolution“ waren ihr keine Begriffe, auch für Großmutter Sidorowna nicht.

Ich hätte die etwa 105 Jahre alte Urgroßmutter gern umarmt, sie gefiel mir in ihrer Aufgeschlossenheit uns jungen Leuten gegenüber, aber sie roch nicht angenehm. Mir war auch der Grund klar, denn ich hatte gesehen, wie sie im Garten lediglich ihre weiten Röcke hochnahm und - ich schreibe nicht „pisste“, um mich nicht auf das Niveau von deutschen Krimifilmen zu begeben, in denen man die Akteure anstelle von „hau ab“, „verpiss dich“ sagen lässt. Schlimm, wie unsere deutsche Sprache mehr und mehr zur Fäkalsprache geworden ist.

In Juras Familie nannten mich alle „Uljana“ (ein sehr alter russischer Vorname) und Viktor, der jüngste Halbbruder Marias gab seiner zweiten Tochter diesen Namen und machte Jura und mich zu ihren Paten.

Pope Gapon

Im Sommer 1957 bereitete ich mich auf das Examen in „Geschichte der KPdSU“ nicht in der Bibliothek, sondern bei Jura zu Hause auf der Datscha vor. Den genauen Monat erinnere ich nicht mehr. Nachschauen im

„saschotnaja knischka“ (Studienheft) kann ich leider auch nicht, denn am Ende des Studiums durften wir es trotz Bitten beim Dekan der Fakultät, nicht mit in die Heimat nehmen. Nur an die Namen Prof. Weizmann (Buchhaltung), Prof. Gubermann (Internationales Recht), Prof. Stielman (Statistik), Prof. Krotkow (Volkswirtschaftslehre) und Dozent Nesterow erinnere ich mich noch.

Aber das weiß ich ganz genau, die Erdbeeren wuchsen in jenem Sommer prächtig. Bisher kannte ich Erdbeeren nur vom Namen her als größte Köstlichkeit. An jenem Tag standen Jura und ich so früh auf, dass, bevor Babuschka Sidorowna sämtliche Früchte zum Verkochen für Konfitüre ernten wollte, wir die reifsten und leckersten schon in unseren Mägen hatten.

Jura fuhr zur Vorlesung ins Institut und ich blieb mit Sidorowna allein. Verständnisvoll lächelte sie mich an, als ich mich mit Büchern in die Hängematte unter den Apfelbaum zurückzog. Ich quälte mich mit dem mir sehr fremden Stoff und konnte meine Gedanken nach den nächtlichen Erlebnissen schlecht konzentrieren.

In der Prüfung zog ich dann die Frage nach den Vorkommnissen des „Blutigen Sonntag“. Eine Jahreszahl war nicht angegeben, so fiel mir die Orientierung in den 10 Minuten Vorbereitung schwer und der Name des Anführers der Volksmenge, Pope Gapon, schon gar nicht. Dozent Nesterow, ein vierschrötiger Mitvierziger, mit großflächigem, gutmütigem Gesicht, kleinen Augen hinter einer schwarzen Hornbrille, nur noch einem schmalen schwarzen Haarkranz über den übergroßen Ohren, lächelte mich freundlich an, aber ich kam einfach nicht auf den Namen des Anführers der Bittsteller. Wie ich die zweite Frage löste, weiß ich nicht mehr, sicher auch ungenügend.

Ob ich in der Hängematte überhaupt etwas über die sozusagen vorrevolutionären Ereignisse im Jahre 1905 und den „Blutigen Sonntag“ gelesen hatte, bezweifle ich heute, so konnte mir auch nicht der Name des Popen einfallen, der den Demonstrationszug der Bittsteller an den Zaren anführte. Ich fiel durch, bekam von Dozent Nesterow aber eine zweite Chance und bestand mit „Genügend“.

Na und, ich liebte Jura mit der Glut und Jungfraulichkeit meiner 19 Jahre, was kümmerte mich da die Geschichte der KPdSU(B) und Pope Gapon. Sehr unangenehm war nur, dass ich Tagesordnungspunkt einer Parteigruppenversammlung wurde, in der man mich wegen der „Drei“ kritisierte und Selbstkritik von mir erwartete. Meine deutschen männlichen Genossen hatten inzwischen mitgekriegt, dass ich einen Russen liebte und keinen von ihnen.

Die Bezeichnung „Pope“ klingt in meinen deutschen Ohren sehr geringschätzig, aber im Russischen ist es wohl der niedrigste oder unterste Rang in der Hierarchie der russisch-orthodoxen Kirche. Er entspricht dem „Priester“ in der katholischen Kirche und dem „Pfarrer“ in der evangelischen.

Der Geistliche Gapon Georgi Apollonowitsch (1870-1906) war Gründer der unter Polizeischutz stehenden „Versammlung russischer Fabrikarbeiter St. Petersburgs“, die auf Klassenfrieden orientierte. Die Bittschrift an den Zaren, von ihm innerhalb von drei Tagen mit 150.000 Unterschriften versehen, war von ihm initiiert und auch der Marsch zum Winterpalais im Winter des Jahres 1905.

In dem Buch von Marc Ferro: “Nikolas II“, in Paris 1990 erschienen und ab 1991 in russischer Sprache auf dem Moskauer Buchmarkt zu kaufen gewesen, lese ich den mehrseitigen vollen Text der Bittschrift, der auch reformerische Maßnahmen vorschlägt, wie die Lage des Volkes zu ändern sei. Bis zu 200.000 Männer und Frauen waren am 9. bzw. am 22. Januar 1905 (neue/alte Zeitrechnung) zum Winterpalais gekommen. Der Zar war gar nicht anwesend, er befand sich im 120 Kilometer entfernten Zarskoje Selo. Gnadenlos wurde in die Menge geschossen, Menschenblut floss in Strömen auf Schnee und Eis, leblose Körper erstarrten sofort. Seitdem wird dieser Tag „Blutiger Sonntag“ genannt. Inhaltlich waren in der seitenlangen Bittschrift liberale, volkstümlerische und marxistische Argumente vermischt, aber dies alles überragend, war der Wunsch der Millionen Gläubigen, die Heiligkeit von Mütterchen Russland zu erhalten.

Geistliche aus der Nähe

In den Sommerferien 1960 besuchte ich mit Freunden Kiew, die Hauptstadt der damaligen Ukrainischen Sowjetrepublik und auch das berühmte Kiewer Höhlenkloster, welches zu einem riesigen Komplex von Kirchen und Klöstern gehört.

Hinabgestiegen in die künstlich geschaffenen Höhlen begegneten wir Mönchen in schmutzigen schwarzen Soutanen, mit langen Bärten, in denen noch Speisereste hingen. Gott, war ich entsetzt. Mönchsgesänge, die in den unterirdischen Gängen erklangen wirkten auf mich beängstigend und unheimlich. Ich liebte zwar gregorianische Gesänge – von Schallplatten im Wohnzimmer abgespielt – aber im Halbdunkel in Katakomben, mit Skeletten in Altarnischen, satte Bässe von unsichtbaren Mönchen zu hören, war doch ganz etwas anderes.

Wieder an die frische Sommerluft gekommen, sah ich jetzt Mönche aus unmittelbarer Nähe; sie verkauften Wasser und Kerzen am Eingang zum Kloster in der Tiefe. Aus einem Wasserhahn füllten sie den älteren, verhärmten, ärmlich mit Kopftüchern gekleideten Frauen, Wasser in mitgebrachte Milchflaschen und ließen sich für das angeblich „geheiligte" Wasser Geld geben.

Ausnahmslos waren die Mönche nicht nur wohlgenährt, sondern dick, fett und feist. Ungepflegt und unappetitlich mangelte es ihnen in keiner Weise an Selbstbewusstsein.

Eine ganz andere Wirkung, mich für mein Leben auch prägend, hatte der Patriarch und Katholikos aller christlichen Armenier, Wosgen I. Ich sah und sprach mit ihm das erste Mal auf einem Bankett, das Anfang Juni 1959 anlässlich der Verleihung des Leninordens an ihn in Moskau gegeben wurde. Juras armenischer Freund Serge hatte auch mich mitgenommen. Wosgen I., 1908 in Bukarest geboren lebte geraume Zeit in Rumänien. Er sprach perfekt Deutsch, Französisch, Türkisch und Armenisch – Russisch nur ganz schlecht. Der Patriarch verabschiedete sich von mir *in ganz reinem, schönen Deutsch* schreibe ich im Brief an meine Eltern aus Moskau im Juni 1959.

Im Sommer 1960 verbrachte ich meine zweimonatigen Semesterferien im „Süden" – in Jalta auf der Krim, in Sotschi, Suchumi, Jerewan und Tiflis. Es war eine herrliche Zeit, unwiederbringlich. Wir waren eine bunte Truppe von Jugendlichen, heute würde man sagen: mit Integrations-Hintergrund. Die meisten der Mädchen und Jungen waren Armenier, die in Ägypten, Syrien, Frankreich, Libanon geboren waren und jetzt mit den Eltern in der Sowjetunion lebten. Ich war die einzige Deutsche – wir verständigten uns in Russisch oder in Französisch.

In Jerewan wohnten Jura und ich bei den Eltern von Serge Mikaeljan, unserem armenischen Freund, der in Lyon geboren war und dessen Eltern 1956 wieder in ihr Heimatland aus dem Exil in Frankreich zurückgekommen waren. In Lyon hatte Serges Vater als Friseur gearbeitet und Serge den Beruf des Goldschmieds erlernt. Für das in Frankreich erarbeitete Geld ließen sich die Eltern in einer vom Staat speziell für die Heimkehrer vorgesehene Siedlung am Rande von Jerewan das Haus Nr. 18 in der Gogol Straße mit europäischem Komfort bauen.

Ich schlief zum ersten Mal in einem französischen Bett, dem Bett von Serge´s Eltern. Die Mama von Serge hieß mit Vornamen Ripsimé. In Etschmiadsin gibt es einen Tempel aus dem Jahre 618, der denselben Namen trägt, das habe ich aber erst viel später erfahren.

Ich mochte sie sehr, nicht nur weil sie herrliche Speisen zubereitete; ihr Lächeln werde ich nie vergessen, sie sprach Armenisch und Französisch, Russisch sprach sie schlecht. Ich sprach schlecht Französisch, unsere Herzen sprachen miteinander. Ein Foto von Ripsimé Mikaeljan am Ufer des Sewan stehend, ist mir sehr wertvoll. Auch die Briefe, die ich von ihr erhielt.

Serge hatte eine Einladung unserer Gruppe beim Patriarchen Wosgen I. arrangiert. Wahrscheinlich erzählte ihm seine Tante, die mich ins Matenadaran begleitet hatte, dass ich mir mehr als drei Stunden die alten Schriftsammlungen und Inkunabeln in diesem abgedunkelten und kühlen Museum angeschaut hatte. Eine derartige Sammlung von alten Handschriften hatte ich in meiner Heimat nicht gesehen. Die armenische Miniaturmalerei und der Buchschmuck genießen Weltruhm und die ältesten illustrierten Handschriften entstammen dem 9. und 10. Jahrhundert. Sehr bewunderungswürdig für mich war das Etschmiadsiner Evangelienbuch aus dem Jahre 989 mit seinen Initial-Miniaturen, die ich in vielen armenischen Fresken wiederfand.

Am Tag darauf folgten wir der Einladung in die Kathedrale des Heiligen Etschmiadsin (im Jahre 303 erbaut), in der Nähe von Jerewan.

Wie ich mich erinnere, war die Kirche nicht sehr groß; von Licht durchflutet, die Sonne spiegelte sich in der goldenen Soutane des Oberpatriarchen Wosgen I. wider.

Er saß an der schmalen Seite eines langen Tisches, wir gingen zu ihm, jedem von uns gab er seine Hand zur Begrüßung und bat uns am Tisch Platz zu nehmen. Er war von äußerst gepflegtem Äußeren, mir erschien er viel jünger als 52 Jahre und sehr modern in seinem Verhalten. Zwischen ihm und den jungen Armeniern entwickelte sich schnell eine lebhafte, ungezwungene Unterhaltung.

Nicht nur ich war überrascht, als der Patriarch von der armenischen Sprache ins Deutsche überwechselte und sich mit mir in akzentfreiem Deutsch unterhielt. Nur aus Höflichkeit? Das Erscheinen eines deutschen jungen Mädchens bei ihm im Gotteshaus hatte sicherlich Seltenheitswert.

Was die deutsche Sprache, im Ausland gesprochen, anbelangt, hatte ich mit meiner Familie bei einem Besuch des Rila-Klosters in Bulgarien, Mitte der 1980iger Jahre, ebenfalls ein mit einem Geistlichen verbundenes angenehmes Erlebnis. Jedoch anders als in Armenien.

Mit unserer bulgarischen Freundin Veselina, die uns nach Sofia eingeladen hatte, besichtigten wir die Anlage des Rila-Klosters im Witoscha-Gebirge.

Außer uns fünf Privatpersonen aus dem „Osten“, schaute sich nur noch eine Reisegruppe von Damen aus der Schweiz, Kirche, Kloster und Kreuzgang an. Wir kamen ein oder zwei Mal zufällig in die Nähe dieser Reisegruppe. Als es darum ging, auch eine Mönchskemenate gezeigt zu bekommen, die im Preis der Führung vermutlich inbegriffen war, regte sich eine Frau, es waren meist ältere Damen, auf, dass wir nicht zur Gruppe gehören, wir dürften nicht mit ihnen die Mönchskemenate sehen, denn sie hatten dafür bezahlt und wir nicht.

Es entstand ein Dialog zwischen mir und den Damen aus der Schweiz; meine Töchter waren über so viel Gehässigkeit verblüfft; Veselina verstand kein Deutsch und ich übersetzte aus Schamgefühl für die Schweizerinnen, ihr den Dialog ins Russische nicht.

Ein hinter einer hölzernen Balustrade sitzender bärtige Mönch verfolgte unseren Disput, stand auf und rief in perfektem Deutsch zu uns hinunter, wir sollten zu ihm kommen, er würde uns seine Kemenate zeigen. Im Unterschied zu der Kemenate, die man den Schweizer Frauen zeigte, die leer und sauber gefegt war, sahen wir seine bewohnte, mit vielen Büchern und einem Kaninchen unter dem Bett.

Wir unterhielten uns mit dem freundlichen Mönch dann noch eine kleine Weile; er war sehr interessiert, aber hatte wohl gerade eine Speise mit Knoblauch gegessen. Ich umarmte ihn nicht, aber bedankte mich sehr herzlich.

Noch eine letzte Bemerkung zu Geistlichen. Als ich 1996 das Kloster und den Friedhof der „Heiligen Jungfrauen“ in Moskau besuchte, begegneten mir auch Mönche in ihren Soutanen, aber es waren jüngere, schlankere, bartlose Mönche, als die in Kiew vor fünfunddreißig Jahren. Die Zeiten hatten sich geändert.

Notbremsen

Zurück in meine Studentenzeit und zu Juras Familie, ohne die ich die fünf Jahre nicht durchgehalten hätte. Im Studentenheim gab es keinen Ort, an dem man Ruhe fand und sich entspannen konnte. So fuhr ich fast jedes Wochenende mit Jura oder auch allein zu ihm nach Hause. Meistens trafen wir uns am Smolensker-Platz und fuhren mit dem Trolleybus 2 auf dem Garten-Ring bis zum Kursker Bahnhof.

Der Kursker Bahnhof ist einer von neun Eisenbahnhöfen im Ostteil Moskaus; von hier fuhren die Züge nach der Krim und in den Kaukasus, nach Armenien, Aserbaidschan, Grusinien, nach Kursk, Tula, Orjol und Charkow. Bei Venedikt Erofeev, dessen Buch “Moskau – Petuschki“ 1978 in deutscher Übersetzung erschien, lese ich, dass der Kursker Bahnhof die „letzte Anlegestelle für Alkoholiker“ sei. Im Unterschied zur Elektritschka (elektrische Bahn, die in die Vororte fuhr) verkehrten die Fernzüge nur nachts – die Leute, die zurück in den Süden wollten, übernachteten auf dem Fußboden oft tagelang. Hotels gab es nur für ausländische Touristen im Stadtzentrum. Für reisende „Sowjetbürger“ gab es keine Übernachtungsmöglichkeiten. Selbst auf dem Bahnhofsvorplatz lagerten die Reisenden mit ihren Einkäufen in große Säcke verpackt; der Wartesaal war viel zu klein für die Masse von Menschen. Auf den wenigen Bänken im Wartesaal schliefen meist Männer ihren Rausch aus. Manche schliefen mehrere Tage und Nächte hier in der stinkigen überfüllten Bahnhofshalle, bevor sie überhaupt eine Fahrkarte bekamen, deren offizieller Preis zwar „normalno“ war, die man aber nur bekam, wenn man das Drei-bis Vierfache als „Normal“-Bürger bezahlte.

In der mehrere Millionenstadt Moskau ist die Feierabendzeit durchgehend, nicht nur zur „rush hour“. So braucht es mehrere Stunden bis die Millionen von Berufstätigen wieder in ihre Wohnorte in der Umgebung Moskaus transportiert sind.

An einem Samstagnachmittag wollten auch Jura und ich schnell nach Hause. Um zu den Vorortzügen zu kommen überquerten wir den großen freien Platz vor dem Bahnhofsgebäude, liefen drei oder vier Stufen hoch und waren schon auf dem langen Kopf-Bahnsteig angelangt, von dem aus die 5 oder 6 Linien der elektrischen Züge losfuhren. Vor jeder Linie zeigt eine elektrische Tafel gut lesbar an, wann der nächste Express-Zug nach „Kuskowo“ oder „Petuschki“ fährt und an welchen Stationen er hält; an unserer Station „Schelesnodoroschnaja“ hielten die Express-Züge an.

Ein Erlebnis halte ich hier fest. Beide hatten wir Sitzplätze gefunden und mussten nicht stehen. Ich hatte mich an Juras Schulter gekuschelt, als plötzlich der Zug ruckartig auf freier Strecke anhielt. Die vor sich hindämmernden Leute öffneten für einen Moment die Augen, schlafen weiter, Unruhe kommt nicht auf. Nur ich weiß nicht Bescheid, warum der Zug so plötzlich bremst, so dass aus den Gepäckvorrichtungen über den Köpfen der Sitzenden die prallgefüllten Lebensmitteltaschen herunterfallen. Alle im Gang Stehenden werden noch dichter zusammengedrängt. Hinfallen kann niemand.

Aus dem Fenster schauend erkenne ich in der abendlichen Dämmerung, wie Männer und Frauen mit kleinen Koffern, Einkaufstaschen und

Beuteln über die Gleise laufen. Der Zug steht mitten auf der Strecke, eine Bahnstation kann ich nicht erkennen. Was ist passiert?
Jura beruhigt mich, erklärt mir die nicht ungewöhnliche Situation, die oft passiert. Die Express-Elektrische, die auf der Anzeigetafel ersichtlich ist, aber nicht an allen Stationen hält, benutzen die Leute trotzdem und ziehen einfach die Notbremse, um eben doch an ihrer Station aussteigen zu können.

Eine solche gefährliche Situation hatte ich bisher noch nicht erlebt. Mein Unverständnis äußere ich Jura gegenüber: Die Leute sehen es doch auf der Anzeigetafel, welcher Zug an ihrer Station hält und welcher durchfährt. Jura: Ja, ich hätte recht, die Leute fahren jeden Werktag und wissen es genau, aber den Express-Zug zu nehmen und die Notbremse zu ziehen, klappt immer und man ist mit ihm schneller zu Hause. Die Leute, ja, sind undiszipliniert und schau dir an, einige Männer torkeln regelrecht über die Gleise. Wahrscheinlich hat ein Besoffener die Bremse gezogen. Es passiert nicht selten, dass Betrunkene auf den Gleisen überrollt werden, hauptsächlich im Winter, wenn es früh dunkel wird.

Ich frage Jura, ob denn das Billett für die Express-Elektrische teurer ist als das für den normalen Zug, der an jeder Station hält?
Jura antwortet mir: Nein, bestimmt nicht, du zahlst egal mit welchem Zug du fährst und wie weit, den gleichen Fahrpreis. Aber genau weiß ich es nicht, ich habe eine Jahreskarte.
Ich: Und wo ist mein Billett? Er: Beruhige dich, es kontrolliert sowieso keiner, wie soll der Kontrolleur durch die Menge durchkommen, das ist viel zu beschwerlich. Nach ungefähr zwanzig Minuten fuhr der Zug weiter. Im Laufe meiner Studentenzeit hatte ich noch mehrmals dieses Erlebnis, wusste nun aber Bescheid.

Bei uns erlebte ich auch zwei Mal ein abruptes Bremsen der Berliner S-Bahn. Auf freier Strecke musste der Fahrer hart bremsen, da sich ein Selbstmörder auf die Gleise gelegt hatte. Das geschah nicht selten auf der Strecke zwischen Fredersdorf und Neuenhagen - nach dem Umbruch 1990/91.

Heirat im Moskauer Hochzeitspalast

Aus den Briefen an meine Mutter kann ich ersehen, dass ich (im vorletzten Studienjahr, 1960) hin und her gerissen war, ob ich Jura, den geliebten Russen, wirklich heiraten wollte. Beim Vorsprechen in dieser Angelegenheit auf der DDR-Botschaft, versicherte ich, dass Jura bereit ist,

mit mir in die DDR zu gehen, was auch stimmte. Meine männlichen Kommilitonen äußerten mir gegenüber, dass ich naiv sei und man den wehrfähigen Mann nicht ausreisen lassen wird.
Ich schreibe am 10. April 1961 an meine Mutter: *„Ja, es wäre sehr schoflig von mir, wenn ich geheiratet hätte, ohne Euch mitzuteilen, warum und genau wann. Zu erläutern, warum so schnell, reichen die drei Minuten am Telefon nicht. Vielleicht ist es wirklich eine Illusion, dass man Jura nach Deutschland lassen wird; von ihm mich zu trennen, fällt mir sehr schwer. Wenn ich vierzig Jahre alt wäre, würde sicherlich mein nackter Verstand siegen, aber ich bin 22 Jahre und es spricht mein Herz. Gestern haben Jura und ich nun unser großes Unternehmen gestartet, das heißt, wir wollten uns auf einem Standesamt anmelden. Entschlossen, in feierlicher Stimmung, machten wir uns auf den Weg ins Zentrum und fragten im Auskunftsbüro nach dem nächstgelegenen Standesamt. Dort mussten wir ein Formular ausfüllen und unsere Pässe abgeben. Daraufhin stellte sich heraus, dass wir nicht das Recht haben uns in diesem Standesamt trauen zu lassen. Zwei Stunden liefen wir zu Fuß, ich in meinen schwarzen Pumps, die Busse waren alle überfüllt, und wir erreichten ein anderes Moskauer Standesamt. Es war inzwischen 14 Uhr und im Standesamt Mittagspause. Um 15 Uhr war man so gnädig und ließ uns rein. Man verlangte von mir ein Schriftstück, da man meinte, ich sei nicht aus dem „demokratischen Deutschland“. Der früheste Termin könne nicht vor Mitte Juni sein.*

Da es in dem Standesamt sehr schmutzig und düster war – schmierige Teppiche und Gardinen – und die Beamtin ulkige Fragen stellte, verlangte Jura, dass man uns eine Überweisung in den „Palast für Eheschließung“ geben soll. Man gab sie uns.
Wir fuhren also zu diesem „Palast“, einer aus Zarenzeiten stammenden, neu gestalteten „Errungenschaft“ Moskaus. Vor den Palasttoren klingelten wir und baten so um Einlass in seine Hallen. Ohne Erfolg, die Tore öffneten sich nicht. Kein Schild, kein Hinweis gab uns eine Erklärung. Dann sprach Jura einen kleinen Jungen an, der ihm sagte, dass der Palast nur sonntags bis 16 Uhr „arbeitet“. Morgen fahren wir noch einmal zu dem ominösen Palast, um Euch etwas Genaueres mitteilen zu können. Ich habe den Eindruck, dass Du und Papa gegen meine Heirat seid und sie Euch nicht fröhlich stimmt. Aber Ihr müsst auch mich verstehen, von so einer Heirat geht doch die Welt für mich nicht gleich unter.“
Soweit der Brief an meine Eltern.

Per Telegramm teilte ich am 13. April meinen Eltern den Heiratstermin: 7. Mai, 11,30 Uhr, „Palast der Eheschließung“, mit. Das Telegramm erhielten sie nicht. Meine damalige Gemütslage entsprach dem Verständnis eines zwanzigjährigen Mädchens, das nicht nur Sex-Objekt, sondern von dem Mann, den es liebte, auch geheiratet werden wollte. Alle Mädels um mich herum waren schon verlobt, verheiratet oder hatten schon ein Baby. Sollte ich nach vier Jahren Liebesleben als unverheiratet nach Berlin zurückkehren? Würde ich zu Hause einen Mann finden mit dem ich mich so gut verstand, wie mit Jura?

Ich fühlte mich in Juras Familie wohl, angepasst, integriert, fast russifiziert; aber ich entschied, ich wollte in Deutschland leben und Jura versprach mir die Ausreise in die DDR zu beantragen. Eine Wohnung hatte Jura nicht und auf der Datscha zu leben, mutete er mir nicht zu.

Die Jahre inmitten der russischen Menschen lebend, stellte ich nach vielen Überlegungen und Abwägungen fest, dass in mir doch viel von den sogenannten typisch deutschen Eigenschaften verankert sind, die sich von denen der Mehrheit der Sowjetmenschen unterschieden. Eine „russische Seele“ war nicht in mir. Was mein Temperament betraf, auch ich reagierte teilweise sehr spontan, aber im allgemeinen ließ ich mich nicht von Leidenschaftlichkeit lenken, war eher ein nachdenklicher Typ, der die Dinge sachlich reflektierte, klischeefrei urteilte und sich nicht von Aberglauben und Mystik beeinflussen ließ. Mein „deutsches“ Verständnis von Aufrichtigkeit, Ehrlichkeit, Korrektheit und Ordnungsliebe war ein anderes.

Selbst wenn man mich als „nascha Uljana“ (unsere Uljana) und „nasch rodnoi tschelowek“ (ich vermag „rodnoi“ in diesem Bedeutungszusammenhang nicht zu übersetzen) bezeichnete, empfand ich es zwar schmeichelhaft, aber doch unwahr und irgendwie verlogen, denn ich spürte in vielen Begegnungen, einen noch tief verankerten Deutschenhass.

Am 7. Mai 1961 verlief der Akt der Eheschließung im vom Licht durchfluteten Saal des Hochzeitpalastes unter Anwesenheit von Juras Eltern und seines engsten Freundes Gennadi und dessen Frau, sehr feierlich. Nach so vielen Jahren sehe ich heute noch die freundlich-ernste Standesbeamtin vor mir - in einem schwarzen Kostüm mit einer überdimensionalen Schärpe mit dem Staatswappen der UdSSR auf ihrem Busen.

Maria Wassiljewna bezahlte das Hochzeitsessen im wunderbaren Restaurant „Prag“; auch sie hatte sich also mit der Heirat ihres Sohnes mit einer Deutschen abgefunden.

Heute wird im Internet für die inzwischen entstandenen luxuriösen Hochzeitspaläste Moskaus geworben. So erfahre ich, dass der „Palast der Eheschließung“, in dem Jura und ich heirateten, der „Gribojedow-Palast“ war, der seit 1961 als „erste Institution für Hochzeitszeremonien“ speziell für die standesamtliche Registrierung mit Ausländern eingerichtet worden war. Gehörten Jura und ich etwa zu den ersten Paaren, die in diesem Palast getraut wurden?

1957, mit Talia auf Moskauer Baustelle

Ich bei Jura in Shelesnodoroschnaja

1960, Grillparty in Sotschi mit armenischen Freunden

Heirat im Moskauer „Hochzeitspalast“.

Resümee über meine Studentenzeit

Wenn ich mit dem Aufgeschriebenen den Eindruck erweckt habe, ich hätte während der fünf Jahre in Moskau nur Schmutz und Chaos erlebt und ich bereue diese Jahre meiner Jugendzeit, so ist dem nicht so. Ich fühlte mich in Juras Familie geborgen, als Persönlichkeit angenommen, ja, von allen geliebt wie in meiner deutschen Familie zu Hause, so dass ich das Land als meine „zweite Heimat“ betrachtete.

Zum ersten Mal in meinem Leben kam ich mit Dingen zusammen, die ich im Nachkriegs-Berlin, geschweige denn in Oberschöneweide, nie zu sehen bekommen hätte. Ich meine nicht die schon erwähnten Erdbeeren von Sidorowna oder den Kaviar von Maria Wassiljewna, sondern das Flair einer Weltstadt wie Moskau.

Die vielen Buchläden, in denen die Bücher nur ein paar Rubel kosten. Das „Internationale Buch“ auf der Gorkistraße, in dem ich viele in DDR-Verlagen erschienene Bücher der Belletristik kaufte. Mein erstes Bekanntwerden mit Jean-Jaques Rousseau (1712-1778) beginnt anhand von in russischer Übersetzung erschienenen „Ausgewählten Schriften“ in drei Bänden – jeder Band für 1 Rubel und 35 Kopeken. Im zweiten Band lese ich den größten Teil des Briefromans „Julie, oder die neue Héloise“. Erst später lese ich in deutscher Übersetzung die

„Bekenntnisse“ von ihm; 1959 im „Insel-Verlag“ erschienen. Auch mein Mann las diese Bekenntnisse, was ich daran erkenne, dass er die Angewohnheit hatte, die ihm besonders gefallenden Seiten mit einem Eselsohr zu versehen. Wer liest heute noch in schwülstig-romantischer Sprache ausgedrückte Lebensgefühle eines J. J. Rousseau oder auch eines Michel Montaigne (1533-1592)?

Im Moskauer Tschaikowski-Saal hörte ich den Geiger David Oistrach, den Pianisten Swjatoslaw Richter, sah auf der Bühne Marlene Dietrich, Yves Montand, Juliette Greco, Yma Sumac, Josephine Baker, den leibhaftigen „Satchmo“ Armstrong sah ich erst 1965 im Friedrichstadt-Palast. Meine erste Faust-Aufführung, nicht irgendeine, sondern die des Hamburger Theaters mit Gustav Gründgens als Mephisto, sah ich im Stanislawski-Theater, sowie viele ausgezeichnete Inszenierungen russischer Dramatiker.

In Berlin ging ich nicht ins Varieté und schon gar nicht in den Zirkus „Barlay“; ich liebte nur den Clown „Grock“ mit seinem: „Nit möööglich“. Der Moskauer Zirkus dagegen gefiel mir, besonders der Clown Oleg Popow. Im Radio und von Schallplatten hörte ich gern den Leningrader Komödianten und Satiriker Arkady Raikin, der sich über die russische Bürokratie lustig machte, und die schöne und kräftige Stimme des Sängers Marc Bernes. Aus dem in jedem Zimmer unseres Studentenwohnheims angebrachten Stadtfunk-Apparat erklangen fast täglich neapolitanische Volkslieder, wie zum Beispiel „O sole mio“ von Enrico Caruso gesungen, die Arie des Cavaradossi aus Puccinis Oper „Tosca“ von Placido Domingo gesungen und „Bésame mucho“ in Spanisch, den Text verstand ich nicht, sang aber laut mit.

In Moskau entstand meine Liebe zur Malerei. Stundenlang betrachtete ich in der Tretjakow-Galerie die Gemälde russischer Meister und in der Ermitage von Leningrad - heute St. Petersburg - sah ich zum ersten Mal Gemälde französischer Impressionisten. Die europäische „Museums“-Stadt auf 42 Inseln, an der Mündung der Newa in den Finnischen Meerbusen gelegen, und ihre Umgebung erlebte ich 1960 zusammen mit Jura. In den „Weißen Nächten“ saßen wir auf der Bank, tranken Krim-Sekt und aßen das einmalige russische Sahneeis „Plombir“. Aus Schöneweide kannte ich nur Wassereis.

Auch Hotels und Restaurants waren mir kein Begriff. Jura kannte sich in Moskau mit seinen Restaurants im Zentrum der Stadt aus und wir gingen gern (wenn wir Stipendium bekommen hatten) ins Restaurant „Aragwi“, das sich im Gewölbekeller eines historisch wertvollen Hauses am Puschkin-Denkmal befand und in dem man freundlich mit köstlichen grusinischen Speisen und grusinischem Rotwein bedient wurde. Auf einer Balustrade spielte eine grusinische Band temperamentvolle Musik aus Grusinien.

Es war unser Lieblingsrestaurant. Stalin war seit 1956 erst einmal out; im Keller des „Aragwi" sangen die Grusinier noch unentwegt Loblieder auf ihn.

Im vierten Studienjahr schloss ich mich dem Ensemble unserer „Landsmannschaft" an (später wurde der Name geändert), sang im Chor und trug Goethes „Heideröslein" in Deutsch vor und Bibianna (sie stammte aus Ilmenau/Thüringen und war ein Studienjahr über mir) dasselbe in Russisch; wir bekamen mit unseren Volksliedern und Gedichten sehr viel Applaus.

Das eindrucksvollste Erlebnis auf der Tournee des Ensembles war für mich die zweitägige Schifffahrt auf dem Wolga-Don-Kanal und dem Dnepr. Wir gingen nicht schlafen, saßen auf dem Deck des Schiffes, sangen melancholische Lieder und nahmen die Weite der Landschaft in uns auf. Rhein, Mosel, Neckar, Elbe kannte ich nur aus Erzählungen meiner Eltern.

Einen Vergleich zwischen meiner Studentenzeit in Moskau und einer in der DDR kann ich nicht machen. Mein Studentenleben war sicherlich den äußeren Bedingungen entsprechend anders, aber auch wir tanzten auf Studentenpartys keine russischen Volkstänze, sondern Foxtrott und Boogie-Woogie. Das war gewiss nicht typisch für alle Tanzabende, aber für jene auf die Jura mit mir ging und auf denen sein engster Freund Gennadi am Schlagzeug den Rhythmus für die Band angab.

Wir deutschen Studenten an unserem Institut hatten eine Singegruppe gebildet, sangen deutsche Schlager unter der Begleitung von drei polnischen Instrumentalisten, und hatten damit bei den russischen Mitstudenten viel Erfolg. Unsere Russisch-Dozentin Elena Garkowa hatte einen Theaterzirkel gegründet und Ausschnitte aus Nikolai Gogols „Taras Bulba" inszeniert. Ich spielte die Adlige Natalja, die sich in den Sohn des Kosakenführers verliebt hatte. Den Sohn spielte ein Aspirant aus Polen.

Was die politische Erziehung betraf, gab es zwischen der in der DDR und der in der Sowjetunion keinen Unterschied; wir Studenten hier wie dort, wurden mit verfälschtem Marxismus-Leninismus indoktriniert, sollten die Historie einzig und allein vom Klassenstandpunkt betrachten; quälten uns mehr oder weniger durch Lenins Schriften.

Trotz aller verlogenen Ideologie begann sich meine kritische Sicht auf die Dinge in der Welt gerade hier in Moskau zu entwickeln.

Die Eltern meines Mannes

Vater Erich

Persönlich habe ich Vater Erich leider nicht kennengelernt, nur Mutter Gertrud. Über seine Kindheit hatte mir mein zukünftiger Mann recht wenig erzählt. So entnehme ich die Daten und Lebensbeschreibungen aus Briefen und aus von ihm 1998 verfasstem detaillierten „Dokumentarbericht“ über seine Herkunft.

„Mein Vater ist 1898 in Neugabel, Kreis Sprottau, Regierungsbezirk Liegnitz, Provinz Niederschlesien geboren; als Kind aus zweiter Ehe. Mit Erich bestand die Familie aus acht Kindern. Neugabel war eine in friderizianischer und nachfolgender Zeit entstandene Kolonistensiedlung neben dem Dorf Altgabel, das im 13. Jahrhundert im Zuge der deutschen Besiedlung Schlesiens gegründet worden war. Die Neugabeler Kolonisten hatten etwas Land und einige Jahre Steuerfreiheit erhalten und sich einen bescheidenen Wohlstand aufgebaut. Sie waren von vornherein nicht erbuntertänig, wie die Altgabeler, sondern persönlich frei. Die erste Frau des Vaters von Erich kam aus einer solchen Kolonistenfamilie und brachte den Hof in die Ehe ein: acht Morgen (zwei Hektar) Ackerland, Wiesen- und Waldanteil, eine Kuh und Kleinvieh.

Der Vater von Erich kam aus den dörflichen Unterschichten, seine Vorfahren waren Knechte und Mägde. Er selbst hatte sich hochgearbeitet; war Bahnarbeiter bei der „Niederschlesischen Eisenbahn-Gesellschaft“, dann nach der Verstaatlichung aller Eisenbahnen in der Bismarck-Zeit als Streckenläufer zum preußischen Beamten geworden, um schließlich am Ende seines Arbeitslebens zum Bahnwärter befördert zu werden. Das hieß: per Hand Schranke auf und wieder runter zu kurbeln – was viele Jahre lang sein beruflicher Traum gewesen sein soll. Das soziale Milieu, in dem Erich aufwuchs, war zwar auch noch den Unterschichten zuzurechnen, aber es herrschten durchaus gesicherte materielle Verhältnisse: Die Anstellung auf Lebenszeit als Beamter der Königlich-Preußischen Eisenbahn brachte zwar nur ein kärgliches, aber immerhin sicheres Einkommen; und für die ausreichende Ernährung der Familie sorgte die Nebenerwerbs-Landwirtschaft.

In Neugabel besuchte Erich von 1904 bis 1912 die Volksschule und schloss die achte, letzte Klasse mit einem sehr guten Zeugnis ab. Nach dem Willen seines Vaters sollte Erich Lebensmittelverkäufer werden und er schloss für ihn bei einem Krämer in Sprottau, Kreisstadt von

Neugabel, einen vierjährigen Lehrvertrag ab. Aber der vierzehnjährige Erich war sehr zierlich gebaut und konnte die Zentnersäcke auf dem Rücken nicht tragen. Die Lehre in Sprottau musste abgebrochen werden und der Vater schloss einen neuen Lehrvertrag mit der Firma Paul Campe in Glogau ab, die Erich zum Verkäufer für Papierwaren und Bürobedarf ausbilden sollte. Der Vater von Erich musste die Lehre bezahlen und auch die Berufsschule, die Erich von 1912 bis 1915 besuchte und als Verkäufer für Papierwaren abschloss. Nach weiteren vier Jahren Praxis als Verkäufer durfte er sich dann „Kaufmann" nennen. Aber dazu kam es nicht, denn er wurde am 1. November 1916 als Rekrut zur Kaiserlichen Armee eingezogen; es folgten Fronteinsatz in Frankreich und von September 1918 bis Februar 1919 die englische Kriegsgefangenschaft.

1923 übersiedelt Erich von Glogau nach Grünberg und bekommt hier eine Anstellung bei der Firma „Paul Mohr & Co. Papierwarenhandlung und Büchersortiment sowie Papier- und Kartonagen-Fabrik" - damals die größte, außer in Breslau, auf Papierwaren spezialisierte Firma. Erich wurden Aufstiegsmöglichkeiten versprochen. Da er Autofahren konnte wurde er als Kraftfahrer eingestellt, fuhr den Geschäftsführer und half in der Papierhandlung als Verkäufer aus. Entgegen den getroffenen Absprachen blieb es jahrelang dabei, bis 1931.

Mit Beginn der Wirtschaftskrise 1929 und der damit verbundenen Geschäftsflaute begann Erich auch die LKWs der Firma zu fahren, mit denen Lieferungen der Papierfabrik an Einzelhändler in Grünberg und Umgebung besorgt wurden. Ab 1931 durfte Erich, der Papierkaufmann, mit den Einzelhändlern auch Lieferverträge für die Firma abschließen, was relativ gut entlohnt wurde. Während andere Mitarbeiter entlassen wurden, konnte sich Erich vor Arbeit und Überstunden nicht retten. Sein Lohn stieg, reichte aber nicht aus um an die Gründung einer Familie zu denken.

Nach sieben Jahren gegenseitigen Kennenlernens heiratet Erich im Juni 1932 die fünf Jahre jüngere Bäckermeisterstochter Gertrud Weber aus Grünberg.

Das Hochzeitsbild im Postkartenformat bewahrte Gertrud über die schweren Zeiten von Krieg und Nachkrieg auf. Auch anderes von der Hochzeit wurde sorgfältig behütet: ein paar getrocknete Rosen vom Hochzeitsstrauß, das Brautkleid in einem Koffer; während des Krieges zog es Gertrud manchmal an, es passte nicht mehr. Erichs Smoking überlebte sogar den Krieg, er war in den bei der Familie Schachel untergestellten Koffern in Kahnstieg/Altmark gerettet worden, dann bewahrte

Gertrud ihn in Calau auf und nach ihrem Tod, ich in einem Schrank auf unserem Grundstück. Da das Erinnerungsstück aus echtem Wollstoff bestand, liebten es die Motten sehr." (Und ich, die böse Schwiegertochter, verbrannte, nach mehrmaligem Protest meines Mannes, den Hochzeitssmoking von Vater Erich.) „Eine Hochzeitsreise konnte sich das Paar nicht leisten. Es wurde eisern gespart. Ab der Hochzeit arbeitete Gertrud nicht mehr. Während des Krieges war sie von der Arbeitspflicht befreit, weil sie zwei Kinder hatte und der Ehemann im Krieg diente."

Mutter Gertrud

„Gertrud wurde 1903 in Grünberg als älteste von fünf Töchtern und drei Söhnen in der mittelständischen Familie Weber geboren. Acht Kinder waren zu damaliger Zeit nichts Ungewöhnliches. Ihre Großeltern waren keine armen Leute. Grünberg, heute Zielona Góra, liegt in Niederschlesien, nahe der Oder, rund 90 km nordöstlich von Cottbus, etwa 150 km nordwestlich von Breslau, heute Wroclaw.

Der Familienname „Weber" kommt aus Österreich. Die Webers stiegen in Grünberg noch im 18.Jahrhundert zur städtischen Oberschicht auf. Ihre „Heiratspolitik" war durch Besitzdenken bestimmt, was hieß, dass man sich mit anderen Familien der Oberschicht verschwägerte. Es bestanden Verwandtschafts-Verhältnisse mit der jüdischen Handelsfamilie Me´ir, mit der Hugenottenfamilie Ouvrier (Ärzte und Juristen), mit der Druckerfamilie Decker und mit Försters, der Tuchfabrikantenfamilie. Mit mir besuchte meine Mutter des Öfteren die Verwandten und auch die Synagoge. Ich erinnere mich an den Morgen nach der Reichsprogromnacht (10. November 1938), an dem wir stundenlang schweigend vor der brennenden Synagoge standen.

Die Großeltern Gertruds mütterlicherseits besaßen außer einem Handelsgeschäft, das Weberei-Erzeugnisse vor allem nach Russland verkaufte, eine große Villa im hügeligen Süden von Grünberg, sieben Weinberge, eine Branntweinfabrik, einen Walnuss-Hain und mehrere Mietshäuser. Die Villa mit dunkel gehaltener Gründerzeit-Einrichtung wurde von der Großmutter bis zu ihrem Tode 1942 bewohnt. Von den monatlichen Besuchen bei der Großmutter war der kleine Sohn nicht begeistert, jedes Mal fragte er: Was wollen wir bei der alten Frau?

Die Großeltern Gertruds hatten sieben Kinder, einer der jüngsten Söhne war Gertruds Vater. Er war Bäckermeister und hatte von seinen Eltern ein großes Miets- und Geschäftshaus im Zentrum von Grünberg geerbt. Im Ersten Weltkrieg war er Soldat, erhielt 1917 eine schwere

Kopfverletzung, nach der er zu trinken und zu spielen anfing. Bis zu seinem Tode im Jahr 1921 hatte er Haus und Vermögen „versoffen“, wie es in der Familie abschätzig hieß.

1910 hatte der Großvater Gertruds seine sieben Weinberge verkauft und für jedes Enkelkind ein Sparbuch angelegt. Über die Sparsumme sollte jedes Enkelkind nach Erreichen der Volljährigkeit verfügen. Gertrud hätte 1924 das Geld erhalten können. Doch inzwischen hatten Inflation und Neubewertung der Währung die Spareinlagen in ein Nichts verwandelt. Das Wertobjekt Nussbaum-Hain gab es seit 1916 auch nicht mehr. Im Rahmen der neu eingeführten Kriegsrohstoff-Bewirtschaftung wurden alle Nussbäume konfisziert, abgeholzt und zu Gewehrschäften verarbeitet. Zurück blieb ein verwüstetes Ödland, das kaum noch Wert besaß.

Hatten die Großeltern von Gertrud noch zur städtischen Oberschicht in Grünberg gehört, die in der Stadt noch mehrere ehrenamtliche Funktionen bekleideten und sich innerhalb der Oberschicht verheirateten und privat verkehrten, war bei deren Kinder bereits ein sozialer Abstieg in den sogenannten „alten Mittelstand“(selbständige Handwerker) zu verzeichnen.

Selbst die Vermögen der Eltern von Gertrud fielen den Zeitläuften zum Opfer, sodass Gertrud und ihre Geschwister nur noch die Erinnerung an einstiges Wohlleben und Reichtum besaßen, selbst aber völlig mittellos dastanden und auf ihrer Hände Arbeit angewiesen waren. Freilich wurde dieser proletarisierte Zustand sehr ambivalent erlebt und verarbeitet. Was die Haltung Gertruds betrifft, entwickelte sie einen durch nichts begründeten Standesdünkel.

Zur Schule ging sie gern, sie war eine gute Schülerin und ihr Wunsch war, auf die Handels- oder eine Mittelschule zu gehen, musste aber die 8. Klasse verlassen, da auf sie das Los als ältester Tochter fiel, ihre Mutter, die einer schweren Lähmung erlegen war, zu pflegen und so 12 Jahre lang ans Haus gefesselt zu sein. Gertrud meinte, dafür von ihrem Vater, im Vergleich zu den anderen Geschwistern, viel zu wenig geerbt zu haben.

Nach dem Tod ihrer Mutter, Gertrud war 22 Jahre alt, verließ sie Grünberg und fuhr zuerst nach Berlin. Hier, im Lette-Haus, besuchte sie wenige Kurse in Hauswirtschaft, Buchführung und Abrechnung und eine Einführung in Hausschneidern. Sie kaufte sich ein Zeichengerät, das sie später nicht benutzte; es lag verschlossen in der Waschtisch-Kommode.

Sie vertraute auf die Gepflogenheit, dass Töchter von selbständigen Bäckermeistern in der Fremde – auch wenn sie ungelernt waren – als

Verkäuferinnen in Bäckerläden akzeptiert wurden. Sie fand eine Anstellung in einer Bäckerei in Berlin-Moabit, wo sie bei der Familie auch wohnen konnte und verköstigt wurde. In Greifswald bekam Gertrud dann 1931/32 in einer Bäckerei eine besser bezahlte Anstellung.

Aber so rechten Spaß fand sie an ihrer Tätigkeit nicht. Den ganzen Tag im Laden stehen, die Leute bedienen und noch dazu freundlich und flink zu sein, so hatte sie sich ihr Leben nicht vorgestellt. Es wurde Zeit, einen Mann zu finden und zu heiraten. Anlässlich der Hochzeit eines Bruders von Erich wird auch Gertrud Weber eingeladen und als Tischdame neben Erich platziert.

Erich war von zierlicher Statur, schwarzhaarig und dunkelhäutig. Dunkelbraune freundliche Augen beherrschen neben einer markanten Nase ein gütiges hart gezeichnetes Männerantlitz. Sieben Jahre „gingen" sie miteinander; bis die blonde 29-jährige Bäckermeisterstochter und der 34-jährige Papierwarenverkäufer 1932 heirateten. Gertrud hatte im Laufe ihrer Ehe kaum eine Gelegenheit ungenutzt gelassen, um Erich zu sagen, dass sie hunderte andere Männer hätte haben können: Fleischermeister, Bäckermeister, gutgekleidete Beamte und Lehrer. Auf ihn, den „armen Schlucker", sei sie letzten Endes hereingefallen.

Der Wunsch im eigenen Haus zu leben

Die junge Ehe begann ganz bescheiden mit Stube und Küche in einem unterprivilegierten Wohnviertel südwestlich vom Zentrum Grünbergs im Altstadtgebiet. Dort in der Nähe der Wohnung lag die „Englische", später die „Deutsche Wolle", in der die meisten Bewohner des Viertels arbeiteten. Bis zur Eheschließung hatten Gertrud und Erich eisern gespart, und das Sparen ging nach der Geburt des Sohnes im März 1934 weiter.

Erich, klug und fleißig, verdiente inzwischen etwas besser und Gertrud wollte nicht mehr zur Miete, sondern, wie gewohnt, im eigenen Haus wohnen. Wie viel auch die Eheleute gespart hatten, es war nicht so viel, dass sie einen Hausbau, wie er ihnen vorschwebte, bezahlen konnten. Für den Kauf eines Grundstücks, auf dem man einen Garten anlegen und später ein Haus bauen konnte, reichte es jedoch schon. So kauften sie das Grundstück in der Züllichauer Straße 13, nördlich vom Hauptbahnhof Grünbergs, vom Zentrum etwa zwei Kilometer entfernt. Jede Minute freier Zeit wurde für die Kultivierung des Grundstücks genutzt und erst einmal der Garten angelegt.

Ein sehr großes Haus sollte es nicht werden, aber doch so groß, dass man 1-2 Zimmer ständig vermieten könnte, um einen Teil der Unkosten wiederzubekommen. Das Ausheben der Kellersohle für das Zweifamilienhaus betrieb Vater Erich im Sommer und Herbst 1934, so konnte 1935 der eigentliche Hausbau beginnen. Den Auftrag zum Hausbau erhielt der Bauunternehmer Simon aus Alt-Kessel. Bemüht durch Eigenleistung die Kosten zu minimieren, brauchte Erich seine ganze Kraft - meistens in den Nachtstunden – um fast alle Hilfsarbeiten und Innenarbeiten im Haus, wie Malern, Linoleum-Verlegen, selbst das Dielenverlegen, allein zu besorgen. Vater Erich ist es auch, der die Früchte des Obst- und Gemüsegartens verarbeitet, damit es für den Winter reicht. Mutter Gertrud kaufte an Kleidung nur das Notwendigste, solange sie durch Flicken und Stopfen die Sachen zusammenhalten konnte, tat sie es - die Kleidung der Familie war immer sauber und einwandfrei gestopft. Sie hoffte, wenn sie erst im eigenen Haus lebt, wird es leichter sein die Entbehrungen zu ertragen.

Am 30. September 1935 erhalten die Eheleute K. vom „Bürgermeister als Ortspolizeibehörde (Baupolizei)" den „Gebrauchsabnahmeschein", der besagt, der „Ingebrauchnahme der Räume des am 17. April 1935 genehmigten Baus des Wohnhauses in der Züllichauer Str.13 stehen keine Bedenken entgegen. Das Gebäude muss noch einen Anstrich erhalten."

Das Zweifamilien-Haus steht, es ist nicht verputzt, auch der Innenausbau ist noch längst nicht fertig; aber das macht nichts – die Mietwohnung in der Grünstraße wird aufgegeben und Erich, Gertrud und der ein und ein halbes Jahr alte Sohn ziehen in ihr noch nicht fertiges Haus.

Seit 1940 muss Erich, 42 Jahre alt, zum zweiten Mal in seinem Leben als Soldat dienen. 1944 wurde er zum Feldwebel. Der Sold, höher als sein Arbeitslohn, ließ die Familie leben und sogar etwas sparen.

Die Fäkaliengrube wurde noch von der Baufirma betoniert, aber eine Überlaufsickergrube haben erst Vater Erich - während eines Wehrmachtsurlaubs 1942 – und sein achtjähriger Sohn gebaut.

Finanziert wurde der Hausbau mit dem restlichen Ersparten sowie einem größeren Vorschuss von Erichs Firma, mit einer großen geliehenen Geldsumme von Erichs Halbschwester Selma und einer kleineren Leihsumme von Erichs Bruder Arwin. Da diese Beträge letztendlich immer noch nicht reichten, um die Baukosten in Höhe von 20.000 Reichsmark zu begleichen, wurde noch ein Baukredit bei der Volksbank Boyadel aufgenommen.

Mit dem ererbten Geld der durch Freitod aus dem Leben gegangenen Halbschwester Selma, bezahlten Erich und Gertrud nach zehn Hungerjahren den Rest der Hypothek und so war ihr Haus am 1. August 1944 endlich schuldenfrei. Gertruds sehnlichster Wunsch nach einem eigenen Haus war in Erfüllung gegangen.

Kindheit in Grünberg

Der kleine Sohn, der in 28 Jahren mein Ehemann wird, ist noch in der kleinen Mietwohnung in der Altstadt geboren. Das erfahre ich erst aus seiner Dokumentation über seinen Vater. Im Zusammenhang mit der mehrfach von Mutter Gertrud geäußerten Feststellung, sie hätte wohlhabendere Männer heiraten können und ausgerechnet den armen Landarbeitersohn „musste" sie heiraten, schreibt mein Mann: „Sie musste nicht heiraten, denn ich wurde erst zwei Jahre nach der Hochzeit geboren."

Es gab in der Ehe der Eltern öfter Streitigkeiten, meistens ausgelöst von der Mutter und der kleine Sohn litt unter dieser Disharmonie. Einschlafen muss der kleine Manfred ohne Gute-Nacht-Geschichte, auch Märchen bekam er von den Eltern nicht vorgelesen. Öfter flüchtet er hinaus in den Garten, versteckt sich vor allem vor der Mutter, die ihn oft schlägt. Klettert auf Bäume – sein Lieblingsbaum war ein vom Vater gepflanzter Essigbaum. Hoch im Baum kann er die Vögel beobachten und seine Ruhe finden.

Vom Vater bekommt er keine Schläge. Als er größer ist, hilft er ihm beim Obstpflücken und bei der Gartenarbeit. Sobald er lesen kann, wird er zu einer „Leseratte".

Nicht nur einmal läuft er in den Wald, um den guten Berggeist, um Hilfe aus seiner Not zu bitten. Wie er es in seinem Märchenbuch gelesen hatte, rief er dreimal laut nach Rübezahl, doch nichts rührte sich im Tannendickicht des schlesischen Riesengebirges.

In seine Bücher schreibt er seit seiner Kindheit seinen Namen und das Jahr, in welchem er das Buch las. So weiß ich aus den an mich überkommenen Büchern, dass er mit sieben Jahren „Ausgewählte Erzählungen" von Karl Gustav Nieritz des Meidinger´s Jugendschriften Verlag GmbH, Berlin, gelesen hat.

Karl Gustav Nieritz, 1795 zu Neustadt-Dresden, in dem damaligen Kurfürstentum Sachsen als Sohn eines „Armenschullehrers" geboren, wird vom Herausgeber der Erzählungen als „Volks- und Jugendschriftsteller" bezeichnet. Mit 19 Jahren bestand G. Nieritz das Examen als Schulamtskandidat und trat in die Schule seines Vaters ein. Neben seiner kärglichen Besoldung als Hilfslehrer widmete er sich der schriftstellerischen Tätigkeit, deren Hauptthema das Leben der armseligen aber sehr auf Gott vertrauenden Familien war. Es sind alles sehr traurige Geschichten, die G. Nieritz aber immer zu einem glücklichen Ende gestaltete.

Die Tiergeschichten und frühen Abenteuerromane von Jack London versetzen den Jungen in eine andere, friedlichere Welt. Die Hundegeschichten von Jerry, dem Insulaner und seinem Bruder Michael verinnerlichte er wohl dermaßen, dass M.K. mir später gegenüber, im Spaß, manchmal erklärte, er sei in seinem früheren Leben ein Hund gewesen. Er liebte Hunde, reagierte professionell auf ihr Bellen, sodass Freunde ihm einmal anlässlich eines Geburtstages, die Urkunde eines „Doktor der Bellologie“ schenkten.

Im Gegensatz zu mir, die Angst nicht nur vor Hunden hat, liebte mein Mann alle Arten von Tieren. Aber einen Hund besaß er weder in der Kindheit noch im Alter.

Auch das Buch von Selma Lagerlöf „ Die wunderbare Reise des kleinen Nils Holgersson mit den Wildgänsen“ verschlang er schon als kleiner Junge, versteckt vor Mutter und aufdringlicher kleiner Schwester. Sehr früh beginnt er selbst Gedichte und Kurzgeschichten über Tiere zu schreiben.

In den Kindheitsjahren begann so, dass ihn der Konflikt zwischen Natur- und Kulturmensch auch noch in seinen Jünglingsjahren gedanklich stark beschäftigte. Die Bücher von Marcel Pagnol liest er noch als Erwachsener.

Im Haus der Eltern gibt es wenig Bücher, aber der Freund des Vaters, Karl Laube, wohnt in der Nähe und besitzt eine umfangreiche Bibliothek. M. K. wörtlich in seinen Erinnerungen: „Der Kommunist, Karl Laube; für mich Onkel Karl, war kommunistischer Provinzial-Landtags-Abgeordneter gewesen, hatte allerhand Parteifunktionen innegehabt und war von den Nazis für „wehrunwürdig“ erklärt worden. Während des Krieges war er bei der Grünberger Stadtverwaltung angestellt. Er besorgte mir Kinokarten. Als ich im September 1944 in das Friedrich-Wilhelm-Realgymnasium eintrat und Englisch meine erste Fremdsprache wurde, kam er sehr oft zu uns in die Züllichauer Straße 13 und übte mit mir die englische Aussprache. Er brachte mir leichtverständliche Bücher in Englisch. Ich besuchte auch Onkel Karl mehrmals in seiner Wohnung, die schräg gegenüber dem Kleinbahnhof sich befand und borgte mir Bücher von ihm aus. Im November 1944 blieb er dann plötzlich weg. Karl Laube, Arbeiter und bildungsmäßig ein Selfmademan, belesen und in Bücher vernarrt, sachbetont und überlegend beeinflusste mich sehr. Mit meinem Vater verband ihn eine tiefe Freundschaft."

Ein Foto, welches der Vater im Sommer 1940, vor seiner Einberufung in die Hitler-Wehrmacht aufnahm, zeigt die kleine Familie: Mutter Gertrud mit der kleinen Schwester auf dem Arm und ganz artig und folgsam neben ihr stehend, der sechsjährige Sohn in schwarzen Schnür-Halbstiefeln und Kniestrümpfen. Er ist zierlich, reicht bis zu den kräftigen Oberarmen der Mutter. Sein Blick ist ernst und bestimmt, sein Lächeln verhalten, aber nicht künstlich, wie es vermutlich vom Vater für das Foto gefordert war. Die Bildunterschrift von M. K. lautet: „Ich war Ostern 1940 in Grünberg in der zuständigen Hindenburg-Schule eingeschult worden; deshalb die Ausgehkleidung im doppelreihigen Bleyle-Anzug und Matrosen–Käppi."

Vater Erich muss wieder in den Krieg

„Als am 1. September 1939 der Zweite Weltkrieg begann, gehörte Vater Erich mit seinen 42 Jahren zu den älteren, nur landwehrpflichtigen Jahrgängen. Zum Polenfeldzug wurde er nicht eingezogen. Das Leben ging weiter wie bisher, nur, dass jetzt viele Männer in Uniformen auf den Straßen zu sehen waren, Militärkonvois die Straße nach Züllichau und Fraustadt, also ins Polnische, am Haus vorbeifuhren. Auch war jetzt alles rationiert, denn mit Kriegsbeginn gab es Lebensmittelkarten, Scheine für Textilien, Schuhe und Hausbrand-Kohlen. Doch die Rationen waren ausreichend.

Im April 1940 bekam Vater Erich den Gestellungsbefehl und er musste sich am 6. Mai in seinem zuständigen Garnisonsort in Glogau einfinden. Glogau war von 1816 – 1945 ein preußischer Landkreis in Schlesien. Die ganze Familie setzte sich auf die Bahn, fuhr mit dem Breslauer Zug von Grünberg bis Glogau (etwa 70 km Entfernung) und begleitete ihn bis zum Kasernentor. Die Kasernen waren neu erbaut und bildeten einen riesigen Komplex jenseits des Glogauer Doms an der Oder.

Etwa alle 14 Tage wurde die Reise nach Glogau wiederholt, wenn Vater Erich am Wochenende Ausgang für die Garnisonsstadt bekam. Wir nahmen dann ein Paket mit Marmeladenstullen mit, aber im Unterschied zum täglichen Frühstück war unter die Marmelade Butter geschmiert. Gegessen wurde auf einer Parkbank.

In Glogau wurde Vater Erich am 1. Oktober 1940 vom Schützen zum Unteroffizier befördert.

Dann ging es zum Einsatz nach Frankreich, in die Nähe von Metz, und nach dem Überfall auf die Sowjetunion (Ende Juni 1941) in die Ukraine zum Straßen- und Munitionslager-Bau.
In der Ukraine wurde ihm eine Kompanie ukrainischer Soldaten unterstellt, die sich für die deutsche Wehrmacht hatten rekrutieren lassen. Mit diesen blieb er bis zum Kriegsende zusammen."

In dem Wehrpass bzw. Soldbuch meines Schwiegervaters, den ich leider nicht kennenlernte, denn er starb 1955 und ich lernte meinen Mann erst 1963 kennen, lese ich, dass Vater Erich von der Front vier Mal, knapp einen Monat, Heimaturlaub bekam und bei seiner Familie in Grünberg sein konnte. Diese Zeit verwendete er für den Hausbau, wobei ihm der kleine Sohn tatkräftig half. Der Vater erzählte, als er vom 22. Juli bis 21. August 1942 zu Hause war, dass er im Kaukasus ein Kamel besaß, das er gern hätte mitbringen wollen. Diese spaßige Bemerkung erfahre ich aus der Dokumentation meines Mannes.

„Kurze Zeit vorher hatte mein Vater zum ´Eisernen Kreuz Zweiter Klasse´, mit dem er 1918 ausgezeichnet worden war, die ´Schwerter´ verliehen bekommen. Kurz nach dem Urlaub gab es die Medaille ´Winterschlacht im Osten 1941/42´ - den sogenannten Gefrierfleischorden. Hochgradige Erfrierungen bekam er tatsächlich und lag deshalb fast drei Wochen in Warschau im Lazarett. Danach bekam er 14 Tage Genesungs- und 10 Tage Erholungsurlaub, die er bei der Familie in Grünberg war. Danach musste er wieder nach Russland, erreichte auch seine Einheit im Kaukasus, die aber mit der ganzen deutschen Armeegruppe – im Gefolge der weiträumigen Einkesselung Stalingrads – bereits abgeschnitten war und die Gefahr bestand, eingekesselt zu werden. Es erfolgte die Flucht mit LKWs über das Eis des Schwarzen Meeres mit Artilleriebeschuss durch die Sowjetarmee. Den Rückzug der Wehrmacht aus Russland machte Erich mit.

Nach der Eröffnung der Zweiten Front durch die Alliierten im Juni 1944 wurde die Truppe von Erich von der Ostfront an die Westfront verlegt. Bei seinem vorletzten Heimaturlaub brachte Vater Erich zwei Pistolen mit Munition mit, die er für die Sicherstellung seiner Familie bei den zu erwartenden Wirren eines verloren gehenden Krieges gedacht hatte.
Bei der Fahrt durch Deutschland nach Frankreich, die über Küstrin an der Oder führte, gab es für Erich keine Gelegenheit, bei uns in Grünberg vorbeizukommen.

Aber für verheiratete Männer mit Kindern gewährte man 1944

doch noch Vor - Weihnachtsurlaub, sodass Erich die Zeit vom 16. November bis zum 1. Dezember 1944 bei seiner Familie verbringen konnte. Es war sein allerletzter Aufenthalt in Grünberg; auch nach 1945 hat er seine Stadt und sein Haus nicht wiedergesehen. Infolge der alliierten Abkommen von Jalta und Potsdam war Grünberg 1945, wie alles deutsche Gebiet östlich von Oder und Neiße, unter polnische Verwaltungs-Hoheit gekommen und die Grenzen zu Polen wurden erst 1972 wieder geöffnet."

Der heranwachsende Sohn vermisste sehr den geliebten Vater, mit dem er nur während der Fronturlaube zusammen war, ihm von seinen Erlebnissen erzählen und bei der Arbeit helfen konnte. Zusammen Karten oder ähnliches gespielt, oder zusammen gesungen, wurde in der Familie nicht. „Vom Erbe der Tante Selma hatte Mutter Gertrud etwa 2000 Reichsmark übrig behalten, die sie in einer Aktentasche zusammen mit anderen Papieren immer bei sich trug. Vor der Evakuierung hatte sie die Aktentasche unten im Keller versteckt. Beim Einmarsch der Roten Armee, als Soldaten mit ihren Trommelgewehren im Anschlag an der Kellertür standen – vergaß Gertrud die Aktentasche im Keller.

Am 21. April 1945 nach der Plünderung musste der Sohn noch einmal in den Keller und aus den über den Kellerboden verstreuten Sachen noch etwa 1.500 Reichsmark auflesen. In den folgenden Jahren bis zur Währungsreform leistete das Geld gute Dienste." (Bericht meines Mannes von 1998 und mein Kommentar dazu heute: Überall auf den Straßen wurde scharf geschossen, welche Angst musste der kleine Bub gehabt haben, in den Keller zu gehen und erwischt zu werden. Mir unvorstellbar und zugleich erfüllt mich Zorn über Mutter Gertrud, dies von ihrem Sohn verlangt zu haben.)

Evakuierung und Flucht

„Frauen und Kinder wurden aus Grünberg seit Ende Januar 1945 evakuiert. Wir mussten das Haus am 30. Januar 1945 verlassen. Grund war die sogenannte ´Flucht vor den Russen´. Tage vorher waren schon endlose Kolonnen mit zerlumpten russischen Gefangenen unter deutscher Bewachung, vom Oderknie bei Tschicherzig kommend, am Haus Züllichauer Straße 13 vorbei „geschlichen" – gespenstische Menschenzüge.

So etwa seit dem 25. Januar hatte man mehrere deutsche Offiziere bei uns im Haus einquartiert, die von den großen Berliner Fenstern im Wohn- und im Schlafzimmer aus die Gefangenenkolonnen beobachteten, die Gefangenen zählten und Statistiken anfertigten. Gertrud musste ihnen Kaffee kochen, die Kaffeebohnen brachten die Offiziere mit.

Grünberg ist am 15. Februar 1945 von russischen Sturmtruppen eingenommen worden. Die deutsche Verteidigung bestand aus den vom Oderwall zurückweichenden Fronttruppen, aus Wlassow-Soldaten der Grünberger Kasernen, aus rekrutierten Hitlerjungen in Flak-Uniformen und gehfähigen Wehrmachts-Angehörigen aus den zahlreichen Grünberger Lazaretten. Die Industriebetriebe waren seit Dezember 1944 mit ihren deutschen und den Fremdarbeitern nach Sachsen verlagert worden.

Am Mittag des 30. Januar 1945 erschien unser Nachbar, Bäckermeister und Alt Nazi Vorwerk, (den wir nie gegrüßt hatten, bei dem wir nicht einkauften und zu dem es keinerlei nachbarschaftliche Kontakte gegeben hatte) in seiner hellbraunen Nazipartei-Uniform an der Wohnungstür und teilte kurz mit, dass wir uns in zwei Stunden auf dem Hauptbahnhof zwecks Evakuierung einzufinden hätten; die Russen seien durchgebrochen, Grünberg werde Kampfgebiet und die gesamte Zivilbevölkerung werde in Sicherheit gebracht. Ziel sei ein schon vorbereitetes Lager im sächsischen Oschatz. An Sachen dürfte nur das Notdürftigste mitgenommen werden, auch würde die Evakuierung nicht lange dauern.

Gertrud packte einen kleinen Koffer für die kleine Schwester (5 Jahre alt) und zwei große Koffer für sich und den Sohn (10 Jahre alt). Anziehsachen, je einmal Bettwäsche pro Person, Hand- und Taschentücher, eine Thermosflasche und zwei Militärfeldflaschen mit heißem Tee, Tassen, Besteck und Essbares, wie Brot, Kekse und Zwieback. Dazu kamen noch Ausweise und Dokumente, alle Haus-Bauunterlagen, ein paar Fotos, Erinnerungsstücke (zum Beispiel ein gesticktes Tuch von Großmuttel mit ihrem Monogramm) und Wertsachen (Ringe, zwei goldene Uhren, eine Goldkette mit Anhänger). Für die kleine Schwester wurde noch ein großes Kopfkissen mitgenommen und in einer braunen Tuchtasche zwei Decken.

In eine der Decken steckte ich heimlich mein Englisch-Buch vom Realgymnasium, meinen Schulatlas, eine Deutschlandkarte, eine Schlesienkarte, eine Autokarte von Brandenburg und Sachsen sowie ein Heft mit meinen Gedichten, die ich seit 1942 nach einem Besuch des Gerhart-Hauptmann-Hauses in Agnetendorf, verfasst hatte. Jeder zog doppelte bis dreifache Kleidung auf den Körper, was zwar ungewohnt, aber bei der starken Kälte, die herrschte, durchaus einleuchtend war. Letzter Akt war dann, dass ich mein Kaninchen schlachtete, so, wie ich es vom Vater gelernt hatte, denn es sollte nicht von den Russen umgebracht werden. Ach – war das schwer!

Auf dem Hauptbahnhof stand ein Zug bereit, aber es war zum Erstaunen aller kein Personenzug, sondern ein oben offener Güterzug. Dieser Zug fuhr dann nicht westwärts, wie ich sehr schnell feststellte, sondern nach Christianstadt, wo die großen unterirdischen Munitionsfabriken lagen, weiter nach „Sorau – Hauptbahnhof".

Die Güterwaggons waren so voller Menschen gepfercht, dass an ein Liegen oder Sitzen nicht zu denken war. Nur dadurch, dass einer auf die Idee gekommen war, die Koffer hochkant zu stellen, entstanden dann Sitz- und Flächen zum Anlehnen. Die Enge hatte allerdings den Vorteil gegenseitigen Wärmens; keiner erfror, alle hatten nur kalte Füße. Die ganze Fahrt über schneite es heftig. Wir wurden zu Schneemännern. In Sorau stand der Güterzug zwei Nächte und einen Tag. Es hieß, die Russen haben die Front durchbrochen und die Strecke nach Sachsen blockiert. Dann ging es weiter nach Guben an der Neiße und nach Cottbus, wo der Zug auf dem Hauptbahnhof abgekoppelt wurde. Eine Ersatzlokomotive gab es nicht.

Um nicht noch eine Winternacht im Freien zu verbringen, verließ Gertrud mit uns das Abstellgleis und wir verbrachten zwei Tage in einem Keller eines am Bahnhof gelegenen Warenhauses in Cottbus.

Gertrud lässt uns in dem Keller allein und fährt vom 2. bis 4. Februar 1945 von Cottbus aus noch einmal nach Grünberg zurück, um Sachen, vor allem für ihren Mann zu holen und auch die Pistole, die dieser ihr gegeben, an die sie aber bei der Evakuierung nicht gedacht hatte.

Am Abend des 4. Februar 1945 kam sie mit einem Reisekorb und einem großen schweren Koffer auf dem Bahnsteig in Cottbus wieder an. Sie stieg aus dem vollbesetzten Abteil, aber ohne ihr Gepäck aus. Man verweigerte ihr die Koffer herauszugeben, weil dann viele Leute auch hätten aussteigen müssen und die befürchteten, dass der Zug ohne sie abfährt.

Aber Gertrud gab keine Ruhe und zwei junge Offiziere halfen, dass das Gepäck auf den Bahnsteig gestellt wurde. Dann arrangierte sie über die Bahnhofskommandantur den Transport der schweren Gepäckstücke zum Personenzug nach Calau, der auf einem anderen Bahnsteig stand. Es gelang uns in den total überfüllten Personenzug zu steigen, der erst viele Stunden später abfuhr. Wir froren erbärmlich, mir erfroren die Zehen.

Spät in der Nacht kommt Gertrud mit uns Kindern und den Koffern in Calau an und lässt uns wiederum allein, um in Calau mit Hilfe ihrer

Verwandten, die von nichts wussten und völlig überrascht waren, eine Bleibe zu beschaffen. Irgendwann mittags erschien sie dann mit einem Plattenwagen, auf dem das Fluchtgepäck genügend Platz fand.
Bei einer Frau mit drei Kindern, die aus Kiel in das Dorf Reuden evakuiert worden waren und die zusammenrückten, bekamen wir für zehn Tage Unterkunft. Danach zogen wir in eine Eineinhalb-Zimmer-Wohnung nach Calau in die Töpferstraße 23, in der wir bis 1952 lebten.

Gertrud hoffte wieder nach Grünberg zurückkehren zu können, denn fast alle Niederschlesier in der Calauer Gegend standen in engem Kontakt miteinander und tauschten ihre Hoffnungen untereinander aus. Aber keiner hatte eine Ahnung von den Plänen der Alliierten, ihre Heimat von Deutschland abzutrennen und die Deutschen zu vertreiben. Was die Sieger längst beschlossen hatten, erfuhren sie nicht.

Außerdem grenzten sich die einheimischen Calauer von den Flüchtlingen sehr stark ab und Beschimpfungen wie „verlaustes Pack“ und „hergelaufenes Gesindel“ waren an der Tagesordnung.

Zweitägige Beschießung und Straßenkämpfe finden in Calau am 19. und 20. April statt. Der Ort war ab diesem Zeitpunkt zum Marodieren freigegeben. Brennende Häuser, in den Straßen und Gebäuden liegende Leichen von deutschen und russischen Soldaten.“

Schreckliches muss der halbwüchsige M. K. erleben. In einem Brief vom 25. 1. 1946 schreibt der Sohn an seinen „Vatel“: *Am 14. Februar vorigen Jahres waren die Russen in Grünberg. Am 19. April standen sie mit 15 Panzern vor den Toren Calaus. Wir mussten zwei Tage im Keller sitzen, weil die Nazis und der Volkssturm Calau immer wieder verteidigten. An jeder Straße stand eine Panzersperre. Nach ungefähr 48 Stunden Beschuss standen nicht mehr viele Häuser. Kurz bevor die russischen Soldaten nach Calau kamen, war ich in die Berliner Hansa-Schule (ein nach Calau mit Schülern und Lehrern evakuiertes Lyzeum aus Berlin-Schöneberg) eingetreten. Seit dem 19. April habe ich bis zum 1. Oktober keine Schule mehr besucht. Am 1. Oktober trat ich dann in die hiesige Mittelschule ein, in welcher ich auch jetzt noch bin. Ich hoffe, dass Du noch lebst. Ich wünsche, dass Du recht bald nach Calau kommst, denn in der Fremde ist doch nichts los.*

Rückkehr nach Grünberg und Vertreibung

Der Aufenthalt in Calau umfasste einen reichlichen Monat. Vom 24. bis 27. Juni sind Gertrud und die Kinder wieder auf dem Weg zurück nach

Grünberg. An Vaters Stelle, der noch in amerikanischer Gefangenschaft ist, trägt der elfjährige Sohn die Verantwortung für Schwester und Mutter.

Der Sohn schreibt in seinem Dokumentarbericht: „Es war ein Glück, dass es im Sommer erfolgte. Die Landstraßen waren wettermäßig freundlicher, und Ruhepausen einlegen sowie übernachten konnte man ohne Probleme auch im Freien. Für die Rückkehr benötigten wir ein Gefährt, das ein Rad, zwei oder – was uns geradezu ideal schien – vier Räder hatte.

Frauen konnten sich im Mai 1945 wegen der ungezügelten russischen Besatzer kaum auf die Straße wagen, Männer wurden auf den Straßen weggefangen und in die Trecks mit den deutschen Kriegsgefangenen eingereiht.

Ich konnte mich ziemlich frei bewegen. Ich besorgte Bestecks, Schüsseln, Teller und Tassen, auch Kochtöpfe, erst alte aus den Kellern der Ruinen, dann nagelneue aus dem Wehrmachts-Bestandslager hinter dem Calauer Bahnhof. Im Wald am Bestandslager fand ich schließlich auch einen defekten Handwagen; der hatte allerdings nur drei intakte Räder und auch ein paar Streben fehlten. Doch ansonsten war er fast neu. Die Streben schnitzte ich selbst und setzte sie ein, aber das fehlende Hinterrad blieb ein Problem. Die Stellmacherei am Luckauer Tor in Calau war geschlossen. Die Stellmacherfrau wehrte erst ab, dann aber gestattete sie mir das Suchen unter den „Abfällen“, und dort fand sich dann ein etwas größeres Hinterrad, an dem nur ein Stück Rundbogen fehlte, der sich aus einem anderen Stück, etwas bearbeitet, mühelos ergänzen ließ. Damit war das Gefährt nicht nur gefunden sondern auch einsatzbereit.

Eine Woche später, ging es wieder los: Dieses Mal aber 130 Kilometer zu Fuß mit dem Handwagen, auf dem die kleine Schwester mit dem relativ wenigen Gepäck saß. Denn fast alles, was bei der Flucht aus Grünberg gerettet worden war, blieb – in mehrere Säcke und Pappkartons verpackt – in Calau auf einem Dachboden. Die Vorstellung war: Erst einmal sehen, wie es in Grünberg aussieht; ob das Haus noch steht; ob man etwas zu essen bekommt.

Unmengen von Menschen waren damals unterwegs, die alle in östlicher Richtung „treckten“. Es waren geflüchtete Deutsche, aber auch viele ehemalige „Fremdarbeiter“, die meistens an ihren Fahrrädern zu erkennen waren, während die Deutschen entweder – wie wir – , einen Handwagen zogen oder nur mit einem Rucksack auf dem Rücken oder etwas Handgepäck bei sich hatten. Zwischenfälle gab es nicht, wenn man von einem Auto voller besoffener sowjetischer Soldaten absieht, das über die Straße schlingerte und etwa 50 Meter vor uns in einer Linkskurve einige Handwagen rammte, die nicht so schnell ausweichen konnten. Ich bemerkte das Auto schon sehr früh und war bei der Karambolage schnell in eine Tannenschonung abgeschwenkt; die Schreie und einige Schüsse hörten wir nur noch aus der Ferne.

Täglich legten wir 30 bis 40 Kilometer zurück. Nachts wurde abseits von der Straße in verlassenen Häusern, einmal auch in einer leeren Kaserne, geschlafen. Dabei taten sich immer mehrere Familien, die sich auf der Landstraße kennengelernt hatten, zusammen, und wenn alle schliefen, hielten zwei immer ein paar Stunden Wache, man wechselte sich ab und auch die Kinder über zehn Jahre mussten Wache halten. Es gab drei Übernachtungen im Wald.

Am 27. Juni 1945 zurück in Grünberg

In Grünberg unversehrt angekommen fanden wir unser Haus verschlossen vor. Es stand also noch und wies, außer der zerschlagenen Flurscheibe, keine äußeren Beschädigungen auf. Ich kroch durch das Flurfenster vorsichtig ins Treppenhaus und fand alle Türen offenstehend. Aus der unteren Wohnung waren die meisten Möbel geraubt, zerschlagenes Geschirr lag mit breit getretener Wäsche, Büchern und Papier sowie einigen Kackhaufen auf dem Fußboden. In der oberen Wohnung hatte man die Lampen zerschossen, die Möbel, Spiegel und Bilder zerschlagen. Der Vandalismus war einleuchtend; dort hatte der SS-Mann Beier gewohnt. Nachbarn aus der angrenzenden Talstraße erzählten wenig später, dass zuerst russische Soldaten in dem Haus einquartiert waren, und dann jeweils für einige Tage Kolonnen deutscher Gefangener unter sowjetischer Bewachung. In der Küche fand sich dann auch verschmutzte Unterwäsche, mit Läusen besetzt. Damit war klar, wo unsere Wäsche geblieben war. Selbst im Keller waren die zwei Koffer mit Wäsche verschwunden, die unter den Briketts schon im Dezember 1944 von den Eltern versteckt worden waren.

Durch das zu ebener Erde liegende Küchenfenster stiegen dann meine Mutter und meine Schwester in das Haus ein. Notdürftig richteten wir uns wieder ein.

Am späten Nachmittag klopfte es sehr laut und wiederholt an der von mir von innen verbarrikadierten Haustür sowie an den Fenstern. Es war ein einzelner älterer Mann, der zuerst vergeblich versuchte, die Haustür aufzuschließen. Durch das zerschlagene Flurfenster wurde mit ihm verhandelt. Es stellte sich heraus, dass er ein vom deutschen Bürgermeister und von der sowjetischen Kommandantur eingesetzter „Straßenbeauftragter" war, der auf die leerstehenden Häuser aufpassen sollte.

Obwohl das Haus Nummer 13 für die russische Kommandantur requiriert war, händigte er den Hausschlüssel aus, wollte aber am nächsten Abend eine Aufenthaltsgenehmigung vorgewiesen haben.

Für bessere Stimmung sorgte die Nachricht, dass der deutsche Bürgermeister Karl Laube hieß, der Freund von Vater Erich, mein „Onkel Karl". Der hatte also die Verhaftung durch die Gestapo im November 1944 überlebt.

In den nächsten Tagen erfuhren wir von Karl Laube selbst, dass er schwere Monate im Konzentrationslager bei Breslau verbringen musste, aber schon im Februar 1945 von der Roten Armee befreit wurde und nach Grünberg zurückgekehrt war. Wir erhielten von ihm die Aufenthaltsgenehmigung.

In den folgenden Tagen erfuhren wir viel Schlimmes über die Eroberung Grünbergs durch die Rote Armee. Wochenlange Exzesse, vor allem unter Alkoholeinfluss. Grünberg war eine historische Wein- und Brandwein-Stadt und viele Millionen Flaschen und Hunderte von Fässern lagerten in den Gär- und Lagerkellern. Als wir im Juni in Grünberg ankamen, waren die Keller bereits leer, aber in der Weinbrennerei in der Bahnhofstraße suchten immer noch Uniformierte in den weitverzweigten Kellern nach „Schnaps" und wurden auch hin und wieder fündig.

Die Besitzer der Weinbrennerei, die nicht geflüchtet sind und auf dem Fabrikgelände wohnten, waren im März 1945 von sowjetischen Offizieren erschlagen worden.

Auf dem Fabrikgelände holten wir uns jede Menge gehacktes Holz, bester Sorte, packten unser ganzes Kellergeschoss damit voll, so dass wir auf Jahre mit Holz hätten heizen können. Der Hausmeister gab uns auch die prunkvolle Schlafzimmer-Einrichtung des ehemaligen Weinbrennerei-Besitzers und half uns beim Transport. Wir schliefen nun in sozusagen „gehobenem Komfort". Unsere von Großmutter 1942 geerbten Betten, der Kleiderschrank, die Chaiselongue und zwei Sessel waren gestohlen.

Das Niveau unserer Verpflegung hielt damit freilich nicht im Geringsten Schritt. Unsere Hauptnahrung blieben Kartoffeln, von denen wir genug bekamen; und Salz gab es auch ausreichend. Einmal hatten wir in der oberen Wohnung für eine Nacht Einquartierung von vier oder fünf sowjetischen Offizieren, die hatten zwar Brot, aber waren sehr erfreut über Kartoffeln und Salz, die sie mit uns aßen. Zehn polnische Soldaten, die in der folgenden Woche in der oberen Etage Quartier nahmen, hatten nicht einmal Brot; wieder halfen Kartoffeln und Salz aus.

Von unseren Bekannten und engeren Verwandten war in Grünberg niemand aufzufinden, sie waren allesamt nach der Evakuierung nicht zurückgekehrt.

Bis dahin war unser Glaube unerschüttert, dass alles gut werden würde. Karl Laube mit dem wir mehrmals in der Woche zusammentrafen und der es als deutscher Bürgermeister unter dem sowjetischen Kommandanten doch wissen musste, bestärkte uns darin.

Er wusste es aber selbst nicht besser. Zwar war schon damals von Jalta-Beschlüssen der Alliierten die Rede, die Neuregelungen vorsehen sollten, aber in allen Angelegenheiten war die sowjetische Kommandantur zuständig, und Schlesien gehörte zur Russischen Besatzungszone. Allerdings irritierten etwas die Einsetzung eines polnischen Bürgermeisters Mitte Juli 1945 und die nachfolgende Ansiedlung von polnischen Leuten.

Gertrud hatte noch erwogen, ob wir nicht in absehbarer Zeit, vor dem Winter, nach Calau zurücklaufen sollten, um die geretteten Sachen zu holen. Es kam anders und überraschend schnell."

„Raus! Raus!" am 26. Juli 1945

„Am Vormittag des 26. Juli 1945 erledigte ich den Auftrag der Mutter im nächstgelegenen Ort Kühnau, Kleidung abzuholen und zu bezahlen, die eine Frau für sie genäht hatte. Beim Abschied gab mir die Frau noch ein paar frische Hühnereier, als ein Junge gelaufen kam und über den Zaun rief, polnische Soldaten seien dabei die Deutschen von Haus und Hof zu verjagen und dass die Leute ihre Sachen mitnehmen sollten; was eine Vertreibung für immer bedeutete. Die Frau gab mir noch zwei Würste, eine Kanne Milch und den guten Rat, ich solle nur schnell nach Hause eilen.

Mir war klar, die Vertreibung wird auch uns treffen, vielleicht waren Mutter und Schwester schon nicht mehr in Grünberg. Ich hatte eine Heidenangst, nun allein auf mich gestellt zu sein. Die zwei Würste waren ein schwacher Trost, verhungern konnte ich zunächst nicht.

Von Kühnau nach Grünberg führte die Straße durch einen etwa 2 Kilometer langen Wald, dann kamen die ehemaligen Wehrmachts-Kasernen auf dem Berg, wo jetzt die Russen lagen, und dann noch ein guter

Kilometer bis nach Hause. Auf der Straße kam ich nicht durch den Wald. Am Ende des Ortes Kühnau, am alten Zollhaus, lagen polnische Soldaten und schossen auf die Kasernen und die Russen dort schossen zurück. Ich musste einen längeren Umweg durch den Wald bis zur städtischen Badeanstalt machen, immer im Dauerlauf, weil von Angst getrieben.

Als ich so gegen 13 Uhr völlig außer Puste ankam, herrschte zunächst ungläubiges Erstaunen bei der Mutter über die mitgebrachte Hiobsbotschaft. Das Schießen hatte sie gehört, aber geschossen wurde ja in diesen Tagen oft.

Uns blieb noch eine Stunde Zeit, in der wir den Handwagen packten. Eine Frau gab uns noch einen zweiten, kleineren, der mit Bettzeug und neuer Wäsche in braunen Säcken beladen wurde.

Um 14 Uhr kamen polnische Soldaten in den Hof, brüllten „Raus! Raus!" und richteten ihre Gewehre auf die Fenster unseres Hauses. Wir waren alle drei schnellstens draußen.

Dann begann der Treck, die endlose Vertreibung. 14 Tage auf der Landstraße, 130 Kilometer zu Fuß bis Calau; zwei Handwagen vollgepackt mit Sachen, obenauf die kleine Schwester, zog ich die meiste Zeit allein die zwei Handwagen, zusammengekoppelt, denn die Mutter bekam Herzbeschwerden. Deshalb machten wir vor Forst auf nunmehr polnischer Seite, in einem Kiefernwald einige Tage Rast. Hier hatten Hunderte von Bauernwagen Biwak bezogen und gaben großzügig Lebensmittel ab. Es war bekannt geworden, dass die Polen ihnen Fuhrwerke und Pferde vor der neuen Grenze (ein Kilometer vor der Neiße) abnahmen - daher die Freigebigkeit.

Auch wurden dort alle jungen Leute, die arbeitsfähig waren, aussortiert; ebenso die vielen ausländischen Fremdarbeiter, die die Pferdefuhrwerke der deutschen Gutsbesitzerinnen lenkten, bei denen sie während des Krieges gearbeitet hatten.

Gertrud hatte sich ein wenig erholt und zog nun den kleinen und ich den großen Handwagen, obenauf mit der Schwester. Bei der Fahrt über die von polnischem Militär bewachte Holzbrücke über die Neiße regnete es stark. Ein Soldat griff vor der Brücke mit zu, weil es sehr morastig war. Da wir alle von panischer Angst beseelt waren, dachten wir: Jetzt wird er die kleine Schwester und unsere Sachen in die Neiße werfen, zumal solches im Biwak erzählt worden war. Wir atmeten auf, als wir das andere Ufer alle drei erreichten und wo ältere deutsche Männer mit „Polizei"-Armbinden uns begrüßten.

Am Hang vor einem Haus auf der rechten Seite standen bewaffnete Russen, die ab und zu in den Treck gingen und wohl Kontrollen durchführten. Durchnässt übernachteten wir in einem Bauernhaus abseits der Landstraße.

Am anderen Morgen zog ich wieder beide zusammengekoppelten Handwagen, denn Mutters Herzbeschwerden hatten wieder eingesetzt. Die Landstraße war ab hier eben und asphaltiert, und die Löcher mit den Geschoßeinschlägen auf der Straße, die von mir umkurvt werden mussten, verloren sich, je näher wir Cottbus kamen.

Es gab noch zwei Übernachtungen. Der lange Regen war vorbei, die Sonne strahlte und wir schliefen unter freiem Himmel im Wald. Aber niemals allein, sondern immer zusammen mit anderen Handwagen-„Treckern“. Die Wagen standen im Kreis oder im Oval – ähnlich einer mittelalterlichen Wagenburg – und in der hoffentlich so geschützten Rundung schliefen alle.

Ich glaube einen Wachdienst gab es hier nicht mehr, denn wir fühlten uns ab der Neiße, wieder unter Deutschen, sicherer, obwohl auch das ein Trugschluss war.

In Vetschau kamen wir völlig erschöpft am späten Nachmittag eines schönen Sonnentages an. Seit dem vorigen Tag hatten wir nichts mehr zu essen. Wie glücklich waren wir, als Gertrud bei einem Bäcker, den sie kannte, für jeden eine Scheibe Schwarzbrot erbettelte. Das Brot war ganz frisch und noch ofenwarm. Wir drei aßen es sehr gierig und deshalb bekam es uns wohl nicht und wir mussten uns übergeben.

Von Vetschau bis Calau waren es noch etwa 10 Kilometer, aber wir konnten nicht mehr und suchten uns einen Schlafplatz wieder im Wald. Diesmal waren wir völlig allein. In der Ferne bellten irgendwelche Hunde, vor Erschöpfung schliefen wir ein.“

Lebt Vater Erich noch?

So um den 10. August 1945 endete der Fußmarsch nach der Vertreibung aus Grünberg und die Drei ziehen wieder in Calau in die Töpferstraße 23 ein. Seit Dezember 1944 hatten sie keinen brieflichen Kontakt mit Vater Erich. Wo befindet er sich? Ist er noch am Leben?

Aus dem Bericht des Sohnes: „Im Februar 1945 ist die Nachschub-Einheit von Vater Erich im Süden von Holland und Norden Belgiens im Einsatz. Vor der Gefangennahme durch die Amerikaner retten sich die Soldaten mit zwei Fähren über die Schelde. Die zweite, an die erste mit Stahltrossen angebundene Fähre wird mit Granaten beschossen und geht – überladen, wie sie ist – unter. Die erste Fähre, auf der sich Erich befindet, kann sich nur dadurch retten, dass die Stahltaue geistesgegenwärtig schnell gekappt wurden, und sie so das rettende Ufer erreicht.

In Belgien erfährt Erich aus einer französischen Tageszeitung (vom 15. Februar 1945, sie ist in seinem Nachlass), dass Grünberg erobert und besetzt ist.

Im März 1945 begab sich Erich in amerikanische Kriegsgefangenschaft, es war sein freier Entschluss, mit dem Krieg Schluss zu machen, denn Vorgesetzte hatte er keine mehr.

In den Wäldern Schwabens hätte er sich noch Wochen halten können; Verpflegung wäre auch zu requirieren gewesen, weil die Amerikaner die abseits gelegenen Verpflegungslager der Wehrmacht nicht besetzt hatten und sich mit ihren Fahrzeugen nur entlang der großen Straßen bewegten. Fanatisierte SS-Einheiten, die gefährlich hätten werden können, gab es in der Nähe nicht. Im späteren Kriegsgefangenenlager erfuhr er, dass die meisten anderen Mannschaftsgrade, zu denen er als Oberfeldwebel zählte, ähnlich wie er gehandelt haben.
Die Kriegsmüdigkeit war allgemein.

Erich hat sehr verbittert, dass die Kriegsgefangenen durchweg als Nazis behandelt und als „Hitlers Ratten“ tituliert wurden. Wenn er zuerst annahm, dass diese Schmähung nur auf einzelne, besonders forsche amerikanische Offiziere zurückging, erkannte er dann in Amerika, als er von seinem Taschengeld amerikanische Zeitungen kaufen konnte, dass dies die offizielle Politik der USA gewesen war.

Erichs Stationen als Kriegsgefangener hier kurz aufgezeigt:
Zuerst notdürftiges Gefangenenlager auf einer eingezäunten Koppel in Schwaben. Schreckliche Bedingungen im Freien; danach Verlegung nach Frankreich in ein stationäres Gefangenenlager (hier überlassen die Amerikaner die Bewachung meistens französischen Jugendlichen, die die Gefangenen malträtieren und einige auch erschießen); Verladung auf einen amerikanischen Truppentransporter und einmonatige Überfahrt nach den USA. Kommandant auf dem Schiff ist ein amerikanischer Offizier, der die Verpflegung unterschlägt. So gibt es jeden Tag zu den Mahlzeiten nur einen Keks und Wasser, dazu jede Menge Beschimpfungen. Mehr als 100 Leute sterben und die Leichen werden über Bord geworfen. Erich zieht sich auf dieser „Seereise“ ein Hungerödem zu.

In den USA angekommen, werden die Gefangenen in Gruppen auf einzelne Farmen in den Südstaaten gegeben. Sie können sich frei bewegen und erhalten von den Farmern sehr gutes Essen. Er pflückt Pfirsiche, Äpfel und erledigt andere Arbeiten.

Im Herbst und Winter 1945 erfolgt die Zusammenfassung der Gefangenen im Lager Fort Bragg N. C., wo auf freiwilliger Basis Kurse besucht werden können. Erich besucht die Kurse „Staatsbürgerkunde und Geschichte“, „Erdkunde“ sowie „Alltagsenglisch“. Die Lehrmittel bringt er mit nach Deutschland. Ebenso sein Langenscheidt-Wörterbuch für amerikanisches Englisch.

Vor Weihnachten 1945 wurde das Lager in Fort Bragg N. C. geräumt und die Männer mit Truppentransportern von den USA nach Frankreich gebracht. An der französischen Küste waren Übernahmelager eingerichtet: Die jüngeren Gefangenen kamen in französische Arbeitslager, die älteren wurden entlassen, so auch der 47jährige Erich.

Für seine Arbeitsleistungen auf der Farm erhielt Erich eine Bescheinigung über ein Pauschalentgelt in Höhe von 300 US-Dollar, die er bei der Einschiffung nach dem europäischen Kontinent ausgehändigt bekam.

Für Erich gab es nur ein Problem: Wo ist seine Familie?
In die Sowjetische Besatzungszone wurden keine Entlassungen vorgenommen. Erich weiß einen Ausweg, er vereinbart mit einem jungen Bauernsohn aus Württemberg, den Eltern die Nachricht vom Überleben ihres Sohnes zu überbringen. Der Coup gelingt, und Erich wird von den Amerikanern im Januar 1946 an die Adresse des Bauern Kleinfelder nach Münklingen, Kreis Leonberg, im Land Württemberg, entlassen.

Die Verbindung zwischen Erich und seiner Familie herzustellen, wo immer diese sich auch befinden mochte, war nun kein Problem mehr. Erich hilft dem Bauern in Münklingen bei der Arbeit, bekommt zu essen und erholt sich. Die Bauernfamilie Schachel in Kahnstieg/Öbisfelde, bei der Gertrud Koffer untergestellt hatte, vermittelte und so erfährt Erich die Adresse seiner Familie in Calau/Niederlausitz. Anfang 1946 kommt ein Kontakt zur Familie zustande.“

(Anlässlich einer späteren Reise, bei der wir in Leonberg übernachteten, erzählte mir mein Mann, dass sein Vater seine Frau und die Kinder lieber nach Württemberg geholt hätte; seine Mutter aber in Calau bleiben wollte - mehr in der Nähe ihres Hauses in Grünberg.)

Gertrud schreibt am 24. Januar 1946 an ihren Mann in Münklingen:
Mein lieber Erich! Ich habe immer das Gefühl gehabt, dass Du noch am Leben bist, trotzdem andere Leute mir das oft nicht mehr glaubten.
Lieber Mann, Du wirst ja auch viel durchgemacht haben, und ich freue mich sehr, dass Du noch lebst und hoffentlich können wir bald noch ´mal in unser Haus nach Grünberg zurück. Wir haben hier in Calau ein

einzelnes Zimmer für uns drei, mit extra Eingang; für Dich ist auch noch Platz im Zimmer. Durch die vielen Vertriebenen gibt es viel Arbeit im Geschäft und ich bin wieder Verkäuferin geworden. (…) Wie ist bei Euch dort die Ernährung und Arbeitsbeschaffung? Hier ist beides nicht rosig: Butter und Zucker, gerade für Kinder so wichtige Nahrungsmittel, sind sehr wenig und selten zu haben. Wenn wir bei R. und M. nicht unser Mittagbrot hätten, ich wüsste nicht, wie wir bestehen sollten. Die Schmiere für Frühstück und Abendbrot müssen wir uns selbst besorgen. Man muss halt allerhand versuchen. Mehlschmiere mit Hefe und Gewürz ist eben als Brotaufstrich falsche Leberwurst na, usw. Wo warst Du 1 Jahr verschollen?" - steht am Rand geschrieben – „Bringe bitte eine Weckuhr und großen Kochtopf mit.

Bei der Schilderung von Flucht und Vertreibung erwähnt sie mit keinem Wort die Tapferkeit ihres Sohnes.

Karfreitag 1946 - Erich endlich bei seiner Familie.

Am 25. März 1946 meldet sich Erich in Münklingen nach alter deutscher Gepflogenheit mit einem „Reichsformular" ab.

Aber bald stellt sich heraus, Erich würde in Calau nur Wohnrecht bekommen, wenn seine Frau Lebensmittelkarten–Bezieherin ist. Was hieß, dass sie schon vor der sowjetischen Besetzung in Calau ansässig gewesen sein musste. Nur die aus Ostdeutschland gekommenen Flüchtlinge erhielten in der ersten Zeit Lebensmittelkarten, den Vertriebenen blieben diese versagt; sie mussten sehen wo sie blieben und zogen deshalb in großen Massen von Ort zu Ort. Gertrud und ihre Kinder waren beides, Flüchtlinge wie auch Vertriebene. Die sowjetische Kommandantur in Calau bestätigte, dass Gertrud „altansässig" ist und mit diesem Dokument meldete sich Erich am 23. 4.1946 in Calau offiziell an und bekam auch eine Lebensmittelkarte.

Erichs in der amerikanischen Gefangenschaft für seine Arbeit erhaltenen 300 US$ waren nach der Währungsreform eine lukrative Dollarsumme, wenn man sie in Westberlin in Westgeld umtauschte. Vater Erich fuhr also nach Westberlin, legte seine Bescheinigung bei der zuständigen amerikanischen Dienststelle vor, bekam aber nur 300 Ostmark ausgezahlt, weil, so die Begründung, sein ständiger Wohnsitz in der Sowjetischen Besatzungszone liegt; in der die Ostmark die gültige Währung ist.

Der Sohn erinnert: „Vater fühlte sich betrogen. Er schimpfte noch wochenlang auf die Amerikaner. Trotz des finanziellen Desasters brachte er für die Familie Bücklinge und Schokolade aus Westberlin mit nach Hause, Kostbarkeiten, die für uns den Schmerz ein bisschen vergessen ließen."

Schwere Nachkriegsjahre

Seitdem Erich als Feldhüter eine Arbeit gefunden hat, gibt Gertrud ihre Tätigkeit in der Bäckerei auf. Sie beginnt auch nicht wieder zu arbeiten, als Erich arbeitslos wird. Immer wieder unternommene Bemühungen, in seinem Beruf zu arbeiten oder eine Anstellung in einer Verwaltung zu finden, waren vergeblich.

1947 arbeitet Erich als Platzarbeiter auf dem Holzplatz der Fa. Karl Noack, dann später am Sägegatter. Hier kommt es für ihn im Sommer 1948 zu einem schweren Unfall, als ein rollender Baumstamm zu einem Beinbruch führt. Danach wieder Arbeitslosigkeit.

Richard Stephan, ein „zugewanderter" Unternehmer, wollte in Calau deren Tradition als Schuhmacherstadt wieder aufnehmen, kaufte die Ruinen der „Schuhfabrik Oswald" und ließ deren verrostete und teilweise verbrannte Maschinen auswärts wieder aufarbeiten. Erich arbeitete zunächst bei der Enttrümmerung, dann bei der Einrichtung der neuen Fabrik.

Als Richard Stephan Ärger mit dem Finanzamt bekam, entließ er im Dezember 1949 alles Personal und flüchtete nach Westdeutschland.

1950 warb die Wismut AG in der ganzen DDR um Arbeitskräfte. Erich bewarb sich für den Erzabbau unter Tage; die schwerste, doch gut bezahlte Arbeit. Bei der medizinischen Einstellungsuntersuchung bekommt er keine Zusage für die Arbeit unter Tage, eine Beschäftigung über Tage wird ihm vorgeschlagen, die er auch annahm, aber nach ein paar Monaten aufgibt, da er zu wenig Geld verdiente.

Noch im Erzgebirge wechselt Erich zum Gleisbau, der besser zahlte als die Wismut-AG über Tage und der auch die Trennungszulage gewährte. Eine sehr schwere körperliche Arbeit, denn Gleisunterbett und Schienenverlegung mussten noch voll manuell bewerkstelligt werden; Maschinen gab es dafür in der DDR nicht.

Erich belegte im Laufe der Jahre mehrere Schulungen und erwarb sich einen zweiten Beruf als „Gleisbauer". Die Zahl der Firmen, bei denen Erich nacheinander beschäftigt war, belief sich auf etwa ein Dutzend. Waren es 1950 bis 1952 Orte im Süden der DDR, in denen Gleise verlegt wurden, arbeitete Erich ab 1952 vorwiegend im Norden. Vater Erich war in der Woche nicht zu Hause, auch an Wochenenden nur selten.

Auch der Sohn trug tatkräftig zum Lebensunterhalt der Familie bei. Er erinnert: „Die Lebensmittelrationen auf Karten, die es in der Sowjetischen Besatzungszone gab, waren nicht üppig. Um überleben zu können, musste ´viel dazu organisiert werden´. Kartoffeln wurden das Hauptnahrungsmittel; zu kaufen gab es sie nur zu unbezahlbaren Schwarzmarktpreisen. Um Kartoffeln bei den Bauern einzutauschen, hätte man ´Friedens-Waren´ bieten müssen, die wir nicht besaßen. Deshalb war jedes Jahr im Herbst das Kartoffelstoppeln auf den Feldern rings um Calau angesagt. In Spitzenjahren kamen wir auf 8 – 10 Zentner gestoppelter Kartoffeln. Auch Getreidelesen und Zuckerrübenstoppeln waren saisonal notwendig, um zu Mehl und Sirup zu kommen. Die Getreidekörner ließen wir in der Mühle in Säritz oder Bischdorf gegen ein geringes Entgelt zu Mehl mahlen; die Zuckerrüben wurden geschnitzelt, gekocht, gepresst und der so entstandene Rübensaft in der Waschküche zu Sirup verdickt. In einigen Jahren konnte auch Leinsamen gestoppelt werden und in der Ölmühle in Bischdorf abgeliefert, gab es dafür Leinöl. Auch Blaubeeren- und Preiselbeeren-Sammeln, Pilze sammeln, Brombeeren pflücken und Äpfel stehlen gehörten zur Überlebensstrategie. Nicht nur beim ´Stoppeln´ war ich der aktivste, ich brachte auch die Säcke mit Getreidekörnern mit dem Handwagen zur Mühle und zog jeden Morgen einen Plattenwagen voller Brote zur Verkaufsstelle in Altnau, einem Ortsteil drei Kilometer von Calau entfernt, und bekam dafür wöchentlich ein Dreipfundbrot vom Bäcker."

Mit Beginn der Oberschulzeit im Herbst 1948 wurde diese Tätigkeit auf Drängen des Vaters beendet: „ Der Junge soll lernen, damit es ihm einmal besser geht!" Diese Worte seines Vaters prägten sich tief in das Innere meines Mannes ein. Er war ein fleißiger, sehr guter Schüler; beliebt bei seinen Klassenkameraden, er half jedem bei den Schularbeiten. Die Bauernsöhne „belohnten" ihn mit gut belegten Schnitten.

Natürlich bleibt er eine „Leseratte", jedes Buch, das er in die Hände bekommt wird gelesen; Heinrich von Kleist „Michael Kohlhaas", das kleine Heft „Hellas" von Fritz Taeger, 1940 in Köln erschienen, wird gründlich durchgearbeitet und viele andere Bücher, die mir mit seiner Bibliothek erhalten sind. „Wenn du deinen eigenen Weg gehst, kannst du nicht überholt werden" - ein Satz von Heinrich von Kleist, wird zu einem seiner Leitsprüche in frühester Jugend.

1942 – als 8-jähriger Schüler besuchte er Gerhart Hauptmanns Villa „Wiesenstein" in Agnetendorf. Dessen Schauspiel „Die Weber" hatte er damals bestimmt noch nicht gelesen oder auf der Bühne gesehen; ihn regen damals vor allem die Gedichte Hauptmanns an.

Als Gymnasiast entdeckt er die Dramen von G. Hauptmann. Er liest die kleinen Heftchen aus der Reihe „Erläuterungen zu Klassikern", herausgegeben von Dr. Wilhelm Königs im Herm. Beyer Verlag, Leipzig, zu „Der Biberpelz" (188. Bändchen) und „Florian Geyer" (191. Bändchen).

Während eines Skiurlaubs im polnischen Riesengebirge (zu DDR-Zeiten) suchen wir auf Wunsch meines Mannes nach G. Hauptmanns Villa „Wiesenstein", in der jener 45 Jahre seines Lebens verbrachte. Wir konnten damals die Villa aber nur von außen anschauen, da in ihr nach dem Krieg das Kindererholungsheim „Warszawianka" untergebracht war.

Nach unserem zweiten Besuch im Herbst 2005 können wir die prachtvolle Villa „Wiesenstein" auch innen bewundern. Sie steht nach Restaurierung zu einem Museum und „Zentrum für Begegnung, Austausch und Forschung" der Öffentlichkeit zur Verfügung.

In der Bibliothek meines Mannes entdecke ich alle von ihm gesammelten Dramen und Gedichte G. Hauptmanns, auch alle Biografien über ihn. Viele sind im Antiquariat gekaufte.

Wer interessiert sich heute noch für Gerhart Hauptmann und sein Werk?

Mutter Gertrud in Calau

Den Verlust des Hauses hat Gertrud nie verwinden können. Den unter so vielen Entbehrungen und Mühen entstandenen Besitz zu vergessen, gelang ihr bis zu ihrem Tode nicht.

Als 70-Jährige fuhr Gertrud nach Zielona Gora (ehemals Grünberg), um zu sehen, was denn für Leute jetzt in ihrem Haus wohnten und ob diese im Garten etwas anbauten.

Die neuen Bewohner luden Gertrud in das Haus, bewirteten sie mit Tee, waren reserviert aber freundlich. Einigermaßen beruhigt fuhr Gertrud wieder nach Calau zurück, sie hatte sich überzeugt, dass ihr Haus noch stand und die jetzigen Bewohner ihres Hauses einfache, gute Menschen waren, die Haus und Garten nicht verkommen ließen.

Gertrud hatte Menschen gegenüber eine zutiefst kränkende Art. Ihre Bemerkungen, mit einem dreisten Gesichtsausdruck und in süßlichem Tonfall geäußert, versetzten den Zuhörer in Zweifel, ob diese Mutter von Natur aus oder nur unbewusst so gefühlskalt ist. Selbst ihrem Sohn gegenüber, ohne den sie Flucht und Vertreibung nicht bewältigt hätte, der sie finanziell von seinem Stipendium und auch später unterstützte, zeigte sie keinerlei Dankbarkeit.

Bei einigem Bemühen hätte Gertrud nach dem Krieg, selbst in Calau, Arbeitsmöglichkeiten gehabt, um ihrerseits den Ehemann zu entlasten. Diesem Gedanken standen jedoch Standesdünkel und ihr Phlegma im Wege. Als verheiratete Bäckermeisterstochter, die zwei Kinder geboren und ein Haus besaß, womöglich bei einem Bauern oder in der Fabrik zu arbeiten, empfand Gertrud als Zumutung. Hatte man ihr bisher keine Möglichkeit gegeben, einen Beruf zu erlernen, mit 43 Jahren war sie ja nun viel zu alt. Die Vertreibung und die schweren Nachkriegsjahre hatten Gertrud noch schwerfälliger und verbitterter gemacht.

In der neuen Heimat fiel es ihr schwer, Kontakt zu finden, wobei man nicht sagen kann, dass Gertrud an den Geschehnissen im Ort nicht interessiert gewesen wäre. Sie las aufmerksam die Ortspresse und hörte Radio. Auf ihren Einkaufsgängen lauschte sie gern den Gesprächen der Frauen, stellte sich zu ihnen, sprach die eine oder andere an, um Details zu erfragen und nahm sich Zeit, aus dem Küchenfenster die Leute auf der Hauptstraße und einem kleinen Platz vor der Poliklinik zu beobachten. Auf diese Weise nahm Gertrud am Leben der Bewohner des Ortes Anteil. Was sie nicht direkt sah und erfuhr, reimte sie sich zusammen und konnte es so ihrer Familie meist in ziemlich gehässiger und feindseliger Art, was die Nachbarn betraf, berichten. Eigentlich fand nur die Tochter ihre Berichte interessant und überhaupt erzählenswert.

Freundinnen hatte Gertrud nicht, wozu auch, das kostete nur Geld. Ihr Leben lang musste sie rechnen, nie reichte das Geld zur Erfüllung ihrer Träume. Sie fühlte sich vom Schicksal benachteiligt, suchte die Schuld an ihrem freudlosen Leben ausschließlich bei Anderen, rechtfertigte Passivität und Antriebslosigkeit im Alter mit ihrer Herzkrankheit.

Die Freudlosigkeit ihrer Kinder- und Jugendjahre, die entbehrungsreiche Kriegszeit, die Vertreibung aus der Heimat hatten tiefe Spuren in ihr hinterlassen und die mehr als dreißig friedvollen Jahre schafften es nicht, aus Gertrud eine weise, gütige, Wärme ausstrahlende Mutter und Großmutter zu machen.

Vater Erich, 42 Jahre alt. Aus Soldbuch der Wehrmacht

1937, Mutter Gertrud (2. von rechts) mit Sohn Manfred

Haus in Grünberg, 2002 in Zielona Gora fotografiert

Gertrud im Alter von 46 Jahren

Abiturient Manfred K.

Manfred, sitzend 2. Von rechts, 13 Jahre alt

Briefe Gertruds an ihren Sohn

Aus dem Berg der an ihren Sohn adressierten Briefe, separierte ich die vor „meiner Zeit“ geschriebenen, um mir ein Bild vom Mutter-Sohn-Verhältnis zu machen.

Mit 18 Jahren (1952) verlässt der Sohn die elterliche Wohnung und geht zum Studium in die Industrie- und Kulturstadt Halle an der Saale. Studentenwohnheime gab es wohl zu jener Zeit zu wenig oder gar nicht, oder es war für einen jungen Studenten angenehmer privat in Halle und später in Berlin, ein Zimmer bei einer Kriegswitwe zu mieten.

Ihre Briefe an den Sohn, in Sütterlinschrift, mit Tinte, formgerecht, exakt mit Datum, kaum orthographischen Fehlern geschrieben, schildern sehr detailliert ihre Sorgen und Querelen, die sie wegen Waschküchenbenutzung, Reinlichkeit im Hausflur und anderen Dingen mit den Hausbewohnern und den Behörden ständig hat. In jedem Brief bittet sie aber auch den Sohn, fleißig zu lernen, auf seine Gesundheit zu achten, die Bett- und Leibwäsche regelmäßig zu wechseln und ihr die schmutzige Wäsche rechtzeitig nach Calau zu schicken. Wenn seine Socken kleine Löcher haben, möge er diese schon mal selber stopfen. Er solle sich endlich Wäsche zum Wechseln kaufen.

Die Wohnungsnot ist sehr groß und in Calau müssen viele sogenannte „Umsiedler“ versorgt werden. Die Wohnung, die Gertrud für sich, ihren Mann und ihre zwei Kinder zugewiesen bekam besteht aus einem Zimmer von 17,5 qm, einem Zimmer von 14,7 qm, einer Kammer von 6,6 qm und Küche von 7,4 qm. Mit undichten Fenstern, ohne angeschlossenen Kochherd, Wasserhahn und Ausguss im Treppenaufgang, mit Klosett für mehrere Hausbewohner eine Treppe tiefer, ist es wohl vom staatlich erfassten Wohnraum nicht die schäbigste Wohnung.

Das Haus ist in Privatbesitz einer Frau, die in Cottbus lebt und alle Verantwortung für Hausordnung etc. einem Hausverwalter übertragen hat, der sich um alles kümmern soll. Mit ihm liegt Gertrud ständig im Streit. Im Winter bei Frost platzen die Wasserrohre, das WC ist verstopft, es stinkt im ganzen Haus, die Gasleitung, die in die Küche führt, ist porös usw. Die Waschküchen-Benutzung im Frühling und Sommer geht nicht ohne Streit. Gertrud ist den Mitbewohnern feindlich gesinnt, fühlt sich vom Hausverwalter schikaniert. Sie überlässt die ihr unangenehme Kommunikation dem Sohn, der schriftlich die Dinge einigermaßen glätten kann. Von Frauen im Ort erfährt sie, dass ein Mädel aus Vetschau (Nachbarort) „hinter ihm her ist“. Sie warnt den zwanzigjährigen Sohn, bittet ihn vernünftig zu sein, dem Vater nichts davon zu sagen, denn *wenn er es erfährt, will er bestimmt auch nicht, dass Du so jung Dir schon ein Mädel an den Hals hängst. Dem Mädel kann ich es nicht verdenken, wenn sie sich einen jungen unerfahrenen Menschen einfängt. Der Männermangel ist sehr groß: 9 Frauen kommen auf einen Mann. Sie muss sich schon einen älteren heiratsfähigen Mann suchen mit ihren neunzehn Jahren. 5 – 6 Jahre ältere Männer für ihre Generation liegen auf den Schlachtfeldern. Es ist tatsächlich so, die Mädel in ihrem Alter reißen die jungen Männer an sich, um bloß einen Mann zu bekommen. Das Mädel ist im heiratsfähigen Alter, aber Du noch lange nicht, frühestens in vier bis fünf Jahren kannst Du daran denken, Dir festen Verkehr anzuschaffen, natürlich Heirat. Lerne fleißig, schone Dir Deine Nerven, gehe zeitig zu Bett, das ist Dir dienlicher als alles andere. Denk an unser Flüchtlingselend, an die Stoppelfelder usw., hilf uns lieber das Flüchtlingselend zu überwinden und etwas Freude in unser so armes freudloses Leben zu bringen. Bringe nicht noch größere Sorgen hinzu. Du weißt, mein Gesundheitszustand ist nicht der beste. Ich verbiete Dir, noch einmal die Dachstube bei dem Mädel zu betreten, so etwas ist höchst unsittlich. Suche Dir einen Freund, aber binde Dich nicht an ein*

Mädel. Du hast später, im heiratsfähigen Alter mit Deinen Kenntnissen noch sehr viel Auswahl an jüngeren Mädels. Ich hoffe, dass meine Worte bei Dir Gehör finden und Du Dich danach richtest. Ich besitze doch mehr Lebenserfahrung als Du. (Calau, den 18.2.1954)

Nach dem Tod des Ehemannes 1955 ist Gertrud Sozialhilfeempfängerin, ihre Witwen- und Altersrente ist sicher nicht üppig, die Invalidenrente beträgt ab März 1957 105 Mark monatlich und die 16jährige Schwester erhält eine Halbwaisenrente von monatlich 35,50 Mark. Ihr Sohn erhält Stipendium, ab dem zweiten Studienjahr auch ein Leistungsstipendium – insgesamt sind das etwa 240 Mark im Monat; davon schickt er der Mutter Geld für die Miete, Kohlen, Kartoffeln und begleicht alle Unkosten, die sie im Zusammenhang mit dem Waschen und der Reinigung seiner Kleidung ihm in Rechnung stellt. Er schickt ihr Fleischmarken und sie mahnt ihn, regelmäßiger seine Margarinemarken zu schicken, damit sie angeblich nicht verfallen.

Als Gertrud am 16. September 1956 mit dem Fahrrad stürzt und sich die Hand verstaucht, beschwert sie sich beim Sohn über die Tochter, die es ablehnt ihr im Haushalt zu helfen, da sie in der Lehre zur Textil-Verkäuferin viel lernen muss und keine Zeit habe. Schwester Helga schließt mit 17 Jahren ihre Lehre ab und arbeitet 1956 als Fachverkäuferin im Kaufhaus in Cottbus.

Der Sohn hat im Sommer 1956 alle schriftlichen und mündlichen Prüfungen hinter sich. Er schreibt ihr: *Meine Hausarbeit habe ich vollkommen zusammengestrichen und aus 400 Seiten z. T. mit anderem Inhalt 88 Seiten gemacht. Bis zum 28. Juli muss ich sie abgegeben haben. Wenn wir uns sehen, dann kannst Du sie ja auch einmal lesen.*

Gertrud hat einen Schwerbeschädigtenausweis und kann *im Jahr zwei billige Fahrten machen.* Die Fahrt von Calau nach Berlin (hin und zurück) kostet sie so drei Mark. Bei ihren Besuchen in Berlin geht sie zum Zahnarzt und auch zum Röntgen. In der Charité stellt man einen Herzmuskelschaden an der linken Herzspitze fest.

Dass ich etwas mit dem Herzen habe, habe ich ja schon lange bemerkt, sicherlich vom Gelenkrheumatismus (19 Jahre alt) zurückgeblieben.(...) Bis zum 15. 9. (1956) muss ich Briketts kaufen, sonst verfällt die Hälfte der Marken. Die Braunkohle lasse ich am Sonnabend, den 20. Okt. anfahren. Da hältst Du doch Dein Versprechen und kommst nach Hause und hilfst mir.

Der Sohn erhält im Oktober 1956 sein Diplom und fängt beim staatlichen Rundfunk als Redakteur mit einem Gehalt von 600 Mark an zu arbeiten. Er überweist der Mutter die monatliche Miete, begleicht die Rechnungen für Kartoffeln, Heizmaterial, Elektroenergie und sämtliche übrigen Unkosten, aber wohl nicht immer sehr pünktlich.

Nicht mal zu meiner Silberhochzeit hast Du mir gratuliert, viel weniger das versprochene Geschenk gebracht. Ich muss mir Schuhe kaufen, ich besitze nur die orthopädischen. Zu meinem Geburtstag wünsche ich mir von Dir eine warme (zwei Mal unterstrichen) Strickjacke, keine schwarze, Größe 46. Mein Wintermantel ist sehr schäbig und ich könnte von Dir einen neuen gebrauchen, oder Du schickst mir Geld für Stoffkauf und Schneiderlohn.

Seit Gertrud Manfreds Freundin Elisabeth kennt, die sie scheinheilig in jedem Brief grüßen lässt, nehmen ihre Vorwürfe und Beschimpfungen zu. *Wir, Vati und ich haben Dir Jahre um Jahre geholfen, nun bist Du fertig und verdienst Geld und nun kommen fremde Menschen und nutzen Dich aus. Ich möchte nicht wissen, was Fräulein Elisabeth für Pakete nach Hause schickt. Komme für einen Sonntag nach Hause, ich brauche Dich dringend zum Umräumen der Kaninchenställe und des Handwagens im Hof. Ich muss den Platz räumen, da er nicht im Mietvertrag steht.*

Im Herbst 1957 schreibt sie: *Ich habe mir meine Hände kaputt gemacht mit dem vielen Waschen, aber es ist schon so im Leben, der Mohr hat seine Schuldigkeit getan, er kann gehen. Jetzt kommen andere Menschen für Dich in Frage, die Dir nicht mit einem Handschlag zu dem mitverholfen haben, was Du jetzt bist. Einfach traurig (unterstrichen).*

Mutter Gertrud ist gnadenlos in ihren Forderungen – selbst das Nähgarn schreibt sie auf die Rechnungen - , sie hat kein Verständnis und sicher auch keine Vorstellung über großstädtische Verhältnisse; von den vielen kulturellen Reizen, die es für ihren Sohn im noch ungeteilten Berlin gibt. Und auf den Gedanken, dass sich ihr Sohn in seinem Job, um unter seinen Kollegen in der Rundfunkredaktion nicht aufzufallen, neu einkleiden muss, kommt sie nicht.

Außerdem bekam ihr Sohn in Berlin-Köpenick eine Wohnung, er musste nicht mehr in Pankow zur Untermiete wohnen. Endlich kann er seine Bücher zu sich nehmen und eigene Möbel kaufen. Ihm gefallen die Möbel aus Senneschenholz, hergestellt in Dresden-Hellerau. Ein Bücherregal (106,10 M), einen Geschirrschrank (244,80 M), ein Tonbandgerät (150,60 M) und eine schöne breite Polsterliege rot/gelb für 695,40 M – alles auf Kredit. (Die Rechnungen fand ich alle in seinem Nachlass!)

Die Briefe der Mutter an ihren Sohn werden in den folgenden Jahren immer fordernder und böser. Im Sommer 1960 schreibt sie: *Für 1958 hatte ich mir zu Weihnachten Kleiderstoff gewünscht, bis heute noch nicht erhalten....Wo Du ständig wohnst, weiß ich nicht. Schläfst auf Deiner Luftmatratze irgendwo. Ich könnte ja über Deine Doofheit nur lachen, wenn es nicht so bitterernst wäre. Du belügst Deine Mutter mit jedem Wort. Hoffentlich löst sich das Brett, was Du vor Deinem Kopf hast, recht bald und Du wieder sehend wirst in Deiner Verblendung, ehe Du ruiniert bist. Alles ist nur pure Berechnung, Dein Verdienst, Dein Beruf lockt und Du musst schuften, dass Dir die Augen übergehen und Du verkommst dabei. Und wenn Du in Deiner Verkommenheit nicht mehr schuften kannst, um anderen ein faules und bequemes Leben zu bieten, bekommst Du einen Tritt und ein anderer kommt an die Reihe. Ich hätte wirklich von meinem Sohn, der sich zum Wissenschaftler zählt, mehr Verstand und Vernunft in diesen Dingen erwartet.*

Ihr Sohn hat sich von seiner Freundin Elisabeth getrennt. Sich in die blonde Edith verliebt. Zum wiederholten Male schreibt sie ihm, dass sie *nie mehr im Leben ihn noch einmal studieren lassen würde. Vati hätte es auch viel leichter gehabt, als in den vielen Jahren Deiner Ausbildung. An den Früchten laben sich doch nur andere Menschen, die weder einen vernünftigen Beruf, Wäscheaussteuer, Möbel, Ersparnisse oder dergleichen haben. Du bist ein schlechter, verlogener Mensch geworden, es ist kein Wunder: Sage mir mit wem Du umgehst, so will ich Dir sagen, wer Du bist.*

Direkt ins Gesicht hätte Gertrud ihrem Sohn diese Worte nie gesagt, aber in ihren Briefen verliert sie jegliche Hemmungen.

Acht oder sogar neun Jahre lang wäscht Gertrud die Wäsche ihres Sohnes bei sich in Calau, bringt seine Sachen auch dort zur Reinigung; sie macht es nicht nur aus Mutterliebe, es ist ihr einziger Zuverdienst, denn einer anderen Tätigkeit geht sie nicht nach, und ihrem Sohn gegenüber kann sie die Preise selbst bestimmen. Ihr Wunsch ist, der Sohn möge für eine andere Wohnung sorgen, im Parterre, am liebsten eine Neubauwohnung. Die Tochter ist inzwischen ausgezogen. Mehrere Wohnungen werden ihr von der Wohnraumlenkung zur Besichtigung angeboten; sie lehnt alle ab.

Gertrud starb im Juni 1975 im Alter von 73 Jahren im Krankenhaus für Bergleute in Klettwitz/ Niederlausitz; sie überlebte ihren Mann um neunzehn Jahre.

Die Tochter bat den Gemeindepfarrer am Grab eine kleine Rede zu halten. Gertruds Trauergesellschaft war sehr klein, nur die Kinder und deren Ehepartner. Der evangelische Pfarrer sprach nur allgemeine, unpersönliche Worte am Grab. Er würdigte nicht Gertruds hartes, freudloses, gebeugtes, immer von Anderen abhängiges Leben. Der Geistliche bat lediglich Gott, er möge Gertrud in sein Himmelreich aufnehmen und ihr Ruhe und Frieden gewähren.

Die Einladung in das Trauerhaus hatte der Pfarrer angenommen, folgte ihr aber nach der Beisetzung nicht. Mit wem hätte der Pfarrer eine Unterhaltung führen wollen, mit dem Sohn im schwarzen Wollanzug mit Parteiabzeichen? Wir waren über die Absage des Pfarrers etwas enttäuscht.

1999 - „Wurzelsuche“

Ich überspringe in meiner nach Bemühen chronologischen Darstellung der Geschichte meiner Familie ein paar Jahre und erwähne an dieser Stelle, dass ich erst durch meinen Mann ein gewisses Interesse dafür empfand, wer unsere Vorfahren waren und aus welcher Gegend Europas sie in ein erhofftes besseres Leben für sich und ihre Kinder flüchteten oder aus welchen Gründen auch immer vertrieben wurden.

Meine mangelnde Interessiertheit für derartige Nachforschungen hing meines Erachtens nicht mit meinem Alter, sondern damit zusammen, dass in meiner sozialen Umwelt nicht die Entwicklung des Individuums im Vordergrund stand, sondern stets die des „Kollektivs“.

Ich wusste, dass meine Vorfahren und die des Vaters meines Mannes geknechtete, arbeitsame, arme Leute waren und aus ländlichen Gegenden stammten. Die Frage nach Identität hatte in ihrem durch Arbeit geprägtem Leben sicherlich keinen Platz. Auch zwischen mir und meinem Mann war sie in unserem DDR-Alltagsleben kein Thema.

Mit zunehmendem Alter und der Freizeit für persönliche Dinge und mit der Möglichkeit Orte aufzusuchen, die bis 1990 für uns unerreichbar waren, begannen wir mit der „Wurzelsuche“. Mein Mann vermutete, aus welchen Quellen sagte er mir nicht, oder ich habe es vergessen, dass die Vorfahren seiner Mutter schon 1731/32 Vertriebene aus dem Salzburger Land waren. Zielstrebig und ausdauernd wie er war, nahm er sich vor, Genaueres über seine Altvorderen mütterlicherseits zu erfahren.

So schrieb er an die Erzbischöfliche Diözese in Salzburg, schilderte sein Anliegen und bat um einen Besuchstermin. (Heutzutage ist alles viel einfacher, nur wir besaßen 1999 noch keinen Internet-Anschluss.) Die damalige Lebensgefährtin meines Cousins Klaus, die in Piding/ Berchtesgadener Land eine Eigentumswohnung hatte, besorgte uns für

14 Tage eine Ferienwohnung bei M. und H. Bauer in der Rosegger-straße 36 und so fuhren wir mit dem Bayern-Ticket mehrmals nach Salzburg in das Archiv der Erzdiözese, das sich im „Kardinal-Schwarzenberg-Haus“ in der Salzburger Altstadt, Kapitelplatz 3, befand.

Es führe zu weit, beschriebe ich meinen Eindruck beim Betreten des Domplatzes in dessen Hintergrund sich die Festung Hohensalzburg erhebt – nur so viel, ein solches Panorama hatte ich noch nie gesehen; der Anblick trieb mir Tränen in die Augen.

Nicht minder beeindruckt war ich von dem Raum, in dem, umgeben von mächtigen Bücherwänden wir Platz nahmen und ein freundlicher Herr für uns vier oder fünf riesige Folianten von Kirchenbüchern auf den Tisch legte. Ich war ja nur Gehilfin meines Mannes, gab mir aber die größte Mühe, in den in lateinischer Sprache verfassten Kirchenbüchern Namen seiner Vorfahren zu finden. Das Lesen der Kirchenbücher setzt nicht nur die Kenntnis der mittellateinischen Sprache, sondern auch entsprechende Kenntnisse der Schreibschrift früherer Zeit voraus – Dinge, die meinem Mann während seines Studiums im Fach Paläografie gelehrt worden waren.

Die Vermutung meines Mannes hatte sich anhand der Kirchenbücher des Salzburger Archivs bestätigt, dass die „Webers“ (Mädchennamen der Mutter) aus dem „Marktflecken“ Werfen (etwa 40 km südlich von Salzburg) im Rahmen der Gegenreformation und Rekatholisierung, als protestantische Glaubensflüchtlinge aufgrund eines Ausweisungserlasses von 1731/32 ihre Heimat verlassen mussten.

In seinem Nachlass finde ich ausführliche Schilderungen des Leidensweges der Vertriebenen in jenen Jahren des 18. Jahrhunderts und Literatur, die er sich in der Berliner Staatsbibliothek kopierte. Diese Vertreibung betraf 20.000 Protestanten aus dem Fürsterzbistum Salzburg. König Friedrich Wilhelm I. von Preußen wies den Flüchtlingen in Ostpreußen und Schlesien neues Land zu.

Nach erfolgreicher Recherche treffen wir uns mit meinem Cousin Klaus in der Gaststätte der Benediktiner-Erzabtei St. Peter und trinken von Mönchen gebrautes Bier. Klaus meinte, es sei die älteste Gaststätte Mitteleuropas. Die Frühlingssonne scheint, wir fühlen uns sehr wohl in dieser Umgebung und nehmen uns vor, später auch einmal nach Werfen ins Pongauer Salzachtal zu fahren.

Wieder zu Hause in Fredersdorf, berichtete mein Mann seinem vertrauten Pfarrer D. Kromphardt von seiner Entdeckung und beide entschieden, Kontakt zum „Salzburger Verein e. V. Vereinigung der Nachkommen salzburgischer Emigranten. Landesgruppe

Berlin/Brandenburg“ in Berlin-Marienfelde aufzunehmen. Man traf sich später zum Erntedanktreffen in Fredersdorf.

Soweit mein Exkurs über die Salzburger Vorfahren der Mutter meines Mannes.

Mein Resümee: Vergleiche sind kontraproduktiv

Aus meiner heutigen Erfahrung über die handwerklichen Fähigkeiten meines Mannes, die er bei unserem Bungalow- und Hausbau und der Gestaltung der Wohnungen (wir sind mehrfach umgezogen) an den Tag gelegt hat, bin ich im ersten Anflug nach dem Lesen von Gertruds Briefen geneigt, meinen Mann zu verurteilen. Hätte er nicht seiner Mutter tatkräftiger, zum Beispiel bei der Renovierung der Wohnung, helfen können? Aber andererseits, was gab es denn in den 1950er
Jahren an notwendigem Material dafür? Kaum etwas, und wenn, dann nur über Beziehungen, die Gertrud und ihr Sohn als Nicht-Einheimische Calaus, nicht hatten.

Der Sohn konzentrierte sich auf sein vom Staat finanziertes Studium, beglich von seinem Stipendium auf Heller und Pfennig alle Forderungen und trotzdem war Gertrud stets unzufrieden. Im Sommer 1953 bezahlte er von seinem Stipendium ein Vier-Mann-Zelt (470,- Mark) in dem die Familie in Wendisch-Rietz am Springsee Urlaub machte; auch eine Nähmaschine für Gertrud. Anhand von Quittungen und der hellroten Einlieferungsscheine als Belege für Postanweisungen an die Mutter – sie sind in einer Zigarrenkiste meines Vaters von meinem Mann gesammelt – konnte ich zusammenrechnen, wie viel der Sohn überwiesen hatte. Die Addition ergab keine geringe Summe.

Ich konnte es nicht ertragen, wenn Gertrud bei ihren Besuchen bei uns, ihrem Sohn in alter Manier aufzählte, dass er ihr nichts oder zu spät zu Weihnachten, Ostern, Pfingsten und Hochzeitstagen geschenkt habe. Seitdem ich mit ihm zusammenlebte, ließ ich von meinem Konto monatlich 100 Mark überweisen, schickte ihr Weihnachtspakete mit Dingen die sie sich in Calau nicht kaufen konnte. Auch Geld für eine Wäscheschleuder und bemühte mich, ihre Geburtstagswünsche rechtzeitig zu erfüllen.

Ich bin bei weitem nicht in derart ärmlichen Verhältnissen aufgewachsen. Meine Mutter arbeitete seit ihrem 16. Lebensjahr in ihrem Beruf. Wir wohnten stets in einer Berliner Mietwohnung. Meine Eltern strebten nie nach Eigentum in Form eines Wohnhauses oder einem Stück Land, obwohl mein Vater als gelernter Maurer seinen Kollegen beim Bau ihrer kleinen Häuschen stets half. Auf mich kam nicht das Trauma, dass meine Eltern im Krieg all ihr Hab und Gut verloren und ich ein „Umsiedler-Kind" war. Ich musste nicht durch Kartoffel- und Rübenstoppeln, durch Brotaustragen vor Schulbeginn, zum Lebensunterhalt meiner Familie beitragen. Meine Mutter fuhr nach dem Krieg nicht auf sogenannte Hamsterfahrten aufs Land, denn wir besaßen weder Teppich noch Schmuck, den sie gegen Kartoffeln, ein Stück Speck oder Schinken bei Bauern eintauschen hätte können.

Mein Verhalten zu Eigentum und Besitz war im Gegensatz zu dem meines Mannes nicht entwickelt. Erst heute kommt mir dieser Fakt zu Bewusstsein, wenn ich daran denke, wie wichtig für ihn das Abschließen von Haustüren und die Sicherung mit Schlössern selbst von Schuppen war.

Als ich 1956 zum Studium nach Moskau delegiert wurde, verfügten meine Eltern zusammen über ein Einkommen, das 50 Mark über dem damaligen Durchschnittseinkommen der DDR-Bevölkerung lag, und so mussten sie einen Teil meines Studiums bezahlen. Als „Opfer des Faschismus" hätten sie das nicht gemusst, aber mein Vater stellte keinen Antrag.

Während meines Studiums bekam jeder DDR-Student ein Stipendium von 750 Rubel im Monat; das war kein kleiner Betrag. Für die Unterbringung in einem Studentenheim zahlten wir 30 Rubel. Die übrigen Rubel blieben für Nahrung, Bücher und Kultur.

Das Studentenheim, in dem ich die ersten zwei Studienjahre wohnte, nahm die erste Etage einer geräumigen, ehemaligen russischen Kaufmannsvilla ein und befand sich in der „Vierten Kleinbürgerlichen Straße", unweit vom „Kolchosplatz" und dem Gartenring, also ziemlich zentral.

Das Wohnheim war nur für ausländische Studenten des Instituts für Außenhandel aus den „Demokratien", wie man unsere Herkunftsländer bezeichnete, eingerichtet. Junge Männer aus Ungarn, Rumänien, Albanien, der Tschechoslowakei, aus China, der Mongolei waren in der Überzahl, ein Aspirant aus Vietnam schrieb an seiner Dissertation. Von den Mädchen waren zwei aus Ungarn, zwei aus China und wir fünf aus der DDR.

An der Eingangstür zum Wohnheim saß an einem Tisch mit Telefon die Wachtjorscha, die Portiersfrau, etwa vierzig Jahre alt, die uns Tag und Nacht zu bewachen hatte und mit einigen jungen Männern Handel trieb. Außer ihr gab es noch Tjotja Marusja, eine liebe Alte, deren wirkliches Alter schwer zu schätzen war, die für Sauberkeit sorgte. Ihr ist es zu verdanken, dass, im Unterschied zu dem neuerbauten Studentenheim in den Leninbergen (heute wieder Sperlingsberge), in das wir im 3. Studienjahr umgesiedelt wurden, uns im Wohnheim in der Vierten Kleinbürgerlichen Straße, keine Wanzen quälten.

Ich wohnte mit vier deutschen Mädchen in einem etwa 14 qm großen Zimmer. Jede von uns hatte ein schmales Metallbett mit schon stark durchgelegener Matratze, ein Nachtschränkchen und alle fünf zusammen benutzten wir einen Kleiderschrank und schmalen Tisch. Unser Zimmer, mit Tür, lag neben der Küche. Bis zu unserem Mini-Waschraum waren es nur drei Schritte. Unmittelbar daneben befanden sich drei Toiletten (mit Tür und Riegel!) – eine für uns Mädchen und zwei für die Jungen. Die Mädchentoilette, neben unserem Waschbecken, mit Spiegel, war durch einen schweren Vorhang abgetrennt, der an einer Stange so befestigt war, dass die Jungen, wenn sie auf die Toilette gingen, uns beim Waschen beobachten konnten. Vor allem die älteren ungarischen und rumänischen Männer machten sich ein Gaudi daraus uns zu erschrecken, wenn wir uns nackt kalt wuschen.

Warmes Wasser aus der Wand gab es natürlich nicht. In großen verbeulten Aluminiumwasserkesseln konnten wir uns Wasser in der Küche warmmachen. Wir Mädchen gingen jedoch lieber regelmäßig ein paar Querstraßen weiter in eine öffentliche Banja (Dampfsauna). Diese, noch in zaristischen Zeiten erbaut, verfügte auch über separate geräumige Waschräume mit Duschen und Wannen, wo wir uns zusammen, ohne vom übrigen Publikum begafft zu werden, warm duschen konnten und uns wohl fühlten.

Jugendjahre von M. K.

Studium in Halle an der Saale und in Berlin

Sein Abitur machte M. K. in Calau in der Niederlausitz. Von Anbeginn in einer Klasse der mathematisch-naturwissenschaftlichen Richtung, galt sein Interesse allen Naturwissenschaften, aber auch der Literatur und der Geschichte. Hier, in der Calauer Provinz, wo in den Nachkriegsjahren ehemalige Studienräte lehrten, erhielt er eine ausgezeichnete Bildung. Begeistert erzählte er von Dr. Psaar, dem Rektor der Oberschule, und seinem Geschichtslehrer, Herrn Fischer.

Verglichen mit meiner Oberschulzeit, konnte ich, auch eine lernwillige Schülerin, nur neidisch sein. Seine mit Akribie geführten Schulhefte zeugen von sehr detaillierter Wissensvermittlung durch die Lehrer und seinem ungeheuren Fleiß. Ich erinnere mich, dass, wenn ich ihm von meinem Schreibtisch erzählte, auf dem ich meine Schularbeiten machte, er vom Küchentisch sprach, an dem er erst arbeiten konnte, nachdem Mutter Gertrud das Geschirr gewaschen hatte.

An die Weltliteratur und das Theater sind wir beide vor allem durch die Schule herangeführt worden. Seine ersten Theatererlebnisse erfuhr M. K. durch regelmäßigen Besuch des von Cottbusser Bürgern nach 1945 vor der Sprengung bewahrten Stadttheaters am Schillerplatz. (heute: Staatstheater Cottbus). Das von dem Architekten Bernhard Sehring (1855 – 1941) erbaute und 1908 eröffnete Theater, machte den Schüler zum ersten Mal mit der Kunst des Jugendstils bekannt.

Die 35 Kilometer hin und zurück von Calau nach Cottbus bei Wind und Regen zu radeln, war für M. K. keine Hürde.

Eigentlich war sein Wunsch, nach dem Abitur Chemie zu studieren. Sein Geschichtslehrer, inzwischen zum Schulrektor geworden, rät ihm jedoch zum Geschichtsstudium.

Im September 1952 kommt M. K. zum Studium der Geschichte an die „Martin-Luther-Universität“ in Halle/Wittenberg und erfährt noch von heftigen, seit Januar 1949 geführten Diskussionen über die von der SED geführte Kampagne gegen sogenannte „Trotzkisten und Westagenten“. Bei aller Geheimhaltungsvorschrift für die Studenten, die Mitglieder der SED waren, sprach sich der „Fall Leo Kofler“ auch nach 1950 unter der Studentenschaft rum. M. K. war damals kein SED-Mitglied, lediglich aktives Mitglied der FDJ (Freie Deutsche Jugend).

Leo Kofler (1907 – 1995) „war ein österreichisch-deutscher undogmatischer marxistischer Theoretiker und Soziologe jüdischer Herkunft“ (Wikipedia, 2016), der 1947 an die Uni nach Halle berufen wurde. Von einem marxistischen Denkansatz ausgehend, kritisierte Kofler den Stalinismus und die mit ihm verbundene Entstellung des Sozialismus und originären Marxismus. L. Kofler wird als „ein ideologischer Schädling“ bezeichnet, man wirft ihm „Spießbürgersozialismus“ vor, Kofler tritt aus der SED aus und geht 1950 nach Westdeutschland.

Über den „Fall L. Kofler“ erfuhr M.K. von Rudolf Sauerzapf (Jahrgang 1929), der ein Jahr lang sein Seminarleiter war und Assistent von Prof. Leo Stern. Leo Stern (1901-1982) war nach 1945 als Oberstleutnant der Roten Armee nach Wien zurückgekehrt, Anfang 1950 zum „Professor für Neuere Geschichte unter besonderer Berücksichtigung der Arbeiterbewegung“ nach Halle/Saale berufen und ab 1951 Prorektor für das gesellschaftswissenschaftliche Grundstudium.

Rudolf Sauerzapf wird wegen „Fraktionsbildung“ mit Leo Kofler als „Trotzkist und Westagent“ aus der SED ausgeschlossen und vom NKWD verhaftet; saß im Gefängnis ohne Essen und Trinken und erlitt brutale Schläge. Seiner Frau wurde das Stipendium gestrichen.

Wenn mein späterer Ehemann über seine Lehrmeister an der Uni in Halle sprach, bedeutete er mir gegenüber stets, dass er in jener Zeit von sogenannten „bürgerlichen Professoren“ eine sehr gute Ausbildung erhalten hat. Er bedauerte sehr, dass die bedeutendsten von ihnen Anfang der 1950er Jahre von der SED schikaniert, zur Flucht in die BRD und manche in den Selbstmord getrieben wurden.

Erst im Lebenslauf vom Juni 1990 erwähnt M. K. mit Namen seine „bürgerlichen“ Lehrer von der Hallenser Universität. Er schreibt: *Es bildete sich ein engeres Verhältnis zu den Professoren Hans Hausherr (Wirtschaftsgeschichte und Geschichte der Neuzeit), Martin Lintzel (Geschichte des Mittelalters, speziell 10. bis 12. Jahrhundert) und besonders zu Anton Blaschka (1892 – 1970, Historische Hilfswissenschaften, Mittellateinische Übungen und Paläographie) heraus. Bei Leo Stern wurde ich Leiter des wissenschaftlichen Studentenzirkels über den Kapp-Putsch und kam dadurch auch in enge Berührung mit der von ihm geführten „Forschungsgemeinschaft zur Geschichte der deutschen Arbeiterbewegung“, doch blieb das Verhältnis zu L. Stern sehr formal.*

Apropos Hans Hausherr (1898 – 1960) und Martin Lintzel (1901 – 1955): Beide waren Mitglieder des 12-köpfigen „Spirituskreises“, der schon 1890 von geisteswissenschaftlichen Gelehrten an der Universität in Halle gegründet worden war. Ende des 19. Jahrhunderts schlossen sich an vielen Universitäten Wissenschaftler zu Vortrags- und Diskussionsrunden zusammen. Vorbild für den „Spirituskreis“ war die damalige Berliner „Mittwochsgesellschaft“.

Die Mitglieder verkörperten die politische und geistige Tradition des deutschen Bildungsbürgertums. Im Zuge der DDR-weiten Kampagne der SED gegen „bürgerliche Wissenschaftler“ wurde gegenüber den 12 Mitgliedern des Spirituskreises das gesamte Stasi-Programm angewandt, da es sich aus Sicht der SED um eine Art antisozialistischen Geheimbund handle, der die sozialistische Ordnung in der DDR untergrabe und somit am 15.März 1958 verboten wurde. Martin Lintzel war seit 1937 bis zu seinem Tod Mitglied im „Spirituskreis“ und Hans Hausherr seit 1955 bis zum Tag des Verbots. Hans Hausherr verließ Halle und ging nach Köln.

Nochmals aus dem Lebenslauf, 1990 geschrieben, zitiert: *Nach dem von mir beantragten Hochschulwechsel nach Berlin, ich hatte mich auch mit „Militaria“ befasst, studierte ich seit 1954 an der Humboldt-Universität zu Berlin (HUB). Hier schloss ich mich eng an die Professoren Heinrich O. Meisner (1890 – 1976) - Verfassungsgeschichte mit stark sozialgeschichtlichem Einschlag, Archivkunde, Archivwissenschaft - und Karl Obermann (1905 – 1987) - Deutsche Geschichte im 19. Jahrhundert - an, mit denen ich auch nach Abschluss des Studiums in persönlichen Beziehungen blieb.*
Heinrich O. Meisner betreute meine Diplomarbeit über die preußische Militärpartei von 1848 bis 1870/71 (Verteidigung 1956 an der Humboldt-Universität, Fachrichtung Geschichte) sowie meine Dissertation über die Genesis der Führungskräfte der feudal-militaristischen Konterrevolution 1848 in Preußen (Verteidigung 1966 an der Humboldt-Universität zu Berlin, Philosophische Fakultät). Mein Spezialisierungsgebiet beim Geschichtsstudium war Verfassungs- und Sozialgeschichte/Historische Hilfswissenschaften der Neuzeit. Mein Interesse war weit gefächert. Neben dem vorgeschriebenen Geschichtspensum belegte ich in Halle und Berlin Vorlesungen in Literaturwissenschaft bei Viktor Klemperer (1881 – 1960), Kunstgeschichte vor allem bei Richard Hamann (1879 - 1961) und Vorlesungen in Theaterwissenschaften. Nach dem Studium absolvierte ich extern im Studienjahr 1957/58 an der Fachrichtung Theaterwissenschaften der HUB Dramaturgie (Prüfungen in einzelnen Fächern 1958) und an der Sektion Psychologie im Studienjahr 1968/69 Arbeitspsychologie (mit Prüfung 1969).

Die Leiden des jungen Werther ?

Macht jeder junge Mann die „Leiden“ eines „jungen Werther“ durch?
Ich vermute, bis zu einem gewissen Grade, schon. J. W. Goethes (1749 – 1832) Werther litt zwar unter der Liebe zu der schon verheirateten Charlotte Buff und schreibt seinen „Werther“ 183 Jahre früher als M. K.; aber beide sind fast im gleichen jugendlichen Mannesalter und mir scheint, in den Zeitläuften hat sich nicht viel geändert.

Die Tagebuchnotiz des M. K. im Jahre 1957 verdeutlicht, wie sehr er den Idealen der damaligen „Sturm-und-Drang-Zeit“ verhaftet ist, bestimmt von Naturschwärmerei, empfindsamem Ich-Bewusstsein und unbedingter, erst im Tod endender Liebessehnsucht.

Zu seinen in Jünglingsjahren gelesenen Büchern zählte „Der Steppenwolf“ von Hermann Hesse (1877 – 1962). Auch Hesses Bildungsroman

„Peter Camenzind“ war wohl seiner damaligen Gefühlswelt sehr nah. Vermutlich verglich er sich mit dem Bauernjungen aus dem Gebirge, der nach dem Gymnasium in die Stadt kommt und sich in der „ lauten Welt heitere und freie Lebenskünste erwerben“ musste.
(„Peter Camenzind“, Aufbau-Verlag Berlin, 1963, S.74. Die in der DDR erschienenen Biografien und Werke von H. Hesse und „Ausgewählte Werke“ in sechs Bänden vom Suhrkamp Verlag Frankfurt am Main, 1994, stehen in seiner Bibliothek.)

Mich, seine zweite Ehefrau, lernte M. K. erst im Alter von 29 Jahren kennen. Über seine Jünglingsgefühle sprach er mit mir natürlich nicht. Seine Gedanken aus der Zeit „vor mir“ lese ich in den Briefentwürfen und Tagebuchaufzeichnungen in seinem Nachlass.

Natürlich gab es während der Studentenzeit mehrere Mädchen, die in den freundlichen, ruhigen Jungen mit dem üppigen blonden Haarschopf und den sinnlichen Lippen verliebt waren; ihm lange Briefe schrieben und ihn um Hilfe und Ratschläge in Studienfragen baten. Er gehörte zu den „Beststudenten“ und war ihnen gegenüber sehr hilfsbereit. Durch besonders schicke Kleidung fiel unter den Nachkriegsstudenten wohl keiner auf. M. K. am allerwenigsten, er gehörte zu den Ärmsten. Er trug karierte Baumwollhemden (heute bezeichnet man sie als „Holzfäller-Hemden“ oder so ähnlich), die es auf „Punkte“ einer Kleiderkarte gab.

Leiden, ähnlich dem jungen Werther, macht M. K. bei seinem Verliebt-Sein in die schöne blonde Ulla durch. Als diese sich letzten Endes für seinen Studienfreund entscheidet, verzweifelt er fast am Leben. Auf mehreren Schreibmaschinenseiten bannt er seine Gefühle und Träume auf Papier. Ob er diese Briefe auch wirklich abgeschickt hat, kann ich nicht feststellen, aber ich übernehme sie wörtlich in meine Familiengeschichte, weil sie meiner Empfindung nach die Gefühlswelt eines sensiblen jungen Mannes im vorigen Jahrhundert widerspiegeln. Hier nur ein Auszug:
Tag und Nacht habe ich mit Dir sprechen können. Du warst bei mir! Froh war ich, wenn Du in Deiner irdischen Gestalt bei mir Einkehr hieltest. Ich konnte das Leben Deines Körpers empfinden. Wenn Du Dich an mich lehntest, durfte ich Deinen Atem erfassen. Die Angst des anderen Daseins wich in solchen Momenten, das bange Gefühl des Auflösens, des Zerbrechens aber durchbebte mein Inneres. Durfte ich doch nie hoffen, Dich zu besitzen. Als Mensch habe ich Dich gesucht und gefunden. Du verkörpertest bei allem Gegensatz unserer Charaktere, das Heitere, Beschwingte, Grazile. Das stärkte mich. Ich hatte Dir vieles zu sagen, wenn

nicht alles; ich fand allein nicht die Kraft dazu. Meine Liebe konnte ich Dir nicht gestehen! Ich lernte Deinen weichen, verlangenden Blick verstehen. Es war die Frau, die aus Dir sprach, die mich aufsog, die mein Innerstes trank. Anfangs fürchtete ich mich vor diesem Blick. Ich möchte vor Dir knien und meinen Kopf auf Deinen Schoß legen. Bete für mich! (Zu der Zeit hatte M.K. noch nicht die Liebesbriefe von Karl Marx an seine Verlobte Jenny von Westphalen gelesen.) Aus späteren Erzählungen von M. K. erfuhr ich, dass die schöne blonde Ulla, sich „richtigerweise" für den Sohn des Hallenser Operndirektors entschieden hatte, der weiße Hemden und Anzüge trug.

Elisabeth, mit welcher M. K. an der Hallenser Martin-Luther-Universität das Seminar für Historische Hilfswissenschaften, mittellateinische Übungen und Paläographie bei Prof. Blaschka besuchte, kann ihn durch ihre Zuneigung seinen Liebeskummer vergessen lassen. Diese Freundschaft und gegenseitig erklärte Liebe zwischen Elisabeth aus Klein-Würschnitz bei Köthen und M. K. aus Calau/Niederlausitz währte mehr als fünf Jahre. Elisabeths sehr zahlreiche ausführliche Briefe, flehentlich bittend, er möge schneller antworten und öfter schreiben, widerspiegeln ihre Zweifel an der Tiefe seiner Liebe zu ihr.

1955 - Tod des geliebten Vaters

Neun Jahre nach Rückkehr aus amerikanischer Kriegsgefangenschaft blieb Vater Erich auf den Gleisen liegen, sein Herz schlug nicht mehr. Die Arbeit beim Gleisbau war für den 57-jährigen schmächtigen, durch zwei Weltkriege völlig ausgezehrten Mann, viel zu schwer.

Diese Arbeit wurde relativ gut bezahlt, er war Alleinverdiener, seine Frau arbeitete nicht. Wenn Erich an arbeitsfreien Wochenenden von den weit entfernten Arbeitsstellen nach Hause kam, begegnete ihm die unzufriedene Ehefrau mit Vorwürfen. Dem konnte er aus dem Wege gehen, indem er nicht nach Hause zu ihr, sondern zu seinem studierenden Sohn nach Halle oder später nach Berlin fuhr.

Nach dem Tod des Vaters verlangte die Mutter, der Sohn solle sein Studium aufgeben, um eine Arbeit aufzunehmen und an Vaters Stelle für ihren und der 16jährigen Schwester Lebensunterhalt sorgen. Die Mutter vertrat die Meinung, der Sohn hätte lieber die 8. Klasse beenden, nicht auf ein Gymnasium gehen, sondern ein Handwerk erlernen sollen, damit er bei Rückkehr des Vaters aus dem Krieg schon Geld verdiente und so dem Vater die Arbeit im Gleisbau hätte ersparen können. Auf die

Idee, selbst arbeiten zu gehen, kam sie nicht. Sie begriff auch nicht, dass sie ihren Sohn in jener Zeit seelisch sehr stark belastete.

Der 21jährige M. K. erlebt eine tiefe menschliche Krise.
Er folgt der Forderung der Mutter, die Universität ein Jahr vor Beendigung des Studiums zu verlassen, nicht. Seit dem Sommer 1956 hat M. K. sein Diplom in der Tasche; der Delegierung an das Heimatmuseum nach Wernigerode in Thüringen war er nicht gefolgt, er wollte in Berlin bleiben, der Großstadt.

Lebens-Gefühls-Krise des jungen M. K.

1957 schreibt M. K. in einem Schulheft über seinen damaligen Gemütszustand:
Dieses Buch ist ein Erinnerungsbuch für den anderen Späteren. Mit ihm beginnt eine Passionsgeschichte, die wohl seit jeher für den Menschen die schwerste gewesen ist: schwer im Sinne des Schmerzhaften, des Leiden-Fühlens im Geiste....
Die Kraft der Persönlichkeit wohnt in einem Fürstenhaus und geht im Armenhaus spazieren. Sie tut es, um ihren Abstand zum Durchschnitt zu vergrößern und vor der Mittelmäßigkeit zu leuchten. Das Spielen der Persönlichkeit ist ein Leben auf Kosten anderer, ein Leben durch das Leid. Marcel Proust schreibt: ´La réalité ne se forme que dans la mémoiré!´ und nur der ist Mensch, der Erlebtes Stunden später durchdenkt, in eine Form bringt und erst so einen Überblick über das Erlebte erhält. Wer das nicht kann, hat keinen Genuss vom Leben, kein Leben selbst. Der Verstand seziert. Erste Frage: Hast du dich immer richtig verhalten? Durchgehen der Stationen, Vorwürfe, Abwägen. Erstes Ergebnis: Zuviel gehemmt beim Erlebnis, zu wenig aus sich herausgegangen, zu wenig „selbst“ gewesen, es hätte viel schöner sein können Die Misere des kritischen Intellekts: Tun wollen und nicht getan haben. Dann das „Gefühl der 3. Klasse“. Eigenes Zurückstehen und Zurück-geschoben-werden. Die große Begabung am kritischen Punkt: Wozu? Wozu etwas tun? Menschliche Maßstäbe negieren doch alles. Und: Gibt es eine letzte Aussage? Gibt es etwas, was überlebt? Und überhaupt: Wozu das alles – da es doch vergeht? Ergebnis stets: Apathie, Nur-Rezeption, Schulterzucken – Wozu? Hier fehlt die Kraft des Durchbruchs, der treibende Wille, der Erfüllung sucht. Mitunter auch das Gefühl des Genießens, des stillen Gegenüber und der inneren Freude, des spöttischen Amüsierens.

Hier vielleicht zwei Seiten meines Charakters: Einmal passives Rütteln an den Weltfesten. Revolution der geistigen Werte. Empfinden der Kultur am Ende.
Das Sitzen am Grabe, auf dessen Grunde die Menschen tanzen und an dem Generationen gebaut haben. Selten identifiziere ich mich mit anderen. Das asoziale Element bricht völlig durch, wird aber nicht zu einer Gefahr für die Gesellschaft, da es im Reiche der Gedanken verbleibt. Ein Gedanke wird geboren, ein nächster folgt, Schwall auf Schwall wird hinweg gespült, fließt vor dem inneren geistigen Auge vorbei. Das Gefühl des Weltschmerzes siegt, ich bin weit weg und doch bei den Ereignissen. Das ist die eine Seite. Die andere: Spöttische Enthaltsamkeit, ein allgemeiner Skeptizismus, der in nichts seine Grenzen findet, das Sein ins völlig Lächerliche zieht. Abwechselnd regieren bei den Menschen die Dummheit und die Gewalt. Wenn die Gewalt regiert, still-halten. Wenn die Dummheit regiert, Zynismus bis zur Selbstaufgabe. Selten merken sie´s und es ist besser, man überschätzt die Menschen…
Vielleicht noch eine dritte Seite: In der Zeit der schöpferischen Kraft. Ein Trance-Zustand, der nicht auf die Außenwelt anspricht, der gibt und nur zu geben weiß. Alles geben geschieht aus einem Gefühl der Fülle und einem Bewusstsein der Überlegenheit heraus. Nichts kann hemmen, nichts eindämmen. Es „fließt" mit Urgewalt. Gutes Erleben schafft schöpferische Kraft. Das ist der Punkt, wo die Rezeption übergeht in Produktivität….

In unserer Generation haben die – Ismen ausgespielt. Wir haben ein großes Ziel unseres Lebens: wir müssen das Elementare wiedergewinnen, das uns verloren gegangen ist.
Nietzsche und Gauguin, beide in verschiedenen Bereichen, haben auf der Suche nach einem neuen Mythos das Elementare aus dem Schutt des 19. Jahrhunderts wieder entdeckt.

Die Generation der zwei Weltkriege, ihr Ende ist mit 1955 angesetzt, hat diese Wiederentdeckung erneut verschüttet. Die alte Generation, gegen die wir anzurennen haben, ist größtenteils tot, tot ist auch ihr Lebensstil der Passion. Wir sind seit zwei Jahren am Zuge - wir haben noch nichts getan. Das politische Ruder haben die Überalterten noch immer in ihren Händen. Eine Misere für das deutsche Volk ohnegleichen. In früheren Jahrhunderten überlebte die Kulturelite die politsche
Elite stets. Das gab dem deutschen Volk Tradition und Gleichklang der Entwicklung in Anschauung und System. Heute ist es umgekehrt. Die Folgen sind nicht abzusehen. Eine Kulturelite revolutioniert immer, und wenn es nur eine konservative Revolution ist. Sie haben früher die

jungen Generationen erzogen, für diese war es schwierig, sich ihnen gegenüber durchzusetzen. Ganz anders heute. Unsere Generation steht nicht ihnen gegenüber, sondern einer Mittelmäßigkeit, die sie propagieren, die sie erhalten wissen wollen. Nichts mehr von Revolution. Nur noch Gleichklang, Nivellieren, Durchschnitt. Es ist für uns schwer, unendlich schwerer als für frühere Generationen. Wir haben uns in Deutschland gegen eine politische Gewalt durchzusetzen, die der gleichen Generation angehört, wie die gestorbene Kulturelite, die unbegabt den Durchschnitt und die Mittelmäßigkeit fördert und propagiert. 1955 hätten wir zum Zuge kommen müssen. Wir werden es vielleicht 1960 oder nie…

Die Tradition ist tot – uns kann es nur recht sein. Aber erst, wenn die Mittelmäßigkeit fort ist, werden wir gelten.

Ansätze für unseren neuen Geist gibt es mannigfaltig. Wir haben auch unter der alten Generation in vielen Teilen Brüder im Geiste. Wir suchen das Elementare, wir finden es.

Es gibt erschaute, erinnerte und durch den Geist geordnete Elemente der Wirklichkeit.

Das Schauen finden wir bei Cocteau, nicht als ein an der Oberfläche hingleitendes Schauen, sondern als ein Tiefen schauendes, durch den Spiegel hindurchgehendes Schauen. (Jean Cocteau Orphée). Die Erinnerung brachte uns Marcel Proust mit all ihren Winkelzügen und Leiden. Die durch den Geist geordneten Elemente der Wirklichkeit lehrte B. Brecht.

Wir dürfen bei keinem von ihnen stehenbleiben, denn: wir müssen wir selbst sein und bleiben, ohne Konzession, ohne Anleihe, aber nicht ohne Umsturz.

Diese Geisteshaltung scheint unter den zwischen 1925 und 1940 Geborenen verbreitet gewesen zu sein, da sie in ihren Jugendjahren auf ein politisch demoralisiertes und wirtschaftlich zerstörtes Land trafen. So trifft auf M. K., 1934 geboren, auch teilweise zu, was der westdeutsche Soziologe Helmut Schelsky (1912 – 1984) die „skeptische Generation“ nannte, „die auf das schiere Überleben ausgerichtet war, nach vorne sah und mit der nötigen Nüchternheit und Skepsis alles das, aber auch nur das tat, was nötig und möglich war.“

Durch Aufschreiben seiner damaligen seelischen Befindlichkeit hilft M. K. sich selbst. So notiert er Neujahr 1958: *Du bist durch die Krise hindurchgegangen. 1958 muss für dich der Durchbruch werden. In zwölf Monaten ist wieder Bilanz, dann musst du ganz ein Mensch sein, voll*

Liebe, voll Entschlossenheit und Schnelligkeit, mit einem liebevollen Kameraden an deiner Seite. Vollende dich und wirke.

Beginn des Berufslebens von M. K.

Kaum hat M. K. sein Diplom in der Tasche, schreibt er im November 1956 an das Landeshauptarchiv Potsdam Sanssouci, Orangerie: „Für die Vorarbeiten zu meiner Dissertation ´Die Tätigkeit preußischer Offiziere 1848´ (Arbeitstitel) bitte ich um die geneigte Unterstützung durch Ihr Archiv. Von besonderem Interesse sind zunächst die Akten des Polizei-Präsidiums Berlin und der Minutoli-Nachlass."

Gleiche Bitten um Einsichtnahme in Archivmaterialien gehen an das Berliner Stadt-Archiv in Dahlem in der Archivstraße, an die Handschriftenabteilung der Deutschen Staatsbibliothek Unter den Linden, an das Deutsche Zentralarchiv in Halle/Merseburg und an andere Archive.

Keine Archivreise nach Erlangen

Im Januar 1958, M. K. hatte sich beim Zentralarchiv in Halle/Merseburg nach dem Nachlass von Max Lenz erkundigt, schreibt ihm dessen Leiter Dr. Nissen: "Wieweit die sonstigen in Frage kommenden Nachlässe, z. B. F. W. von der Groeben (1827 – 1889) und Edwin Freiherr von Manteuffel (1809 – 1885), zu Ihrem Thema ergiebig sind, werden Sie am besten selbst überprüfen, wenn Sie zu uns kommen."

Dr. Nissen schreibt am 13. März 1958 an Prof. Dr. Heinrich O. Meisner: „Ich habe mich im Interesse Ihres Schülers M. K. am 27. 2. an Herrn Prof. Dr. Schoeps (1909 – 1980) in Erlangen gewandt, um von diesem zu erfahren, ob er es für sinnvoll ansieht, dass Herr M. K. die in dem Seminar für Religions- und Geistesgeschichte in Erlangen verwahrten Materialien des preußischen Generals Leopold von Gerlach zu seinem Thema durchzuarbeiten. Ich erhielt von Prof Schoeps daraufhin folgenden Brief: ´Ich meine schon, dass es sehr nützlich wäre, wenn sich Herr M. K. auch die hiesigen Materialien anschauen würde, zu seinem Thema würde er hier eine Menge finden können. Am besten wäre, wenn sich Herr M. K. wegen eines Besuches mit meinem Assistenten Herrn Dr. D. in Verbindung setzt, der ihm auch am ehesten die Unterlagen aus den hiesigen Beständen heraussucht. Ich glaube, dass es notwendig ist, dass Herr K. etwa für acht Tage von der Humboldt-Universität zum Archivstudium nach Erlangen fährt und stelle Ihnen anheim, dieses bei den zuständigen Stellen der Berliner Universität zu beantragen´."

Aus der Archivreise nach Erlangen wurde nichts, da die Humboldt-Uni zwar nichts gegen die Studienreise einzuwenden hatte, der Antrag auf eine Reise nach Westdeutschland jedoch nur von der jeweiligen Dienststelle zu beantragen war. Die Dienststelle von M. K. ist nach dem Studium das Staatliche Rundfunkkomitee/Radio DDR – Redaktion Nationale Verteidigung. Die Zustimmung für eine Studienreise nach Erlangen zwecks Recherchen für seine Dissertation bekam M. K. nicht.

Heirat und Scheidung

Seit 1958 ist M. K. Redaktionsleiter des Nachtprogramms von Radio DDR und die Personalabteilung des Staatlichen Rundfunkkomitees hatte für eine Zuzugsgenehmigung für Berlin gesorgt.

Bei der Arbeit im Rundfunk lernt M. K. 1959 Edith kennen. Sie, blond, hübsch, lebhaft, ergreift den leitenden Redakteur im Sturmschritt. Seiner bisherigen Freundin Elisabeth schreibt M. K. im März 1960 einen Abschiedsbrief.

M. K. wohnt noch in Berlin-Pankow zur Untermiete, später bekommt er den Berechtigungsschein für eine Wohnung in Köpenick. Edith besucht ihn des Öfteren und er hilft ihr beim Abfassen von Manuskripten für Radiosendungen, die sie freiberuflich auf Honorarbasis anfertigt, aber kaum Erfahrung im Schreiben von Beiträgen hat.

Seit Januar 1959 arbeitet M. K. in seinem Urlaub im Zentralen Preußischen Staatsarchiv in Halle/Merseburg für seine Dissertation.

Edith steht gern im Mittelpunkt, kann sich mit anderen Leuten gut amüsieren, verbringt ihre Zeit gern auf Partys; für die wissenschaftliche Arbeit ihres Freundes bringt sie jedoch wenig Verständnis auf, obwohl auch sie davon profitiert. Neben der beruflichen Tätigkeit bleibt wenig freie Zeit, die man nicht ausschließlich auf Partys vergeuden sollte – war seine Auffassung. Er wollte, dass auch Edith, eine intelligente Frau, sich weiterbildet. Er überzeugt sie, sich für ein Fernstudium für Geschichte bei der HUB anzumelden.

In seinem Sommerurlaub arbeitet M. K. wieder im Merseburger Staatsarchiv; Edith ist bei ihm und hilft ihm. Am 20. Juli 1960 heiraten beide auf dem Standesamt in Merseburg. Kurz darauf teilt sie dem Prorektorat für Studienangelegenheiten mit, dass sie mit dem Diplomhistoriker und Dozenten M. K. verheiratet ist. Meinte sie, das hätte eine Bedeutung für ihre Zulassung zum Studium an der HUB?

Die Ehe mit Edith war nicht von Bestand. Edith reicht die Scheidung ein und laut Anklageschrift (27. April 1962) sagt die Klägerin aus: „Ich habe meinen Ehemann ca. ½ Jahr vor der Eheschließung kennengelernt. Wir haben die Ehe sehr übereilt geschlossen und schon kurze Zeit danach musste ich feststellen, dass ich meinen Mann überhaupt nicht liebe, ich keine Achtung vor ihm habe, wir nicht zueinander passen und ich eine unüberwindliche körperliche Abneigung gegen ihn habe. Aus diesem Grunde gestaltete sich unser eheliches Zusammenleben auch nicht sehr günstig und ich hatte bereits im Februar 1961 (nach sieben Monaten! U. K.) den Gedanken einer Trennung erwogen."

Gleichzeitig gibt sie zu Protokoll, dass sie ein Kind von ihm wollte. Er jedoch nicht.

M. K. war der Meinung unter den Bedingungen, da sie keine gemeinsame Wohnung hatten und beide beruflich sehr stark belastet sind, mit der Geburt eines Kindes noch etwas zu warten.

Auf zwanzig Schreibmaschinenseiten nimmt M. K. zu den Anklagepunkten seiner Frau Stellung; offen und ehrlich, auch selbstkritisch und er macht sehr konkrete Vorschläge, was beide Partner tun könnten, damit die Ehekrise überwunden wird. Er kämpft bis zum Schluss.

Sie aber will nicht mehr mit ihm leben, auch wenn sie in absehbarer Zeit eine eigene Wohnung bekämen. Sie ekelt sich auf einmal vor ihm!

Er schreibt in seiner Stellungnahme für das Gericht „dass wir aus einem grundverschiedenen sozialen Milieu stammten und eine recht unterschiedliche Erziehung genossen hatten. Mit diesen Diskussionen hatte ich begonnen. Meine Frau war in einem Künstlerhaushalt aufgewachsen, war einen gewissen Komfort und Aufwand gewöhnt, den ich ihr natürlich nicht bieten konnte. Ich hatte als Kind schon meinen Lebensunterhalt selbst verdienen müssen, bei uns zu Hause war es immer einfach gewesen und wir hatten jede Mark vor dem Ausgeben dreimal umdrehen müssen. Meine Frau war mir in Umgangsformen, im Auftreten usw. weit voraus, sodass ich in dieser Zeit einige Minderwertigkeitskomplexe zu überwinden hatte."

Letzten Endes beschließt am 27.6.1962 das Gericht: „1. Die Ehe ist für die Gesellschaft gegenstandslos geworden und wird geschieden. 2. Die Kosten trägt jede Partei zur Hälfte." Der Streitwert war auf 6.400,- DM festgesetzt und zu bezahlen waren für Prozessgebühr, Beweisgebühr und Urteilsgebühr je 94,- DM und 3,10 DM für Schreibgebühren. Seine Kollegen im Rundfunk wussten schon längst um die Affären seiner Frau während der Ehe; der ahnungslose M. K. kämpfte jedoch um seine Ehe bis zum Schluss.

Erst viele Jahre später fiel in einem Gespräch mit meiner Arbeitskollegin, die zuvor im Rundfunk arbeitete und noch Kontakt zu ihren ehemaligen Kollegen im Funk hielt, der Name Edith. Meine Kollegin erzählte mir, dass jene nach der Scheidung von M. K. einen Juristen vom Vertragsgericht, danach einen promovierten Sprachwissenschaftler und noch einen weiteren Mann heiratete und sich ihr Wunsch nach Kindern mehrfach erfüllte. Nach Aussagen der Kollegin war Edith im Funk als Frau bekannt, die es verstand, Männer in ihren Bann zu ziehen.

Also, das ganze Gegenteil von mir – ich habe mir nie ein Kleidungsstück unter dem Aspekt der Wirkung auf Männer gekauft oder meinen Körper bewusst in solche Bewegungen versetzt mit dem Ziel, diese könnten Männer reizen. Aber ich neckte und schäkerte gern mit Leuten, die ich mochte und natürlich auch mit meinem Mann. Aber in unseren ersten Ehejahren verstand er meine Neckereien eher als Angriff auf seine Person, denn als eine Sympathiebekundung. Für mich traf eher folgende Bemerkung Gordons über Cécile in Theodor Fontanes Roman „Cécile“ zu: „Was ist mit dieser Frau? So gesellschaftlich geschult und so naiv! Sie will mir gefallen und ist doch ohne rechte Gefallsucht. Alles ergibt sich mehr aus Gewohnheit als aus Koketterie...“.

Der sehr sensible M. K. kam über seine Enttäuschung und die Verlogenheit der Edith schwer hinweg; nur die Arbeit an seiner Dissertation, die er eigentlich bis Ende 1962 fertiggestellt haben wollte, und die anspruchsvollen Aufgaben seiner neuen Arbeitsstelle, in der er seit 1.4.1962 angestellt ist, halfen ihm.

Ich hebe das als etwas Besonderes hervor, da heutzutage vorwiegend Joggen oder Yoga als Methoden für Stressbewältigung empfohlen werden. M. K. läuft sehr gern, aber rennen oder joggen ist nicht sein Ding. Außer der in der Provinz notwendigen Fortbewegung per Fahrrad über kilometerweite Entfernungen, um ein Theater oder Kino zu besuchen, hält er nicht allzu viel von gezielter sportlicher Betätigung.

Kuppel-Vater Kurt

M. K. wollte nach dem Scheidungsdebakel weg vom Rundfunk und überhaupt, wollte er in die Wissenschaft. Sein erstes Praktikum während des Studiums absolvierte er in der Bibliothek des 1949 gegründeten Instituts für Marxismus-Leninismus (IML). Hier lernte er den sehr freundlichen Direktor der Bibliothek, Bruno Kaiser (1911-1982) kennen. Zu Bruno Kaiser entstand ein freundschaftliches Verhältnis, was bis zu dessen Tod bestehen blieb. Beide verbindet die Leidenschaft zu Büchern und zum Entdecken längst verschollener Schriften. Auf der Suche nach einer neuen Arbeit ging M.K. als erstes zu Bruno Kaiser, dem väterlichen

Freund, der ihn an die Personalabteilung des IML weiterleitete. Dort traf M. K. auf meinen Vater Kurt. Dieser schaute sich dessen Vita aufmerksam an und meinte vermutlich in seinem Innern, dieser junge Historiker sei für die Partei ein gut ausgebildeter „Kader". Für das IML beim ZK der SED galt aber die Anordnung, dass der Einzustellende mindestens 5 Jahre Mitglied der SED sein musste, was auf M. K. lange noch nicht zutraf. Kurt vermittelt M.K. an den Dietz Verlag in Berlin.

Eines Tages Anfang Dezember 1962 teilte mir meine Mutter in der Küche, so nebenbei beim Essenzubereiten mit, dass mein Vater zum 1. Weihnachtstag einen „Genossen" zum Gänsebraten-Essen eingeladen hat.
Ich: Kennst du ihn? Wie alt ist er? Trägt er eine Brille?
Mama: Ich weiß nichts Genaues und Papa antwortet nicht auf meine Frage.
Gar nicht schlecht, dachte ich, vielleicht könnte es ein Mann für meine Freundin Margot sein; ich bat meine Mutter, ob ich Margot auch zum Mittagessen einladen dürfe. Mama: Ja, warum nicht.

Meine acht Jahre ältere, unverheiratete, sehr liebe Freundin Margot lebte mit ihrer Mutter zusammen, die all die Jahre den Festtagsbraten zubereitete und Margot wollte ihre Mutter nicht traurig stimmen. Margot kam am Nachmittag zum Kaffeetrinken zu uns.

„Alte Försterei"

Kurt war Fan des Fußballklubs „FC Union Oberschöneweide". Woher diese Liebe zum Fußball kam, wusste ich nicht, hatte auch nie darüber nachgedacht.

Ich, die ich mich nie für Fußball interessierte, keinerlei Regeln kannte, aber begeistert schrie, wenn ein Tor fiel, konnte mir Vaters Interesse für Fußballspiele erst nach dem Besuch des Heimatortes meines Vaters in Gelsenkirchen-Schalke erklären. Bis dahin wusste ich nicht, dass „Schalke" ein Ortsteil von Gelsenkirchen ist, in dem mein Vater seine Kindheit und Jugend verlebte.

Im Sommer 1998 besuchten mein Mann und ich die Schwägerin meines Vaters, Tante Helga in Gelsenkirchen. Meine Gefühle, die ich bei dem Anblick der schwarz vom Kohlenstaub verrußten Bergarbeiterhäuser mit Hinterhöfen auf Schalke empfand, will ich hier nicht schildern.

Die Straße, in der meine Großeltern väterlicherseits wohnten, hieß bis 1936 Victoriastraße und heißt jetzt Königsberger Straße. Das Haus, in dem mein Vater aufwuchs (geboren ist er 1905 in Danzig und kam mit zwei Jahren mit den Eltern ins Ruhrgebiet) stand nicht mehr. Auf dem Areal, wo sich einst das Haus Victoriastraße 55 befand, steht jetzt ein neues rotes Backstein-Gebäude mit Wohnungen und Arztpraxen, einem ALDI-Laden und einem großen Parkplatz. Am Rande des Parkplatzes wächst eine uralte Riesenkastanie, ihre üppigen Äste ausbreitend. Ich dachte so bei mir, dass mein Vater vielleicht in ihrem Schatten spielte, las oder träumte; dieser Baum ließ vermutlich damals schon kein Licht in die engen Stuben. Aber es gab auf Schalke auch Patrizierhäuser und eine monumentale Backsteinkirche aus dem 19. Jahrhundert, in der mein Vater wider seinen Willen konfirmiert wurde. Nach meiner „Wurzelsuche“ auf Schalke, gingen wir in Gelsenkirchen auf „Trallafitti“ (0-Ton meiner Tante Helga im Jahr 1998).

Zurück nach Berlin-Oberschöneweide in den 1960er Jahren. Mein Vater, der viel am Schreibtisch arbeitete, ging in seiner Freizeit gern zu Fuß. Meine Mutter, die immer voll berufstätig war, hatte an den Wochenenden viel im Haushalt zu tun. Fußballspiele interessierten sie nicht. Sie ging nie mit ihm in die „Alte Försterei“.

Was meinem Vater wichtiger war, sich an frischer Luft zu bewegen oder dem Fußballspiel zu folgen, weiß ich nicht. Kurt verband sicherlich beides miteinander. Also fuhr er sonntags mit der Straßenbahn Linie 86 vom Königsplatz in Oberschöneweide nach Köpenick (Haltestelle BERO-Kaffee) und lief zum Fußballplatz in die „Alte Försterei“.

1950 hatten einige von “Union Oberschöneweide“ Abgewanderte, in Westberlin den Fußballverein „SC Union 06“ gegründet. Die Ostberliner machten jedoch deutlich, dass „Union“ nicht in Westberlin, sondern in Köpenick – in der „Alten Försterei“ – historisch gewachsen und beheimatet ist. Träger von „Union“ waren u.a. die Arbeiter und Angestellten der großen Industriebetriebe „Kabelwerk Oberspree – KWO“ und „Transformatorenwerk – TRO“. Viele der Fans wollten damals nicht zu „BFC Dynamo“ (Verein von Polizei und Ministerium für Staatssicherheit) und „Vorwärts“ (Armeesportvereinigung) gehen. Vielleicht aus politischen Gründen, sie wollten sich den zivilen Klub erhalten.

Einige Male spazierte Kurt, wenn das Wetter besonders schön war, auch ein paar Kilometer weiter und besuchte M. K. in seiner 1-Zimmer-Wohnung in Köpenick, Grünauer Straße.

Er sah sich in der Wohnung um, betrachtete insbesondere die Bücherregale, denn Kurt meinte, so könne er sich einen Eindruck über den „jungen Genossen“ machen.

Später erzählte mir mein Mann so ganz nebenbei, dass ihn Kurt des Öfteren besucht hatte. Kurt wusste also von den persönlichen Problemen des jungen Mannes und konnte ihm vermutlich auch Beistand leisten. Mit mir sprach mein Vater überhaupt nicht über sein Bekanntwerden mit M. K. Es waren eben Geheimnisse unter Männern!

Ich war schon mehr als 20 Jahre mit M. K. verheiratet, da scherzte ich mit meinem Vater und nannte ihn einen „Kuppler".

Er: Wie meinst du das?

Ich: Mir kommt manchmal die Idee, du hättest dir deinen Schwiegersohn gezielt und bewusst ausgesucht.

Er: Du hättest dich doch gar nicht verkuppeln lassen, was redest du da.

Familiengeschichte – die dritte Generation

M. K. lernt U. kennen

In das IML wurde M. K. nicht eingestellt, so empfahl ihn Kurt dem Partei-Verlag und dieser stellte ihn am 1. April 1962 als zukünftigen Leiter des Lektorats „Marx–Engels-Werke“ ein.

Weihnachten 1962 - Gänsebratenessen

Der „junge Genosse“ – O-Ton meiner Mama – kam am 1. Weihnachtsfeiertag zu uns. Meine Freundin Margot fand ihn sehr sympathisch, aber für sich zu jung. Ich fand ihn auch sympathisch und gut aussehend; er redete wenig, wenn, dann mit meinem Vater und er aß keine Gänsekeule (wie es sich angeblich für einen Mann gehört), aber ich aß wie immer eine Keule. Keiner der Männer sagte mir an diesem Weihnachtstag, dass sie beide sich schon mehr als ein Jahr kannten.

In dem Tagebuch von M. K. finde ich folgende Notiz:
„Zwei Wochen nach Weihnachten rief mich Kurts Tochter im Verlag an und fragte mich, ob ich Zeit und Lust hätte, mir das Theaterstück „Sorgen und die Macht“ im Deutschen Theater anzusehen. Sie habe vier Karten. Dieses Theaterstück kannte ich nicht und U. hatte ich fast schon vergessen. Diese Inszenierung von Wolfgang Langhoff nach dem Text von Peter Hacks interessierte mich und ich willigte ein, ins Deutsche Theater mitzugehen. Ich wusste nicht, dass das Stück nach der Premiere schon auf Ablehnung der Parteiführung gestoßen war. Es war intellektuell - kritisch und teilweise provokativ, aber nach meinem Empfinden nicht „parteifeindlich“. Meine Vermutung, ob man wohl an höherer Stelle eine derartige Kritik aushalten würde, bestätigte sich jedoch, es wurde vom Spielplan abgesetzt. U. ´s leidenschaftliches Mitgehen mit den Aussagen des Stückes gefiel mir. Emotional ungebremst verfolgte sie konzentriert das Spiel, und das allmähliche Verstummen der Leute um uns herum beeinträchtigte ihre Anteilnahme nicht. Kurt, so meine ich, war mit den Texten über „Sorgen und die Macht“ nicht einverstanden, blieb aber stumm, musste wahrscheinlich erst nachdenken.
Bei der Heimfahrt, alle saßen sich stumm gegenüber, stieß U. mich plötzlich mit ihrem ganzen Körper in die Seite, sodass ich von der S-Bahn - Bank rutschte. Ein wenig übertrieb ich in dem Moment mein

Fallen in den Gang. Was gefiel ihr denn nicht, wenn ich ganz ruhig, in mich gekehrt, neben ihr saß? Ein paar Tage später rief sie mich im Verlag an und entschuldigte sich für ihr kindliches Von-der-Bank-Schubsen. Fand sie mich vielleicht doch ein wenig sympathisch und wollte sich noch einmal mit mir treffen? Beruflich hatte ich gerade eine neue Tätigkeit angefangen, gefühlsmäßig hing ich noch an Edith. In einem solchen Augenblick kam mir deutlich zu Bewusstsein, dass ich für schnelle Wechsel nicht geschaffen bin und eigentlich endlich meine Dissertation zu Ende bringen wollte. Wieder rief sie mich im Verlag an, zu Hause hatte ich kein Telefon, und so trafen wir uns ab und an samstags nach Arbeitsschluss am Alexanderplatz; aßen im Berolinakeller Mittag, gingen danach ins Museum, Kino oder einfach nur spazieren. Die Unterhaltung mit ihr erregte mich immer sehr. Besonders verblüffte mich das Unorthodoxe ihrer Gedankengänge, die sie auf meine ernsten, prüfenden, teils philosophischen Fragestellungen äußerte. Ich war mir nicht sicher, ob sie mir lediglich ihre weltanschauliche Haltung erklären wollte und dabei unbewusst ihre Eigenwilligkeit zum Ausdruck brachte. Sie reagierte auf meine Erklärungen mit einer mich entwaffnenden Natürlichkeit und hinterfragte im nächsten Moment ihre eigenen Argumente. Die Gespräche mit U. hatten für mich einen besonderen Reiz, was ich ihr natürlich nicht sagte. Die gemeinsam verbrachten Samstagnachmittage mit U. halfen mir über die Enttäuschungen mit Edith hinwegzukommen. In Edith war ich sehr verliebt, wehrte mich bis zum Schluss gegen die Scheidung. Ihr verzieh ich ihre Liebeleien und Liebesverhältnisse, von denen schon alle im Funk wussten, nur ich, vor lauter Arbeit und Geldverdienen, hatte nichts bemerkt. Wir hatten keine gemeinsame Wohnung, Edith wohnte in ihrem Elternhaus und ich in einer Altbauwohnung mit Toilette eine Treppe tiefer. Sie wollte nicht zu mir ziehen und ich hatte mit meinen Büchern in ihrem Elternhaus keinen Platz. Auf keinen Fall wollte ich mich in eine Frau verlieben, die mich erneut kränken würde. Nach drei Jahren Anmeldezeit auf eine Wohnung bekam ich die Zuweisung für eine neuerbaute Dreizimmer-Wohnung für meine Familie, die es inzwischen nicht mehr gab. Einen kurzen Moment dachte ich Edith anzurufen, vielleicht kommt sie ja zu mir zurück. Irgendetwas kam dazwischen und ich rief nicht an."

Meine Lieben, entschuldigt bitte, dass ich für die nächsten Abschnitte den Stil meines Berichts ändere. Die folgenden Lebenssituationen sind heute noch so tief in meinem Gedächtnis erhalten, dass ich meine, euch zu ermöglichen, die amüsant-ungewöhnliche Situation der näheren Beziehung zwischen U. und M.K., so besser zu verstehen.

Saubermachen der neuen Wohnung

An einem Samstagnachmittag im Januar 1963 kommt M.K. in die Griechische Allee 2 und erklärt, er habe Schlüssel für eine Neubauwohnung erhalten.

U.: Du hast es fertiggebracht, den Schlüssel für deine neue Wohnung zwei Wochen mit dir ´rumzutragen, ohne ihn auszuprobieren?
M. K.: Ja, ich hatte einfach keine Zeit.
U.: Das ist für mich unfassbar. Du bekommst endlich eine Wohnung mit zwei Zimmern, immer warm, immer heißes und kaltes Wasser aus der Wand, Toilette nicht mehr eine Treppe tiefer, Schluss mit Sich-Waschen in Schüsseln, Bad mit Badewanne, getrennt vom Lokus. Es fehlt nur das Bidet. Und du findest in zwei Wochen nicht die Zeit, dir diese Prachtwohnung anzuschauen?
M.K.: Ich wollte sie nicht allein besichtigen. Kannst du mitkommen?
U.: Ja klar, ich bin neugierig, ich komme mit.

Beide wandelten durch die Zimmer, als gehörten diese zu einem Palast. Von dem 16 in das 10 Quadratmeter große Zimmer schreitend, wirft M. K. der die Küche mit Fenster inspizierenden U. die Bemerkung zu, dass in solch einer Wohnung auch Platz für Zwei wäre. U. hatte seine kleinlaut dahin gesagten Worte wohl nicht aufgefangen; er wiederholte sie etwas lauter, aber aus der Küche kam keine Reaktion.

Die Länge des Januarsonntags war die natürliche Grenze der Wohnungsbesichtigung, denn an eine Kerze oder Glühbirne hatte keiner von beiden gedacht. Die Nachbarn nach einem Licht zu fragen, waren sie zu schüchtern, also verließen sie alsbald die neue Wohnung. Überdies hatten sie beide noch etwas für die kommende Arbeitswoche vorzubereiten. Die Wochentagabende waren meist mit Versammlungen belegt, sodass sie erst am darauffolgenden Sonntag die Wohnung säubern konnten.
U. hatte Eimer, Schrubber, Besen und Scheuerlappen von zu Hause mitgebracht. Ihr war der Scheuerlappen unterwegs beim Schlittern auf der Eisbahn abhandengekommen. Ein altes Unterhemd von M. K. rettete die Situation. In M. K. ´s noch auf Bezugspunkte gekaufter Trainingshose kroch sie auf dem Fußboden herum und kratzte die Farbklekse vom grauen Linoleum. Ist ja allerhand, was die Maler so für Dreck hinterlassen, bemerkte U.

M. K., einen Teil seiner Bücher aus den Kartons nehmend, sieht, dass U. sich schief hielt und bei jeder Fortbewegung auf den Knien das Gesicht verzog. Er sagt zu ihr: Komm wir machen eine Pause. Der Schmutz

läuft uns ja nicht weg. Schade, dass das Gas nicht angeschlossen ist, dann könnten wir uns einen Tee kochen.
U.: Hast du nicht ein bisschen Musik?
M. K.: Ja, siehst du, das nächste Mal darf ich den Plattenspieler nicht vergessen. Besitzt du auch Schallplatten?
U.: Ja, vorwiegend mit klassischer Musik, russische Aufnahmen.
U. war mit Bodenwischen fertig und hatte sich auf das Unterteil eines der Einbauküchenschränke gesetzt, rutschte hin und her eine Rückenlehne suchend, die der Hängeschrank ihr letzten Endes bot.
M. K. fragt: Könntest du zwei Männer zugleich lieben? Besser so gesagt: du hast dich für einen Mann entschieden und beginnst kurz darauf eine Beziehung zu einem zweiten oder auch dritten Mann.
U.: Im Laufe des Lebens kann man mehrere Männer lieben - jede Liebe ist anders und jeder Mensch ist ein Original, da kann es in einem aufregenden Leben schon passieren, dass man sich öfter verliebt. Aber mit noch anderen Männern neben dem Ehemann ein Liebesverhältnis zu pflegen, ist unehrlich. Das könnte ich nicht. Wenn ich mich einem Mann hingebe, dann aus Liebe. Manche verstehen aber das Miteinander-Schlafen lediglich als sportliche Betätigung. Na ja, ich nicht. Wenn ich mich für einen Mann entschieden habe, dann mit Haut und Haar. Diese Antwort auf seine Frage klang für ihn überzeugend; U. schien schon längere Zeit darüber nachgedacht zu haben.
Nachdem beide die neue Wohnung saubergemacht hatten, sorgte M. K. mit Hilfe seiner Freunde unverzüglich für den Umzug seiner Möbel und lud U. zum nächsten Wochenende ein. Sie nahm seine Einladung an.

Maurice Ravel – „Bolero“

An einem Sonnabend treffen sie sich nach Dienstschluss und fahren gemeinsam in seine neue Wohnung. U. setzt sich an das Ende seiner überdimensional breiten roten Liege in Erwartungshaltung wie wohl der Nachmittag verlaufen wird.
Zwei dicke rote Kerzen stehen auf dem breiten Fensterbrett und mit dem begrenzten Licht der Stehlampe vermitteln sie eine leicht romantische, für U. ungewohnte Atmosphäre.
M. K. sitzt zwischen Plattenspieler und Liege auf seiner einzigen Sitzgelegenheit, einem gepolsterten rechteckigen Hocker.
U.: Die Musik gefällt mir, ich habe sie schon irgendwo gehört, wie heißt der Komponist?
M. K.: Das Stück heißt “Bolero” und ist von Maurice Ravel.

U.: Ich bin während meiner Studentenzeit viel ins Konzert gegangen und hörte Beethoven, Tschaikowski, Schubert, Glinka, Rimski-Korsakoff. Meistens fuhren wir ad hoc ins Konservatorium oder zum Tschaikowski-Saal, wenn wir vom Studieren ausgetrocknet waren und unbändigen Durst auf Musik hatten. Wenn es kein Billett mehr gab, der Hunger nach Tschaikowski oder „Betgofen" aber förmlich aus unseren Augen sprach, half uns meistens eine ältere gute Fee, die von irgendwoher zwei Stühle zauberte und diese mit den Worten: „sadites rebjatki" für uns an den Rand in den Saal stellte.
M. K.: Hat sie dafür Geld genommen?
U.: Ich vermute, Jura hat ihr Rubel zugesteckt.
M. K.: Warst du hier schon im Konzert?
U.: Nein, wo finden welche statt? Nur im Metropol-Theater? Bis jetzt habe ich noch nicht herausgefunden, wo Berlins Konzertsaal ist. Könntest du denn Konzertkarten beschaffen? Ich würde sehr gern mit dir gehen.
M. K.: Mal sehen.

Unter den aufwallenden Klängen von Maurice Ravels „Bolero" beobachtete M. K. ein wenig verstohlen U., wie sie auf diese Musik, die er nicht zufällig ausgewählt hatte, reagierte. Sie saß wie versteinert und verharrte in unbequemer Haltung am Ende der roten Liege.

Unerreichbar erschien sie ihm. Der schmale goldene Ring an ihrer linken Hand war für ihn geradezu geheimnisvoll beim Anblick dieser Kindfrau. Wieder fiel ihm ihr ernster Gesichtsausdruck auf. Doch sobald sie sprach beherrschten ihre lebhaften großen Augen ihr Gesicht mit tiefen Narben. Die volkstümliche Bezeichnung von "sprechenden Augen" traf zu. Sie waren eine Entdeckung für ihn.

War sie nur nervös oder unkonzentriert, dass sie in der Unterhaltung mit ihm nach manchen deutschen Worten suchte und erst die russischen nannte? Sie ist, klar ein wenig unsicher und will davon ablenken, indem sie mit dieser „Wortesucherei" kokettiert. Doch das war nicht notwendig - M. K. fand sie interessant. Sie ist natürlich, direkt, nicht verklemmt. Wahrscheinlich denkt sie noch immer in der anderen Sprache, dachte er sich. Allmählich kommt in ihm der Gedanke auf, diese Kindfrau, unsicher und spröde, ihm nicht entgegenkommend, könnte er lieben.

Es war an diesem Winterabend sehr spät geworden. Seine warme, gemütliche Wohnung nachts zu verlassen und U. nach Hause in die Wohnung ihrer Eltern zu begleiten, war er zu bequem und fand es auch spießig, schließlich waren sie nicht mehr 15 Jahre alt. Sie noch verheiratet, er schon geschieden. Auf sein Angebot, in seiner Pyjamajacke auf seiner Liege zu übernachten, willigte sie ein. M. K. schlief diese Nacht auf einem Klappbett bei seinen Büchern.

U. reicht ihre Scheidung ein

Seit sich M. K. und U. kennen, verabredeten sie sich samstags nach der Arbeit am Alexanderplatz.

M. K.: Heute gehen wir mal wieder in den Berolinakeller und lassen uns bedienen.
U.: Einverstanden, ich habe großen Hunger.
Nachdem beide eine Kartoffel-Fleisch-mit Soße-Hausmannskost bestellten, bemerkt M. K., dass U. ein neues Kostüm trägt. Sie scheint Kostüme zu bevorzugen.
U.: Endlich bin ich mit dieser scheußlichen technischen Übersetzung vom Deutschen ins Russische fertig. Ich bin doch kein Ingenieur. Nur auf sehr eindringliches Bitten der Leute von der Werbeabteilung hatte ich die Übersetzungsverträge unterschrieben. Ich habe die letzten Seiten bei Herrn Meyer in Sömmerda abgeliefert, der kann mir jetzt nicht mehr im Nacken sitzen, da ich keine weiteren Verträge mit ihm unterzeichnet habe. Meine Zuarbeit über die Jugendarbeit in der Firma habe ich vorbereitet und bringe sie Sonntag in die endgültige Form.
M. K.: Soll ich dir dabei helfen?
U.: Das brauchst Du nicht, es geht um konkrete Fakten im Unternehmen. Übrigens, falls es dich interessiert, vor acht Tagen habe ich die Scheidung eingereicht. Ich habe mir einen Urlaubstag genommen und bin zum Gericht nach Köpenick gefahren. Die Sekretärin war freundlich und hat mir beim Ausfüllen des Formulars und beim Formulieren des Ehescheidungsgrundes geholfen.
M. K. schweigt, reagiert nicht, hört aufmerksam zu.
U. berichtet weiter: Dann musste ich eine Weile warten, bis man mich in ein mit dunklem Holz getäfeltes Zimmer rief, in dem ein Mitvierziger hinter einem für seine Figur viel zu großen, schweren Eichenholzschreibtisch saß. Der Mann hielt meinen Ehescheidungsantrag in den Händen und las darin eine Ewigkeit. Endlich schaute er mich mit seinen grauen Mausaugen an und fragte, wie mein Verhältnis zur „Deutsch-sowjetischen Freundschaft“ sei und warum ich nicht in Moskau bei meinem Mann leben möchte? Ich war baff, mit einer solchen Frage hatte ich überhaupt nicht gerechnet. Wollte er mich mit seiner Frage zu einer staatsfeindlichen Äußerung verleiten? Ich blieb stumm. Nach einer

Weile sagte der mausgraue Mann, dass eine solche Scheidung über Ländergrenzen hinweg sehr kompliziert sei, mindestens 2-3 Jahre dauert und ich es mir doch noch einmal überlegen solle. Aber mein Entschluss steht fest und wenn es fünf Jahre dauert.
Was meinst du, wie hat er das mit der deutsch-sowjetischen Freundschaft gemeint?
M. K.: Das weiß ich nicht, mach dir nichts draus! Ich zahle und dann fahren wir irgendwohin ans Wasser. Ja?
U.: Einverstanden, bloß raus hier aus dem Räucher-Keller!

Luftmatratzen-Liebes-Lager

Abends mitten in der Woche klingelte U. stürmisch an M. K. s Wohnungstür und teilte ihm mit, sie müsse für einen Monat nach Bad Blankenburg im Harz zu einer Moorkur.
M. K. ergriff in jenem Moment eine gewisse Traurigkeit. War U. denn so krank, dass sie zu einer Heilkur geschickt wurde? Er hätte U. gern getröstet, aber er war nicht allein in der Wohnung. Als U. hörte, dass seine Mutter aus Calau zu Besuch gekommen war, wollte sie gleich wieder verschwinden, aber M. K. bat sie zu bleiben. U. ging nicht fort, begrüßte seine Mutter, setzte sich und ließ sich von ihr begutachten.

Mutter Gertrud: Sie tragen einen Ehering, sind sie verheiratet?
U.: Ja. Gertrud: Manfred, willst du denn wieder heiraten?
M.K. antwortet nicht.
Gertrud: Was haben sie für Narben im Gesicht? Haben sie eine ansteckende Krankheit?
U.: Vielleicht.
Gertrud: Wenn du wieder heiraten willst, dann such dir eine saubere, häusliche Frau, bloß nicht wieder eine Schauspielerin. M. K.: Edith war keine Schauspielerin und U. hat keine ansteckende Krankheit.
Gertrud: Es ist schon 9 Uhr, viel zu spät für mich. Mach mir mein Bett auf der Liege.
U. stürmte aus dem Zimmer in den Flur, M. K. folgt ihr, mit mitleidvollen Augen schaut sie ihn an und nimmt ihren Mantel. M. K. ließ sie nicht gehen.

Zwei Luftmatratzen in dem von grellem Licht der Straßenlaterne überfluteten Arbeitszimmer wurde zu beider Nachtlager. M. K. hielt in seinen Armen keine in Liebesspielen erfahrene Frau. Seine fordernden Küsse, ihr schlanker, biegsamer Körper, die Weiche ihrer Haut, ließen ihn sich völlig vergessen.

Die Natürlichkeit ihrer Hingabe war nicht im Widerspruch zur festen, fast freundschaftlichen Umarmung, keine Umklammerung der Körper - nein, eher der Anbeginn eines seelischen Aufgehens des Einen im Anderen. Die Sonne ging schon auf, obwohl man zwischen den Häuserblocks ihre Strahlen nur ahnen konnte. Sie schlief ruhig, er war erschöpft. War er glücklich? Ist es Liebe? Was weiß er von ihr?

Ein paar Wochen später trifft sich M. K. mit Kurt am Ostbahnhof. Im „Mitropa" - Restaurant erklärt er ihm, dass zwischen ihm und seiner Tochter eine Liebesbeziehung entstanden ist. Kurt könne davon überzeugt sein, dass es aufrichtig und ehrlich gemeint ist und Kurt möge einwilligen, dass U. nach der Kur zu ihm in die Wohnung zieht. Kurt entgegnete, ob M. K. es sich auch gründlich überlegt habe, denn seine Tochter sei zwar klug, aber auch ein ziemlich schwieriger Charakter, aber leichtsinnig sei sie nicht.

Die Ehe mit Juri wird wahrscheinlich erst in zwei oder drei Jahren geschieden sein; darin sah Kurt kein Hindernis für das Zusammenleben mit M. K. Für Kurt war wichtig, dass die Gefühle, die Interessen und vor allem die Weltanschauung der Partner zueinander passten, alles andere war für ihn formaler Kram. Darin waren sich die beiden Männer einig. M. K. kostete es einige Überwindung mit Kurt über Liebe zu sprechen. Ihre bisherigen Unterhaltungen tangierten nicht im Geringsten die Gefühlswelt. Sie sprachen sonst über solche Themen, wie „Die Rolle des subjektiven Faktors" oder „Das Alterswerk von Karl Marx". Während der Unterhaltung am Bahnhofsrestauranttisch meinte M. K. in Kurt seinen Vater wiederzuerkennen, was ihm die Situation gefühlsmäßig erleichterte.

Nach vielen Jahren erfuhr U. von diesem Gespräch unter Männern und bezichtigte erneut humorvoll ihren Vater der Kuppelei.

Als M. K. genau wusste, wann U. von der Kur zurückkommt, holte er sie vom Ostbahnhof ab und brachte seine „Beute" gleich in seine Wohnung. Während ihrer Abwesenheit hatte er einen zu den Hellerau-Möbeln passenden, aber nach U.s Meinung viel zu großen und zu hohen Tisch gekauft, auf dem er seine Geschenke zu ihrem 25. Geburtstag gelegt hatte. Ihre Freude, dass er an ihren Geburtstag gedacht hatte, brachte sie mit Küssen zum Ausdruck. Scheu umarmte er sie.

Besuch von Gertrud

Eines Tages, genauer gesagt, es war ein Freitag und U.s monatlich bezahlter freier Haushaltstag. Sie wollte die Wohnung zum Empfang von M.K. vorbereiten, der nach drei Monaten im Krankenhaus endlich ein Wochenende zu Hause verbringen durfte. Da kam völlig überraschend seine Mutter aus Calau angereist.

Gertrud begrüßt U. mit den Worten: Du trägst Manfreds schöne karierte Hemden zum Fußbodenwischen? Hast du ihn gefragt, ob du das darfst? Die sind dafür viel zu schade. Ich habe seine Hemden die ganzen Jahre über mühselig gewaschen, gestopft und gebügelt. Auch während seines Studiums und noch lange danach habe ich ihm seine sämtliche Wäsche gewaschen und er hat nichts dafür bezahlen müssen. (Was nicht stimmte, sie hat ihm jeden Handschlag in Rechnung gestellt, wie ich aus ihren Briefen an ihn später erfuhr.) Zu meinem letzten Geburtstag und zu vorigem Weihnachten bekomme ich noch ein Geschenk von ihm und zum Muttertag hat er mir nicht ´mal eine Karte geschrieben.
U.: Das musst du mit deinem Sohn klären, nicht mit mir.

Die Mutter saß, ihre großen Hände im Schoß zusammengefaltet, sehr aufrecht in einem der zwei neu gekauften anthrazitfarbenen Schalensessel und füllte diesen mit ihrem Körper aus. Schütteres graues Haar war zu einem winzigen Knoten am im Verhältnis zum Körper viel zu kleinen Kopf zusammengesteckt. Kleine grüne Augen lagen in dunklen Höhlen.
U. antwortet ihr: Jede Mutter wäscht für ihren Sohn die Wäsche, solange es keine andere Frau für ihn erledigt. Du hast doch nicht gearbeitet als Manfred in Halle und Berlin studierte.

Gertrud: Du hast gut reden, ich bin krank und die Kriegsjahre waren eine schwere Zeit für mich. Ich, allein auf der Flucht, mit zwei kleinen Kindern. Meistens musste Manfred unsere Wagen ziehen, weil ich nicht mehr konnte. Mir wurde schwindlig und schwach in den Beinen.
U: Und du wurdest ohnmächtig?
Gertrud: Nein, dazu ließ ich es nicht kommen.
U: Manfred war doch erst 10 Jahre und ein sehr zierliches Kerlchen, wie ich auf den Fotos gesehen habe.
Gertrud: Ja, du hast ja Recht, aber was sollte ich denn machen?

Aus dem Gespräch war zu spüren, wie weit die beiden Frauen emotional voneinander entfernt waren, auf der einen Seite die um Bedauern und Zuwendung bittende alte Frau und Mutter und auf der anderen Seite

U., die werdende junge Mutter, die den Begriff „Umsiedler" kannte, aber bisher nichts über die menschlichen Schicksale der Vertriebenen gehört hatte.

U. war mit dem Wischen fertig, erhob sich von den Knien, ließ sich aufatmend im Sessel nieder und dachte, es ist ein aufmerksames Baby, solange ich wischte, war es ruhig, jetzt, da ich endlich mich ein wenig ausruhen kann, tritt es mich mit seinen Füßchen.

Gertrud: Meine Latschen habe ich mitgebracht. Der Zug war wieder sehr voll, aber ich hatte mir einen Platz beschafft, seit Mittag habe ich nichts gegessen. Ich wusste nicht, dass Manfred schon wieder im Krankenhaus ist. Ich wollte mit Manfred eine Dampferfahrt machen. Am Wasser in Grünau ist es am schönsten. Wann kommt er aus dem Krankenhaus?

U: Du hast Glück, dass du mich angetroffen hast, hätte ich heute nicht meinen Haushaltstag, wäre ich von der Arbeit noch nicht zu Hause. Manfred kommt noch nicht endgültig aus dem Krankenhaus, er bekommt nur Wochenendurlaub. Das heißt, er frühstückt morgen noch im Krankenhaus und danach ist er, wenn nichts dazwischen kommt, bis Sonntagabend oder Montagfrüh zu Hause. Wenn er sich beeilt, wird er so gegen neun, halb zehn Uhr hier sein. Ich komme so gegen 13 Uhr von der Arbeit.

Gertrud: Da kann er ja schon am Sonnabend die Dampferfahrt mit mir machen. Sonntags ist es immer so voll.

U: Das kannst du mit ihm besprechen. Ich mache uns jetzt Abendbrot.

Im Verlaufe der Jahre wurde das Verhältnis zwischen U. und Gertrud nicht warmherziger. Es lag sicher an beiden. Einmal äußerte U. M. K. gegenüber, dass sie einen solchen Muttertyp zum ersten Mal in ihrem Leben kennenlernte. Sie verglich Gertrud mit ihren Großmüttern, die beide auch ein sehr schweres Leben hatten, aber nie jammerten, sondern immer kämpften. Die Großmutter väterlicherseits, die anstelle des im I. Weltkrieg eingezogenen Ehemanns in einer Kokerei arbeitete, um ihre sechs Kinder zu ernähren, wie auch die Großmutter mütterlicherseits, die emigrieren musste, beide Söhne verlor und in eine russische Irrenanstalt eingeliefert wurde.

Von M. K. wollte U. Details über das Leben seiner Mutter erfahren, um mit mehr Verständnis urteilen zu können. Manfred sprach aber kaum über das Leben seiner Mutter und die Vertreibung war zu DDR-Zeiten ein Tabu-Thema. Erst nach der „friedlichen Revolution" schrieb er seine Erinnerungen auf und es konnte über diese Zeit gefahrlos gesprochen werden.

Die zweite Ehe des M. K.

Die Scheidung von U. hatte sich trotz mehrmaliger dringender Bitten von Seiten des Moskauer Gerichts um Abschluss des Verfahrens hingezogen. Für den Richter, ein vor kurzem aus dem Kabelwerk Oberspree für die Justiz geworbener Industriearbeiter, war dieser Fall sein erster; und dazu noch ein ungewöhnlicher - die Scheidung von einem sowjetischen Staatsbürger. Das Köpenicker Gericht verfügte über keinen Kontakt zu einem notariell beglaubigten Übersetzer.

M. K. besorgte sich einen Termin im Ministerium für Justiz und bat um die Unterstützung in U. s Scheidungsangelegenheit. Der sehr sympathische Ministerialbeamte hörte den Erklärungen M. K. s aufmerksam zu und erklärte ihm zum Schluss, dass M. K. der erste Mann sei, der zu seiner Vaterschaft steht, ansonsten kommen zu ihm nur Männer, die ihre Vaterschaft leugnen.

Gerichtsverhandlung

Für U. war es die erste Verhandlung vor einem Gericht. Sie, die Klägerin – hochschwanger in einem Pelzmantel, der sie schon im russischen Winter gewärmt hatte, schützte jetzt ihr Baby – , und neben ihr ein Mann mit Pelzmütze; beide gaben in den Augen des Richters und Beisitzers wohl ein sehr ungewöhnliches Paar ab. U. kannte die vorgeschriebenen Prozeduren eines Gerichtsprozesses nicht.

Als am Anfang der Verhandlung im Köpenicker Kreisgericht der Richter feststellte, dass der Beklagte nicht erschienen sei und somit kein Beweis erbracht werden kann, dass das Kind nicht in der Ehe mit ihm gezeugt wurde, sprang U. von der Bank und rief dem Richter entgegen, er könne aus ihrem Reisepass ersehen, wann sie das letzte Mal in Moskau gewesen ist und dass es erwiesenermaßen noch keine Fernübertragung von Spermien gäbe.

Als der Richter, das Gerichtsurteil aushändigend, betonte, der Beklagte könne innerhalb eines Monats Berufung gegen das Urteil einlegen, da verlor U. vollends die Beherrschung: Der Herr Richter spricht von Dingen, wie die „Deutsch-Sowjetische Freundschaft", hat aber Null-Ahnung, dass es monatelang dauert, bis ein russischer Ehemann überhaupt nur ein Besuchsvisum zu seiner deutschen Ehefrau bekommt, geschweige denn ein Ausreisevisum.

Nachdem U. und M. K. die Möglichkeit einer Berufung des Urteils lautstark ablehnten, verließen sie den Gerichtssaal. Auf dem Flur gab eine

Sachbearbeiterin U. den Rat, das Kind könne später ein „Ehelichkeits-Anfechtungs-Verfahren" beantragen.
U.: Wie denn das? Das Kind soll vor Gericht einen Antrag stellen?
Sachbearbeiterin: Sie können es im Namen des Kindes tun.

Als U. sich für das Leben mit M. K. entschied und schwanger wurde, ging sie davon aus, da sie den Familiennamen von Juri trug, dem Neugeborenen ihren Mädchennamen zu geben. Die Sachbearbeiterin sagte ihr, dass aufgrund eines neuen DDR-Gesetzes zur Gleichbehandlung eines „unehelichen" Kindes dies nicht mehr möglich ist. U. empfand es als absurd, dass das Kind den Nachnamen von Juri bekommen und dann M. K. sein eigenes Kind adoptieren sollte. Sie wurde durch die Tatsache beruhigt, dass M. K. und auch ihr Vater alles unternommen hatten, ihre Scheidung schnellstens rechtmäßig durchzuführen. Was auch nun gelungen war.

Heirat, auf gebeizten Stühlen?

Nach der Gerichtsverhandlung gingen U. und M. K. schnurstracks zum Köpenicker Standesamt, um einen kurzfristigen Termin für die Registrierung ihrer Ehe zu bekommen.

Eine Frau hinter einem dunklen Holzschreibtisch in einem Zimmer, welches den Charakter eines Vorzimmers hatte, sagte ihnen, dass sämtliche Wochenendtermine für die nächsten drei Monate ausgebucht seien. M. K. erwiderte, dass dies nicht so schlimm sei, denn auf ein Wochenende komme es nicht an. Erst jetzt schaute die Frau die beiden an. U. steigerte die entstandene Spannung dadurch, dass sie bat, die Eheschließung am Dienstag in fünf Tagen vorzunehmen. So schnell, in fünf Tagen, das ginge schon gar nicht, wurde ihr erwidert.

M. K., im Grunde seiner Seele ein Anti-Bürokrat, verlangte die übergeordnete Leiterin zu sprechen und fragte sie, warum es nicht möglich sei, die Ehe an jenem Dienstag zu registrieren. Frau La., die Standesbeamtin, erklärte ihm, dass der Hochzeitsraum am nächsten Dienstag nicht zur Verfügung stünde. M. K. erwiderte, eigentlich wird kein spezieller Raum gebraucht, sie könne auch hier an ihrem Schreibtisch diesen formalen Akt vornehmen. Das war zu viel für Frau La., ihre Erregung konnte sie kaum unterdrücken und redete was von: Die Eheschließung sei ein festlicher Akt und dabei kommt es auf die sozialistische Gestaltung an, die sie sich nicht aus der Hand nehmen lasse.

M. K. ließ nicht locker und bat sie, ihren Vorgesetzten zu rufen. U. hatte sich bisher sehr ruhig verhalten, so energisch hatte sie M. K. noch nicht erlebt. Hoffentlich gibt es keinen Ärger mit der Behörde. Sie war rot im Gesicht, angestrengt schob sie ihren Riesenbauch vor sich her und schwitzte, stehend in ihrem Lammfellmantel.

Der Vorgesetzte kam, ein grauhaariger Endfünfziger, begrüßte die beiden ungewohnten Bittsteller mit Handschlag und bot ihnen einen Sitzplatz an. Bisher hatten sie alles im Stehen verhandeln müssen. M. K. hatte sich inzwischen ein wenig beruhigt, trug dem älteren Herrn das Anliegen vor und dieser hörte aufmerksam zu. Es entstand eine Pause, allem Anschein nach war dem Vorgesetzten nicht klar, worin das Problem bestand. Angeregt durch die Väterlichkeit, die dieser Mann ausstrahlte, obwohl er bisher kaum etwas gesagt hatte, erläuterte U. ihm ihr vielleicht etwas außergewöhnliches Ansinnen an das Standesamt. Sie meinte, dass man ihnen doch ansehe, dass sie nicht 18 Jahre alt sind und sich womöglich gerade erst vor dem Rathaus auf der Straße bekannt gemacht haben. Ihre Stimme wurde lauter und sie erklärte dem Vorgesetzten, dass ihre erste Ehe im Moskauer Hochzeitspalast in einer sehr festlichen Atmosphäre geschlossen worden war. Ihre erste Ehe sei nicht an mangelnder Liebe gescheitert, sondern……, U. brach ihren Wortschwall ab, denn sie wollte nicht politisch werden. Sie meinte zum Schluss, dass M. K. und sie die schmerzliche Erfahrung und Erkenntnis hinter sich haben, dass die äußere Form einer Eheschließung der allerletzte Garant für eine andauernde Ehegemeinschaft ist.

U.s aufgeregte, aber klangvolle Stimme hatte den älteren Herrn in Zweifel versetzt und er fragte die Standesbeamtin, warum dem Wunsch, am Dienstag zu heiraten, nicht entsprochen werden könne. Derart selbstbewusst wie vor knapp einer Stunde, trat Frau La. nicht mehr auf, als sie dem Vorgesetzten begründete, dass am Dienstag die Stühle im Trauzimmer gebeizt werden sollen. Er lächelte, beschämte seine Kollegin jedoch nicht, sagte ihr in sehr ruhigem Ton, sie möge es so einrichten, dass „dem Wunsch der Bürger" entsprochen werden kann.

M. K. notierte in seinem Tagebuch: *An einem Dienstag im Februar, um 11 Uhr, wurden unsere Namen das erste Mal offiziell im Rathaus Köpenick ausgerufen. Wir waren allein gekommen, ohne Freunde und Verwandte. Nur wir beide und unser Kind in U.s Leib. Die Standesbeamtin kam uns unter den Klängen des Brautjungfernmarsches von Carl Maria von Weber entgegen und bat uns, auf riesigen Schlossstühlen in einem kleinen holzgetäfelten Trauungszimmer Platz zu nehmen.* Ich hatte für U. weder Rosen noch goldene Ringe, *aber ich hatte eine Schlacht gewonnen. Ich achtete nicht darauf, ob wir an jenem Dienstag auf schon gebeizten Stühlen saßen; auf alle Fälle waren es sehr schön geschnitzte, thronartige. U. saß am vorderen Rand des barocken Stuhles, ich hielt ihre Hand und sah nur sie an. Ihr Gesicht war schmal und blass. Der sehr kurze Haarschnitt ließ ihre Augen noch größer erscheinen. Der weiße Bubikragen auf dem tintenblauen Wollkleid machte aus ihr eine Oberschülerin, wenn nicht diese riesige Kugel gewesen wäre, die sie kaum sitzen ließ. Warum hatte ich mir keinen Fotoapparat gekauft, um diesen außergewöhnlichen Liebreiz meiner Frau festzuhalten? Nach einem einstündigen Waldspaziergang in frostiger, sonniger Winterluft waren wir wieder glücklich in unserem Nest. Ich meine, auch U. hat die Einmaligkeit dieses Wintertages damals gespürt und war glücklich. Ich schien mich geirrt zu haben, denn später warf sie mir vor, dass wir nicht einmal im Restaurant zu Mittag gegessen, und ich doch wohl für einen kleinen Kaktus das Geld gehabt hätte.*

Soweit die Schilderung des Kennenlernens und der Eheschließung zwischen U. und M. K. , vor mehr als fünfzig Jahren. Im Rückblick auf mein Leben mit M. K., und nachdem ich seine Scheidungsunterlagen und den Schriftwechsel aus jener Zeit, als Paket zusammengeschnürt im Bungalow unter einem Bücherregal nach seinem Tod entdeckte, entstehen in mir Zweifel. Zwischen der Scheidung von seiner ersten Frau und unserem Kennenlernen lag nur ein halbes Jahr – genau habe ich es nicht nachrechnen wollen. Ich bleibe der Einfachheit halber bei dem Begriff „Registrierung der Ehe“ und stelle fest, dass M. K. sich jeweils schnell für eine feste Bindung an eine Frau entschied – an seine erste schon nach einem knappen Jahr und an mich nur nach ein paar Monaten. Mich „musste“ er nicht wegen des Kindes heiraten und auch für mich war mein Zustand kein Heiratsgrund; ich war finanziell selbstständig und wollte meinem Baby meinen Mädchennamen geben. Wir hätten doch auch in „wilder Ehe“, oder wie es heute heißt, in einer „Lebenspartnerschaft“ unser Kind aufziehen können. M. K. war es, der sich in den Instanzen für meine Scheidung und Heirat mit ihm sehr einsetzte. War es wirklich eine tiefe Liebe zu mir oder eher eine Verpflichtung Kurt gegenüber? Für ihn war die Angelegenheit mit Edith sicherlich gedanklich verarbeitet. Das erste Mal war er gescheitert, was aber für ihn doch nicht hieß, mit mir eine feste Bindung einzugehen. Er schien mich wirklich zu lieben und ihn bestärkte, dass ich aus einem anderen Milieu als Edith kam, die Wohnbedingungen sich verbessert hatten und er nun die Ruhe finden wird, endlich seine Dissertation fertigzustellen.

Drei Monate im Krankenhaus

Im Tagebuch von M. K. lese ich:
„Ich sehe mich noch wie heute, neben Kurt und Charlotte hinter der Glasscheibe stehend, wie ich total verdutzt auf ein im Arm der Kinderkrankenschwester liegendes Bündel blicke. So etwas Winziges mit relativ großen, greisenhaften Händchen hatte ich bei diesem Riesenleib, den U. vor sich trug, nicht erwartet. Nur die letzten zwei Monate der Schwangerschaft konnte ich das Wachsen im Leib von U. verfolgen. Sie hat mir nie zum Vorwurf gemacht, dass ich drei Monate im Krankenhaus lag und sie mich nach der Arbeit drei Mal in der Woche besuchte. Ich sehe ihr Lächeln, wenn sie mir Obst, Saft und Bücher ans Bett im zweiten Stockwerk des Krankenhauses schleppte. Ihre Arbeitszeit endete um 17 Uhr, die Besuchszeit auf der „Inneren II“ ging nur bis 18 Uhr. Ich mutete ihr nicht zu, an meinem Bett zu sitzen und sich von meinen Mitschläfern begutachten zu lassen.

Das Krankenhausgebäude kannte ich zur Genüge, dort am Ende des schwach beleuchteten Treppenaufgangs, wo abends weder Arzt noch Schwestern lang kamen, konnten wir uns umarmen und küssen. Mein Gott, fiel es mir schwer, mich von ihr zu lösen und daran zu denken, dass sie nicht vor 22 Uhr zu Hause sein wird. Meine Lippen suchten ausdauernd die ihren, ihre Wangen, ihre Augen, kein Wort kam von mir, welches ihr bedeutete, dass ich sehr glücklich bin, eine Frau wie sie zu haben und dass ich sie liebe.“....Und an anderer Stelle schreibt er: „Wie froh war ich, als ich meine Frau und das Baby ins Taxi lud und sie endlich aus dem scheußlichen Krankenhaus zu mir nach Hause bringen konnte. Die Wohnung hatte ich aufgeräumt, gesaugt, na gut, ein paar Tassen und Teller waren in der Küche nicht abgewaschen, aber ich hatte ein Bettchen und einen Kinderwagen gekauft, was mich viel Zeit gekostet hatte....U. bestand darauf, mich mit dem 10 Tage alten Menschlein zu fotografieren. Bisher hatte es keiner getan. Erst sträubte ich mich, war hilflos und wollte meine Angst, diesem kleinen Körper beim In-den-Arm-Nehmen wehzutun, nicht zeigen. Sie stellte mich mit dem Baby im Arm vor mein Bücherregal - mit undeutlich zu erkennenden Bücherrücken - und hielt ihre Exacta Varex auf uns. Es ist das allererste Foto von unserem Kind – auf meinem Arm....Ich konnte damals mit einem Fotoapparat noch nicht umgehen.... Sie beim Stillen des Babys zu fotografieren, verlangte U. nicht von mir, aber ich durfte zuschauen. Dieses liebliche Gemälde sog ich in mich ein, fasziniert und ein wenig neidisch und eifersüchtig. Hat mich meine Mutter eigentlich auch gestillt?... Mit dreißig

Jahren wurde ich Vater, Frau und Kind waren gesund, also konnte ich endlich meine Dissertation abschließen....Als am Sonntag U.s Eltern zu Besuch kamen, lag an der Seite im Babykörbchen, ein fein ausgekleideter kleiner Wäschekorb aus Korbweide, ein Faksimile-Druck des *Kommunistischen Manifestes*. Solche Scherze waren U.s Spezialität."

Die ersten Jahre - zwei Dickköpfe

Mit mir der neuen Frau galt es nun einen Konsens zu finden, was für M. K. in der ersten Zeit der Ehe nicht leicht war, denn ich war eigenwillig und wie er ein ziemlicher Dickkopf. Von der ersten gemeinsamen Radtour kehrte M. K. allein zurück. Vor der verschlossenen Haustür sitzend wartete er eine Stunde auf mich.

Erste Fahrradtour

Er: Warum bist du mir davon geradelt?
Ich: Ich habe dir gesagt, mir gefällt es nicht, neben der Autostraße zu radeln, lass uns in den Wald fahren. Du hast auf meinen Wunsch nicht reagiert. Du bliebst trotz meiner Bitte stur, da bin ich eben abgebogen. Warum bist du nicht hinterher gekommen?
Er: Du kennst doch die Gegend gar nicht und biegst einfach ab. Du wolltest mich kränken. Nie wieder mache ich eine Radtour mit dir.
Ich: Na und, da fehlt mir aber was. Ich soll artig neben dir und der Chaussee radeln, wo herrlicher Wald und Wasser in der Nähe sind. Mehrere Male habe ich mich umgeguckt, ob du mir folgst; damit gerechnet, dass dein Beton-Weg auf meinen Waldweg stößt und du mich überraschst. Meine Tour war herrlich, ich kam sogar an eine Gaststätte an einem See. Habe dort etwas getrunken, auf den See geschaut und dann wieder zurück. Es war schön.
Er: Und ich sitze vor der Haustür und warte, weil du mir einfach davonfährst. Du hast mir den ganzen Tag verdorben.

Ich schließe die Haustür auf und wir beide gehen in die Wohnung. M. K. legt sich gekränkt auf die Couch, verschränkt die Arme unter dem Kopf, schlägt die Beine übereinander und starrt an die Zimmerdecke. Ich stehe hilflos neben der Couch, schaue ihn eine Weile erwartungsvoll an, verwundert über seine Verbissenheit, wo ich doch wirklich nur das Schönste für die gemeinsame Fahrradtour wollte. Spricht er nun nicht mehr mit mir? Ich gehe in die Küche und weine.

Ansprüche gleichen sich an

Nach sieben Ausbildungsjahren waren unsere Gehälter relativ klein, verglichen mit anderen Ehepaaren unseres Alters, die nicht studiert hatten. Ich verdiente in der Wirtschaft relativ gut; am Anfang der Ehe mehr als M., wenn man seine Honorare durch journalistische Arbeiten nicht mitrechnete. Ich hatte mich gleich nach dem Studium, die Fahrerlaubnis hatte ich noch in Moskau erworben, für einen Trabant im Autohaus gegenüber meiner Arbeitsstelle angemeldet. Es galt also, sparsam zu wirtschaften, wollte man sich eine Wohnung einrichten und nach 5-6 Jahren ein Auto kaufen. Unsere Arbeitszeit betrug gesetzlich 48-Stunden in der Woche, das hieß am Sonnabend bis 12 Uhr mittags. Die durchschnittliche Fahrzeit zum Arbeitsplatz mit öffentlichen Transportmitteln von etwa einer Stunde, war In Ostberlin keine Seltenheit.

Die ganze Woche freute ich mich darauf, mein Kind am Samstagmittag aus der Wochenkrippe in Pankow, die von meiner Arbeitsstelle ungefähr in einer Stunde per U- und Straßenbahn zu erreichen war, abzuholen. Unsere Wohnung war vom S-Bahnhof Schöneweide fünf oder sechs Straßenbahnhaltestellen entfernt. Wenn es nicht regnete, ging ich mit meinem Töchterchen bei meinen Eltern vorbei, kaufte auf dem Weg im Konsum Fleisch, Wurst und Gemüse ein, kam am frühen Abend mit beladenem Kinderwagen erst zu Hause an. Der Sonntag war damals für alle der einzige arbeitsfreie Tag.

Lebensmittel kaufte ich allein ein, bei Einkäufen für die Wohnungseinrichtung kam M. immer mit. Ich wählte die zu kaufenden Dinge ausschließlich nach ästhetischen Gesichtspunkten aus. Er suchte inzwischen das Preisschild, verwies auf billigere Exemplare... Nach meinen Worten: Dies ist aber schöner und die fünf Mark Preisunterschied machen uns nicht ärmer und nicht reicher, entschied er sich auch für meine Auswahl. Bei größeren Anschaffungen fügte ich noch hinzu: Manfred, es ist doch ein Kauf fürs Leben!...Dem widersprach er nicht. In unserem Schönheitsempfinden unterschieden wir uns nicht.

Töchterchen Kathrin war kaum 1 Jahr alt, da kaufte ich in einem Spielzeugladen an der Straßenbahnhaltestelle der Linien 86 und 87 eine ungefähr 35 Zentimeter große Plüsch-Micky-Maus; ein deutsches, schön weiches Markenprodukt. Ich überlegte lange, denn eigentlich kauft man für Kinder in diesem Alter billige Gummitiere, auf denen sie ihre kommenden Zähnchen ausprobieren und die sie besabbern können. Aber diese Plüschmaus war einmalig schön, bestimmt ein Restposten aus der Exportproduktion. M. gefiel die Micky-Maus auch, aber für ein Spielzeug derart viel Geld auszugeben, schien ihm nicht angemessen. Dafür könne man 40 Brote kaufen, meinte er. Das Kind hatte sowieso schon viel zu viel Spielzeug, es wird nur verwöhnt. Er habe als Kind kaum Spielzeug gehabt. Ich ließ mich von meinem Mann nicht beeinflussen und kaufte die Mickymaus. Sie wurde Kathrins liebstes Kuscheltier.

Ich weiß es nicht mehr, nach wie vielen Ehejahren mein Mann mir sagte, dass sein liebstes Spielzeug ein Teddybär war, den ihm sein Vater gekauft hatte. Dass er mich getroffen habe, sei vorherbestimmt gewesen, denn sein Teddy hieß „Ursel". Ein anderes Mal sagt er mir freudestrahlend, nicht ironisch, dass wir beide in der Vorstellung von „Ruy Blas" des Pariser „Theatre National Populaire", mit Gerárd Philipe in der Hauptrolle, nur zwei Parkettsitzreihen voneinander getrennt gesessen haben, sei auch Vorbestimmung gewesen. Anhand der von uns beiden aufgehobenen Eintrittskarten und Theaterprogrammen beweist er mir seine Behauptung mit den Worten: Warum habe ich dich damals nicht schon kennengelernt?
Ich: Die artige Oberschülerin im dunkelblauen Taftrock und einer Brokat-Bluse mit wenigstens durch Smoke ein wenig aufgebauschter Vorderfront und einem mit Perlen bestickten Theaterbeutelchen, hätte bestimmt nicht die Blicke des Studenten der Kunstgeschichte auf sich gezogen.
Er: Was denkst du denn. Meinst du, ich war mit 20 genau so dick wie heute? Deine gute Verpflegung und mein Babybrei -Reste - essen haben mich dick gemacht. Damals war ich sehr schlank, fast unterernährt. Für diesen Theaterabend hatte ich mir von Karl-Gerhard, mit dem ich das Ehebett bei Frau Meyer in Pankow teilte, ein weißes Oberhemd geborgt. Ich besaß nur auf Punkte gekaufte karierte Oberhemden. Na, die kennst du ja.

Ich kannte diese Oberhemden allzu gut. Vier oder fünf dieser teilweise schon gestopften, aber sehr strapazierfähigen Baumwollhemden nahmen keinen geringen Platz in unserem Wäscheschrank ein. Nach Feierabend wechselte M. seinen Anzug und zog eines jener Hemden an und fühlte sich erst dann wirklich zu Hause. Auch ich empfand, dass mein während der Schwangerschaft an Umfang stetig zunehmender Leib am besten in einem der weiten Hemden aufgehoben war. Ich kuschelte gern mit ihm, wenn er ein solches Hemd anhatte.

Heinrich O. Meisner - Urvater der Archivkunde

M. K. war jetzt dreißig Jahre alt, hatte eine Frau, ein Kind, eine zentralbeheizte Wohnung, und so war endlich eine gewisse Beständigkeit in sein Leben gekommen, die er für die Beendigung seiner Dissertation unbedingt brauchte.

Mit seinem Doktorvater, Heinrich Otto Meisner (1890-1976), stand M.K. seit seiner Diplomarbeit in engem Briefkontakt; ihn besuchte er oft in Potsdam.

Zu der Person H. O. Meisner steht in Publikationen unter anderem: „In der Mitte der Forschungslandschaft steht sein Werk wie ein Monolith: Bestaunenswert, perfekt, unumgänglich, aber auch unnahbar und isoliert. H. O. Meisner nahm als Professor für Archivwissenschaften an der Humboldt Universität zu Berlin, in der Ausbildung der ersten ostdeutschen Archivar–Generationen, eine zentrale Stellung ein. Scharfe Begriffsbildung und die ausgeprägte Fähigkeit zu Systematisierungen bildeten wichtige Elemente seiner Lehrveranstaltungen. Meisners Verdienst ist, die Methodologie der Aktenkunde erstmals definiert und dadurch nachhaltig geprägt zu haben. So breit die Materialbasis auch war, sie blieb preußisch. Meisner machte daraus eine Tugend." (Siehe : „Forschungsgeschichte der Aktenkunde II")

1950 wurde Meisner Dozent am Institut für Archivwissenschaft in Potsdam und 1953 Professor an der Humboldt-Universität zu Berlin. Seit 1961 war er ordentliches Mitglied der Akademie der Wissenschaften in Ost-Berlin. Anlässlich seines 70. Geburtstages erhält Meisner den Vaterländischen Verdienstorden. Seinem Schüler M. K. gegenüber bezeichnete er ihn als „Frühstücksorden" – gemäß dem Zeitpunkt, wie er früher in Preußen verliehen wurde. Ich konnte ohne die Erklärung von Manfred mit dieser Bemerkung Meisners nichts anfangen. War Meisners Feststellung positiv anerkennend oder eher zynisch abwertend?

Auf alle Fälle wird mein Mann durch Meisner zum „Preußen-Fan" – so würde man es heutzutage sagen. Unzählige Male fuhr er mit mir und den Kindern nach Potsdam. Wir spazierten im Park des „preußischen Versailles" und durch das Holländer Viertel, aßen im „Caféhaus Haider" selbstgebackenen Kuchen. Über den Erbauer, beziehungsweise den Auftraggeber für Schloss -und Parkanlagen, Friedrich II., hatte ich bisher noch nichts gehört. Kein Wunder eigentlich, die in der DDR verbreitete Auffassung über die Rolle Preußens und Friedrich II. war sehr undifferenziert und negativ. M. K. jedoch konnte leidenschaftlich über „Eff zwo" erzählen, über dessen Beziehung zu Voltaire, sein Flötenspiel, wo seine

Hunde begraben sind, seine Armee und die Trockenlegung des Oderbruchs – manchmal waren mir seine Erklärungen fast zu viel, heute vermisse ich sie.

Nach dem 13. August 1963 sind 10 Seiten seiner Dissertation mit dem Arbeitstitel: "Preußische Offiziere in der gegenrevolutionären Bewegung des Jahres 1848" ausgearbeitet und an Prof. O. Meisner übergeben. Im Mai 1965 schreibt er an Meisner:

Wenn ich Ihnen heute erst schreibe, habe ich ein schlechtes Gewissen, weil es so spät geschieht. Sicher werden Sie denken, dass ich kein Interesse mehr an der Dissertation habe. Dabei hege ich keinen sehnlicheren Wunsch als die ganze Sache endlich zum Abschluss zu bringen. Meine Lebergeschichte, an der die ganze Sache jetzt gehangen hat, ist inzwischen irreversibel geworden, doch hat mir der Arzt versichert, dass ich bei entsprechender Lebensweise noch 100 Jahre alt werden kann. Und den Ehrgeiz habe ich natürlich. Die vielen Krankenhausaufenthalte seit 1963 haben zwar einiges bessern, aber nicht heilen können [...] Am 1. September 1964 habe ich wieder mit der Arbeit begonnen, um nach Neujahr 1965 wieder ins Krankenhaus zu gehen, wo ich bis Ende Februar 1965 zubringen musste. Das ist ganz kurz meine unerfreuliche Geschichte. Was die Arbeiten an der Dissertation betrifft, so sitze ich seit Anfang Mai an der Endredaktion und habe einen Teil bereits an die Maschinenschreiberin gegeben. Etwa 40 Seiten liegen in Reinschrift vor und bis Ende Juli 1965 hoffe ich, die Endredaktion abzuschließen.

Von Seiten seines Arbeitgebers, dem Dietz Verlag, erhält M. K. kaum Unterstützung. Sich wissenschaftlich zu profilieren ist im Verständnis der Parteiideologen eine „reine Privatsache." Den ihm laut Gesetz zustehende Studientag pro Woche, hat er jedes Mal speziell zu beantragen.

Im Mai 1966 liegen mehr als drei Seiten des Gutachtens von Heinrich O. Meisner mit dem Prädikat: "Sehr gut - valde laudabile" und von Karl Obermann (1905-1987) am 15.9.1966 mit dem Prädikat: „Vorzüglich" vor.

An der öffentlichen Verteidigung seiner Dissertation konnte ich nicht teilnehmen, aber mein Mann erzählte mir, dass H. O. Meisner auf der Verteidigung betonte, dass *dieser junge Mann – M. K. – , der aus der Hefe des einfachen Volkes hervorgekommen ist, eine sehr hervorragende wissenschaftliche Arbeit geleistet hat.* Ich meinte, diese Worte seien zynisch und überheblich gewesen. Manfred erwiderte: Vom Standpunkt des bürgerlichen Gelehrten eine sachliche Feststellung. Er verehrte Meisner von all seinen Mentoren am meisten.

Titel: Doktor der Philosophie

Am 14. November 1966 wird in das Doktorandenbuch Nr. 7 eingetragen: „Der Kandidat Herr M. K. ist heute mit dem Prädikat magna cum laude zum Doktor der Philosophie promoviert worden." Unterschrift des Dekans der Philosophischen Fakultät der Humboldt-Universität zu Berlin, Würzberger. Stempel.

H. O. Meisner empfiehlt eine außerplanmäßige Aspirantur bei der HUB zu beantragen, da die Arbeit „in weiten Passagen über eine Dissertation hinausgeht und bereits den Charakter einer Habilarbeit trägt". Dazu hätte M. K. die Zustimmung des Verlagsleiters benötigt. Bei der Intelligenzfeindlichkeit der SED bekam M. K. keine Fürsprache für eine Aspirantur.

Meinem Wunsch entsprechend, diesen für M.K. wichtigen Lebensabschnitt zu feiern, bestellte ich ein Abendessen im „VEB Gästehäuser der Regierung". Das Restaurant befand sich nur ein paar Schritte von meiner Arbeitsstelle entfernt und ich hatte mich erkundigt, ob auch nicht zur Regierung gehörende Bürger ein festliches Abendessen in dem Gästehaus am Thälmannplatz (heute: Mohrenstraße) einnehmen können.
Ja, kann man, und so überraschte ich meinen Mann mit einer kleinen Party ihm zu Ehren. Mit meinen Eltern, unseren engsten Freunden und mit Kollegen verbrachten wir einen sehr angenehmen Abend. Mein Mann war so glücklich, dass er sein Leberleiden vergaß und armenischen Kognak trank....Hätte ich damals schon um das spätere niederträchtige Handeln des Leiters des Parteiverlages gewusst, wäre er von mir nicht eingeladen worden. Wenn ich mich recht erinnere, kam der Vorschlag, auch den Verlagsleiter einzuladen, von meinem Vater. Es war eine sehr großzügig gestaltete Feierlichkeit und verursachte beim Verlagsleiter wohl erste Neidgefühle.

1965, glückliche Eltern mit Töchterchen Kathrin.

1967, Feier anlässlich Verteidigung Dissertation A.

1971, in Moskau, von Leonid fotografiert.

1975, M. K´s Marx auf internationaler Buchausstellung in Moska

1978, Hochschuldozent

Feinarbeit an Feldsteinmauern

U. K. mit Töchtern Kathrin und Annegret

Maurer Manfred

M. K. mit seinen Töchtern

Über den Umgang mit Marx-Engels-Texten in der DDR

Lange habe ich überlegt, den nun folgenden Text auszugsweise aus dem von meinem Mann 1990 verfassten Manuskript in meine Familiengeschichte aufzunehmen. Er sprengt in gewissem Sinne den Rahmen; ein Nicht-Erwähnen führte jedoch dazu, dass dieser Sachverhalt der SED-Geschichte verborgen bliebe, der so unmittelbare Auswirkung auf das Leben meines Mannes und damit unserer Familie hatte. Ich fühle mich verpflichtet, zum besseren Verständnis für meine Kinder, Freunde und interessierte Leser, die unzweifelhaften Fakten in meinen Dokumentarbericht aufzunehmen.

J. W. Stalin bestimmt die Ideologie der SED

Von 1945 bis 1949 gab es eine freie und unbehinderte Editionstätigkeit für Schriften von Karl Marx (1818-1883) und Friedrich Engels (1820-1895) in der Sowjetischen Besatzungszone (SBZ); organisationseigene und private Verlage, die damals noch überwogen, gaben sie in eigener Verantwortung heraus. Zumeist handelte es sich, wie spätere Kollationen (Textvergleiche) ergaben, um einfache Nachdrucke älterer Ausgaben, insbesondere solchen, die aus dem sowjetischen Verlag für fremdsprachige Literatur in Moskau kamen. Somit konnten auch keine Schwierigkeiten mit der sowjetischen Besatzungsmacht entstehen, deren Administration die Lizenzen vergab und deren Kulturoffiziere im Druckereiwesen eine strenge Kontrolle ausübten.

Nach Schriften von Marx und Engels bestand ein großer Bedarf, der nach zwölf Jahren Nazidiktatur allzu verständlich war. Kein Verleger, der Marx/Engels-Texte herausbrachte, ging irgendein ökonomisches Risiko ein, auch bekam er – zumeist ohne große Mühen – das erforderliche Papierkontingent, was in der ersten Nachkriegszeit ein ernstes Problem war.

Auf den Gedanken, auch Schriften von Marx und Engels zu verlegen, die in der Sowjetunion nicht erschienen, aber in alten deutschen Ausgaben zugänglich waren, kam keiner; jedenfalls ist kein Beispiel bekannt geworden, denn erst Franz Borkenau (1900-1957) belebte diese Seite der Editionstätigkeit 1952 – in durchaus konterrevolutionärer Absicht – beim S. Fischer-Verlag, Frankfurt a. M.

In den ersten Jahren nach 1945 gab es keine Regelung über die Herausgabe von Marx-Engels-Texten. Im Parteistatut, das der Gründungsparteitag der SED im April 1946 beschloss, traf nur § 23 die Festlegung, dass „die Herausgabe von Literatur durch Parteiverlage im Einvernehmen mit dem Zentralsekretariat (ZK) erfolgt." Bis zur Gründung der DDR im Oktober 1949 wurden alle wichtigen Schriften von Marx und Engels zu Revolutionsfragen, zur marxistischen Philosophie und zur Politischen Ökonomie neu herausgegeben. In der Öffentlichkeitsarbeit, vor allem der Agitations- und Propagandaarbeit der SED, wurde dabei ausschließlich mit Sammelbegriffen gearbeitet.

Eine Wende zeigte sich 1950 durch den III. Parteitag der SED (20. – 24. Juli 1950), der die Ergebnisse der seit 1948 betriebenen Stalinisierung zusammenfasste und den Begriff „Marxismus-Leninismus" für die Schulung der Parteimitglieder als verbindlich erklärte. An die Stelle des zentrierten Marx traten nunmehr vier Klassiker – Marx, Engels, Lenin und der lebende Stalin. Optisch sinnfällig gemacht durch eine sich überdeckende Folge der Köpfe, bei der Marx ganz hinten, dann Engels und Lenin im seitlichen Profil mit abgedeckten Hinterköpfen erscheinen, während im Vordergrund voll der Kopf Stalins prangte.

Marx, Engels, Lenin sind mit den Augen Stalins zu lesen ist die Aussage, wodurch die „geistige Verdunkelung" eingeleitet wurde. J. Stalin beruft sich zwar fortwährend auf Lenin, doch ist dieser Terminus des „Leninismus" wie auch dessen Inhalt von ihm erst geprägt worden. 1924 war Lenin gestorben und 1925 hält Stalin an der Swerdlow-Universität (in der Stadt Swerdlowsk, heute Jekaterinburg im Ural) Vorlesungen über die „Fragen des Leninismus". Infolge wird das Buch „Fragen des Leninismus", in großen Auflagen herausgegeben, zum Standardwerk, das vereinseitigtes Gedankengut widerspiegelt.

Das erste Lehrbuch des dogmatisierten Marxismus-Leninismus, von sowjetischen Autoren ausgearbeitet, erschien 1956 und kurz danach in deutscher Sprache im Dietz Verlag Berlin (Ost). Der Philosoph Wolfgang Harich (1923-1995), 1957 in der DDR unter ungerechtfertigten Anschuldigungen verurteilt und jahrelang eingesperrt, hat in seinen bei Klaus Wagenbach in Westberlin veröffentlichten „Gefängnisheften" eine umfassende Analyse der Dogmen vorgenommen. Autoren, die der Dogmatisierung nicht folgten, wurden gemaßregelt. Die Mehrzahl der Dogmen wurde kultiviert und zur Vernebelung der Köpfe verwendet.

Als 1956 die Herausgabe der Marx/Engels-Werke (MEW) in deutscher Sprache im Dietz Verlag Berlin begonnen wurde, klammerte sich die ostdeutsche Redaktion sklavisch an die zuvor erschienenen Bände der zweiten russischen Ausgabe der Werke von Marx und Engels. Besonders eklatant widerspiegelt sich das an den ersten drei Bänden. In Band 1 und 2 sind die Frühschriften von Marx und Engels bis auf ganz wenige

Ausnahmen nicht abgedruckt worden, weil sie nicht in die Dogmenwelt passten.

Überhaupt wurde bei den ersten fünf Bänden der MEW noch eine Editionspraxis gehandhabt, die unwissenschaftlicher gar nicht denkbar ist. Marx und Engels haben ihre Arbeiten zumeist in deutscher Sprache geschrieben. Man hätte also für die DDR-Ausgabe lediglich eine sorgfältige kritische Textrevision betreiben müssen. Statt dessen übersetzte man die russischsprachigen Bände Zeile für Zeile erst einmal ins Deutsche und prüfte, ob der deutsche Text – der aus der früheren russischen MEGA der zwanziger und dreißiger Jahre von D. B. Rjasanow (1870-1938) historisch-kritisch ediert, vorlag – nicht von „Parteifeinden" abgeändert und verfälscht worden war.

Die erste Gesamtausgabe der Werke von Marx und Engels (MEGA) wurde von David Rjasanow, der von 1920 – 1930 Leiter des Moskauer Marx-Engels-Instituts war, in russischer Übersetzung herausgegeben. Jener D. Rjasanow hatte seit 1922 Konflikte mit J.Stalin, wurde im Februar 1931 verhaftet, nach Saratow verbannt und am 21. Januar 1938, unmittelbar nach einer viertelstündigen Gerichtsverhandlung, erschossen.

Erst 1970 wurde ein voluminöser Ergänzungsband mit den „Inedita" (eine noch nicht herausgegebene Schrift) nachgereicht. Im Band 3, der die „Deutsche Ideologie" enthält, wurden bereits bekannte Texte, die von Marx/Engels-Forschern in westlichen Ländern veröffentlicht waren, bewusst beiseitegelassen; sie standen in direktem Widerspruch zur marxistisch-leninistischen Klassentheorie und der Lehre vom Staat.

„Verlagsprofilierung" und Bücherzensur

Ausgehend vom Zentralkomitee (ZK) der SED wurde 1962/63 eine tiefgreifende Umgestaltung des Verlagswesens der DDR durchgeführt. Einige sprachen vom „Kahlschlag" ganzer Bereiche. Viele kleine Verlage verschwanden von der Bildfläche. Auch große Verlage verloren ihre Eigenexistenz und wurden – bei Beibehaltung des Namens – anderen Verlagshäusern angegliedert. Es vollzog sich ein gewaltiger Eingriff in die über Jahrhunderte gewachsene Kulturlandschaft der Verlage im Osten Deutschlands.

Mit der sogenannten „Verlagsprofilierung" erhielt der Dietz Verlag Berlin das Monopol für die ausschließliche Veröffentlichung von Marx-Engels-Texten und in jede Edition wurde eingedruckt: „Die Texte wurden vom Institut für Marxismus-Leninismus beim ZK der SED (IML) autorisiert."

Die Urheberrechte für Marx-Texte waren bereits am 1. Januar 1914 erloschen; Angehörige hatten die betreffenden Artikel über Schutzfristen aus der Berner Konvention in Anspruch genommen. Bei Engels-Texten war eine Schutzfrist, die praktisch bis zum 1. Januar 1926 bestanden hätte, nicht reklamiert worden. F. Engels hatte keine direkten Nachfahren.

Die Schriften von Marx und Engels waren also Allgemeineigentum und nicht Privateigentum der SED.

Der Verlag Philipp Reclam jun. in Leipzig, der älteste deutsche Taschenbuchverlag, nun in Treuhänderschaft befindlich, der schon immer (vor 1933 und von 1945 bis 1962) marxistische Titel in seinem Verlagsprogramm aufwies, führte einen verzweifelten Kampf, um die volle Spannweite seiner zu Beginn der 1960er Jahre neugestalteten „Universal-Bibliothek" auch künftig erhalten zu können.

Jeder neue Titel im Reclam-Gewand wurde nach Erscheinen auch sogleich vom „Büro Hager" (Chefideologe im ZK der SED) zur Kenntnis genommen. Dem lag eine nicht unwichtige Tatsache zugrunde. Nach der Vertreibung des Philosophen Ernst Bloch (1885-1977) von der Leipziger Universität im Jahre 1957, waren eine Reihe seiner Schüler, gemaßregelt und mit dem Kainsmal des Revisionismus gezeichnet, im Reclam Verlag untergekommen. Dr. Hans Marquardt, von 1961 bis 1987 Leiter des Verlages Reclam jun., Leipzig, dessen Stuhl mehr als einmal nicht nur wackelte, hatte ihnen Heimstatt gegeben. Das war verdächtig, denn die Bloch-Schüler entfalteten eine rege Aktivität auf philosophischem, soziologischem und historischem Gebiet. In fachlich gediegenen Ausgaben brachten sie bedeutende Schriften von Philosophen von der Antike bis zum 20. Jahrhundert heraus; von Utopisten sozialistischer und kommunistischer Provenienz, sowie von Historikern zurückliegender Jahrhunderte. Diese Editionen, mit Einleitungen versehen und gut kommentiert, waren nicht nur wegen ihrer wohlfeilen Preise sehr gefragt.

Bis 1989/90 wurden jedem Verlag unsägliche Hürden auferlegt, bis er seinen jährlichen Verlagsplan genehmigt bekam. Beim Ministerium für Kultur musste eine mit Begründungen vorgelegte Liste der Titel für das kommende Kalenderjahr eingereicht werden.

Was Bücher mit Marx-Engels-Texten betraf, war vom Verlag das gesamte, inzwischen lektorierte Manuskript dem IML zur Begutachtung vorzulegen. Die Kommentierung musste dem dogmatisierten

Marxismus-Leninismus entsprechen, eigene Gedanken des Herausgebers waren nicht gefragt; sie wurden im Gutachten als parteifeindlich, aus der bürgerlichen Literatur übernommen oder als kleinbürgerliche Abweichung charakterisiert, was oft unter dem Deckmantel einer fehlenden Wissenschaftlichkeit des Autorenmanuskripts geschah.

Der Reclam Verlag holte deshalb in allen Fällen auch unabhängige Gutachten ein, um ein objektives Urteil zu ermöglichen. Doch letztendlich entschieden nicht die unabhängigen Gutachten, sondern grundsätzlich das Gutachten des IML über Erscheinen oder Nicht-Erscheinen eines Marx-Engels-Titels und ob das Manuskript beim Ministerium für Kultur eingereicht werden konnte, um die Freigabe zum Druck zu erhalten.

Wehe dem der in die SED- Mühlen gerät

Karl Marx – ein Mensch

Die Sozialistische Einheitspartei (SED) hatte etwa zwei Millionen Mitglieder. Die Pflicht jedes Genossen war, an dem monatlich nach der Arbeitszeit stattfindenden Parteilehrjahr teilzunehmen. In den dazu von der Ideologie-Zentrale angefertigten Seminarplänen wurde stetig darauf hingewiesen, dafür zu sorgen, dass die angegebene Klassiker-Literatur wirklich und natürlich gründlich zu studieren sei.

Besonders Karl Marx war seit dem offiziellen Karl-Marx-Jahr 1953 zu einer Heldenfigur hochstilisiert worden. Zwischen der Denkmalsfigur und dem tatsächlichen Marx hatten sich Widersprüche aufgetan, die zwar im Wesentlichen schon benannt waren, doch waren diejenigen, die das getan hatten, 1956/57 in einer stalinistischen Aktion verfemt worden.
Was Marx wirklich geschrieben hatte, aber nicht in das Dogma der SED passte, wurde unterdrückt.

Die Marx-Engels-Forscher der DDR waren sich damals im Wesentlichen darin einig, keine Auslassungen mehr zuzulassen, alle überlieferten Marx- und Engels-Texte im vollen Wortlaut ohne jegliche Kürzungen zu edieren und die Wertung einer späteren Zeit zu überlassen. Es war also im Jahre 1970 nicht mehr ein ausgesprochenes „Wagnis", Karl Marx vom Denkmalssockel zu holen, ihn zu vermenschlichen und ihn ungeniert sprechen zu lassen, denn der ganze Marx lag ja gedruckt in DDR-Publikationen vor.

Als Hürde erwies sich jedoch der im Sommer 1963 vom SED-Politbüro gefasste Beschluss, dass alle Marx/Engels-Texte fortan vom Institut Marxismus-Leninismus beim ZK der SED (IML) zu autorisieren sind.

Damit war diesem Institut die Aufgabe zugewiesen, die es zur Wachstation des Dogmatismus machte.
1970 erschien in der „Universal-Bibliothek" des Reclam Verlages Leipzig das Taschenbuch „Karl Marx – Dokumente seines Lebens" von M. K.; der „seinen Marx" nicht nur „vom Sockel holen", sondern ihn vor allem als Menschen zeigen wollte – in seiner Familie, mit seinen Kindern, unter seinen Kampfgefährten, seinen Freunden. Die Briefe von Marx und Engels hatten einen Teil der menschlichen Seite erschlossen, in weiten Strecken zum ersten Mal. Jedoch M. K. war voreilig, wenn er meinte, im Jahr 1970 sei es möglich ein historisch einwandfreies, menschlich verständliches Marx-Bild vermitteln zu dürfen.

„Universal-Bibliothek" – Verlag Philipp Reclam jun. Leipzig

Das Herzstück des von Anton Philipp Reclam 1828 in Leipzig gegründeten Verlages ist die „Universal-Bibliothek". Anliegen des Verlages war in allen Zeiten mit der deutschsprachigen Taschenbuchreihe dem „einfachen Volk" Zugang zu mehr Bildung und Horizonterweiterung zu ermöglichen.

Schon als Gymnasiast kaufte sich der 14jährige M.K. die kleinen Hefte (10X15 cm) antiquarisch. Zum Beispiel „ Die Abhandlung über die Methode des richtigen Vernunftgebrauchs und der wissenschaftlichen Wahrheitsforschung" von René Descartes (Nr. 3767), Goethes „Faust. Der Tragödie erster Teil" Heft Nr.1 (gesetzt in Renner-Antiqua), „Die Leiden des jungen Werther" Nr. 67/672 (gesetzt in Garamond-Antiqua) und einige andere, mir erhaltene Büchlein; einige noch mit einem festen Pappdeckel versehen.

Aus seinen Unterstreichungen sehe ich, wie ihn Goethes Sprache und Humanismus schon als Jugendlichen beeindruckten. Die preiswerten Ausgaben antiker und philosophischer Werke gaben dem lesehungrigen Jungen die Möglichkeit sich zu bilden.

Die Grundidee des Anton Philipp Reclam entspricht auch der Auffassung des späteren jungen Wissenschaftlers. Nur haben sich die Zeiten nach dem Zweiten Weltkrieg geändert.
M. K. lebt in der DDR und hier herrscht die SED mit ihren Instituten, die bestimmen, welche Bildung den „Werktätigen" zu vermitteln ist. Jede Initiative, die nicht in die Ideologie der Staats-Partei hineinpasst, wird unterdrückt. Es sind nicht wenige der Geisteswissenschaftler, die sich

diesem Dogma unterwerfen; aber der junge M. K. gehört zu jenen, die sich anmaßen, eine unabhängige Meinung zu vertreten.

Seit 1961 ist Hans Marquardt (1920-2004) Leiter des Verlages Philipp Reclam jun. Leipzig und M. K. findet in dem vierzehn Jahre älteren einen Gesinnungsgenossen, der bemüht war, gegen alle Widerstände, die Grenzen des in der DDR noch Erlaubten auszuloten. Unter seiner Verlagsleitung erschienen die Werke von Ernst Bloch, Anna Achmatowa, Ossip Mandelstam und anderer renitenter Autoren.

Herausgabe des „Kommunistischen Manifestes" als Taschenbuch für Jedermann

Am 20. September 1968 schreibt der damalige Cheflektor des Verlages an M. K.: *Wir bitten Sie, die Redaktion des „Kommunistischen Manifestes" nach der Fassung der letzten Hand von 1890 für unsere Universal-Bibliothek zu übernehmen. Sie erhalten ein Honorar von 150,- Mark. Termin der Abgabe ist der 31.12.1968.*

Zum besseren Verständnis kurz folgendes:
Der von K. Marx (1818-1883) und F. Engels (1820-1895) 1847 in London gegründete „Bund der Kommunisten" – eine politische Vereinigung vor allem von emigrierten Deutschen, sein Vorläufer war der in Paris 1837 gegründete „Bund der Gerechten" - , braucht ein Parteiprogramm. Zu damaliger Zeit ist der Titel „Manifest" ein sehr moderner. Das Programm von beiden jungen Autoren – Marx ist 29 Jahre und Engels 27 Jahre - gemeinsam in deutscher Sprache verfasst, wird in London in der Office der „Bildungs-Gesellschaft für Arbeiter" von J. E. Burghard, 46, Liverpool Street, Bishopsgate, gedruckt und am 21. Februar 1848 veröffentlicht.

Kampfgefährte Friedrich Lessner (1825-1910), Mitglied des Generalrats der „Internationalen Arbeiter-Assoziation" (IAA) und wegen seiner Gesinnung im „Kommunisten-Prozess zu Köln" (1852) angeklagt, erinnert sich nach Erscheinen des Manifestes:
Gewiss hat es damals nur einzelne gegeben, welche die politischen, und noch weniger, welche die ökonomischen Verhältnisse wirklich verstanden haben; das lag in den Zeitverhältnissen begründet. Die Ansichten jener Zeit, ebenso wie die Literatur, beruhten vorwiegend auf utopischen Anschauungen, die überall eine große Rolle spielten. Da dieselben leicht zu verstehen waren und schön klangen und sich auf naheliegenden Hoffnungen stützten, fanden sie, besonders bei Arbeitern, schnelle Aufnahme. Obgleich wir damals den gigantischen Inhalt noch nicht ganz verstehen konnten, fühlten wir doch, dass hier ein Meisterwerk vorlag.

Nach dem Tod von Marx (1883) hatte F. Engels 1889/90 eine neue Auflage des „Manifestes“ in deutscher Sprache veranlasst; sie wird heute als Ausgabe „letzter Hand“ bezeichnet und dient vielen Nachdrucken als Textvorlage. Sie erscheint, wie die erste in London gedruckte, mit gotischer Frakturschrift.

Für SED-Chefideologen K. Hager - eine Anmaßung

Der stellvertretende Cheflektor verlässt den Reclam Verlag, das „Manifest“-Projekt vom September 1968 wird erst einmal zur Seite gelegt und der Verlag bringt 1970 „Karl Marx. 1818-1883.
Dokumente seines Lebens“ von M. K. heraus.
Auf Grund dieses Buches bekommt M. K. riesigen Ärger mit der SED-Obrigkeit.

Dr. Kurt Hager (1912-1998) fühlte sich vor allem von folgenden, im Vorwort vorausgehenden Sätzen angesprochen und auf den Schlips getreten: „Aber auch das ist Marx: der Mann, der die Philister schockierte, das ´enfant terrible´ der Gesellschaft, der ´rasende Roland´, wie er sich selbst charakterisiert hat. Als Zwanzigjähriger duelliert er sich auf Leben und Tod. Als Fünfunddreißigjähriger benimmt er sich wie ein übermütiger Student und wirft in London Straßenlaternen ein. Dem Vierzigjährigen ist es ein Heidenspaß, sich in Berlin in der Staatsoper in eine Loge neben die des preußischen Königs Friedrich Wilhelm zu setzen, drei Stunden Ballett, das er nicht besonders liebte, über sich ergehen zu lassen, nur, um die königliche Familie zu ´insultieren´(beschimpfen. U.K.).
Der Fünfundfünfzigjährige lässt es sich bei der Durchreise durch Leipzig nicht nehmen, einmal den als Sozialisten-“Fresser“ berüchtigten Polizeidirektor Rüder persönlich zu sehen; er setzt sich an dessen Stammtisch und fixiert ihn so lange, bis dem Polizeigewaltigen unbehaglich wird und er das Lokal verlässt. Als Sechzigjähriger schreibt Marx seiner Frau noch Liebesbriefe, die einem Zwanzigjährigen noch gut zu Gesicht stünden. Bis kurz vor seinem Tode tollt er mit seinen Enkeln noch durch Haus und Garten, bis ihm die Luft ausgeht. Unbesehen aller Großleistungen und Glanzpunkte im Leben und Wirken von Karl Marx dürfen wir nicht vergessen, dass auch diese Seite zu Marx gehört, ohne die er ein Klischee, eine blutlose Figur bleiben würde. Kennen wir diesen Marx?“

Für K. Hager ging das entschieden zu weit. Er stieß sich an solchen Exaltiertheiten; besonders aber daran, dass Marx „die Philister schockierte". Freunde von M. K. jedoch irrten, wenn sie meinten, aus diesem Nebensatz könne im Sinne von Sigmund Freud, nur auf eine Ich-Bezogenheit im Unterbewussten von K. Hager geschlossen werden. Sie nahmen den Angriff auf die begrüßenswerte „Mensch-Marx-Konzeption" von M. K. nicht ernst.

Es erwies sich jedoch, dass ein solcher Marx in die Denkstrukturen eines Kurt Hager und seiner „Genossen" nicht hineinpasste; dass Hager nicht nur Unrat witterte, sondern Gefahr für den Marxismus-Leninismus im Verzug sah.

Die wissenschaftlichen Fakten waren nicht zu entkräften, also mussten politische Angriffe erfolgen. Durch ein Telefongespräch war M. K. von der Reaktion Hagers unterrichtet worden.

M. K.: „Auf diese Angriffe war ich nicht gut vorbereitet. Wer solche ungerechtfertigten Vorwürfe und eine theatralische Verurteilungspraxis nicht kennt – und ich kannte sie nicht, war in vielem durchaus naiv und voller Ideale -, der verausgabt sich leicht sehr schnell und hat dann Schwierigkeiten, weitere Akte des Dramas durchzustehen."

„Gemaßregelt für ein ganzes Leben"

So lautet der letzte Satz meines Mannes in seinen Erinnerungen über die Diskriminierungen seiner Person in den Jahren 1970 bis 1989, die er am 8. Januar 1991 aufschrieb.

Auszugsweise zitiere ich ihn im Folgenden wörtlich aus diversen Schriftstücken.

„Ausgangspunkt für die Maßregelungen, die die SED an mir vornahm, war das Erscheinen meines Buches „Karl Marx 1818 bis 1883, Dokumente seines Lebens", das im Juli 1970 im Verlag Philipp Reclam jun. Leipzig in der DDR und kurz danach im Suhrkamp-Verlag Frankfurt a. M. in der BRD erschienen war. Dieses Buch war innerhalb von 14 Tagen verkauft, fand also Anklang in der Öffentlichkeit; deshalb sollte es sofort wiederaufgelegt werden. Dazu kam es nicht, wie überhaupt bis 1989 auf dem Territorium der DDR keine Neuausgabe zugelassen wurde."

Tagebuchnotiz: „Am 24. Juli 1970 gleich zu Arbeitsbeginn beruft der Verlagsleiter G.H. eine außerordentliche Verlagsleitungssitzung ein, ´weil M. K. in seiner Privatpublikation den Dietz-Verlag mit keinem Dankeswort erwähnt, hat er sich vom Dietz-Verlag distanziert, ihn wie einen toten Hund behandelt. Sein Beispiel, eigenmächtig Texte zu veröffentlichen, kann weiteren Privatpersonen die Möglichkeit geben, sich an Marx und Engels zu delektieren.‘

Am Tage zuvor auf der Sitzung der Abteilungsleiter an der meine Stellvertreterin und ich teilnahmen, wird erklärt, dass dem Verlag Schaden zugefügt wurde, da sein Name nicht genannt wurde und es frappierend sei, mit welcher Selbstherrlichkeit zur Befriedigung von Privatinteressen vorgegangen worden ist. Der Verlagsleiter kündigt eine Untersuchung des Falles M.K. an und erinnert an den Paragraphen der Arbeitsordnung, dass über diese betriebsinternen Dinge nichts nach außen dringen darf, was insbesondere für M. K. gelte.

Bis zum Abschluss der notwendigen Untersuchungen wird Genosse K. von seiner Funktion als Leiter des Marx-Engels-Lektorats mit Wirkung vom 24. Juli suspendiert, er arbeitet bis auf Weiteres als Lektor mit einem Monatsgehalt von 1000 Mark, er ist verpflichtet, die von ihm betreuten Titel ordnungsgemäß im Interesse des Verlages weiterzuführen.

Gen. M. K. wird ausdrücklich verboten, mit Personen außerhalb des Verlages über diese Angelegenheit zu sprechen. Der Verlag nimmt mit sofortiger Wirkung seine Zustimmung zu
einer Publikation im Reclam Verlag über F. Engels zurück; M. K. hat darüber sofort den Reclam Verlag zu informieren.“

Die Lawine der Vorwürfe, Beschuldigungen und Verleumdungen gegen meinen Mann wird mit Rückendeckung durch K. Hager, vom Verlagsleiter und mit tatkräftiger Unterstützung des Parteisekretärs des Verlages losgetreten. Mir persönlich war der Verlagsleiter sehr unsympathisch; ewig lächelnd, wirkte er auf mich verkniffen, unpersönlich, verklemmt; in seinem Auftreten, trotz seines relativ kleinen Wuchses, durch hochgestreckte Körperhaltung, seine Machtposition demonstrierend.

Als mein Mann darum gebeten hatte, während der Krankheit unserer kleinen Tochter für wenige Tage seine Lektor-Arbeit zu Hause zu erledigen, da ich, voll berufstätig und in einer Außenhandelsfirma für mehrere Kaufleute verantwortlich war, wurde dies abgelehnt. Und als mein Mann den Verlagsleiter später schriftlich um seine Unterstützung bei der Unterbringung der Tochter im Kindergarten des Verlages bat, warf der ihm „bohémienhaftes Verhalten“ vor.

Verbindung zu NATO-Ländern

M. K.: „Der Marx-Dokumentarbericht wurde noch im Juli 1970 zum Anlass genommen mir folgendes vorzuwerfen: `Verbindung zu NATO-

Dienststellen, private Kontakte und Korrespondenzen mit Archiven, Institutionen und evtl. Einzelpersönlichkeiten, insbesondere im kapitalistischen Ausland, aber auch im sozialistischen Ausland, Missbrauch meiner Funktion als Leiter der Marx/Engels-Abteilung im Dietz-Verlag Berlin für persönliche Zwecke, indem ich ´auf Verlagsbriefbögen selbstherrlich gegen die politische Linie des Parteiverlages verstoßen habe. Der Verlag selbst führt keine Korrespondenz mit Archiven in NATO-Ländern, weil die nicht notwendig sind, sondern mit Zustimmung der Parteiführung über die entsprechenden Parteiinstitute geführt werden.´... Allein das IML war berechtigt Marx/Engels-Texte zu veröffentlichen, es achtete genau darauf, wo Marx/Engels-Texte im westlichen Ausland abgedruckt wurden und veranlasste den Dietz-Verlag, dann Briefe zu schreiben und Geld in harter Währung abzukassieren, das nach Eingang an die Parteikasse (Abteilung Finanzen und Parteibetriebe) abgeführt wurde.

Als Wissenschaftler wurde mir kleinbürgerliches Verhalten vorgeworfen. In einzelnen Berichten werden Formulierungen wie ´Kleinbürgerliche Grundhaltung, Tendenzen kleinbürgerlicher Ruhmsucht, Unbescheidenheit und Kritiklosigkeit gegenüber dem eigenen Handeln, ausgehend von einer kleinbürgerlichen, parteifremden Tendenz´ - , breit ausgeführt. Der Inhalt des Buches „Karl Marx-Dokumente seines Lebens“ wurde als „falsch“ und „parteifremd“ charakterisiert.“

Einiges zur Vorgeschichte der Marx-Engels-Forschung in der DDR

„Das vom Philologen und Völkerkundler Wolfgang Steinitz (1905 – 1967) in der Nachkriegszeit begründete „Marx-Engels-Wörterbuch“ (ME - Wb) war zwischen 1952 und 1954 mit ersten Diskussionen vor die Öffentlichkeit getreten; es sollte den Wortschatz von Marx und Engels einschließlich der von ihnen geprägten Terminologie wissenschaftlich exakt dokumentieren. Mehrere Bände waren geplant; die Verzettelung der Wörter und Termini umfasste bereits einige tausend Belegkarten.

In dieser Zeit hoffnungsvoller Ansätze gab es kontroverse Diskussionen zwischen Politbüromitglied Kurt Hager und dem Wissenschaftlichen Beirat, des seinerzeit in Arbeit befindlichen „Marx/Engels-Wörterbuches“, dessen Leiter ich war, sowie mit anderen Beiratsmitgliedern und Mitarbeitern der Arbeitsgruppe bei der Deutschen Akademie der Wissenschaften. Diese Kontroversen erstreckten sich auf Termini im Wortschatz von K. Marx und F. Engels und deren Nichtübereinstimmung mit dem Gebrauch in der marxistisch-leninistischen Propaganda und der

Parteisprache der SED; sie spitzten sich bei solchen Termini wie „Revolution“ und „Arbeiterklasse“ zu.

Falscher Revolutionsbegriff

Der Streit um den Begriff „Revolution“, der von mir und auch anderen DDR-Philosophen in der Weise forciert wurde, dass ich den Marxschen Revolutionsbegriff in seiner originären Form an die Öffentlichkeit trug, führte letztlich 1973 zur Einstellung der Arbeiten am „Marx-Engels-Wörterbuch“ und dem Verbot seines Erscheinens durch Kurt Hager persönlich. Dessen einzige Begründung: Die Terminologie von Marx und Engels entspreche nicht den in den Jahren 1972/73 üblichen marxistisch-leninistischen Termini.

In der Öffentlichkeit wurde damals die wahrheitswidrige Mitteilung verbreitet, die Arbeiten am „Marx-Engels-Wörterbuch“ seien bis zur Fertigstellung der MEGA (Marx-Engels-Gesamt-Ausgabe) zurückgestellt. Tatsächlich war mit dem Verbot der weitere Weg in den dogmatischen Marxismus-Leninismus festgeschrieben worden. Eine wissenschaftliche Aufarbeitung des Marx-Engels-Erbes durch Klarstellung der Genesis des Sprachgebrauchs und durch Aufarbeitung der Wortstrukturfelder lag nicht im Interesse der SED, ja, war für Parteipropaganda und Dogmen-Ideologie in der DDR nur hinderlich.

Von diesem Zeitpunkt an wurde mir das Etikett eines „kleinbürgerlichen Wissenschaftlers“ aufgeklebt und der zwei Jahrzehnte lang immer wieder gegen mich vorgetragene Vorwurf, eine „falsche Revolutionsauffassung“ zu vertreten, nahm hier seinen Anfang.

Prof. Dr. Dr. Auguste Cornu (1888-1981)

Als eine der ersten Einrichtungen von Weltgeltung wurde Anfang der 1970er Jahre die Arbeitsstelle für Marx-Engels-Forschung an der Deutschen Akademie der Wissenschaften zu Berlin (Ost) aufgelöst. Deren Leiter war seit 1956 Prof. Dr. Auguste Cornu (1888 in Beaune/Provence geboren, von 1923 bis 1981 Mitglied der Kommunistischen Partei Frankreichs und Mitglied der SED von 1948 bis 1981).

Die Forschungsstelle brachte unter A. Cornus Namen die international geachtete Publikation „Karl Marx und Friedrich Engels: Leben und Werk“ heraus; Bd.1 Berlin 1952, Bd.2 Berlin 1954 und Bd.3 Berlin 1968. Zur Verlegung des vierten Bandes kam es nicht mehr. A. Cornu hielt sich in seinen letzten Lebensjahren zunehmend in Frankreich, seinem Geburtsland auf.

Der DDR-Historiker Prof. Dr. Karl Obermann wollte zusammen mit mir in dieser Situation die Forschungsstelle übernehmen, um die Cornuschen Publikationen fortzusetzen. Das Büro Hager vereitelte dieses Vorhaben und die Akademie-Arbeitsstelle wurde auf seine Anweisung hin aufgelöst. Die jahrzehntelang gesammelten Materialien vereinnahmte das Institut für Marxismus-Leninismus beim ZK der SED.

A. Cornu, Nestor einer wissenschaftlichen Marx-Engels-Forschung in der DDR, der damals meine Habilitationsschrift betreute, brachte mir 1970 und 1971 seine tiefe Betroffenheit über die Vorgänge um mich zum Ausdruck. Diese Ereignisse verstand er nicht. Er war empört, er wollte dagegen öffentlich Stellung nehmen, meinte aber auch, es werde ´ alles nicht so heiß gegessen, wie es gekocht wird´.

Die neostalinistische Entwicklung in der DDR lag ihm schwer auf der Seele. Dass er auch in Frankreich mit seiner Meinung über die Anmaßungen der SED-Führung nicht zurückhielt, erfuhr ich von dem Marx-Urenkel Jean-Robert Longuet. Als dieser mir 1977 seine Marx-Biographie „Karl Marx, mon Arrière-Grand-Pére“ auf persönlichem Weg zukommen ließ, geschah dies mit der Widmung: „Au camerade Dr. M.K., l´auteur du premier ´Dokumente´, avec les sentiments amicaux de Robert Longuet.“ Aus seinen Briefen erfuhr ich, dass er von A. Cornu „eingeweiht“ worden war.“

Verhöre, persönliche Beschimpfungen, Verbote

Kaum ist im Juli 1970 das Buch auf dem Markt, beginnen endlose Verhöre mit M. K..

Ich, seine Frau, war damals 31 und er 35 Jahre alt. Meine Eltern hatten mir nichts über das Schicksal meiner Großeltern in sowjetischer Emigration während des Faschismus erzählt.

Einzelheiten über die Zeiten der stalinistischen Verbrechen erfuhr ich erst viel später und die Details der Repressionen gegenüber meinem Onkel Gustav in den Jahren 1938 bis 1940, konnte ich erst nach teilweiser Öffnung der Moskauer Archive lesen.

Mein Mann wusste um diese tatsächlichen Geschehnisse damals schon, vermutete aber bestimmt nicht im Geringsten, dass er ähnlichen Methoden auch ausgeliefert sein würde.

Ohne meine Tagebuchaufzeichnungen zur Hand zu nehmen erinnere ich mich noch genau an jenen Abend im Juli 1970.

Montags war immer irgendeine Parteiversammlung.
Unsere zweite Tochter war 1 Jahr alt – ein munteres, süßes Baby mit glücklichen Eltern. Beide Töchter schliefen schon längst und ich wollte eigentlich auch ins Bett gehen, doch wartete ich noch auf meinen Mann.

Endlich kam er so gegen 21 Uhr nach Hause. Völlig niedergedrückt, erschöpft ließ er sich in den Sessel mir gegenüber fallen, schaute mich wie mit blinden Augen an und schwieg.

Ich: Was ist denn los? Was ist passiert?
Ich wiederhole meine Frage mehrmals, setze mich zu ihm auf den Rand des Sessels. Wie versteinert sieht er mich an.
Er: Es wird ein Parteiverfahren gegen mich eröffnet und ich werde als Lektoratsleiter suspendiert.
Ich: Weswegen?
Er: Man wirft mir jahrelange private Korrespondenz mit NATO-Stellen vor.
Ich: Welche NATO-Verbindungen? Was heißt private Korrespondenz?...Über unseren Briefkasten?...Das müsste ich doch bemerkt haben...Meint man die Briefe mit den Einreisezusagen der norwegischen und dänischen Botschaften im Frühjahr 1967?... Die waren doch für meine Dienstreisen bestimmt... Was hast du damit zu tun?

Ich muss zugeben, dass ich momentweise misstrauisch wurde, überlegte, was gemeint sein könnte. Mein Mann war nicht in der Lage mir den Verlauf der Versammlung und einzelne Beschuldigungen des Anklägers wiederzugeben. In seinem Kopf schienen schon Anklagemethoden der Nazis und Stalins abzulaufen, die er aus der Literatur kannte.

Er: Nein, das ist es nicht. Nicht über unseren Briefkasten, sondern als Angestellter des Verlages habe ich Briefe an Archive und Bibliotheken in NATO-Ländern geschrieben, was verboten ist.
Ich: Du hast die Briefe doch deinem Vorgesetzten zur Linksunterschrift vorgelegt, inwieweit ist das dann private Korrespondenz?
Er: Man nimmt mir übel, dass ich den Marx beim Reclam-Verlag herausgegeben und im Vorwort dem Dietz-Verlag nicht gedankt habe.
Ich: Das ist doch im höchsten Maße kindisch, dafür kriegst Du doch kein Parteiverfahren. Nimm es Dir nicht zu Herzen, die Leute sind nur neidisch und gehässig.
Er: Das mag schon sein. Sie werden mich fertigmachen. Es ist erst der Anfang. Nach dieser inquisitorischen Mitgliederversammlung werden weitere folgen.

Wir gehen ins Bett, ich nehme ihn in meine Arme, drücke ihn an mein Herz, streiche über sein Haar, er schläft ein und ich grüble, was geschehen sein mag. Am anderen Morgen wache ich auf und sehe unsere kleine Tochter im Arm ihres Papa friedlich schlafen.

Es folgen unzählige Parteiversammlungen, in deren Verlauf, zu der ersten Beschuldigung, Verbindung zu NATO-Institutionen zu unterhalten, immer neue Gründe für eine Verurteilung nach einer scheinbar vorherbestimmten Dramaturgie hinzugefügt und ständig neue Stellungnahmen vom Angeklagten gefordert werden. Mein Mann kam nicht ins Zuchthaus, nicht ins Arbeitslager, wurde nicht erschossen. Ein wenig hatten sich die Zeiten doch geändert.

Heute, nachdem ich die Dokumente aus seiner „Kaderakte", die Vielzahl der Berichte und seinen Rehabilitierungsantrag in seinem Nachlass gefunden habe, bin ich entsetzt und werfe mir vor, nicht schon früher aus der SED ausgetreten zu sein.

Hätte ich die infamen Beleidigungen und Denunziationen gegenüber dem jungen Wissenschaftler von Seiten karrieregeiler (neudeutsch, aber zutreffend) Parteifunktionäre im Detail gekannt, ich hätte an seiner Stelle ihnen das Mitgliedsbuch vor die Füße geschmissen.

Er tat es nicht, kämpfte - ähnlich Don Quichotte gegen Windmühlen - bis zur gewaltfreien Wende. Dachte dabei an unsere junge Familie, meine Eltern und Großeltern - alte Kämpfer gegen nationalsozialistische und stalinistische Ideologien.

Eine Stellungnahme reicht nicht aus

Am 27. Juli 1970 gab mein Mann seine erste Stellungnahme zur Beschuldigung, als Angestellter des SED-Verlages, Verbindung mit Archiven in NATO-Ländern gehabt zu haben.

Es stimme, dass er als Verantwortlicher im Verlag für die Herausgabe der Schriften von Marx und Engels, Korrespondenzen mit Archiven in Düsseldorf und Koblenz, mit dem Stadtarchiv Wuppertal, mit dem Rijks-Archivet in Amsterdam, mit dem Internationalen Institut für Sozialgeschichte in Amsterdam, mit der Communist Party of Great Britain, mit dem Archiv der Universität Wien, mit dem Eidgenössischen Bundesarchiv Bern und einigen anderen Archiven, führte. Er beteuert, dass „ich außer den Angeführten keinerlei private Korrespondenz mit den genannten Archiven im kapitalistischen Ausland geführt habe. Ich kenne keinen Mitarbeiter der betreffenden Archive persönlich."

Er schreibt in dieser ersten Stellungnahme: „Zum damaligen Zeitpunkt habe ich Anfragen nach historischen Fakten und Angaben als unbedeutende Routine-Angelegenheiten aufgefasst, mit denen ich niemanden zu belasten brauche. Damit habe ich gegen Wachsamkeit und Sicherheit verstoßen. Bei der Abfassung des Dokumentarberichtes zum Leben von Karl Marx haben sich bei mir individualistische Züge gezeigt. Ich hatte das Bestreben, mit dem Dokumentarbericht etwas Nützliches, ein Sachbuch, das sowohl informativ ist wie im Sinne der Partei erzieherisch wirkt, zu schaffen....
Übertriebener Ehrgeiz führte mich aber dazu, unbedingt neue unveröffentlichte Dokumente über Marx vorzulegen (aus Archiven der DDR ungefähr 10, aus Archiven des Auslands 4), ohne mir darüber klar zu sein, dass ich dem Parteiverlag mehr genutzt hätte, wenn ich diese Sekundärmaterialien dem Dietz-Verlag oder dem IML zur Erstveröffentlichung übergeben hätte. Indem ich sie im Reclam-Verlag herausbrachte, habe ich politisch instinktlos gehandelt."

Außerdem macht man ihm zum Vorwurf, dass er sich im Vorwort zwar bei ausländischen Institutionen bedankt hatte, aber nicht dem Dietz-Verlag. Und im Falle seiner Danksagung gegenüber dem Amsterdamer Institut für Sozialgeschichte, politisch instinktlos handelte, „da es ein Institut der Sozialdemokratie ist."

Die Selbstkritik reicht den „Genossen" nicht aus, sie fordern für die nächste Parteiversammlung, die am 2. September stattfindet, eine zweite Stellungnahme und danach noch weitere.

Überprüfung der Korrespondenz

Anfang August wird eine Mitarbeiterin des Lektorats beauftragt, die gesamte Korrespondenz zu überprüfen. Sie sichtete die recht umfangreiche Ablage des Briefwechsels mit „imperialistischen Ländern" aus den Jahren 1967 bis 1970, untergliedert in drei Gruppen: dem mit Hermann Engels, Engelskirchen, dem mit dem Institut für Sozialgeschichte in Amsterdam und dem mit anderen Institutionen (Archive, Bibliotheken). Sie stellt fest, der Briefwechsel von 1967 ist sehr gering, beschränkt sich auf den Austausch von Neujahrs-Glückwünschen. 1969 ist der Briefwechsel bestimmt von verschiedenen Anfragen über Friedrich Engels (Geburtshaus, Geburts- und Sterbedaten von Mitgliedern der Familie Engels, Schreibweisen von Firmennamen).

Die recherchierende Kollegin wörtlich: „1970 wurde der vorliegende Briefwechsel wegen eines Bildes für den Beschlusstitel von Prof. H.

Gemkow ´Friedrich Engels. Eine Biographie´ des Instituts für Marxismus-Leninismus (IML) geführt." („Beschlusstitel" bedeutet, im Auftrag der SED zu schreibendes Buch. U. K.) Ihren Prüfungsbericht beendet die Kollegin: „Es muss erwähnt werden, dass die Forschungen des Genossen Dr. M. K. uns gegenwärtig bei der Erarbeitung von Registern unserer Titel und bei seiner Gutachtertätigkeit für die Engels-Biographie des Autorenkollektivs des IML sehr von Nutzen sind, dass von einigen der o. g. Briefe sich Kopien im Cheflektorat befinden und dass die Briefe der ausländischen Stellen stets dem Cheflektor oder seinem Stellvertreter vorgelegen haben."

Dem Untersuchungsbefund beigegeben war ein dicker Ordner, der die gesamte im Bericht angeführte Originalkorrespondenz enthielt. Welch ein Aufwand und Vergeudung an Zeit! Für die Initiatoren des „Falles M. K." war das Ergebnis einigermaßen enttäuschend.

Die Korrespondenz umfasste reine Forschungsfragen, denen natürlich nachgegangen werden muss, wenn verlässliche wissenschaftliche Angaben gemacht werden sollen. Bis Oktober 1989 galt als verbindliche Regelung, dass Personen, die im Parteiapparat und im Staatsapparat arbeiteten, jeder persönliche und schriftliche Kontakt mit Bürgern (auch Verwandten), die im kapitalistischen Ausland leben, strengstens verboten ist.

Im Falle des M. K. musste für jeden Brief extra ein Entwurf angefertigt werden, der dem Cheflektor oder seinem Stellvertreter vorzulegen und durch ihn zu sanktionieren war. Dieses Ritual hielt M.K. peinlichst ein. Es gab nur selten Änderungen, denn die englische oder französische Korrespondenz verstand der Vorgesetzte wegen mangelnder Sprachkenntnisse nicht.

Um den wissenschaftlichen Arbeitsprozess sicherzustellen, wickelte das IML manche seiner Nachfragen über M.K. ab. Keiner der „Genossen" des IML bekannte sich zu diesem Sachverhalt und erklärte, M. K. benutzt zu haben, was ihm bei den weiteren Verhören sehr geholfen hätte.

Die Korrespondenz-Analyse vom 15.8.1970 ergab für das Vorhaben der Ankläger eher für sie belastende Beweise, so musste die Kollegin ihre Überprüfung bis in das Jahr 1962 zurückverfolgen; doch hier war das zu meldende Ergebnis noch dürftiger.

Trotzdem nehmen die Verhöre ihren Lauf. M. K. war seit Juli als Leiter des Marx-Engels-Lektorats suspendiert, sein Gehalt ist drastisch gekürzt und eine Lösung des Arbeitsverhältnisses bei fristloser Entlassung ist im Gespräch.

Um international kein Aufsehen zu erregen, musste M. K. im Auslandsverkehr nach Ost und West weiterhin als Leiter figurieren. Mehrfach protestierte er. Nur ein Beispiel führe ich hier an.

Prof. Dr. Dr. Heinz Monz aus Trier (1888-2012) richtet am 1. Juni 1971 an M. K. einen Brief, der mangels Privatadresse von M. K., an das IML/ Prof. H. Gemkow adressiert ist, mit der Bitte um Weiterleitung an M. K. Prof. Monz an M. K.: "Zunächst möchte ich Ihnen zu diesem ausgezeichneten Werk sehr gratulieren. Diese Zusammenstellung und Erläuterung der umfangreichen Daten war sicherlich notwendig. Neben der Würdigung des wissenschaftlichen Werkes gehört zur Betrachtung von Marx unbedingt auch die persönliche Seite, wie Sie in der Einführung auch betont haben. Zurzeit bereite ich die Neuauflage meines Buches „Karl Marx und Trier“ vor, das Sie freundlicherweise
auch erwähnt und zitiert haben. Ihr Buch gibt mir dazu eine ganze Reihe von Anregungen, denen ich nachgehen will. Sie werden verstehen, dass ich infolgedessen einige Fragen habe, die ich Ihnen nachstehend vorlegen will. Ich wäre Ihnen sehr dankbar, wenn Sie mir hierzu Ihre Auffassung mitteilen wollten. Am besten gehe ich nach den Seitenzahlen vor."

Auf eineinhalb Seiten schreibt Prof. Dr. Monz seine Fragen an M. K. auf und beendet seinen Brief mit: „Ich hoffe, dass ich Sie mit meinen Fragen nicht allzu sehr belaste. Mit besonderem Dank würde ich gerne Ihre Mitteilung erhalten. Selbstverständlich stehen Ihnen auch meine Forschungsergebnisse – etwa bei einer Neuauflage Ihres Werkes – zur Verfügung. Ich bin übrigens gerne bereit,
mit Ihnen in Gedankenaustausch zu treten. Ihr H. Monz."

Nach 14 Tagen des Eingangs des Monz-Briefes im IML bekommt M.K. vom Cheflektor des Verlages die Anweisung auf diesen Brief zu reagieren und seine Beantwortung dem IML zu übergeben. M.K. schreibt dem Cheflektor: „Ich erkläre ausdrücklich, dass ich in keiner Weise an Westverkehr interessiert bin und werde den Brief von Dr. Dr. H. Monz nur dann beantworten, wenn meine übergeordnete Leitung mir zu dem Schriftwechsel den Auftrag erteilt – und zwar schriftlich."

Disziplinierung mit „Rüge“

Die leitenden Angestellten des Verlages benutzten das öffentliche „Durchhecheln“ des „Falles M. K.“ auch um alle Mitarbeiter zu disziplinieren; auf allen Leitungsebenen die straffe Einhaltung der

Parteidisziplin zu fordern und sich so gegenüber dem Partei-Apparat als Garant für des Staates Sicherheit zu profilieren.
M. K. schreibt: „Insbesondere dem Verlagsleiter kann karrieristisches Verhalten nicht abgesprochen werden; schon seit Jahren bemühte er sich, seine Stellung als Leiter des Parteiverlages zu festigen; er wollte Mitglied des Zentralkomitees der SED werden. Die Wende von der Ära W. Ulbricht zur Ära E. Honecker, die sich 1970/71 vollzog, bot zweifellos Aufstiegsmöglichkeiten, da neue Gesichter und ergebene Figuren gesucht wurden. Flottes Reagieren auf diese Wende durch die Aufdeckung eines Verstoßes im eigenen Verantwortungsbereich machte in der höheren Ebene auf den „richtigen Mann" aufmerksam.

Am 24. August 1970 war die Anklageschrift von Verlagsleiter und Parteisekretär ausformuliert. Sie wurde M. K. am gleichen Tage mündlich vorgetragen. Danach wurde bis zum 27. August eine erneute schriftliche Stellungnahme in ´parteigemäßer Form´ verlangt. „Eine solche Verfahrensweise entsprach der Praxis, Dienststrafverfahren und Parteiverfahren miteinander zu koppeln; mal stand das eine, mal das andere im Vordergrund. Auf die verständliche innere Aufregung, die einen jeden bei einem solchen Doppelverfahren, naturgemäß ergriff, auf die psychische Stresssituation und die sich daraus ergebende Unkonzentriertheit wurde nicht im geringsten Rücksicht genommen. Mir sind viele Fälle bekannt geworden, die nach solchen Verfahren zu Neurosen, Nervenzusammenbrüchen, ja sogar zu Selbstmorden führten, weil die extreme Belastung nur schwer zu ertragen war. Dabei brauchte man gerade in solchen Verhandlungen einen klaren Kopf. Jede Formulierung und jede Nuance der Anklage galt es zu erfassen, wie anders sollte man sonst in der geforderten Stellungnahme reagieren. Nachlesen konnte man nicht, weil die Anklageschrift dem Delinquenten nicht einmal zum Lesen in die Hand gegeben wurde."

Karl Raab hilft

„Den Wortlaut des Textes der Anklage verdanke ich Karl Raab (1906-1992, Leiter der Abteilung Finanzverwaltung und Parteibetriebe des ZK der SED. U. K.), der einen Entwurf erhalten hatte und ihn mir zur Abschrift zur Verfügung stellte. Karl Raab hatte die schlimmste Zeit des Stalinismus in den 1930er Jahren als Emigrant in der UdSSR erlebt. Aus eigener Anschauung kannte er die Praktiken, die zur Anwendung kamen, aber auch die Menschlichkeit, mit der sich einfache Parteimitglieder, von den stalinistischen Prozessen Betroffene und von ihnen

Verschonte, gegenseitig halfen und beistanden. 1945 gehörte er unter dem Parteinamen Arthur Fiedler zur „Gruppe 3“, der Initiativgruppe des Zentralkomitees der KPD für Mecklenburg-Vorpommern, die unter der Leitung von G. Sobottka (1886-1953, Großvater meiner Frau) stand. Dadurch stand er unserer Familie nahe und half freundschaftlich, als er in der Notsituation angesprochen wurde. Karl Raab hätte auch jedem anderen Menschen in gleicher Weise geholfen, wenn er sich hätte sicher sein können, dass seine Hilfe unbekannt bleibt und er damit in nichts hineingezogen wird.“

Die „Ergebnisse der Untersuchung zum nichtparteigemäßen Verhalten des Genossen M.K.“ sind auf sechs DIN A 4 Seiten beschrieben und tragen keine Unterschrift.

Wörtlich heißt es darin: „Trotz mehrfacher ernster Kritik an seiner Arbeitsweise wie auch an seinem politisch-moralischen Verhalten hat es Genosse M. K. nicht gelernt, die von jedem Genossen zu fordernde klassenbewusste und parteigemäße Haltung in der Arbeit und im persönlichen Leben zu finden.(...) Er ist von dem Bestreben durchdrungen, sich um jeden Preis einen Namen als der Spezialist auf seinem Fachgebiet zu machen. (...) Er hat seine Funktion für persönliche Zwecke missbraucht und damit bewiesen, dass es ihm an Parteiverbundenheit und an proletarischem Klassenbewusstsein mangelt. (...)“

Am Ende des Abschnittes II. wird erwähnt, dass M.K. am 14. 8. 1970 im Gespräch anlässlich des Umtausches der Parteidokumente aufgefordert wurde, sich über die „politisch-ideologischen Ursachen seines politisch falschen Verhaltens“ zu äußern und er erklärte, dass er in seinen Überlegungen noch zu keinem Ergebnis gekommen sei.

Warum hat mein lieber Mann nicht auf diese Partei-Mitgliedschaft verzichtet? Warum hat er nicht, wie so viele Genossen, sein Mitgliedsbuch wütend diesen Demagogen auf den Tisch geknallt? Aber, ob ich es in einer solchen Situation getan hätte, bin ich mir nicht sicher – wir beide waren total eingeschüchtert. Uns fehlte einfach der Mut.

Am 13. November 1970 wird in einer Mitgliederversammlung beschlossen, das Parteiverfahren gegen M.K. mit der Bestrafung durch eine „Rüge“ zu beenden und dies wird zwei Monate später vom Büro des Politbüros der SED bestätigt. Entlassen wurde der Bestrafte nicht, denn man brauchte sein Wissen und Engagement als MEGA-Beauftragten noch. Status seiner Arbeit war: Leitender Lektor, ohne eigene Weisungs- und Zeichnungsbefugnis.

„In endlosen Debatten mit allen möglichen Leitungsgremien innerhalb und außerhalb des Dietz-Verlages wurde immer wieder auf einzelnen Punkten der Anklage herumgehackt. Es herrschte meistens eine geradezu feindliche Atmosphäre, als ob man selbst der personifizierte Klassenfeind aus dem Lehrbuch sei. Weh taten besonders bei den Verhören, die gnadenlosen Abqualifizierungen, als sei man der abgefeimteste Spitzbube, zugleich Partei- und Staatsverräter; jene politisch-moralischen Tiefschläge, die vom ´Kleinbürger´ bis zum ´politischen Analphabeten´ reichten, einmal sogar bis zum ´politischen Schwein´...

Ergebnis dieser Dauerbearbeitung war von meiner Seite ein gewisses trainiertes Anpassungsvermögen und eine gewisse Wurstigkeit an den Tag zu legen. Was wollen diese Prinzipienreiter eigentlich? Den Kopf können sie dir nicht abreißen, mehr als dich fertigmachen können sie nicht!

Du darfst nur dein Selbstwertgefühl nicht verlieren, und du darfst nicht klein beigeben, zu allem ja und Amen sagen. Du hast dein Vaterland nicht verkauft, du hast die Partei weder verraten noch geschädigt. Du hast dich um dein wissenschaftliches Anliegen gesorgt, die Persönlichkeiten von Marx und Engels richtig zu begreifen und mit den Mitteln, die du beherrschst – nämlich die dokumentarischen – wahrheitsgemäß und exakt darzustellen. Wie viel Zeit hast du investiert, um diesem Anspruch gerecht zu werden, Zeit, in der andere gefaulenzt, sich erholt, geschlafen haben oder ihren Hobbys nachgegangen sind. Doch vor den Gremien des allmächtigen Apparats, vor denen du als Angeklagter, ohne Recht und ohne Mensch mit einer Psyche, mit Interessen und Idealen zu sein, weil du nur Kämpfer zu sein hast, darfst du nicht kuschen.

Karl Raab rät mir auch – wir stehen dabei in der Unterwasserstraße seitlich des ZK-Gebäudes in unmittelbarer Nähe der Jungfernbrücke – offensiv, ja frech zu werden, Schwachstellen derjenigen zu benennen, die mir gegenüber sitzen und die den völligen Kotau von mir wollen. Ich befolge seinen Rat und bäume mich auf.

Einige Schläge, die ich verteile, sitzen. Sie beeinflussen den weiteren Verlauf des Verfahrens nicht unwesentlich, weil sie das Konzept der Veranstalter durcheinanderbringen.

Von meiner Frau wusste ich, dass es im Staatsapparat eine umfangreiche Sicherheitsordnung gibt, die jedem Angestellten mehrmals zur Unterschrift vorgelegt wird.

Ende August frage ich die „Kaderleiterin“ E. B. nach der Sicherheitsordnung des Dietz-Verlages. Ihre Antwort: Sie habe nicht einmal eine Sicherheitsordnung des Zentralkomitees. Für den Verlag gibt es keine.

Am 15. September 1970 wird vom Verlagsleiter eine „Ergänzung zur Arbeitsordnung des Dietz Verlages Berlin“ herausgegeben. Der „schwarze Peter“, der mir in der Anklageschrift zugeschoben worden war, hatte seinen Besitzer gewechselt. Dieses Eingeständnis half mir nur wenig, denn nun verlegte man die Argumentation auf meine ´Kleinbürgerlichkeit´ als Wissenschaftler.“

„Kleinbürgerlicher Wissenschaftler“

Was ist ein kleinbürgerlicher Wissenschaftler – fragt sich M. K. in seinen Erinnerungen?
„Einen Wissenschaftler misst man an seinen Publikationen und deren Wert für die Gesellschaft. Einen Namen kann man sich nur durch Arbeit erwerben. Das ist ein mühseliger Prozess, der Kontinuität und auch ein Maß von Besessenheit verlangt. Ein Wissenschaftler muss flexibel und weltoffen sein, wenn er nicht auf den Stand der Provinzialität herabsinken will.

Der Kleinbürger dagegen kennt nur seinen engen Horizont. Er lebt mit Familie, Garten, Fernseher und vielleicht auch mit Kindern, für ihn gibt es nichts anderes als seine kleine Welt. Diese „kleine Welt“ hatte ich auch und sie hat mir Kraft gegeben, die unsägliche Schmach zu ertragen. Aber meine Marx-Engels-Forschung bedeutete mir ebenfalls sehr viel.
Du hast viel Zeit, die du eigentlich für deine Frau und deine Kinder gebraucht hättest, für die „Partei“ geopfert und wirst dafür bestraft.

Kenne ich meinen Engels richtig, wenn er als ´Kleinbürgerei´ in der Wissenschaft ´kritiklosen, wohlmeinenden Eklektizismus´ bezeichnet.? (MEW, Bd. 36, S. 199)
Es bleibt die Frage offen: Inwieweit schadet es der Partei, wenn jemand auf seinem Fachgebiet einen Namen als Spezialist hat?
Der Begriff „Privatpublikation“ oder „persönliche Publikation“ ist doch schizophren, bloß weil das Buch in einem anderen als dem Verlag einer Partei erschienen ist?

In den 1960er Jahren habe ich im Dietz-Verlag genügend Publikationen herausgebracht, die nicht als „Privatpublikation“ bezeichnet werden konnten, da ich für die vielen Bücher vom Verlag nie ein Honorar beansprucht und nicht bekommen habe. Die Einnahmen – und das waren nicht wenige, auch viele Westmark, Schillinge und Schweizer Franken für Lizenzen und Nachdrucke - flossen sämtlich in die Parteikasse. Wer ist auf diese moralischen Werte neidisch? Für die Reclam-Publikation bekomme ich Honorar. Rechtfertigt das die Einrangierung als „Privatpublikation“ und den Menschen als „kleinbürgerlichen Wissenschaftler“ zu bezeichnen?

Meine Argumentation, dass W. I. Lenin in Genf einen interessanten Aufsatz über „Parteiorganisation und Parteiliteratur“ im Jahre 1905 für Honorar geschrieben hat, war unklug von mir; die Ankläger empfanden diese Bemerkung als weitere Anmaßung und sie erhöhte bei ihnen mein Konto Überheblichkeit.“

Jener W. I. Uljanow machte, auf der Basis ökonomischer Verhältnisse im zaristischen Russland, den Begriff „kleinbürgerlich“ zu einem Schimpfwort, das die Parteidogmatiker undifferenziert auf modernere Gesellschaftsverhältnisse anwandten und als Vernichtungswaffe treu übernahmen. Wehe jedem, der so beschimpft wurde, nicht Arbeiter oder Bauer war und kein dickes Fell hatte. Ich, eine Frau, war diesen Beschimpfungen, obwohl ich einen „kleinbürgerlichen Wissenschaftler“ liebte, Gott sei Dank, nicht ausgesetzt.

Im „Brockhaus“, Mannheim, 2008, Band 15, machte ich mich über den Begriff „Kleinbürgertum“ sachkundig. Hier steht, dass „das Kleinbürgertum in der vor- und frühindustriellen Gesellschaft derjenige Teil der Stadtbevölkerung ist, der gegenüber dem Großbürgertum nur über geringen Besitz- und Bildungsstand und dementsprechend wenig soziale Aufstiegschancen und politischen Einfluss verfügte. Seit der zweiten Hälfte des 19. Jahrhunderts erlangte das Kleinbürgertum begrenzte politische Wirkungsmöglichkeiten durch die Entstehung bürgerlicher Parteien. Heute ist Kleinbürgertum eine meist abwertende Bezeichnung für Menschen, die einen mit Kleinbesitz und „Halbbildung“ verbundenen Lebensstil pflegen, ein auf Wahrung privater Besitzinteressen gerichtetes konservatives Bewusstsein entwickeln, soziale Reformen in ihrer Gesellschaft fürchten und daher zu Vorurteilen und Denken in Stereotypen neigen.“

Diese Definition ist für meine Begriffswelt korrekt und wenn ich heute überlege, traf sie auf die Ankläger meines Mannes, aber nicht auf ihn zu.

Abschlussbericht – mehr als 10 Seiten

Dem Untersuchungsbericht (etwa 10 Seiten) folgte noch ein „Abschlussbericht“ mit mehr als 10 Seiten. In ihm firmierte nur noch die Parteileitung des Dietz-Verlages als anklagender Staatsanwalt. Hierin wird ihm vorgeworfen, dass die „parteifremde, politisch-moralische Seite seines

Verhaltens bis heute nicht völlig klar ist, weil er bisher die kleinbürgerlichen Wurzeln seines Verhaltens nicht erkannt und dargelegt hat."
Einzelne Beispiele über seine „kleinbürgerliche Grundhaltung, die Überschätzung seiner eigenen Fähigkeiten, seine Unbescheidenheit bei seinen persönlichen Arbeiten und Publikationen" werden angeführt. Die Niedertracht und Anmaßung von Seiten der Verfasser des Abschlussberichtes kommt auch durch folgenden Text zum Ausdruck:

„Abschließend muss erwähnt werden, dass der Gesundheitszustand des Gen. M. K. seit längerer Zeit sehr labil ist. Im Zeitraum der Untersuchung war er längere Zeit krank. Auf Grund seines Gesundheitszustandes wurde er weitgehend von gesellschaftlichen Funktionen entlastet. Gen. M. K. hat von sich aus nichts Wesentliches dazu beigetragen, um seinen Gesundheitszustand im Interesse der ihm von der Partei übertragenen Aufgaben im Dietz-Verlag zu verbessern. Nach seinen Aussagen im Verlaufe der Untersuchungen hat er solche Publikationen, wie die untersuchten, in den zurückliegenden Jahren während seines Urlaubs und an Wochenenden erarbeitet. Gen. M.K. neigt dazu, seine physischen Kräfte und Fähigkeiten zu überschätzen. Im Interesse des Dietz-Verlages und damit des Zentralen Parteiapparates und im Interesse des Gen. K. wird ihm unter Berücksichtigung seines Gesundheitszustandes bis auf weiteres keine Publikationstätigkeit neben seiner Arbeit im Verlag gestattet."

Einen Kommentar zu diesen Worten, erspare ich mir.

Cheflektor ermöglicht Abschlussbericht zu lesen

M. K. schreibt: „Üblicherweise hätte ich auch im Besitz dieses Dokuments (gemeint ist der Abschlussbericht.U.K.) nicht sein dürfen. Wie im Fall der ersten Anklageschrift wurde ich mit dem Inhalt durch Vorlesen bekannt gemacht. Dazu hatte mich der Parteisekretär des Verlages B. (etwa gleicher Jahrgang wie M. K. - U.K.) zu sich gerufen. Bewusst habe ich bei dieser Lesung keinerlei Aufzeichnungen gemacht und das Ganze nur konzentriert in mich aufgenommen. Am Schluss war ich so wütend, dass ich B., der noch gerade sagen konnte: ´So, das ist es! ´ und mich angrinste, ihn anbrüllte und mit der Ankündigung, keine Stellungnahme mehr abzugeben, aufsprang und die Zimmertür hinter mir zuknallte. Das war sicher nicht die richtige Reaktion, aber sie hatte doch die Wirkung, dass die Angelegenheit noch einmal unter den Anklägern besprochen wurde.

Am nächsten Tag nachmittags rief mich Cheflektor G. K. an, bat mich höflich, zu ihm zu kommen, er wolle ein freundschaftliches Gespräch mit mir führen. Das fand auch wirklich statt. Was ich nicht vermutete, er hatte die neue Anklageschrift vor sich liegen, schob sie mir über den Tisch und sagte, ich könne sie in Ruhe lesen. Ich lehnte es ab, weil es mir nicht weiterhelfen würde. Auch durch ermahnende Worte ließ ich mich nicht umstimmen. Da kam er auf mich zu, fasste mich an der Hand, schob mich aus seinem Zimmer durch das Sekretariat hindurch auf den Flur, schloss das Zimmer des stellvertretenden Cheflektors auf, hieß mich am Tisch niedersitzen und legte die Mappe mit dem „Abschlussbericht“ vor mich.

Dann sagte er, er komme in einigen Stunden wieder, wenn ich mich beruhigt hätte, und schloss die Tür von außen ab. Ich hatte etwa drei Stunden Zeit, den Text abzuschreiben und mir auch noch eine Argumentationsübersicht anzufertigen. Er hat sich sicher denken können, dass ich die Zeit nicht nur zum mehrfachen Durchlesen und zum Nachdenken verwendet habe. Ich habe diese Nachschrift bei keiner der nachfolgenden Auseinandersetzungen bei mir getragen. Allein schon das Nachschlagen in einem Text, den ich nicht haben durfte, hätte die unliebsame Frage nach der Herkunft ausgelöst und den Cheflektor Kopf und Kragen kosten können.

Ich kann das heute niederschreiben und veröffentlichen, weil der damalige Cheflektor schon seit Jahren Rentner ist und ihm heute – nach der Umwälzung in der DDR – keinerlei Nachteile mehr aus seiner menschlichen Handlung erwachsen können.“

Spießrutenlauf

Der „Parteifeind“ und „kleinbürgerliche Wissenschaftler“ wurde vorerst noch nicht entlassen. Er sollte sich im Kollektiv der Genossen des Verlages bewähren. Im Kreise jener, von denen in den vielen Mitgliederversammlungen nicht ein einziger ein menschliches Wort für M. K. geäußert hatte.

Vier Jahre lang jeden Morgen zur Arbeit gehen zu müssen –keiner will dich ansehen, geschweige denn mit dir sprechen, es wäre eine Todsünde von dem Kollegen und hätte für jeden auch persönliche Nachteile bedeutet – war ein wahrer Spießrutenlauf.

„Die Drangsalierungen hielt ich ein Jahr etwa durch, bei höchster Arbeitsbelastung durch Sachkenntnis und Akribie erfordernde Vorbereitung der MEGA. Den Moskauer Kollegen, zu denen ich ein persönliches

Vertrauensverhältnis entwickelt hatte, schilderte ich die Einzelheiten meiner Bestrafung; selbst sie, die Jahrzehnte stalinistischer Praktiken hinter sich hatten, fanden die gegen mich gerichteten Maßnahmen für schädlich und unpassend.
Der russische Marx/Engels-Forscher Prof. Boris Moissejewitsch Rudjak führte, so erfuhr ich von ihm, mehrere Gespräche mit dem stellvertretenden Direktor des IML und forderte ihn zum Eingreifen auf. Wirkungen habe ich jedoch keine gespürt."

Herzinfarkt

Der tägliche Gang in den ungeliebten Verlag in der Wallstraße bedeutete eine enorme psychische Belastung. Auf dem Weg in den Verlag bricht mein Mann zusammen.
„Mein Herzinfarkt am 10. September 1973 befreite mich erst aus dieser wirklich höllischen Situation."

Ich lernte meinen Mann wahrlich nicht als einen vor Gesundheit strotzenden Mann kennen. Nach Hungerjahren während Flucht und Vertreibung erkrankte er in den 1950er Jahren zwei Mal an Hepatitis, die einen Leberschaden hinterlassen hatte. Er achtete jedoch auf strenge Diät und alle in der Familie mit ihm. Sein Herz war organisch völlig in Ordnung.

Mich traf sein Herzinfarkt bis in mein Innerstes. Ich hatte wahnsinnige Angst um meinen Mann, wollte, dass man ihn endlich aus dem Verlag entlässt. Der Verlagsleiter meinte, dass er froh sein könne, wenn ihn noch irgendein „Provinzblatt" als Redakteur einstellt. Der Cheflektor betonte, man könne auch andere Seiten gegen ihn aufziehen, ob er schon einmal darüber nachgedacht habe, dass man ihn auch vor ein Gericht hätte stellen können. Und von führenden Funktionären des ZK wurde er darauf hingewiesen, dass sie die geschilderten Sachverhalte zu seiner Person auch in größere, rechtsstaatliche Zusammenhänge einordnen könnten. Gemeint waren Bezugnahme oder direkte Anspielung auf frühere stalinistische Repressivmaßnahmen gegenüber Mitgliedern meiner Familie. Unter all diesen Drohungen musste er arbeiten, man ließ ihn nicht gehen.

Max und Lenchen und „Kader-Müller"

Über meine Ängste sprach ich auch im Kreise unserer Freunde. Zu ihnen zählten Max und Lenchen Schubert, auch Vertriebene nach Vetschau in der Niederlausitz, die wir in einem Urlaub kennengelernt hatten und jetzt in Berlin lebten. Sie wohnten ganz in unserer Nähe und luden uns zu ihren Geburtstagen ein. Lenchen backte göttliche Pfannkuchen. Max und Lenchen waren um einige Jahre älter als wir. Lenchen, eine praktische und empathische Frau überlegte nicht lange, wie uns zu helfen sei.

Ihre Tochter und der Sohn des Kaderleiters im ZK der SED besuchten die gleiche Oberschulklasse und die Idee von Lenchen war, auf einer Elternversammlung den Kaderleiter um einen Termin für ein Gespräch in der Sache von M. K. zu bitten. Lenchen gelang, dass F. Müller mit einer Audienz einverstanden war. Mir fiel erst einmal ein Stein vom Herzen.

Mein Mann und ich gingen voller Beklemmung in das „Hohe Haus" des ZK der SED am Werderschen Markt. Im Arbeitszimmer des Personalleiters nahmen wir, von ihm aufgefordert, an einem langen Tisch Platz, an dem schon zwei oder drei uns unbekannte Personen saßen. Natürlich war ich sehr aufgeregt, denn ich wusste, wenn es mir in dieser Zusammenkunft nicht gelingen wird, die für meinen Mann nicht endende schmachvolle Situation durch Entlassung aus dem Partei-Verlag zu erreichen, mein Mann mir, wie man umgangssprachlich sagt: „Vor die Hunde geht".

Ich erklärte zunächst in einem sachlichen Ton, dass ich meinen Mann, und unsere zwei Kinder ihren Vater, brauchen, und dass all die Vorwürfe gegen ihn als Menschen und Genossen, nicht zutreffen. Mir kamen dabei die Tränen, was ich in Anwesenheit der Partei-Beamten leider nicht unterdrücken konnte. Mein Mann schwieg, ließ mich gewähren und meinen Schmerz zeigen. Ob dieser Besuch etwas bewirkt hat, weiß ich nicht, jedenfalls hatte ich im Rahmen des für mich Möglichen gehandelt.

Der Personalleiter (Jahrgang 1920) meinte: Mit der Durchführung des Parteiverfahrens und einer so geringen Strafe sei die Partei sehr großzügig und milde mit meinem Mann verfahren. Es sei schließlich nur aus Rücksicht auf seinen Schwiegervater, der ja auch seine Verdienste habe, geschehen.

Ich hatte mich zu dem damaligen Zeitpunkt noch nicht mit „Sippenhaft" in der SED beschäftigt.

Erst anlässlich eines Artikels in der Zeitschrift „Wochenpost" über die Entstehung der Aktivistenbewegung, von M.K. geschrieben, über den sich hochdekorierte Funktionäre des FDGB bei der Partei beschwert hatten, und der Chefredakteur Friedländer für die Veröffentlichung des

wahren Sachverhaltes über das Engagement von Adolf Hennecke nach 1945 gerügt wurde und ihm der Vorsitzende des Rates für Geschichtswissenschaften und Mitglied des ZK , Prof. E.D.,
erklärte: „Die Sobottkas sitzen noch überall!", bekam ich Angst.

Friedländer nutzte seine Einladung zu einer Oktoberrevolutions-Feierlichkeit in der sowjetischen Botschaft Unter den Linden und sprach den damaligen sowjetischen Botschafter P. Abrassimow zum „Fall G. Sobottka" an und half sich und uns so aus der Schlinge.

Wer waren „Die Sobottkas", die „noch überall sitzen" und wofür standen sie im Verständnis von leitenden SED-Funktionären? Mit dieser Bemerkung konnte ich damals inhaltlich nichts anfangen und mein Mann ließ mich seine Interpretation nicht wissen.
Auf keinen Fall waren, weder mein Großvater noch Vater, Verfechter einer Politik im Sinne der Übertragung des sowjetischen Systems nach 1945 und die folgenden Jahre auf die Entwicklung der SBZ/DDR. Gleichgesinnt mit Anton Ackermann waren sie für einen eigenständigen deutschen Weg des Aufbaus eines antifaschistisch-demokratischen Deutschlands.

Raus! Raus! aus dem Parteiverlag, Forschungs- und Publikationsverbot, Strafversetzung.

Vom Verlagsleiter wird Anfang September 1973 eine Beschlussvorlage – zehn eng bedruckte Seiten – an die Personalabteilung des ZK der SED eingereicht zur Entfernung des M. K. aus dem Parteiapparat. Auf mehreren Seiten werden Personen namentlich, mit Tag und Uhrzeit angeführt, die ihn trotz des Verbots wissenschaftlich zu arbeiten, im Stadtarchiv gesehen hätten, was beweist, dass M. K. „ bei der Erarbeitung seiner privaten Publikationen ausschließlich seine persönlichen Interessen verfolgte und sie nicht mit den Pflichten eines
Parteimitgliedes in Übereinstimmung brachte. (...) Sein übersteigerter Ehrgeiz drücken starke Tendenzen kleinbürgerlicher Sozialismusauffassungen aus. Es ist ein Punkt erreicht, wo nicht mehr gewartet werden kann, ob und wann M. K. bereit ist, seine falschen Handlungsweisen einzusehen."

Was heißt denn „kleinbürgerliche Sozialismusauffassungen"?
Ich habe den Marxismus immer so verstanden, dass er nicht nur ausgiebiger und gründlicher als seine Vorgänger das gesamte System der

Widersprüche der kapitalistischen Ordnung enthüllte, sondern auch gezeigt hat, wie der Kapitalismus im Zuge seiner technischen Entwicklung die unerlässlichen Voraussetzungen für eine sozialistische Produktionsweise schafft. *Der Sozialismus muss also unbedingt alles Fortschrittliche in sich aufnehmen, das die Menschheit in den vergangenen Epochen zustande gebracht hat. Die große soziale Revolution meistert die Ergebnisse der bürgerlichen Epoche, den Weltmarkt und die modernen Produktivkräfte.* (Marx/Engels-Werke, Bd. 9, S. 226.)

Eine Vertrauliche Verschlusssache der Kaderkommission des ZK bestätigt den Antrag des Verlagsleiters; „M. K. sollte entsprechend seiner politischen und fachlichen Fähigkeiten außerhalb des zentralen Parteiapparates eingesetzt werden. In Frage käme eine Arbeit in einer zentralen Bibliothek, in einem Museum oder ähnlichem, wo in einem guten Parteikollektiv das Fachwissen des Gen. K. zweckentsprechend genutzt werden kann."

Seine Parteiakte wurde irrtümlich an die Akademie der Wissenschaften der DDR geschickt und kommt erst Ende August 1974 in der Humboldt-Universität an; wodurch jedem auch hier klar wurde, dass M. K. strafversetzt und zur Bewährung in der Universitätsbibliothek arbeitete. Worauf er deswegen auch von mehreren parteilosen Kollegen angesprochen wurde.

Für M. K. waren Bibliotheken gewohnte Arbeitsorte. Er wählte die Universitätsbibliothek aus, weil er hoffte nach geraumer Zeit von hier eine Möglichkeit zu haben, leichter an eine Fachrichtung mit Lehre und Forschung überwechseln zu können. Diesem Vorhaben war durch die Kaderkommission des ZK ein Riegel vorgeschoben, denn es hieß: „Dabei wäre der gegenwärtige Einsatz in eine Lehrtätigkeit an einer Universität oder Fachschule nicht zu empfehlen."

Tatsächlich hielt M. K. bereits seit 1968 als Gastdozent an der HUB Vorlesungen, wovon die Kaderkommission nichts wusste. Diese Vorlesungstätigkeit war auch der Direktorin der Universitätsbibliothek, Waltraut Irm., bekannt. Also hatten doch die Genossen recht, da sie behaupteten M. K. handle in seinen persönlichen Angelegenheiten individualistisch und undiszipliniert?

M. K. schreibt später: „Ein ZK-Dokument über meine Lehrunfähigkeit ist 1973/74 ausgestellt worden, aber bisher nicht in meinen Besitz gelangt. Waltraut Irm. hatte von diesem Dokument Kenntnis. Es sind davon mindestens drei Exemplare ausgestellt worden. Ein Exemplar befand sich in meiner Parteiakte. Alle Vorgänge aus dieser Akte seit meiner

Einstellung an der HUB, ab 1. Mai 1974, sind 1989, kurz nach der Wende, von meinem damaligen Bereichsleiter entfernt und vernichtet worden."

Jenen Bereichsleiter E. lernte ich anlässlich eines Abendessens kennen, zu dem sich die Kollegen meines Mannes im Keller des Brecht-Hauses trafen, um schwäbische Gerichte nach Rezepten von Helene Weigel zu essen; es war kein großer Kreis, alle hatten an einem runden Tisch Platz. Mir fiel der Bereichsleiter nicht nur durch seine gurgelnde Aussprache auf, sondern durch seine Kleidung, die ausschließlich nicht in einem HO- oder Konsumladen gekauft war. Er war geschwätzig und bestritt einen großen Teil der Unterhaltung mit Schilderungen seiner Datscha, die sich in unmittelbarer Nähe der Honeckers befand und betonte, dass er gern mit Margot Honecker plausche.

Bereichsleiter E., 1928 geboren, wurde zum Flieger ausgebildet, kam im letzten Kriegsjahr zur Wehrmacht und drei Monate in Gefangenschaft. 1948/49 absolvierte er einen Neulehrerkurs in Köthen/Sachsen-Anhalt, wird Mitglied der SED, 1961 zum Fachlehrer für Geschichte der Mittelstufe und 1962 promovierte er im Rahmen einer Gemeinschaftsdissertation zum Thema: „Der Antikommunismus im System des westdeutschen Neokolonialismus."
An der Sonderschule der SED in Berlin-Biesdorf, die ausschließlich Lehrgänge für DKP-Genossen durchführte, war E. sieben Jahre der Direktor und wurde zum 1. September 1975 als ordentlicher Professor für „Wissenschaftlichen Kommunismus" an die HUB berufen.

Mein Mann sprach selten mit mir über seine Kollegen. Wenn E. in seinen Erzählungen vorkam, bezeichnete er ihn als „Schlitzohr". Womit er wohl auch recht hatte.

Genau weiß ich es nicht mehr, ab welchem Jahr nach der Wende wöchentlich in unserem Briefkasten Angebote für Baufinanzierungsvermittlung, Konsumentenkredite, Beamten-Darlehen und Unternehmensberatung „von einem langjährig erfahrenen Expertenteam zu günstigsten Bedingungen" angeboten wurden. Damals meinte ich, E. hätte nur seinen Titel für diese GmbH gegeben. Von wem der ehemalige Kollege meines Mannes erfahren hatte, dass wir ein Haus auf unserem Wochenendgrundstück bauten, interessierte mich nicht; ich war der Überzeugung, dass er uns nichts Gutes angedeihen, sondern uns „abzocken" wollte.

Soweit genug von mir der „Würdigung" eines der unmittelbaren Vorgesetzten meines Mannes bis zum Ende der DDR.

Zur Entwicklung einiger Peiniger meines Mannes

Welche Meinung soll ich mir nach dem Lesen der Dokumente bilden und an meine Kinder und Enkelkinder weitergeben? Leider bestätigte sich meine Vermutung, dass die Peiniger ihres Vaters und Großvaters in ihrer Jugend keine Antifaschisten sondern in der Hitlerwehrmacht gedient hatten.

Heute, nach etwa 70 Jahren wird diese Generation entschuldigt, denn im Alter zwischen 18 und 19 Jahren wären sie zu jung gewesen, um sich den Nazis zu entziehen. Aber ich wusste von jungen Männern etwa gleicher Jahrgänge, die schon als Jungs sich gegen den aufkommenden faschistischen Terror wehrten und dafür ins Zuchthaus kamen. Zum Beispiel meine Onkel Bernhard und Gustav. Und aus den Erzählungen meines Mannes wusste ich, dass er, um nicht zum „Jungvolk" gezwungen zu werden, sich tagelang im Wald versteckt hielt.

Aus dem biografischen Lexikon „Wer war wer in der DDR", Weltbild-Verlag, Augsburg 2009, entnehme ich die Daten einiger leitender Funktionäre in der Zentrale des Parteiapparates, die befugt waren, über den weiteren Werdegang meines Mannes zu richten.

Fritz Müller, 1920 geboren, mit 18 Jahren Mitglied der NSDAP und ab 1939 bis 1945 in der Wehrmacht, zuletzt als freiwillig Dienender. In sowjetischer Kriegsgefangenschaft von Mai 1945 bis September 1947, besuchte einen Antifa-Zirkel in Nishni Tagil. Seit 1960 war er Leiter der Abteilung Kader des ZK der SED, seit 1967 Mitglied des ZK.

Willi Homuth (1922 – 1988), der meinen Mann öffentlich als „Schwein" bezeichnet hatte, diente seit seinem 19. Lebensjahr in der Wehrmacht, war von 1945 bis 1949 in sowjetischer Kriegsgefangenschaft, besuchte in Ogre bei Riga eine Antifa-Schule, wurde 1950 Leiter der Abteilung Propaganda der SED-Kreisleitung in Perleberg, studierte ein Jahr an einer Parteihochschule, begann danach die Laufbahn eines Instrukteurs für Propaganda, ab Juni 1962 zum hauptamtlichen politischen Mitarbeiter und ab 1968 zum 1. Sekretär des zentralen Parteiapparates im Range eines ZK- Abteilungsleiter.
Das bezeichnete man nicht als „übertrieben ehrgeizig" und „unbescheiden, auf persönliche Vorteile bedacht".

Johannes Hörnig (1921 – 2001), Leiter der Abteilung Wissenschaft des ZK der SED ist mit 19 Jahren in die Wehrmacht gezogen, war Unteroffizier im Waffenmeisterdienst, nicht in Kriegsgefangenschaft, konnte so im Oktober 1945 einen Neulehrerkurs und von 1950 bis 1952

ein Studium an der Parteihochschule absolvieren, das ihn „befähigte“ von 1955 bis 1989 Leiter der Abteilung Wissenschaften des ZK zu sein. Den Titel Dr. phil. h.c. bekam er von der Karl-Marx-Universität Leipzig, seit 1982 war er dort Honorarprofessor.
(Was auch immer er für das Honorar an der Universität leistete, welches er neben seinem Parteifunktionärsgehalt bekam, weiß ich nicht. Aus Erzählungen von Kollegen meines Mannes weiß ich nur, dass Kurt Hager eine Planstelle an der HUB blockierte und keine Vorlesungen hielt.)

Verlagsleiter Günter Hennig, 1928 geboren, musste mit 16 Jahren zum Reichsarbeitsdienst, diente in der Wehrmacht und kam bis Dezember 1945 in amerikanische und britische Kriegsgefangenschaft. Von 1948 bis 1951 studierte er Journalistik in Leipzig, arbeitete als Assistent und Oberassistent mit Lehrauftrag an der Leipziger Universität, wird 1955 Aspirant am Institut für Gesellschaftswissenschaften des ZK der SED und promovierte hier 1961 zum Dr. phil. Von 1962 bis 1990 ist er Leiter des Partei-Verlages. 1981 wird er Kandidat und von 1986 bis 1990 ist er Mitglied der Zentralen Revisionskommission der SED (ZRK). 1988 wird Hennig vom IML zum Dr. h. c. ernannt.

Allesamt gelungene Parteikarrieren, die befugt waren, kritische, kreative, gegenüber dem Dogma Andersdenkende, aus dem Wege zu räumen.
Die Kindheitsmuster dieser Männer unterschieden sich total von denen meines Mannes.

Schämten sie sich für ihre Eltern? Hatte man den inzwischen erwachsenen Männern nach dem furchtbaren Krieg in den Umerziehungslagern der Antifa beigebracht, dass sie etwas wiedergutzumachen haben? Wollten sie den neuen Machthabern gegenüber beweisen, dass sie sich grundlegend verändert haben oder hatten sie sich nur den neuen Bedingungen angepasst? Diese Männer bezeichneten sich als „Kommunisten“. Humanistische Sozialisten waren sie auf keinen Fall, sonst hätten sie, christlich erzogen, gegenüber dem 12 Jahre jüngeren M. K. menschlicher reagiert.

Ich bin nicht getauft, nicht konfirmiert, wie sicherlich diese Männer, aber durch mein Elternhaus - heute würde man es „kommunistisches“ nennen - humanistisch erzogen und sozialisiert. In meinem Verständnis sind diese Funktionäre nie Humanisten und Vertreter fortschrittlich denkenden Menschen gewesen. Von Bildung geschweige denn Herzensbildung und Barmherzigkeit konnte bei ihnen keine Rede sein. Empathie, Humor, klassische Literatur und Poesie waren für sie vermutlich

Fremdworte. Empfanden diese „Genossen“ beim Hören der Gewitterszene in Beethovens 3. Sinfonie („Eroica“), dass sie Ausdruck der inneren Kämpfe und Schmerzen des Komponisten war? Liebten sie überhaupt klassische Musik?

Mein Mann liebte die Werke von Johann Sebastian Bach. Sein Lieblingskomponist war W. A. Mozart und vor allem dessen Oper „Die Entführung aus dem Serail“, in die er jedes Mal ging, wenn sie in Opernhäusern auf dem Spielplan stand.

Im Gegensatz zu dem jüngeren M. K., der auch aus einfachen Verhältnissen stammte, waren sie dumm und borniert, versprühten kein Fünkchen persönlicher Vornehmheit.

Der 36 jährige M. K. war ein hübscher Mann, mit dichtem, welligen Haarschopf, nicht dünnen, fettigen, am Kopf klebenden Strähnen; immer modern in einen gut sitzenden Anzug gekleidet, sehr zurückhaltend, freundlich, in keiner Weise arrogant. War es persönlicher Neid auf seine sogenannte „bürgerliche“ Ausbildung bei international anerkannten Professoren, seine Latein-, Englisch- und Französischen-Sprachkenntnisse, seine Kenntnisse der griechischen und deutschen Klassiker und oder seine familiäre Einbindung in die antifaschistische Umgebung der „Sobottkas“?

Wie wäre das Leben von M. K. verlaufen, hätte er nicht in meine Familie „eingeheiratet“, wie er in seinem Lebenslauf schrieb? Er war 29 Jahre alt, als er mich kennenlernte – weitaus im Denken und Wissen um Verläufe des politischen Lebens erfahrener als ich. Er hätte sich jederzeit in eine andere Frau verlieben und mit ihr ein ungefährdetes Leben führen können. War ihm zum Zeitpunkt unserer Heirat bewusst, was ihn in diesem Staat erwartete?

Mein Mann war bei weitem nicht der einzige Andersdenkende. Mit dieser „Partei-Elite“ musste die DDR zugrunde gehen.

Für mich und meine Freunde ist bis heute immer noch sehr schmerzhaft, dass die Mehrzahl der Deutschen Hitler zujubelten. Meines Erachtens hatte bei den Peinigern meines Mannes die in Antifa-Zirkeln durchgeführte Umerziehung im Grunde ihrer Seele nicht zu einer wesentlichen Änderung geführt. Und diese Überzeugung werde ich auch meinen Kindern und Enkelkindern vermitteln.

Hoffnung des M. K. im Januar 1990

Mein Mann verarbeitet im Januar 1990 das Vergangene in seinem Text so: *In der Partei hat es eine Masse ehrlicher, von der sozialistischen*

Idee beseelter Mitglieder gegeben, noch gibt es sie weiterhin (ausgestrichen hat er „es gibt sie immer noch"). *Sie sind es, die heute von vielen mitverantwortlich gemacht werden für die Untaten eines gestürzten Regimes, das die Namen von Marx, Engels und vielen anderen Vorkämpfern eines humanistischen Sozialismus benutzte. Sie traten auch in den Jahren der Deformation und der heranwachsenden gesellschaftlichen Krise des neostalinistischen DDR-Sozialismus in die SED ein, um die alten Ideale der Arbeiterbewegung mit verwirklichen zu helfen. Marx hat sie im „Kommunistischen Manifest" umrissen: ´An die Stelle der alten bürgerlichen Gesellschaft mit ihren Klassen und Klassengegensätzen tritt eine Assoziation, worin die freie Entwicklung eines jeden die Bedingung für die freie Entwicklung aller ist.´ (MEW, Band 4, S.482). Doch diesen freiheitlichen Sozialismus gab es nie. Immer blieb nur die Hoffnung auf ihn; es blieb aber auch der Ansporn, den jene vermittelten, die für demokratische Entwicklungen in der Partei, in der Gesellschaft und den Staat eintraten, die gegen den Patriarchalismus von oben und die Unmündighaltung der Bürger ihre Stimme erhoben und die sich gegen die Herrschaft bürokratischer Apparate und die ständige Überwachung durch die Staatssicherheit auflehnten und wehrten. Das alles erscheint uns heute wie ein Albdrücken nach dem Erwachen. Doch es war vor noch wenigen Wochen harte Wirklichkeit.*

M.K. lässt sich von seinen Projekten nicht abbringen

Interesse an weiteren Veröffentlichungen

Im Reclam Verlag sind bis September 1968 14 Auflagen des „Manifestes" mit insgesamt 250.000 Exemplaren erschienen; sie waren ein reiner Abdruck des Urtextes von 1848, ohne die späteren Ergänzungen von F. Engels. Lektorin Gurst kommt auf den Vorschlag des ehemaligen Cheflektors aus 1968 zurück und schreibt am 3.12.1974 an M. K.:
„Das Kommunistische Manifest mit den Engelsschen Grundsätzen des Kommunismus zu verbinden, ist wirklich eine gute Idee. Wir haben nun doch überlegt, ob Du nicht doch ein Nachwort dazu schreiben möchtest, vielleicht 10 Seiten, schon um die Zusammenfügung beider Arbeiten zu motivieren. Allerdings müsste der Titel „Manifest der Kommunistischen Partei" erhalten bleiben und die Engelssche Arbeit als Anhang kommen. Bis März, sagen wir 15. 3.1975, müsste das Manuskript abgegeben werden in der feinen satzfertigen Form, in der Du immer Deine Manuskripte lieferst. Hoffentlich hört man bald etwas vom Engels-Gutachten?"

(Gemeint ist das Gutachten vom IML für den Buchtitel „F. Engels - Dokumente seines Lebens“ von M. K.)
Für die 15. Auflage des „Manifestes“ unterbreitet Anfang April 1975 der Verlag M. K. folgenden Vertrag: „Für die erste Auflage wird vorgesehen 1976 oder 1977. Die Höhe der ersten Auflage wird voraussichtlich 20.000 Exemplare betragen. Der Ladenpreis 1,50 Mark. Der Herausgeber erhält für die Auswahl ein Honorar von 600,- Mark, für die Einleitung 1.500,- Mark, die Anmerkungen werden mit 6,50 Mark pro Seite honoriert. Bei Nachauflagen erhält der Verfasser kein Honorar.“

In der 15. erweiterten Auflage sind dem Text des „Manifestes“ von 1848, die Vorworte zu den Auflagen von 1872, 1882, 1883, 1888, 1890, 1892 und 1893 vorangestellt. Die Vorrede zur deutschen Ausgabe von 1872 und das Vorwort zur zweiten russischen Ausgabe von 1882 sind noch von beiden Autoren gemeinsam verfasst und unterzeichnet. Alle weiteren Vorworte sind nach dem Tod von Marx (1883), allein von F. Engels geschrieben. Die zweite russische Ausgabe von 1882 (übersetzt von G. W. Plechanow – 1856-1918) besitzt eine besondere Bedeutung, sie ist nicht nur die erste autorisierte russische Ausgabe, sie ist zugleich die einzige fremdsprachige Ausgabe mit einem speziell für sie verfassten Vorwort von Marx und Engels. Beide beherrschten die russische Sprache soweit, um sich an Hand des Studiums von Originalquellen über die sozial-ökonomischen Verhältnisse in Russland ein Bild zu machen. Das Vorwort zur russischen Ausgabe von 1882 fasst erstmalig die Vorstellungen beider über die gesellschaftliche Entwicklung Russlands kompakt zusammen. Der Übersetzer aus dem Deutschen ins Russische hatte es aufgrund des individuellen Sprachgebrauchs der deutschen Autoren schon schwer, da es für viele deutsche Begriffe im Russischen noch keine adäquate Entsprechung gab. Die Anmerkungen enthielten die neuesten Forschungsergebnisse, *die,* wie der Verfasser schrieb, *dem interessierten Leser ein*
deutliches Bild über die gesellschaftlichen Verhältnisse und Zusammenhänge in jener Zeit vermitteln.

Dieses Taschenbuch mit einem Nachwort und Anmerkungen von M. K erscheint 1976, umfasst nun 205 Seiten und kostet 1,50 Ostmark.

Von Seiten meiner Freunde, nicht nur von Genossen, erfuhr ich, dass ihnen durch dieses Taschenbüchlein die Zusammenhänge zwischen Arbeiterbewegung und Entstehung des Marxismus erst verdeutlicht wurden. In einem Brief vom 9. März 1984 an M. K. lese ich, dass nach „Überarbeitung der Kommentarteile gemäß Absprache mit dem Verlag“ eine

16.veränderte Auflage voraussichtlich in den Verlagsplan 1985 mit einer Auflage von 12.000 Exemplaren aufgenommen werden wird. Hierfür soll M. K. ein Festhonorar von 500,- Mark erhalten. Diese 16. veränderte Auflage erscheint 1985.

Der mit dem Reclam Verlag abgeschlossene Vertrag über die Herausgabe der „Ökonomischen Vorträge“ von Marx, zu denen M. K. eine Einleitung und Anmerkungen schreiben sollte, kam nicht zustande. Das IML lehnte das Gutachten mit dem Bemerken ab, M. K. *müsse Marx mit den Augen Lenins betrachten.*

Die Krakenarme der SED-Hierarchie erfassen alle Richtungen kreativen Denkens und Handelns; sie lassen M. K. nicht aus ihren Fängen, keiner hackt sie ab, sondern die „Genossen“ sind bemüht, unter allen Umständen die schöpferische Zusammenarbeit des M. K. mit seinem „Privatverlag“ zu unterbinden.

Karin Gurst

Die Lektorin Karin Gurst lernte ich kennen, wenn sie meinen Mann zu Hause besuchte, um mit ihm in aller Ruhe anstehende Fragen zu besprechen. Sie war eine sympathische Frau, schlank, gepflegtes Äußeres, elegant gekleidet, immer mit Hut. Wie alt sie war, konnte ich schlecht schätzen. Womöglich etwas älter als mein Mann oder gleichaltrig. Hätte ich Grund gehabt eifersüchtig zu sein? Ich kam gar nicht auf einen solchen Gedanken.

In ihren ersten Briefen redet sie M. K. noch förmlich mit „Genosse K.“ an, geht aber relativ bald dazu über, sich an ihn mit: „Lieber Manfred“ zu wenden.

Von wem man von Manfreds Herzinfarkt im Leipziger Reclam Verlag erfahren hatte, weiß ich nicht; jedenfalls sind Verlagsleiter und Lektorin die einzigen Mitfühlenden und geistigen Verbündeten von M. K. Als Karin Gurst im Dietz Verlag anruft sagt man ihr, dass M. K. nicht erlaubt sei, mit ihr zu sprechen....

Im August 1975 lobt sie M. K. in einem Brief folgendermaßen: „Alles wieder mal wunderbar zurechtgemacht – ich wollte, alle meine Autoren wären mal Lektor gewesen und würden mit so viel Sachverstand und Mühe an die Manuskripte gehen.“ Im Juli 1980 unterschreibt sie den Brief mit „Deine Karin Gurst“.

Nachauflagen werden vom IML verhindert

Aus einem Brief von K. Gurst (18.7.1980) entnehme ich, dass Marx-Engels-Forscher des IML gehässige Rezensionen initiieren, Einwände gegen M. K.s Manuskripte zur Geltung bringen und dem Reclam Verlag weitere Veröffentlichungen von M. K. untersagen.
In demselben Brief schreibt K. Gurst, dass das „Manifest“ vergriffen ist und *müsste wirklich nachaufgelegt werden, wobei Nachwort und Anmerkungen so überarbeitet werden müssten, dass alle Thesen, die Anstoß erregt haben, eliminiert werden müssten. Im Übrigen kann die Ausgabe, besonders auch was die Zusammenstellung der Texte betrifft, gegen die ja wohl niemand etwas gehabt hat und haben kann, so bestehen bleiben.*

Schon im Sommer 1976 hatte K. Gurst M. K. den Vorschlag gemacht, eine zweite Auflage des „K. Marx. Dokumente seines Lebens“ mit der Einarbeitung neuer Forschungsergebnisse, herauszubringen. Vier Jahre später (Brief vom 18.7.1980) erneuert sie den Wunsch des Verlages und schreibt:
Auch die dringend fällige Nachauflage der Lebensdokumente von K. Marx erwarten wir von Dir. Durch die Dokumentenbände von Engels und Lenin wird natürlich immer wieder nach dem von Marx gefragt, und man müsste ihn, natürlich nach so vielen Jahren stark erweitert und verändert, so bald wie möglich wieder machen – vielleicht zum Jubiläum 1983? Das würde allerdings voraussetzen, dass wir das Manuskript bis 31.12.1980 im Hause haben – bei den Verzögerungen, die wir einplanen müssen.

Im Dezember 1980 schreibt Karin Gurst an den *lieben Manfred*: *Das Jahr 1980 geht dem Ende zu, wir sitzen am Plan 82 und bereiten gedanklich schon das Jahr 1983 vor. Und das darf nicht vergehen ohne eine erweiterte und überarbeitete Auflage Deiner Marx-Lebensdokumente. Es ist das Marx-Sterbejahr, und da wollen wir den Titel, mit dem Du bei uns die Klassiker-Lebensdokumentationen inauguriert hast, unbedingt wieder vorlegen. Da wir aber mit vielen Querelen rechnen müssen, mit langen Fristen für Gutachten und eventuellen Überarbeitungen, brauchen wir das Manuskript bis Ende März 1981. Dies ist nicht meine Initiative, sondern Auftrag des Verlagsleiters sowie der Parteileitung. Wir werden laufend ermuntert, interessante Publikationen aus dem Umkreis der Klassiker des Marxismus-Leninismus vorzulegen, und die Lebensdokumentationen waren die eigenständigsten und interessantesten. Sobald Deine Überarbeitung vorliegt, würde Gen. Marquardt selber beim*

Direktor des IML wegen einer Neuauflage vorsprechen. Kann ich im Januar mal bei Dir in Berlin vorbeikommen? Und kann ich mir da schon einiges Material anschauen, was Du zusätzlich aufnehmen willst? Vielleicht fängst Du wieder Feuer über Weihnachten, wenn Du Ruhe hast! Ein schönes Fest wünsche ich Dir. Deine Karin Gurst.

Im Juni 1981 schreibt sie: *Lieber Manfred, ich habe mich sehr gefreut, von Dir die Zusage zu bekommen, dass Du die Marx-Lebensdokumente überarbeitest. Auch die Verlagsleitung, die ja immer gedrängelt hat, verspricht sich eine interessante Nachauflage. Dem IML (Marx-Engels-Abteilung, Prof. Kun.) werde ich jetzt schon ankündigen, dass sie für eine veränderte Nachauflage die Zeit einplanen sollen. Dass es ganz ohne Diskussionen abgeht, kann ich mir kaum vorstellen, aber man kann auf das Buch nicht länger verzichten. Dass Du beabsichtigst, Konfliktstoff aus dem Wege zu gehen, finde ich sehr gut. Deine Karin Gurst.*

In seinem Nachlass befindet sich sein Marx-Buch von 1970. Inmitten der zerlegten Broschüre liegen handschriftliche Seiten mit neuen Forschungsergebnissen, auf zwei Karteikarten hat er ein neues Vorwort geschrieben, es sollten zwei Bände werden. Daraus entnehme ich, dass er sich mit der Überarbeitung beschäftigt hatte. Ich erinnere mich an die Wiedergabe eines Gesprächs meines Mannes mit Jürgen Kuczynski (1904-1997), in welchem dieser meinem Mann geraten hatte, in seinen überarbeiteten Marx-Dokumentarbericht einen Brief aufzunehmen, der das Vorhandensein eines Sohnes von Marx mit Helene Demuth erwähnt. Ich meinte damals, warum schreibt Kuczynski nicht selbst über die „Entdeckung".

Welche Gründe damals vorlagen, die Arbeit nicht zu vollenden, kann ich nur vermuten. Wahrscheinlich war einer der Gründe, Zeitmangel, denn in jener Zeit hat M. K. an der Ausgabe für China und der Herausgabe der „Engels-Lebensdokumente" für Ungarn gearbeitet. (Neben seiner Vorlesungstätigkeit an der Uni.)

Aufgrund der Monopolstellung des IML war für sämtliche Texte im Zusammenhang mit den Werken von Marx und Engels ein Gutachten erforderlich, und der Reclam Verlag musste mehrmals das IML an den vereinbarten Termin der Fertigstellung des Gutachtens erinnern. Änderungen infolge von Thesenanfechtungen von Seiten des IML waren unbedingt zu berücksichtigen; Verlags-Druck-Termine wurden nicht beachtet. Das hieß für den Verlag mehrmals die vorgesehenen Erscheinungsdaten umzudisponieren. Die Macht lag in den Händen des IML, was es den Verlag spüren ließ und auch jegliche Nachauflagen verhinderte.

Meine Freunde und Bekannten sagten mir, es sei doch klar, dass der populär-wissenschaftliche Schreibstil von M. K. für an dem Thema interessierter Leute, lesbarer und überzeugender ist, als die ideologisch verbrämte Sprache der Autoren des IML. Die broschierten Taschenbüchlein der „Universal-Bibliothek" seien eine echte Konkurrenz zu den dicken preisintensiven Wälzern des IML, herausgegeben im Dietz-Verlag. Damit hatten sie wohl recht.

Wer von den SED-Funktionären war überhaupt ein begeisterter Leser der Werke von Marx und Engels, Thomas und Heinrich Mann oder von Bertolt Brecht?

M. K. hatte sehr bewusst auf den hinteren Pappdeckel „seines Marx" folgenden Text von Bertolt Brecht drucken lassen: *Die Biografen stellen ihm am liebsten eine Miniaturbarrikade als Schreibtisch in seine Bücherstube, wofern nicht als Nippes auf seinen Schreibtisch. Und aus diesem Schreibtisch könnte man umgekehrt viel leichter eine Barrikade bauen! Dabei hat Marx auf den besseren Daguerrebildern ein ganz angenehmes Aussehen, nichts daran von einem Preisringer… Gelassenheit und Einfachheit sind in seiner Haltung ausgeprägt.*

M. K. knüpft an die Brecht-Worte sein Anliegen für den Dokumentarbericht an, indem er hinzufügt: *Aufs unmittelbarste, ohne Nippes, machen authentische Zeugnisse seines ganzen Lebenslaufes – von der amtlichen Registrierung der Geburt des Carl Marx in Trier bis zur Rede von Engels beim Begräbnis seines Freundes auf dem Highgate-Friedhof in London – mit dem „Privatleben" des Begründers der weltverändernden Lehre unserer Epoche vertraut.*

Aber weder die Wiedergabe von persönlichen Dokumenten, noch die Äußerung von sogenannten „privaten" Meinungen kreativer Künstler und Wissenschaftler, waren von der SED erwünscht.

Interesse an Marx und Engels im Ausland

1972 erschien als Lizenzausgabe im „Suhrkamp-Verlag" Frankfurt am Main „Karl Marx – Dokumente seines Lebens". Der Reclam Verlag teilte M. K. dazu mit: *Die 1. Rate des Autorenanteils (75% der Summe) in Höhe von 278,45 Mark wurden überwiesen. Sie haben die Möglichkeit, die Hälfte des Honorars (139,22 Mark) beim Büro für Urheberrechte in Devisenbons umzutauschen, die Sie zum Einkauf bei Intershop oder Genex berechtigen.* Für den im westdeutschen Roederberg Verlag 1977 erschienenen „Friedrich Engels – Dokumente seines Lebens" bekam M. K. auch „Devisenbons".

Wir nahmen dieses Angebot wahr und das Büro für Urheberrechte legte uns zwei unterschiedliche Kataloge vor – der eine mit Waren, die man für West-Devisen kaufen konnte und ein anderer für Waren aus dem SW (Sozialistisches Wirtschaftsgebiet), die auch in der DDR eine große Nachfrage hatten, aber vorwiegend exportiert wurden.
Heute kann ich mich nur wage erinnern, was wir in den Katalogen aussuchten – nur so viel, für das Westgeld kauften wir kein Seifenpulver oder Kosmetik, sondern ein zweiteiliges Zinnservice, bestehend aus kleiner Kaffeekanne und einem Milchkännchen. Das war mein Wunsch, da ich meinte, in einem Zinnkännchen türkisch gebrühter Kaffee schmecke besonders gut, was ja nicht stimmt.

Für die im ungarischen Kossuth Verlag erschienenen Dokumentarberichte – erschienen 1978 über K. Marx und 1980 über F. Engels – erhielten wir SW – Bons. Daran erinnere ich
mich genau, dafür kauften wir u.a. eine kleine Tiefkühltruhe.

Für die Herausgabe im Kossuth-Verlag hatte M. K. „seinen Marx" von 1970 mit neuen Forschungsergebnissen erweitert. Beide ungarische Ausgaben sind liebe- und anspruchsvoll gestaltet; gebundene Bücher auf gutem Papier und vielen Fotomaterialien gedruckt.

Der russische „Progress" – Verlag wollte ebenfalls den Dokumentarbericht über K. Marx kurz nach Erscheinen in der DDR übersetzen und herausbringen. Dies verhinderte der Leiter des Parteiverlages in Übereinstimmung mit dem IML.

Übrigens, wurde der „Marx" auch ins Chinesische übersetzt. Mit einer „kleinen" Auflage von drei Millionen; wir erhielten von unseren chinesischen Freunden ein Belegexemplar und konnten mit Hilfe eines usbekischen Sinologen den Namen und die kurze Biografie des Autors finden. Ein Honorar erhielt M K. nicht, denn die Volksrepublik China hatte die Konvention für Urheberrechte nicht unterschrieben. Ich meine, bis heute nicht, weiß es aber nicht genau.

Aus Veröffentlichungen nach 1990 ersehe ich, dass das Interesse an Marx und Engels noch besteht. Zum Beispiel erschien von Klaus Körner im Deutschen Taschenbuchverlag München 2008: „Karl Marx" (187 Seiten). Und unter der Rubrik „weiterführende Literatur" ist der von 1970 in Leipzig erschienene Dokumentarbericht von M. K. als „eine gut lesbare und verlässliche Biografie in Dokumenten" aufgeführt.

Das 573 Seiten umfassende, als „List-Taschenbuch" (1. deutsche Auflage, Berlin 2013) erschienene „Friedrich Engels. Der Mann, der den Marxismus erfand", des britischen Historikers Tristram Hunt

(London 2009), nennt unter „zeitgenössischen Quellen“ den Engels-Dokumentarbericht von M. K. und zitiert ihn an mehr als 10 Stellen.

Im Juli 2013 ist mein Mann schon schwerkrank; anhand von eingeknickten Seitenecken sehe ich, dass er Tristram Hunts „Engels“ unter Qualen der Chemotherapie gelesen hat. Er war überzeugt, den Krebs unter der Obhut der Professoren der Charité zu besiegen und die Arbeit an seinem begonnenen Manuskript über das bisher nur fragmentarisch edierte Alterswerk von Marx und Engels, im Gesamtzusammenhang und im Kontext mit den nach dem Tod von Engels entstandenen verschiedenen Marxismen wieder aufzunehmen.

Auch an der Humboldt-Uni haben Parteiinstanzen das Sagen

1978 – legaler Dozent an der HUB

M. K. schreibt im Lebenslauf (1990/91): *Die wissenschaftlichen Arbeitsbeschränkungen genereller Natur blieben auch nach dem Abschieben zur Bewährung in einer Bibliothek von 1974 bis 1989 bestehen: Meine sozialgeschichtlichen Forschungen zu Marx und Engels wurden an der Sektion Geschichte der HUB, der ich von 1978 bis 1983 angehörte, nur geduldet und niemals unterstützt, geschweige denn anerkannt. Für die Habilitation erhielt ich keinerlei Förderung oder Freistellungen. Meine Habilarbeit, die ich während meiner Tätigkeit in der Universitätsbibliothek zu schreiben begonnen hatte, reichte ich in der Sektion Geschichte ein, aber keiner meiner Vorgesetzten nahm sich aus Desinteresse oder anderen Gründen, meiner Angelegenheit an. Mein Thema lautete: „Die Graeber-Briefe von Friedrich Engels im Lichte neuer Quellen.“* Ich wurde betreut von Prof. A. Cornu und nach dessen Tod von dem Georg-Weerth-Forscher Prof. Bruno Kaiser. Nach sechs Jahren ließ man mich meine Arbeit verteidigen.

Dieses Mal nahm ich zusammen mit meiner Mutter an der Verteidigung teil. In einem Seminarraum mit zwei Reihen von Tischen mit Stühlen, einem Rednerpult und einer über die Breite des Zimmers gehenden Wandtafel, kamen etwa 12 Leute zusammen. Dazu muss man wissen, dass mein Mann ein superschlechter „Werbetrommler“ in eigener Sache war. Trotzdem waren drei seiner Philosophie-Freunde von der Akademie der Wissenschaften gekommen, die auf seine Thesen reagierten und mit ihm angeregt diskutierten. Der die Verteidigung leitende Professor – ein im Gesicht kalkweißer, aufgeschwemmter Mann, mit spärlichem Haarwuchs, etwa so alt wie mein Mann – mit dem Spezialgebiet „Westdeutsche Geschichte" äußerte sich nur zu Formalitäten.

Ich empfand den Vortrag meines Mannes hervorragend, leidenschaftlich, man fühlte, er war in seinem Element. Sein Redefluss ließ neue Forschungsergebnisse nur so heraussprudeln. In meinem Inneren bewunderte ich ihn, befürchtete aber gleichzeitig, dass seine lebhafte Vortragsweise bei seinen Kollegen der Uni, die von ihren Scripten kaum aufschauten, Neid und Missgunst hervorrufen könnte. 1983 wurde M. K. in die „Sektion Marxismus-Leninismus - Bereich Geschichte der deutschen Arbeiterbewegung" eingegliedert. Auch hier wurde, wie er schreibt *meine Forschungsarbeit als ´Privatsache´ bezeichnet und keinerlei Archivreisen weder innerhalb der DDR noch solche zum Auswerten des Marx/Engels-Fundus in Moskau finanziert. Mit penetranter Hartnäckigkeit stellte ich jedes Jahr Anträge, die stets abgelehnt wurden, da ich nicht als Reisekader zugelassen war. Meine freundschaftlichen Kontakte zu Moskauer Kollegen beobachtete die Staatssicherheit. Jeglicher Kontakt mit Fachkollegen wurde systematisch unterbunden. Zu internationalen wissenschaftlichen Konferenzen durfte ich nicht fahren. Mit aller Strenge wurde das wissenschaftliche Veröffentlichungsverbot von 1971 praktiziert.*

Da sich seit Anfang der 1980er Jahre mehrere prominente Historiker, Helmut Hirsch aus Frankfurt am Main, Michael Knieriem aus Wuppertal, Hans Pelger aus Trier u. a., für die Gründe meines ´wissenschaftlichen Schweigens´ interessierten, wurde vom IML die Version vom ´unabhängigen Marx-Engels-Forscher M. K.´ in der DDR, der ´nur für sich allein arbeite´, in die Welt gesetzt. Trotzdem kam der Direktor des IML nicht umhin, mich 1983 offiziell zur 30. Jubiläumstagung des Wissenschaftlichen Rates für Marx-Engels-Forschung nach Leipzig einzuladen; ich nahm an dieser Tagung, die unter internationaler Beteiligung stattfand und auf der in der einleitenden Begrüßungsrede auch mein Name genannt wurde, teil. Ich empfand jedoch den ganzen Akt von Seiten der „Genossen" als äußerst peinlich.

1988 erteilte mir das IML zwei Aufträge für große Gutachten, die ich auch ausführte. Der erste Auftrag betraf ein Gutachten zu einem russischen Buchmanuskript über die Sprache von Marx. Der zweite Auftrag umfasste ein Gutachten zu einer englischen Biografie über Karl Marx, ein Manuskript von 600 Seiten, das in den folgenden Jahren – auf Grund meines positiven Gutachtens – ins Deutsche übersetzt werden sollte; dabei wurde an meine Person als Übersetzer gedacht. Doch stellte sich bei zwei Gesprächen über diese Frage heraus, dass der Auftraggeber für Gutachten und Übersetzung, keinesfalls das IML war, sondern das Ministerium für Staatssicherheit (das auch das Gutachten bezahlte). Da wurde ich hellhörig, gab das Manuskript zusammen mit dem Gutachten zurück und reagierte auf weitere Anrufe von unbekannten Personen nicht mehr.

„Geschichte der SED. Abriss“

Die HUB hatte – wie alle Universitäten – eine eigene Kreisleitung der SED, die im Besitz der Parteiakte von M. K. war und damit karrierebewussten Dogmatikern und eingefleischten Neostalinisten die Rechtfertigung gab, das 1971 verhängte Vorlesungs- und Forschungsverbot aufrechtzuhalten. Erst auf seinen mehrfachen Protest hin, wurde das Verbot gelockert.

1978 erschien im Dietz-Verlag das auf 676 Seiten geschriebene Machwerk: „Geschichte der SED. Abriss“, und ich vermute, dass kurz nach Erscheinen, der Auftrag an die Rektoren der Universitäten erfolgte, die Geschichte der SED gemäß „Abriss“, den Studierenden unverzüglich im Grundstudium beizubringen sei. Wer von den Lehrern sollte das machen? Keiner meldete sich freiwillig. Auch M. K. nicht.

Auf Beschluss der SED-Kreisleitung der HUB, nicht auf eigenen Wunsch, wird M. K. als Oberassistent an die Sektion Marxismus-Leninismus (M/L) versetzt und der Sektionsdirektor Prof. Dr. Steiniger sichert ihm zu, dort auf seiner Spezialisierungsstrecke der Marx-Engels-Forschung arbeiten zu können. Das bleibt ein leeres Versprechen, denn auch an der Sektion M/L sei sein Forschungsgegenstand nicht „relevant“; die Forschung nach neuen Erkenntnissen spielte keine Rolle.

Das Wechseln zur Sektion M/L hatte man ihm damit schmackhaft gemacht, dort nach geraumer Zeit eine Professoren-Planstelle zu bekommen.

M.K. liest nun „Geschichte der SED“ und wendet viel Zeit und Kraft auf, mit den ihm zur Seite gegebenen wenig professionell Ausgebildeten, auch ehemaligen NVA-Offizieren und teilweise Alkoholkranken, das Seminar- und Vorlesungspensum qualifiziert zu gestalten.

Der Sektionsdirektor schreibt an M. K.: *Mit dem Übergang aus der Sektion Geschichte hast Du dem Wunsch des Rektors entsprochen, die Sektion Marxismus-Leninismus mit qualifizierten Kadern aus anderen Sektionen der Universität zu unterstützen. Dafür danken wir Dir besonders.*

Zu seinem 50. Geburtstag erhält M. K. eine zwei Seiten lange Gratulation. Es scheint alles mit ihm in Ordnung zu sein. Prof. Dr. H. Stein stellt bei dem Minister für Hoch- und Fachschulwesen Prof Dr. Böhme den Antrag, Dr. phil. M. K. zum Hochschuldozenten für das Fachgebiet „Geschichte der deutschen Arbeiterbewegung“ mit Wirkung vom 1.2.1985 zu berufen. Die Vergütung beträgt ab dem 1.9.1987 für 190 Stunden monatlich 1.850 M.

Für Januar 1989 war ein Gespräch mit Prof. Stein vorgesehen, welches nicht stattfand. Daraufhin wendet sich M. K. mit einem Brief (15. Juni 1989) nochmals an ihn, in dem er ausführlich die Behinderung seiner Forschungstätigkeit schildert und ihn wiederum um eine Aussprache bittet. Sechs Tage später teilt der Sektionsdirektor mit, dass aufgrund seiner terminlichen Verpflichtungen *wir uns terminlich Ende August neu vereinbaren (müssten). Ich bedaure das sehr, da mir an diesem Gespräch sehr gelegen ist.(…) Was die Arbeit an Deinen Manuskripten anbelangt, so solltest Du wie geplant verfahren.*

Das geschah im Sommer 1989. Einige Studentengruppen in der HUB hatten zu revoltieren begonnen. Die Studierenden fordern ungehinderten Zugang zu wissenschaftlicher Literatur und unabhängige Studentenvertretungen.

Hospitationsgruppe

Jetzt im Alter, in Verbindung mit der Erforschung der Schicksale meiner Vorfahren und meines Mannes, möchte ich mir erklären können, welche privaten und/oder gesellschaftlichen Bedingungen herrschen müssen, um einen Menschen bei der Macht ausübenden Instanz anzuschwärzen. Wie entsteht „Denunziantentum“? Mir ist klar, dass eine Diktatur, ein nicht demokratisches, totalitäres System den Nährboden dafür bildet, dass ein Einzelner aus meist niederen Beweggründen wie Neid, Hass, Rache oder politischen Motiven, einen anderen Menschen anzeigen und verleumden kann, in der Gewissheit, dadurch Vorteile bzw. Bestätigung seiner Parteitreue zu bekommen. Sowohl der bolschewistische „große Terror“ der 1930er und vierziger Jahre in der UdSSR, wie auch der faschistische Terror gegen Juden, Christen, Kommunisten, Sozialdemokraten während der Hitlerdiktatur hätten ohne die günstigen staatlichen Bedingungen für Denunzianten nicht diese massenhaften Verfolgungen und Morde zur Folge gehabt.

Ich komme zu der Auffassung, dass wenig gebildete Menschen, aus den unterschiedlichsten Gründen, alles, was mit Wissenschaft verbunden ist, verachten. In der Parteihierarchie haben sie größere Chancen aufzusteigen; auf eine hohe oder schon höhere Stufe der Karriere-Leiter empor gehangelt, schreiben sie unorthodoxen, toleranten Wissenschaftlern vor, was diese zu denken haben, was richtig und was falsch sei.

Auch an der HUB gab es Denunziantentum. Der Prorektor für Gesellschaftswissenschaften der HUB, von Mitte der 1970er Jahre bis 1990, unterhielt in den 1980er Jahren eine sogenannte „Hospitationsgruppe“. Sie hatte die Aufgabe, die Dozenten durch von ihm eingesetzte bzw. von außen an die Universität berufene Hospitanten, überwachen zu lassen. Für Koordinierung und Verarbeitung der „Hospitationsberichte“ sorgte eine speziell dafür hauptamtlich angestellte Bearbeiterin im Büro des Prorektors.

Wie diese Überwachung des Dozenten M. K. vor sich ging, schrieb er in seinen Erinnerungen 1991. *Ich hielt Vorlesungen zur Geschichte der deutschen Arbeiterbewegung an den Sektionen Wirtschaftswissenschaften und Kulturwissenschaften, angesiedelt im sog. „Marxistisch-leninistischen Grundlagenstudium“. Es hospitierten anonym und ohne vorherige Anmeldung ständig bzw. wiederholt Mitglieder der „Hospitationsgruppe“. Die betreffenden Mitglieder fertigten interne Berichte für den Gebrauch des Prorektors über jeden Vorlesungsbesuch an, die bei der Bearbeiterin im Büro des Prorektors abzugeben waren. Ich gehe davon aus, dass diese Berichte auch der Kreisleitung der SED und der Staatssicherheit zur Verfügung gestellt wurden. Der Verbleib ist unbekannt. Zugang zu den Berichten hatte auch der Leiter des Fachbereichs. Er legte die Berichte den Jahresbeurteilungen für den Dozenten zugrunde.*

Vor 14 Tagen habe ich mir meine Jahresbeurteilung vom 2. Mai 1989 aus meiner Personalakte kopieren lassen. Die Beurteilung war mir seinerzeit nicht bekanntgemacht worden, obwohl dies zu den gewerkschaftlich garantierten Rechten gehörte; diese Beurteilung ist auch nicht von mir gegengezeichnet. Anhand der Jahresbeurteilung erfolgte die Einschätzung für gehaltsmäßige Höherstufungen und die Entscheidung über die Gewährung des sogenannten „LOG“ (Leistungs-Orientiertes Gehalt, ein Zuschlag, über den jährlich bestimmt wurde). In meinem persönlichen Fall erfolgte die Gewährung einer Leistungsstufe, aber ohne Geldzahlung und die Streichung des „LOG“ in Höhe von monatlich 300,- Mark. Damit hatte die Abstrafung aufgrund der „Hospitationsberichte“ eine Gehaltsreduzierung von monatlich 450,- Mark zur Folge.

In seinem Antrag auf Rehabilitierung an den 1991 noch agierenden Rektor der HUB, nennt M. K. drei Namen von Hospitanten, die ich hier

nicht anführe. Aber interessant finde ich, was in der Leistungseinschätzung vom 2. Mai 1989 als Begründung u.a. angeführt ist. Wörtlich:
*In seiner Lehrtätigkeit zeigte er parteiliches Herangehen, breites Wissen, kultivierten Vortrag und insgesamt gutes Eingehen auf studentische Belange. Die V-Gruppe (*Vorlesungsgruppe) stellt
fest, dass Gen. M. K. sich zwar von der parteilichen Position nicht abdrängen ließ, aber in vielen inhaltlichen Fragen nicht vermochte, durch offensives theoretisches und politisches Herangehen die gegen unsere V-Konzeption eingestellten Studenten, zur sachlichen Diskussion zu zwingen. Außerdem zeigte sich, dass Gen. M. K. in einer Reihe von inhaltlichen Fragen nicht die verbindliche V-Lehrkonzeption einhielt, sodass bestimmte Grundeinschätzungen strategischer Parteipositionen zu kurz oder gar nicht kamen, zugunsten – für unseren Kurs – nebensächlichen Fragen. Außerdem gab es Einspruch der Hospitationsverantwortlichen (Ka./Hei./Pe.), da sie nicht den verbindlichen Aussagen der SED-Parteigeschichtsschreibung entsprachen.

Ich habe „Die Geschichte der SED. Abriss“ als „Machwerk“ bezeichnet. Fühle mich nach dem Lesen von Hermann Webers Buch „Aufbau und Fall einer Diktatur. Kritische Beiträge zur Geschichte der DDR.“, Bund-Verlag. Köln 1991, in meiner Meinung bestätigt, wenn H. Weber schreibt: *Die Geschichte der SED als ´Abriss´ bezeichnet, ist jedoch alles andere als interessant oder gar packend geschrieben. Das langatmige Werk ist im Stil der üblichen Parteiresolutionen verfasst. (…) Im Abriss fehlen die Lobhudeleien und Bekenntnisse der SED gegenüber Stalin, die Massenrepressalien Stalins finden keine*
Erwähnung, die SED versucht die Phase 1949 bis 1953, in der sie auf Stalin orientiert war, vergessen zu machen.

Meinem Mann, der aufgrund der Kenntnisse über die Schicksale deutscher Emigranten und deren Kinder in der UdSSR, nicht nur anhand der Nachlässe meines Vaters und Großvaters, sondern auch von Freunden und Kollegen, sich mit den Terror-Jahren intensiv beschäftigt hatte, fiel es sicherlich sehr schwer in den Vorlesungen den „verbindlichen Aussagen der SED – Parteigeschichtsschreibung zu entsprechen“ und schon gar nicht sich mit ihnen zu identifizieren.

Einer der Hospitanten behauptete, M. K. hätte in seinen Vorlesungen und Seminaren falsche Auffassungen der Bewertung des 13. August 1961 verbreitet, was zur Folge hatte, dass er im Studienjahr 1986/87 vor alle möglichen SED-Gremien geladen wurde. Jener Kollege – Studium in Rostow am Don,-ordentlicher Professor, nicht habilitiert, sieben Jahre älter als M. K. - , von dem M. K. mehrfach denunziert wurde, war als Kampfgruppenkommandeur der HUB politisch bedeutungsvoll.

Ich hatte jenen Professor anlässlich einer Feierlichkeit der HUB gesehen, kennengelernt kann ich es nicht nennen. Aber er ist mir durch sein joviales Auftreten, sein schlecht sitzendes Jackett, sein lautes zweideutige Witze erzählen und Schnaps-Trinken aufgefallen. Gut, die Männer der Sektion M/L waren an jenem Abend unter sich – ich war die einzige Ehefrau - aber mir wurde damals sofort klar, dass sich mein Mann dieser Männergesellschaft schlecht anpassen konnte.

Nach 1990 entschuldigte sich dieser Professor bei M. K., umarmte ihn und vergoss Tränen.

Kein Entertainer – ein Geschichte interessant Vortragender

Schon als Gymnasiast hatte M. K. den Geschichtslehrer einige Male zu dessen Zufriedenheit im Unterricht vertreten. M. K. schrieb Gedichte und seine Wandzeitungsartikel und Schülerzeitungen wurden interessiert von Lehrern und Schülern gelesen; mit kleinen Beiträgen im Ortsblatt von Calau half er seiner Familie die Nachkriegsjahre zu überleben.
Seit jüngsten Knabenjahren bezwang er seinen Hunger mit Lesen, er verschlang Bücher jeden Inhalts und stopfte wahllos religiöse, historische, philosophische und naturwissenschaftliche Werke in sich hinein. Sein Blick überschaute beim Lesen sieben bis acht Zeilen gleichzeitig und sein Geist erfasste den Sinn so schnell auf, wie sein Auge die Buchstaben. Ich beneidete ihn um diese schon in der Kindheit trainierte Fähigkeit. Seine Belesenheit und sein Gedächtnis waren ungewöhnlich. Auf dieser Grundlage entwickelte sich in seinem Erwachsenenleben sein Denken und auch seine Phantasie. All dies führte zu seiner eigenen Autonomie, die ihn in die Lage versetzte, trotz aller Widerstände und späteren Schikanen von Seiten karrieristischer Apologeten der Partei, unerschrocken und hartnäckig, schöpferisch zu arbeiten. Seine Arbeitsweise und sein Anliegen als Historiker beschreibt er folgendermaßen:
Es geht nämlich darum, wie man mit dem uns hinterlassenen geistigen Erbe, das alles andere als einfach ist, verfahren soll, was davon zu erhalten und was ad acta zu legen ist. Und dem uneingeweihten Leser ist manchmal schwer, zwischen Wahrheit und Erfindung, zwischen solider Forschung mit gewissenhafter Stellungnahme zu Originaldokumenten und tendenziös ausgewählten, aus dem konkreten historischen Zusammenhang gerissenen Fakten, Episoden, Zitaten ohne Anführungszeichen zu unterscheiden. Entscheidende Bedeutung erlangt dabei eine

breite Veröffentlichung von Primärdaten und Originaldokumenten des jeweiligen Zeitabschnittes (…). Geschichtswissenschaft wird historisches Geschehen nur dann wirklich voll begreifen und würdigen können, wenn sie es einerseits in ihrem Eingebundensein in die Zeit erfasst, in der es stattgefunden hat, sie seine innergeschichtlichen Proportionen nach der Zeitalter-Bestimmtheit bemisst. Andererseits ist der Verzicht auf späteres, postumes Wissen weder möglich noch erlaubt. Denn erst im Rückblick sieht man die Ereignisse mit ihren Folgen, die Personen und Institutionen mit ihren Wirkungen, kurzum, sie alle mit der ihnen zugeordneten unvorhergesehenen und erst hernach zu Tage getretenen Zukunft. Es bleibt die Unmöglichkeit bestehen, die Folgen beim Urteil über vergangenes Geschehen, das immer auch vergangene Zukunft ist, außer Betracht zu lassen.

Aus Erzählungen von Studenten weiß ich, dass seine Vorlesungen literarisch gestaltet und geistig anregend waren. Er las seine Skripte nicht hinter dem Pult sitzend oder stehend ab, sondern bewegte sich frei sprechend im Auditorium. Seine Studenten ließ er an seinen eigenen Forschungen und die anderer Historiker teilhaben – verlangte von ihnen nicht nur passives Zuhören, sondern Mitdenken und kritische Mitarbeit. Wir wohnten seit 1977 auf der Fischerinsel; zur HUB etwa ein Fußweg von 20 Minuten. Seine Diplomanden und Aspiranten kamen zu uns in die Wohnung. Junge Frauen, die ihre Dissertation bei ihm schrieben, brachten Kuchen mit und er kochte Kaffee. Fernstudenten aus der Provinz kamen mit Körben voll Obst aus den Gärten ihrer Eltern zu uns auf die Fischerinsel.

Nachtgespräch

Unmittelbar nach Erstürmung der Berliner Mauer klingelte es an unserer Wohnungstür, ich ließ den mir unbekannten Mann in den Flur und rief meinen Mann. Nachdem der Unbekannte sich uns vorgestellt hatte, begrüßte ihn mein Mann sehr herzlich. Es war Prof. Dr. Hans-Peter Harstick, mit dem mein Mann schriftlich verkehrt hatte, als jener am Amsterdamer Internationalen Institut für Sozialgeschichte tätig war. Sie umarmen sich nicht, aber ich fühlte ihre gegenseitige tiefe Sympathie und zog mich zurück.

Am anderen Morgen sagte mir mein Mann, dass er Prof. Harstick schon lange kennt, sie sich beide aber zum ersten Mal sahen. Um die Machenschaften der Leute vom IML wusste Prof Harstick genau Bescheid und beide tauschten die ganze Nacht ihre Standpunkte aus.

In seinen 1990er Erinnerungen über dieses Nachtgespräch schreibt er: *Bei einem Besuch in meiner Wohnung teilte mir Hans-Peter Harstick mit, dass Anfang der 1970er Jahre aus der Registratur die gesamte Korrespondenz, die ich bis 1970 mit ihm als Abteilungsleiter der Deutschen Abteilung des Amsterdamer Instituts geführt hatte, gestohlen worden ist. Seinerzeit war das nicht aufgefallen. Erst eine Recherche, die er aufgrund meines ersten Briefes nach fast zwanzigjähriger Unterbrechung im November 1989, vornehmen ließ, entdeckte man dies. Es gab Befragungen eines ehemaligen DDR-Bürgers, der nach seiner Flucht zeitweilig am Amsterdamer Institut arbeitete und der im Verdacht steht, seinerzeit diesen Diebstahl begangen zu haben. Eine strafrechtliche Verfolgung von Seiten des Amsterdamer Instituts wird erwogen. Was damit beabsichtigt war, kann nur durch Akten aus dem Zentralen Parteiarchiv der SED/PdS/Die Linke zum „Fall M. K." geklärt werden.*

Henriette glaubte an die Rückkehr ihres Jüngsten

Mein Onkel Gustav starb am 22. September 1940, angeblich an Lungentuberkulose; wahrscheinlich im Moskauer Butyrka-Gefängnis.

Am 13. November 1940 teilte ein Mitarbeiter (M. Dietrich) des Sektors Personalfragen des Komintern-Büros W. Ulbricht mit: „Dem Genossen Sobottka sein Sohn ist im Gefängnis gestorben." (Wörtlich, grammatikalisch beachtenswert! U.K.) Fast zwei Monate sind seit dem Tod des Sohnes vergangen, in denen es der NKWD nicht für nötig gehalten hatte, die Komintern und die Eltern zu benachrichtigen.

Ein dreiviertel Jahr nach dem Ableben des Sohnes erhält der Vater von einem Standesbeamten eine auf den 7. Mai 1941 datierte Sterbeurkunde. Erst mit Erhalt dieser Urkunde war der Tod seines Sohnes für ihn eindeutig.

In der Sammelmappe meines Großvaters „Persönliche Dokumente" ist die Nachricht vom Tod des Sohnes nicht enthalten. Seit der Geisteszerrüttung seiner Frau hat G.S. alle Nachrichten über den Sohn zurückgehalten, ihr nichts gesagt. In einem besonderen Umschlag hat er extra und unter Verschluss, die Materialien aufbewahrt und im April 1945, bevor er zurück nach Deutschland kommandiert wurde, vernichtet, damit sie nicht in die Hände seiner Frau gelangen. Mein Großvater kannte seine Henriette gut und wusste aus jüngeren Zeiten, dass sie gern seine persönlichen Sachen inspiziert.

Mutter Henriette erfuhr also nichts vom Tod ihres Sohnes, und dabei blieb es, bis sie selbst 1971 starb.

Nach der Abreise meines Großvaters aus der Sowjetunion lebte meine Oma noch fünf Monate allein im Zimmer in der Leontjewskaja 2a. Immer in Erwartung der Rückkehr ihres geliebten Sohnes, hielt sie, einsam und von den geliebten Männern verlassen, die feindlichen Lebensbedingungen aus. Der schreckliche Weltkrieg war zu Ende und sie hofft, bald ihre Kinder in Deutschland wiedersehen zu können. Das wenige Geld, das sie verdiente, sparte sie, um gute Lebensmittel in Moskau zu kaufen und den sicherlich abgezehrten, geschundenen Sohn wieder aufzupäppeln. Im November 1945 kommt auch sie nach Deutschland zurück.

Drei Jahre nach dem Tod ihres Mannes (1953) unternimmt Henriette den Versuch den Verbleib ihres Sohnes zu ergründen. Sie nimmt die Worte des XX. Parteitages der KPdSU(B), der die Aufdeckung der Verbrechen des „Personenkults“ verspricht, als ehrlich gemeint an und schreibt verschiedene Briefe; an W. Ulbricht, an das Zentralkomitee und das Politbüro der SED. Sie wandte sich an die „führenden Genossen“, weil sie davon ausging, dass ihr Sohn irgendwo in der weiten Sowjetunion lebt und doch rauszukriegen sein müsste, wo genau.

In der Parteiführung habe man sich über die alte, senile Frau nur lustig gemacht, sagte mir meine Mutter.

Nach dem Tod meines Großvaters lebte Henriette allein in einer Wohnung in der Kilianistrasse 39, nur ein paar Gehminuten von uns entfernt in Oberschöneweide.

Am 27. Februar 1961 schreibt sie einen Brief an den Obersten Sowjet der UdSSR ihren Sohn Gustav betreffend. Sie schreibt:
Wir wohnten seinerzeit als deutsche Emigranten in Moskau in der Uliza Stanislawskowo 2a, Quartier 22. Ich weiß nur, dass ein Freispruch meines Sohnes im Herbst 1938 erfolgte und er nach Hause (damals Moskau) entlassen werden sollte. Ich habe nie wieder etwas von ihm gehört und konnte seinerzeit auch keine Auskunft erhalten. Mein Sohn trug auch den illegalen Namen Hans Boden. Ich weiß es jetzt nicht mehr, unter welchem Namen die Verhaftung erfolgte. Ich bitte Sie, zwecks Rehabilitierung, Nachforschungen über den Verbleib meines Sohnes anstellen zu lassen und mir Bescheid zu geben. Mir wurde von Freunden der Rat gegeben, mich an Sie zu wenden. Mit sozialistischem Gruß Henriette Sobottka.“

Nach genau einem Jahr bekommt Henriette von der Konsularabteitung der Botschaft der UdSSR, Unter den Linden 63-65, in russischer Sprache die Antwort, dass ihr Sohn, Hans Boden am 22. September 1940 gestorben ist und dies sei dem Vater Sobottka, Gustav Adolfowitsch, mitgeteilt, und auch die Sachen des Sohnes seien ausgehändigt worden.

Kein Wort von Rehabilitierung.

Ich werde bis heute die Frage nicht los, ob mein Großvater richtig handelte den Tod des Sohnes zu verschweigen. Er tat es aus Liebe zu Henriette und Rücksicht auf ihre Gesundheit und ihren Gemütszustand. Aber ich meine, meine Großmutter war eine so starke Frau, dass sie auch diesen Schmerz mit der Zeit bewältigt hätte.

In ihren letzten Lebensjahren lebte Henriette in einem Altersheim mit ärztlicher Betreuung. Sie hatte ein eigenes Zimmer mit ein paar persönlichen Möbeln und einem Fernseher. Meine Mutter und ich besuchten sie regelmäßig. Bei einem dieser Besuche öffnete meine Mutter Omas Kleiderschrank, um eine Strickjacke für sie herauszunehmen. Ich entdeckte unter den Röcken und Kleidern mehrere Sektflaschen und einen Besteckkasten.

Ich: „Oma, für welche Feierlichkeit hebst du den Sekt auf? Wir haben doch gerade erst deinen 80. Geburtstag gefeiert?" Henriette überlegt nicht lange und antwortet mir freudestrahlend: „Ich habe im Fernseher Gustav gesehen. Er arbeitet als Ingenieur beim Bau der Gasleitung, die aus Sibirien kommt. Sie haben gesagt, bald ist der letzte Abschnitt fertig und dann kommt er mit seiner blonden Frau und seinen drei Kindern nach Berlin und besucht mich."

Ich schwieg, nickte nur mit dem Kopf.

Manchmal kam auch mein Mann mit zu Henriette. Er war von ihr als Sohn herzlich aufgenommen, nie vergaß sie seinen Geburtstag, sandte ihm Glückwunschkarten mit den Worten: "Lieber Genosse Manfred!" Wenn wir sie im Veteranenheim besuchten, gab sie nicht nur mir, sondern auch ihm einen 50-Mark-Schein.

Bei einem unserer Besuche erzählte sie von abends auf ihrem Balkon mit Gewehren stehenden Soldaten, die sie aber nicht in ihr Zimmer gelassen hat. Wenn meine Mutter ihr sagte, das habe sie nur geträumt, wurde Henriette böse und erwiderte: "Du kannst das gar nicht wissen, das sind keine Träume, ich habe sie genau gesehen."

Als meine Großmutter im Sterben lag, fragte die behandelnde Ärztin meine Mutter, was man tun könne, um Henriette zu beruhigen, denn sie schlägt um sich und verlangt nach ihrem Sohn.

Zu der Zeit war mein Mann in einer psychisch sehr schwierigen Situation. Er war noch immer den SED-Verhörmethoden ausgesetzt, die ihn endgültig physisch zerstören sollten. Als meine Großmutter sich in der letzten Sterbephase befand und nicht beruhigt werden konnte, trat meine Mama an das Bett ihrer Mutter und sagte: „Mutter, Gustav ist gekommen."

Mein Mann trat an das Bett und neigte sich über Henriette, küsste zärtlich ihre Stirn und sie streichelte einige Minuten lang seine Wangen, befühlte seinen Bartwuchs. Allmählich kehrte Ruhe in ihren Körper und sie lächelte ihn an.

Meine Großmutter starb am 15. September 1971. Die menschliche Größe meines Mannes in jenem Moment, weiß nur ich zu schätzen.

1968, Henriettes 80. Geburtstag; Tochter, Enkeltochter und Urenkelin feiern mit ihr

1970, Henriette mit zweiter Urenkelin Anne.

Mein Berufsleben bis zum Mauerfall

Meine Arbeitskollegen

Mit etwa 39 Jahren wechselte ich vom Ministerium für Außenhandel in ein für mich neues Fachgebiet im zentralen Planwirtschafts-Apparat. Die Abteilung in die ich kam, bestand aus zirka 55 Mitarbeitern und untergliederte sich in mehrere Sektoren, die für die langfristige Planung der Energie- und Wasserwirtschaft und die Geologie verantwortlich waren. Alle Mitarbeiter waren diplomierte Naturwissenschaftler und Volkswirte, einige von ihnen auch promoviert; in der Mehrzahl gebürtige Sachsen.

Meine unmittelbaren Kollegen im Sektor waren 5 bis 10 Jahre älter als ich und meinten vermutlich mir anfänglich imponieren zu müssen, indem sie anlässlich einer kleinen Feier in unserem Sektor über ihre Kriegserlebnisse sprachen. Durch Alkohol war der Verstand der Kollegen schon ziemlich vernebelt und das Unterbewusstsein entblößt. Der Chef des Sektors erzählte von seinen Erlebnissen als Fliegeradjutant in der deutschen Wehrmacht an der südfranzösischen Front. Seine Besuche in Bordellen in Marseille schilderte er, als hätte er erst gestern *zwischen den Beinen einer sehr dunkelhäutigen Französin* gelegen. Er amüsierte sich, wie französische Frauen, *übrigens bildhübsche Rasseweiber*, versessen darauf waren, die von den deutschen Soldaten auf den Tisch gerollten Münzen, mit ihren Oberschenkeln aufzufangen. Sein um etwa 10 Jahre jüngerer Stellvertreter fragte mit lüsternen Augen nach weiteren Einzelheiten im französischen Bordell – welche Typen und Rassen von Frauen die besten waren – , er konnte nicht genug erfahren und ich hatte den Eindruck, er beneidete den älteren Kollegen um dessen Erlebnisse an der Front im Zweiten Weltkrieg.

Der Ekel trieb mich nicht aus dem Raum, solche Männer kannte ich bisher nicht und ich wollte sie weiterhin beobachten. Diese Männer waren intelligent, hatten ein Studium absolviert, waren Kinder von Arbeitern und Angestellten wie ich und Mitglieder der Partei, aber von ihnen fand sich keiner, dessen Verstand sich vom Alkoholrausch befreite und dem Taumel seiner Kollegen Einhalt gebot. Ich war das einzige weibliche Wesen in dieser Runde und ich vermutete, dass meine Gegenwart sie dazu verführt hatte, ihre im Krieg bewiesene Potenz, mir gegenüber betonen zu müssen.

Mein unmittelbarer Chef, der ehemalige Fliegeradjutant, ich nenne ihn mal jetzt „Otto“, glich in meiner Vorstellungswelt dem Typ des Inhabers eines kleinen Handwerkerbetriebes. Er hatte Tischler gelernt und bis zu seiner Einberufung bei einem Dresdner Meister gearbeitet, der Holzmodellköpfe für Hutmacherinnen herstellte. Nach dem Krieg machte er im Fernstudium sein Diplom und sein buchhalterisches Bilanzieren und Gegeneinander-Aufrechnen von Mengen, war an jenem Platz der Wirtschaftspyramide der DDR geradezu ideal. Aber seine handwerkliche Kleinarbeit wurde von seinen Vorgesetzten wenig geschätzt. Ottos Ehefrau war nicht berufstätig, das Einkommen ihres Mannes reichte bei sparsamem Wirtschaften aus, um sich voll auf den Haushalt, die Erziehung der Tochter und auf Ottos Bedürfnisse zu konzentrieren.

Eigentlich schätzte Otto mich als „wissenschaftliche Mitarbeiterin“, jedoch alle Vergünstigungen, die der Staat den berufstätigen Frauen, ob mit oder ohne Kinder, gewährte, musste ich mir bei ihm erbetteln. Ich setzte viel unbezahlte Arbeitszeit in diesem Job zu, was Otto anerkannte und trotzdem geizte er mit jeder Minute, die ich für meine Familie, gesetzlich verordnet, in Anspruch nehmen wollte, als wäre es sein Privatunternehmen. Geradezu als anmaßend empfand ich es mir gegenüber, wenn er nach dem Gehalt meines Mannes fragte, um vergleichend feststellen zu wollen, dass er und seine Haushalt führende Ehefrau über weniger Einkommen verfügten, als ich und mein Mann.

Bei der Einarbeitung in die spezifischen Probleme der Branche ob meines ernsthaften Bemühens wurde ich von den Fachleuten sehr unterstützt. Ich war keine hässliche junge Frau, freundlich zu jedermann und in der von Männern dominierten Abteilung, sehr zurückhaltend. Stets hörte ich meinen Kollegen aufmerksam zu, ganz egal, ob sie ihre Erfahrungen über - Bremsbeläge, Benzinverbrauch, Reifenwechsel auf der Autobahn, Warmwasserthermen im Bungalow oder Wärme-Kraft-Kopplung, Zweifahrweise oder ähnliches in Kraftwerken oder Kokereien austauschten.

Man arbeitete schon sehr lange zusammen, es gab kaum Fluktuation in der Abteilung. Jeder der Kollegen hatte sein fest umrissenes Spezialgebiet, was entweder zu periodischen Zeiten oder, in der letzten Zeit zunehmend spontan, von der obersten Leitung abgefordert wurde. Hundertprozentige Verlässlichkeit bei der Ausarbeitung von Analysen und Prognosen, abgestimmt mit den aktuell-politischen Grundauffassungen, waren Voraussetzung für die Zusammenarbeit.

In kleinen "verlässlichen“ Gruppen diskutierte man – sehr kritisch und vehement - , nicht nur die Sporterfolge und Fußball-Niederlagen.

Die Mitarbeiter saßen meist zu zweit in einem ungefähr 25 Quadratmeter großen Zimmer mit eingebautem Stahlschrank. Im Haus gab es eine Caféteria und einen Speisesaal, in denen man sein 1. und 2.

Frühstück einnehmen konnte. Wer seine mitgebrachten Butterbrote essen und telefonisch immer erreichbar sein wollte, der hatte einen elektrischen Wasserkocher in seinem Zimmer.

Als Anfang der 1980er Jahre der Diskussionsbedarf über wirtschaftspolitische Fragen sehr zunahm, wurde es für einige Kollegen quasi zur Gewohnheit und zunehmend auch zum Bedürfnis - , nachdem man seinen Aktenstapel zum Zeichen der pünktlichen Anwesenheit auf den Schreibtisch gelegt hatte - , erst einmal zu Wolfgang ins Zimmer zu gehen. Wolfgang, kein ehemaliger Wehrmachtssoldat, ein fürsorglicher und sportlicher Frühaufsteher aus Leipzig, der nur drei U-Bahnstationen entfernt wohnte und schon mindestens eine Viertelstunde vor Arbeitsbeginn am Schreibtisch und am Wasserkocher war, entwickelte sich unbewusst, weniger aus Beflissenheit, zum morgendlichen Teekocher für Debattierfreudige und Diskussionsbedürftige. Der morgendliche Meinungsaustausch vollzog sich frei, nicht angstbeladen und wurde, bei zunehmender Lautstärke und Dauer, durch den Chef mit den Worten: „Habt ihr nichts Besseres zu tun, geht an eure Arbeit!“, beendet.

Nach Meinung der Chefs hatten die Kollegen genügend Gelegenheit, in Abständen von 14 Tagen in der halben Stunde vor Arbeitsbeginn, von der staatlichen in Union mit der Parteileitung angeordneten Zeitungsschau, sich zu äußern. Kritik und eventuelle Zweifel an der Richtigkeit der Wirtschaftspolitik, konnte man nur im kleineren Kreis ohne unbequeme Nachfolgen durch Gesinnungsschnüffelei und Denunziantentum, beim Teekocher Wolfgang erwähnen.

Die Versorgung der Industrie mit Rohstoffen, der Bevölkerung mit Lebensmitteln im weitesten Sinne, wurde immer problematischer; die Investitionsmittel für den Maschinenbau, die Energiewirtschaft, die Landwirtschaft, den Wohnungsbau etc. zugunsten von Militärausgaben immer knapper. Vorausgesetzt, es gab je eine Zeit, in der genügend dieser Mittel für einen gesunden und nachhaltigen Aufbau der Volkswirtschaft zur Verfügung standen.

Ab Mitte der 1980er Jahre waren von der Leitung des Unternehmens Konzepte zur Abschaffung von Subventionen für Elektroenergie und Brot ausgearbeitet; die DDR stand vor der Zahlungsunfähigkeit, es war abzusehen, wann sie zugrunde gehen musste. Das vom Vorsitzenden der Staatlichen Plankommission, Gerhard Schürer, vorgelegte Reform-Konzept wurde von E. Honecker abgelehnt.

Meine Parteifunktion

Von den 54 Kollegen der Abteilung waren 40 Mitglieder der SED, zusammengefasst in einer Grundorganisation, die alle drei-vier Jahre eine Parteileitung von 5-6 Genossen wählten.

Der Meinung in eine Parteifunktion, ganz egal ob in eine von einer reaktionären oder demokratischen Partei, gewählt zu werden, bringe Ansehen, Ehre und mehr Geld, kann nur ein Mann sein. Für eine Frau wie mir, Mutter von zwei Kindern und einem vollbeschäftigten Ehemann, bedeutete sie nur zusätzliche Arbeit und verlorene Freizeit für die Familie.

Mich wollte man für eine Parteifunktion gewinnen, aber ich konnte dies eine Zeitlang mit der Bemerkung: „Ihr braucht ja nur eine Alibi-Frau“, verhindern. Nach einigen Jahren hielt ich den Werbungen nicht mehr stand; meine Töchter konnten mir nicht mehr als Ausrede dienen, denn sie gingen nun schon ihre eigenen Wege. So willigte ich ein, Kandidatin zu werden. Wurde auch gewählt, denn alle waren froh, dass sich ein Doofer oder Doofe für eine Parteifunktion bereit erklärte.

Zu meinen Aufgaben im Rahmen dieser Funktion (Agitation und Propaganda) gehörte es, monatlich einen schriftlichen Bericht der Kreisleitung vorzulegen; über welche „ideologischen“ Probleme und Ereignisse in der Grundorganisation diskutiert und ob die von der Partei vorgegebenen Argumentationen auch berücksichtigt wurden. Aus drei oder vier Zuarbeiten stellte ich dann den Bericht zusammen, zu dem der Parteisekretär sein Einverständnis durch seine Unterschrift geben musste. Wenn die Kreisleitung an dem Bericht etwas auszusetzen hatte, wurde der Parteisekretär der Grundorganisation vorgeladen, was sehr unangenehm war, da es im ganzen Unternehmen offiziell mit Schadenfreude begleitet wurde.

Im Falle meiner Abteilung wollte keiner die Funktion des Parteisekretärs übernehmen, außer Günter, der sich immer wieder von uns wählen ließ. Günter, schmächtig, ähnlich einer kleinen grauen Maus, Kettenraucher, passiver Fußballfan, fünffacher Familienvater, dessen Frau ein Heim für Waisenkinder leitete. Er wohnte außerhalb Berlins, hatte von allen den weitesten Arbeitsweg und besaß als einziger kein Auto. Von seiner Frau, die er „Mutti“ nannte, und seinen Kindern sprach er selten. Sie wohnten in einem alten Zweifamilienhaus, in dem alte Öfen und mit verschiedenen Heizungssystemen, das Haus nicht warm bekamen. Alle machten sich darüber lustig, keiner der Energieingenieure half ihm. Günter ersetzte Klugheit durch Fleiß, Kenntnisse durch Dogma und war wohl einer der opferbereitesten „buchstabengetreuen" Umsetzer jeglicher Parteibeschlüsse.

Neben meiner fachlichen Arbeit verwandte ich wenig Zeit für den monatlichen Bericht. Meine Formulierungen waren relativ geschickt und überzeugten, dass in der Abteilung keine „parteifeindlichen" Auffassungen Platz gegriffen hatten. Günter konnte manchen meiner Formulierungen oft nicht folgen, gab aber immer seine Unterschrift unter meinen Bericht.

Verdummung der Genossen – es gab noch kein „WikiLeaks"

Es gab kaum detaillierte Informationen über Gorbatschows „Neues Denken", „Perestroika" und „Glasnost", aber so viel wussten wir doch von Gorbatschow und seinen Ideen, dass er nun endlich den Startschuss für notwendige, dringende Veränderungen auf den letzten KPdSU-Veranstaltungen gegeben hatte. Daraufhin rechneten auch wir in der DDR auf offene Worte und Reformen.

Aber die ostdeutsche Presse veröffentlichte aus dem Interview des Chefideologen der SED, Kurt Hager, einem „Stern"-Reporter gegenüber, auf dessen Frage: Ob die SED-Führung die von M. Gorbatschow eingeleiteten Reformen unterstützt?, lediglich Hagers Antwort: *Würden Sie - nebenbei gesagt - wenn Ihr Nachbar seine Wohnung neu tapeziert, sich verpflichtet fühlen, Ihre Wohnung neu zu tapezieren?*

Meine Genossen und Kollegen reagierten unterschiedlich auf Hagers Antwort. Die Umgestaltungsbemühungen Gorbatschows mit einem lapidaren „Tapetenwechsel" zu vergleichen, fanden einige im Hinblick auf die wirtschaftliche Lage und die Stimmung in der Bevölkerung der DDR, als einigermaßen arrogant und überheblich. Andere, die buchstabengetreuen Betonköpfe, verstanden Hagers „Stern"-Antwort als Verneinung der Notwendigkeit auch in der DDR Reformen durchzuführen. So richtig verstanden hatte sowieso keiner die Zusammenhänge und in der Zeitungsschau konnten sie auch nicht geklärt werden. Jeder machte sich seinen eigenen Reim. Wer sich im West-Fernsehen informierte, konnte auch nur mit einer einseitigen Darstellung rechnen.

Von uns wusste keiner, dass Gorbatschow am 18. Februar 1988 in New York scheinheilig erklärt hatte, dass jeder sozialistische Staat sein gesellschaftliches System frei wählen könne. Dass im gleichen Monat ein Pogrom an den in der aserbaidschanischen Stadt Sumqayit lebenden Armeniern stattfindet, wusste auch keiner von uns.

Von meiner Moskauer Freundin Olga kannte ich die schmerzhaften Auswirkungen auf die sowjetische Gesellschaft und hatte große Zweifel an den Ideen des M. Gorbatschow.

In der Zeitschrift „Sputnik“ las ich den Artikel des Chefredakteurs mit der Überschrift: „Sind wir überhaupt moralisch reif?“, in dem der Verfasser feststellt, dass im Verlauf der politischen und wirtschaftlichen Reformen die Versorgungslücken, die Bergarbeiterstreiks, die Prozesse der nationalen Wiedergeburt in den einzelnen Sowjetrepubliken und die Debatten über die führende Rolle der kommunistischen Partei in der sowjetischen Bevölkerung zugenommen haben. Wörtlich: *Wir erinnern schließlich daran, dass sich unser Volk auf einem niedrigen kulturellen Niveau befindet, dass ethische Prinzipien, Menschlichkeit, Güte und Barmherzigkeit in Vergessenheit geraten sind.(…) Bei uns können keinerlei wirtschaftliche und soziale Reformen Erfolg haben, wenn wir nicht alle darangingen, das kulturelle Niveau unsers Volkes zu heben….“*

Das Jahr 1989

Von allen Jahreszeiten liebe ich in unseren Breitengraden den Frühling besonders. Wenn unter den noch nicht grellen Sonnenstrahlen die Natur allmählich aus ihrem Winterschlaf erwacht; wenn sich Natürlichkeit und schlichte Schönheit allmählich entfalten, eher Zeitlupen- nicht Formel-Eins-mäßig, je nach Kraft der Sonne.

Das Frühjahr 1989 ließ mich das Erwachen der Krokusse und Ergrünen der Bäume mit einiger Wehmut, aber zugleich mit Hoffnung besonders bewusst erleben. Der Verdacht auf ein Darmkarzinom bei meinem Mann bereitete mir großen Kummer; seine Verdauungsorgane waren eine Schwachstelle in seinem Organismus, aber von Krebs war bisher nie die Rede. Erst wenige Jahre zuvor hatte ich meinen Vater durch Magenkrebs verloren.

Vom Naturschutzbund (NABU) ist der Teichrohrsänger als Vogel und die Stieleiche als Baum des Jahres 1989 erklärt.

Ob der Sommer 1989 ein eher verregneter oder heißer werden wird, erweckte weniger mein Interesse, da es mir gelungen war, für meine Familie eine Reise zur Sofioter Freundin Veselina zu arrangieren. Einfach war es nicht eine private Reise in ein „Bruderland“ zu organisieren; es kostete viel Zeit und verursachte viele Laufereien. Anhand der persönlichen Einladung von Veselina Schelewa-Belewa bekamen mein Mann und ich von der bulgarischen Botschaft in Ostberlin ein

Einreisevisum und die Erlaubnis, uns einen Monat lang in Bulgarien aufzuhalten. Wir planten also Mitte August nach Sofia in den Urlaub zu fliegen.

Warmer Sommer in Sopron

Noch habe ich keinen Urlaub, ich muss noch arbeiten und gehe zur „Tea time“ in Wolfgangs Zimmer.

Einer der Teetrinkenden erzählt, er habe im Radio gehört, dass die Ungarn am 27. Juni mit einer Spezialzange ein Stück vom Grenzzaun zu Österreich heraus geknipst hätten. Rolf, ein ausgesprochener Ungarn-Fan nach mehrjähriger Tätigkeit in der DDR-Botschaft in Budapest, beschwichtigt die Kollegen: Ja, das könne er sich von den Ungarn gut vorstellen, es handle sich aber wohl nur um vier Kilometer Drahtzaun-Durchlass und keine Grenzöffnung.

In Wolfgangs Zimmer kommen weitere Kollegen, aber keiner weiß Genaueres. Ich äußere meinen Unmut über die fehlende Information von Seiten der Partei, die weder ehrlich ist, noch gegeben wird, wenn man sie braucht. Mal sehen, was die „Tagesthemen“ heute Abend berichten, denke ich im Stillen und teile meinen Kollegen freudig mit, dass ich ein Visum für Bulgarien habe und bald in Urlaub gehe. „Wollt ihr auch flüchten?“, scherzt ein Kollege.

Ungarns Balaton war besonders bei den Leuten aus den südlichen Teilen der DDR ein beliebtes Urlaubsziel. Aus Ostberlin war der Weg weiter. Auch unsere Familie hatte zwei Mal auf Campingplätzen in Ungarn, nicht am Balaton, Urlaub gemacht. Für die Sammlung neuer Eindrücke und Lebensweisen, raus aus der Provinz, war die Fahrt im kleinen Trabi mit zwei Kindern, Zeltausrüstung etc. zwar nicht sehr bequem, der Urlaub jedoch immer sehr entspannt und in jeder Hinsicht erholsam. Das Verbot der Staatssicherheit für Staatsangestellte, da die Gefahr der „Westkontakte“ auf Campingplätzen im „befreundeten“ Ausland und auf dem Wege dorthin, groß sei, interessierte mich nicht.

Im August verbrachten wir unseren Urlaub in Sofia und am Schwarzen Meer. Unsere jüngste Tochter, ein gutes Abitur und einen Studienplatz in der Tasche, bestieg den Zug und wir verabredeten einen Treff in Sofia. Im Hotel zu wohnen kam für uns nicht in Frage, da die DDR-Umtauschsätze von Ostmark in bulgarische Lei sehr begrenzt waren und wir keine freien Devisen besaßen. Uneigennützig wurden wir von meiner bulgarischen Kollegin untergebracht und betreut. Für den Urlaub am „Goldenen

Strand“ stand uns ein Zimmer im Ferienhaus einer Freundin von Veselina zur Verfügung. Es waren drei sehr erholsame Wochen.

In der „Tagesschau“ sehe ich die Bilder der mit Kindern über die Grenze, wie um ihr Leben rennenden jungen Familien, die mir verdeutlichen, was sich am 19. August bei Sopron an der ungarischen Grenze zu Österreich zugetragen hat. Danach oder gleichzeitig werden Bilder gesendet, wie junge Mütter die hohen, die BRD-Botschaft in Prag schützenden schmiedeeisernen Staketenzäune erklimmen und ihre Babys oder Kleinkinder über die scharfen Spitzen geben, in der Hoffnung, dass sie auf der anderen Seite des Zaunes aufgefangen werden. Grausame, herzzerreißende Bilder.

Nach ihnen zu urteilen, waren es vor allem junge Familien von Mitte Zwanzig bis Anfang Vierzig – jene Generation, die vom ungeliebten Staat kostenlose Berufsausbildung, kostenlose Kindergartenplätze, medizinische Versorgung, preiswerte Wohnungsmieten garantiert bekamen.

Im Gegensatz zu meiner Generation, die vor dem Krieg geboren wurde, mit der Mutter vor Bombenalarm in die Luftschutzkeller flüchtete, als Schülerin den Trümmerfrauen in Berlin beim Steine-abklopfen half, Samstag noch arbeitete und keine Belohnung bzw. steuerfreie Beträge für ihr Kinderkriegen bekam, waren diese jungen Familien welchen Unbilden und Repressalien wohl ausgesetzt? Ging es um Familienzusammenführung im geteilten Deutschland? Ja, sicherlich auch. Ich erklärte mir das Verhalten der Leute damals so, dass sie einfach nur frei, nicht mehr eingegrenzt sein wollten, sich ein wirtschaftlich besseres Leben im Westen versprachen.

Für die UdSSR ist in dieser Zeit auch ein aktuelles Problem, dass die Zahl der Ausreisewilligen, vor allem in die USA, ständig zunimmt. 1987 verließen fast 40.000 Menschen die UdSSR, 1988 waren es bereits mehr als 100.000 und für das Jahr 1989 erhöhte sich die Zahl weiter.

Viele Jahre danach konnte man lesen, dass die ungarische Bevölkerung seit dem 1. Januar 1988 den Anspruch auf einen „Weltreisepass“ erhalten hatte. Seit Juni 1989 war der Beitritt Ungarns zur Genfer Flüchtlingskonvention wirksam geworden. Das sei für die im Juli/August 1989 auf dem Gelände der westdeutschen Botschaft in Budapest und in improvisierten Flüchtlingslagern anlässlich des in Sopron am 19. August veranstalteten „Paneuropäischen Picknicks“ für die Ausreise willigen DDR-Bürger von ausschlaggebender Bedeutung gewesen. Der Begriff

„politischer Flüchtling“ gemäß Genfer Flüchtlingskonvention von 1951 konnte nun auch in Ungarn angewandt werden.

Am 25. August 1989 hatte ein deutsch-ungarisches Geheimtreffen auf Schloss Gymnich bei Bonn stattgefunden, bei dem angeblich Kreditzusagen von Bonner Seite für die ungarische Grenzöffnung gegeben wurden.

Am 31. August fordert der ungarische Außenminister Gyula Horn von der DDR-Regierung, die DDR-Bürger frei ausreisen zu lassen, was abgelehnt wird. Daraufhin kündigt Ungarn ein Abkommen mit der DDR aus dem Jahre 1969 mit dem Hinweis des Beitritts Ungarns zur Genfer Flüchtlingskonvention (seit 12. Juni 1989). Diese Zusammenhänge erfahren ich und meine Genossen erst Jahre später. Da sind wir schon längst nicht mehr Mitglieder der SED/PdS.

Heißer Herbst 1989 – Mauerfall

Manfred ist seit dem 2. November zu einer Heilkur in Bad Berka in Thüringen. Ich bin allein in Berlin. Ohne meinen Mann neben mir schlafe ich nicht gut.

In der Nacht wache ich mit Herzrasen, schweißgebadet, wie in jener Nacht des Todes meines Vaters auf. Gehe in die Küche um etwas zu trinken, mich zu beruhigen und wundere mich über den zu dieser Zeit ungewöhnlichen Autoverkehr über die Mühlendammbrücke in Richtung der Grenze zu Westberlin. Was ist denn im Zentrum der Stadt plötzlich los? Mitten in der Nacht?

Am anderen Morgen - zur Tea-time - erzähle ich Wolfgang von meiner schlimmen Nacht und frage, was denn in der Nacht passiert sei?

Meine Tee trinkenden Kollegen schauen mich mitleidig an; alle haben Radio gehört und wissen Bescheid. Wie aus einem Munde, kommen mehr oder weniger begeistert, die Worte: Die Grenze ist auf und die Leute haben alles stehen und liegen gelassen, sind aus den Wohnungen und von den Werkbänken in der Nachtschicht weg, mit Autos oder in Scharen zu Fuß nach Westberlin. Wer weiß, wie lange die Grenze noch offen bleibt.

Abends sehe ich die Bilder im Fernsehen, wie von den Berlinern – Ost wie West – die Mauer am 9. November 1989 gestürmt wird. Eine Realität, mit auf der Mauer jubelnden und tanzenden Menschen; keine Filminszenierung von Regisseur Sergej Eisenstein über die Erstürmung des russischen Winterpalais im Jahre 1917 und des deutschen Reichstages durch einen sowjetischen Gefreiten im Frühling 1945 mit Hissen einer roten Fahne. Aber alles sind Szenen einer Befreiung.

Bad Berka

Verordneten die Ärzte bisher meinem Mann Kuren nach Karlsbad oder nach Potsdam/Neufahrland, so erhält er im Oktober/November 1989 eine Kur in Bad Berka an der Ilm, 12 km südlich von Weimar. Schon Johann Wolfgang von Goethe hatte auf Anordnung des Erbprinzen Carl Friedrich von Sachsen-Weimar eventuelle heilende Wässer in der Gegend von Berka zu erkunden.

In jenem Jahr wird es noch „Volksheilbad Bad Berka“ genannt, mit der Aufgabe, chronische Erkrankungen der Leber, Gallenwege, des Magens und des Darmes sowie der Bauchspeicheldrüse zu behandeln. (Sieben Jahre später erhält er von der Barmer-Ersatzkrankenkasse für Mai/Juni 1996 an demselben Ort wieder eine Kur, da nennt man die Einrichtung „Rehabilitationsklinik für Herz-Kreislauf, Verdauungsorgane, Stoffwechsel – Median-Klinik Bad Berka“.)

Wie ich schon erwähnte, ist mein Mann in den Tagen der Mauererstürmung nicht in Berlin. Aus Bad Berka schreibt er mir
am 10. November einen Eilbrief und nennt mich: *Hehre Göttergattin* – was er auch immer damit ausdrücken wollte!
Jedenfalls finde ich seine Schilderung aufschlussreich und halte sie hier wörtlich fest:
Ich beglückwünsche Dich zur Befreiung aus dem Völkergefängnis der Deutschen und Sorben, wie ich gestern Abend auf einem Spruchband vor dem Deutschen Nationaltheater in Weimar, wo ein Konzert der Staatskapelle Weimar (Sinfonie Nr. 2 c-Moll von Anton Bruckner) stattfand, gelesen habe. Die SED-Genossen sollen fortan nur noch ein Privileg haben: das auf freie Liebe. Du siehst, in diesem Weimarer Mief tut sich viel. Im Theater wird jetzt vor Rechtsentwicklung gewarnt. Scheint auch notwendig. Einem Mitkurpatienten und mir haben zwei angesoffene Jugendliche im Skinheadlook Prügel angeboten, wenn wir nicht aus dem Westen sind. (Wir hatten Anzüge an, und schon vorher im Museum hatte man uns für Westdeutsche gehalten, auch im Café der Ober!) Bei Euch in Berlin tut sich ja viel Besseres. Ich kann es gar nicht glauben. Anne hat mir eine Zeitung geschickt. Da muss ich mich doch aufmachen und nach Berlin übersiedeln.
Ich darf, nach langen sechs Wochen nach Hause fahren, und zwar aus dem einfachen Grund: Hier findet am oder ab dem Wochenende eine

Klausurtagung statt. Worum es geht, will keiner wissen. Aus dem Sanatorium I, in dem ich wohne, müssen alle Patienten bis Freitag früh (also 17.11.) ´raus, ´raus! Sobald ich meine Papiere habe, haue ich ab und überrasche Dich. Warne den Hausfreund!!! Ich habe bei der Kost hier abgenommen, obwohl ich unbeschränkt um mich esse, doch bin ich ausgeruht. Heute war ich im Schloss und habe drei Stunden lang in einem ungeheizten Saal die Bibliothek von Bettina von Arnim durchgesehen, die aus Wiepersdorf hierher geschafft worden ist, was aber keiner weiß. War eine herrliche Überraschung. Nächste Woche brauche ich noch einen Tag, um einen großen Stapel von Büchern durchzusehen, ob handschriftliche Bemerkungen drin sind. Auch ein Stadtführer von Kreuznach, wo Bettina ja 1842 Marx heimgesucht hat!! Die Bücher haben noch keine Signaturen und sind sonst nicht zugänglich. Also große Ausnahme! Hier haben die Angstkäufe eingesetzt (Wurst, Kaffee). Alle rechnen mit Geldentwertung und Krisenentwicklung. Mein Arzt ist guter Christ und freut sich. Und wir beide, können vielleicht mal der ´Lorelei ihr Haar kämmen´ oder im schönen Bern neben der Kantönli-Verwaltung eine Rast machen. Ach, wäre das schön. Küsse, bald in natura.

Endlich, endlich ist die Mauer weg. Wie wird es nun weitergehen? Meine Hoffnung war, da sich einige westdeutsche Politiker schon immer für eine Wiedervereinigung Deutschlands einsetzten, oder mindestens öffentlich so redeten, werden sie eine Konzeption für ein geeintes Deutschland in der Schublade haben. Manfred und ich waren allen Veränderungen gegenüber aufgeschlossen, die die Menschen in Ostdeutschland nicht demütigen würden. Unserer Meinung nach, wäre eine Konföderation als Übergangsvariante am besten.

Die Ereignisse überschlugen sich. Es wurde eine „friedliche Revolution“, ohne Waffen und Blutvergießen, die zum Ende des spätstalinistischen Systems des flächendeckenden Überwachungsstaates von SED und Staatssicherheit führte. Unser Freundeskreis bestand aus klugen, fortschrittlichen Leuten und im Laufe der Zeit hatten die kritischen Momente in unseren Gesprächen stark zugenommen. Das ewige unqualifizierte Reinreden der Parteioligarchen in die Wissenschaft und die Wirtschaft war unerträglich und hatte dazu geführt, jegliches noch vorhandene schöpferische Denken zunichte zu machen. Unter uns kursierte schon einige Jahre der Witz, dass in der DDR nach der „Champignon-Methode“ regiert wird: Sobald sich aus der Dunkelheit ein helles Köpfchen zeigt, wird es, zack, abgeschnitten.

Meine Kenntnisse über die Wirtschaft der DDR

Die Tatsache der Unterdrückung geistigen Lebens war nicht der einzige Grund für mein Gefühl von Befreiung. Seit etwa zwölf Jahren arbeitete ich an einer Stelle, die den Nerv der DDR-Volkswirtschaft wesentlich traf. Das heißt, ich erlebte in diesen Jahren, anhand der sich stetig quantitativ und qualitativ verschlechternden Erdöl- und Kohlelieferungen aus der UdSSR und der Volksrepublik Polen, dass das ausgepowerte Ostdeutschland gezwungen war, seine wasserhaltige Rohbraunkohle zu den Kraftwerken, Chemiebetrieben, Gärtnereien etc. zu karren, die die wenigen, nach den Reparationsleistungen an die UdSSR übriggebliebenen Gleise der Reichsbahn, verstopften. Auf einer solchen energetischen Basis konnte eine industrialisierte Volkswirtschaft nicht funktionieren.

Ein Fernsehbild bleibt für lange Zeit in meinem emotionalen Gedächtnis. Die zweiseitigen Verhandlungen über die Abstimmung langfristiger Rohstofflieferungen zwischen der UdSSR und der DDR müssen besonders hart geführt worden sein, dass man diese in der „Aktuellen Kamera“ (Ost-Fernsehen) erwähnte und die beiden Vorsitzenden der Staatlichen Plankommissionen im Bild zeigte: Der mittelgroße, vierschrötige, massive Körperschrank des Aserbaidschaners Nikolai Baibakow (1911-2008, ehemals Minister für Erdölindustrie und Chemie), lässt den kleinen, schmächtigen, blonden Gerhard Schürer (1921-2010), in der „brüderlichen Umarmung“ total verschwinden. Besser konnten die Kameraleute die Beziehung zwischen den beiden „Bruder“-Ländern nicht versinnbildlichen.

Schon nach aufmerksamem Lesen von Gorbatschows Buch „Umgestaltung und Neues Denken“ im Sommer 1987 schätzte ich zwar die Initiative des „Gensek“ (russische volkstümliche Abkürzung für Generalsekretär der KPdSU), vertraute aber nicht seinem Anspruch ein Weltverbesserer zu sein und seinen pathetischen und hochtrabenden Worten.

Mich belastete meine fachliche Arbeit emotional sehr. Nach Erledigung meiner abendlichen Arbeiten für die Familie und im Haushalt, erholte ich mich bei den Sendungen „Aspekte“, „Titel, Thesen, Temperamente“, „Scheibenwischer“ und sämtlichen Unterhaltungssendungen mit Jürgen von Manger, Alfred Biolek, Peter Ustinov, Harald Juhnke, Peter Frankenfeld, Hans-Joachim Kulenkampff und „Sketch-Up“ mit Diether Krebs, Beatrice Richter und Iris Berben.

Die „Aktuelle Kamera“ war für mich nicht informativ und den „Schwarzen Kanal“ mit Karl-Eduard von Schnitzler schaute ich mir nur ein einziges Mal an, um mir einen Eindruck zu verschaffen, da meine Kollegen ab und zu über diese Sendung diskutierten. Ich kann derartige grobschlächtige Konter-Propaganda nicht ausstehen, ganz egal aus welcher Richtung sie gesendet wird. Diesen dumpfen und verkürzten Sprechblasen der meist arroganten, aufgeblasenen Männer, opferte ich nicht meine Zeit.

Einiges aus den Erinnerungen von Nikita Chruschtschow

Was veranlasst mich noch heute, auch „Einiges“ über Nikita Chruschtschow (1894-1971) in meiner „Familien-Geschichte“ aufzuschreiben?

Der Ukrainer war einer der Zöglinge J. Stalins, der an dessen Sterbebett als erster zugegen war und drei Jahre später den Mut hatte, auf dem XX. Parteitag der KPdSU die verbrecherische Politik Stalins anzusprechen. Nachdem eine kurze Periode des sogenannten „Tauwetters“ folgte, beendete die Partei feige ihre Vergangenheits- Bewältigung und N. S. Chruschtschow wurde, für sowjetische Führer ungewöhnlich, vorzeitig als Rentner abgeschoben.

Im Sommer 1997 kaufte ich mir in Moskau die von seinem Sohn herausgegebenen „Erinnerungen“, in Russisch. Auf das Leben in der DDR und somit auch auf meine Familie, hatte die sowjetische Wirtschaftspolitik nicht unwesentliche Auswirkung. N. Chruschtschow erinnert:
Es kränkt uns, dass andere sozialistische Länder die Sowjetunion als riesige melkende Kuh betrachten. Aber seht, wir leben schlechter als die Mehrzahl der Länder, denen wir helfen. Der Lebensstandard wird durch den Pro-Kopf-Verbrauch der jeweiligen Länder bestimmt. Zum Beispiel durch den Verbrauch von Fleisch. 1964 kamen pro Kopf der Bevölkerung der DDR bis zu 75 kg, bei den Tschechen bis zu 65 kg, bei den Polen unter 50 kg, dann folgten die Ungarn und dann erst die Sowjetunion. Irgendwann sagte ich mal zu W. Ulbricht: ´Walter, ich fordere keine Gleichmacherei, aber begreifen Sie unsere Lage. Wir sind die Sieger, wir haben Hitlerdeutschland zerschlagen und wir geben der DDR Getreide und Waren, die für freie Währung gehandelt werden, damit ihr sie ins Ausland verkauft und dafür Fleisch kaufen könnt, um den Pro-Kopf-Verbrauch von 75 kg Fleisch zu gewährleisten. Aber wie kümmert Ihr euch um uns? Natürlich muss der Lebensstandard in der DDR höher als in der BRD sein. Nur das kann alle Deutschen auf unsere Seite bringen. Aber vorläufig wird es sich nicht ergeben. In diesem Zusammenhang ist das Problem der Reparationsleistungen interessant. Die

westlichen Alliierten haben die Reparationsleistungen, die ihnen die BRD gezahlt hat, abgeschafft. Die DDR fuhr fort uns auszubezahlen mit dem, was sie konnte. Als Stalin 1953 starb erhoben wir erneut die Frage: Wenn wir wollen, dass Ostdeutschland mit Westdeutschland wetteifern kann, müssen wir ihm die Möglichkeit geben, seine Wirtschaft heftig anzukurbeln. Bei Fortführung der Reparationsleistungen und der Deckung der Kosten für unsere Streitkräfte auf ihrem Territorium, ist das unmöglich. Daraufhin verzichteten wir auf Reparationsleistungen und bezahlten selbst den Unterhalt unserer Truppen. Den Polen gefiel das und auch sie begannen, uns das Fell über die Ohren zu ziehen. Sie verdienten daran, da unsere sich auf polnischem Gebiet befindenden Streitkräfte sich ja auch für die ureigensten Interessen Polens einsetzten.

An anderer Stelle zitiert Chruschtschows Sohn aus den Erinnerungen seines Vaters, dass *viele komplizierte Probleme auch in den Beziehungen zwischen den Ländern der Volksdemokratien, wie diese nach dem Krieg genannt wurden, existierten. Polen besitzt Kokskohle, die die DDR für ihre Industrie dringend braucht und nicht hat. Die Sowjetunion hilft ihr mit dem Umleitungsvertrag.*

Zum „Umleitungsvertrag“ meine Ergänzung:
Bis zum II. Weltkrieg bestand eine enge Verflechtung des damaligen Mitteldeutschland mit den Industriegebieten der ehemaligen deutschen Ostgebiete. So erhielt zum Beispiel dieser Teil Deutschlands Ende der 1930er Jahre von 13 Millionen Tonnen benötigter Steinkohle, 9 Millionen Tonnen aus Oberschlesien. Dazu kamen von dort Steinkohlenkoks und andere Steinkohlenprodukte. Diese Lieferungen fielen ab 1945 weg. Erst Mitte der 1950er Jahre erhielt die DDR 6 Millionen Tonnen Steinkohle im Rahmen des erwähnten Umleitungsvertrages. Dabei handelte es sich um mit der UdSSR mengenmäßig festgelegte Lieferungen von Steinkohle und Steinkohlenkoks aus dem nun polnischen Oberschlesien, die diese an die DDR abtrat, das heißt, vertraglich auf dem Papier „umgeleitet“ wurden.
Die grobe Gesamtmenge wurde zwischen der UdSSR und der DDR langfristig vertraglich vereinbart, aber die Feinspezifikation für die einzelnen Kohlesorten jährlich mit der polnischen Seite ausgehandelt. Mit zunehmender Nachfrage nach hochwertiger verkokbarer Steinkohle auf dem Weltmarkt, reduzierte die polnische Seite diese Liefermengen an die DDR zugunsten minderwertiger Sorten.

Zu den Reparationsleistungen der DDR nach dem II. Weltkrieg möchte ich folgendes an Erklärung hier auch festhalten. Die im Potsdamer Abkommen der UdSSR zugestandenen Reparationen wurden ausschließlich bzw. im Wesentlichen aus der von ihr besetzten Zone entnommen und etwa um 40 – 60% überzogen. 30 Prozent der 1944 auf dem Gebiet der Sowjetischen Besatzungszone (SBZ) vorhandenen Fonds wurden als Reparationen für die UdSSR in Form von Demontagen noch vorhandener Betriebe geliefert. Nach vorliegenden Untersuchungen waren davon 2.000 bis 2.400 der wichtigsten, bestausgerüsteten Betriebe der SBZ betroffen. Eine interne sowjetische Analyse gab Ende 1946 sogar die Zahl von 3.586 demontierten Betrieben an, wobei offensichtlich auch die in den von Polen besetzten Ostgebieten abgebauten Betriebe einbegriffen waren. Bis März 1947 wurden in der SBZ Eisenbahnschienen in einer Gesamtlänge von 11.800 km abgebaut und in die UdSSR verlagert. Damit wurde das Schienennetz in diesem Teil Deutschlands, bezogen auf den Stand von 1938, um 48 Prozent reduziert.

Besonders schwerwiegende Auswirkungen hatte für die Infrastruktur auch die Demontage von 6.300 km zweiter Gleise, die angesichts ständigen Mangels an Akkumulationsmitteln bis zum Untergang der DDR nicht ausgeglichen werden konnten. Erst um das Jahr 2000 herum legt man wieder neue Gleise in Richtung Osten.

Chruschtschow oder sein Sohn gibt in den Erinnerungen nur zum Teil den wahren Sachverhalt über die Reparationsleistungen an. Mit dem Befehl 167 der Sowjetischen Militäradministration (SMAD) sind im Juni 1946 zweihundert der noch vorhandenen wichtigsten Betriebe, die auch für Demontage vorgesehen waren, zu sogenannten SAG – Sowjetischen Aktiengesellschaften – umgebildet worden. Sie sind als sowjetisches Eigentum deklariert und die Reparationsleistungen verlagerten sich von der Demontage auf die Entnahme aus der laufenden Produktion dieser SAG-Betriebe.

Nachdem die erste sowjetische Atombombe am 29. August 1949 in der kasachischen Steppe getestet worden war, ließ die Gier nach erzgebirgischem Uranerz nicht nach. Bis Ende 1953 wurden rund 9.450 Tonnen Uran an die UdSSR geliefert; eine Hochrechnung zeigt, dass aus dieser Menge mehr als 100 Atombomben des Hiroshima-Typs gebaut werden konnten.

Ab Januar 1954 leistete die SDAG-Wismut (Gemischte sowjetisch-deutsche Aktiengesellschaft) den entscheidenden Beitrag zur Schließung der sogenannten sowjetischen „Uranlücke“. Die kostenlos á Konto der Verpflichtung der Reparation der verursachten Schäden im Zweiten Weltkrieg produzierenden SAG-Betriebe werden von Chruschtschow nicht erwähnt, auch nicht die Besatzungskosten einer Armee von 100.000 Mann auf DDR-Territorium.

Außerdem lässt Chruschtschow völlig außer Betracht, dass die Uranerzgewinnung und Aufbereitung zur Herstellung von Atombomben, für die DDR-Wirtschaft eine sehr wohl ins Gewicht fallende koloniale Zwangsleistung war und nicht im Interesse kleiner „Volksdemokratien“, sondern für den Kalten Krieg zwischen den Supermächten.

Dass die Wismut-Kumpel und deren Familien ihre Gesundheit und ihre Leben für den Rüstungswettlauf der sowjetischen Großmacht mit den USA einsetzten, daran erinnert Chruschtschow ebenfalls nicht, aber an den Pro-Kopf-Verbrauch von Fleisch in der DDR.

Für mich ist nach wie vor unerklärbar, warum dieses reiche Land, das größte Territorium der Welt, es nicht schaffte, seine Bevölkerung angemessen mit Lebensmitteln zu versorgen. Im zaristischen Russland hungerte das Volk, im Bürgerkrieg nach Lenins Oktober-Putsch leidet die Bevölkerung unter Hungersnöten und auf jedem Parteitag der KPdSU stand die Lage der sowjetischen Landwirtschaft auf der Agenda. Und was geschah?

Chruschtschow versuchte die Probleme der Landwirtschaft „koste es was es wolle“ durch Erschließung von 36 Millionen Hektar Neuland in den Steppen des Ural für den Anbau von Getreide und Mais zu gewinnen, um, wie DDR-Landwirte damals ulkten: „Wurst am Stengel“ zu produzieren. Allein im Jahr 1972 wurde Getreide aus Kanada und den USA, im Äquivalent für 486 Tonnen für Gold an die UdSSR geliefert. Für die Sowjetunion war die Bezahlung der Getreideimporte mit Gold kein Problem, denn ihre Gold- und Devisenreserven füllten sich wieder; als Lieferant von Erdöl und Erdgas profitierte die UdSSR vom Anstieg der Erdölpreise auf dem Weltmarkt Anfang der 1970er Jahre. Aber die Bevölkerung der kleinen DDR, deren Fläche etwa 213 Mal in die Fläche der UdSSR passte, litt sehr unter der Ölpreiserhöhung, sie verfügte über keine Gold- und Devisenreserven, sie musste Schulden machen.

Im Zusammenhang mit den Uranerz-Lieferungen der DDR an die UdSSR noch kurz etwas zur Preisgestaltung der im „Rat für gegenseitige Wirtschaftshilfe“ (RGW/Comecon) vereinigten sozialistischen Staaten. Der RGW war 1949 gegründet und die Vertragspreise im Handel miteinander wurden bis 1975 auf der Basis des Durchschnitts der Weltmarktpreise (in US-Dollar-Währung) der zurückliegenden fünf Jahre, bilateral verhandelt und festgeschrieben. Als auf dem Weltmarkt die Preise für Erdöl stark stiegen, forderte die UdSSR innerhalb des RgW neue Preisbildungsprinzipien einzuführen, was für die DDR eine enorme Belastung bedeutete.

Der westdeutsche Historiker Michael Ploetz stellte fest, dass sich vom „Ölpreisschock 1973 die DDR-Wirtschaft bis zu ihrem Untergang nie wieder erholte“. Er erwähnt jedoch nicht, dass die rohstoffarme DDR für ihren einzig damals auf dem Weltmarkt hoch dotierten Kernbrennstoff, nicht einmal einen kostendeckenden Exportpreis von der Sowjetunion bezahlt bekam – bis Ende 1980 wurde das bestehende Preisniveau für Kernbrennstoff beibehalten. Erst nach hartnäckigen Verhandlungen der DDR-Regierung gelang es auf der Ebene zwischen den Finanzministern, auch für Kernbrennstoff die RGW-Preisbildungsprinzipien anzuwenden. Der bis dahin geltende Festpreis von 24 Rubel je Kilogramm Kernbrennstoff wurde aufgehoben und auf 59,20 Rubel je Kilogramm erhöht. Auch dieser Preis entsprach noch keineswegs annähernd dem Durchschnitt der Weltmarktpreise. Hinzu kam, dass infolge verschlechternder Abbaubedingungen sich der Aufwand für die Förderung von Uranerz stark erhöhte und die indirekten Kosten, an denen sich die UdSSR nicht beteiligte, stark zunahmen. Die Preiserhöhung ab 1980 entsprach bei weitem nicht dem realen Aufwand.

Erst nach der Reaktorkatastrophe in der Nacht vom 25. zum 26. April 1986 im Block 4 des Kernkraftwerkes in Tschernobyl, bahnte sich ein gewisses Umdenken an.

Mutige ostdeutsche Umweltaktivisten hatten bereits Mitte der 1980er Jahre die von der SDAG Wismut verursachten reaktiven Altlasten scharf kritisiert.

Ab 1991 musste deutsches Uranerz von der russischen Rüstungsindustrie in Westmark bezahlt werden.

Wendezeit – Zeitenwende?

Für mich, ab dem 9. November 1989, nach 28 Jahren wieder Berlinerin ohne Mauer, begann ein verändertes Leben. Hoffnung, aber zugleich auch eine unklare Furcht vor schwerer Zeit bestimmten meine Gefühlswelt. Wie durch unwillkürliches Aufbrechen eines übervollen Staudammes wurde ich überflutet und in Taumel versetzt. Ich hatte mich an unser Mauerdasein gewöhnt. Wohl auch meine beiden erwachsenen Töchter. Die ältere von ihnen lebte mit ihrem Mann und zwei Kindern nicht weit von mir auch in Berlin und die jüngere studierte noch in Leipzig.

Mein Mann, der Protestdemonstrationen in Weimar erlebt hatte, kam nach sechs Wochen aus dem Sanatorium mit dem Ergebnis nach Hause, dass sich der Verdacht auf Darmkrebs nicht bestätigt hatte. Diese Nachricht ließ mich vor Freude tanzen.

Wiedersehen mit Klaus und Ellen

Wie viele Jahre waren es, in denen ich meinen Cousin Klaus und seine Frau Ellen nicht gesehen hatte? Einige Jahre nach Mauerbau hatten uns Klaus und Ellen in Oberschöneweide noch besucht. Ich sehe deutlich den stolzen Vater Klaus vor mir, sich unruhig auf meinem schwarzen Klavierhocker drehend, neben ihm auf der Couch sein dreiviertel Jahre altes Söhnchen Stephan, und an Ellens Sessel lehnend, die zwei reizenden Töchterchen, Olivia und Manuela; schwarze Lockenköpfe wie der Vater; in gleichen Samtkleidchen mit weißen Rüschen gekleidet. Manfred und ich hatten zum damaligen Zeitpunkt erst eine kleine Tochter.

Gleich nach Grenzöffnung, kurz vor Weihnachten, besuchten uns Ellen und Klaus mit einem befreundeten Ehepaar auf der Fischerinsel. Im ersten Moment lag über diesem ersten Wiedersehen nach so vielen Jahren auf beiden Seiten eine gewisse Beklommenheit, die sich aber nicht ausbreitete. Unsere Umarmungen waren fest und innig. Feindseligkeit unterstellte keiner dem anderen. Alle waren glücklich und versetzten sich, unterstützt von Bier und Kognak oder auch Whisky in warmherzige Stimmung.

Ich bewunderte Ellen, die sehr feminin, ruhig und leicht madonnenhaft auf mich wirkte; eine sehr schöne Frau, die sich mein Cousin auserwählt hatte. Im Gegensatz zu seinem leicht poltrig-proletarischen Auftreten, ist sie vornehm, geradezu aristokratisch; ihr üppiges mittellanges dunkelbraunes Haar war damenhaft in einer Nackenrolle gebändigt. Ihre

Bekleidung von besonderem Schick, nicht gewöhnlich. Inzwischen waren sie mit ihren drei Kindern von Berlin-Neukölln nach Steglitz, in ein für sie und die Kinder angenehmeres Wohnumfeld gezogen.

Zum Geburtstag von Tante Lotte am 16. Januar saß die kleine Berliner Familie nun endlich wieder an einem Tisch, konnte zusammen essen und sich unterhalten. Ellen erzählte, dass sie die große Porzellanvase, die Tante Lotte zur Hochzeit geschenkt hatte, noch immer schön findet und diese benutzt.
Tante Lotte (meine Mutter) erinnerte sich nicht mehr an das Schenken und die Vase – es war mehr als dreißig Jahre her.

Ellen ist ein oder zwei Jahre älter als ich und ich lernte sie kennen, als ich noch meine Großmutter Agnes, Tante Irmgard und Cousin Klaus in Neukölln besuchen konnte.

Im Laufe der vielen Jahre der Trennung sind die Alten – Großmutter Agnes und Tante Irmgard, jüngste Schwester meines Vaters – gestorben.

Ellen war mir von Anfang an sympathisch; auch sie war eine Frau, die ihre Persönlichkeit nicht über die ihres Mannes definierte; wir beiden Frauen hätten uns gut all die Jahre gegenseitig unterstützen können – waren meine Gedanken. Sie war wie ich eine emanzipierte Frau, inwieweit sie auch von ihrem Mann finanziell unabhängig war, weiß ich nicht. Als ihre drei Kinder noch klein waren arbeitete sie nicht, erzählt sie mir, Klaus war viel auf Montage und verdiente gutes Geld.

Mir imponierte schon die neue gesellschaftliche Situation, in der der Mann allein die materielle Verantwortung für Gedeihen von Frau und Kindern trägt. Bei meinen Überlegungen kam ich zu der Auffassung, dass es der ostdeutsche Mann unter den Bedingungen der Berufstätigkeit seiner Frau eigentlich leichter hatte als der westdeutsche.

Ich war, wie die Mehrzahl der ostdeutschen Frauen immer berufstätig und dadurch finanziell relativ unabhängig. Aber jene Frauen, die „Nur-Hausfrau" und Mütter waren und deren Ehemänner genügend Geld für Wirtschaften und Anschaffungen nach Hause brachten, behaupteten von uns Berufstätigen, dass wir nur arbeiten gingen, damit sich die Familie Auto, Kühlschrank und Waschmaschine kaufen konnte. Womit sie bis zum gewissen Grade ja auch recht hatten. Einige von ihnen, nach dem I. Weltkrieg geborene, kamen meist aus kleinen Orten in die Städte der DDR, hatten einfache oder keine Berufe, aber waren sehr tüchtig, um ihren Männern für deren Karriere „den Rücken frei zu halten".

Mein Frauenleben verlief aufgrund meines Studiums, meiner Ansprüche und Interessen anders. Ich teilte das Schicksal der Mehrheit der ostdeutschen Frauen, die doppelt und teilweise dreifach belastet waren; durch ihren Fleiß und Organisationstalent zwar vom Mann materiell unabhängig, in der Gesellschaft mit dem Mann aber nicht gleichberechtigt. Ob wir wirklich glücklich waren, sei dahingestellt. Nicht die Männergesellschaft bewirkte in mir ein schlechtes Gewissen wegen meiner vollen Berufstätigkeit und der Unterbringung meiner Töchter in Krippe und Kindergarten, sondern es waren die „Muttis mit den Kittelschürzen, die ach so gut kochen und backen konnten“, sehr bescheiden waren und auf ihre persönlichen Ansprüche zugunsten ihrer Kinder verzichteten; eben keine „Rabenmütter“ waren.

Im Laufe meines Berufslebens hatte ich mehr als einen Erschöpfungszustand (heute heißt es Burn-out). Ich wurde zwar vom Arzt „krank geschrieben“, oder wie einige Ärztinnen sagten: “aus dem Verkehr gezogen“, aber eigentlich erfuhr ich keine Hilfe. Meine Beschwerden wurden als nervös und nicht organisch bestimmbar bezeichnet. Eigentlich war ich selber schuld, dass ich mich so verausgabte. Die Ärzte durften bei dem bestehenden Arbeitskräftemangel nicht empfehlen, verkürzt zu arbeiten. Das hätte ich auch nicht gewollt, denn das bedeutete mein Arbeitsgebiet betreffend, für weniger Geld in kürzerer Zeit die gleichen Aufgaben zu erfüllen. Im Übrigen brauchten wir auch mein Einkommen für unsere vierköpfige Familie.

Nun bin ich schon wieder in alte Zeiten abgeschweift, will doch aber von dem Wiedersehen mit Ellen und Kaus berichten.

Nach dem Geldumtausch brach für alle Ostberlinerinnen eine neue Zeit an. Anfangs fiel es mir schwer die „harte“ Westmark für Suppengrün, ehemals 20 Pfennig jetzt 1,50 DM, auf den Tisch zu legen. Die über Nacht gefüllten Regale mit der Vielfalt von Fleisch, Wurst, Käse, Gemüse, Südfrüchten, Joghurtsorten verblüfften mich eigentlich nur für eine kurze Zeit, ich gewöhnte mich relativ schnell und Ellen war meine Beraterin in der Zeit der Umgewöhnung.

Ich: Ellen, welches Waschpulver soll ich kaufen? Welches nimmst du?
Ellen: Meine Mama hat immer mit „Ariel“ oder „Weißer Riese“ gewaschen und ich mache es so wie sie. Du kannst es ja ausprobieren.
Ich: Ich weiß gar nicht, ob es bei uns so etwas wie „Schlussverkäufe“ in den Warenhäusern gab. Hier im Westen scheinen sie ja eine große Bedeutung zu haben, denn man macht viel Reklame und die Leute stürmen am ersten Tag die Kaufhäuser.
Ellen: Ja, und sie wühlen dann in den Textilien, reißen sich die Sachen aus der Hand. Ich verabscheue die Wühltische. Aber ehrlich dir gesagt,

wenn ich Zeit habe und gerade an „Karstadt“ vorbeikomme, schaue ich auch mal rein, um vielleicht ein „Schnäppchen“ zu machen. Wenn nicht, ist es auch gut.
Ich: Was ist denn ein „ Schnäppchen“?, wenn man jemandem am Wühltisch etwas wegschnappt? Das kann es nicht sein, denn du gehst ja an keinen Wühltisch.
Ellen: Woher das Wort kommt, ob es sich irgendein Werbe-Fuzzi ausgedacht hat oder einfach so durch glückliche Käuferinnen entstanden ist, weiß ich nicht. Wenn Klaus und ich eine größere Anschaffung vorhaben, achten wir natürlich auf den Preis, aber in erster Linie auf die Qualität. Alle Branchen geben am Ende der Saison Preisnachlässe und darunter können auch Schnäppchen sein.

Nun wusste ich einigermaßen Bescheid.

Cousin Klaus, 1965 bei uns in Oberschöneweide

Ellen mit ihren Kindern Manuela, Olivia und Stephan bei uns.

1990/1991 - Jahre voller neuer Eindrücke und Bekanntschaften

Manfred erhält von Westberliner Professoren, die seinen Namen aus wissenschaftlichen Publikationen kennen, Einladungen zu ihnen nach Hause.

Der Besuch in Dahlem/Mexikoplatz bei Dr. Cécile-Lowenthal-Hensel und ihrem Ehemann, den Cécile humorvoll Eusebius nennt, hinterlässt bei mir den nachhaltigsten Eindruck. Die Begegnung mit den uns gegenüber sehr liebevollen, zutiefst durchgeistigten, von natürlicher Vornehmheit geprägten Menschen, lässt mich für einen Moment meine Probleme vergessen.

Von seinen neuen Kollegen von der Freien Universität werden wir zu Sommerfesten und Geburtstagen eingeladen. Für mich überraschend, dass keine der Ehefrauen nur Hausfrau ist, alle sind voll berufstätig, Studienrätinnen etc.

Zum ersten Mal sehe ich weiße Lederottomanen, französische moderne und im Landhausstil der Provence eingerichtete Küchen, Verandaeinrichtungen im viktorianischen Stil und viele ästhetisch schöne Dinge. Wahnsinn, welch ein Wohlstand!

Ich höre interessiert den Berichten über die letzten Reiseerlebnisse zu – Klettertouren in Nepal, Kombireisen in Neuseeland und Australien u.v.m. Keinem in dieser Runde erzählte ich natürlich, dass wir im Januar lediglich zum ersten Mal nach London gereist waren. Rücksichtsvoll wurden wir nicht nach unseren Reiseerlebnissen gefragt.

Auf einer der Gartenpartys in Dahlem bin ich ungewollt Zeugin einer Gesprächsrunde, in der sich Professoren brüsten, wie erfolgreich sie die Abwicklung des Lehrkörpers der Universitäten in Halle und Leipzig durchführten. Ich bin entsetzt, derartige Gehässigkeit und Arroganz hatte ich von gebildeten Menschen nicht erwartet.

Begann nun eine „neue Zeit“? – eine Zeit der Suche nach gerechteren Wegen der Staats- und Menschenführung? Gruppierungen, neue Parteien und Bündnisse berieten an sogenannten „Runden Tischen“, die auch rechteckig sein durften, wie unter den neuen Bedingungen, eine wahrhaft demokratische Republik zu verfassen wäre.

Auch einige meiner Kollegen hatten 1989/90 diverse Ideen für mehr „Basis-Demokratie“ in der SED, für ehrlich gemeinten demokratischen Sozialismus etc. Ich beteiligte mich an derartigen Diskussionen nicht mehr, mit dieser Periode meines Lebens hatte ich abgeschlossen. Die SED-Parteibürokratie konnte solche Parteimitglieder wie mich nicht weiterhin belügen und benutzen, nachdem sie auf dem „außerordentlichen Parteitag“ der SED vom 14. – 17. Dezember 1989 lediglich einzelne Personen ausgewechselt hatte.

„Feuerwehrwache“

Am 15. März 1990 fanden die ersten freien Wahlen statt. Die „führenden Genossen“ waren bestrebt die Wirtschaft in der Hand zu behalten; wurden im noch bestehenden Wirtschaftsapparat quasi unaufgefordert zu „Reformern“ und schlossen sich in ihren alten Leitungsgremien unter dem militärischen Kommando des “Schulterschluss“ enger zusammen. Ab jetzt hatte jeder von ihnen Tag und Nacht Bereitschaftsdienst und musste, sobald es winzigste Informationen von der neuen Regierung gab, diese unverzüglich den anderen in der Bergwand am Seil Hängenden zur Kenntnis geben. Das Feuer der Revolte brannte lichterloh und man wollte zu den Ersten gehören, die auf der Feuerwehrwache das Signal zur Schadensbegrenzung erhielten.

Der vorherrschende Gedanke in den Köpfen dieser Feuerwehrleute, um im Bild zu bleiben, war, sobald jemand auf den Knopf der Alarm-Sirene gedrückt hatte, sich zu retten und schnell in trockene Tücher zu bringen, komme was da wolle. Die entscheidenden Feuerwehrmänner waren seit vielen Jahren ein eingeschworenes Team; einige kannten sich seit dem Studium, dem Fernstudium, der Parteihochschule oder von gemeinsamen Jagd- und Saufgelagen.

Aus diesem Zirkel älterer, selbstgerechter Männer konnte ich mit keiner Unterstützung rechnen. Solange man sich die Vorgänge auf dem Weltmarkt der Roh- und Brennstoffe, Valutakursen etc. und deren Zusammenhänge von mir erklären lassen musste, wurde ich gebraucht, jetzt nicht mehr.

Am 1. Dezember 1989 war das 10-Punkte-Programm aus der Rede von Helmut Kohl in der Bundestagsdebatte (28.11.1989) veröffentlicht worden und im Punkt 10 heißt es: „Die Wiedervereinigung, das heißt, die Wiedergewinnung der staatlichen Einheit Deutschlands bleibt das politische Ziel der Bundesregierung…“

Meine Hoffnung war, dass bei der Wiedervereinigung Deutschlands nicht überstürzt gehandelt werden wird. In der ersten Phase der Umstrukturierung entstand in Anlehnung an die Struktur der Bundesrepublik ein Ministerium für Wirtschaft und in ihm der Bereich eines Wirtschaftskomitees, in welches Teile der ehemaligen Staatlichen Plankommission eingegliedert wurden. Mir gab man eine „Planstelle“ aus Kulanz oder

Mitgefühl, wie auch immer, in einer anderen Abteilung, in der mich keiner kannte, ich aber sozusagen „untergebracht“ war. Konnte ich als 52 Jahre „Alte“ darüber froh sein? Erst einmal ja, denn, wenn Frauen überhaupt behalten wurden, so doch jüngere, meist Sekretärinnen.

Dagegen werden weitaus ältere Männer in die umgewandelten Strukturen eingegliedert; Männer ohne spezielle Befähigung für kaufmännische oder ähnliche Tätigkeiten, aus dem zentralen SED-Apparat und auch Staatssicherheitsoffiziere. Mir und anderen Frauen zieht man den Stuhl ohne jegliche Erklärung unter dem Hintern weg, der neue Staat hat für uns keine Verwendung mehr. Raus! Raus!

„Wartestand und Warteschleife“

In der Zeitung kann ich lesen, dass mir „als im öffentlichen Dienst nicht mehr benötigter Arbeitnehmerin, vom Beitrittsdatum 3. Oktober 1990 an, eine Gnadenfrist von sechs Monaten und für Menschen über 50 Jahre, eine von neun Monaten eingeräumt wird, bei ´ruhendem Arbeitsverhältnis´ und einem ´Wartegeld´ in Höhe von 70% ihrer letzten Bezüge.“

Den letzten Lohnschein für „Genossin Kliem“, der Planstelle 3086, erhielt ich im Dezember 1989; ihn habe ich aufgehoben. Mein Bruttogehalt betrug damals 1780,- Mark der Deutschen Notenbank, davon gingen 336 Mark Lohnsteuer, 53,40 Mark freiwillige Zusatzrente, 60 Mark Sozialversicherungsbeitrag ab, sodass mein monatliches Nettogehalt 1 330,- MDNB betrug. Davon hatte ich monatlich 21 Mark Beitrag für die Mitgliedschaft in der Gewerkschaft, 15 Mark in den Solidaritätsfonds der DDR und 36 Mark für die Mitgliedschaft in der SED zu zahlen.

In meinem Tagebuch hielt ich unter dem 29. Mai und 19. Juni 1990 meine damalige Stimmung und Situation wie folgt fest:
29. Mai 1990 – seit zwei Tagen bin ich wieder hier an meinem Schreibtisch, habe nichts zu tun, werde aber noch nicht als „arbeitslos“ bezeichnet. In der Woche, in der ich mit Manfred und meiner Mutter im Harz/Güntersberge in Urlaub war, hat sich hier im Wirtschaftministerium nichts geändert. Einige Strukturen und einige Ämter sind neu gebildet, bei denen man sich bewerben kann. Von meinen drei Bewerbungen habe ich zwei Ablehnungen erhalten. Eine Bewerbung bei Herrn Jürgen P. Sudmann - BRD-Unternehmensberater - läuft noch; da man aber nur brieflich korrespondieren kann (unser privater Telefonanschluss ist seit drei Wochen blockiert), ist es noch zu keinem persönlichen Gespräch – zwecks Abtastung – gekommen. Und ich werde immer älter.

16.Juni 1990 – inzwischen hat besagter Jürgen P. Sudmann aus Rahnsdorf am 31.5. abends bei uns zu Hause angerufen. Ungefähr fünf Mal musste er neu anwählen, um mir zu erklären, dass er Juristen, Wirtschafts- und Steuerprüfer für unsere Noch-DDR-Betriebe brauche. Ich ihm sagte, dass ich keine Juristin sei und wohl zu alt bin, um mich umzuschulen. Es war ein sehr höfliches und freies angenehmes Gespräch. Der Stimme am Telefon nach zu urteilen, ist Herr P. Sudmann nicht fett, Ende Dreißig, 1,80 m groß – wer weiß, ob ich ihn jemals zu Gesicht bekommen werde. Sicher nicht!

Im Brief hatte er mir die Telefonnummer eines Herrn Schneider aus der Personalabteilung der EU in Brüssel geschrieben. Wie soll ich nach Brüssel telefonieren? Meine Furcht oder Scham, ich weiß nicht, wie man es bezeichnet, hielt mich davon zurück. Was stellen sich diese Bundis vor, wie mutig wir sind? Wir, und besonders ich, habe es nie verstanden, mich anzubieten – weder als Fachkraft noch als „Weibchen“. Natürlich habe ich stets auch auf mein Äußeres geachtet, aber mein Ehrgeiz bestand immer darin, zu lernen, neues Wissen aufzunehmen, meinen Geist anzustrengen – bloß, das hat mir alles nichts gebracht, bei all der Mittelmäßigkeit der Leiter, die ich in den letzten Jahren so über mir ertrug.

Unser Gebäude in der Leipziger Straße leert sich. Die Toilettenräume sind mit ausgeleerten grauen Aktenordnern und sonstigem Gerümpel vollgepflastert. Interessant ist auch, dass bei so vielen Genossen, die früher angeblich über keinerlei Westkontakte verfügten, jetzt Verwandte, sogar 1. Grades, auftauchen. Bei einem ehemaligen Abteilungsleiter eines für die Volkswirtschaft nicht unwichtigen Industriezweiges und Mitglied der SED-Kreisleitung besteht seit 1983 ein umfangreiches Erbe (Aktienpakete, Obligationen, Mietshäuser u.a.), welches bis 1989 von einem Rechtsanwalt verwaltet wurde und das so reichlich ist, dass er in Zukunft von den Zinsen ruhig leben kann. Vorläufig braucht er die Zinsen nicht zum Leben, er hat unter dem neuen Regime einen Referatsleiterposten abgefasst. Für mich ist Fazit und bittere Erkenntnis, dass Männer – meines Jahrgangs und älter - sich schnell wieder neuen „Führern“ anpassten. Frauen wie ich, im wahrsten Sinne „dämliche“, die ihre familiären Interessen hinter die des Staates gestellt hatten, sind die betrogenen.

Ich würde mich jetzt gern in meine private kleine Welt zurückziehen, etwas zur Ruhe kommen, das machen, was mir Spaß macht, aber, es fehlt wiederum die materielle Basis dafür. Manfred kämpft in der Uni, aber auch da bestimmen die Durchreißer das Klima und immer noch nicht die Gelehrten oder unabhängigen Wissenschaftler.

„Meine Abwicklung“

Die Neunziger Jahre des vorigen Jahrhunderts begannen für uns mit einer Flut neuer Begrifflichkeiten. Den Begriff der „Abwicklung“ kannte ich aus meiner Tätigkeit als Exportkauffrau für die papiermäßige, buchhalterische Abwicklung von Exportgeschäften und nicht im Zusammenhang mit lebendigen Menschen. Für Manfred war der Begriff völlig neu. Die „Warteschleife“ war für mich vollkommen neu. Den Arbeitnehmer in eine „Warteschleife“ zu stellen, schien eine Methode in Industrie und Handel zu sein. Genau wusste ich es nicht.

In der Zeitung „Die Welt“, Nr. 59 vom 11.3.1991, S.4 stellt Clemens Bollinger fest:
Die Argumentationslinie der Bundesregierung läuft darauf hinaus, dass die DDR am 3. Oktober 1990 als Staat untergegangen sei, folglich auch ihre Funktion als Arbeitgeber verloren ging. Mit dem Ziel, diesen Umstand für die Betroffenen in einer Zeit des Übergangs und des Neuaufbaus so sozialverträglich wie möglich zu gestalten, habe man die „Warteschleife“ geschaffen, und damit die „ruhenden“ Arbeitsverhältnisse überhaupt erst begründet. Von einer Rechtsnachfolge der Bundesrepublik auf die DDR könne keine Rede sein. Daher sei sie auch rechtlich nicht verpflichtet gewesen, den völlig überbesetzten DDR-Staats- und Verwaltungsapparat zu übernehmen.

Diese Behauptung des Artikelschreibers vom *völlig überbesetzten DDR-Staats- und Verwaltungsapparat* glaubte ich damals, aber musste man deshalb fachlich gut ausgebildete Ost-Beamte papiermäßig „abwickeln“, dieses Potential rigoros nicht nutzen? Spätere Erkenntnis zeigte mir, dass die „alte Bundesrepublik“ über einen nicht weniger aufgeblähten Beamten - und Lobbyisten-Apparat verfügt.
In einem Rundschreiben der Gewerkschaft öffentliche Dienste (GÖD) stand, dass: *Eine Versetzung in den Wartestand für das Gebiet der ehemaligen DDR per Einigungsvertrag gesetzlich möglich gemacht worden ist, auch wenn es das für die alte BRD nicht gibt.* Wie toll, die „Warteschleife“ ist extra für uns Ostdeutsche gemacht?

Inzwischen hatte ich weder einen Tisch noch Arbeit. Hatte ich nun die „Warteschleife“ im Haar oder befand ich mich im „Wartestand“? Gab es einen Unterschied zwischen beiden Begriffen?

Umschulung durch COGNOS AG

Ende Juli 1990 ist vom noch-Staatssekretär im Wirtschaftskomitee ein Rundschreiben über „Umschulungsmaßnahmen“ im Umlauf, das fünf in der Privatwirtschaft notwendige Berufe (Kaufmann Handel, Kaufmann Industrie, Bilanzbuchhalter, Kreditwesen und Steuern) zur Umschulung anbietet. Ich stelle den Antrag am Lehrgang „Kreditwesen“ teilnehmen zu dürfen. Ein weiteres Rundschreiben besagt, *dass die Umschulungsteilnehmer bis zum Beginn der betreffenden Umschulungsmaßnahme ihren Jahresurlaub 1990 in Anspruch zu nehmen haben, da das Arbeitsverhältnis spätestens am 31.12.1990 beendet wird. Die Vergütung der Umschulungsteilnehmer während der Maßnahme wird noch geklärt.*

Ich gehöre also jetzt zu den „Arbeitnehmerinnen“, die man definitiv ausgesondert hat, mit denen man nur noch über papierne Rundschreiben kommuniziert, aber denen man vielleicht, trotz ihres Alters, einen Lehrgang finanziert. Von der Abteilung Fort- u. Weiterbildung/ Umschulung, dessen Leiter ein ehemaliger Zuträger für Personaldaten an die Staatssicherheit war, erfahre ich, dass ich an der „gezielten Umschulung“ vom 15.8.1990 bis 15.2.1991 teilnehmen darf, ab dem 1.9.1990 ein „Kurzarbeitergeld“ gezahlt bekomme und die *Beantragung von Unterhaltsgeld durch die Arbeitnehmer beim Arbeitsamt unterstützt wird. Die Teilnahme an der Umschulungsmaßnahme erfolgt auf freiwilliger Basis. (...) Unentschuldigtes Fernbleiben von der Umschulungsmaßnahme führt zum sofortigen Ausschluss und zum sofortigen Beenden des Arbeitsverhältnisses.*

In einem neuen Rundschreiben steht, dass ich *laut Arbeitsförderungsgesetz vom 22.6.1990 als Teilnehmerin einer beruflichen Bildungsmaßnahme einen Antrag zur individuellen Förderung stellen muss, damit bei Zutreffen der Bedingungen (siehe §36) die Kosten vom Arbeitsamt getragen werden.* Was der § 36 bedeutet, weiß ich nicht. Man erläutert, dass das Arbeitsamt (und nicht das Wirtschaftsministerium) den Vertrag mit der COGNOS AG Hamburg abgeschlossen hat; damit sei ich versichert und habe die Pflicht an allen Unterrichtsstunden teilzunehmen. Der Kursus besteht aus 1000 Unterrichtsstunden und endet ohne Zertifikat.

Ich war innerhalb eines halben Jahres von einer gebildeten, fleißig arbeitenden Frau, zu einer kleinkriminellen, auf Staatskosten existierenden Person geworden. Jedenfalls empfand ich die entstandene Situation so. Kein Wunder, denn die Begrifflichkeiten auch des Arbeitsamtes waren mir völlig fremd. Erst viel später begriff ich das Instrumentarium, welches der Staat einsetzte, um den Begriff der „sozialen“ Marktwirtschaft zu rechtfertigen.

Das Bildungsunternehmen IFBE (Institut für berufsbezogene Erwachsenenbildung GmbH) besteht in Hamburg seit dem 13.5.1975 – und die COGNOS AG Hamburg ist am 19.1.1989 als eine ihrer Tochtergesellschaften gegründet worden. Auch die berühmte Akademie für Führungskräfte der Wirtschaft in Bad Harzburg ist Tochtergesellschaft der COGNOS AG Hamburg. Jene Akademie besteht seit den End-1940er Jahren und war Auffangstelle für Nazi-Wirtschaftsexperten. Die COGNOS AG hatte ihre Zweigstelle im unlängst neuerbauten ehemaligen „Institut für sozialistische Wirtschaftsführung beim ZK der SED“ in Berlin-Rahnsdorf, am Müggelsee, Blockdammweg 33 eingerichtet.

Die Dozenten der COGNOS AG, sympathische Männer zwischen 40 und 50 Jahre, hatten im ersten Moment, so schien es, Berührungsängste mit den vor ihnen sitzenden Schülern des ehemaligen DDR-Staatsapparates - im Alter zwischen 30 und 58 Jahren; alle mit Hochschuldiplomen, die jüngeren meist auch promoviert -,aber eben im falschen System tätig gewesen.

Wir waren erwartungsvoll, wie gewohnt diszipliniert, durch die Umstände alle eingeschüchtert, aber gut erzogen genug, den Dozenten gegenüber unseren Groll und erfahrene Demütigungen nicht zu äußern. Beide Seiten schätzten das Anliegen der sogenannten “gezielten“ Schulungsmaßnahme (bezahlt vom westdeutschen Steuerzahler). Die Einen, weil sie durch diese Lehrtätigkeit bezahlte Arbeit hatten und den Anderen war klar, dass der Schnellkurs in Volkswirtschaftslehre als Grundbildung, Betriebswirtschaftslehre der Unternehmung, Rechnungswesen der Betriebe, Wirtschaftslehre des Kreditwesens, Industriebuchführung mit Kosten- und Leistungsrechnung, ihnen zwar einige Detaileinblicke in die Marktwirtschaft vermitteln wird, aber kaum Aussicht auf eine angemessene Arbeitsstelle.

Kostenlos bekamen die umzuschulenden DDR-Akademiker eine Vielzahl von aktuellen Lehrmaterialien renommierter Verlage, wie „Verlag Dr. Max Gehlen“, Bad Homburg vor der Höhe; „Verlag Europa-Lehrmittel“, Wuppertal; „Winklers Verlag. Gebrüder Grimm“, Darmstadt. Die Lehrbücher stehen bis heute in meinem Bücherregal und ich nutzte sie auch später bei meiner Arbeit mit russischen und usbekischen Existenzgründerinnen. Meine damaligen Mitschriften habe ich inzwischen verbrannt.

Herr El. und auch Herr Da. erklärten uns „Die Deckungsbeitragsrechnung als Entscheidungshilfe für die Preis- und Sortimentspolitik“ und wie man für ehemalige DDR-Betriebe eine DM-Eröffnungsbilanz erstellt; für 3,9 Millionen DDR-Betriebe war der Oktober 1990 der Termin dafür und für den Rest der Betriebe Ende 1990.

Gesetzesvorschriften stellen Ausnahmeregelungen dar, erklärte Herr El., denn nicht von Anschaffungskosten sondern von Wiederbeschaffungskosten ist in der Bilanz auszugehen. Auch bei Grundstücken sind die Wiederbeschaffungskosten maßgebend (Einheitswert des Jahres 1964) im Unterschied zu Gebäuden und Maschinen. Herr Schrö. erklärte unter anderem die Gründe für die Ausgabe von Wandelschuldverschreibungen aus Sicht des Unternehmers. Alles für mich hochinteressant, auch was Dr. Stei. zum „Wertbildungs- und Wertverteilungs-Prozess“ darlegte.

Am 15. Februar 1991 um 10 Uhr händigt man uns ein Zeugnis aus und meint, die Chancen für uns auf dem Arbeitsmarkt verbessert zu haben. Das mag für den einen oder anderen jüngeren Mann oder Frau auch zutreffen.

Die Chance auf *Prüfung einer Wiederverwendbarkeit* auf Anraten der GÖD, nahm ich nicht in Anspruch. Ich suchte in Lichtenberg das Arbeitsamt und meldete mich „arbeitslos“ oder, wie es heißt: Ich stellte meine Arbeitskraft dem Markt zur Verfügung.

Die eiskalte Beendigung meines Berufslebens mit der Begründung der „Nicht-Wieder-Verwendbarkeit“ wurde mir erst viel später bewusst, im Gegenteil, ich fühlte mich in der Zeit des Umsturzes von der ewigen Bevormundung durch die Partei, der Schubladisierung und vom spießigen Konformismus befreit.

Außerdem trat mein eigenes Schicksal durch die Sorge um die Entwicklung meiner Töchter total in den Hintergrund.

Ellen hilft

Ellen, deren Freundin die Buchhaltung in Berlin-Zehlendorf für die Firma „MERKUR. Industrieprodukte Export-Import-GmbH“ führte, vermittelt mich an die Freundin, denn sie wusste, dass die Chefin von MERKUR für die neu in Ostberlin eingerichtete Niederlassung eine Büroleiterin mit russischen Sprachkenntnissen sucht.

Zum vorher zugeschickten Anstellungsvertrag hatte ich Fragen zum Umfang meines Aufgabengebietes und ich schrieb nach Köln, dass *nach meinem DDR-Verständnis die verlangten Aufgaben über die Tätigkeit einer Bürohilfskraft hinausgehen, damit bin ich sehr einverstanden und ich werde mich bemühen, den Anforderungen der Geschäftsleitung gerecht zu werden.*

Zu meiner Freude und Verblüffung kommt die junge Ilona S. aus Köln-Kerpen am 8. März mit einem Frühlingsblumenstrauß und gratuliert mir Alten aus Ostberlin, zum Internationalen Frauentag.

Meine neue Arbeitsstelle ist nur etwa zwanzig Minuten Fußweg von meinem Wohnort entfernt. Das Bürohaus in Berlin-Mitte ist bewacht, aber ich habe einen Schlüssel für den Raum 319 und kann so lange arbeiten wie ich will. Ich muss lernen auf einer IBM-Kugelkopfschreibmaschine mit Text-Speicher-Programm zu schreiben – Angebote etc. zu verfassen; alles ungewohnt für mich. Bezahlt werde ich von Frau Sel. für 20 Stunden wöchentlich, mit einem Bruttogehalt von 1500 DM.

In Ilona Sel. lerne ich eine junge, ungewöhnliche Frau kennen. Es brauchte nur kurze Zeit und wir beide empfinden Sympathie füreinander. Auf der einen Seite die Enddreißiger Unternehmerin, eher kleinen Wuchses, sehr schlank, und auf der anderen Seite die 54-jährige arbeitslose ehemalige Angestellte im DDR-Wirtschaftsapparat, mittelgroß, eher vollbusig, aber noch Figur, mütterlich – beide mit kurzem Haar, pflegeleichter Frisur für Sport und Spiel.

Uns beide vereint die Kenntnis der russischen Sprache und Literatur. Frau Sel. hatte Slawistik in Köln studiert und während eines Vervollkommnungslehrgangs in Leningrad (heute wieder St. Petersburg) ihren Mann kennengelernt. Vor ungefähr 15 Jahren gründete sie die „Merkur GmbH" in Köln-Kerpen, eine Export/Import-Vertretung für hochwertige Werkzeugmaschinen, z.B. von der Firma „Agathon" aus Solothurn/Schweiz, der Firma Hille & Hille, der Fa. Pfiffner und anderer Firmen. Ihre Geschäftspartner sind sowjetische staatliche Außenhandelsunternehmen.

Die Zeiten für mich als Hausfrau änderten sich ebenfalls gravierend, ich kann anstelle meiner Waschmaschine WM 66, eine neue von der Firma „Blomberg" für 1.749 DM und ein paar Wochen später den ersten Farbfernseher, einen „Grundig 63er FS SUHS" für 1.916 DM bei Freihauslieferung, kaufen. Ich kaufte beide Dinge aufgrund einer Radio-Werbung bei Tilo Stöhr in Charlottenburg, Kaiserdamm 113. Ansonsten verfiel ich keinem Kaufrausch, ich hielt das Geld zusammen und legte das bei Frau Sel. Verdiente bei der Deutschen Bank in Bundesschatzbriefen mit sieben Jahren Laufzeit an.

Ab und an fuhr ich zum Herrmannplatz, ins „Karstadt", aber nur um zu gucken.

Mit Frau Sel. in Moskau

Vom 7. bis 16. April 1991 findet eine von Italien geführte internationale Ausstellung von Werkzeugmaschinen auf dem Moskauer Gelände der „Allunionsausstellung der Errungenschaften der Volkswirtschaft der UdSSR“ statt, auf der die von „Merkur GmbH“ vertretenen Werkzeugmaschinen ausgestellt sind und auch einen Stand hat. Frau Sel. nimmt mich mit nach Moskau und besorgt auch für mich ein Flugticket ab Schönefeld. Das Timing stimmt, wir beide treffen fast gleichzeitig auf dem Moskauer Flughafen Scheremetjewo ein und werden in das Hotel „Meschdunarodnaja“ (International), am Krasnopresnenskaja Ufer Nr. 12 gefahren.

Vor vier Jahren war ich schon einmal anlässlich einer Dienstreise in dieser Region rund um die Metrostation Krasnopresnenskaja. Damals hielt ich meine Eindrücke im Tagebuch wie folgt fest:

9. Juni 1987 – war urplötzlich auf Dienstreise in Moskau. Spezialisten-Beratung der Ständigen Arbeitsgruppe Brennstoff-Energie-Bilanzen der Mitgliedsländer des RGW. Zu beraten war die „Prognostische Einschätzung der Brennstoff-Energie-Bilanzen bis 2000.“

Der Spezialist von Seiten der DDR war Jürgen U. (mein Kollege, groß und kräftig, blondes krauses Haar, Lederjacke, braun-beige kleinkarierte Hose, ein mir sympathischer, sehr kluger emanzipierter Mann, in Eisenach gebürtig). Wir flogen mit Aeroflot Tu 134.

Wir waren im RGW-Hotel „Mir“, 5. Stock, einem Ministerappartement untergebracht. Ich hatte ein Zimmer mit einem ausgeklappten Sofa, mit Telefon und Radio. Als „Kurier ad hoc“ musste ich die „geheimen“ Materialien jeden Tag in unserer DDR-Vertretung in der Paritätischen Regierungskommission einschließen lassen, die sich im 22. Stockwerk befand – gegenüber der mongolischen Vertretung. Von hier oben hatte man einen sagenhaften Ausblick auf Moskwa-Reka, das Hotel Ukraina, den Kutusowski Prospekt und rechter Hand auf das protzige weiße Gebäude des Ministerrates der RSFSR (die Moskauer nennen es wegen seiner Form und des Inhalts „Bürokratensessel“). Und quasi gleich neben dem RGW-Komplex war von roter Backsteinmauer eingefriedet oder abgeschirmt, die neue USA-Botschaft. Ihre Mauer scheint etwas niedriger als die des Kreml zu sein.

Ich habe zwar wenig geschlafen, trotzdem mich bei aller Anstrengung entspannt, da in diesem Landstrich alles etwas gelassener angegangen wird. Moskau wirkte auf mich nach wie vor geistig belebend, trotz der vielen Leute auf der Straße und in den Geschäften. Womit das zusammenhängt, weiß ich nicht. Komischerweise ist mein „Russisch“ auch sofort wieder griffbereit und ich habe festgestellt, dass ich am Sonntag, schon wieder zu Hause, meine Gedanken noch „Russisch“ formuliert habe. Aber dort ständig zu leben ist eine Strapaze für einen „Mitteleuropäer“ – vor allem für eine berufstätige Frau mit Familie.

Diese vorsintflutliche Einkauferei in den Geschäften – für jedes Produkt muss man sich drei Mal anstellen. Zum Beispiel für Wurst: die Sorte auswählen und abwiegen lassen, an der Kasse bezahlen, mit dem Kassenbon erneut anstehen, um die Wurst zu erhalten. Dasselbe für Butter, Käse, Brot, Süßigkeiten oder Mehl und Zucker – wieder je drei Mal anstellen und den Kassenbon der unfreundlichen Verkäuferin, die dich nicht anschaut, rüber reichen. Die Wörter „Danke“ und „Bitte“ sind nicht gebräuchlich. Auf dem Bürgersteig tritt keiner auch nur eine Schrittlänge beiseite, alle stürmen rücksichtslos vorwärts, und wenn du nicht weggehst, rennen sie dich glatt um.

Als Studentin ist mir das alles nicht so aufgefallen; damals gab es auch noch mehr zu kaufen, oder die Leute hatten mehr Geld, was weiß ich. Jedenfalls gab es damals im „Gastronom“ am Smolensker Platz noch drei bis vier Sorten von rotem und schwarzem Kaviar, mildgeräuchertem Sewrjuga und Lachs, mehrere Sorten Kochschinken und auch mehrere Wurstsorten. Und heute? Wodka, Fischkonserven und Waffeln – es ist ganz traurig! Und die Leute drängeln sich nach wie vor. In Schlange steht man an Verkaufsständen vor Metrostationen und an LKW ´s, aus denen aus Kartons oder Kisten heraus abgepackte Butter (250 Gr. Päckchen), ESDA-Feinstrumpfhosen, Instant-Kaffee, Schuhe und diverse Dinge verkauft werden.

Soweit meine Tagebuchnotiz aus dem Jahre 1987.

Im Leben eines Menschen gibt es naturgemäß mehrere Veränderungen. Im Frühjahr 1991 bin ich noch dieselbe Person wie im Frühjahr 1987, aber die Welt um mich herum, hatte sich total verändert. Für die Dauer der italienischen Ausstellung für Werkzeugmaschinen wohne ich in einem Hotel, das speziell nur für Besucher aus dem „Westen“ gebaut wurde. Ich schlafe in einem nach letztem Hotelstandard eingerichteten Zimmer mit einem bequemen Bett und nicht auf einem ausklappbaren Sofa wie im Hotel „Mir“.

Mit dem Betreten des Hotels „International“ wird mir meine Metamorphose zur deutschen Bürgerin mit D-Mark im Portemonnaie voll bewusst. Das Personal ist adrett gekleidet, niemand von ihnen schlurft gelangweilt durch die Lobby, die Möbel sind modern und praktisch, es herrscht Sauberkeit und in der Luft steht nicht der Geruch von Küchendunst und modrigen Scheuerlappen.

Unter Geschäftsleuten der Zivilgesellschaft ist üblich sich gegenseitig abends in ein Restaurant einzuladen; den anstrengenden Arbeitstag bei einem guten Essen und Wein ausklingen zu lassen. Frau Sel. lädt ihre junge Moskauer Mitarbeiterin Natascha und mich in ein Restaurant mit dem neuen Namen „Continental", am Roten Platz ein. Ein ehemals typisch sowjetisches Großraum-Restaurant ist umfunktioniert zu einem italienischen Restaurant in nicht allzu schlecht kolportiertem Ambiente; mit Speisen, serviert auf modern gestalteten Tellern. Frau Sel. liebt die leichte italienische Kost und die Ruhe in diesem (fast leeren) Restaurant. Wer von den Neu - Russen angeben will und Geld hat, kommt hierher.

Frau Sel. fragt mich, ob ich mit ihnen erst einmal einen Grappa trinken möchte.

Ich: Wie schmeckt Grappa? Habe ich noch nicht getrunken.

Die jungen Frauen belächeln nicht meine Unwissenheit. Auch mir schmeckt der italienische Grappa. Er erinnert mich an den selbstgebrannten Obstschnaps Palinka aus Ungarn.

Die Unterhaltung an diesem Abend verläuft hauptsächlich zwischen den beiden jungen Frauen, der deutschen Chefin und der stundenweise für sie arbeitenden Ukrainerin. Der Tag war anstrengend und man trennt sich bald.

Freundinnen aus Studentenzeit

Noch in Berlin hatte mich Frau Sel. gefragt, ob ich Freunde in Moskau habe und ich sagte ihr, dass ich bei früheren Moskaubesuchen meine chinesische Freundin Wan Schu nicht ausfindig machen konnte. Vielleicht findet sich dieses Mal die Zeit, um erneut nach ihr zu suchen.

Meine letzten zwei Studienjahre wohnte ich im Zimmer des Studentenheimes auf den Leninbergen (heute Sperlingsberge) mit Talia, einer Studentin aus der Volksrepublik Albanien, und der Chinesin Wan Schu zusammen. Zwei Studienjahre über uns, war Wan Schu fast fertig mit ihrem sechsjährigen Studium. Kurz vor den Staatsexamen wurden, aufgrund des Abbruchs der diplomatischen Beziehungen zwischen der Volksrepublik China und der UdSSR, ausnahmslos alle Studenten nach China zurückbeordert.

Was die Albanierin Talia betraf, ihre Mutter war Griechin, demzufolge sprach Talia perfekt griechisch und im Unterschied zu ihren zwei albanischen männlichen Kommilitonen, auch gut russisch. Sie war jünger als die meisten Studenten am Institut und immer in Begleitung ihrer schmuddelig-weiße Filzkappen tragenden Landsmänner. Außerhalb unseres gemeinsam bewohnten Zimmers verbrachten Talia und ich keine Freizeit miteinander. Wir aßen aber oft zusammen Abendbrot in unserem Zimmer am wirklich „runden Tisch“.

Ich schenkte Talia aus der DDR mitgebrachte Blusen und Röcke und borgte ihr einige Male meine hellbraune Velvet-Umhängetasche. Als ich mit dem Studium fertig war und mich von Talia verabschiedete, schenkte ich ihr diese Tasche mit den Worten: Die Tasche möge sie ab und zu an ihre deutsche Freundin erinnern. Es war keine billige Umhängetasche, schick, mittelgroß, aus Affenleder wie man auch zum Velvet sagte, mit echtem Leder verstärkten Kappen, Vordertaschen und mehreren gut funktionierenden Reißverschlüssen. Diese Tasche war, mit einem Zuschuss von meiner Tante Irmgard, bei „Koffer Panneck“ auf der Karl-Marx-Straße in Neukölln gekauft. Ich bin Talia nie wieder begegnet –ich hoffe, dass sie nicht in Kosovo ermordet wurde.

Jetzt bin ich total von Frau Sel. und dem Auffinden von Wan Schu in Moskau abgekommen. Doch ich bleibe vorerst noch in meiner Studentenzeit im Jahr 1960.

Wan Schu hob sich von ihren chinesischen Kommilitoninnen nicht nur durch ihren grazilen Körperbau und sehr feine Gesichtszüge ab – ihre Vorfahren lebten schon immer in Shanghai und nicht auf dem Lande – , sondern vor allem dadurch, dass sie beste Studienergebnisse aufwies.

Eines Abends kam Wan Schu sehr niedergeschlagen ins Zimmer, setzte sich zu mir und Talia an den Tisch und holte tief Luft.

Ich: Was ist los, Wan Schu? Warum bist du traurig?

Wan Schu: Ich komme von der Parteiversammlung.

Ich: Na, und?

Wan Schu: Die Genossen werfen mir bürgerliches Verhalten vor, weil ich mir die Lippen schminke und die Fingernägel farblos lackiere.

Wir sind entsetzt und erinnern uns, dass, immer kurz vor Mitternacht, wenn Talia und ich noch an dem schon erwähnten Tisch sitzen und uns unterhalten, die Zimmertür einen Spalt breit geöffnet wird und ein süffisant lächelndes breites asiatisches Mädchengesicht auf das Bett von Wan Schu schaut und fragt, wo sie sei. Das wiederholt sich mehrere Abende.

Wir berichten Wan Schu, dass ihre Freundin fast jeden Abend nach ihr sucht. Das sei nicht ihre Freundin, sagt uns Wan Schu, das Mädchen kontrolliert sie im Auftrag der chinesischen Parteigruppe.

Seit dem wir dies wussten, verwiesen wir die Spionin auf die Toilette, den Duschraum oder schlossen einfach das Zimmer von innen ab.

Wan Schu erzählt uns, dass sie in China einem relativ bedeutenden Direktor als Gattin versprochen ist. Sie liebt diesen Mann aber nicht, sondern ihren russischen Freund Nikolai. Aufgrund dieser Liebe, so ist Wan Schu überzeugt, wird man sie auf dem Scheiterhaufen verbrennen; sie kann und will unter keinen Umständen nach China zurück, obwohl dort Mutter und Schwester leben.

Das albanische und das deutsche Mädchen sind nun in das Problem ihrer chinesischen Freundin eingeweiht und beschließen ihr zu helfen. Die Mehrzahl der chinesischen Studenten ist schon nach Hause geflogen worden, aber zwei Parteigenossen wurden zurückgelassen, um Wan Schu ausfindig zu machen und sie unbedingt nach China zurückzubringen.

Der Abzug der chinesischen Studenten, es war keine kleine Gruppe, die am Institut für Internationale Beziehungen studierte, geht im Studentenheim nicht lautlos vor sich; alle sind alarmiert und sehr aufgeregt. In dieser Situation mit großem Koffer an der Wache des Studentenheimes vorbei gehen zu wollen ist gefährlich und erweckt Verdacht.

Inzwischen hat Nikolai seine geliebte Wan Schu im Dorf bei seiner Mutter versteckt. So passieren Talia und ich, im Abstand von zwanzig Minuten, jede mit einer etwas größeren Tasche, unauffällig den Wachposten. Ein paar Straßen weiter reichen wir die Taschen in ein dort wartendes Auto. Eine gelungene Aktion der Völkerfreundschaft, hochtrabend ausgedrückt.

Dieser Schmuggel geschah im Frühjahr 1960 in Moskau, der Hauptstadt jener Sowjetunion, die zum Zeitpunkt der italienischen Werkzeugmaschinenausstellung im April 1991 noch existierte, aber kurz danach zerfällt.

Sowjetische Geschäftspartner 1991

Auf dieser Werkzeugmaschinenausstellung habe ich die Möglichkeit die mir bisher permanent gepriesenen, besonders edlen Sowjetmenschen, von einer ganz anderen Seite kennenzulernen.

Wie viel Jahresumsatz und welchen Kapitalstock die „Merkur. Industrieprodukte, Export-Import-GmbH“ real hatte, war mir natürlich nicht bekannt. Auf alle Fälle war Ilona Sel. eine sehr tüchtige Geschäftsfrau, deren Vertragsverhandlungen mit sowjetischen Import-Unternehmen auf der Ebene mit Direktoren abliefen. In der Sowjetunion (auch in der DDR) lag der Handel mit dem Ausland zentral in der Hand des Staates. In seinem Auftrag agierten „Allunions“- Handelsunternehmen.

Was hochwertige Werkzeugmaschinen betraf, die die Sowjetunion vorwiegend importierte, waren es darauf spezialisierte Unternehmen wie: “Stankoimport“, „Autopromimport“, “Stankorotor“ u.a. Ein leitender Posten in einem solchen Unternehmen– hoch dotiert, mit Dienstreisen ins westliche Ausland, setzte außer einem Studium, die Mitgliedschaft in der KPdSU und Zuträger für die Staatssicherheit zu sein, voraus.

Ilona Sel. sprach ihre Geschäftspartner, wie es sich in der russischen bürgerlich-zivilen Welt gehörte, mit Vor- und Vatersnamen an. Sich beides zu merken, bedeutet einige Anstrengung für einen Ausländer, ist aber durchaus machbar. Das russische Wort „Towarischtsch“ in der deutschen Bedeutung: Genosse, Kamerad, Kollege, benutzte sie nicht.(Der ethymologische Ursprung ist das urrussische Wort towar, welches wiederum aus dem türkischen und mongolischen Wort „Tavar“ kommt, was „Vermögen, Herde“ bedeutet. Die russische Anrede „Gospodin“ (Herr) und „Gosposcha“ (Frau) war mit dem Oktober 1917 abgeschafft, denn ab diesem Zeitpunkt waren alle Menschen Towarischtschi.)

Frau Sel. hatte von den Herren Tschigarjov, Dorofeev und Scheschin – alle Direktoren und selbstverständlich Parteigenossen – ausführliche private Wunschlisten nach Köln-Kerpen übermittelt bekommen.

Ich war verblüfft, als Ilona Sel. mir lächelnd nur einige „Bestellungen“ nannte: drei moderne Rücksäcke der Marke „Camel“ für die jugendlichen Neffen und Söhne, seidene Bettwäsche mit kleinen Röschen und passend dazu die Schlafzimmergardinen, laut Neckermann-Katalog Seite 351, fleckgeschützte Damast-Tischdecken für die im Sommer stattfindende Hochzeit der Tochter eines der Direktoren, 12 Packungen Sauerkirschsaft für die krebskranke Schwiegermutter eines anderen Direktors und vieles mehr.

Frau Sel.: Was überrascht sie dabei so, Frau K.? Meine russischen Geschäftspartner haben immer eine sehr ausführliche Liste von Wünschen für ihre Familien, natürlich sind es vorwiegend teure Marken, aber ich kann die Sachen als Werbegeschenke von der Steuer absetzen.

Ich: Wissen das ihre Partner?

Frau Sel.: Das weiß ich nicht, ich habe nie mit ihnen darüber gesprochen. Sie sehen die Geschenke von mir als eine Selbstverständlichkeit an, weil sie bei mir sozusagen gnädiger Weise Maschinen bestellen.

Ich: Lädt man sie wenigstens als kleines Dankeschön zu einem Restaurant - oder Theaterbesuch ein?
Frau Sel.: Herr Dorofeev hat mir mal im Vertrauen gesagt – er hatte schon mehrere Wodka intus – , dass er für einen Restaurantbesuch mit einer Frau aus dem Westen eine spezielle Erlaubnis benötigt. Mich hat bisher keiner eingeladen und ich lege auch keinen Wert auf eine Einladung von den Herren. Mir ist einzig wichtig, dass sie für fristgerechte Begleichung der Kredite sorgen.

Zu den vereinbarten Verhandlungsterminen kamen die Herren Direktoren meistens mit ihren Stellvertreterinnen; immer sehr attraktive Frauen. Oftmals kamen die Männer zur Mittagszeit auch allein zum Stand 28 B. Ilona S. war eine großzügige Gastgeberin. Die Herren betrachteten es als selbstverständlich einen Imbiss von ihr zu bekommen. Sie bevorzugten lecker Bratkartoffeln mit Schinken von Pfanni oder Dr. Oetker, mit Frankfurter Würstchen und in jedem Fall dazu Wodka. Ilona Sel. hatte beim Beladen des Containers an alles gedacht. Sie kannte die Vorlieben ihrer Geschäftspartner, die zwar bei ihrer Wneschtorg – oder Meschökonom-Bank nicht für termingerechte Abzahlung der Kredite sorgten, aber hier beim sogenannten „Klassenfeind“ Würstchen aßen und sich betranken. Nicht alle betranken sich.

Am 10. April kommen die rotblonde Frau Kuznezowa, Herr Kukuschkin und Herr Snabshenzew von der Firma „Stankodetail“ zum Stand von „Merkur GmbH“, um sich über eine Karusselldrehmaschine aus der Schweiz zu informieren. Ihnen werden Kaffee, Tee und Kekse angeboten. Die Herren scheinen enttäuscht. Snabshenzew, ein kleiner Giftzwerg, Ende Dreißig, in einem schlecht sitzenden, schmuddeligen Anzug, lehnt Kaffee und Kekse ab, wird direkt unverschämt, nuschelt irgendetwas; Frau Sel. und ich verstehen nicht, worin sein Anliegen besteht. Kein Wunder, er kommt schon volltrunken zum Verhandlungstermin.

Doch Herr Snabshenzew ist eine Ausnahme, ansonsten kommen die Herren, was das Äußere anbelangt, in eleganten, gut sitzenden Anzügen, mit Seidenschlipsen und Oberhemden der neuesten Mode gekleidet. Natürlich geht „Gospodin“ nicht ohne morgendlichen Trunk auf eine solche Ausstellung aus dem „Westen“, fällt aber in der Regel nicht aus der Rolle. Bei den Verhandlungen auf dieser Werkzeugmaschinen-Ausstellung deutet sich schon an, dass die sowjetische Außenhandelsbank zunehmend ihren Zahlungsverpflichtungen nicht nachkommt.

Die Schweizer Firma Pfiffner droht, weitere Lieferungen zu stoppen.

Wan Schu und Nikolai leben

Frau Sel. geht gern in das nicht große, unscheinbar im Erdgeschoss eines Platten-Wohnblocks gelegene chinesische Restaurant; meist in Begleitung deutscher Ingenieure, die wie sie, die chinesische Küche lieben. Nur Insider wissen um seine Existenz. Für Rubel erhält man hier sehr schmackhafte, frische chinesische Speisen und wird ausnahmslos freundlich bedient.
Frau Sel. versorgt den Chef des Lokals, Herrn Li Pen, mit aus Köln mitgebrachten typisch chinesischen Gewürzen und Zutaten.

Wie mir versprochen, fragt Ilona S. bei Herrn Li Pen nach, ob er eine Chinesin kennt, die ungefähr seit 1960 in Moskau lebt, mit einem Russen verheiratet ist und einen Sohn hat.
Li Pen kennt viele Chinesinnen, die seine Kochkunst mögen und darunter auch eine Frau, die beim Rundfunk und als Übersetzerin arbeitet, ungefähr Mitte 50 ist, aber keinen Sohn, sondern eine Tochter hat. Diese Frau besucht ab und zu mit ihrem Mann sein Restaurant, er hat ihre private Telefonnummer, und wenn Frau Sel. mit mir abends zum Essen kommt, könne ich vom Restaurant aus anrufen und erfahren, ob es die von mir gesuchte Chinesin ist.

Ja, es war meine Wan Schu. Nach über dreißig Jahren erkannten wir uns an unseren Stimmen, trotz dröhnender, schlechter Telefonverbindung. Alle im Restaurant Anwesenden hätte ich umarmen wollen; beherrschte mich jedoch, ließ meine tiefe emotionale Erregung nicht aus meinem Körper, saß still am Tisch und weinte in mich hinein.

Zwei Tage später, Chefin Ilona gestattet mir die Ausstellung eine Stunde früher zu verlassen, da sie weiß, dass ich bei Wan Schu eingeladen bin und diese am entgegengesetzten Ende der Stadt wohnt. Mit der Metro fahre ich vier Stationen bis zur Station „Prospekt Mira“, hier muss ich das erste Mal umsteigen, auf dem Ring ungefähr acht lange Stationen bis „Park Kulturi“ fahren und dort ein zweites Mal umsteigen, um sechs voneinander weit entfernte Stationen bis zur Endstation „Jugozapadnaja“ zu kommen.

Ich erinnerte mich, wie ich als Studentin auf der Rolltreppe ein Buch lesend in die Tiefe fuhr, mich mit der Menge in die überfüllten Waggons schob, die ewig langen Übergangstunnel zu den Umsteigebahnhöfen lang hastete. Nichts hatte sich in den Jahren geändert. Mir schien, als hätte die drängelnde Menschenmenge noch mehr zugenommen. Diese Region, die in den 1970er Jahren an der Peripherie Moskaus mit endlos langen Wohnblocks, erbaut wurde, kannte ich nicht. Alles sehr grau, einfallslose Architektur, kein Baum, kein Strauch, kein Geschäft. Den ewig langen Leninski Prospekt lief ich bis zum Haus Nummer 156, fand auch mit Hilfe eines Namensschildes am Briefkasten das Stockwerk in dem sich die Wohnung von Wan Schu und Nikolai befand.

Nikolai erwartete mich am Lift. Wir hatten uns nie gesehen, begrüßten uns wie alte Freunde. In der Wohnungstür stand Wand Schu und nahm mich in die Arme, wir weinten Freudentränen. Ich sagte, Wan Schu hätte sich kaum verändert. Von mir eine ziemlich einfallslose Bemerkung, aber wie sollte ich nach so vielen Jahren eine Unterhaltung anfangen. Wan Schu lächelte und erwiderte, sie wäre schon völlig ergraut und färbe sich die Haare und ihre frühere Schlankheit ist auch nicht mehr erreichbar.

Die auf einem Podest stehende Essecke lässt die nicht sehr große Küche räumlich größer und gemütlicher erscheinen. Eine gute Idee finde ich und verberge auch nicht meine Bewunderung für die aus echtem Holz angefertigten Küchenschränke und sage Wan Schu, dass ich Derartiges in russischen Küchen noch nicht gesehen habe. Sie reagiert sehr sachlich, die Küche sei nach ihren Zeichnungen von einem russischen Künstler angefertigt worden.

Alles in der Küche ist sehr akkurat, nichts Überflüssiges steht herum. Der Abendbrottisch ist mit unterschiedlichen Salaten, Schinken und Kaviar gedeckt. Zum Fest des Wiedersehens nach mehr als dreißig Jahren wird mit einem Glas „Schampanskoje" angestoßen und Wan Schu spricht einen kurzen Toast. Ich probiere von allem. Alles schmeckt sehr gut. Nikolai schenkt armenischen Kognak ein.

Nikolai geht es nicht gut, seine Redaktion ist am Zusammenbrechen, sie hat keine Aufträge für Wissenschaftler und zahlt dementsprechend kaum Geld. Er erkundigt sich nach der DDR und schimpft auf Gorbatschow, der die DDR wie eine „heiße Kartoffel" – das sagt er in deutscher Sprache – fallengelassen hat. Kolja ist mit seiner Regierung und der Entwicklung, wie sie Gorbatschow eingeleitet hat, sehr unzufrieden. Die Leute haben all ihr Erspartes in Staatsobligationen oder gutgläubig in Aktien bedeutender russischer Produktionsstätten angelegt und alles durch Staatsbankrott und Geldentwertung verloren.

Wan Schu, die in einer leitenden Position einer Filiale der „Bank of China" arbeitet, sorgt jetzt allein für den Lebensunterhalt. Nikolai und Wan Schu haben schwere Zeiten der Diskriminierung hinter sich. Sie möchten endlich nach China reisen, um Mutter und Schwester Wan Schus zu besuchen. Aber sie erhalten immer noch keine Visa. Ihre einzige Tochter, die in Moskau Japanologie studierte, arbeitet jetzt mit ihrem russischen Mann in der Botschaft der UdSSR in Tokio. Wan Schu zeigt Farbfotos von der kleinen Enkeltochter.

Wan Schu achtet darauf, dass Kolja mich nicht weiterhin zum Kognaktrinken animiert. Auch für Nikolai ist, wie für alle Russen in so traurigen Zeiten, Alkohol ein Problem. Hoffentlich wird alles gut für Kolja und Wan Schu – denke ich im Innern.

Beide begleiten mich zur Metrostation.

Erneut ohne Arbeit

Die Hoffnung auf Erweiterung des Absatzes von Industrieprodukten in den Osten musste Frau Sel. schweren Herzens aufgeben. Ehemann Sel. holt die neuen Büromöbel aus dem 3. Stockwerk der Köpenicker Straße 55 ab, und am 18. Oktober 1991 endet für mich die Arbeit für Frau Sel. Anfang des Monats hatte sie mich noch gebeten, Herrn Ludwig aus Essen nach Leipzig zu begleiten.

Herr Ludwig, Vertreter der „WEMA. Werkzeugmaschinen Handelsgesellschaft MBH. Second Hand Machine Tools“ in Mülheim (Ruhr) – Heißen, Am Förderturm 8b, evaluiert im Leipziger Werkzeugmaschinenkombinat „Karl Liebknecht“ gebrauchte Maschinen für den eventuellen Weiterverkauf, zum Beispiel in die Türkei. Während der Autofahrt von Berlin nach Leipzig unterhält sich der mir nicht unsympathische Mann über sehr alltägliche Dinge. Unter anderem erklärt er mir sein Rezept, wie man einen Kaninchenbraten sehr schmackhaft und herzhaft mit Bier und Suppengrün zubereiten kann. Herr Ludwig schien ein leidenschaftlicher Esser, aber wohl auch guter Koch zu sein. Was man ihm figürlich nicht ansah. Sein Job sorgte für Stress, gerade in dieser Zeit des „Schnäppchen-Kaufs“ von Werkzeugmaschinen aus der DDR.

Als wir in die riesige Werkhalle des „Karl-Liebknecht-Werkes“ kommen ist kein Mensch zu sehen, den Herr Ludwig um Einverständnis hätte fragen können. So geht Herr Ludwig von Werkzeugbank zu Werkzeugbank, spricht technische Daten und seine Bewertung des Abnutzungsgrades der einzelnen Maschine in ein Handteller großes Diktiergerät und es dauerte weniger als zwei Stunden, bis er sein Gesamturteil, dass mehrere Maschinen für seine Zwecke in Frage kämen, mir gegenüber ausspricht. Das Problem für ihn war lediglich, die ausgesuchten nicht kleinen Werkbänke kostengünstig aus der Werkhalle herauszubekommen. Ob es ihm gelungen ist, habe ich mich nicht erkundigt.

Bewerbungen sind erfolglos

Die Empfehlung des Dozenten, der die Kreditklasse bei der Umschulung der Cognos-AG leitete, nahm ich ernst. Er meinte, ich solle mich bei Banken und Sparkassen bewerben, da man dort der Meinung ist, dass auf Bankkunden eine reife, lebenserfahrene Frau, Vertrauen erweckender wirkt, als ein junger Mann. Ich bewarb mich bei einigen Bankfilialen. Klar, ohne Erfolg – man antwortete mir nicht einmal, schickte aber die Dokumente zurück.

Die Freundin meines Cousins Klaus, eine hübsche, sehr gepflegte, gelernte Bankkauffrau, war schon mit 54 Jahren vorzeitig in Rente geschickt worden. Mein Cousin tröstete mich und sagte mir: Für unsere Verhältnisse bist du überqualifiziert.

Die Feststellung meines Cousins schien nicht falsch zu sein nachdem Prof. Arnulf Baring in seinem Buch „Deutschland, was nun?", 1991 erschienen, die Aussage getroffen hatte, dass es *völlig egal ist, ob sich dort einer Jurist, Ökonom, Pädagoge, Psychologe, Soziologe, selbst Arzt oder Ingenieur nennt, sein Wissen ist auf weiten Strecken völlig unbrauchbar.*

Die öffentlich-rechtlichen Medien hatten Arnulf Baring in vielen Talk-Shows die Meinungshoheit übertragen, zu behaupten, dass jene Menschen, die die DDR nicht verlassen haben, *Der Doofe Rest* ist. Ich konnte diesen Wissenschaftler nicht schätzen. War A. Baring wirklich der Meinung, dass man im 20. Jahrhundert durch Verlassen der Heimat, ein politisches System verändern könne?

Ich hatte mich nicht zum Wohnort meines Mannes nach Fredersdorf (Kreis Märkisch-Oderland) umgemeldet, sondern blieb bei meiner 85-jährigen Mutter in Berlin-Mitte angemeldet. Das für mich zuständige Arbeitsamt VI befand sich in Lichtenberg in der Gotlindestraße 93. Im IV. Stock von Haus 1 wurden Arbeitslose „mit akademischer Ausbildung" registriert.

Aus Erzählungen meines Vaters kannte ich das Wort „Arbeitsamt"; würde ich hier eine „Stempelkarte" bekommen, die ich täglich abstempeln lassen muss, um Geld zum Leben ohne Leistung zu bekommen? Nein, ich hatte Glück. An dem Tag, an dem ich in die Arbeitslosenliste mit der Stamm-Nummer 039637 eingetragen wurde, hatte gerade Frau W. Dienst. Die Sachbearbeiterin Frau W., ehemals Sekretärin im Auswärtigen Amt und Ehefrau eines DDR-Diplomaten und Absolventen des Moskauer Instituts, das auch ich absolviert hatte, war die Mutter eines ehemaligen Mitschülers meiner jüngsten Tochter. Wir wechselten einige persönliche Worte miteinander. Klar war, auch Frau W. hatte keine angemessene Arbeit für mich, aber sie konnte die von mir im Fragebogen angegebenen Daten beurteilen. Und so verdanke ich ihr, dass ich zwei Tage später von der EpoG e. V. (Entwicklungspolitische Gesellschaft e. V.) angerufen wurde und nach einem Bewerbungsgespräch, eine ABM-Stelle für zwei Jahre bekam.

In diesem gemeinnützigen Verein – gegründet am 1. April 1990 - , hatten sich vorwiegend Wissenschaftler aber auch Praktiker zusammengefunden, die gemeinsam mit Pastoren der evangelischen Kirche die bestehenden Entwicklungs-Projekte der DDR weiterführten. Die Professoren und Doktoren, die Entwicklungspolitik für die sogenannte „Dritte Welt" gelehrt hatten, waren auch eiskalt „abgewickelt" worden. Alle sprachen perfekt Englisch, Spanisch, Portugiesisch, Französisch, aber keiner von ihnen Russisch.

In meiner bisherigen beruflichen Tätigkeit brauchte ich die russische Sprache nicht, aber durch meine privaten Kontakte zu Moskauer Freunden und durch mein Lesen der russischen klassischen Literatur und russischer ökonomischer Fachzeitschriften, hatte ich mir die russische Sprache aktiv gehalten. In dieser „neuen Zeit" erwiesen sich meine russischen Sprachkenntnisse als mein einziges „Pfund".

Im Januar 1994 hatte ich wie empfohlen wurde, bei der Senatsverwaltung für Wissenschaft und Forschung, 14057 Berlin, Brettschneiderstr. 5 bei Frau Böse, den Antrag auf Feststellung der Gleichwertigkeit meines ausländischen Bildungsabschlusses mit einem deutschen Hochschulabschluss gestellt.

Nach drei Monaten teilte mir Frau Böse mit, dass die Ausbildung *im Rahmen des einschlägigen Beschlusses der Kultusministerkonferenz (10./11.Oktober 1991) materiell nicht anerkannt worden ist….Dieser Bescheid ist durch die 16. Verordnung vom 12.5.1992 gebührenpflichtig.*
Ich zahlte 65 DM, gab mich aber mit der Ablehnung nicht zufrieden und schrieb Frau Böse in einem ausführlichen Brief, dass ich ein Abitur und nicht nur eine zehnjährige Schulvorbildung wie in der UdSSR habe und zählte ihr detailliert die Fächer meines fünfjährigen Studiums auf. Darauf erwiderte sie, dass die Feststellung einer Rang – bzw. Niveaugleichheit von ausländischen Hochschulabschlüssen in dem Teil der BRD gilt, in dem das Grundgesetz bereits vor dem 3. Oktober 1990 galt und somit eine materielle Gleichwertigkeit ausschließt.

Ein bundesdeutscher Studiengang, mit ähnlichem Fächerspiegel wie dem Ihren ist nicht bekannt.

Na gut, Frau Böse hatte ihre Anweisungen und mit dem “Fächerspiegel“ des Moskauer Staatlichen Instituts für Internationale Beziehungen aus den Jahren 1960/61 hat sich in Berlin sicherlich niemand beschäftigt. Warum auch, es gab wichtigere Dinge.

Und trotzdem meine ich, bis heute, die bundesdeutschen „Fächerspiegel“ als Non-Plus-Ultra für die Bewertung des Niveaus von ost- und mitteleuropäischen Hochschulen anzusetzen, zeugte von einiger Arroganz. Gegen Regelungen, und waren sie noch so provinziell, konnte man nichts machen. Dem Rat von Frau Böse im Fall meines Widerspruchs, vor Gericht zu gehen, folgte ich nicht.

Mir nahm die Mitteilung meiner Töchter einen Stein vom Herzen, dass deren vierjährige Fachausbildung in Leipzig und in Ostberlin als der westdeutschen Ausbildung als „äquivalent“ bestätigt wurde. Das war für meinen damaligen Gemütszustand weitaus wichtiger.

Ein letztes Mal in der Russischen Botschaft

An dieser Stelle möchte ich doch auch noch schildern, was ich viel später – im Dezember 2004 – erlebte und in meinem Tagebuch damals festgehalten hatte. Anlässlich des 60-jährigen Bestehens meiner „Alma Mater“ – dem Moskauer Staatlichen Institut für Internationale Beziehungen (MGIMO) – hatte ich als deren Absolventin eine Einladung in die russische Botschaft Unter den Linden bekommen. Mein Mann begleitete mich und sagte, er wolle sehen, ob das meterhohe Lenindenkmal, das vor dem Botschaftsgebäude, von der Straße gut sichtbar einst stand, noch steht. Zu DDR-Zeiten war ich nie im zentralen Botschaftsgebäude.

Nachdem wir wie auf Flughäfen üblich, mit einem Metallsuchring abgetastet waren, durften wir das Gelände der Botschaft betreten. Neben der Garderobe lagen für die Absolventen auf zwei Tischen Anstecknadeln (neudeutsch Sticker), mit Zahlen des Studium Endes beginnend mit dem Jahr 1954 und endend mit 1991. Im Theatersaal saßen schon viele festlich gekleidete Leute, mein Mann und ich fanden in den hinteren Reihen Platz. Neben mir saß ein Absolvent aus dem Jahr 1981 mit seiner Begleiterin. Um ihn herum seine Kommilitonen. Schlanke, hübsche Männer in anthrazit- und oder marineblauen Zweireihern, einige schon mit grauen Schläfen, aber alle noch mit vollem Haar.

Botschafter W. W. Kotenow (Absolvent des MGIMO) begrüßte die Anwesenden in Deutsch und Russisch und verlas ein Grußschreiben des

Rektors des Instituts an die deutschen Absolventen. Er nannte eine Zahl von 3000 deutschen Absolventen, darunter 150 Mädchen, die dieses Institut im Laufe der Jahre besucht hatten. Per Videofilm zeigte man uns die Festreden, die in Moskau gehalten worden waren, unter anderem die Grußbotschaft von W. Putin, in der gesagt wurde, dass das MGIMO heute eine Eliteuniversität sei. Das war sie auch schon zu Sowjetzeiten, was man damals nur nicht offen sagte. Damals nahm keiner die Bezeichnung „Alma Mater" in den Mund oder sang „Gaudeamus igitur", wozu uns ein kleiner russischer Mädchenchor zum Mitsingen aufforderte. Der Saal schwieg. Kein Wunder, Manfred sagte mir, das Lied war in der DDR an Universitäten verboten. Ich hatte es im Lateinunterricht gelernt, hätte mitsingen können, was ich aber in dieser Veranstaltung als verlogen und absurd empfand.

Ein Absolvent aus dem Jahre 1959 ging spontan auf die Bühne und wandte sich in schlechtem Russisch an die Anwesenden. Er setzte voraus, dass im Saal nur Absolventen, keine Ehefrauen und Ehemänner sitzen, die die russische Sprache nicht beherrschen. Er benutzte die Gelegenheit und erklärte, dass er es nicht gut fand, dass die sowjetische Seite bei den Verhandlungen mit der westdeutschen Regierung, als es 1990 um die Zustimmung zur Wiedervereinigung Deutschlands ging, sich nicht für die DDR-Diplomaten eingesetzt, ja nicht einmal an sie gedacht hat. Es kamen ihm fast die Tränen. Mir waren seine Worte peinlich, denn die Russen hatten sich doch für niemanden aus der DDR eingesetzt, warum ausgerechnet für die Diplomaten?

Für mich betrüblich an diesem Abend war, dass mich keiner meiner ehemaligen Mitstudenten auf Anhieb erkannte und ich mich an die Grauköpfe zwar erinnerte, aber nicht auf ihre Namen kam. Bevor wir nach Hause gingen, blieben wir noch bei einer kleinen Gruppe hängen, und ich singe das Lied „Dorogaja moja stoliza, dorogaja moja Moskwa..." mit. Neben unserer Senioren-Singe-Gruppe stehen an einem Tisch zwei Bier trinkende junge Männer – an ihren Revers die Sticker „1991". Ich spreche einen von ihnen an.

Ich: Was denn, ihr habt noch 1991 euren Abschluss machen können?

Er: Wir haben uns von Niemandem zurückhalten lassen und unser Ding zu Ende gebracht.

Ich: Hast du Arbeit?

Er: Ja, und sehr gut bezahlte, aber die Arbeit ist geistig nicht anspruchsvoll.

Ich: Die Berliner Kultuskonferenz hat den Abschluss am Moskauer Institut nicht als Hochschulstudium anerkannt. Wie war es bei dir?

Er: Auch nicht anerkannt; ich schreibe trotzdem auf meine Visitenkarte: Magister des Moskauer Instituts für Internationale Beziehungen.

Ich erzähle ihm von einer Begegnung im Bonner Türkei-Zentrum mit einer Bundestagsabgeordneten der CDU im Jahr 1995, gegenüber der ich mein Unverständnis äußerte, warum man in der Entwicklungspolitik auf die Kontakte der Leute aus dem Osten nicht zurückgegriffen hat und sie eingestand, dass man damals Fehler gemacht habe.

Der Absolvent aus 1991 antwortet darauf: Meine Vorgesetzten habe ich bei einem Gespräch, als sie durch Alkohol schon gelockert waren, dasselbe gefragt. Ihre Antwort war: Dann hätten wir unsere Leute alle rausschmeißen müssen. Eure waren alle besser ausgebildet.

Ich hätte mich noch gern weiter unterhalten, aber mein Mann wurde ungeduldig und wollte nach Hause. Es war auch schon sehr spät geworden.

Der Historiker M. K. wird auch vom neuen Staat nicht gebraucht

Durch schriftlichen Erlass des Geschäftsführenden Ministers für Bildung und Wissenschaft (noch DDR) war bereits zum 31. März 1990 die Sektion Marxismus-Leninismus (M/L) an der Humboldt-Universität aufgelöst worden, nachdem die Universität einen entsprechenden Antrag an den Minister gestellt hatte. Das heißt, bevor die eigentlichen „Grabenkämpfe" an der Uni begannen, hatte die Auflösung der M/L Sektion schon zum Jahreswechsel 1989/90 mit Abberufungen und Entlassungen von wenig weiterhin kompetenten Dozenten stattgefunden. An der HUB litt sie nicht unter versuchten Etikettenschwindeleien, wie es sie andernorts verschiedentlich gab (Umbenennungen etc.), sondern stellte wirklich Auflösung dar, die zu Ende gebracht wurde.

Am 31. Mai 1990 wird vom Rektor der HUB Prof. Dr. theol. Heinrich Fink offiziell das „Institut für Politikwissenschaften" gegründet. Die Gründungsurkunde des Ministers für Bildung und Wissenschaft nahm der Direktor des Instituts Prof. Dr. H. Niemann auf einem Festakt in Empfang, auf dem Repräsentanten der HUB sowie Professoren verwandter Institute der BRD und Westberlins begrüßt wurden; darunter der stellvertretende Leiter des Instituts für Deutschlandforschung an der Ruhr-Universität Bochum, Prof. Dr. R. Rytlewski und weitere westdeutsche Dozenten, die als Gastprofessoren am neuen Institut wirken werden.

Wer soll gehen, wer soll „raus“, „raus“?

Die Gesamtberliner Landesregierung hatte am 18. Dezember 1990 mit Beschluss Nr. 274/90 die „Entscheidung gemäß Artikel 13 Abs. 1 Satz 4 Einigungsvertrag für die Hochschuleinrichtungen in den östlichen Bezirken Berlins“ getroffen, welche Hochschulen in das neue Land Berlin überführt werden sollen und welchen die „Abwicklung“ zugedacht war. An erster Stelle standen die M/L Sektionen mit ihren ehemaligen Mitarbeitern, die *mit Wirkung vom 1. Januar 1991 abzuwickeln sind*, und ab diesem Datum für alle dort ehemals Beschäftigten *das Ruhen der Dienstverhältnisse* eintreten werde. Gemäß Einigungsvertrag würden ihre Arbeitsverträge nach sechs bzw. neun Monaten kündigungslos auslaufen, wenn man sie bis dahin nicht *weiterverwenden* könne.

Über eine Weiterverwendbarkeit entschied eine Struktur- und Berufungskommission unter der Leitung von Prof. Dr. F. Neidhardt, von der mein Mann als *positiv Evaluierter mit fachlicher Kompetenz* für den FB (Fachbereich) Sozialwissenschaften eingestuft wurde.

Durch diese „positive Evaluierung“ meinte er, sei seine zukünftige Lehrtätigkeit bestätigt und so bewirbt er sich mit detailliertem Vorlesungsangebot für das Lehrgebiet „Geschichte und Politik“. Die Bewerbung wird jedoch von der Dekanin des Fachbereichs Sozialwissenschaften, mit der Begründung abgelehnt, *weil das Lehrangebot ohnehin bereits – gemessen an den derzeitigen Studentenzahlen – überdimensioniert ist. Die von Ihnen angebotene Lehrveranstaltung gehört derzeit nicht zu den für den Studiengang Sozialwissenschaften unabdingbaren Veranstaltungen.* (Brief vom 10.4.1991)
Und Prof. Fink begründet die Absage am 21. 5. 1991 folgendermaßen: *Wir sind an die Entscheidung der Gesamtberliner Landesregierung gebunden, können von dieser keine Ausnahme machen. Insofern entspricht die Entscheidung der Dekanin der Rechtslage[...] Die einzige Möglichkeit für Sie, die genannten Lehrveranstaltungen durchzuführen, besteht darin, Ihnen für das Sommersemester einen Lehrauftrag zu erteilen. Dem würde aus meiner Sicht nichts entgegenstehen.* Noch ist H. Fink Rektor der HUB, aber nicht mehr lange.

Am 17. November 1992 teilt Prof. Neidhardt mit: *Nach Ihrer Anhörung am 13. November 1992 ist die SBK Sozialwissenschaften leider nicht zu einem günstigen Urteil für Sie gekommen. Wir haben im Sinne des genehmigten Soll-Stellenplans für den Fachbereich Sozialwissenschaften weder Bedarf noch Stellen, um Sie mit Ihren historischen Spezialkenntnissen im Fachbereich zu platzieren. Da uns auch der Fachbereich*

Geschichte mit Schreiben vom 23. 6.1992 mitgeteilt hat, dass dort für Sie keine Stellenchancen bestehen, blieb uns bedauerlicherweise nichts anderes übrig, als der Universitätsleitung Ihre Kündigung zu empfehlen.

Vorlesungen an der Freien Universität – ohne Bezahlung

M. K. wehrt sich mit zahlreichen Briefen. Er erhebt bei der Präsidentin der HUB (nach H. Fink als Rektorin), Frau Professor Dr. Marlies Dürkop, Einspruch gegen seine Kündigung. Er schreibt (am 3.12.1992):
Meine Lehrveranstaltungen an der HUB erfreuen sich eines guten Besuchs, u.a. auch von Studenten der FU und TU Berlin. Im Wintersemester 1991/92 und im Sommersemester 1992 habe ich unter großem Zuspruch auch einen Lehrauftrag an der FU Berlin wahrgenommen. Die Herren Kollegen Jürgen Bergmann, Heinrich Volkmann und Klaus Megerle würden darüber auch Voten abgeben.

Mit seinen Kollegen von der FU Berlin/Otto-Suhr-Institut hatte er unter anderem ein Projekt zum Thema: „Vergleich der Mittelstandsentwicklung in der DDR und in der BRD 1945 – 1990“ vereinbart. M. K., der mit seinen Studenten schon zu diesem Thema, was den DDR-Part betraf, über Vorarbeiten verfügte, führte für Studenten beider Universitäten wöchentlich ein zweistündiges Spezialseminar als Einführung in die Mittelstandsforschung durch.

M. K. schreibt: *In meinen Lehrveranstaltungen wie in meinem Wirken in der Öffentlichkeit habe ich mich stets für ein Zusammenwachsen von Ost und West eingesetzt. Umso merkwürdiger mutet deshalb an, dass jetzt die Rotstiftpolitik das Sagen haben soll, wo die für die Erneuerung der HUB tätigen Kräfte bei der Ausbildung der Studenten und des wissenschaftlichen Nachwuchses noch enger Hand in Hand arbeiten müssten. Nach erfolgter Evaluierung hat mir Kollege Neidhardt 1991 schriftlich mitgeteilt, dass meine Stelle als Hochschullehrer aus dem Überhangskapitel bezahlt wird […] In der Anhörung am 13. November musste ich aus dem Munde von Prof. Dr. Neidhardt erfahren, dass das Überhangskapitel nur noch für die Überbrückungsbezahlung von jüngeren, aus der Alt-BRD kommenden Wissenschaftlern, die noch keine Stelle haben, zur Verfügung stehen soll. Ich ziehe daraus den kühnen Schluss, dass das Geld zwar vorhanden ist, aber nun für einen anderen Zweck vergeben werden soll. Meine Studenten, fünf Doktoranden, drei Habilitanden und 19 Mitarbeiter in drei Forschungsgruppen (Mittelstandsforschung, DDR-Oppositionsforschung,*

Rechtsextremismus-Forschung) danken genauso wie ich, für Ihren Einsatz für unser Anliegen.

Mein Mann gibt nicht auf, immer wieder bietet er sich an; für den Außenstehenden mag es anmaßend und überheblich klingen, wenn er schreibt: *Ich habe an unserer Humboldt-Universität noch eine wissenschaftliche Aufgabe zu erfüllen: Die Tradition der Geschichtswissenschaft, wie sie mit der Otto Hintze/Fritz Hartung/Heinrich O. Meisner – Schule an der Berliner Universität zwischen 1895 und 1960 bestand, wiederzubeleben und weiterwirken zu lassen. Die Tatsache Absolvent von sogenannten bürgerlichen Professoren zu sein, hat mir in der SED-Vergangenheit immer angehangen. Mit der Gründung des Instituts für Politikwissenschaften im Frühjahr 1990 bekam ich die Möglichkeit, die alte Tradition der neupreußischen Historikerschule wieder zu beleben und fand Anklang bei den Studenten und Zustimmung bei den Fachkollegen aus den alten Bundesländern.*

Ich kann dieses „Sendungsbewusstsein“ meines Mannes inhaltlich nicht beurteilen. Aber eines ist mir klar: Er kämpft wieder gegen Windmühlen. Die Dinge waren längst entschieden, den bisher an westdeutschen Universitäten und Instituten versagten Aufstiegsmöglichkeiten für Wissenschaftler sollten ausnahmslos Karrierechancen an der HUB gegeben werden. Seine Bemühungen waren also vergebens, denn allen ostdeutschen Wissenschaftlern wurde „fachliche Kompetenz“ allgemein abgesprochen, aus welchen Gründen auch immer – aufgrund fehlender finanzieller Mittel für die Wissenschaft, aus Kurzsichtigkeit und/oder aus menschlicher Dummheit und Arroganz.

Ich bewundere die Hartnäckigkeit meines Mannes im Nachhinein, denn ich finde die Vielzahl seiner freundlichen Briefe und detaillierten fachlichen Vorschläge für Vorlesungen und Projekte in seinem Nachlass. War er naiv, dass er meinte, seine schriftlich unterbreiteten Vorstellungen über eine Neugestaltung der Universität im Sinne Wilhelm und Alexander von Humboldt würden nun endlich verwirklicht werden?

Brüder im Geiste

Beseelt von dem Wunsch endlich sein geistiges Potential für die demokratische Erneuerung nicht nur in der Universität, sondern überhaupt einsetzen zu können, fand M. K. Gesinnungsbrüder aus der kirchlichen Friedensbewegung, die 1989/90 die „Runden Tische“ gestalteten. „Runde Tische“ gab es fast in allen Stadtbezirken Ostberlins. Hier kamen am 7. Dezember 1989 zum ersten Mal Vertreter der DDR-

Regierung, der Blockparteien, Vertreter der Bürgerbewegungen im Gottesdiensthaus der Herrnhuter Brüdergemeinde im Dietrich-Bonhoeffer-Haus in Berlin-Mitte zusammen. Hier wurde unter der Moderation von Oberkirchenrat Manfred Ziegler über eine demokratische Umgestaltung in der DDR, freie Wahlen für die Volkskammer sowie über eine neue Verfassung diskutiert.

Bis zum 12. März 1990 tagt der zentrale „Runde Tisch", der in dieser turbulenten Zeit den gewaltfreien Übergang in eine demokratische Zukunft gewährleistet. M. K. nimmt regen Anteil und lernt einige Kirchenvertreter kennen.

Brüder im Geiste schließen sich zusammen und gründen die „Gesellschaft für politikwissenschaftliche und sozialethische Forschung e. V." Gleich nach Mauerfall hatte auch ich die neuen „Brüder" kennengelernt – Philosoph Malte W., Pfarrer Werner W., Pfarrer Klaus Roeber und Altbischof Dr. Gottfried Forck; den letzteren leider nur aus den begeisterten Erzählungen meines Mannes über ihn.

Seit es an der HUB auch eine ABM-Kontaktstelle gibt, beantragt M. K. für sich und drei „Brüder" ein ABM-Projekt, was bewilligt, aber dann nicht respektiert wird. M. K. protestiert schriftlich, denn die HUB hatte ausdrücklich die Garantie für die Arbeit der ABM-Kräfte übernommen; von der Service-Gesellschaft mussten keine Sachmittel gestellt werden.

Die zwei der Gruppe zugestandenen Räume und Arbeitsmittel werden dann jedoch für neu gewonnene Mitarbeiter von „Drittmittelprojekten" vergeben. Der Protest der Gruppe bleibt ungehört und es erfolgt ein „kalter Rausschmiss". Die neu angestellten Mitarbeiter aus Westdeutschland bekommen die zwei Räume, dazu neue Möbel und das gebrauchte Ostmobiliar müssen die Ostkollegen selbst abtransportieren.
Kein Kommentar meinerseits!

Bruder W. besuchte uns auf der Fischerinsel. Wir waren mitten im Umzug und ich trank mit ihm in der schon ausgeräumten Küche ein Bier. Früher bot sich mir keine Gelegenheit mit Pastoren zu diskutieren; für mich war überraschend, dass Werner W. den Zusammenbruch der DDR mehr als ich bedauerte. Er sei als protestantischer Pfarrer in Grimma/Sachsen mit den „örtlichen Organen" immer gut zurechtgekommen. Er konnte sie meistens überlisten und seine kirchlichen Veranstaltungen, wie vorgesehen, durchführen.

Rektor H. Fink hatte dafür gesorgt, Werner W., den er aus der Zusammenarbeit in der CFK – Christliche Friedens Konferenz - kannte, in die HUB einzugliedern. K. Roeber und Werner W. vertraten die Plattform „Kirche von unten". Nach ihrer Meinung steckte hinter der Idee

„Sozialismus“ mehr, als die Partei propagierte. Mein Mann war der gleichen Meinung.

Im Nachlass finde ich, dass M. K. seine ABM-Stelle an Werner W. überschreiben ließ, was mir rätselhaft erschien und so fragte ich bei Klaus Roeber (ehemals Moderator vom hochschulpolitischen Rat des „Runden Tisches“ an der HUB) nach. Ich meinte zu K. Roeber, wenn M. K. seine ABM-Stelle an Werner W. abtrat, muss er seiner positiven Evaluierung durch die Uni und der Tatsache, dass seine Vorlesungen und Seminare am Otto-Suhr-Institut der FU Berlin auf positive Resonanz trafen, doch vertraut haben. War das nicht reine Gutgläubigkeit und sehr naiv von M. K.?

Klaus Roeber schreibt mir: *Naiv waren wir alle. Durchgehend herrschte bei allen Enttäuschung über die geistige Haltung der institutionellen Macht. Denn das von uns neugegründete Institut ging von einem sehr modernen, neuzeitlichen ethischen Gedanken aus, welches seiner Zeit voraus war. Hinzu kommen persönlicher Neid der Westkollegen und die Zwänge der Parteipolitik des Helmut Kohl und der CDU/CSU. Manfred ging immer davon aus, dass sich die „Wahrheit“ immer durchsetzen wird, wenn nicht gleich, so doch in der Zukunft.*

Bischof Gottfried Forck

Aber die Männer um M. K. lassen sich von ihrem Ziel nicht abbringen, nach Rausschmiss aus den Zimmern durch Westdeutsche, verlegen sie das Büro ihres gemeinnützigen Vereins in das Einfamilienhaus ihres Mitstreiters Dr. Malte W. nach Berlin-Biesdorf. Klaus Roeber gewinnt Altbischof Dr. Gottfried Forck für die Mitarbeit an ihrem Projekt.

Kurz Einiges zur Person von Gottfried Forck (1923-1996). Nachdem dieser im Jahre 1981 das Bischofsamt der Evangelischen Kirche in Berlin-Brandenburg übernommen hatte, stellte er sich in seinem Kirchengebiet in die vorderen Reihen der Kirchlichen Friedensbewegung, die sich mit dem Symbol „Schwerter zu Pflugscharen“ in der Öffentlichkeit zu erkennen gab und verfolgt wurde. Forck glaubte, wenn auch er den Aufkleber öffentlich trug, würde seine Handlungsweise als Bischof ein Nachdenken auf staatlicher Seite auslösen. Hatte er gehofft, es würde nicht dazu kommen, dass Sticker, Aufnäher, Fähnchen oder T-Shirts mit diesem Zeichen eingezogen und die Träger verfolgt – oder wie es in bestem DDR-Amtsdeutsch hieß – „zugeführt“ werden?

Die Staatsorgane der DDR ließen auch den gutgläubigen Bischof nicht unbehelligt. Mehrfach wurde Forck von den jeweiligen Staatsekretären für Kirchenfragen zurechtgewiesen. Trotz alledem hatte der Bischof den Funken einer Hoffnung auf Verständnis, das er mit seinem Engagement geweckt haben könnte, nicht verloren und schreibt: Vielleicht ist es mir gelungen, den Staat darauf aufmerksam zu machen, dass die Verwandlung der Schwerter zu Pflugscharen nicht nur das Anliegen von Jugendlichen ist, sondern das Anliegen der ganzen Kirche.

Wirken und Werk von G. Forck war in den 10 Jahren seiner Bischofszeit ein untrennbarer und bestimmender Bestandteil der kirchlichen Bewegungen wie auch der gesellschaftlichen Umwälzung in der DDR. Als in der DDR mit der letzten Regierung, von Lothar de Maizière geführt, die Wende von 1989/90 stabilisiert wurde und eine erste Rückschau auf das Erreichte und auf die makers of history geboten schien, erhielt Gottfried Forck von den Medien das Epitheton (Beiwort) „Bischof der Wende“.

Glaube ist Ermutigung zum Handeln

Im Nachlass meines Mannes befindet sich das Buch „Glauben ist Ermutigung zum Handeln. Altbischof Gottfried Forck im Gespräch“, erschienen im März 1996 in Rothenburg, eine Publikation des Ernst-Lange-Instituts für Ökumenische Studien e. V.

Bei Dr. Klaus Roeber, einem der Autoren, frage ich per E-Mail an, wessen Idee es war, über Gottfried Forcks Wirken ein Buch zu schreiben. Er antwortet mir: *Interviews mit Bischof Forck - das war eine Idee von Manfred. Wir Theologen interessierten uns vorrangig an einer Gesellschaftstheorie, die Manfred denkerisch entfaltete. Manfred hingegen war vorrangig an einer gesellschafts-relevanten Theologie interessiert. Diese war bei Forck sehr orientiert an der Bibel, als einer inspirierenden Quelle. Manfred als Quellenforscher war höchst motiviert, mehr darüber zu erfahren, aber erklärtermaßen ziemlich erkenntnislos. Seine wissenschaftliche Vorgehensweise war ergebnisorientiert durch die Gründung der „Gesellschaft für politikwissenschaftliche und sozialethische Forschungen e. V.“. Ich nahm an wenigen Gesprächen/Interviews mit Forck teil. Manfred führte die Gespräche. Wir anderen bearbeiteten danach redaktionell (Bibelstellen etc.). Und wir vertieften das mit Veranstaltungen/Diskussionsrunden im Ökumenischen Forum, in der AG Pazifismus, in der Gossner-Mission und bei zahlreichen anderen Gelegenheiten.*

Die Herausgeber – Theologe, Philosoph und Historiker – hatten gewünscht, G. Forck auf dem Höhepunkt seines Wirkens, als agierender

Bischof in der Zeit der Wende in der DDR, sich äußern zu hören; das Zeitgeschehen und wesentliche Zeitzeugen als gleichzeitige oral history aufs Tonband zu nehmen. Bei den Vorbereitungsarbeiten 1990 und 1991, hatten die Autoren umfangreiches Material in für das Thema relevanten Archiven und Bibliotheken gesichtet. Dieser akademisch betriebene Aufwand belastete aber nicht die Gespräche, vielmehr wurde deren Verlauf schon von Anfang an sehr wesentlich durch die Persönlichkeit und den Charakter von G. Forck bestimmt.

Am Anfang des Gesprächs stellte G. Forck seinen Gesprächspartnern die Vertrauensfrage – in die er sich selbst einbezog – Wie hältst du es mit Gerechtigkeit, Frieden, Bewahrung der Schöpfung, Befreiung? G. Forck fand den Zugang für die Menschheitsaufgabe in der biblischen Botschaft und ihrer Auslegung durch diese vier Schlüsselworte.
Für die Gespräche galt, dass die Denkfiguren des Kalten Krieges, mit denen sich G. Forck in seiner Bischofszeit auseinanderzusetzen gezwungen war, überwunden waren. Nunmehr war auf die Wurzeln des Konziliaren Prozesses zurückzugehen, der aus christlicher Buße und allumfassendem Erneuerungswillen angeregt worden war.

In der Einleitung zum Buch schreiben die Herausgeber: *G.Forck ist kein Mann des höfischen Bücklings, sondern ein Mann des aufrechten Ganges. Dabei bleibt sich bei ihm gleich, ob dieser aufrechte Gang als Ziel für die Haltung des Menschen beim Streben nach der Utopie gesehen wird oder als gelebtes Verhalten und Handeln des Christenmenschen in der Welt. Wir haben beide Seiten in Forcks Antworten gefunden: Er bekennt sich zu einer humanistischen Radikalität ebenso wie zu einem radikalen Humanismus. Dem jungen Karl Marx pflichtet er bei, wenn dieser an der Seite der Geknechteten, der Erniedrigten und Beleidigten steht und für sie streitet. Und die Führungsriege der DDR erinnert er unermüdlich an den humanistischen Anspruch, der zum Inhalt eines wahren Sozialismus gehört. Dieser aufrechte Gang hat historische Größe, weil er Geschichte mitgestaltet hat. Dabei ist Forck ein beinahe militanter Egalitarist, der auch als Bischof das Prinzip der Gleichheit aller Menschen mit nicht zu überbietender Konsequenz verkündete und praktizierte.*

1993 – Kündigung mit „qualifiziertem Zeugnis"

Am 29. 9.1993, durch die Rechtsstelle der Universität in Kenntnis gesetzt, dass das Arbeitsverhältnis von M. K. mit Wirkung zum 31.12.1993 beendet wird, teilt der Verwaltungsleiter des Fachbereichs

Sozialwissenschaften mit, dass er beauftragt ist: *Ein wohlwollendes qualifiziertes Zeugnis zu schreiben. Da ich zur Tätigkeit an der Universität keine Aussagen machen kann, muss ich Sie bitten mir einen qualifizierten Entwurf vorzubereiten.* Ob mein Mann Herrn Rich. einen Entwurf geliefert hat, weiß ich nicht mehr, aber ich erinnere mich genau an meine Bemerkung in dem Moment, als mein Mann die Beurteilung zur Unterschrift vorgelegt bekam.
Ich zu M. K.: „Das ist ja eine super gute Beurteilung, die man Dir ausgestellt hat, alles nur positive Bewertungen, und trotzdem entlässt man Dich?"

Damals kannte ich nicht die westdeutschen Gepflogenheiten, wie ein Zeugnis zu formulieren ist. Ging man vielleicht davon aus, M. K. würde sich als Sechzigjähriger mit der Aussicht auf eine Anstellung, irgendwo bewerben können? Bestimmt nicht.

„Rehabilitierung meiner Person"

Meine Frage heute, gab es überhaupt Menschen, die für M. K. s Integrität Fürsprache hätten leisten können? Setzte M. K. Hoffnung auf den Theologen Prof. H. Fink, Rektor 1990/1992 der HUB?

An die im Dezember 1989 von Rektor und Senat berufene Rehabilitierungskommission beantragt er „Rehabilitierung meiner Person" mit der Übergabe eines „Konvolut, betreffend Maßregelungen und Diskriminierungen 1970 bis 1989". Vom Vorsitzenden der Rehabilitierungskommission Prof. Dr. J.H. Kocka wird mit Brief vom 5.2.1991 zugesichert, dass *die Kommission sich um eine sorgfältige Klärung Ihres Antrages bemühen [wird]. Die Entscheidung des Rektors werden Sie in den nächsten Wochen erhalten.*

Die Ablehnung einer Rehabilitierung kommt von Prof. H. Fink mit der Begründung: *Die als Maßregelungen und Diskriminierungen bezeichneten Vorgänge liegen in Ihrer Tätigkeit außerhalb der Humboldt-Universität begründet. Wir empfehlen Ihnen, sich mit Ihrem Anliegen an die entsprechenden Einrichtungen der SED bzw. deren Nachfolgeeinrichtungen zu wenden. Das von Ihnen angeführte Vorlesungsverbot für das Studienjahr 1978/79, aus einer Zeit also, in der Sie als wissenschaftlicher Assistent tätig waren, kann u. E. nicht als schwerwiegende Beeinträchtigung Ihrer beruflichen Entwicklung bezeichnet werden, die eine Rehabilitierung rechtfertigt (zumal Sie einige Jahre später zum Dozenten berufen wurden). Ich empfehle Ihnen, sich gegebenenfalls um eine Stelle als Hochschullehrer zu bewerben.* (Brief vom 11.4.1991)

Heinrich Fink (Jahrgang 1935) verbrachte seit dem Studium 1954 bis zu seinem Posten als Rektor 1990/1991, sein gesamtes Berufsleben an der HUB. Ich gehe davon aus, dass er um die Machenschaften der SED-Kreisleitung der HUB genau Bescheid wusste.

Jene Jahre des Umsturzes und der demokratischen Neugestaltung waren für viele eine schwere Zeit; es gab wenig Möglichkeiten für christliche Nächstenliebe bei diesen Existenzkämpfen. Trotzdem meine ich, dass H. Fink anders hätte handeln können als den Fall M. K. formal zu erledigen. Überdies bezweifle ich, dass H. Fink oder irgendein anderer aus der Rehabilitierungskommission, das aus Nachweis-Dokumenten bestehende „Konvolut“ (100 Seiten) des M. K. überhaupt gelesen hat.

Menschliche Größe ist nur Wenigen zu eigen

Warum war für meinen Mann ein Gesuch auf Rehabilitierung, so wichtig? Mir erzählte er damals nichts von seinen Anträgen auf Rehabilitierung. Ich lese erst nach seinem Tod das besagte „Konvolut“ und finde den Antrag auf Rehabilitierung, den er auch an die SED/PdS – an Werner Eberlein und Gregor Gysi - gestellt hatte. Warum verschwendete er Zeit und seine Kraft? Ich erkläre es mir folgendermaßen.

Mein Mann kannte die Dokumente über die mehrmalige Forderung auf Rehabilitierung meines Großvaters für sich und seinen jüngsten Sohn an die Regierung der UdSSR. Auch lernte er während der Arbeit an seiner Dissertation, den 1953 in das Deutsche Zentralarchiv, Abt. Merseburg von der SED verbannten Publizisten Rudolf Herrnstadt (1903-1966) kennen. R. Herrnstadt war verboten mit Besuchern des Archivs zu sprechen, woran er sich im Fall des an seinem Schicksal zutiefst interessierten und mitfühlenden jungen Historiker nicht hielt. Die Schicksale seiner Mitarbeiterinnen im Marx-Engels-Lektorat hatten ihn ebenfalls sehr berührt. Das seiner Sekretärin Anni Trottner (1902-1968), die 1938 wegen „konterrevolutionärer Gruppenbildung“ vom Obersten Gerichtshof der UdSSR zu zehn Jahren Haft verurteilt, nach ihrer Freilassung bis 1949 Kolchosarbeiterin in Kasachstan war und erst im Juni 1956 in die DDR ausreisen durfte. Das ebenfalls leidvolle Schicksal der Lektorin Gerda Schering – Tochter einer jüdischen Kaufhausbesitzerfamilie aus Chemnitz, etwa gleichaltrig mit Anni Trottner – , die nur meinem Mann von ihrer Herkunft und ihrem antifaschistischen Kampf an der Seite ihres Mannes erzählte.

Die Kenntnis dieser Schicksale von ihm liebgewordener Menschen und den am eigenen Leib erfahrenen Verhör- und

Disziplinierungsmethoden der SED nach sowjetischem Muster, traf auf seinen gesunden Widerspruchsgeist und Gerechtigkeitssinn. Seinen unermesslichen Zorn auf diese unmenschlichen Methoden im Sinne einer sogenannten „Sache“, konnte weder ein ostdeutscher Theologe noch westdeutsche Professoren verstehen.

Auch jene Person, die M. K.´ s familiären Hintergrund gut kannte, setzte sich nicht für ihn ein. Bei einigem Mut und Einsatzbereitschaft für den jüngeren Kollegen, dessen wissenschaftliche und publizistische Qualitäten jener schätzte, hätte der Verantwortliche für die Marx-Engels-Forschung im IML, für M. K. Fürsprache leisten können, was der eigenen Karriere nicht geschadet hätte.

Erinnern der „Genossen“

Im September 2000 schreibt jener H. Gem. (1928-2017) an M. K. eine Postkarte mit den Worten: *Wenn auch die Jahre enteilen, bleibt die Erinnerung doch …* und bittet ihn um eine Kurzbiografie *für das von unserem Berliner Verein zur Förderung der MEGA-Edition e. V.“ geplante „Biolex“* (Lexikon von Biografien maßgeblicher Marx-Engels-Forscher.U.K.).

Also kann der Beitrag, den M. K. als Marx-Engels-Forscher geleistet hat doch nicht so falsch und unwissenschaftlich gewesen sein, wenn man die Absicht hat, seine Biografie in das „Who is Who“ der „Marx-Engels-Forscher und –Editoren von der ersten bis zur zweiten MEGA“ aufzunehmen. M. K. folgt dieser Aufforderung etwa Anfang Mai 2001 und schickt auf einer Seite seine Biografie.

Der Vorstandsvorsitzende des “Berliner Vereins zur Förderung der MEGA-Edition e. V.“ übersendet ihm eine gekürzte Fassung, die auf den Kernaussagen der Vorlage beruht. Und er fügt hinzu: *Mit Ihrer Biografie wird ausdrücklich Ihr persönlicher Anteil an der MEW (Marx-Engels-Werke, im Dietz-Verlag herausgegeben) und den ersten Schritten auf dem Weg zur MEGA (international betriebenes Projekt) gewürdigt und zugleich der Bruch in Ihrem beruflichen Werdegang durch das 1970 durchgeführte Parteiverfahren verdeutlicht.[…] Persönlich möchte ich Ihnen versichern, dass mir Ihre beiden Bände über Marx und Engels seit meiner Studienzeit viele gute Dienste erwiesen haben.[…]*

Am 5. September 2013 starb mein Mann und einen Monat später schreibt mir H. Gem.:

Auf Umwegen und mit Verspätung gelangten die Nachricht vom Tode Ihres Manfreds zu meiner Kenntnis und der ehrenvolle Nachruf seiner Heimatgemeinde zu mir. Das bezeugt auch das Foto, das mir sein glückliches Gesicht als erfolgreicher Autor in Erinnerung ruft. Wie schön, dass er nach seinerzeitigen überzogenen Disziplinierung durch den Verlag dann in der akademischen Lehre und vor allem in der heimatgeschichtlichen Forschung Erfüllung und reiche Anerkennung fand. Der Verlust meiner Frau vor einem knappen Jahr lässt mich Ihr jetziges bitteres Leid schmerzlich nachfühlen. Ich reiche Ihnen die Hand und wünsche Trost und Kraft. Ihr H. Gem.

Wie kann dieser Mensch mir schreiben, es *schön* sei, *dass er nach seinerzeitiger überzogenen Disziplinierung durch den Verlag als erfolgreicher Autor in der heimatgeschichtlichen Forschung Erfüllung fand.* Ich bin erzürnt über seine Worte mir gegenüber, denn ich bin der Überzeugung, dass ein ehrliches Verhalten des IML die Verleumdungen und Publikationsverbote, die meinen Mann bis zum Ende der DDR verfolgten, hätte verhindern können.

Ich überwinde meinen Zorn, bin ein höflicher Mensch und bedanke mich: *Sie haben Recht, Manfred hatte trotz Flucht, Vertreibung und aller Widerwärtigkeiten durch die SED, ein sehr erfülltes und glückliches Leben. Am glücklichsten fühlte er sich inmitten von Büchern; wie ein Detektiv in Archiven und Bibliotheken historische Wahrheiten aufspürend, aber auch bei sehr praktisch-handwerklichen Arbeiten für die Familie in Haus und Garten. Aus vollem Schaffensprozess riss ihn innerhalb eines halben Jahres der Krebs. 15 Chemotherapien hat er im Virchow-Klinikum tapfer überstanden, war überzeugt, den Krebs zu besiegen. Sein Kopf arbeitete bis zuletzt, aber der Körper, Lunge und Herz, schafften es nicht. Ich war bis zuletzt optimistisch, dass M. es schafft. Er hatte noch viele Pläne und seine Kenntnisse wurden hier sehr gebraucht.*

Zuvor hatte mir Prof. R. Hecker *zum Ableben unseres ehemaligen Kollegen, dessen biografische Arbeiten zu Marx und Engels einen festen Platz in unserem Wissenschaftsgebiet gefunden haben* kondoliert. Und weiter schreibt R. Hecker: *Gerade eben sind wir mit der Vorbereitung des 200. Geburtstages von Jenny Marx beschäftigt. Ein wichtiges Mosaiksteinchen hat auch M. K. zu ihrer Biografie beigetragen, als er ihre Rezensionen über Shakespeare und Irving im Karlsbader ´Sprudel´ entdeckte.[…]*
M. K. wird uns mit seinen wissenschaftlichen Arbeiten immer Vorbild bleiben. Sein Tod ist ein tiefer Verlust für uns.

In diesem Brief fragt R. Hecker, ob ich eine Kartei oder Datenbank mit von M. K. neu ermittelten Daten zum Leben von Marx ihm zur Verfügung stellen kann.

Eine Datenbank? – Manfred war sein Leben lang „Alleinarbeiter“, ihm stand nie ein Institut zur Verfügung – sein Arbeitsmittel waren Karteikarten in unzähligen Karteikästen und im Laufe seines Lebens mehrere mechanische Schreibmaschinen. In unserem Bungalow, den wir nach dem Bau unseres Hauses nicht mehr bewohnten, hatten die Karteikästen und seine vielbändige Arbeitsbibliothek ihren Platz. Von dem Wust an Manuskripten, Chroniken auf den vielfältigsten Gebieten, Fotokopien etc. war ich total überfordert und schilderte in meinem Dankesbrief an R. Hecker meine Situation.

Freunde, durch tausende Kilometer und Mauer getrennt, und doch nah

Russische Freunde
Boris Rudjak (1923 – 1999)

Der langjährigste Freund unserer Familie war Boris Moissejewitsch Rudjak. Ihn lernte M. K. Ende der 1960er Jahre in Ostberlin kennen. Zu der Zeit ist B. Rudjak stellvertretender Direktor des Moskauer Marx-Engels-Museums, der die Idee hat, zusammen mit den deutschen Kollegen Bildbände zu erarbeiten und in der DDR drucken zu lassen.
B. Rudjak, Autor und wissenschaftlicher Berater von Texten zu mehreren Bildbänden über K. Marx und F. Engels, die vom jungen Maler und Grafiker Leonid Koslow (1941 in Kiew geboren) illustriert werden, machte M.K. mit Leonid Koslow bekannt und auch zwischen den beiden jungen Männern entwickelte sich eine enge Freundschaft.

1971 besuchte uns L. Koslow mit seiner Frau Olga in Ostberlin und aus seinem Brief erfuhren wir, dass sich die Unannehmlichkeiten von Seiten des Parteiverlages aufgrund der Publikation „Karl Marx – Dokumente seines Lebens“ auch im Moskauer Institut herumgesprochen hatten. Leonid gibt die Reaktion von B. Rudjak darauf, im Brief an M. K. folgendermaßen wieder: *Wie sehr habe ich mich bemüht dieses Buch zu bekommen. Vielen, vielen Dank! Die Situation ist klar. Ein schwacher Mensch kann in einer solchen Situation umkommen und ein starker überlebt sie nicht nur, sondern wird weitergehen, indem er sich von der gegebenen Situation wie ein Skispringer vom Trampolin abstößt. Alles hängt vom Menschen selbst ab.*

Der Ratschlag von Boris Rudjak war für M. K. überzeugend, denn er basierte auf dessen Lebenserfahrung. Nicht nur einmal stand der jüdische Wissenschaftler auf einem Trampolin. Nur seiner Klugheit, seinem Fleiß und seiner Unverdrossenheit, letzten Endes seinem Wissen, verdankte er seine Entwicklung vom Mitarbeiter im „Kalinin-Museum" zu einem international anerkannten Experten der Marx-Engels-Forschung, der in den westeuropäischen Archiven mit Originaldokumenten arbeitete.

Boris M. Rudjak erkannte früh die Begabung des jungen deutschen Kollegen und wurde zu seinem väterlichen Freund. Die Mehrzahl seiner Briefe an uns in den 1970er Jahren, schreibt B. Rudjak mit der Hand und auf Russisch; seine Handschrift ist sehr klein, nicht gut lesbar für einen Ausländer. Ich helfe meinem Mann beim Entziffern und Übersetzen. Neben fachlichen Informationen und teilweise auch Neuentdeckungen in westeuropäischen Archiven, teilt er uns seine Erlebnisse mit der Familie mit, beschreibt die Natur, wenn er sich in Sanatorien befindet, erkundigt sich nach unserem Wohlergehen und dem unserer Töchter und hofft auf eine Anstellung von M. K. zur Arbeit an der MEGA am Moskauer Institut.

Ihn betrübt, dass Manfreds „Marx" nicht in russischer Sprache erschienen ist und versichert, dass er *sich dieser Sache persönlich annehmen wird* – so im Brief vom 12.1.1972.
Ausführlich schildert er in einem Brief aus einem Sanatorium im Nordkaukasus die Schönheit der dortigen Natur, seinen Blick auf den Elbrus und die Vielzahl der Heilquellen, die seiner Meinung nach, auch Manfred gut tun würden.

B. Rudjak zog infolge einer schweren Verwundung den linken Fuß etwas nach; er diente von 1942 bis 1944 als Offizier in einer Aufklärungsabteilung der Roten Armee.

Im Herbst 1988 besuchte ich das letzte Mal die Familie Rudjak in Moskau. Am Ausgang der Metro-Station „Prospekt Wernadskovo" erwartete mich Boris; in der einen Hand seinen Gehstock und in der anderen einen Strauß Mimosen haltend.

Wir umarmten uns und ich war glücklich, dass ich, da ich um die schwere Versorgungslage in der UdSSR wusste, in meiner Aktentasche Wurstwaren hatte. Bei diesem Besuch erfuhr ich, dass sein ältester Sohn in den USA theoretische Mathematik studierte und danach eine Anstellung an der Heidelberger Universität erhalten hat.

Nach dem Zusammenbruch der Sowjetunion suchten wir nach Ethel und Boris Rudjak und erfuhren, dass sie in die BRD ausgereist waren.

Seine westdeutschen Kollegen erreichten eine angemessene Pension für ihn. Als wir endlich Telefonnummern seiner Kinder in Heidelberg herausfanden und uns bei ihnen nach Boris erkundigten, lebte er nicht mehr.
Boris Rudjak starb am 30.12. 1999 in Dossenheim, einer Gemeinde nördlich der Stadt Heidelberg, am Fuße des Odenwaldes.

Jefim Kandel

Einige der sowjetischen Marx-Engels-Forscher besuchten uns zu Hause. So auch Professor Jefim Pawlowitsch Kandel. Er war um einige Jahre älter als B. Rudjak und wohl einer der älteren Experten für die Werke von Friedrich Engels. Sein Besuch bei uns in der Lichtenberger Moldaustraße 4 ist mir noch im Gedächtnis. Ein großer, schlanker, weißhaariger Mann, trotz auffallender starker Brillengläser sehr schlecht sehend und wacklig auf den Beinen – auch er wurde im Krieg schwer verwundet – stand freundlich lächelnd und hilflos vor mir. Seine Familie hatte ihm eine Liste für diverse Einkäufe mitgegeben. Natürlich halfen wir ihm bei der Besorgung der verschiedenen Dinge für Kinder und Enkelkinder und gaben ihm auch einen Koffer von uns, denn in seiner etwas größeren Einkaufstasche, hätte er das Gekaufte nicht unterbringen können.

J. Kandel hatte von unserem Autounfall im Winter 1977 in Polen erfahren und teilte uns in einem Brief vom 24.2.1977 seine Anteilnahme und seinen Wunsch mit, *dass wir und die Kinder schnell gesund werden mögen.* Er bedankte sich für unsere Hilfe während seines Berlinbesuchs mit *einem kleinen Paket, welches uns hoffentlich nicht beleidigt.*

Olga Senekina (1903 – 2002)

An meine Einkaufshilfe für Professorin Olga Senekina erinnere ich mich wieder, als ich ihren Dankesbrief beim Sortieren der Korrespondenz finde.

Im Juni 1972 war ich mit O. Senekina, heute würde man sagen, auf „Shopping-Tour". Als Dank schickte sie mir mit einem Moskauer Kollegen eine Brosche mit Lackminiatur-Malerei aus Palech, die ich oft – ich war damals 34 Jahre alt – auf schwarzen Rollkragenpullovern trug. Ich habe ihr wohl auch eine Bluse mit Freunden mitgeschickt, denn im Brief vom 29. November 1972 bedankt sie sich mit den Worten: *Ich werde sie mit Vergnügen tragen und an unsere Begegnung denken!* In jenem Brief äußert sie auch, *dass es für alle Seiten nützlich wäre, wenn Manfred zur Arbeit an der MEGA² nach Moskau käme, vorausgesetzt die Leitung des Berliner Instituts (IML) unterstützt es.* (Von Seiten des Berliner IML erfolgte keinerlei Unterstützung, trotz unserer Bemühungen, im Gegenteil, man empfand schon unsere Bitte als Anmaßung.)

Vor unserer „Shopping-Tour" kannte ich lediglich den Familiennamen Senekina; mein Mann jedoch kannte sie persönlich und hatte mir von ihr erzählt. Mit großer Hochachtung sprach er von Olga Senekina, deren Augenlicht durch jahrelanges Entziffern von Marxens unleserlicher Handschrift in schlecht beleuchteten Archivräumen, stark gelitten habe und sie fast erblindet sei.

In einer Rezension von Gisela Notz über das Buch „Bewahren – Verbreiten –Aufklären". (Archivare, Bibliothekare und Sammler der Quellen der deutschsprachigen Arbeiterbewegung, herausgegeben von G. Benser und M. Schneider, September 2009), wird Olga Senekina als *„die Hüterin eines der größten Archivschätze der literarischen Nachlässe von Marx und Engels"* dargestellt. (Das Buch behandelt 60 Biografien, darunter vier von Frauen, davon ist eine Biografie die von Olga Senekina.)

Ich suche in Wikipedia nach ihren Lebensdaten, um zu erfahren, wie alt die mittelgroße, grauhaarige Wissenschaftlerin damals bei unserer „Shopping-Tour" in Ostberlin war und finde eine von H. Gem. über sie geschriebene Biografie. Obwohl er doch Frau Senekina sicher recht gut kannte, ist sein Text relativ unpersönlich. Ich erfahre, dass sie „Ende der 1960er/Anfang der 1970er Jahre an den grundlegenden Beratungen der MEGA² - Gesamtredaktion teilnahm." An der in Ostberlin (1972) stattfindenden Beratung zu MEGA² nahm auch mein Mann teil und ich gehe davon aus, dass er mich an seiner Statt als Einkaufs-Begleiterin vorschlug. Dem folgte ich gern, ohne zu wissen, welche großartige Forscherin ich beim „Blusenkauf" begleitet hatte. Olga Senekina war damals 69 Jahre.

H. Gem. schreibt, dass Senekina *bis ins hohe Alter an der Redaktion und Edition einer Reihe von Sammelbänden zur Marx-Engels-Forschung mitwirkte.* Ihre Fast-Erblindung, ihre Familie mit Kindern und Enkeln findet in seiner Biografie keine Erwähnung. Mit 88 Jahren geht sie in den Ruhestand und ich hoffe, sie konnte ihn mit ihrer Familie genießen – sie wird 99 Jahre alt. Die ovale Palech-Brosche mit einem Madonnen-Antlitz trage ich auf schwarzen Pullovern noch heute.

Galina Serebrjakowa (1905 – 1980)

Galina Iosiffowna Serebrjakowa kenne ich nur aus Erzählungen meines Mannes. Ende November 1971 hatte Leonid Koslow
einen Besuch für M. K. bei der Schriftstellerin in ihrem Haus in Peredelkino organisiert. Im Brief vom 22. 12. 1971 bedankt sie sich für seinen „Marx- Dokumente seines Lebens“ mit den Worten: *Ein ausgezeichnetes Buch: ein kluges, talentiertes und originelles* und wünscht ihm *von ganzem Herzen schöpferische Erfolge und Gesundheit.*

In Peredelkino, einem Dorf südwestlich von Moskau, hatte Maxim Gorki 1934 eine Siedlung, gegründet, wo Schriftsteller in Ruhe arbeiten konnten. Viele Künstler und Poeten hatten hier ihre Datscha. (Auch Boris Pasternak hatte hier ein Haus, was mein Mann und ich nach dem Zusammenbruch der Sowjetunion besuchten.)

M.K. wusste um das tragische Schicksal der Schriftstellerin, die zwanzig Jahre in Stalins Lagern und in der Verbannung leben musste, bis sie 1956 rehabilitiert wurde und nach Moskau zurückkehren durfte. Als Entschädigung bekam sie vom Staat die Datscha in Peredelkino. Nach ihrer Rückkehr aus der Verbannung hatte sie ihre publizistische Tätigkeit wieder aufgenommen. In der von M. Gorki 1933 gegründeten Serie „Das Leben bemerkenswerter Menschen“, im Verlag „Junge Garde“, war 1966 ihr fast 900 Seiten starkes Buch „Marx und Engels“ erschienen. Im Klappentext dieses Buches ist ihre Bestrafung und Demütigung durch Stalins Schergen nicht erwähnt, obwohl zehn Jahre zuvor von Chruschtschow diese Verbrechen angesprochen worden waren.

Die beiden jungen Männer stapften im November 1971 bei herrlichem Sonnenschein durch tiefen Schnee, um die Datscha der Serebjakowa zu finden - wie alle, hinter Hecken versteckt, ohne Straßen -und Hausnummern, nicht mit Namensschildern versehen.

Für meinen Mann war die Begegnung mit der Schriftstellerin sehr beeindruckend und er schilderte sie mir ausführlich.

G. Serebrjakowa, am Anfang des Gesprächs umgeben von APN-Korrespondenten, war sich ihrer femininen Ausstrahlung auf die männliche Umgebung sehr bewusst. Hell gekleidet, gekonnt geschminkt, mit zu ihrer Figur passendem Schmuck, modern frisiert, saß sie in einem bequemen Sessel und führte das Gespräch mit den jungen Männern.

Der Unterhaltung zwischen dem 36jährigen deutschen Historiker und der fast siebzigjährigen Schriftstellerin mangelte es für mehrere Stunden nicht an Gesprächsstoff; über solche Begriffe, wie Freundschaft, Familie und das Leben von Marx entwickelte sich eine lebhafte Unterhaltung.

Im Gegensatz zu meinem Mann, dem die Humboldt-Universität seine mehrmaligen Anträge auf einen Studienaufenthalt in Moskau stets ablehnte, flog ich einige Male dienstlich in die Sowjetunion und benutzte die Gelegenheit unsere Kontakte zu pflegen. Alle unsere gemeinsamen Reisen erfolgten auf der Grundlage gegenseitiger privater Einladungen zwischen Leonid und Olga Koslow aus Moskau und uns aus Ostberlin. Im Laufe von fast zwanzig Jahren verband unsere Familien eine enge Freundschaft.
Bei jedem unserer privaten Moskau-Besuche bemühte sich Leonid meinen Mann speziell mit interessanten Historikern und auch Künstlern bekanntzumachen.
An den meisten Begegnungen nahm ich teil und meine damaligen Tagebuchaufzeichnungen unterstützen heute meine Erinnerungen.

Nikolai Shukow (1908-1973)

Über unseren Besuch bei N. N. Shukow im Sommer 1971 schrieb ich folgendes in mein Tagebuch: „Leonid sagte uns nicht, ob es ihn besondere Anstrengung und Überredungskunst gekostet hatte, den, in der Sowjetunion sehr erfolgreichen Schriftsteller, Maler und Illustrator, zu bewegen, das junge Ehepaar aus Ostberlin in seinem Atelier zu empfangen.
N. Shukow – Porträtmaler von W. Lenin, Karl Marx und anderen Persönlichkeiten, Buchillustrator – , war 1946 APN-Pressezeichner während des Nürnberger Kriegsverbrecher-Prozesses.

Wir drei, Leonid, Manfred und ich, sind pünktlich zu der verabredeten Zeit und werden von N. N. Shukow in seiner Zweizimmer- Wohnung im Zentrum Moskaus, die dem Künstler sozusagen als Rückzugsgebiet von der Familie dient und in der er ausländische Gäste empfängt, herzlich begrüßt.

Wir waren ein schönes Paar. Manfred in einem hellen, leichten, legeren Anzug, zarthellblauem Oberhemd ohne Schlips und ich, passend zu ihm, in einem hellblauen sportlich-eleganten, bis zu den Knien reichendem Kleid. Meine schwarzen Lack-Plateau-Schuhe garantierten einen selbstbewussten Gang. Mein Haar hatte ich streng aus der Stirn gekämmt, so dass meine großen Augen frei für die Gesprächspartner waren. N. Shukow ließ durch seine freundschaftliche Art bei uns jungen Leuten keine Hemmungen aufkommen; die Unterhaltung kam sofort in Gang.

Ein junger Mann, vermutlich ein Maler-Eleve, er wurde nicht vorgestellt, bewirtete uns mit Krimsekt, Kaviar-Schnittchen, Florentiner-Kuchen-Stückchen und Kaffee.

N. Shukow zeigte in Mappen chronologisch sortierte Skizzen und Reproduktionen seiner letzten Arbeiten. Manfred war zwar Kunstliebhaber aber vorwiegend „Schreiber“, malen und Bücher illustrieren konnte er nicht; also kam es zu keiner Fachsimpelei über Malerei und Grafik. Der lebhaften Unterhaltung geführt von N. Schukow mangelte es nicht an Themen und Humor.

Er erkundigte sich, wie viel Kinder wir haben und erzählte von seinen Kindern. Er selbst habe drei leibliche Kinder und einen Sohn, dessen Vater zusammen mit Shukow im Krieg gegen die Faschisten kämpfte, erschossen wurde und Shukow den Sohn seines Kriegskameraden adoptierte. Gerade dieser Junge mache N. Shukow die meiste Freude, sagt er uns.

Das waren doch sehr persönliche Gefühle, die N. Shukow uns anvertraute. Verschmitzt Manfred anlächelnd, meinte Shukow zu ihm, er solle unbedingt einen Sohn zeugen und ihn „Karl“ nennen, da er sich doch so intensiv mit der Familie von Karl Marx beschäftigt.

N. Shukow malte vor allem auch seine Kinder, schrieb und gestaltete Kinderbücher. Uns schenkte er zur Erinnerung seine Zeichnung mit der Unterschrift „Für Karl“. Sie zeigt ein auf dem Bauch liegendes hübsches Baby, den kleinen Kopf hochreckend – so wie Babys in aller Welt, im Alter von 3-5 Monaten für ein starkes Rückgrat trainiert werden.

Fast fünf Stunden dauerte unser Besuch in der Atelier-Wohnung und die Unterhaltung kam zu keinem Moment ins Stocken. Ich fühlte mich wohl und der Sekt ließ mich lockerer werden. Meine Aufmerksamkeit fand eine Tischlampe, an der verschiedene Babyschuhchen aufgehängt waren. Die Idee fand ich originell und mache die Männer auf die Lampe aufmerksam. N. Shukow reagiert: „Hat meine Frau gestaltet und hingestellt, damit ich beim Arbeiten nicht meine Familie vergesse.“ Diese Idee machte auf mich einen derartigen Eindruck, dass ich aus Moskau zurückgekehrt, an meinen über meinem Schreibtisch hängenden polnischen Kronleuchter, eine Nachbildung aus einem alten Warschauer Schloss, auch die Baby- und Kleinkinderschuhe meiner Kinder hängte.

Heinrich Pusis

Zwei Tage später besuchten wir zusammen mit Olga, Leonid war nicht dabei, in der Uliza Wasnezowa 9, Quartier 5, den an der Moskauer

Lomonossow-Universität lehrenden Philosophieprofessor Heinrich Pusis. Es war der Wunsch von M. K. Prof. H. Pusis kennenzulernen, da dieser 1969 einen Brief mit seinen Beiträgen über Ethik und Ästhetik bei Karl Marx an M. K. geschickt hatte. Pusis bat um die Beantwortung von teilweise unverständlichen Fragen (geschrieben in deutscher Sprache). Es ging wohl um die Argumentation von H. Pusis über die Verfasserschaft von Marx an dem Artikel „Ästhetik". Mit Brief vom 14.2.1969 hatte M. K. ihm geantwortet: *Publiziert habe ich über den „Ästhetik-Artikel" noch nicht….*

Den Besuch bei Prof. H. Pusis hatte Olga mit Hilfe ihres Vaters, Professor für Literatur und Literaturkritik, organisiert.
In der von Kohlgeruch geschwängerten Diele wurden wir von einem blassen, greisenhaft wirkenden, schlanken, mittelgroßen Mann hocherfreut begrüßt und in sein Wohn- Arbeits- und wohl auch teilweise Schlafzimmer gebeten.

Inmitten des etwa 20 Quadratmeter großen Raumes, dessen alle vier Wände bis an die Decke mit Bücherregalen bedeckt waren, selbst Teile der Fenster, sodass Düsterheit den Raum beherrschte, stand ein quadratischer Holztisch, belegt mit Manuskripten und Büchern. Damit Prof. Pusis und wir Drei uns an den Tisch setzen konnten, brachte eine jüngere Frau, in Schürze und Kopftuch, Stühle, die gerade mal so inmitten der auf dem Boden liegenden Bücherstapel hingestellt werden konnten. Der alte Herr war sehr aufgeregt, er schien selten Gäste zu haben. Er bewirtete uns mit einer Schoko-Waffeltorte „Surprise" und Tee (aus schlecht abgewaschenen Gläsern).

Er unterhielt sich mit M. K. in perfektem Deutsch. M. K. konnte aus den leise aber vertraut geäußerten Worten entnehmen, dass die Auffassung von Heinrich Pusis zu den Begriffen von Ethik und Ästhetik bei K. Marx, nicht mit der sowjetischen Lehrmeinung übereinstimmt, aber ihr Standpunkt als „marxistisch" etikettiert wird. M. K. verstand sofort, welche inhaltliche Problematik den sowjetischen Gelehrten quälte, denn ihm und einigen seiner Berufskollegen waren ähnliche Verfälschungen bekannt, gegen die sie sich nicht wehren konnten und keine Publikationsmöglichkeiten haben.

H. Pusis kannte die zwei Bände: „Karl Marx. Friedrich Engels. Über Kunst und Literatur", 1.Auflage 1967, die von M. K. im Dietz Verlag herausgegeben waren. Er bedauerte sehr, dass M. K. erst am Ende seines Moskau–Besuches ihn aufsuchen konnte und vertröstete sich sozusagen auf die Korrespondenz und auf einen eventuellen nächsten Besuch von M. K. bei ihm.

Das Gespräch dauerte wohl nicht einmal zwei Stunden. Die häusliche Atmosphäre des außerordentlich liebenswerten Mannes empfanden wir als sehr bedrückend, Mitleid erregend. Uns erschütterte zutiefst der krasse Gegensatz zwischen der Behausung von Prof. H. Pusis und der Atelier-Wohnung von N. Shukow. Das Wohnhaus von Shukow befand sich in Peredelkino.

Nach Verlassen des Miethauses erklärte uns Olga auf der Straße, dass die Situation dieses Universitäts-Professors kein Einzelfall sei. Die Wissenschaftler geraten immer wieder an solche Ehefrauen, meistens aus der Provinz, die sie nicht umsorgen, sondern bis auf die nackte Haut ausnehmen. Auch Prof. Pusis sei schon mehrfach verheiratet gewesen und hatte nur seine Bücher gerettet. Für mich waren Olgas Worte nicht glaubhaft und durchaus keine Rechtfertigung für die armseligen Lebensbedingungen des Wissenschaftlers; aber H. Pusis war vermutlich kein Parteimitglied sondern ein kritischer Forscher. Eine Einladung von Olga Koslowa ermöglicht M. K. einen zweiten privaten Besuch Moskaus im September 1975, sie gibt das Visum einem „zuverlässigen Menschen“ mit und schickt ein Foto von sich, auf dem sie Manfreds Reclam-Buch “K. Marx. Dokumente seines Lebens“ in der Hand hält. Es ist auf der internationalen Buch-Ausstellung „Buch 75“ im Pavillon der DDR ausgestellt. M. K. ist natürlich erfreut über diesen Fakt.

Im Februar 1976 ist M.K. ohne mich ein zweites Mal Gast bei Olga und Lonja in der Nowolesnaja uliza. Seitdem Manfred beim Besuch Leonids von Berlin diesem ein quälendes Furunkel am Gesäß behandelt hatte, bezeichnet Leonid sie beide als „Bljutsbrüder“.

Auch dieses Mal arrangierte Leonid in Moskau speziell für seinen „Blutsbruder“ Treffen mit interessanten Wissenschaftlern. Er begleitet M.K. zu Vorlesungen vor Historikern, die speziell zu den Werken von Marx und Engels forschen, spricht vor ihnen über seine Forschungsergebnisse über den jungen Engels.

Leonid machte über jedes Treffen genaueste Notizen und schickte sie zur Erinnerung nach Berlin. Im Nachlass kann ich dadurch lesen: *Er begrüßt die Professoren in russischer Sprache, 22 Personen sind anwesend, unter ihnen Prof. L.I. Golmann, E. P. Kandel und andere. Der Vortrag von M. gefiel außerordentlich gut. Das war an der Reaktion des Auditoriums und den an den deutschen Gelehrten nach seinem Vortrag gestellten Fragen zu merken. Man war so begeistert, dass Prof. Golmann sagte: ´Es wäre wunderbar, wenn sie zusammen mit uns arbeiten könnten!´*

Deutsche Freunde

Cécile Lowenthal-Hensel (1923-2012)

Fast dreißig Jahre unseres Lebens waren mein Mann und ich eingemauert. Bürgern aus der BRD selbst nur einen „Guten Tag“ zu wünschen, war uns verboten. Glücklicherweise hielten sich die wenigsten unserer Generation an diese Absurdität.

Als die Mauer noch stand, lernte Manfred Frau Dr. Cécile Lowenthal-Hensel kennen. Beide, sie aus Berlin-Zehlendorf, er aus dem Osten Berlins, recherchierten in der Ostberliner Staatsbibliothek Preußischer Kulturbesitz und im Stadtarchiv. In ihren Arbeitspausen aßen sie ihre Schnitten und tranken Kaffee zusammen.

Die lebhafte, sehr charismatische Cécile Lowenthal–Hensel ist die Urenkelin der Komponistin Fanny Hensel, Nachfahrin des Komponisten Felix Mendelssohn Bartholdy (ihr Urgroßonkel) und des Philosophen Moses Mendelssohn. Als Jugendliche erlebte Cécile, die nach den Nürnberger Rassegesetzen als „Drei-Achtel-Jüdin“ galt, die Diskriminierungen des NS-Regimes gegenüber jüdisch-stämmigen Deutschen wie der Familie Mendelssohn, am eigenen Leib.

Die promovierte Philosophin, die 1967 die Mendelssohn – Gesellschaft e. V. gegründet hatte und seit 1989 deren Ehrenmitglied ist, erregte natürlich das besondere Interesse des elf Jahre jüngeren Marx-Forschers M. K. Wie sich bald herausstellen sollte, beruhte es auf Gegenseitigkeit.

Endlich waren wir frei von Bevormundung und Überwachung.

Cécile Lowenthal–Hensel war die Erste, die meinem Mann nach den Demütigungen an der Humboldt-Universität wieder das Gefühl verleiht, dass seine Kenntnisse doch nicht völlig unbrauchbar für die wissenschaftliche Welt sind. Schon 1990 erscheint von ihm im Band 7 der „Mendelssohn Studien. Beiträge zur neueren deutschen Kultur–und Wirtschaftsgeschichte“ der Artikel „Die Berliner Mendelssohn-Adresse Neue Promenade 7. Zeitliche Zuordnung und soziales
Umfeld als Forschungsanliegen.“

In dem Mitarbeiterverzeichnis zu dem Studien-Band ist in seiner Kurzbiografie erwähnt, dass „aufgrund der Veröffentlichung einer Karl-Marx-Biografie (Leipzig 1970) wissenschaftliches Publikationsverbot in der DDR“ bestand.

Zum ersten Mal wird diese Tatsache gedruckt, aber wer seiner Historiker-Kollegen liest 1990 schon die „Mendelssohn-Studien“?

An einem regnerischen Herbsttag folgen mein Mann und ich der Einladung des Ehepaares Ernst Gottfried Lowenthal (1904-1994) und Cécile Lowenthal–Hensel.

Mit der U-Bahn fahren wir in die „Tiefe von Westberlin“ bis zur Station Mexiko-Platz und kommen durchgefroren und vom Regen, trotz Schirm, pitschnass vor dem Haus in der Kaunstraße 33 an. Der Hausherr begrüßt uns freundlich, und ich werde nie vergessen, dass ich in seine Hausschuhe schlüpfen durfte. Mein Mann musste auf seinen Wollsocken auf dem Parkettfußboden laufen.

Seit 1968 war Cécile mit Ernst Gottfried verheiratet. Sie nannte ihn „Eusebius“, was ich sehr originell von ihr für ihren 19 Jahre älteren Ehemann empfand. Dr. rer. pol. Lowenthal unterzog sich trotz seiner 86 Jahre noch einem sehr strengen Arbeitspensum, wie uns seine Frau sagte. Erst dachte ich so bei mir, warum diese Mühe? – als wir zum Essen spät abends in die geräumige Küche gebeten wurden. Aber die Hausfrau erklärte, sie hätten noch nicht zu Abend gegessen, stellte ein italienisches Fertiggericht in die Mikrowelle und bewirtete uns schnell und ohne Umstände.

Ab dieser Zusammenkunft waren wir als *nahestehende Menschen“* in die jährlichen „Rundschreiben“ vom Ehepaar Lowenthal-Hensel einbezogen. Das ehrte uns beide sehr.

Prof. Dr. Helmut Hirsch (1907 – 2009)

Von Angesicht zu Angesicht lernte M.K. Prof. Dr. Helmut Hirsch erst im Herbst 1995 kennen.

Schon im Juli 1979 hatte Lektorin Karin Gurst die Adresse von H. Hirsch in Düsseldorf M.K. mitgeteilt. Jedoch ist M. K. jegliche Korrespondenz mit ausländischen Kollegen verboten – er ist eine von der SED verfemte Person, was Prof. Hirsch nicht wusste. Es vergehen Jahre bis sich beide in die Arme nehmen können.

Den Sohn einer jüdischen Kaufmannsfamilie in Wuppertal-Barmen 1907 geboren, und der Sohn eines Landarbeiters, 1934 im schlesischen Grünberg geboren, verband ihr Vorsatz, dass historische Wahrhaftigkeit und wissenschaftliche Akribie mit politischem Engagement zusammengehen müssen. Mit dem Unterschied nur, dass der Eine in Westdeutschland und den USA lehrte und der Andere durch die SED in Ostdeutschland in seiner wissenschaftlichen Arbeit behindert wurde.

Mehr als eine Generation lag zwischen diesen beiden Männern – beide schlank, beide mittelgroßer Statur, der ältere zierlich, der junge etwas robuster. Gemeinhin würde es als Vater-Sohn-Verhältnis bezeichnet werden können.

Ihre geistige Bindung beruhte auf ihrer Forschung zur deutschen Arbeiterbewegung. Helmut Hirsch zählte zu jenen westdeutschen Historikern, der als erster eine Danksagung für den Autor des Buches: „Friedrich Engels. Dokumente seines Lebens“ schrieb.

Im Brief vom 30. Mai 1979 an den Reclam Verlag schreibt H. Hirsch: *Leider habe ich nie eine Empfangsbestätigung meines Dankschreibens an M. K. erhalten, das ich vor längerer Zeit mangels Anschrift an Ihre Adresse [gemeint ist der Reclam-Verlag] gerichtet hatte. In wohltuendem Kontrast zu den Kritikern, die mir vorwarfen, ein noch geschickterer Bebel-Verfälscher zu sein als Willy Brandt hat M. K. in seiner Friedrich Engels-Dokumentation nicht weniger als sieben Beiträge von mir ohne negative Kritik zitiert.*

Es würde mich freuen, wenn Sie Ihrem Autor diesen Ausdruck meiner Anerkennung zukommen lassen wollten. Ich habe sie auch mehrfach bei Vorträgen geäußert.

Am 7. Juli 1995 schreibt H. Hirsch an M.K.: *Ich hatte jahrelang versucht, mit Ihnen Kontakt zu bekommen, um Ihnen für die Unvoreingenommenheit zu danken, mit der Sie meine Arbeiten in der Engels-Forschung, soweit sie Ihnen bekannt wurden, gewürdigt haben – in scharfem Kontrast zu anderen DDR-Forscherinnen und Forschern auf anderen Gebieten, mit denen ich mich beschäftigte.*

Dem Kollegen Theodor Bergmann, der mich zur Teilnahme am Engels-Symposium in Zusammenwirken mit der Bergischen Universität Wuppertal (9. -12. Oktober) eingeladen hatte, doch der mit meinem Themenvorschlag nicht einverstanden war, habe ich abschließend erklärt, dass ich nur dann käme, wenn Sie eingeladen würden und kommen könnten – mit oder ohne eigenen Beitrag. Übernachten könnten Sie bei uns und mit mir per S-Bahn nach Elberfeld und von da mit einer Taxe zur Tagungsstätte fahren. Ich warte mit nicht geringer Spannung auf Ihre Reaktion.

In einem zweiseitigen Brief an H. Hirsch (3. August 1995) schildert M. K. seine damalige persönliche Lage: *Wir wohnen seit 1992 (wegen Mietenexplosion) nicht mehr in Berlin-Mitte, sondern sind in unser Vorstadthaus gezogen. Dies erwies sich auch in der Hinsicht als weiser Schluss, als zuerst meine Frau und ab 1. Januar 1994 auch ich die Arbeit verloren. Ich weiß, dass Sie damals als mein Engels-Buch erschien und das*

von Ihnen Aufmerksamkeit gefunden hatte, worüber ich mich sehr freute, bereits eine Verbindung zu mir suchten; ich hatte Ihnen auch eine kurze Nachricht über den Reclam-Verlag in Leipzig zukommen lassen, die Sie möglicherweise nicht erreicht hat. Direkt mit Ihnen Kontakt aufzunehmen, war mir verboten, und als ich 1978 oder 1979 bei der Leitung der Humboldt-Universität zu Berlin darum bat, mit Ihnen zu korrespondieren, wurde mir dies untersagt. Die Drahtzieher saßen im damaligen „Institut für Marxismus-Leninismus beim ZK der SED" (IML), bei dem in solchen Fällen rückgefragt werden musste. Ich wurde damals als „unabhängiger Marx-Engels-Forscher in der DDR" vorgestellt, was in der DDR so viel hieß, wie Verfälscher des revolutionären Erbes zu sein.
Damit bin ich bei Ihrem mich sehr ehrenden Anliegen, an dem Engels-Symposium in Wuppertal teilzunehmen. Im Prinzip bin ich für Annahme der Einladung, dies schon Ihretwegen; nur befürchte ich, dass auch ehemalige Leiter des „Instituts für Marxismus-Leninismus" (seit 1990/91 unter neuem Namen) eingeladen worden sein könnten und es dann zu, die ganze Veranstaltung belastende, Auseinandersetzungen kommen könnte. Ich möchte mich erst mit Ihnen brieflich über dieses Problem beraten, denn für Sie wird es auch leichter als für mich sein, in Erfahrung zu bringen, ob „solche Herren" überhaupt teilnehmen werden."

M. K. nimmt an dem viertägigen Symposium in Wuppertal teil und schreibt danach an Helmut Hirsch und an seine Frau Marianne: *Sie werden sicher denken, dass ich Undankbarer Sie vergessen habe. Mitnichten! Die Woche bei Ihnen und auf der Konferenz war – wenn auch recht anstrengend – die schönste Woche, die ich bisher in den Neunzigern erlebt habe. Vor allem hat mich die Herzlichkeit beeindruckt, mit der Sie mich aufgenommen und umsorgt haben. Besser als Sie es getan haben, kann man es gar nicht machen. Dazu kommen die vielen und schönen Eindrücke von Friedrich Engels´ Heimat, die ich ja bisher nur von Bildern und Fotos, aus Akten und Büchern kannte; weiter die Begegnung mit Namen, die mir aus der Literatur zumeist wohlbekannt waren und nun zu Personen aus Fleisch und Blut wurden. In nuce: Es war herrlich, und dafür will ich mich noch einmal schriftlich ganz herzlich bei Ihnen beiden bedanken. Zurückgekehrt warteten viele Termine auf mich. Vor allem eine Arbeit in einem von mir schon im Dezember 1994 konzipierten Projekt „Geschichtswerkstatt" zur Berliner Stadtgeschichte im Rahmen einer Arbeitsbeschaffungsmaßnahme. Es kostete drei Tage Laufereien zwischen dem Arbeitsamt in Strausberg (im Land Brandenburg, meinem neuen Wohnort) und dem Arbeitsamt im Land Berlin, das mir entgegen hielt die Berliner Arbeitslosen vorrangig versorgen zu müssen. Die letztendliche Einsichtigkeit der Leiter der beiden Arbeitsämter hat mir dann doch die erforderlichen Unterschriften und Stempel verschafft. So stehe ich seit dem 18.10. in einem Arbeitsverhältnis und werde erst einmal die nächsten 14 Tage lang die Mitarbeiter (Lehrer, eine Geographin, ein Staatswissenschaftler, ein Kulturwissenschaftler und mein ehemaliger Kollege als der einzige Historiker) auf Berlin-Geschichte trimmen. Unserem Projekt ist ein Jahr zugestanden. Die Bezahlung ist sehr mäßig, aber immerhin doch ein paar hundert Mark mehr als das Arbeitslosengeld, dessen Bezugszeitraum durch das eine Jahr ABM sich dann um 156 Tage verlängert. Ich hoffe ja immer noch, dass die mehrfachen Bemühungen um Gastvorlesungen irgendwann Erfolg haben werden. Der Akademische Austauschdienst der Bundesrepublik (DAAD) vermittelt nur bestallte oder emeritierte Professoren; ich bin aber an keiner Universität mehr angestellt, und auch die sonstigen akademischen Gepflogenheiten einer Ruhegeld-Gewährung bzw. Beurlaubung für Forschung bzw. vorzeitige Emeritierung, ja nicht einmal die Abberufung aus der Hochschullehrer-Position, wurden uns „Ossis" nach der Wende zuerkannt. Gerade deshalb hat mir die offene Aufnahme in Düsseldorf bei Ihnen und die gleichberechtigte Behandlung auf der Wuppertaler Konferenz durch die Herren Kollegen so gut getan. Ich werde mich sicher bald wieder mit Post einstellen. Für heute nur dieses Lebenszeichen und diesen kurzen Situationsbericht. Meine Frau war während der Düsseldorf-Wuppertaler Woche mit ihren Gedanken auch bei uns Dreien. Ich soll Ihnen in ihrem Namen Dank für alles sagen. Sie brennt darauf, Ihre Bekanntschaft zu machen und Ihnen eine ebenso gute Gastgeberin in unserem Haus zu sein, wie Sie es in Düsseldorf für mich waren. Wir wünschen Ihnen Gesundheit und Wohlergehen in diesen schönen Herbsttagen, die Sie bitte genießen mögen, bevor es regnet und stürmt und der „traurige Monat November" ins Land steht.*

Im Juli 1996 folgten mein Mann und ich der Einladung der Eheleute Hirsch nach Düsseldorf. Für uns beide war es eine längere Fahrt mit unserem ersten Westauto – zweitüriger Opel Astra, ohne Zentralverriegelung und Navigator. Wir fuhren über Hannover, Braunschweig, Recklinghausen bis zum Breitscheiderkreuz, bogen rechts ab auf die A52 in Richtung Düsseldorf und folgten dann der Route, wie sie uns Frau Hirsch im Detail bis zu ihrem Wohnhaus erklärt hatte. Akribisch schrieb Manfred Uhrzeiten, Kilometerstände und Benzin-Tankfüllungen mit Preisen auf. Es war ja unsere erste Fahrt gen Westen und wir hatten keine Erfahrung im Hinblick auf die Kosten für uns. Aufgeregt aber glücklich erreichten wir den Kleiansring in Düsseldorf.

Unsere Gastgeber wohnten in einem sehr gediegenen Einfamilienhaus (Nr. 48), umgeben von ebensolchen Häusern mit kleinen, sehr gepflegten Vorgärten. Im Dachgeschoss des Hauses können wir wohnen. Wenn die in den USA lebenden Söhne ihre Eltern besuchen, wohnen auch sie hier. Marianne und Helmut behandeln uns wie Familienmitglieder.

Gefrühstückt wird in der geräumigen Küche an einem quadratischen Tisch mit weißem Leinentuch, von Marianne wie gewohnt, mit Silberbesteck, Kristallgläsern und ästhetisch schönem Porzellangeschirr und natürlich mit Stoffservietten schon gedeckt. Ich fühle mich an einem solchen Frühstückstisch wohl, denn auch M. K. und ich pflegen einen ähnlichen Lebensstil, obwohl wir beide aus sehr einfachen Verhältnissen kommen. Unsere Unterhaltung verläuft ungezwungen, sehr lebhaft, als kennen wir Vier uns schon sehr lange Zeit. Fachspezifische Fragen der Männer werden am Frühstückstisch nicht erörtert, dazu ziehen sich die beiden in das Arbeitszimmer von Helmut zurück.

Der Tag der beiden „Hirsche“ ist klar strukturiert. Der 89jährige Helmut joggt täglich im nahegelegenen Wald, bei Wind und Wetter, wobei Marianne (sie ist seine zweite Frau und einige Jahre jünger als er) uns gegenüber ihre Angst über die sportliche Aktivität ihres Mannes äußert, denn seit einigen Jahren hat das Sehvermögen durch einen grauen Star stark abgenommen; wenn er sich körperlich stabilisiert hat, wird man ihn operieren, erklärt uns Marianne Hirsch.

Prof. Hirsch weilt einige Male in Berlin, er hält Vorträge im Jüdischen Zentrum der Synagoge und jedes Mal begleitet ihn M. K. Mich interessierten die Vorträge ebenfalls, aber ich war durch meine Enkelkinder gebunden, konnte M. K. nicht begleiten.

Eines Mittags im Sommer 2003 ruft Frau Marianne an und teilt uns mit, dass sie am 17. Juli nach Berlin fahren, im „Hotel am Studio“ wohnen werden und uns gern sehen möchten. Prof. H. Hirsch ist zur Eröffnung der Ausstellung „Schätze der Himmelssöhne“ – die kaiserliche Sammlung aus dem nationalen Palastmuseum in Taipeh, die im Alten Museum gezeigt wird -, eingeladen. Im vorigen Jahrhundert hatte der Onkel von H. Hirsch, James Simon (1851-1932), ein reicher jüdischer Kaufmann und Kunstmäzen, wesentlich dazu beigetragen, dass diese Schätze ausgegraben wurden. Den 96-Jährigen, schon etwas körperlich zerbrechlichen, erfüllt diese Einladung nach Berlin mit großer Freude.

In meinem Tagebuch schreibe ich damals: *Wir hatten uns im „Café Stresemann“ am Theodor-Heuß-Platz verabredet, aber nach einer*

Stunde waren die „Hirsche“ immer noch nicht gekommen, sodass wir dachten, es sei etwas passiert. 30 Grad Hitze standen in der Stadt. Wir wollten unseren Blumenstrauß im Hotel abgeben und dann gehen. Die junge Dame an der Rezeption richtete uns aus, wir mögen bitte warten. Bald kamen Marianne und Helmut Hirsch, bewundernswert bei dieser unerträglichen Hitze.

Wir plauderten in den Ledersesseln der kleinen Lobby, gingen Mittag essen und trennten uns so gegen 17 Uhr. Abends wollten Marianne und Helmut noch zu einem Vortrag und wir wollten nach Buckow zur „Langen Nacht der Literatur“ im Brecht-Weigel-Haus.

Wir sahen Helmut und Marianne Hirsch im Juli 2003 zum letzten Mal.

Am 21. Januar 2009 entschlief sanft in seinem 102. Lebensjahr mein tief geliebter Mann, unser aller liebster Familienvater. Sein Mut zur Aufrichtigkeit, sein ausgeprägtes Gerechtigkeitsgefühl, sein gütiges Wesen und seine Liebe zur Jugend haben den bis in sein hohes Alter jugendlich Gebliebenen zu einem unvergesslichen Menschen gemacht. Er erduldete schwerste Emigrationsjahre und fand dennoch die Kraft, sich, wo immer er war, für die Belange und Rechte von Minderheiten einzusetzen.

So schreibt Marianne in der Todesanzeige.

Mein Mann und ich erfahren aus der „Märkischen Oderzeitung“ vom 27. Januar 2009 von seinem Tod. Dort lautet der Text: *Im Alter von 102 Jahren ist der Buchautor und Historiker der deutschen Arbeiterbewegung, Helmut Hirsch, gestorben. Wie das deutsche PEN-Zentrum gestern mitteilte, war Hirsch das älteste Mitglied der Schriftstellervereinigung. Er hatte Monografien unter anderem über Rosa Luxemburg und Friedrich Engels sowie August Bebel geschrieben. Der während der Nazi-Zeit in die USA emigrierte, jüdische Autor Helmut Hirsch lebte zuletzt in Düsseldorf.*

Marianne bedankt sich für unsere Anteilnahme und schreibt uns im Februar 2009:

Liebe Freunde, ich bedaure sehr, dass Sie auf die Märkische Oderzeitung angewiesen waren, um von Helmuts Tod zu erfahren. Wir sahen uns zuletzt im sommerlichen Berlin, wo wir uns verfehlten und kostbare Zeit verstrich, bis wir an einer Ecke gegenüber dem U-Bahnschacht immerhin gemeinsam eine kleine Mahlzeit einnehmen konnten. Zu den gut gelungenen Begegnungen gehören Ihr erster Besuch bei uns „im Westen“ sowie die Hamburger Tagungen. Sie, liebe Ursula, malten in leuchtendem Blau ein Bild. All das scheint noch gar nicht lange her zu sein.

Die letzten 14 Monate seines Lebens musste Helmut in seinem Bett verbringen, brauchte aber kaum Schmerzen zu leiden. Solange ich konnte, pflegte ich ihn. Er blieb dem Leben zugewandt, bis zum allmählichen Hinübergehen.
Ich danke Ihnen, dass Sie an meiner Trauer Anteil nehmen und das Andenken an diesen besonderen Menschen in Ihren Herzen bewahren!
Stets Ihre Marianne Hirsch."

Marianne überlebte ihren Helmut nur ein Jahr.
Der liebevolle von gegenseitigem Respekt und Aufmerksamkeit geprägte Umgang der beiden, waren Manfred und mir ein Vorbild.

Chinesische Freunde

Meine Aufmerksamkeit für chinesische Menschen entstand schon zu meiner Studentenzeit. Chinesen waren die fleißigsten Studenten, die selbst auf die Toilette ihre kiloschweren Wörterbücher mitnahmen, an Tanzabenden selten teilnahmen und gegenseitig aufeinander achteten, wenn sich einer aus der Gruppe entfernen wollte, um individuell etwas zu unternehmen. Die tschechischen Kommilitonen amüsierten sich, wenn sich herumsprach, dass chinesische Mädchen beim Einkauf statt eines „Kilogramms", einen „Kilometer Wurst" verlangten.
Später, als Berufstätige, luden mein Mann und ich gern ausländische Gäste zu uns nach Hause ein. Unter anderen besuchten uns junge Chinesinnen, die Ende der 1980er Jahre zur Vervollkommnung ihrer deutschen Sprachkenntnisse an der Humboldt Uni studierten.

Prof. Li Chengyi

Wann M. K. zum ersten Mal Kontakt zu Prof. Li Chengyi aus Peking bekam und durch wen vermittelt, weiß ich nicht genau.
Im Nachlass meines Mannes lese ich, dass er am 22.11.1989 den Sektionsdirektor in der HUB, Prof. Dr. H. Steininger, informierte, dass er eine „Vorrede für den chinesischen Leser" und biografische Angaben zu seinem Marx-Buch an das chinesische Institut übersandt hat. Der letzte Satz des Briefes lautet: *Es ist meine zweite Buchveröffentlichung in der VR China.* Fünf Tage später bedankt sich H. Steininger *für die Übersendung Deiner Vorrede zu der in China erscheinenden Arbeit über Marx. Ich freue mich darüber, dass Dein Buch dort erscheint und wäre Dir für weitere Informationen über Aufnahme, Rezensionen usw. dankbar.*

Etwa ein Jahr zuvor (am 25. 8. 1988) schrieb M.K. an Herrn Li Chengyi: *Ihr Brief ist nach einer wochenlangen Reise (trotz Luftpost) in Berlin eingetroffen. Ich habe den ganzen Band noch einmal durchgesehen und zu den von Ihnen gewünschten Nachweisen bzw. Interpretationen auch noch Korrekturen und einige, mir notwendig erscheinende Ergänzungen angebracht. Sie sind alle auf einzelne Blätter geschrieben und lassen sich so schnell dem Text zuordnen. In der jetzigen Fassung entspricht der Text dem gegenwärtigen Forschungsstand.[…] Ich freue mich, dass das größte Land der Erde mein kleines Buch entdeckt hat und nun eine chinesische Übersetzung erscheinen wird. Es muss für Sie, Herr Li, sicher sehr schwer sein, die teilweise philosophische Sprache, teilweise bürokratische Amtssprache, die vor 150 Jahren in Deutschland gesprochen wurde, in einen, dem chinesischen Leser verständlichen Text zu übersetzen. Ich bitte Sie deshalb, stellen Sie alle Ihre Fragen. Ich will Ihnen schnell und geduldig antworten. Schließlich wollen wir beide für den chinesischen Leser das Beste. Ich freue mich unendlich über unseren Kontakt, der so große Entfernungen, wie sie zwischen Berlin und Peking liegen, überwindet. Damit Ihnen die Arbeit an der Übersetzung nicht „zu sauer" wird, wie wir hier sagen, schicke ich Ihnen mit der Genossin Lu Xiaoping – die übrigens eine reizende Person ist – ein kleines „Trösterchen" mit. (Trösterchen ist abgeleitet von „sich trösten"). Achtung! Das ist nur für Männer und wird hier in Deutschland von den Herren über 40 getrunken. (Ich nehme an, Sie gehören wie ich zu den 50ern.) Trinken ist eigentlich falsch. Der reife Mann nimmt immer nur ein Gläschen und sagt dann zu der Familie: "Das ist für die bessere Verdauung!" Bitte probieren Sie unseren Brauch. Ich verbleibe inzwischen mit vielen herzlichen Grüßen.*

Als mein Mann diesen Brief an Herrn Li Chengyi schrieb, hatte er ihn noch nicht von Angesicht zu Angesicht gesehen. Vermutlich gab er Frau Lu Xiaoping eine Flasche Kräuterschnaps der ungarischen Marke „Unicum" oder eine Flasche tschechischen „Becherowka" mit. Den französischen Kräuterlikör „Chartreuse", Liqueur fabriquée par les Pères Chartreux (55% vol.) lernten wir erst viel später kennen und bevorzugen.

Lu Xiaoping und Zhang Lin

Frau Lu Xiaoping war die erste junge Frau, die, unter der Obhut von Prof. Li Chengyi, der das Institut für die Übersetzung und Forschung der Werke von Marx und Engels in Peking leitete, in die DDR zur Vervollkommnung der deutschen Sprache gesandt wurde.

Sie feierte im Jahre 1987 mit unserer Familie Weihnachten und in Erinnerung an jene Tage schreibt sie am 14.12.1990 folgendes: *Das Weihnachtsfest steht schon vor der Tür. Wir möchten, den europäischen traditionellen Sitten und Gebräuchen folgend, Ihnen zu Weihnachten einen Glückwunsch schicken. Bleiben Sie immer gesund und vergnügt, und all das, was Sie sich selbst wünschen, soll sich erfüllen. Seit mehr als einem Jahr verfolgten wir mit großem Interesse, ab und zu sogar mit Besorgnis die ganzen Ereignisse in Ihrem Land. Dabei hatten wir ein Bedenken, ob die Affäre Sie irgendwie beeinträchtigt hat. Wir hoffen, dass die Wiedervereinigung dem deutschen Volk, in erster Linie der Bevölkerung im Osten, viel Glück und Aufblühen bringen wird. Die DDR, in der ich ein schönes Jahr verbrachte, ist nicht mehr da, aber sie wird nie aus unserem Gedächtnis verschwinden.*

Zhang Lin ist die zweite junge Frau, die von Prof. Chengyi 1989 nach Ostberlin geschickt wurde. Sie ist nicht viel älter als 18 Jahre, feingliedrig und sehr lieb. Sie besucht uns oft in unserer Wohnung auf der Fischerinsel und fährt auch mit uns auf das Grundstück in Fredersdorf. Sie hilft meinem Mann bei der Gartenarbeit, karrt Erde in der Schubkarre, badet im Bötzsee in Eggersdorf – es ist ein warmer sonniger Herbst im Jahr 1989 - und Lin fühlt sich wohl mit uns. Zu Heiligabend laden wir sie ein und es wird für meine Kinder und Enkelkinder ein ungewöhnliches Fest. Unsere damals zwanzigjährige Tochter Anne gab einen professionellen Weihnachtsmann und überreichte wie üblich das Geschenk erst, nachdem ein Lied gesungen oder ein Gedicht aufgesagt wurde. Alle schauten gespannt auf Zhang Lin. Würde sie den Spaß mitmachen? Zhang Lin stand auf, als der Weihnachtsmann vor sie trat und sang ein chinesisches Lied. Ungewohnte hohe Töne, mit feiner Stimme, aber nicht leise gesungen, hörten nicht nur unsere Kinder zum ersten Mal. Keiner lachte, alle bedankten sich mit Applaus.

Die Grenzöffnung in Berlin hatte Zhang Lin miterlebt. Sie freute sich mit uns. An der „Freien Universität“ sagte man ihr, sie könne sich das Studienfach aussuchen und mit dem Studium sofort beginnen. Zhang Lin war in einen Gewissenskonflikt geraten; einerseits empfand sie das Angebot als sehr verlockend, aber andererseits dachte sie an die Folgen für ihre Eltern zu Hause. Sie bat uns um unsere Meinung. Wir rieten ihr zu, die Chance zu nutzen und in Berlin zu studieren. Die Verhältnisse in der VR China kannten wir zu wenig. Sie holte sich Rat auch bei ihren chinesischen Freunden in Berlin, denn ihre Eltern waren weit von ihr entfernt. Letzten Endes entschloss sie sich, nach Hause zurückzukehren, denn sie befürchtete, dass ihre Familie wegen ihr in Peking bestraft werden würde.

Anfang Juli 1995 schreibt M. K. an Li Chengyi, er stünde *nun schon mit zwei Antworten auf Briefen von 1990 und 1993 in Ihrer Schuld, aber ich habe Sie und Ihre Schützlinge nicht vergessen. Die beiden Marx-Bücher sind 1993 auch bei mir angekommen; ich danke Ihnen herzlich für Belegexemplare. Sie können sich gar nicht vorstellen, wie ich mich darüber gefreut habe, war es doch eine gute Erinnerung an frühere gemeinsame Zeiten und der Beweis dafür, dass etwas weiterlebt und fort-„wirkt und webt", wie unser deutscher Dichter Johann Wolfgang von Goethe sagt. Wir wohnen nicht mehr in Berlin. Die Wohnung wurde uns allmählich zu teuer, denn die Mieten stiegen und werden weiter steigen. Wir haben noch zu rechter Zeit, 1992, auf unserem Wochenendgrundstück angefangen zu bauen und sind im Sommer 1993 umgezogen, zwar in ein halbfertiges Haus, aber die Bücher (so um die 100 Kisten), haben ihren Platz im alten DDR-Bungalow gefunden.*

Nach zwei Jahren Leben auf einer Baustelle, können wir jetzt schon vernünftig wohnen. Das ist auch wichtig, um wieder wissenschaftlich arbeiten zu können; meine Frau und ich mussten viel körperlich arbeiten, um das Haus überhaupt, nach Betrug einer westdeutschen Baufirma, bewohnbar herzurichten. Sie fragten in Ihrem Brief von 1990 nach ´den Arbeits- und Lebensverhältnissen nach den Ereignissen´. Das ist schnell berichtet. Die Westdeutschen haben uns mit der Vereinigung die Freiheit geschenkt, wie sie sagen; sie haben sich alles bei uns angeeignet und uns von unseren Arbeitsplätzen vertrieben, die jetzt von Westdeutschen besetzt sind. An der Humboldt-Universität zu Berlin gibt es kaum noch einen Professor oder Dozenten aus DDR-Zeiten, selbst die Assistenten und Oberassistenten sind entlassen worden. Ab 1. Januar 1994 war ich arbeitslos. Und ich bin es noch heute, und werde es auch bleiben. Nichts Politisches, nein! Die Begründung lautete ganz zivil: „Kein Bedarf!" Zusammen mit meinen Freunden (Philosophen, Theologen und Historikern) hatten wir schon 1990 zum wissenschaftlichen Meinungsstreit die „Gesellschaft für politikwissenschaftliche und sozialethische Forschungen Berlin e. V." gegründet. Wir versuchen nun als Arbeitslose wissenschaftlich wieder etwas aufzubauen. Aber das ist sehr schwer. Die DDR-Verlage sind alle geschlossen bzw. an Westdeutsche über eine staatliche Treuhandanstalt verkauft worden. Von westdeutschen Zeitschriften haben wir nur Absagen bekommen; sie sind an unseren Beiträgen nicht interessiert, sie haben ja seit Jahrzehnten ihren festen Autorenstamm. Ja, so ist das! In solchen Situationen ist es gut zu wissen, dass es Ihnen, lieber Li, besser geht. Grüßen Sie alle, die wir kennen, sehr herzlich von uns. Wir freuen uns über jede Post.

Seit mehr als acht Jahren korrespondierten beide miteinander, haben sich aber noch nie gesehen. Erst im Herbst 1995 trifft mein Mann Li Chengyi in Wuppertal, anlässlich des „Engels-Symposiums". Beide sprechen über Publikationen von M. K., die auch für die chinesische Seite interessant sein könnten und über Arbeitsmöglichkeiten von M. K. am „Institut für Übersetzung und Forschung der Werke von Marx und Engels" oder an der Pekinger Universität.

Ich lernte Herrn Li Chengyi persönlich kennen, als er uns im Sommer in Fredersdorf besuchte. Danach schickte ich ihm die von meinem Mann gemachten Fotos *zur Erinnerung an unser gemeinsames Rauchen im Garten* – Herr Li ist starker Raucher und ich rauchte aus Solidarität auch eine Zigarette, obwohl ich Nichtraucherin bin. Und in dem Brief vom 8. November 1999 schreibe ich: *Wir hoffen Ihnen und Ihrer Familie geht es gut und wir können Sie bald mal wieder in Berlin treffen. Zurzeit sind wir immer noch sehr stark mit unserem Hausbau beschäftigt. Wir pflastern die Autoauffahrt und da Manfred immer etwas Besonderes bauen will, dauert alles verhältnismäßig lange, wird aber bestimmt schön. Hinzukommt, dass die Knochen und Muskeln nicht mehr so elastisch sind, wie vor zehn Jahren. Hilfe bei dieser körperlich schweren Arbeit bekommt man nur für Geld. Morgen sind 10 Jahre vergangen, seit die Mauer in Berlin durchbrochen wurde. Vor dem Bundestag sollen feierliche Reden gehalten werden, vorwiegend bzw. ausschließlich von Westdeutschen. Dies ergab Diskussionen, denn aus der ostdeutschen Bürger- und Friedensbewegung wurden keine Rednerinnen und Redner vorgesehen. Auf diese Weise wird man wohl die beiden deutschen Teile nicht näherbringen, sondern das Gegenteil erreichen. Wir feiern nicht, obwohl wir uns auch über den Fall der Mauer und die Wiedervereinigung gefreut haben. Manfred fährt nach Berlin ins Archiv und ich werde im Garten das Herbstlaub zusammenharken. Vielleicht kommt beim Anblick der Fotos ein Schmunzeln in Ihr Gesicht. Bleiben Sie gesund und vergessen Sie nicht: Rentnerstress und Rauchen sind ungesund.*

Im Sommer 2004 reisen wir mit einer Reisegruppe nach China, kündigen unseren chinesischen Freunden den Termin unseres Aufenthaltes in Peking an und besuchen sie im Institut. Herr Li Chengyi holt uns vom Hotel mit dem Taxi ab. Er hat in einem sehr schönen Restaurant, gleich neben dem neuerbauten Institut inmitten der Altstadt, in einem Extraraum das Mittagessen bestellt. An einem runden Tisch sitzen wir mit acht chinesischen Mitarbeitern der Marx-Engels-Abteilung zusammen. Insgesamt hat diese Abteilung 46 Mitarbeiter. Vorwiegend junge Leute. Li Chengyi ist nun schon Rentner, wird aber noch sehr gebraucht, hat einen Arbeitsvertrag und arbeitet vorwiegend zu Hause. Der neue Abteilungsleiter ist so Anfang fünfzig Jahre, spricht auch Deutsch, aber viel schlechter als Herr Li. Die Atmosphäre gleicht einer Zusammenkunft in Familie, in der sich alle schon lange kennen. Alle essen mit Stäbchen, nur mein Mann mit einer Gabel und die Vorsuppe mit einem Löffel. Die chinesischen Frauen reden kaum, das Sagen haben die Männer.

Frau Lu Xiaoping, die uns in Berlin besucht hatte, spricht mich an, denn ich hätte sie nicht wiedererkannt. Inzwischen ist sie verheiratet und hat einen achtjährigen Sohn, den sie über unser Wiedersehen fast vergessen hätte im Hort abzuholen. Die Arbeit gefällt ihr nicht besonders, sie würde lieber in einem Reisebüro arbeiten, aber heutzutage muss man froh sein, überhaupt Arbeit zu haben, sagt sie mir. Nach dem Essen begleitet sie mich in das Institutsgebäude, in das die Männer mit meinem Mann und dem Bibliothekar gegangen sind. Mein Mann schaut sich die Bücher sehr aufmerksam an und dies erkennend, zeigt der Bibliothekar auch seine Schätze im Keller. Aus einer Glasvitrine nimmt er einen in Golddruck verfassten Gedichtband von Mao Zedong heraus. Mao Zedong hat sehr schöne Gedichte und Poeme geschrieben, er war ein sehr gebildeter Mann und wird von seinen Landsleuten dafür verehrt – erklärt uns der Bibliothekar. Wie nach einem Familienfest in China üblich, wird vor dem Institutsgebäude ein Gruppenfoto gemacht.
Auf Anraten des Chauffeurs fährt uns Li Chengyi zu einem privaten Teegeschäft. Bei einer Teezeremonie probieren wir Grünen Tee aus verschiedenen Ernten und Regionen und kaufen auch einige vakuumverpackte Pfunde.

Abends gehen mein Mann und ich in die Peking- Oper. Für uns eine sehr ungewöhnliche theatralisch-musikalische Darbietung und dass während der Oper das Publikum an gedeckten Tischen ausgiebig speist, ist für uns neu und ungewohnt.

1.000 US-Dollar

In einem Brief meines Mannes (3. Januar 2008) an den Direktor des Instituts lese ich: *Über Kollegen Li Chengyi habe ich die Nachricht erhalten, dass mein Engels-Buch (Friedrich Engels. Dokumente seines*

Lebens) bei Ihnen erneut in der Reihe Biographien gedruckt erscheinen soll. Das hat mich und meine Frau mit großer Freude erfüllt. Es ist hoffnungsvoll, dass es in der Welt ein sozialistisches Land gibt, das die geistig-historischen Werte pflegt und weiter verbreitet. Sie haben mir auch mitteilen lassen, dass der Verlag ´aus Rücksicht auf das Recht des geistigen Eigentums bereit ist, [mir] 1.000 US$ zu geben´. Auch diese Mitteilung erfreut uns sehr. Wie Sie sicher auch wissen, befindet sich der Dollarkurs auf einer Talfahrt und neue chinesische Geschäftsabschlüsse werden seit Dezember 2007 ausschließlich in Euro getätigt, wie unsere Presse berichtete und auch Beispiele anführte, die mit dem Besuch der Bundeskanzlerin Dr. Angela Merkel in Beijing von 2007, in Zusammenhang gebracht werden. Ich richte deshalb die Bitte an Sie, auch so zu verfahren und die angekündigten 1.000 US$ in 1.000 Euro zu verwandeln.

Von „Marx-Dokumente seines Lebens“ hatten wir damals ein Belegexemplar erhalten. Dass auch der „Engels“ in China gedruckt wurde, davon wussten wir nichts. M. K. bittet in dem Brief vom 3. Januar 2008 den Institutsdirektor, *ob sich nicht vielleicht auch von meiner ersten Engels-Ausgabe ein Exemplar beschaffen lässt, das Sie mir zuschicken können? Auch von den Aufsätzen, die ich seinerzeit übermittelt hatte.* Wie von chinesischer Seite gewünscht, teilten wir unsere Bankverbindung mit, erhielten aber weder 1000 US$ noch Euro; und das gewünschte Belegexemplar des „Engels“ bekam M. K. auch nicht.

Meine Erklärung ist, dass seit der Pensionierung von Li Chengyi sich keiner der Leiter um diese Angelegenheit kümmerte. Oder?

In seinem letzten Brief an Li Chengyi (24. Januar 2011) schreibt mein Mann:

Die Jahre im Alter vergehen mit rasender Geschwindigkeit, ganz gleich, ob man nun Chinese oder Deutscher ist. Oder? Ich hoffe sehr, dass es Ihnen gesundheitlich „altersgerecht gut“ geht! Mein Bemühen ist, mich durch stetige Archivbesuche und Schreiben geistig und durch Haus- und Gartenarbeit körperlich fit zu halten. Mein Arzt unterstützt mein Ziel, 100 Jahre alt zu werden, und meine Frau ernährt mich mit viel Fisch, Obst und Gemüse. Ab und zu trinken wir ein Glas Wein. Mein Jahrgang ist das Jahr 1934; in diesem Jahr werde ich runde 77 Jahre alt. Mal sehen, ob es mir über die große geographische Distanz zwischen China und Deutschland gelingt, unseren Kontakt wieder aufzunehmen. Immerhin sind inzwischen wieder einige Jahre vergangen.[…]

Wir teilten Li Chengyi unsere E-Mail-Adresse mit, fragten nach, ob sich seine Telefon-Nummer geändert hat, es erfolgte keine Reaktion. Ich rechne nach und komme zu der traurigen Erklärung, dass der 1937 geborene Li Chengyi – ein sehr starker Raucher – vermutlich 2011 schon tot ist.
Mein Mann stirbt im September 2013 – seil Ziel, 100 Jahre alt zu werden, erreicht auch er nicht.

Ethel und Boris Rudjak mit Anne in Moskau.

Marianne und Prof. Dr. Helmut Hirsch.(1996/Düsseldorf)

1997 – bei Wan Schu und Nikola

1997, Frau Schegallo (r.) in der Leontjewskaja uliza

Dildora und Tadschichon mit U. K., Taschkent 1996

U. K. überreicht Chafiza Geschenk für Nähwerkstatt von Berliner Frauen, Kokand 1996

Mit Ute E. auf usbekischer Hochzeit, Taschkent 2000

Neuer Heimatort am Rande Berlins

Rückblick auf dreißig Jahre Obdach für Mietzins!

Hilflos sind wir Menschen, bis in die heutige Zeit, wenn es aufgrund sich verändernder Lebensumstände um das Suchen einer neuen Bleibe geht. In zwei Weltkriegen sind ganze Städte und Dörfer in Europa zerstört und unter großen Anstrengungen im Laufe vieler Jahre wieder aufgebaut worden. Bezahlbare Wohnungen für jedermann sind entstanden.

Warum ich mit folgender Ausführlichkeit Wohnungsprobleme in meine Familiengeschichte aufnehme? Ich erachte sie als typisch für meine Generation und nicht als unwesentlich, da ich mehr als vierzig Jahre in der DDR lebte, die nach dem Krieg enorme Probleme hatte, die Bevölkerung mit Wohnraum zu versorgen. Noch erhaltene Altbauten wurden kaum saniert, dafür Plattenbau-Serien mit bezahlbaren Wohnungen auf „grüner Wiese" errichtet. Obdachlosigkeit in dem Umfang wie heute in Berlin, gab es jedoch zu DDR-Zeiten nicht.

Die Wohnungen meiner Eltern nach dem Krieg

Meine Eltern wohnten ihr Leben lang in Mietwohnungen. Von ihnen erfuhr ich nicht, was Wohneigentum bedeutet. Den Begriff „Wertbeständigkeit" kannte ich von ihnen nur in Bezug auf Bücher, dem Streben nach Bildung und eventuellem Besitz von goldenen Schmuckstücken für die Ehefrau. Nicht in Bezug auf den Besitz eines Stückes Ackerboden oder eines Hauses, als wertbeständige Immobilien. Mein Mann jedoch wusste aus seiner Kindheit, was Eigentum bedeutet.

Bis zu meiner Heirat wohnte ich bei meinen Eltern in einer 3 ½-Zimmerwohnung in der Griechischen Allee 2 in Oberschöneweide. Es war eine gut geschnittene Wohnung, etwa Anfang des 20. Jahrhunderts erbaut. Eine Diele, von der alle Zimmer ausgingen, einer Küche mit Speisekammer und anschließendem Balkon, einem Keller für Briketts, Kartoffeln, Mohrrüben etc. Die Förster-Heizung in der Küche sollte alle Zimmer heizen. Nur mein Vater konnte mit dieser Heizung umgehen; ich half ihm beim Tragen der Eimer mit Briketts aus dem Keller in den dritten Stock.

Nach Beendigung meines Studiums kehrte ich zu meinen Eltern zurück und wohnte mit ihnen und meinem 10 Jahre jüngeren Bruder in der beschriebenen 3,5-Zimmerwohnung. Meine Eltern lebten bis etwa 1974 in dieser Wohnung, mit Möbeln, von denen ich nicht weiß, woher sie stammten. Als sie in Berlin-Mitte in der Rathausstraße eine Drei-Raum-Neubau-Wohnung bezogen, kauften sie sich wohl zum ersten Mal eigene Möbel.

Es war eine sogenannte Vollkomfortwohnung – zentralbeheizt, mit Bad und Toilette ohne Fenster, mit schmaler Küche und „Durchreiche", also auch ohne Fenster. Das relativ große Wohnzimmer mit breiter Fensterfront ermöglichte den Blick auf die Marienkirche und den Fernsehturm. Zwei der Zimmer waren recht klein, aber das eine groß genug für den Schreibtisch, die Bücherschränke und eine ausklappbare Couch für meinen Vater. Hier hing an der Wand, auf braun lackiertem Sperrholz, von einem stabilen drei Zentimeter breiten Eichenholzrahmen umrahmt, wohl der Leitspruch meines Vaters: „Man kann die Fackel des Fortschritts nicht durchs Gedränge tragen, ohne hier und da einem den Bart zu verbrennen!"

In dem zweiten kleinen Zimmer wohnte mein 26jähriger Bruder und nachdem dieser ausgezogen war, richtete sich meine 64-jährige Mutter ihr erstes eigenes Zimmer ein: mit Schrankwand, Schlafliege und Blumenbank.

Ein komplettes gut bürgerliches Schlafzimmer mit Ehebetten, Frisierkommode etc. hätte in dieser Wohnung keinen Platz gehabt.

Rathenaustraße 43

Im Sommer 1963 zog ich in die von meinen Eltern eine halbe Stunde Fußweg entfernte Wohnung meines zukünftigen Ehemannes, in die Rathenaustraße in Oberschöneweide. Diese zentralbeheizte Neubauwohnung bestand aus zwei Zimmern, einem fensterlosen sehr kleinen Bad mit Toilette, einer Küche mit Fenster, einem Balkon und einem begehbaren Kleiderschrank in dem Zimmer, das vermutlich als Schlafzimmer gedacht war. Jeder von uns hatte schon eigene Möbel, aber vor allem auch viele Bücher.

Mein Mann stellte in dem einen Zimmer seinen Schreibtisch und seine Bücherregale auf und sah es als sein Arbeitszimmer vor. Auch für das Kinderbettchen unserer ersten Tochter war in diesem Zimmer Platz; wickeln konnten wir das Baby auf dem Schreibtisch. Das andere Zimmer richteten wir mit meinen Möbeln als Wohnzimmer ein, in dem wir auch schliefen.

Wie bei allen in den 1960er und 70er Jahren in Ostberlin auf freien Grünflächen hochgezogenen Neubauten, war auch bei unserem Einzug rund um unseren vierstöckigen Wohnblock noch kein Baum und Strauch gepflanzt, geschweige denn ein Spielplatz vorhanden. In der nahen Wuhlheide gingen wir mit unserem Kind spazieren und auf dem Balkon stellten wir die Zinkbadewanne auf, damit es planschen konnte.

Unsere Nachbarn auf der 1. Etage war ein liebes älteres Rentnerehepaar, das gut Bescheid wusste, was so im Wohnblock passierte. Von ihm erfuhren wir, dass eine Frau im Nebeneingang ihre Dreizimmerwohnung gegen eine kleinere tauschen wollte. Ihr Mann war von einem internationalen Kongress in Stockholm nicht in die DDR zurückgekehrt. Wir kamen mit der Frau überein unsere Wohnungen zu tauschen, in der Überzeugung, dass beiden Seiten damit geholfen wird. Gegenseitig halfen wir uns beim Möbeltragen durch den Keller; mein Vater trug die Kühlschränke auf der Straße für jeden sichtbar von Aufgang zu Aufgang, aber das Transportieren des Konzertflügels der Frau von Parterre in den 1. Stock des Nebenaufganges, schien dann doch bei einigen „Blockwarten" Anstoß erregt zu haben um sie zu veranlassen, der Behörde Meldung zu erstatten.

Daraufhin wurde uns vorgeworfen, den Tausch eigenmächtig ohne vorherige Genehmigung durch die Wohnungskommission vollzogen zu haben. Keiner der am Umzug beteiligten Personen kannte diese Vorschrift.

Für mich kam es zum ersten Zusammenprall mit einer mir unverständlichen Bürokratie, die sich stur und unerbittlich verhielt, obwohl in der Sache doch kein Verbrechen begangen worden war. Gegenüber der feindseligen Sachbearbeiterin der Köpenicker Wohnungsverwaltung versicherte ich, dass wir aus Unkenntnis handelten, unsere Tat bereuen und bat sie um nachträgliche Genehmigung des Wohnungstausches. Auf meine Worte, dass wir uns noch ein zweites Kind anschaffen wollen, erwiderte sie: „Und wenn sie jetzt hier hochschwanger vor mir stünden, würden sie diese Wohnung nicht kriegen." Diese Worte klingen noch heute in meinen Ohren. Auf das Argument, dass mein Mann Wissenschaftler ist, der derzeit an seiner Dissertation arbeitet, demzufolge ein Arbeitszimmer braucht, entgegnete sie: „Nur Lehrer brauchen Bücher und haben Anrecht auf ein Arbeitszimmer."

Man gab uns eine Frist, bis zu der wir den Tausch rückgängig zu machen haben. Wenn wir dieser Festlegung nicht Folge leisten, würden wir durch die Volkspolizei geräumt werden. Diese Drohung war unerbittlich eindeutig und versetzte uns in Angst und Schrecken. Aber, wir konnten doch unserer Tauschpartnerin, einer alleinstehenden Mutter, nicht zumuten, ihren Konzertflügel vom 1. Stock der Zweizimmerwohnung wieder zurück zu transportieren. Ich weiß heute nicht mehr, wer von den

Bewohnern bei den Köpenicker Beamten sich für die Frau und uns einsetzte, jedenfalls konnte die Frau in der Zweizimmer-Wohnung bleiben und wir wurden nicht „zwangsgeräumt“, sondern erhielten am 12.7.1966 einen Mietvertrag von der Kommunalen Wohnungsverwaltung Berlin-Lichtenberg für eine Zweizimmerwohnung in der Moldaustraße 4 im Neubaugebiet „Hans-Loch-Viertel“. So zogen wir von einer „Platte“ ohne Grün in Köpenick in eine andere nach Friedrichsfelde.

Moldaustraße 4 im „Hans-Loch-Viertel“

Etwa ein oder zwei Jahre später erfuhren wir aus der Zeitung über mehrere Fälle von nachgewiesener Korruption (so würde man es heute nennen) des Leiters der Köpenicker Wohnungsverwaltung. Ob ihm ein Prozess gemacht wurde, habe ich nicht verfolgt, aber erfahren, dass die 3-Raum-Wohnung der Frau, deren Mann geflüchtet war, einem Lehrerehepaar zugesprochen war.

Die 45qm große Wohnung der Serie QP: zentralbeheizt, mit Fahrstuhl, den wir nicht nutzen mussten, da wir ganz unten gegenüber der Fahrstuhltür wohnten; mit Müllabwurfraum (bei uns hieß er „Müllschlucker“) - eine sogenannte Vollkomfort-Wohnung, aber wieder eben nur mit zwei Zimmern. Auf dem sieben Meter langen Flur brachten wir in „Sybille“-Regalen mit Unterschränken, die Bücher und Manuskripte unter.

Die zwei Zimmer, mit französischen Fenstern, ohne Balkon, richteten wir als Wohn-Schlaf- und Kinderspielzimmer ein. Alle Zimmer waren nach Süden ausgerichtet; im heißen Sommer war es nur mit nassen Laken an den Fenstern auszuhalten. Die monatliche Miete betrug 90,50 MDN.

Im Mai 1969 wurde unsere Tochter Anne geboren. Annchen war ein sehr lebhaftes Baby, das sich zur Freude aller in der Familie gut entwickelte. Aber es wurde von der Muttermilch nicht satt (ich war gesundheitlich ziemlich erschöpft), auch nicht von Möhrenbrei; so schrie Baby, vor allem nachts und ließ Schwesterchen Kati (fünf Jahre) und uns nicht schlafen. Die Küche befand sich am Ende der Wohnung und hier schrieb nachts Manfred sein erstes Buch, um uns ungestört schlafen zu lassen. Am Morgen räumte er Bücher, Manuskripte und Schreibmaschine beiseite, damit ich das Frühstück machen konnte. Später äußerte er, diese Zeit nachts in der Küche, wäre seine produktivste Zeit gewesen.

Hier wohnten wir von 1966 bis Mai 1972. Wieder suchten wir nach einer größeren Wohnung. Freundin Thea fand bei ihren Spaziergängen um die Wohnblocks und im Gespräch mit dem Hausmeister heraus, dass seit mehreren Monaten drei Erdgeschoss-Wohnungen unbewohnt sind. Mein Mann erkundigte sich in der Sprechstunde der Lichtenberger Wohnungsverwaltung nach den Gründen für den Leerstand der drei Wohnungen. Ihm wurde schriftlich mitgeteilt, dass die *benannten Drei - Raumwohnungen der Vergabe von Kontingentträgern unterliegen. Eine Belegung wird erst nach Beseitigung des aufgetretenen Baufehlers – Lärmbelästigung unternommen.* Zwecks Tausches sollen wir uns an die zuständige Wohnungskommission wenden.

Mellenseestraße 59

Der „Baufehler“ hatte ein Rattern und Dröhnen, der unter den Erdgeschosswohnungen installierten Industriepumpen zur Folge. Nach zwei Monaten war ein Angestellter des Ministeriums des Innern aus einer dieser Wohnungen ausgezogen, da er feststellte, dass seine Gläser in der Glasvitrine wackelten. Problemlos bekam er eine andere „Kontingent-Wohnung“. Für diese Wohnung erhielten wir die Zusage und mein Mann verlangte, dass im Mietvertrag zusätzlich eine Klausel über die kurzfristige Abstellung der Lärmschäden aufgenommen wird, was ihm auch zugesichert wurde. Er hatte so für seine Töchter ein 14 Quadratmeter großes Kinderzimmer mit der Forderung, dass innerhalb kürzester Zeit die Lärmbelästigung durch vorschriftsmäßigen Einbau einer schwingungsfreien Haushaltspumpe anstelle der Industriepumpe beseitigt wird, erstritten.

Am 18.4.1972 zogen wir (samt vieler Bücher und Klavier) in die Mellenseestraße 59. Die Töchter schliefen im vom Opa ihnen gekauftem Doppelstockbett ruhig und spielten zufrieden in ihrem eigenen Zimmer. Trotzdem bestand Vater Manfred darauf, dass der Baufehler wie zugesagt, behoben wird. Erst nach mehreren Mahn- und Beschwerdebriefen an den Direktor der Kommunalen Wohnungsverwaltung (KWV) erreichte er, dass wir bis zum Einbau einer vorschriftsmäßigen Haushaltspumpe monatlich nicht 124,60 MDN sondern nur 79,97 MDN an Miete zu zahlen haben.

Fünf Jahre wohnten wir in diesem Neubauviertel ohne Baum und Strauch, aber in der Nähe unserer Freunde Thea und Fietje, Sarah und Mordechai Weinryb, Ruth und Heinz . Es gab einen neuerbauten Kindergarten, eine Schule und eine Kaufhalle. Eine Schwimmhalle befand sich im Bau, zum Spazierengehen war der Tierpark Friedrichsfelde nicht weit.

Fischerinsel 4/906

Eines Tages erzählte uns Freundin Thea, sie habe von ihrer Freundin Eva B., die auf der Fischerinsel wohnt, erfahren, dass deren Nachbarin eine 4-Zimmer-Wohnung, die sie als alleinstehende Frau mit fünf Kindern zugewiesen bekommen hatte, in eine kleinere Wohnung tauschen möchte. Zwei ihrer Kinder waren inzwischen ausgezogen und sie wollte nicht mehr im Stadtzentrum wohnen. Die VEB Wohnungsverwaltungen stimmten dem Tausch zu. Im Mai 1977 schlossen wir einen Mietvertrag über die 96,81 qm große Wohnung Nummer 06 im 9. Stock des Hochhauses Fischerinsel 4 ab und zogen am 1. Juli 1977 ein.

Endlich hatten wir vier Zimmer, Bad von Toilette getrennt, beides sehr klein und ohne Fenster, die Küche mit großem Fenster und einer verglasten Tür auf eine Loggia, auf der man nicht stehen konnte, aber im Winter Gekochtes kühl stellen, den Tannenbaum für Weihnachten vorsorgen und das Rote Rathaus sehen konnte.

Nun hatten wir zwei Flure, von dem der kürzere zur Küche und in das größte Zimmer, dem Wohnzimmer, abging. Von dem zweiten, etwa fünf Meter langen Flur kam man in das Schlaf- und in das Kinderzimmer, und zum kleinsten Zimmer, dem Arbeitszimmer des Vaters. Das Wohnzimmer war demzufolge ein Durchgangszimmer. Unsere Bücher waren in den 14 Jahren unserer Ehe natürlich nicht weniger geworden, aber sie fanden ihren Platz an den Wänden des langen Flures und im Arbeitszimmer meines Mannes.

1977 betrug die Grundmiete 213,- Mark; zuzüglich Entgelt für Zentralheizung (38,70 M), für Warmwasser (11,60M) und 4,95 M für Einbaumöbel. Wir hatten monatlich 268,25 M zu zahlen. Obwohl mein Mann und ich für DDR-Lohnverhältnisse kein schlechtes Gehalt bezogen, war die Steigerung gegenüber der vorherigen Miete für uns beträchtlich. Meine Eltern, die sich freuten, dass wir und ihre Enkelkinder nun in ihrer Nähe wohnten, zahlten 100,- M zur Miete dazu. Nach etwa zwei Jahren hatten wir infolge eines Regierungs-Beschlusses zur Senkung der Mieten, nur noch 176,25 Mark zu zahlen.

Durch den Umzug auf die Fischerinsel verkürzten sich die Arbeitswege für mich und Manfred erheblich; die Lebensbedingungen für unsere Familie hatten sich sehr verbessert. Die Kinder konnten zu Fuß die Großeltern besuchen; Tochter Kati zu ihrer Tanzgruppe „Jean Weidt“ in der Komischen Oper und Tochter Anne in ihren Theaterzirkel im „Haus der jungen Talente“ in der Klosterstraße gehen.

Spontan etwas zu unternehmen hatten wir im Zentrum der Stadt viel mehr Möglichkeiten.

Wir gingen gern ins Theater, ins Konzerthaus am Gendarmenmarkt, ins Museum im Zeughaus und in die Nationalgalerie; alle, auch die heranwachsenden Kinder. Die Wuhlheide und den Tierpark vermissten wir nicht. Im Sommer verbrachten wir unsere freie Zeit auf dem Grundstück und Ende Februar/Anfang März, wenn in unserem Garten noch nichts wuchs, gingen wir in den „Palast der Republik" und erfreuten uns dort an den blühenden Krokussen, Hyazinthen und Tulpen.

Mietzins nach dem Zusammenbruch der DDR

Mit der Wiedervereinigung veränderten sich unsere Wohnverhältnisse gravierend.

Gemäß erster Grundmietenverordnung (1.Grund MV) wurde der „bisher höchstzulässige Mietzins" für die jetzt 97,88 qm (bisher waren es 96,81 qm) große Wohnung zum 1.10.1991 von 176,25 DM - wir zahlten bisher 176,25 Ostmark - , auf den neuen Mietzins in Höhe von 809,27 DM festgelegt. Es folgte die 2.Grund MV, nach deren Berechnung der monatliche Mietzins 985,46 DM ab dem 1.1.1993 betrug. Am Ende von seitenlangen Neuberechnungen war eine niedrigere Miete gemäß § 5 WoGSOG genannt, die bei „ Vorlage bei der Wohngeldstelle" ab dem 1.1.1993 nur 691,82 DM betragen hätte.

Was auch immer „Zur Vorlage an die Wohngeldstelle" bedeutete, war uns nicht bekannt. Klar war, dass die ehemals volkseigene kommunale Wohnungswirtschaft ruck-zuck privatisiert worden war. Uns galt wieder: Raus! Raus! Denn selbst die 691,82 DM gemäß Wohngeldsondergesetz hätten wir nicht zahlen können. Ich war inzwischen „abgewickelt" und arbeitslos und für meinen Mann bestand an der Humboldt-Universität Berlin „kein Bedarf".

Was sollten wir in dieser Situation machen? Ausziehen und im Bungalow auf unserem Grundstück wohnen? Ja, denn was anderes blieb uns nicht übrig. Zum 30.4.1993 kündigten wir die Wohnung; ein junges Ehepaar, welches seit 1. Mai 1993 einen Wohnberechtigungsschein hatte und an der Humboldt-Uni arbeitete, stand schon vor der Tür . Bis einschließlich April 1993 zahlten wir den Mietzins von 985,46 DM.

Wir hatten Glück, unsere Immobilie in Fredersdorf bei Berlin war kein ehemaliges Westgrundstück; Manfred hatte uns sofort nach dem Kauf ins Grundbuch eintragen lassen. So war es erwiesenermaßen unser Privateigentum, was uns der neue Staat nicht wegnehmen konnte.

Kurios war, dass, obwohl wir schon geraume Zeit ausgezogen waren, das Finanzamt Mitte/Tiergarten die ehemalige Wohnung zur Nebenwohnung erklärte, uns eine Steuernummer für die Zweitwohnung gab und uns zur Zahlung eines für uns nicht unerheblichen Betrages aufforderte und mahnte. Erst nach mehreren Schreiben gelang es Manfred, dass die neue Bürokratie uns nach fünf Jahren von ihrer Liste strich.

Seit 1969 - unser „Grunzstück“

Rückblende

In neugebauten Wohnblöcken, ohne Rasen, Baum und Strauch wohnend, wollten wir, dass unsere heranwachsenden Kinder Tiere und Pflanzen – eben den ganzen Reichtum der Natur – kennenlernen. Ein Stück Land außerhalb der Stadt erschien uns dafür geeignet und ein solches, unserem Geldbeutel angemessenes, suchten wir in Zeitungsannoncen.

Am liebsten wäre uns ein Grundstück am Wasser gewesen. Das fanden wir nicht, denn wir kamen immer zu spät, andere Bewerber waren schneller als wir. Doch wir gaben 1968 die Hoffnung nicht auf. Einer Annonce folgend fuhren wir nach Fredersdorf. Das zu verkaufende Grundstück lag an einer Hauptverkehrsstraße, was uns nicht gefiel, denn wir wollten nicht nur ein Stückchen Natur, sondern auch ein ruhiges Plätzchen erwerben. Da wir nun einmal auf der Suche waren und noch Zeit hatten, spazierten wir in die Siedlung hinein, denn meine Kollegen hatten mir geraten, nach wenig gepflegten Grundstücken zu schauen, die ältere Leute eventuell verkaufen würden.

Vor einem dicht bewachsenen, eingezäunten Grundstück blieben wir längere Zeit stehen, was eine Nachbarin beobachtete. Auf unsere Frage, wem das Grundstück gehöre, meinte sie, einem älteren Ehepaar aus Berlin, aber Genaueres könnten wir auf der Gemeinde erfahren. Manfred erfuhr Namen und Adresse des Besitzers und so suchten wir das Ehepaar Kurmies auf. Es wohnte auf einem Grundstück von 3.000 qm neben dem S-Bahnhof Rummelsburg, unweit unserer Wohnung in der Moldaustraße.

Die Parzelle von Fleischer Bruno Kurmies

Es bedurfte einiger Argumente von Seiten der zweiten Ehefrau – etwa 15 Jahre jünger als Herr Kurmies – , der die Pflege zweier Grundstücke

allmählich zu viel wurde, denn sie war es, die mit dem Fahrrad die 25 km nach Fredersdorf fuhr und im Sommer die reiche Obsternte im Fahrradanhänger nach Hause transportierte. Herr Kurmies, der durch seine Arbeit als Fleischer im Kassler-Keller der Fleischfabrik „Sedina" stark an Gicht litt, stimmte letztendlich dem Verkauf zu.
Die Erben des letzten Besitzers des ehemals adligen Schlosses mit Rittergut, dem „Berliner Wurstkönig" Johann Heinrich Christoph Verdries (1800-1878), waren in finanzielle Schwierigkeiten gekommen und verkauften die sogenannten „Bauernländereien" an die 1928 neugegründete Siedlungsgesellschaft „Gartenstadt Fredersdorf", die das Ackerland in Parzellen aufteilte und an Kleinsiedler, wie Bruno Kurmies, verkaufte.

Als mein Mann und ich im Februar 1968 vor dem Grundstück standen, verdeckten zwei herrlich große Blautannen und zwei Walnussbäume die Sicht in den dahinterliegenden Dschungel und ließen uns die Größe des Stückes Land nicht erkennen.

Nachdem ich mir die sorgfältig von Manfred archivierten Unterlagen über Kauf und Kosten des Erwerbs von Eigentum aufmerksam angesehen habe, finde ich den Vergleich zwischen den Zeiten des Erwerbs durch Herrn Kurmies am 11. Oktober 1936 und uns, dreiunddreißig Jahre später, interessant und erwähnenswert.

Bei Abschluss des Kaufvertrages ist Bruno Kurmies 31 Jahre alt und verlobt mit der Verkäuferin Fräulein Frieda, die den Kaufvertrag mit ihm unterschrieb und die er 1 Jahr später heiratete. Laut Kaufvertrag hatte Bruno Kurmies für die 1.600 qm große Parzelle einen Gesamtpreis von 2.747,20 Reichsmark (RM), 160 RM pro Quadratmeter, eine Grunderwerbssteuer in Höhe von 140,90 RM und eine jährliche Steuer von 40,18 RM zu zahlen. Er zahlte 200,- RM an und 25,- RM ab dem 1.1.1937 in monatlichen Raten ab. Mit 4 ½ % wurde das „Restkaufgeld" verzinst. Als Herr Kurmies 1936 das Grundstück kaufte, hoffte er auf ihm später seine eigene Fleischerei aufzubauen. Der Krieg nahm ihm jedoch diese Hoffnung.

Bis 1943 ist einschließlich der Kreditzinsen alles abgezahlt. Ende 1946 wird die Ehe geschieden und seine Ex-Frau überlässt ihm das Grundstück, dessen Verkehrswert 4 bis 5.000 DM(Ost) am 1. Juli 1950 beträgt.

Als wir im August 1969 das Grundstück kaufen, beträgt, nach Wertermittlung durch einen Bausachverständigen aus Fredersdorf, der Verkehrswert 6.500,- DM (Ost), die Grunderwerbssteuer 461,95 DM(Ost) und die jährliche Grundsteuer 77,72 DM(Ost).

Der damalige Bodenpreis war sehr gering; das Grundstück galt als unerschlossen – ohne feste Straße, ohne Elektrizität, mit Plumsklo und mit Pumpe, die auch funktionierte. Dicht auf dem gesamten Gelände wuchsen Beerensträucher und diverse Sorten von Obstbäumen. An das Grundstück schloss sich eine 500 qm große Wiese an, die zum Mühlenfließ führte und die wir von Herrn Kurmies für 20 Ostmark jährliche Pacht übernahmen. In den 1970er Jahren konnten die Kinder noch im klaren Wasser des Mühlenfließ baden, angeln und zusammen mit dem Vater Krebse fangen.

Ab Januar 1994 berechnete die Gemeinde für die Wiese einen neuen Pachtzins und verlangte von uns dafür eine jährliche Pacht von 150,-DM (West). Wir kündigten die Wiese. Ohnehin war sie inzwischen mit Gestrüpp zugewachsen, nicht begehbar und das ehemals schöne, saubere Mühlenfließ verschlammt und dreckig.

Die Parzelle gehörte nun uns!

Kurz eine Bemerkung zu unserer finanziellen Lage im Jahr 1969. Mein Mann und ich waren nicht arbeitslos, wir verdienten beide nicht schlecht, hatten uns einige Möbel angeschafft, ein Jahr zuvor unseren „Trabant" bekommen, aber kein erspartes Geld auf dem Konto und nun die Bitte von Frau Kurmies, ihr die 6.500 Ostmark in bar zu geben, da sie einen Trabant kaufen wollte. In dieser Situation half uns unsere Freundin Margot, die den Betrag von ihrem Sparbuch abhob, uns Kredit gab, den wir ihr mit 150,- Mark einschließlich der Zinsen monatlich überwiesen – mehr als zwei Jahre lang, die Restsumme schenkten uns meine Eltern.

Als wir im Sommer 1969 – mit Baby Anne im Kinderwagen, fünfjähriger Kathi und Tante Margot – „unseren Acker" betraten, waren alle glücklich; wie viel Arbeit noch zu leisten war, konnte nur Manfred ermessen. Später äußerte er Freunden gegenüber, dass er seine vorwiegend sitzende, geistige Arbeit in stickigen Räumen von Archiven und Bibliotheken, nur durch seine körperlichen Tätigkeiten auf dem Grundstück an Wochenenden und im Urlaub, bewältigen konnte.

Jedes Wochenende fuhren wir nun mit unserem „Trabbi" nach Fredersdorf. Meine Eltern kamen mit der S-Bahn, kauften sich Fahrräder und besuchten uns. Für alle in der Familie wurden die Wochenenden trotz vieler Arbeit zu Urlaub und Erholung.

Noch im Herbst 1969 säuberten und malerten wir die etwa neun Quadratmeter große Holzbude, aßen Abendbrot beim Schein einer Petroleumlampe und spielten „Mensch ärgere dich nicht". Aber bald darauf kauften wir für 9.670,- Mark die „Gartenlaube WL 24", aus 67 mm dicken Hartfaserplatten und einer Mittellage aus Polystyrolschaum zur Wärmedämmung vom VEB Baustoffversorgung, zu der uns Max Schubert verholfen hatte.

Das Fundament baute mein Vater und alle halfen ihm. Die Montage der Laube besorgten Handwerker. Die ortsansässige Firma von Manfred Jagnow elektrifizierte das Ganze. Endlich konnten wir unseren alten Plattenspieler mit rausnehmen und unsere Arbeiten unter den Rhythmen von James Last, Manfred Krug mit dem Günther Fischer-Quintett und der Tijuana Brass Band von Herb Alpert mit Schwung und mehr Freude verrichten.

Tochter Kati, begabt im Erfinden neuer Worte, prägte, vermutlich unbewusst, das Wort „Grunzstück", was wir Eltern seitdem bewusst übernahmen, denn wir alle konnten hier nachts in der frischen Landluft viel besser als in der Stadt schlafen und auch bei unserem Mittagsschlaf „grunzen".

Hier im Dorf gab es noch private Bäcker und Fleischer. Vater Manfred, der Frühaufsteher, fuhr mit dem Fahrrad und Tochter Anne im Körbchensitz zum „Feldbäcker", frische Schrippen und Hörnchen und bei Fleischer Ottlik Bierschinken und Tomatenleberwurst zum Frühstück kaufen. Für uns, aber vor allem für Anne, waren Bierschinken und Hörnchen der Inbegriff für Urlaub. Für unsere Kinder war das anfänglich noch sehr verwilderte Grundstück ein idealer Abenteuerspielplatz, auf dem sie ihrer Phantasie freien Lauf ließen; zwischen zwei Bäumen schaukeln, im hinteren, noch nicht kultivierten Teil, mit den Eltern um das Lagerfeuer tanzen, Indianer spielen und sich eine Bude aus Liegestühlen mit Decken zum Sichtschutz vor den Erwachsenen zusammenstellen konnten. Und später, nachdem der Vater zwischen zwei alten Boskoop-Apfelbäumen einen stabilen Holzbau errichtet hatte, zogen sie sich gern in ihr Baumhaus zurück, um „Mutter und Kind" zu spielen oder zu lesen.

In unserer Straße mit insgesamt 24 Parzellen gab es damals 17 Einfamilienhäuser mit ständigen Einwohnern und 7 Parzellen mit Berlinern, die nur zum Wochenende hier herauskamen. Eine sehr ruhige Gegend, „am Arsch der Welt", wie wir unseren Berliner Freunden erklärten. Unsere unmittelbaren Nachbarn wohnten zur Miete auf ehemaligen Westgrundstücken.

Allgemein waren wir Berliner von den Einheimischen nicht gemocht, denn wir schmälerten angeblich ihre Versorgung; wobei wir alle unsere Lebensmittel in Berlin kauften, außer eben Bierschinken und Hörnchen an den Wochenenden. Dabei ließen die Fredersdorfer, die vorwiegend in Berlin arbeiteten, außer Betracht, dass sie in Berlin höheren Lohn bekamen, sich am gesellschaftlichen Leben Berlins nicht beteiligten, ihre Freizeit ausschließlich für Haus und Garten nutzten. Wenn man sie als Bewohner des „Speckgürtels“ bezeichnete, wurden sie böse.

Nachbarin Frau Mertens

Unsere Nachbarin zur linken Seite, Frau Mertens, war eigentlich zu uns nicht böse. Na gut, am Anfang schon, aber nachdem mein Vater in einem ihrer Hunde die Dobermann-Rasse erkannte und mein Mann auf ihre Beschimpfungen freundlich reagierte, schrie sie uns nicht mehr an. Alle ständigen Bewohner in der Straße hatten polizeiliche Anzeigen gegen sie zu laufen.

Unsere kleine Anne, am Zaun stehend und das Zusammenspiel der Hühner mit dem einen Hahn beobachtend, fragte Frau Mertens, was der böse Hahn mit den lieben Hühnern denn da machte. Frau Mertens mochte unsere Anne und erklärte ihr auch weitere Fragen zum Geschlechtsleben von Tieren. Sie bat das Mädchen zu ihr rüber zu kommen, aber Anne fürchtete sich vor Frau Mertens, die in schwarz-grauer Schürze und Kopftuch gekleidet, einer Hexe aus Annes Märchenbuch glich und in einem Hexenhaus lebte. Ängstlich an der Hand des Vaters über den Schmutz auf dem Hof laufend, ließ Anne sich Esel und Ziegen zeigen. Aber nur ein einziges Mal.

So geschah im Laufe der Zeit, dass Frau Mertens samstags es kaum erwarten konnte, bis wir aus dem Auto ausgestiegen waren, um uns ihre Streitereien mit den anderen Nachbarn lautstark zu schildern. Frau Mertens, so um die 50 Jahre alt, vielleicht auch jünger, lebte mit ihrem halbwüchsigen Sohn und vielen Tieren – Hunden, Flugenten, Hühnern, Ziegen, Schafen, Meerschweinchen (auch Ratten), zeitweise auch ein Esel und Schweinen – auf dem dicht bewachsenen Gelände; mietfrei in einem eigentlich abbruchreifen Haus, was ihr von der Gemeinde zugewiesen war, da sie in Wohnungen mit ihren großen Hunden von den Mitbewohnern nicht gelitten wurde. Der große Garten war für die Tierfreundin eigentlich ideal, nur sorgte sie in keiner Weise für Sauberkeit. Oft bekam sie Besuch vom Tierschutz.

Frau Mertens arbeitete als Zugbegleiterin bei der Deutschen Reichsbahn, ging sehr früh aus dem Haus, kam abends mit vielen Broten im Fahrradkorb zurück. Mit den Broten (der Preis sehr niedrig, da staatlich subventioniert) fütterte sie ihre Schweine und Hühner. Die Eier verkaufte sie in der zentralen Annahmestelle, für ihren Eigenbedarf kaufte sie im

Konsum die billigeren Eier. Auch ihre Schweine, Schafe und Enten verkaufte sie. Sie selber aß vor allem Kartoffeln und Quark.

Eine arme Frau war Frau Mertens bei weitem nicht; wenn sie zur Arbeit fuhr war sie gut gekleidet (von ihrer Schwester aus Westdeutschland bekam sie Pakete mit Kleidung für sich und ihren Sohn); aber im Garten lief sie in mehrfach geflickter dreckiger Schürze und sehr zerlumpt rum. Auf der Wäscheleine verbarg sie uns nicht ihre geflickten Schlüpfer u.a. Noch zu DDR-Zeiten hatte sie im Lotto gewonnen und zusammen mit ihrem gesparten Geld, was bestimmt nicht wenig war, kaufte sie sich ein paar Straßen weiter ein eigenes Haus mit Garten....

Die Gemeinde Fredersdorf – Vogelsdorf

Im Jahr 1875 hatte das Dorf Fredersdorf 452 und das Gut 88 Einwohner; fünfzig Jahre später schon 1.871 Einwohner und der Ort hatte, laut Untersuchungen über die Wohnorte der Arbeiter von „Siemens", den Charakter einer Pendler-Gemeinde in der Zeit der Weimarer Republik angenommen. Bei der Volkszählung im Mai 1939 betrug die Einwohnerzahl 4.063. 1969 betrug sie etwa 5.000.
Seit 1993 gehören mein Mann und ich nun zu den ständigen Einwohnern der Gemeinde Fredersdorf-Vogelsdorf im Kreis Märkisch-Oderland. Die amtlichen Statistiken weisen für „Fred-Vogel" – wie die Einwohner liebevoll ihre Gemeinde nennen – eine Einwohnerzahl von 7.052 aus.

Heute stehen in unserer Straße auf allen Grundstücken feste Häuser, meist von jungen Familien mit kleinen Kindern bewohnt; alle Grundstücke sind an das zentrale Wasser- und Abwassernetz angeschlossen und seit 2013 ist die Straße eine ordentliche Asphalt-Straße.

Inzwischen liegt die Gemeinde an der neuerbauten Autobahn.
Bis Ende 2017 hat sich die Einwohnerzahl mehr als verdoppelt und es wird mit weiteren Zuzügen gerechnet, denn es gibt noch unbebaute Flächen in Fred-Vogel. Soweit die Entwicklung der beiden Dörfer am Rande Berlins.

Hausbau

Unsere Töchter waren selbständig und wohnten weiterhin in Berlin. Kathi, die ältere Tochter hatte ihr Studium noch zu DDR-Zeiten abgeschlossen, war verheiratet und hatte zwei Kinder. Sie fand eine ihrer Ausbildung entsprechende Arbeitsstelle in der amerikanischen Firma „Coca-Cola". Anne, die fünf Jahre jüngere, beendete die Fachschule für

Pharmazie in Leipzig in der Zeit des Umbruchs; sie hatte das Glück, dass ihr Studium vom neuen Staat anerkannt wurde, arbeitete in einer Berliner Apotheke und nach zwei oder drei Jahren, im Außendienst einer renommierten Firma für dermatologische Produkte. War der Wegzug (1993) aus Berlin für meinen Mann so eine Art *Vertreibung in Friedenszeiten* durch eine Siegermacht oder auf moderne Weise durch ökonomischen Zwang? Eine relative Verelendung haben er und ich nicht erfahren müssen, denn wir hatten ja unser Stück Land, auf das wir geflüchtet waren. Insofern hatte sich die Zeit für unsere dritte Generation im Vergleich zu der seiner Eltern geändert. Wir fühlten uns weiterhin als Berliner, im Laufe der Jahre lernten wir die Ruhe und Weite Brandenburgs zu schätzen.

Nach unserem Umzug aus Berlin wohnen wir erst einmal in unserem Bungalow. Da es nun genügend Baumaterialien für jedermann zu kaufen gab, will Manfred für uns Alte den Bungalow zu einer festen Unterkunft ausbauen. Damit war ich nicht einverstanden; ich wollte nicht ewig auf einer Baustelle leben. Manfred war zwar handwerklich begabt, sehr fleißig und ausdauernd, aber eben kein Baufachmann.

Beide arbeiteten wir noch in Berlin, der Hausbau würde Jahre in Anspruch nehmen und weit über seine und auch meine Kräfte gehen. Unsere Berliner Freunde um Rat gefragt, meinten: In eurem Alter wollt ihr noch ein Haus bauen? Ihr seid verrückt. Sie belächelten uns freundlich. Aber irgendwie hatten sie recht. Manfred war 59 und ich 55 Jahre alt.

Unsere bisherigen Ersparnisse reichten trotz meiner mehrmaligen Durchrechnungen natürlich nicht aus, obwohl wir nach Erhalt der Deutschen Mark von jeglichen Neuanschaffungen absahen und ich meinen Verdienst in der Kölner Exportfirma für sieben Jahre in Bundesschatzbriefen angelegt hatte. Letzten Endes überzeugte ich Manfred und wir riskierten den Bau. Er, der als Kind dem Vater beim Hausbau in Grünberg geholfen hatte, vertiefte mit Büchern für Bauingenieure seine Kenntnisse und suchte nach einem kleinen „Energie-Spar-Haus“, kein schlüsselfertiges, sondern eins mit vielen möglichen Eigenleistungen. So entschlossen wir uns zum Hausbau und nahmen bei der Leonberger Bausparkasse einen Kredit von ungefähr 230.000 DM auf. Mit der Bank vereinbarten wir eine ziemlich hohe Tilgungsrate zur Kreditabzahlung, da wir unseren Töchtern keine Schulden hinterlassen wollten.

Beide bekamen vom Berliner Arbeitsamt in ABM-Projekten Arbeit und ich arbeitete mehr als ein Jahr für ein EU-Frauenprojekt in der Russischen Föderation.

In der Zeit des Hausbaus ernährten wir uns von Kartoffeln mit Quark und Leinöl oder mit Hering, mit Brotsuppe wie in Kriegszeiten und mit Gemüse und Obst aus dem Garten; wir verzichteten auf Reisen, Theater- und Kinobesuche und auf den Kauf von Kleidung, Büchern und Zeitungen. So gelang uns, bis zum Eintritt in unsere gesetzmäßige Altersrente (1999) den Kredit abzuzahlen.

Die Schilderung der Betrugsvarianten von Seiten der westdeutschen Firmen „the thermo Steinbau“, Gruibingen/Württemberg und „Polbau GmbH“, Berlin-Neukölln, erspare ich mir. Nur so viel, fast hätte uns „Polbau GmbH“ in Absprache mit der Bank um unser Grundstück gebracht. Von der insolventen Firma war uns lediglich der Rohbau mit Fenstern hinterlassen. Dachbau, Außenputz, Innentreppen, elektrische Leitungen und Heizungsanlage bauten uns Firmen aus der Umgebung. Nach zwei Monaten des beengten Bungalow – Lebens, zogen wir in das Haus um, in dem noch viele körperlich schwere Arbeiten - Verlegen von Holz- und Fliesenböden, Innen- und Dachausbau etc. – zu verrichten waren. Außerdem fehlten noch eine Außentreppe, ein kleiner Vorbau zum Eingang in das Haus und Pflasterung, um nach Regengüssen nicht im Lehm stecken zu bleiben. Unsere Abwasser leiteten wir in einen mehrere tausend Liter fassenden Tank der Firma Graf, geliefert aus Baden-Württemberg. Wir nannten ihn „Bobby“ und gruben ihn mit Hilfe der Kinder, Enkelkinder und Nachbarn tief in die Erde ein.

Nach etwa sieben Jahren überlegten wir eine Ecke des Dachgeschosses auszubauen und eine Toilette mit Waschbecken einzurichten. Riesige Gips-Karton-Platten schleppten wir in die Garage, schnitten sie dort nach von Manfred angefertigten Schablonen aus Presspappe zu, trugen sie hoch ins Dachgeschoss, in dem wir schliefen, und passten sie der Dachschräge an. Wir benutzten eine „Aluminium Vielzweckleiter Vario 360“ (bei ALDI 1999 für 119,- DM gekauft) als liegende Leiter, deren Länge von 1,68 Meter, gekreuzt mit einer aus einem Armeebetrieb geklauter 2,45 m langen Holzleiter mit Holmen aus halbierten Baumstämmen, unseren Körpergewichten eine relativ stabile Standfläche bot. Manfred stand auf der Holzleiter und ich war sein Gegengewicht. Ohne meine Handlanger- und Sicherungsdienste in seinem Rücken, hätte er die zehnfache Zeit und Kraft gebraucht. Als ich ihn fragte, was er getan hätte, wenn ich in die Stadt gefahren und ihm keine Hilfskraft gewesen wäre, antwortete er mir, er habe doch noch nie eine solche Arbeit gemacht und wenn er gesagt hat, er mache den Dachausbau allein, so meinte er, wir nehmen keinen Handwerker, der sich teuer bezahlen lässt und pfuscht, sondern wir machen es beide zusammen. So tanzten wir auf der ungefähr sechs Quadratmeter großen Fläche ohne Boden, zwischen Leitern, Treppenstufen, Fußbänken und einer roten Holzkiste unser Hand-Werker-Ballett, teilweise auf Spitze, über dem Kopf die zugeschnittenen Gipskartons und Paneele jonglierend.

Um 14,30 Uhr aßen wir zum dritten Mal von der Kartoffelsuppe, machten keinen Mittagsschlaf, sondern nutzten das Tageslicht so lange wie möglich. Ich hätte noch nach 19 Uhr weiter gemacht, denn wir hatten uns eingetanzt und die ersten Platten waren an der schrägen Wand befestigt. Aber Manfred war natürlich geschafft, auf wackligem Grund stehend und über dem Kopf Bauschrauben in Balken zu drehen, war für ihn eine große Anstrengung. Ich hielt ihn hinten an der Hose fest, ich hatte Angst, er fällt um.

Heimatverein Fredersdorf-Vogelsdorf e. V.

Unsere Freunde wohnten alle in Berlin und so galt es in der neuen Umgebung uns einen neuen Bekanntenkreis zu schaffen. Manfred hatte sich 1994 dem Bürgermeister von Fredersdorf vorgestellt und seine Kenntnisse als Historiker für die Vorbereitungen der Festlichkeiten anlässlich der ersten urkundlichen Erwähnung von Fredersdorf angeboten. Daraus ergab sich für die folgenden Jahre eine intensive Zusammenarbeit. Bürgermeister Wolfgang Thamm unterstützte die Idee einen Heimatverein zu gründen. Anlass für die Gründung war unter anderem das älteste Haus im Ort – ein baugeschichtlich wertvolles mitteldeutsches Doppelstubenhaus – der Nachwelt zu erhalten. Am Anfang waren es 14 Heimatfreunde, die sich für die Erhaltung der nicht mehr vielen historischen Bauwerke engagierten. Heute zählt der Heimatverein mehr als 60 Mitglieder.

Schon 1969 hatte M. K. begonnen, Material zur Historie von Fredersdorf und der Mark Brandenburg in zahlreichen Archiven zu sammeln und wie er im Vorwort des 1. Bandes der „Ortschronik Fredersdorf-Vogelsdorf. 1200 – 1376 – 1840 – 2000“ schreibt, wurde *Fredersdorf zu meiner Wahlheimat.* Der Heimatverein beginnt im Jahr 2000 mit „Winter-Vorträgen“, die in der Mehrzahl von M. K. gehalten werden. Jeder Zuhörer kann auch ein von ihm verfasstes „Paper“ mit nach Hause nehmen. Die Druckvorlage dieser „Paper“ bewerkstelligt er noch nach altgewohnter SPK-Methode – mit Schere, Papier, Kleister – , er schreibt zwar schon auf dem Computer, beherrscht aber noch nicht die Technik insoweit, dass er Fotos etc. einfügen kann. Von Bürgermeister Thamm hatte er einen von der Gemeinde ausrangierten Drucker und Kopierer bekommen. Die Vorträge, die mehr als fünf Jahre in der Winterzeit durchgeführt wurden, hatten großen Zuspruch und zeigten, dass das öffentliche Interesse an der Geschichte von Fredersdorf-Vogelsdorf groß ist.

3000 Seiten Ortsgeschichte

Nach zweijähriger ununterbrochener ehrenamtlicher Arbeit ist 1998 das Manuskript des 1. Bandes fertig und das 928 Seiten umfassende Buch erscheint im Mai 2001 im Neuenhagener „Findling-Buch und Zeitschriftenverlag".
Bürgermeister W. Thamm schreibt in seinem Geleitwort zum 1. Band der Ortschronik: *Ihm (dem Autor M. K.) gilt der vornehmlichste Dank für die sich über Jahre erstreckende Arbeit am Manuskript, aber auch für die wissenschaftsorganisatorische Tätigkeit, die jetzige und ehemalige Bürger unserer Gemeinde sowohl in die Recherchen miteinbezog als sie auch zum Schreiben eigener Beiträge ermutigte. So war es möglich, die Geschichte der örtlichen Gemeinschaft und des Bürgerwillens im Lauf der vielen Jahrhunderte in den Kontext der rahmengebenden Geschichte zu stellen….Auch wird deutlich, dass unsere Gemeinde eine Rolle in der Geschichte gespielt hat.*

Manfred war mit seiner ganzen Persönlichkeit in das Leben seiner „neuen Heimat" eingestiegen. Um ihn hatte sich eine feste Gruppe von Zeitzeugen und Hobbyforschern gebildet, die mehrere Dutzend alter, längst verschollen geglaubter Beiträge aus Familien-Überlieferungen entdeckten und erreichten, dass die einheimischen Bewohner ihre privaten Dokumente und Foto-Alben, schriftliche Nachlässe ihrer Großeltern und Eltern zugänglich machten.

Mir fremde Leute besuchten uns, sitzen bei uns auf der Couch und erzählen auch ihre privaten Erlebnisse und Nöte – Manfred ist ein guter Zuhörer, er fragt nach und nimmt alles in sein Gedächtnis auf. Ehrlich gesagt wurde es mir manchmal zu viel.

Ehemalige Einwohner, die seit Jahrzehnten in Baden-Württemberg, in Rheinland-Pfalz, in Hamburg oder kleineren Orten leben, schrieben ihm und schickten interessante Beiträge an ihn. Damit erhielten sogar die Generationen der längst verstorbenen urgroßelterlichen und großelterlichen Generationen für ihre Geschichtserlebnisse original eine Stimme.

Im Jahr 2009 erscheint der zweite Band – „Ortsgeschichte von Fredersdorf-Vogelsdorf 1835 bis 1933" – mit 992 Seiten und einem Bildteil. Im „Wort an den Leser" schreibt M. K.:

Geschichte zum Leben erwecken und breiter auszuleuchten, ist das Anliegen des vorliegenden Bandes. Nur wer die Vergangenheit kennt und sich mit ihr vertraut macht, versteht wohl die Gegenwart besser. Als Autor mute ich Ihnen allerdings viel zu: tausend Seiten für hundert Jahre Ortsgeschichte [...] und er meint, dass im Unterschied zur „Ortschronik" die vorliegende „Ortsgeschichte" lesbarer ist. Denn: *Wir erfahren Fakten, Vorgänge, Geschehnisse, für die es ansonsten keine oder kaum schriftliche Zeugnisse gibt. Uns werden Gefühle nacherlebbar, während ´tote Geschichte´ im Allgemeinen nur Denkanstöße vermittelt. Wir sind aufgefordert, uns mit dem geschichtlichen Stoff auf der Erlebnisebene auseinanderzusetzen.*

Für den 3. Band – „Ortsgeschichte Fredersdorf-Vogelsdorf. 1933 – 1945 – 1949 und Ausblick bis 2012" - lag das Manuskript schon 2007 vor. Die Gemeindeverwaltung tat sich auch dieses Mal schwer für den Druck Geld bereitzustellen. Dazu muss ich erwähnen, dass Manfred nicht zu jenen Menschen gehörte, die ständig bei Bürgermeister Dr. Klett (Nachfolger von W. Thamm) vorsprachen und um baldigen Druck des 3. Bandes zu bitten. So ergab sich für den gewissenhaften Historiker, der die neuesten Ergebnisse der Forschung in seinem Buch berücksichtigen will, das Manuskript nicht abzuschließen und beiseite legen zu können. Immer wieder setzte sich Manfred an den Computer, um in sein Manuskript die zahlreich erschienenen neuesten Forschungsergebnisse, vor allem was die Zeit des Ersten und Zweiten Weltkrieges und danach betraf, einzufügen.

Während der fünf Jahre bemerkte ich deutlich, dass mein Mann unter dem Umstand, dass für den Druck kein Geld zur Verfügung gestellt wurde, psychisch sehr litt.

Mehrfach sagte ich ihm, dass die Gemeindevertreter seine Arbeit nicht zu schätzen wissen und er lieber unsere Familiengeschichte schreiben solle; er erwiderte, dass wir beide das zusammen machen werden, wenn die Ortsgeschichte *erledigt ist.*

Meine Arbeit im freien Usbekistan

In Usbekistan sind Frauen die klügeren Männer

Eine Zeitlang habe ich überlegt den folgenden Abschnitt in meine Familiengeschichte aufzunehmen. Diese ehrenamtliche Tätigkeit bestimmte mehr als sieben Jahre mein Leben und demzufolge auch das meiner Familie. Überdies meine ich, meine beschriebenen Erlebnisse sind für die deutschen Leserinnen und Leser ein Zugewinn an Kenntnis über das ferne Land Usbekistan in Umbruchzeiten.

Nach der unfreiwilligen Beendigung meines Berufslebens war ich gezwungen, mir ein neues Betätigungsfeld zu suchen. Nach mehreren erfolglosen Bewerbungen gab mir die AB-Maßnahme in der „Entwicklungspolitischen Gesellschaft, EpoG e. V." die Möglichkeit, mich mit einer, mir bis zu diesem Zeitpunkt völlig neuen Thematik, zu befassen. Das imperiale Russland betrachtete ich nicht als „Entwicklungsland", da aber meine russischen Sprachkenntnisse wie schon gesagt mein einziges „Pfund" waren, und ich wusste, dass in den mittelasiatischen ehemaligen Sowjetrepubliken noch russisch gesprochen wird, schlug ich meinen Kollegen der EpoG e. V. vor, Mittelasien zu meinem Betätigungsfeld zu machen.

So kam es zur Gründung des „Förderkreises der Freunde Usbekistans" unter dem Dach der EpoG e. V. Meine Freundin Siglinde, die in Leningrad Turkologie studiert hatte, half mir erste Kontakte nach Usbekistan und Kasachstan zu knüpfen.

Ich lernte wunderbare Menschen kennen und empfand in der Zusammenarbeit mit ihnen, dass ich noch „gebraucht" werde und meine Kenntnisse noch nützlich sind.

„Tadbirkor Ayol"

Lange bevor der Publizist Peter Scholl-Latour seinen Besuch der Business Women of Uzbekistan in seinem Buch kurz beschreibt, verband mich schon ein inniges Verhältnis mit jenen sehr sympathischen Frauen. Nach dem Zusammenbruch der UdSSR und dem Beginn des Aufbaus eines unabhängigen Usbekistans, sind es die Business Women of Uzbekistan, die schnell reagieren und sich Gedanken machen, wie den Frauen, aber auch den Männern, geholfen werden kann. Die Gründerinnen waren allesamt Akademikerinnen, die im Juni 1991, gewissermaßen im Gleichklang mit der Herstellung der Souveränität des usbekischen Staates, sich zuerst in der Hauptstadt zu einer Vereinigung zusammen schlossen; kurz darauf folgten ihrem Beispiel engagierte Frauen in allen großen Städten und wichtigen Orten und richteten Filialen der „Assoziatija Delowych Schentschin“ ein.

Sie benutzten bewusst den Begriff „Assoziation“, um ihre Weltoffenheit zu dokumentieren. Im Usbekischen heißt ihre Assoziation „Tadbirkor Ayol“ – ayol heißt „Frau“, tadbirkor ist ein Adjektiv und bedeutete früher: „umsichtig, gewandt“; aber seit dem Umbruch wird es auch für „unternehmerisch“ verwendet. Da es im Usbekischen wie in allen Turksprachen, keinen grammatikalischen Unterschied für die Bezeichnung des Geschlechts gibt, heißt „Tadbirkor Ayol“ nichts anderes als „Unternehmerin“. Das klingt auf Usbekisch schon viel interessanter, als die russische Bezeichnung.

Auf den ersten Briefköpfen hatten die Frauen neben dem Namen des Vereins als zusätzliches Logo, eine auf einem Pferd der Sonne entgegen reitende Frau mit langem offenem Haar, abgedruckt. Das schien der Justizverwaltung zu aufmüpfig und so verbot sie das Logo im Briefkopf zu drucken.

Ihre Aufgeschlossenheit den neuen Bedingungen gegenüber, ermöglicht ihnen für ihre Vorhaben von allen sich auf dem Markt anbietenden Hilfsprogrammen – von Weltbank, UNO und Europäischer Union und verschiedenster Foundations und Stiftungen von SOROS bis Konrad-Adenauer-Stiftung – Gelder zu erhalten.

Dildora und Tadschichon

Initiatorinnen von „Tadbirkor Ayol“ waren Dildora Alimbekowa und Tadschichon Saidikramowa. Vorbilder sahen beide in den Vereinigungen von Unternehmerinnen in Westeuropa und den USA, betonten aber in Gesprächen, dass ihre Vereinigung keine Kopie der westlichen sei, sondern im Zentrum ihrer Aufmerksamkeit stünden die zeitlichen und menschlichen Ansprüche der muslimischen Frauen in der neuen Republik. Im Unterschied zu dem im Februar 1992 umfunktionierten „Komitee der Frauen Usbekistans“ setzten sie in ihren Projekten den Schwerpunkt auf private Initiative und Engagement. Tadschichon drückte es in einem Interview in der in Köln erscheinenden deutschsprachigen Vierteljahreszeitschrift „Wostok“ (Oktober 1994) folgendermaßen aus: *Als wir uns gründeten hatten wir vor Augen: Wie überall auf der Welt ist es auch so bei uns, wenn irgendwo gekürzt wird, dann als erstes bei den Frauen.*

Es wurden viele wissenschaftliche Institute geschlossen oder dort gekürzt, und da gerade in diesen Bereichen viele Frauen arbeiteten, wurden diese natürlich rausgeschmissen. Wir haben daraufhin beschlossen, dass man den Frauen, die das intellektuelle Potential und die physischen Fähigkeiten und Interesse an handwerklicher Arbeit haben, helfen muss, ihr Geschäft zu eröffnen. Damit die Frau sich nicht wie eine blinde Katze bewegt, haben wir die Assoziation gegründet, um ihr zu raten, wie sie die juristischen Dokumente ausfüllen muss, wo sie Kredit bekommen kann, ob sie ihre Ziele richtig verstanden hat, wie sie einen Absatzmarkt findet. Die Frauen wissen sehr gut, dass sie nicht nur in diesen konkreten Fällen Wissensdefizite haben, sondern, dass unternehmerisches Denken bei ihnen kaum ausgebildet ist. Wir lenken deshalb in erster Linie die Aufmerksamkeit darauf, dass unsere Frauen lernen. Unter anderem auch, zivilisierte Beziehungen zum Markt aufzubauen.

Diese Worte ergänzte Dildora in dem Interview: *Die Probleme von Frauen können Frauen selbst am besten verstehen.*
Die Frauen bilden den größten Teil der Bevölkerung Usbekistans. Ihr Potential einsetzend, könnte man sehr viel bewirken. Ohne männliche Stärken herabzusetzen, möchte ich unterstreichen, dass uns viele als die zuverlässigsten Partner ansehen. Die Besonderheit der weiblichen Arbeitslosigkeit besteht darin, dass die Frauen, die ihre Arbeit verlieren, ein höheres Ausbildungsniveau besitzen als arbeitslose Männer.

Dildora war durch eine Fernsehdokumentation bekannt geworden. Sie, die ehemalige Stellvertreterin des ökonomischen Direktors eines großen Textilkombinates, hatte auf einem kleinen Stück Land ihres Gartens begonnen, Schafe zu halten, um Fleisch und Wolle zu produzieren. Die Fernsehübertragung zeigte, dass muslimische Frauen keinerlei körperliche Arbeit scheuen und selbständig arbeiten können. In weiteren Funk- und Fernsehsendungen gelingt es Dildora die Frauen aufzufordern, in den schweren Zeiten aktiver zu werden und mitzuhelfen, eine zivile, freie Gesellschaft aufzubauen und sich der Assoziation unternehmerischer Frauen anzuschließen.

Viele Frauen folgten ihrem Aufruf, aber nicht alle wurden als Mitglieder in „Tadbirkor Ayol" aufgenommen. Voraussetzung für die Aufnahme war in erster Linie, eine gute Geschäftsidee mit entsprechender Konzeption und persönliche Kompetenz, nicht so sehr vorhandenes Kapital.

Frau Alimbekowa, von großer schlanker athletischer Statur, mit glühenden blau-schwarzen Augen, klug und mit südlichem Temperament, wurde zu einer öffentlichen Persönlichkeit.

Als einzige Frau in der Kommission für Wirtschaftsreformen beim Präsidenten vertrat sie in Reden und Vorträgen ihre kritische Meinung gegenüber den männlichen Mächten im Parlament. Im Namen der Assoziation brachte sie sehr konkrete Vorschläge im Parlament ein, setzte Diskussionen zur Vereinfachung und Effektivierung des Steuersystems in Gang und erreichte einige positive Veränderungen auf diesem Gebiet.

In der Leitung von „Tadbirkor Ayol“ herrschte Arbeitsteilung. Tadschichon, die gut Englisch spricht, ist diejenige, die den Kontakt mit ausländischen Entwicklungsinstitutionen pflegt.

In Taschkent wird bald von der deutschen „Gesellschaft für Technische Zusammenarbeit GmbH“ (GTZ) aus Eschborn, ein Zentrum zur Förderung kleiner und mittlerer Unternehmen gegründet und Unternehmer-Trainingskurse nach der interaktiven SEFE-Methode durchgeführt. Ein Hindernis für die von Tadbirkor Ayol organisierte Bildungsarbeit für Unternehmerinnen, ist die Sprachbarriere. Diese zu überwinden hilft die „Carl-Duisberg-Gesellschaft“ aus Köln, die in Taschkent einjährige spezielle Deutsch-Sprachkurse mit anschließendem Praktikum in deutschen Unternehmen durchführt.

Mit Unterstützung der UNO-Vertretung gründet die Assoziation, nach westlichem Vorbild, einen „Business-Incubator“. Aus dem Business-Brutkasten entwickelt sich mit Hilfe wiederum mehrerer Stiftungen von GTZ, KfW, TACIS, USAID das „Zentrum für Mittelstands-Förderung (ZSB)“, in dem im Laufe der Jahre, das Lehr- und Trainingspersonal von einheimischen Kräften ausgebildet wird.

Zu den ersten Unterstützern der usbekischen „Graswurzel-Bewegung“ aus Europa, gehören auch die Berlinerinnen aus der Entwicklungspolitischen Gesellschaft e. V. (EpoG). Die Usbekinnen wussten, dass die finanziellen Mittel der kleinen EpoG e. V. sehr begrenzt sind, umso mehr schätzten sie die Hilfsbereitschaft, das Engagement und das Mitgefühl der Leute von EpoG. Nicht nur der Frauen, sondern auch der Männer.

Die Strategie und Taktik für die Vorhaben der Assoziation beraten Dildora und Tadschichon gemeinsam, denn für das, was sie sich vorgenommen haben, brauchen sie viel Kraft.

In dem „Wostok“ - Interview sagt Tadschichon:

Wir haben viele Schwierigkeiten zu überwinden. Die Politik ist gut in Bezug auf die Entwicklung des Unternehmertums, aber da sitzt eine mittlere Beamtenschicht, die uns ständig behindert. Die Männer können sich noch nicht schnell umorientieren, noch nicht verstehen, dass die Entwicklung des kleinen und mittleren privaten Sektors heute die Zukunft der Republik ist. Dies gab es doch alles schon irgendwann einmal auch hier. (...) Damals spielten die Frauen in diesen Bereichen keine Rolle. Heute kann man nicht leugnen, dass der Sozialismus auch sein Positives hatte. Gerade für die Frauen ein Plus. Wir bekamen immerhin für die gleiche Arbeit den gleichen Lohn wie die Männer. Ich möchte arbeiten, also gehe ich arbeiten, wer hält mich auf? Keiner. Es verbietet mir niemand, mich schließt keiner zu Hause ein, wie es bei uns früher üblich war."

1994 - erster Besuch bei „Tadbikor Ayol"

Im Frühling 1994 besuchte ich das erste Mal die Business Women in Taschkent. Ihre Geschäftsstelle befindet sich auf dem „Prospekt der Kosmonauten", einer vierspurigen Autostraße, die von langen zehnstöckigen Wohnblocks – erbaut nach dem Erdbeben 1966 in solidarischer Hilfe von anderen zum Verbund der Sowjetunion gehörenden Republiken – gesäumt ist. In einem der Hausaufgänge, einer Wohnung im Hochparterre, befindet sich das Büro; die Unternehmerinnen bezeichnen es als ihr „Office". Um in das Office zu gelangen, muss man durch einen relativ großen Ausstellungssaal mit Gemälden, Keramiken und Schmuckvitrinen gehen, um dann durch einen schmalen, durch überdimensionale Teppiche abgetrennten Gang, zu zwei kleinen und einem etwas größeren Raum zu kommen. In diesem etwas größeren Raum steht der Schreibtisch der Direktorin mit einem schon leicht ramponierten, aber für den Rücken freundlichen, gepolsterten Hochlehnsessel mit Stoffbezug in floraler barocker Musterung; davor steht ein langer Konferenztisch mit vielen Stühlen, auch ein Schrank mit Akten, aber wenigen, und ein hölzerner Garderobenständer wie aus einem Wiener Kaffeehaus, an dem ein eleganter lilafarbener Filzhut hängt. In diesem Raum werden Pläne für Projekte geschmiedet – auch mit uns Deutschen, bei mehreren Gläsern Tee und gezuckerten Mandeln, getrockneten Aprikosen oder Rosinen. (Den Filzhut mit breiter Krempe schenkte mir Dildora bei meinem ersten Besuch und bei jedem meiner Besuche erscheine ich in ihm.)

Von der Persönlichkeit und dem Durchsetzungsvermögen her betrachtet, haben Dildora und Tadschichon gleiche Qualitäten und sie ergänzen sich hervorragend. Von „Stutenbissigkeit" kann keine Rede sein. Was die äußere Erscheinung beider betrifft, ist die um etwa einen Kopf kleinere schlanke Tadschichon, einen kurzen Haarschnitt bevorzugend, vom Gesichtsprofil mehr persisch als mongolisch, und Dildora, mit langem Haar, von kräftiger Statur, ein scheinbar etwas herberer Frauentyp.

In ihrer Kleidung unterscheiden sie sich. Tadschichon ist, man würde sagen, westeuropäisch, sportlich-elegant, meistens in dunkelblaue und graue Röcke mit dezent kariertem Jackett gekleidet. Und Dildora, ihre Garderobe nach verschiedenen offiziellen Anlässen auswählend, bevorzugt das Feminine, liebt mehr das farbenfrohe Kleid und das Jackett aus landesüblicher bunter Atlasseide. Komisch, ich habe Tadschichon in all den Jahren unserer Zusammenarbeit, kein Mal in einem traditionellen Kleidungsstück aus glänzender Atlasseide gesehen, nicht einmal beim Picknick in den Silberbergen.

Die Gründerinnen von Tadbirkor Ayol lieben Kunst und ästhetisch schöne Dinge; so ist die Anfangsidee ihres „Geschäfts", vor allem den Ehegattinnen der erst seit kurzem in Taschkent akkreditierten Botschafter bei einem Glas Tee oder Sekt, Kunst und Kunsthandwerk, nicht Souvenirkitsch, zu präsentieren und natürlich auch zu verkaufen. Zu den Damen aus Botschaften, vor allem aus Japan, hat sich ein freundschaftliches Verhältnis entwickelt, sodass man sich monatlich in dem größeren Saal trifft, in dem die Art Gallery „Zumrad" ist.

Durch diese Kunstgalerie muss man gehen, um in das „Office" zu kommen. Die Usbekinnen haben auch in mir eine Kunstliebhaberin gefunden; vor allem an den smaragdgrünen Keramik-Krügen und Schalen aus Khorezm und Samarkand komme ich bei jedem Besuch ganz schlecht vorbei.

Fachlich betreut die Galerie Natalija Musina, eine diplomierte Kunsthistorikerin. Sie ist viel im Lande unterwegs, denn das Angebot von Seiten einheimischer Künstler ist groß und es gilt, im Hinblick auf den westlichen Geschmack, gut auszuwählen. Natalija, wohl die lebhafteste von allen Frauen – fülliges schwarzes Haar, große braune Augen, quirlig, aber nicht nervös wirkend, mit Zigarette gestikulierend – schildert mir und Tadschichon ihren Traum, irgendwann eine eigene Keramik-Werkstatt mit elektrischen Brennöfen als Ausbildungsstätte für Kinder und Jugendliche einzurichten; was ihr später auch mit deutscher Hilfe gelingt.

In einer Pause auf einer UNDP-Konferenz in Taschkent äußerte Dr. Hans Poser (Näheres über ihn später) beiläufig, dass, je weiter man sich in östlicher Richtung bewegt, die sanitären Bedingungen schlechter werden. An diese Bemerkung erinnerte ich mich als ich zum ersten Mal das fensterlose, ungefähr acht Quadratmeter große Kabuff mit einem Wasserklosett benutzen musste – ja, das Wasser lief ununterbrochen, aber das Toilettenbecken war zerbrochen. Ich kannte aus meiner Studentenzeit schlimme hygienische Verhältnisse, trotzdem muss ich aber ein so verdutztes Gesicht gemacht haben, dass Tadschichon, die mir den Weg zur Toilette gezeigt hatte, sagte: *Entschuldige, ja, es ist eklig, aber was sollen wir machen, wir waren so froh, überhaupt ein Toilettenbecken zu bekommen und beim Anschließen hat es der Arbeiter kaputt gemacht. Die usbekischen Handwerker sind sehr unerfahren, verlangen aber viel Geld für ihren Pfusch. Wir haben mit Dildora schon mal überlegt, ob wir nicht eine Ausbildung für Mädchen und Frauen für bestimmte Handwerksberufe anfangen. Auch mit Lena Zieschang von der Mainzer Handwerkskammer haben wir diese Idee schon besprochen, aber unsere Frauen sind noch nicht soweit, diese Arbeit, die ja auch bei euch in Europa traditionelle Männerberufe sind, den Männern auch noch abzunehmen.*

Dildora war auf Einladung der Konrad-Adenauer-Stiftung zusammen mit einer Parlamentarier-Gruppe 1995 das erste Mal in Deutschland, wir trafen uns auf der Rückreise in Berlin und Dildora fragte mich, wo denn die anderen Parteien-Stiftungen Deutschlands sind, sie verstehe nicht, warum die Deutschen in Mittelasien kaum in Erscheinung treten.
Schon in früheren Unterhaltungen brachte sie zum Ausdruck, dass die Amerikaner stets vor den Deutschen da seien und entweder *junge Bürschlein oder superalte Omas* schicken.

In einem Brief, es muss im Sommer 1995 gewesen sein, teilt Tadschichon mir mit: *Unlängst bin ich aus Amerika zurückgekommen, wo ich nach dem Programm für Unternehmer-Verbände unterrichtet wurde. Für mich ein sehr interessantes und notwendiges Programm. Ich meine, ich habe das, was ich wollte, erhalten. Und jetzt bemühe ich mich, das, was ich in dem Programm gelernt habe, an unsere Frauen weiterzugeben. In Amerika war ich einen Monat. Ich denke, dass unsere Assoziation den gleichen Weg geht, wie die in den USA; der ganze Unterschied besteht nur darin, dass sie schon 200 Jahre, wir aber nur vier Jahre existieren.* (...) *Ich habe verstanden, dass wir intuitiv, ohne Erfahrung den richtigen Weg gegangen sind. Jetzt muss alles getan werden, diese Arbeit zu vervollkommnen. Möge Gott geben, dass die Gesundheit und die Kraft reichen.*

Für den nächsten Containertransport nach Taschkent hatte die EpoG e.V. außer neuen und gebrauchten Industrienähmaschinen, einen Zahnarztstuhl, eine komplette Einrichtung für einen Frisiersalon und auch ein Toilettenbecken mit Brille und Deckel organisiert. Alle waren sehr froh darüber, dass uns das gelungen war und wir so Wünsche erfüllen konnten.

Mit einem vom Technischen Hilfswerk ausrangierten Mercedes-Kleinbus, den Dieter, mein Kollege, organisiert hatte und der noch in den Container passte, machten wir Dildora eine Riesenfreude. So konnte ihr Sohn Produkte vom Markt für das kleine neue Bistro heranschaffen. Bei meinem nächsten Besuch kannte ich den Weg zur Toilette; der Raum hatte jetzt eine verschließbare Tür und ein neues Toilettenbecken – ohne Brille und Deckel – immer noch mit stark tropfender Spülung.

Sanlatats Nähwerkstatt-Projekt

Im Juni 1995 laden die Frauen von EpoG e. V. zu einem viertägigen Workshop nach Berlin-Karlshorst ein. Tadbirkor Ayol schickt Frau Sanlatat Juldaschewa nach Berlin. Sanlatat fliegt mit „Lufthansa“ bis Frankfurt am Main und dann weiter mit dem Zug bis Berlin-Ostbahnhof. Dort hole ich sie wie vereinbart ab. Wir beide haben uns noch nie gesehen, aber ich erkenne die große, schlanke, schwarzhaarige Frau an ihrem aufrechten Gang, aufmerksam um sich schauend; ohne Koffer, nur mit einer etwas größeren Sporttasche.

Ich frage Frau Juldaschewa, wie die Reise war. Ja, es hat alles geklappt. Auf dem Flughafen Frankfurt gab es einen russisch-sprechenden *Service-Mann*, der sie bis auf den Bahnsteig zum Zug nach Berlin begleitete. Zu Hause in Taschkent hat sie nur ihre älteste Tochter zum Flughafen begleitet. Ihre Mutter und ihr Ehemann haben es abgelehnt und sie mit Vorwürfen überschüttet. Sie sei eine schlechte Mutter und Ehefrau wenn sie die Familie verlasse und mit dem Flugzeug so weit weg, in den Westen fliegt. Was will sie denn dort? Ihre weiteste Reise in westlicher Richtung ging bisher bis Moskau, zusammen mit ihrem Mann, als der noch Student war. Mit Anfang 50 reist sie ganz allein. Die Leute im Flugzeug neben ihr unterhielten sich über interessante Dinge, das Essen und Trinken wurde serviert und es hat geschmeckt, sie hatte einen Fensterplatz.

Auf dem Workshop soll Frau Juldaschewa über die aktuelle Lage der Usbekinnen berichten. Bei der Übersetzung ihres Beitrags vom Russischen ins Deutsche wird mir klar, dass ihn ein Mann angefertigt hat. Die Stellen von Schönfärberei über die idealen Verhältnisse der Usbekin in Haus, Hof und Wochenbett übersetzte ich nicht, die Anwesenden bekamen also nur einen Teil zu hören. Auf meine Frage, ob den Vortrag eventuell ein Mann ausgearbeitet hat, antwortet Sanlatat: Ja, es sollte doch ein wissenschaftlicher Beitrag sein. Sie habe ihn in Auftrag gegeben und dafür bezahlt.

Zum Glück mokieren sich die westdeutschen Frauen unter den Teilnehmerinnen nicht in voller Lautstärke. Für sie, die sich schon mehrere Jahre mit der Emanzipation und Selbstverwirklichung von Frauen in westeuropäischen Systemen beschäftigten, deren Sprache voller Abstraktionen ist und dic von den gegenwärtigen Umbruchprozessen nicht betroffen sind, ist der Abstand zu der mehrfachen Mutter aus einer Mahalla in Taschkent sehr groß.

Die 52-jährige Santalat, die fünf Töchter und keinen Sohn geboren hat, ist Lehrerin für Mathematik und ihr Ehemann Elektroingenieur. Von ihrem Großvater, einem Imam, hat sie die arabische Graphik gelernt und bringt sie Kindern in der Koranschule bei. Für Santalat sind die fünf Tage in Berlin und der Besuch verschiedener Ostberliner Frauenzentren ein einmaliges Erlebnis. Sie ist glücklich, fühlt sich wohl, ist lebhaft und frei. Tanzt nach afrikanischen Trommeln und chilenischen Gitarren auf dem abendlichen Gartenfest in Karlshorst. Isst genüsslich Nürnberger Rostbratwürste mit Ketchup und Senf und löscht ihren Durst mit Berliner Pilsner. Gleich nach einem Monat schreibt Santalat mir einen Brief, in dem sie sich bedankt, denn mit meiner Hilfe habe sie ihren Projektentwurf von der Einrichtung einer Nähwerkstatt in der Mahalla zu Ende bringen können. Sanlatat hat Feuer gefangen und bittet auch an dem nächsten Frauenworkshop in Berlin teilnehmen zu können. Doch ihren Wunsch können Tadschichon und Dildora nicht berücksichtigen, es sind noch viele Frauen in Tadbikor ayol, die angefangen haben in Projekten zu arbeiten und die es verdienen, Berliner Frauenzentren zu besuchen.
Santalat ist Kummer gewöhnt. Ihren Projektvorschlag nicht in Berlin besprechen zu können, ist für sie kein Grund, ihre Idee fallenzulassen, eine Nähwerkstatt in ihrer Mahalla „Miskin“ im Sabir-Rachimowski-Rayon einzurichten und schickt im Oktober 1995 ihr vierseitiges handschriftliches Projekt an meine Privatadresse. Sie schreibt: *Der Partner wird vorläufig das Komitee der Mahalla sein, es könnte den Werkstatt-Raum und den Verkaufsstand zur Verfügung stellen und überhaupt für gute Lern- und Arbeitsbedingungen der Mädchen und Frauen eine Unterstützung sein. Ich meine, das Komitee der Mahalla sollte für das Projekt verantwortlich sein, aber auch ich selbst, da ich hier lebe und den Frauen hier im Wohngebiet in dieser schweren Zeit, welche über unser Land gekommen ist, helfen will.* Das Komitee der Mahalla ist jedoch nicht bereit gegenüber der Stadtverwaltung die Notwendigkeit eines Frauen-Hilfe-Projekts nachzuweisen geschweige denn es zu unterstützen. Es verlangt, die

Frauen haben für die Räume und den Stand auf dem Markt zu bezahlen. Santalat fragt an, ob die „deutsche Seite“ die Pachtkosten übernehmen könnte. Erst nach fünf Jahren sehe ich Santalat wieder, aber dazu später.

Ich könnte noch viele andere Beispiele von älteren usbekischen Frauen nennen, die nach Gründung der unabhängigen Republik eine neue Existenz gründen. Nur noch das von Gulnara, der promovierten Sozialwissenschaftlerin, die mit ihrem dreißigjährigen Sohn eine Tankstelle aufmachte und die es nicht störte, von jungen muslimischen Männern belächelt zu werden, wenn sie, im dunkelblauen Kombianzug, der Bauch und Busen einquetschte, Benzin oder Diesel einfüllte.

Im Unterschied zu Deutschland erfahren die Frauen keine finanzielle Unterstützung durch den usbekischen Staat.

Treffen in Fredersdorf

Dildora und Tadschichon wussten natürlich, dass meine Kollegen und ich aus Ostberlin kamen und wir von den Umbrüchen genauso betroffen waren wie sie. Diese gemeinsame Betroffenheit war eine gewisse Grundlage für Solidarität und das Entstehen von gegenseitigem Vertrauen. Zwei Mal besuchte mich Tadschichon zu Hause in Fredersdorf. Ich wollte der nahen Kollegin auch mein familiäres Umfeld zeigen.

In jenem Jahr, in dem Tadschichon mich und meinen Mann besuchte, beflügelte ein sehr warmer Frühling die Leute in Brandenburg. In den Gärten rund um Berlin standen die Obstbäume in voller Blüte, die Pfingstrosen begannen sich zu öffnen, der Rasen und das Unkraut begannen zu sprießen, aber die Rasenmäher-Flotte gab noch Ruhe. Auch für einen Grillnachmittag gestaltete sich vorausschauend die Wetterlage als angenehm und günstig.

Also luden mein Mann und ich alle Berliner Freunde Usbekistans in unseren Garten ein und Malika, Siglinde, Schavkat, Dieter, Mukadas, Renate, Arnold u.a. kamen. Gulnara und Lola waren auf der Durchreise nach Mainz und kamen auch zum „Frühlingsfest - Navruz“ nach Fredersdorf. Unser Grundstück war groß genug für viele Freunde. An den Bungalow hatte Manfred im Laufe der Jahre eine Glasveranda gebaut und sein Schwager Heinz, gelernter Maurer, hatte uns WC, Dusche und eine kleine Küche hochgemauert. (Fünf Quadratmeter durfte man zu DDR-Zeiten ohne Baugenehmigung anbauen). Dahinter bauten wir nach der Wiedervereinigung ein Steinhaus, in dem wir seit 1993 wohnten. Sobald sich die ersten Sonnenstrahlen zeigten, verlagerten wir unser

Familienleben auf die Wiese unter den alten Apfelbaum, in die Sitzecke auf die Terrasse, umringt von Rosen und Lavendel oder in die Hängematte weit hinten im Garten.

Hinter dem Wohnhaus und dem alten Bungalow, durch eine mittelalterliche Feldsteinmauer und Koniferen vor Neugierigen geschützt, war ein idealer Platz für Zusammenkünfte jeder Art. Als erfahrene Gastgeber verfügten wir über genügend Tische, Stühle, Gläser, Teller, Bestecke und Servietten. Es waren immer gelungene Feste – neudeutsch „Partys“; das Essen, Bier und Wein schmeckten, die Musik forderte zum Tanz heraus. Auf einen Party- oder Catering-Service waren wir nicht angewiesen. Dazu hätte unser Geld nicht gereicht, denn der Kredit für das „Winterhaus“ war noch nicht abgezahlt.

„Navruz“ auf berlinisch

Alle eingeladenen Freunde waren gekommen und die Atmosphäre war entspannt und fröhlich. Wer von den Anwesenden Geschäftsmann Schochalil zuerst auf dem Grundstück entdeckt hatte wäre nur von Interesse, wollte man erfahren, wer ihm die Adresse meines Gartens gegeben hatte. Ganz egal, für mich und meinen Mann ist sein Kommen eine freudige Überraschung.

Selbstbewusst, schwergewichtig, freundlich grinsend schreitet Schochalil daher und hinter ihm drei weitere Männer – zwei von ihnen in dunklen Anzügen mit Krawatte, einer leger in Jeans und langärmligem Polohemd. Das Taxi in dem die Männer gekommen sind, bleibt auf der ungepflasterten Weingartner Straße stehen. Ich bitte den Chauffeur ebenfalls in den Garten zu kommen. Nur Tadschichon kennt die Männer.

Am langen Holztisch mit Eckbank aus Birken- und Buchenholz, angefertigt von Tischlermeister Pudelkow aus Lübben im Spreewald und auf Heringsdorfer Korbstühlen haben alle in der 15 m² großen Glasveranda Platz und werden mit Thüringer Rostbratwurst, Grillscheiben von Fleischer Ottlik, gegrilltem Gemüse und Kartoffelsalat bewirtet. Das Berliner Pilsner schmeckt den usbekischen Männern ausgezeichnet, die Frauen trinken Wein.

Einer der Männer, jünger als seine Begleiter, leger angezogen und im Vergleich zu seinen Kollegen feingliedrig und sehr blass, ist von tropfender Nase und Niesen geplagt; er habe eine Allergie, er entschuldigt sich bei mir, dass er nichts essen kann. Ich koche ihm einen Tee und seine Nase beruhigt sich. Bei einem späteren Besuch sehe ich diesen Mann zufällig auf dem Flur im Gebäude des usbekischen Außenministeriums wieder. Ich bin überrascht, erkenne ihn wieder und auch er scheint sich an die Gartenparty zu erinnern; wir gehen aufeinander zu, umarmen uns und ich, impulsiv wie immer, küsse ihn auf die Wange. Mein Kollege mokiert sich: Du kannst nicht den Außenminister küssen. Ich: Doch, er saß schon bei mir in der Veranda und ich habe ihm Tee gekocht. Er könnte mein Sohn sein.

Zurück zum „Freundschaftstreffen“ in Fredersdorf-Süd – so hätte man es in der DDR genannt. Tadschichon nutzt die Gelegenheit, spielt gekonnt die Politikerin und ihre Fähigkeit, eine inhaltlich gute Rede zu halten, kommt voll zur Geltung. Sie schildert den Männern – es sind wohl keine unbedeutenden Politiker Usbekistans – wie ernsthaft und wichtig die Zusammenarbeit zwischen den beiden NGO´s „Tadbirkor Ayol“ und dem Berliner Förderkreis der Freunde Usbekistans ist. Sie zählt kurz die erfolgreichen Initiativen auf und fordert in einem Toast, freundlich aber bestimmt, mehr Unterstützung von offizieller Regierungsseite. Auch von den Männern werden anerkennende Worte über die Freundschaft mit Deutschland gesagt.

Geschäftsmann Schochalil, der reiche gläubige Muslim, der schon zu Sowjetzeiten nach Mekka pilgerte, isst mit großem Appetit Kammfleischscheiben, Rostbratwurst mit Kartoffelsalat, nach dessen Rezept er sich bei mir erkundigt; zu allem Essen passt gut Wernesgrüner oder Berliner Pilsner. Keiner der Herren fragt beim Grillchef nach, welche Fleischsorten in der Thüringer Rostbratwurst sind, sie schmeckt allen gut, mit und ohne Mostrich.

Die Reden und Trinksprüche hörte sich Schochalil nicht an. Er nahm meinen Mann beim Arm, führte ihn in den Garten und bittet ihn, ihm die Namen der alten Obstbäume zu nennen. Der deutsche Mann aktiviert seine Russisch-Vokabeln, der Usbeke hilft ihm dabei, beide verständigen sich auf diese Weise auch über Kunst und Kunstgeschichte.

Atheisten und Christen helfen Musliminnen

Zu den Gründungsmitgliedern der Entwicklungspolitischen Gesellschaft e.V. gehörten Vertreter der evangelischen Kirche Berlin-Brandenburg, und so war nicht verwunderlich, dass von Seiten des EKD (Evangelischer Kirchlicher Entwicklungsdienst Deutschlands) sehr bald nach Mauererstürmung Kontakt zu den Ostberliner Entwicklungshelfern aufgenommen wurde.

Von der „Arbeitsgemeinschaft Kirchlicher Entwicklungsdienst (AG KED)", Arbeitsstelle Zentralasien, Stuttgart, Knebisstraße 29, nimmt Dr. Klaus Poser Verbindung zur EpoG e.V. in Berlin-Karlshorst auf und steht eines Tages, angemeldet, in den Räumen von EpoG. Unlängst hatte Dr. Poser Kirgistan bereist, jetzt ist für ihn Usbekistan an der Reihe. Ihn interessiert besonders *die Arbeit der Business Women Assoziation ganz konkret an der Basis*, faxt er mir. In Klaus Poser – schlank, graumeliertes welliges Haar, etwa so alt wie ich, lerne ich endlich einen westdeutschen Mann kennen, der Natürlich und charmant ist, nicht arrogant, sondern mit allen in der Baracke von EpoG auf gleicher Augenhöhe spricht.

Vom 8. bis 11. November 1994 lädt die UNDP-Vertretung für Mittelasien zu einem Seminar zum Thema „Nationale und internationale Nichtregierungsorganisationen in Usbekistan und deren Partnerschaft" nach Taschkent ein, an dem Klaus Poser als Vertreter des Weltkirchenrates, und mein Kollege Dieter und ich von der EpoG teilnehmen.

Bei Dildora zu Hause

Nach Ende des NGO-Seminars sind Dieter und ich noch zirka sechs Tage Gäste von „Tadbirkor Ayol" und anderen NGO ´s in Taschkent. Teure Hotelzimmer für Ausländer können wir nicht bezahlen, preiswertere und saubere Pensionen gibt es nicht.

Tadschichon lebt mit ihrem Ehemann, zwei Kindern und ihren Eltern zwar zentral in der Stadt, aber sehr beengt in einer Zwei-Zimmerwohnung. Dildora wohnt in einem Vorort von Taschkent, unweit ihrer Arbeitsstelle. Nachdem Sohn und geschiedener Mann ausgezogen sind, lebt sie mit ihrer 17-jährigen Tochter Dilnosa allein in der Wohnung und auf der gleichen Etage wohnen ihre Eltern. Die vielbeschäftigte Dildora weiß durch die Nähe ihrer Eltern immer, dass ihre Tochter und auch sie selber gut versorgt werden. Sie nimmt Dieter und mich bei sich auf. So schlafe ich in Dildoras sehr breitem und weichem Bett wie Prinzessin auf der Erbse, mein Kollege im Wohnzimmer auf einem Diwan und Dildora und ihre Tochter bei den Eltern bzw. Großeltern.

Geschlafen wird wenig, bis in die Nacht hinein wird von teils unterschiedlichen, teils sehr gleichen Lebenserfahrungen gesprochen. Für mich sind nicht nur die Anfänge der Projekte der Business Women sehr spannend, sondern auch die Biografien von Tadschichon und Dildora. Mein Kollege ist bald ermüdet, der Redefluss von uns Frauen in Russisch ist sehr anstrengend für ihn. So verlässt er bald die Runde.

Dildoras Großvater war zaristischer Generalgouverneur von Russisch-Turkestan, das von 1918-1924 zu Russland gehörte. Mit Einfall der Roten Armee und der Vertreibung des Khans von Chiwa und des Emirs von Buchara retteten sich die Großeltern nach China. Hier wird 1950 Dildora geboren und mit acht Jahren kommt sie nach Usbekistan.

Tadschichons sehr frühe Vorfahren stammen aus dem Iran. Etwas leiser, kaum hörbar, erwähnt sie, dass ihr Vater und Onkel an der Befreiung Berlins teilgenommen haben.

Nicht die schon in der Frühe sehr grellen Sonnenstrahlen wecken mich – die Fenster sind verdunkelt – , sondern der Ruf des Muezzins, der die Leute zur Arbeit ruft. Kaum wieder eingeschlafen, wecken mich die Rufe der Milchfrau „Molooookoo...swescheje Moloooko“ (frische Milch). Irgendwo in der Ferne kräht auch ein Hahn, hier in ländlicher Umgebung ist eben die Welt noch in Ordnung.

Dr. Klaus Poser

Klaus Poser war im Anschluss an das UNDP-Seminar auf Anraten von Tadschichon nach Kokand ins Ferghanatal gereist und hatte ihr versprochen für die Einrichtung von Nähwerkstätten dort zu recherchieren. Später erzählt er mir in Berlin begeistert über die im Ferghanatal angetroffenen Frauen. Einen besonderen Eindruck habe Sochiba Mahkamovna Irgaschewa, Direktorin der „Fergana Valley Business Women´s Assoziation“, auf ihn hinterlassen. Zu seiner Überraschung sei sie eine sehr gewandte und kompetente Gesprächspartnerin, die gut Englisch sprach. Sie habe ihn mit einigen Projekten bekannt gemacht und überall, wo beide eintrafen, war die Präsentation von ihr gut vorbereitet und die Frauen sehr aufgeschlossen. Seine anfangs negative Erwartungshaltung habe sich nicht bestätigt. Die Tatsache, dass eine so kompetente, sympathische und humorvolle Frau zu Sowjetzeiten so etwas wie stellvertretende Vorsitzende des Partei-Gebiets-Komitees war, beschäftigte K. Poser gedanklich noch eine ganze Weile.

Ich meine, Klaus Poser hinterließ nicht nur aufgrund seines Versprechens der Lieferung von Nähmaschinen aus Deutschland bei den Frauen einen hervorragenden Eindruck, sondern auch durch sein freundliches Wesen und seine jugendliche Erscheinung. Seine schlanke Figur stand im krassen Gegensatz zu den hier lebenden Männern seines Alters: deren sehr gedrungene Figur, mit sehr kräftigem Schädel, ohne erkennbaren Hals, in einem Guss sich behauptendem Brustkorb ohne

Taille. Fast exotisch musste Klaus Poser auf die usbekischen Frauen, jung wie alt, gewirkt haben. Sie vergaßen ihn lange nicht.

Zur Einweihung der Nähwerkstatt und anschließender Schulung der Näherinnen fährt Klaus Poser nicht, der Kirchliche Entwicklungsdienst schickt ihn in ein anderes Gebiet oder vielleicht auch in den vorzeitigen Ruhestand. Warum er sein Kokand-Projekt mir anvertraute, weiß ich nicht. Wahrscheinlich war der Grund ganz simpel: Alles was mit Näherei zusammenhängt ist angeblich eher etwas für Frauen.

„Textima" - Nähmaschinen für Kokand

Das von Klaus Poser den Frauen in Kokand versprochene Projekt umfasste nicht nur die Lieferung von Nähmaschinen, sondern auch die Durchführung einer Schulung für Frauen, die sich selbständig machen wollen. Ich erinnerte mich an meine versenkbare elektrische Veritas-Nähmaschine, die ich mir nach dem Studium auf Kredit kaufte, um mit Hilfe von Burda-Schnittmustern Sommerkleider zu nähen. Später als ich Familie hatte, leistete mir die Veritas gute Dienste im Gardinen- und Bettwäsche nähen – nur gerade Nähte, keine Extravaganzen.
Meine Mitstreiter in der EpoG entgegnen mir, als ich ihnen berichtete, dass mir auf meine Anfrage nach möglichen Remittenden von Burda-Modeheften mit Schnittmustern für usbekische Frauen, der „Anne Burda Verlag" fünfzig verschiedene aktuelle Hefte in russischer Edition mit sehr freundlichen Grüßen geschickt hat. Meine freudige Mitteilung wird sofort mit der Bemerkung gedämpft: Was freust du dich so, das machen die doch nur aus Gründen der Werbung.
Ich: Na und? In Moskau sind Burda-Mode-Zeitschriften mit Schnittmusterbögen eine sehr rare „Bück-Ware". Im fernen Kokand freuen sich die angehenden Schneiderinnen bestimmt über die Hefte mit detaillierter Anleitung in Russisch und nicht in Englisch.

Auf der ganzen Welt können Frauen nähen, auf alle Fälle gerade Nähte, nur haben nicht alle eine die Arbeit sehr erleichternde Maschine dafür. Es soll jetzt von mir keine Hymne auf die Nähmaschine angestimmt werden. Fest steht jedoch, dass eine Nähmaschine für Frauen in armen Ländern ein Gegenstand ist, vergleichbar einem Esel, „Drahtesel" (Fahrrad) oder Auto für Männer. In der Entwicklungszusammenarbeit ging man davon aus, dass mit Maschinen zum Nähen von Bekleidungsstücken, Frauen geholfen werden kann, eine kleine unabhängige Existenz aufzubauen, um ihre Familien zu ernähren. Aber leider ist es bis heute noch üblich, mit dem Export von Gewehren, Panzern und Raketen, den Männern zu helfen, Krieg zu führen, zu töten und so Existenzen zu zerstören.

Den Staat „Deutsche Demokratische Republik" gab es nicht mehr. Große Textilbetriebe in Sachsen und Thüringen wurden nicht mehr gebraucht; die Exportvolumina übernahmen Firmen in Westdeutschland. Durch die herbeigeführte Insolvenz der volkseigenen DDR-Textilindustrie gibt es Anfang der 1990er Jahre nun neben Haushaltsnähmaschinen auch Industrienähmaschinen.

Herr Kundisch von der „Textima"-Zweigstelle in Berlin, mit dem ich Kontakt aufnahm, bietet u.a.: Knopfloch- und Knopfannähmaschinen, Overlock- und Stickmaschinen an. Insgesamt 15 einfache Industrienähmaschinen und 5 Spezialmaschinen. Und was ganz wichtig ist, für fünf Jahre reichende Ersatzteile werden gleich mitgeliefert. Für unser Projekt ist günstig, dass das ehemalige DDR-Handels-Unternehmen „Textima" noch seine Vertretung in Taschkent hat und von Frau Chasanchanowa geleitet wird, die an der Humboldt-Uni in Ostberlin studiert hatte und eine Bekannte von Siglinde ist. So bekomme ich von Frau Chasanchanowa einen Stapel technischer Dokumentationen für die gebrauchten und generalüberholten Maschinen.

Das Anliegen, nicht nur Nähmaschinen zu liefern, sondern auch marktwirtschaftliches Wissen zu vermitteln, befand sich in voller Übereinstimmung mit den Zielen von „Tadbirkor Ayol". Für das Projekt in Kokand wählten sie ihr Mitglied Chafiza Achmedowa aus. Die gelernte Schneiderin, 43 Jahre alt, Mutter von drei Töchtern und einem Sohn, erhält diese Hilfe für die Erweiterung ihrer Nähwerkstatt. Mit der Unterstützung der ganzen Familie hatte Chafiza in der ersten Etage eines relativ zentral gelegenen zweistöckigen Hauses ihre Werkstatt eingerichtet. Sie beschäftigte vier Näherinnen und hatte guten Zuspruch von Seiten vor allem der städtischen Bevölkerung, weiblich wie männlich, denn die Frauen nähten auch moderne Männerhosen und Jacketts. Mit den deutschen Nähmaschinen, die Eigentum von „Tadbirkor Ayol" blieben, bekam Chafiza die Auflage bestimmte Stückzahlen von Trikotagen, Kleinkinderbekleidung etc. für soziale Einrichtungen herzustellen – gewissermaßen als Kreditabzahlung. Was Fremdfinanzierung und Eigenbeteiligung betraf, führten Dildora und Tadschichon ein strenges Regime.

Die Neueröffnung eines Ateliers mit Nähwerkstatt mit Maschinen aus Deutschland ist ein Ereignis und für die arme Bevölkerung des

Ferghanatals von nicht geringer politischer Bedeutung. Rundfunk und Fernsehen wussten Bescheid, kamen auch und filmten.

Auch für die Publizität von „Tadbirkor Ayol“ war das Projekt in Kokand sehr wichtig, und so begleitete mich Dildora mit zwei weiteren Frauen nach Kokand. Schon im Auto instruierte mich Dildora, auf keinen Fall zu reden. Ich verstand sofort und war an meine Studentenjahre erinnert, als ich als Ausländerin verbotene Orte besuchte und mich meine russischen Kommilitonen in den Kaukasus, nach Sewastopol auf der Krim und nach Armenien entlang der türkischen Grenze geschmuggelt hatten. Was soll ich dazu sagen, nur so viel, im Alter von knapp 60 Jahren liebte ich immer noch das Abenteuer und konnte spießige Eintönigkeit nicht ertragen.

Auf dem Taschkenter Bahnhof beachtete uns jedoch kein Mensch, wie wir – voran die fast 1,85 Meter große Dildora, hinter ihr ich und rechts und links von ihr Gulnara und Schirin – wortlos in der Menge der zu den Nachtzügen strömenden Leute, liefen. Als wir Vier im Schlafwagenabteil auf den unteren Betten endlich saßen, atmeten alle erleichtert auf. Schirin hatte leckeren Imbiss vorbereitet; Tomaten und frisches Brot waren schnell aufgeschnitten und ein Gläschen Kognak eingeschenkt und ausgetrunken. Dass ein Kontrolleur durch die Abteile ging, bemerkte ich nicht, ich war eingeschlafen. Wie lange die Fahrt dauerte, ging ebenfalls an mir vorbei.

Feierliche Eröffnung der Nähwerkstatt

Das Haus, in dem sich Chafizas Nähwerkstatt befindet, war früher so etwas wie ein kleines Kulturhaus mit Kinosaal; es gehört der Stadt und Chafiza zahlt Miete. Im ersten Stockwerk befinden sich der Anprobe- und Kundenraum, groß und hell, nicht durch starre Wände, sondern durch leichte, weiße Metallstellagen mit kunstvoll gestalteten großen Blumenornamenten separiert. Eine Ecke wird durch eine zierliche Sitzgarnitur in Empirestil geschmückt, und goldfarben glänzende, schwere Seidenportiere geben den weißen Wänden Wärme und eine vornehme Atmosphäre.

Männliche Honoratioren der Stadt nehmen an der Einweihung nicht teil. Ob sie eingeladen sind, weiß ich nicht. Die Vorsitzende des Frauenkomitees, Frau Kabulowa, vertritt die offizielle Seite der Stadt. Ansonsten sind viele Unternehmerinnen aus Kokand und natürlich auch Irgaschewa anwesend, die nach Dildora eine kleine Rede hält und an den freundlichen Mann aus Deutschland, Dr. Klaus Poser, erinnert. Also hat

K. Poser auch die ehemalige stellvertretende Vorsitzende des Kommunistischen Parteikomitees stark beeindruckt.

Ich spreche auch ein paar Worte, fast mütterliche beim Anblick der sehr jungen Näherinnen. Auf meine Bitte hin hatte mir Tadschichon einige usbekische Begrüßungsworte aufgeschrieben, aber es war keine Zeit, sie zu verinnerlichen. Also sprach ich Russisch.

Beim Betreten der Werkstatt, fielen mir unter den jungen Mädchen zwei auch an der Nähmaschine sitzende junge Männer auf. Ich drücke meine Bewunderung aus. Der von den beiden Jungen hübschere steht auf, kommt hinter der Nähmaschine hervor, gibt mir die Hand und sagt lächelnd, dass er bei Frau Achmedowa das Schneiderhandwerk lernt. Ich pflichte ihm bei: Ja, das sei sehr lobenswert, was er sich vorgenommen hat. Weiter so!

Meine Kolleginnen aus dem Berliner Frauenprojekt „Wirkstoff e.V." hatten mir als Geschenk für die Frauen in Kokand eine elektrische Kaffee- und Teemaschine mitgegeben und ein paar herzliche Worte dazu aufgeschrieben, die ich in Deutsch vorlas und dann übersetzte. Alle Anwesenden sind gerührt und klatschen als Dankeschön.

Am für Usbeken üblichen, sehr reich gedeckten Tisch mit viel Obst, kalten Vorspeisen, Gebäck und Süßigkeiten nehmen nur speziell Eingeladene Platz. Es sind etwa 10 Frauen, die an der Tafel sitzen und von Chafizas Ehemann mit Wein und Sekt bedient werden. Mir fällt der einzige junge Mann auf, der neben Frau Kabulowa sitzt, an der Eröffnung nicht teilgenommen hatte und sich an der Unterhaltung nicht beteiligt. Ich erkundige mich bei Dildora, wer denn der blonde sehr junge Mann sei. Sie beantwortet meine Frage nicht gerade leise und nicht in Englisch: "Das ist David Stubbs vom ´American Legal Consortium´, mit dem kann man wahrscheinlich auch in den USA nichts anfangen. Er ist freundlich und lächelt immer. Das ist aber auch alles."

Ich kann nicht mit Dildora, Gulnara und Schirin mit dem Zug zurückfahren, denn ich habe noch die Schulung für Frauen, die ihr eigenes Geschäft beginnen wollen oder schon eröffnet haben im Gebiet Tschorsuw, unweit von Kokand, durchzuführen.

Frau Irgaschewa

Jetzt kommt wieder Irgaschewa in die Handlung, denn sie leitet das „Zentrum für Schulungen in Marktwirtschaft", das sie in einer staatlichen Schule gegründet hatte. In dieses Zentrum sind von ihr 15 interessierte Frauen und Mädchen eingeladen.

Ich begrüße die jungen Frauen mit: „Assalom aleikum“ und „Chursand man“, und bin innerlich auf mich stolz, die Worte diesmal nicht vergessen zu haben.

Die bunten Burda-Zeitschriften mit Schnittmusterbögen lege ich wortlos auf einen Tisch. Aufmerksam beobachten mich die Frauen, hören interessiert zu und stellen Fragen. Eine deutsche Frau, die so perfekt Russisch spricht, mit einfachen Worten über alltägliche Schwierigkeiten des Lebens der Frauen auch in Deutschland redet, ist bis zu ihnen ins Ferghanatal bisher noch nicht gekommen. Man möchte mich nicht gehen lassen, noch mehr über Deutschland erfahren, ich soll wiederkommen. Ich hätte gern mehr Zeit mit den jungen Frauen verbracht, aber die Zeit drängte. Irgaschewa ist zufrieden mit dem Verlauf der Gespräche und dankt allen mit herzlichen Worten. Ich verabschiede mich mit: Salomat buling – bleibt gesund!

Irgaschewa hat es nicht leicht in dieser ländlichen Region. Seit dem Zusammenbruch der Sowjetunion und der Unabhängigkeit der fünf mittelasiatischen Republiken hat sich der negative Einfluss des Islam auf die Bevölkerung hier, im besonders armen, sehr kinderreichen Ferghanatal, sehr verstärkt. Vor allem für die Frauen und Mädchen hat sich das Leben verschlechtert. Mädchen dürfen nicht mehr wie früher das Haus verlassen, keine Schule besuchen, müssen sich wieder total verschleiern. Klar ist, dass die studierte Pädagogin mit dieser Rückwärtsentwicklung für die Frauen und Mädchen nicht einverstanden ist. Sie ist in ihren Aktivitäten nicht allein. Als Vorsitzende des Unternehmerinnen-Verbandes im Ferghanatal stützt sie sich auf die modernen Musliminnen und deren Ehemänner. Unter anderem wird sie finanziell von der Zahnärztin Juldus unterstützt, die ihr auch ein Büro einrichten will, für das Irgaschewa nichts bezahlen muss.

Mein 58. Geburtstag

Von meiner Familie weit entfernt im fremden Ferghanatal, einem Gebiet in Zentralasien, aus dem seit Jahren von Unruhen und bewaffneten Zusammenstößen berichtet wird, verbringe ich meinen 58. Geburtstag. Im Haus der Achmedows lerne ich in den drei Tagen nur friedliche und sehr liebenswerte Menschen kennen.

Dieses fruchtbare Tal des Flusses Syrdarja liegt an den Ausläufern des Tienschan-Gebirges (chinesisch: Himmelsgebirge), und ist Teil eines großen Gebirgsgürtels mit mehr als 2500 km Länge doppelt so lang wie die Alpen. Das Ferghanatal erstreckt sich auf einer Länge von dreihundert km und einer Breite bis zu einhundertfünfzig km. Schon seit der Steinzeit ist das Tal besiedelt, und es wurde in ihm sowohl Viehzucht wie auch Ackerbau betrieben. Heute erstreckt sich das Tal über drei Staatsgebiete: der größte Anteil, 60% des Tals, gehört zu Usbekistan und macht 4,3% von dessen Staatsgebiet aus; 25% des Tals gehören zu Tadschikistan und das sind 18,2 % von dessen Staatsgebiet und schließlich 15% des Tals gehören zu Kirgistan mit 42% Anteil an dessen Staatsgebiet. Diese Grenzziehung erfolgte zu zu Zeiten als Stalin an der Macht war. Im Süden Kirgisiens leben derzeit ungefähr 800 000 Usbeken. Bereits in der Sowjetzeit gab es mehrere ethnische Konflikte im Gebiet Osch (Kirgisien) und in Andischan (Ferghanatal) zwischen Usbeken und Kirgisen. 1996, als ich in Kokand war, lebten im Ferghanatal ungefähr 15 Millionen Menschen, die meisten sind ethnische Usbeken.

Vor meiner Reise nach Kokand hatte ich keine Zeit mich über die geografische Lage des Ferghanatals zu informieren und gestehe, dass meine Geographie-Kenntnisse sehr ungenügend sind und mein räumliches Vorstellungsvermögen nicht meine Stärke ist. Unvorbereitet konnte ich auf der Rückreise nach Taschkent eine recht abenteuerliche Erfahrung machen. Aber dazu später.

Zwei Nächte schlafe ich im Haus in der nach dem Großvater - ein sehr bekannter Schauspieler - genannten Straße. Das Anwesen der Achmedow-Familie besteht aus eingeschossigen Gebäuden und ist ein typisches mittelasiatisches Mehrfamilienhaus – usbekisch „Hovli“ – mit Innenhof und Zitronenbäumen; modernisiert mit separatem Bade- und Toilettenhaus und zentraler Heizung.

Der Tag der feierlichen Eröffnung der Nähwerkstatt war emotional aufgeladen und sehr anstrengend. In kleiner Runde bei einem Glas Tee wird das Erlebte kurz ausgewertet und danach ist es schon wieder sehr spät geworden. Alle gehen schlafen. In Chafizas Bett schlafe ich, Chafiza schläft im Bett des Ehemannes und vor dem Schlafzimmer, auf dickem Teppich, schläft Herr Achmedow. Gewissermaßen als Beschützer von uns zwei Frauen.

Am anderen Tag werde ich von der jüngsten Tochter geweckt und aufgefordert schnell zum Teetrinken zu kommen. Alle sitzen schon auf dem Teppich. Alle erwarten den Gast aus Deutschland, denn der Sohn des Hauses hat Geburtstag, er wird 17 Jahre. Ich wünsche ihm alles Gute, vor allem, dass sein kleines Café von den Leuten weiter gut angenommen wird. Um meine Geburtstagsglückwünsche, dem mir gegenüber hockenden jungen Mann zu übermitteln, richte ich mich aus den Kissen nur auf, die Mühe aufzustehen und mich dann wieder quasi hinzulegen, machte ich mir nicht. Und in dieser Haltung sagte ich allen, dass ich mich freue, mit ihm, Dilschod, Geburtstag zu feiern, denn ich sei an dem gleichen Tag wie er geboren. Alle freuen sich über diese Neuigkeit, gratulieren mir, wünschen Gesundheit, Glück in der Familie und dass ich bald wieder sie besuchen möge. Die Stimmung ähnelt der eines harmonischen Familienfestes.

„Kidnapping" im Schlafanzug

Plötzlich betritt eine breitschultrige, kräftig gebaute Frau in schwarzer moderner Lederjacke – ein krasser Gegensatz zur zarten, schlanken Hausherrin Chafiza – den vorderen Teil des großen Wohnraumes. Chafiza erhebt sich, geht ihr entgegen. Die fremde Frau scheint ein Anliegen zu haben, mit dem Chafiza nicht einverstanden ist. Beide verhandeln, Chafiza wird überrumpelt hat es den Anschein.

Die fremde Frau tritt an die Gruppe Teetrinkender heran und fordert mich auf, mit ihr zu kommen. Ich bin total überrascht, möchte mich nicht erheben und mitgehen. Ich bin noch im Schlafanzug, bin weder gewaschen noch geduscht. Es hilft alles nichts. Meinen Geburtstag könne ich, sagt die fremde Frau, bei ihr besser feiern, waschen kann ich mich bei ihr auch, ich möge meine Kleidung mitnehmen, draußen warte das Auto. Derlei energischen Kommandoton bin ich von meinen usbekischen Freundinnen nicht gewohnt. Im Schlafanzug steige ich in ein sehr großes Auto. Am Steuer sitzt ein halsloser Mann mit großem Kopf und dichtem schwarzen Haar; die fremde Frau eilt gehorsam auf den Beifahrersitz und los geht´s. Traurig winken Chafiza und die Kinder dem protzigen Auto hinterher.

Entführung einer deutschen älteren Dame im Schlafanzug auf Usbekisch? Der Mann am Lenkrad brummt auf Russisch ein „Guten Morgen", unterhält sich müde mit seiner Beifahrerin auf Usbekisch. Ein solches Erlebnis – im Schlafanzug mich auf einer Fahrt ins Blaue in Asien zu befinden – hatte ich in meinem bisherigen Leben noch nicht gehabt. Zum Glück bin ich kein ängstlicher Typ sondern relativ gelassen. Mal sehen, was noch kommen wird.

Nach zirka einer halben Stunde fährt das Auto durch ein Portal aus weißen Marmorsteinen und hält vor einer weißen Villa. Das Anwesen, sichtlich ein Neubau aus jüngster Zeit; ohne Anlehnung an traditionelle islamische Architektur, eher an italienische Renaissance – viele Türmchen und Erker, auf Säulchen mit korinthischen Kapitellen. Ein einziger protziger Stil-Mischmasch, eingeschlossen durch dichte Mauern als

Sichtschutz, wie die Höfe in der Umgebung. Selbst jetzt, beim Aussteigen aus dem Auto, stellen sich die fremde Frau und ihr Chauffeur nicht vor. Rücksichtsvoll ihrerseits, denn ich stehe ja immer noch im Schlafanzug dem Mann gegenüber und das wäre ihm wohl sehr peinlich.

Mir wird im „Schloss“ der Weg gewiesen, eine herrschaftliche Treppe hinauf zur Balustrade zu gehen, hinter der sich die Bäder und der Ankleideraum befinden und werde gebeten, mich etwas zu beeilen....Einen so pompösen Damensalon, in dem ich mich umziehe, mit Vorhängen aus zarter Seide, Portieren, unendlich gerafft, kenne ich nur aus alten Filmen und denke, so könnte ein Harem in Miniatur ausgestattet sein. Spiegelwände, diverse Parfüms, Lotionen, Silber, Gold – purer Luxus. Teure Gegenstände, hastig ausgewählt und ohne Stil. Mich irritiert das Missverhältnis von Prunk und angestrebter Ästhetik.

Welche Rolle ich an diesem Tag hier in Kokand spielen soll und inwieweit mich und zu welchem Zweck die „Schlossbesitzer“ benutzen, wird mir erst am Ende des Tages klar. Dies war nicht meiner Naivität geschuldet, sondern der Unkenntnis der damaligen realen wirtschaftlichen Verhältnisse in Usbekistan.

Zahnärztin Juldus

Die fremde Frau ist 46 Jahre alt und heißt Juldus Alievna Paigamowna. Sie ist Mutter von drei Söhnen und einer Tochter und Ehefrau des Direktors der Stomatologischen Poliklinik in Kokand (der „Chauffeur“ am Morgen beim Kidnapping), der „laut Präsidentenerlass für seine Wohltätigkeit und Barmherzigkeit beim Gesundheitsschutz für die Bevölkerung des Ferghaner Gebiets den Ehrentitel ´Verdienter Mitarbeiter des Gesundheitswesens der Republik Usbekistan´ erhielt.“

Juldus ist eine „Business Woman“, die 1986, gleich nach M. Gorbatschows „Neuem Denken“ und Perestroika eine private Poliklinik mit wirtschaftlicher Rechnungsführung eröffnete und dafür gleich zwei Parteistrafen bekam. Von 1993 bis 1995 betrieb sie die erste private Apotheke in Kokand, mit Medikamenten aus Russland und Kasachstan. Ein sehr lukratives Geschäft damals am Anfang der Unabhängigkeitserklärung. Ihr Ehemann, mehrere Male in den USA weilend, eignete sich deren Implantationstechnik an und verdient damit bei den reichen Usbeken viel Geld, die nun in der neuen Zeit lieber weiße Porzellan- als Goldzähne im Mund haben möchten.

Die „Kidnapper“ scheinen Besuch zu erwarten, es herrscht Unruhe im „Schloss“, eine Festtafel wird vorbereitet. Mich setzt man erst einmal in einen separaten Raum vor einen laufenden Fernseher. Eingeschaltet ist India - Channel V, mit Flashback auf einen indischen Film aus Bollywood. Die Arbeiten in der Küche sind soweit angeordnet, sodass sich Juldus bald um mich kümmern kann.

Sie führt mich in den Garten und erzählt von ihrer Großmutter, die eine der ersten Usbekinnen war, die 16-jährig nach Moskau fuhr, um dort an der Rabfak (Arbeiterfakultät) zu studieren, die von der Ehefrau Lenins, der Krupskaja, geleitet wurde. Nicht nur ein Mal schilderte die Großmutter ihrer Enkeltochter Juldus, wie sie an der Grenze zwischen Europa und Zentralasien ihren Parandscha aus dem Zug geworfen hat. In Moskau gebar die Großmutter mit zwanzig Jahren die Mutter von Juldus und ging bald danach nach Usbekistan zurück. Stolz erwähnt Juldus auch ihren Großvater, ein Usbeke, einer der ersten Psychologen und sehr angesehener Wissenschaftler in Zentralasien. Juldus stammt also aus dem usbekischen Bildungsbürgertum, erkläre ich mir.

Die sowjetische Politik der „Abschaffung der Leibeigenschaft der Frauen“ hätte keine Unterstützung „von unten“ gehabt, sagen die einen. Die Zahnärztin Juldus schildert das Wegwerfen der Parandscha der Großmutter jedoch als freiwillige Tat und Bekenntnis zum progressiven Europa. Sie erwähnt nicht die Zwangsvollstreckungen der Bolschewiki in den Jahren 1927/1928. Sowjetische Historiker bezeichneten die Ereignisse, welche unter der Losung „Chudschum“ – in Militärsprache: Angriff, Offensive – stattfanden, als Höhepunkt des Prozesses der Befreiung der usbekischen Frauen von den Fesseln der Vergangenheit. Die Kampagne der Bolschewiki begann am 8. März 1927. In allen Städten und größeren Siedlungen Mittelasiens wurden Massentreffen von Frauen erzwungen und auf zentralen Plätzen Feuer angezündet, in die Musliminnen ihre bodenlangen Ganzkörper- und Gesichtsschleier werfen mussten, um öffentlich zu zeigen, dass sie ihre Unterwürfigkeit dem Mann gegenüber ablehnen.

Mit Losungen wie: „Der Mann, der nicht für eine neue Lebensweise kämpft, behindert das Gedeihen seines Landes!“, wurden auch die Männer in die Verfolgung einbezogen. Insgesamt war die usbekische Bevölkerung für diese Aktion nicht bereit. Die Verbrennungen wurden während eines ganzen Jahres durchgeführt und diese Kampagne verfolgten die örtlichen Parteiorgane genau, erstatteten Bericht den nächst höheren Funktionären, und nach ihren Berechnungen warfen 100 000 Musliminnen ihre Parandscha ins Feuer. Doch nur sehr wenige Frauen trennten sich bewusst von der Verhüllung. Eine besondere Tragik entstand zusätzlich, da einige Frauen von Bruder, Vater oder Ehemann ermordet wurden, da sie durch ihre Tat, die Ehre der Familie beleidigt hatten. Selbst die Frau, die auf dem Meeting ihre Parandscha ins Feuer geworfen hatte, verhüllte sich später wieder aus Angst um ihr Leben.

Juldus zeigt mir den Platz, wo sich vor einigen Jahren noch der Schweinestall mit vier bis fünf Schweinen befand, die sie versorgte und die für die Ernährung der großen Familie: vier Kinder und die Eltern des Mannes, sehr notwendig war. Als die Söhne noch klein waren scheute sie keinerlei körperliche Arbeit, aber jetzt habe sie dafür keine Zeit und auch nicht mehr die Kraft. Zu dem neuen Haus passe der Schweinestall auch nicht mehr, so sähe es doch alles viel ästhetischer aus, meint Juldus.

Für Usbeken ist ohnehin ein Schweinestall in der Nähe des Hauses ein Unding, erklärt mir später Siglinde. Auf einer Bank aus Marmor, auf nun gepflasterter Fläche, auf der einstmals der Schweinestall stand, sagt mir Juldus, ich solle mich über die Rückreise nach Taschkent nicht beunruhigen, ihr Mann hätte schon alles geregelt. Nur müsste ich sehr früh aufstehen, denn der Minister für Bauwesen, der mich im Auto mitnehmen wird, muss pünktlich um 10 Uhr in einer Beratung in Taschkent sein.

Reich gedeckte Tafel für Ehrengäste

Inzwischen ist früher Nachmittag geworden, die festliche Tafel im Saal ist gedeckt, man möge Platz nehmen. Kann es sein, dass der lange Tisch auf einer Bühne stand? Ich meine, 2-3 Stufen hochgegangen zu sein. Alle Gäste haben schon Platz genommen; kein bekanntes Gesicht unter ihnen; keine Irgaschewa, keine Chafiza, – nur neugierig blickende, gutgenährte Männer und stark herausgeputzte Damen verfolgen, wie ich mich, freundlich allen zunickend, auf den mir zugewiesenen Platz setze. Es scheint für den Hausherrn nicht üblich zu sein, die Gäste vorzustellen. So bleibt alles anonym, eigentlich sind Namen und Titel ja auch unwichtig, wenn Essen und Trinken schmeckt.

Die Gäste unterhalten sich, nur der Gastgeber verlässt ab und zu die Runde, er scheint noch eine wichtige Person zu erwarten. Diese Person kommt dann auch bald und wird an der Tafel neben mich platziert.

Es ist ein mit mir etwa gleichaltriger Mann, schlank, leger gekleidet, nicht Russisch sprechend, aber Englisch. So dauert es nicht lange bis die Tischnachbarn aus Europa sich angeregt unterhalten. Der sportliche mittelblonde Typ meint, mich ermuntern zu müssen und rät mir, den schwarzen Kaviar zu probieren. Ziemlich arrogant antworte ich ihm, dass ich in meinem Leben schon pfundweise Kaviar gegessen habe und ich roten Kaviar bevorzuge. Er stellt dazu keine Frage, nimmt es als Tatsache hin und lässt sich den Kaviar schmecken. Im Laufe der Unterhaltung fragt mich mein Tischnachbar, ob ich Italienisch spreche. Ich: Nein, warum, ist Italienisch ihre Muttersprache?

Nun wendet sich der Gastgeber in Russisch an den Herrn und ich bin natürlich so „freundlich“ und übersetze ihm vom Russischen ins Englische. So erfahre ich, dass mein Tischnachbar Vertreter für italienische Möbel in Russland und dabei ist, erste Geschäfte hier in Kokand anzubahnen. Endlich geht mir ein Licht auf, so sagen die Berliner! Ich bin quasi vor dem Aufstehen von dem Zahnarztehepaar aus dem Haus der Achmedovs geholt worden, damit sie vor den einheimischen Beamten angeben können: Seht her, welche Verbindungen wir zu Westeuropa haben. Eine Deutsche und ein „Italiener“ bei uns am Esstisch! In Kokand 1996 wohl noch etwas Seltenes.

Nachdem ich meinen Nachbarn ermuntert hatte, vom usbekischen Kognak zu probieren, der ihm auch schmeckte, wurde unsere Unterhaltung entspannter. Der Vertreter für italienische Möbel und französische Küchen war aus Südtirol und sprach perfekt Deutsch. Wir amüsierten uns köstlich über unser ungewolltes Schauspiel. Unsere aufgekommene Heiterkeit, deren Grund an der Tafel keiner verstand, blieb unser Geheimnis!

Vom Gastgeber werde ich nach diesem für mich ungewöhnlich amüsanten Nachmittag, wieder zurück zu den Achmedows gefahren. Während der Fahrt bedankt er sich für den gelungenen Nachmittag und sagt, dass durch mein Übersetzen die Geschäftsanbahnung für ihn deutlicher geworden sei. Als Dank schenkte mir seine Frau eine nicht kleine, hochbeinige, sehr schöne blau-weiße Keramik-Obstschale. Ich benutze sie bis heute.

Gebirgstour zurück nach Taschkent

Am anderen Morgen in der Dämmerung geht es zurück nach Taschkent. Im Achmedow-Anwesen regt sich weder Mensch noch Tier. Chafiza begleitet mich im Morgenmantel zum Auto; leise Tränen rinnen ihre Wangen hinunter, ich umarme sie, streiche über ihr schwarz-bläulich schimmerndes, leicht gewelltes Haar, wünsche ihr weiterhin Glück für Familie und Atelier.

In einem alten Wolga oder SIL, oder ein ähnliches russisches Automodell, wartet auf den hinteren Sitzen schon der Minister. Wie viele Stunden dieses klapprige Gefährt fahren wird und welche Wege uns bis Taschkent erwarten, weiß ich nicht. Ich bin noch sehr müde und was nützt es mir, das zu wissen, ich habe keine andere Möglichkeit von hier wegzukommen. Neben dem nicht finster dreinschauenden, usbekischen Mann in Anzug und Mantel, fühle ich mich wie gefangen, ausweglos. Aber was soll ich machen, meine Kollegen warten auf mich in Taschkent.

Die Fahrt geht weite Strecken durchs Gebirge, auf schmalen Geröllwegen mit riesigen Löchern mit Wasser. An den Seiten liegt noch Schnee. Mehrere Male fährt der Chauffeur, um einem sehr tiefen Schlagloch auszuweichen, ganz knapp am Abgrund entlang, sodass ich aufschreie, mich an die Schulter oder den Oberschenkel des Mannes neben mir klammere. Meine panische Angst steigert sich. Der Mann neben mir, den ich gerade in den Oberschenkel gekniffen habe, schmunzelt, fühlt sich womöglich ritterlich. Für Chauffeur und Minister ist es vermutlich ein Gaudi, die Frau aus dem Westen so in Panik zu versetzen.

Meine anfängliche Bewunderung für den Chauffeur, wird durch das Gefühl von Angst verdrängt und zu einer Art von Gefasstheit auf den nahen Tod bei Absturz im unbekannten Gebirge. Der Gedanke der Liebe zu meinen Kindern und meinem Mann und der Vorwurf gegen mich selbst, diese abenteuerliche Arbeit auf mich genommen zu haben, beherrschen in diesen Momenten meine Sinne. Bei späteren Erzählungen über diese Fahrt im steinalten russischen Auto im Tienschan-Gebirge, dem Himmel wahrlich sehr nahe, bezeichne ich mein damaliges Gefühl als Todesangst, was nicht übertrieben war.

Als das Auto nicht mehr auf Geröllwegen fährt, sondern auf einer Teerstraße, entspanne ich ein wenig und lehne mich zurück. Kann es sein, dass es die Autostraße von Chudschand nach Duschanbe, entlang der Turkestankette ist? Durch die eigenwillige Grenzziehung zwischen den damaligen Sowjetrepubliken unter Stalin, sind heute wichtige Verkehrsverbindungen durch Staatsgrenzen unterbrochen. Führte der Rückweg nach Taschkent etwa durch eine tadschikische Enklave oder fuhren wir auf einer Grenzstraße zwischen Usbekistan und Tadschikistan?

Mehrmals wurde das Auto sowohl von Armeekontrollen als auch von Zollbeamten angehalten, vermutlich wurde nach Drogen gefahndet und nicht nach Terrorristen aus Germania. Es genügte, dass der Chauffeur einen Ausweis zeigte und wir unsere Fahrt fortsetzen konnten. Zwischen Kirgisien und Usbekistan gibt es etwa 130 ungeklärte Grenzabschnitte und der Drogenschmuggel hatte sich hier zur Einkommensquelle für radikal-islamische Gruppen entwickelt.

Der Minister fängt ein Gespräch an. Er fragt mich, aus welcher deutschen Stadt ich komme. Von einem Verwandten, der in Deutschland in der Roten Armee gedient hat, wisse er, dass Deutschland ein schönes Land sei. Aber gibt es dort auch Gebirge?
Ich: Ja, aber ich komme aus Berlin, da gibt es kein Gebirge, nur flaches Land. Aber ich liebe das Gebirge und seitdem die Mauer weg ist, war ich schon ein paar Mal in den Alpen.
Der Minister: Was denn für eine Mauer und wo liegen die Alpen?
Ich: Durch Berlin war fast 30 Jahre lang eine zwei Meter hohe Mauer aus Beton gezogen, die die Stadt in Ost und West trennte. Ganz Deutschland war geteilt, und in die Alpen konnte ich nicht reisen.
Der Minister: Ach so, dass es in Deutschland eine Mauer gab, wusste ich nicht.

Ich bin überglücklich, als ich wieder festen Boden unter den Füssen habe und meine Freundinnen mich in die Arme nehmen. Nachträglich mit einem langstieligen Strauß roter Riesen-Nelken gratuliert mir Tadschichon zum Geburtstag. Derartig großköpfige Nelken hatte ich noch nie gesehen. Solche wuchsen sicherlich auch im Ferghanatal.

Mai 2000 – auf Senatskosten in Taschkent

Der Förderkreis Usbekistan hatte guten Kontakt zur Berliner Senatskanzlei. Unter Bürgermeister Eberhard Diepgen war 1993 die Städtepartnerschaft Berlin-Taschkent vereinbart worden. Auch mit Moskau bestand eine Städtepartnerschaft, und für E. Diepgen, der schon mehrmals dem Moskauer Bürgermeister Luschkow einen Besuch abgestattet hatte, galt, auch seinen Taschkenter Partner zu besuchen.

Verantwortlich für beide Städtepartnerschaften in der Senatskanzlei war Ute E., eine „Ossi" aus Grünheide bei Erkner. Auch Ute E. war noch nicht in Taschkent und sie sollte die Reise von E. Diepgen vorbereiten. Ute E., die kein Russisch spricht, bat mich sie zu begleiten. Eine Dienstreise für zwei Personen wird im Rathaus bestätigt.

Dem Gesandten der usbekischen Botschaft in Berlin erklärten wir beide die Wichtigkeit meiner NGO-Tätigkeit für sein Land und erhielten ein Einreisevisum für drei Wochen. Auf sechs Seiten erhält Ute E. von der usbekischen Seite Vorschläge für den Ablauf des Besuchsprogramms für E. Diepgen; der jedoch beabsichtigte auf der Durchreise zum Summit nach Peking, lediglich einen Zwischenstopp einzulegen.

Gäste des Taschkenter Bürgermeisters

Auf dem Flughafen in Taschkent werden wir, in einem Art VIP-Raum, von drei Beamten mit herrlichsten weißen Gladiolen begrüßt. Drei andere Männer warteten mit uns ungefähr eine Stunde, bis wir unsere Koffer vom Band nehmen konnten. Obwohl der Flughafen wohl von der Bundesrepublik teilweise rekonstruiert worden war, das Rollfeld erneuert und verlängert ist, erfolgt der Gepäcktransport noch wie zu Sowjetzeiten. Die Männer haben noch nichts an ihrem Talent für Desorganisation und Langsamkeit eingebüßt.

Für sieben Nächte hat man Ute E. und mich im 11. Stockwerk des Hotels „Sheraton" untergebracht, es ist seit 20. März 2000 benutzbar. Wir gehörten vermutlich mit zu den ersten Gästen, die diesen Luxus, orientalisches Kunstgewerbe im Einklang mit westeuropäischem Komfort, genießen dürfen. In der Hotel-Lobby begrüßen uns junge, sehr gepflegte Männer mit langstieligen roten Nelken, deren Blütenköpfe so groß wie Pampelmusen sind. Wir müssen die Blumen leider auf Zahnputzglas-Länge kürzen, da um null Uhr kein Zimmermädchen mehr bereit war, eine entsprechende Vase zu besorgen.

Das Mobiliar besteht aus rötlich braunem Nussbaumholz. Schwere kleingeblümte Satinübergardinen, eingerahmt in einfarbig dunkelgrünen Stoff sind zur Farbe der Möbel fein abgestimmt. An den Wänden hängen große Keramik-Teller aus Samarkand.

Vom 18. bis 20. Mai 2000 besuchten der neue Präsident der Russischen Föderation W. Putin mit Frau und Tochter, in Begleitung des Außen- und Verteidigungsministers, auch Taschkent und wohnten im „Sheraton".

Usbekistan ist der fünfgrößte Produzent von Uranerz der Welt, die größten Mengen werden nach Russland exportiert. Im Hinblick auf die immer weiter vorrückenden Taliban-Milizen geht es bei dem russischen Besuch um die Demonstration militärischer Solidarität zwischen Usbekistan und Russland gegenüber Terrorristen. Man sagt hier, der Westen schätze den Tschetschenien-Krieg Russlands falsch ein. Der Westen müsse Russland dankbar dafür sein, dass dadurch die islamistischen Fundamentalisten gehindert werden, nach Westeuropa vorzudringen.

In der Residenz des deutschen Botschafters

Diplomatische Beziehungen zwischen der BRD und der Republik Usbekistan bestehen seit dem 6. März 1992. Vom 21. bis 23. Mai 2000 besucht Dr. Wolfgang Thierse Taschkent. „Aus Anlass des offiziellen Besuchs des Präsidenten des Deutschen Bundestages Herrn Wolfgang Thierse gibt sich der Botschafter der BRD Dr. Reinhart Bindseil die Ehre", Ute E. und mich am 22. Mai um 19,30 Uhr in seine Residenz einzuladen.

Klar, folgen wir der Einladung und fahren in die Residenz der BRD, die sich außerhalb Taschkents befindet. Wir bewegen uns selbstbewusst auf dem Empfang, sprechen W. Thierse an und bemängeln, dass der Botschafter in seiner Rede nicht die Zusammenarbeit im Rahmen der Städtepartnerschaft und die sehr aktiven deutschen NGO´s erwähnte, sondern nur den Deutschen Akademiker Austauschdienst (DAAD). Das sei enttäuschend und man erkenne daran, dass die Diplomaten immer noch in Bonn sind. Ute E. ist in ihrem Element und sagt: „In Berlin steppt der Bär, nicht in Bonn!"

In meinem Tagebuch notierte ich damals: „Das Buffet war vom Ansehen her 08/15, wir haben nichts probiert. Getränke nur hochprozentige, auf Männergeschmack ausgerichtete, obwohl auch einige Damen anwesend waren. Keine Säfte, kein Mineralwasser. Sehr lieblos alles. Die Temperatur an diesem Maiabend beträgt immer noch mehr als 30 Grad. Wer von den usbekischen Teilnehmern des Empfangs mich mit dem Botschafter Usbekistans in der BRD bekannt machte, habe ich vergessen. Jedenfalls nutzte ich die Gelegenheit, ihm die Aktivitäten des Berlin-Brandenburgischen Förderkreises zu schildern und trage mich und meine NGO in das Gästebuch der deutschen Botschaft ein. Ich sprach auch mit einem Sprachlehrer aus München-Erding, der mit seiner Frau in Samarkand lebt; ein gelernter Hauptschullehrer, der noch drei Jahre bis zu seiner Pension hat. Beamter sei er schon seit langem. Der Herr ist mit mir etwa gleichaltrig; sicherlich ungewollt wirken seine Worte mir gegenüber leicht angeberisch. Er schwärmt von der Kunst und der Natur Usbekistans und bedauert, dass er nicht mit den Menschen in Kontakt kommt, da weder er noch seine Frau usbekisch, türkisch, russisch oder englisch sprechen.

Im Mai 2000 enttäuschen mich derartige Fakten schon nicht mehr, ich schmunzle im Innern und denke mir: Klar, daher das viele Erdinger-Weißbier, das in der Wärme steht."

„City-twins" seit 1993

In ihrem Bericht über die Dienstreise, vom 15. bis 23. Mai 2000, zur Vorbereitung der Reise von E. Diepgen nach Taschkent, schreibt Ute E., dass das Besuchsprogramm umfangreich und interessant durch die Stadtverwaltung organisatorisch vorbereitet und alle Aufenthaltskosten (Hotel „Sheraton“, Pkw Daewoo „Supersalon“, Dolmetscher des Außenministeriums) getragen wurden. Ziel ihrer Reise war, konkrete Vorhaben für die Unterzeichnung einer neuen Rahmenvereinbarung während des Aufenthaltes des deutschen Bürgermeisters vorzubereiten, da die gültige von 1996 zwar überfüllt mit Absichtserklärungen zur Zusammenarbeit auf vielen Gebieten, in der Praxis aber überholt war.

Gleich am ersten Tag, im Gespräch mit dem 1. Stellvertreter des Hokim (Bürgermeister), Herrn Atkham J. Mirjalilow (sein Ressort ist die Investitionspolitik), bringt Ute E., nachdem die Bildungs- und Investitionserfolge der Stadt von ihm geschildert sind, ihr Hauptproblem zur Sprache, dass trotz mehrmaliger Bitte, sie keinen Ansprechpartner auf ihrer Arbeitsebene genannt bekommen hat. Prompt wird von Herrn Mirjalilow entschieden, dass der am Gespräch teilnehmende Leiter der Protokollabteilung, Nodir Imhinchodschajew, für die Städteverbindung zuständig sein wird. Ute E. nimmt es zur Kenntnis. Mir sagt sie, sie hätte mit dem Mann schon zu tun gehabt; er ist Frauen gegenüber arrogant, relativ dumm und in jeder Beziehung sehr langsam. Wir sprechen Herrn Mirjalilow wegen eines Gebäudes für „Tadbirkor Ayol“ an, denn das hatten wir Tadschichon und Dildora versprochen. Er meint, man habe ihnen schon ein Haus angeboten, was sie aber abgelehnt hätten. Ein weiteres Gebäude für sie wird derzeit geprüft, sie sollen selber zu Mirjalilow kommen. Präsident Karimow widme große Aufmerksamkeit den Unternehmerinnen. Ja, das stimmt schon, sagt uns Dildora später, aber das ihnen angebotene Gebäude war in sehr miserablem Zustand, und den Frauen gibt keine Bank Kredite

Neuerbautes in der Stadt

Stolz zeigen die Männer uns Berlinerinnen ihre Neubauten in der Stadt und betonen, dass diese ausschließlich von einheimischen Arbeitskräften erbaut sind. Im Zentrum der Stadt sind neue Rasen- und Parkflächen angelegt worden, neue künstliche Seen mit bis zu 2,5 Meter Tiefe, auf denen Boot gefahren und Enten gefüttert werden können. Ein neuer „Nationalpark“ mit dem Namen ihres Dichters und Philosophen Alisher Nawoi erfreut sich besonderer Beliebtheit. Ich bin sehr beeindruckt von all den seit meinem letzten Besuch errichteten Neubauten. Das neue Rathaus für das Hokimiat, der Neubau des Parlamentsgebäudes, mächtig, gewaltig in Timuridenarchitektur, die Gedenkstätte „Trauernde

Mutter“ mit ständig brennender Flamme und Kupfertafeln mit den Namen der Gefallenen im Zweiten Weltkrieg. Letzteres erscheint wie eine Kopie des sowjetischen Helden-Gedenk-Mahnmals im Berliner Treptower Park.

Die neue Gedenkstätte in Junusabad für Amur Timur (Tamerlan) ist ein Monument, das dem Volk vor allem Demut, Ehrfurcht und Glaube an höhere Macht und nicht den Wunsch nach freiem, selbstbestimmtem Leben einflößen soll. Das ist mein Empfinden beim Anblick des schönen Monuments.

Der Bürgermeister des Junusabad-Bezirkes erklärt uns, dass die wirtschaftlichen Erfolge der sogenannten Tigerstaaten nur unter Diktaturen möglich waren. Der Staat müsse die Reformen in der Hand behalten. Nicht so, wie in Russland; Islam Karimow mache eine richtige Politik. Seit 1996 sei Usbekistan total unabhängig von Russland, es habe ja selbst alle wichtigen Rohstoffe: Wasserkraft für Energieerzeugung, Gold, Uranerz, Erdöl und Erdölverarbeitungsindustrie; auch genügend Weizen, Gemüse und Obst, es kann die Bevölkerung ohne Lebensmittelimporte versorgen. Vor drei Jahren sei das noch nicht der Fall gewesen.

Flanieren auf dem Boulevard

Die Gastgeber wollen uns beiden mit ihrem Programm auch speziell weibliche Wünsche erfüllen. In der Annahme „Shopping“ sei die Lieblingsbeschäftigung aller Frauen, gehen sie mit uns durch die neue moderne gläserne Kaufpassage „Plaza“ im Zentrum der Stadt.

Bei unserem Durchgang durch diesen Einkaufspalast begegnet uns keine einzige Frau, die sich wenigstens an den Schaufenstern, mit ausnahmslos amerikanischen und westeuropäischen oder vermutlich nachgemachten Markenprodukten, die Nase platt drückt. Gut, es ist erst mittags, zum Abend werden die jüngeren, reicheren Damen hier flanieren und vielleicht auch kaufen.

Bei Ute E. und mir entsteht der Eindruck als hätten usbekische Event-Manager ihr Marketing-Konzept auf der Grundlage ausländischer Touristenströme gemacht. Aber wir können uns auch irren und fragen am Abend Tadschichon nach ihrer Meinung. Sie reagiert leicht zornig und sagt: Keine Usbekin habe das Geld, dort etwas zu kaufen. Nur diejenige, die US-Dollars besitzt. Nach offiziellem Kurs bekommt man für 1US-$ 230 Som, und auf dem Schwarzmarkt zwischen 600 und 700 Som. Der 1. Stellvertreter des Bürgermeisters eines Stadtbezirks verdient im

Monat 15.000 Som und der Verantwortliche für die Sauberkeit des Boulevards Salyelgoh – ko´chasi, eine zwei Kilometer lange Fußgängerzone mit Parkanlage, verdient im Monat 11.500 Som (etwa 18 $).

Bei unserem Spaziergang ohne usbekische Begleitung auf diesem Boulevard sprechen wir mit dem für Sauberkeit verantwortlichen Mann – er ist 32 Jahre alt, seine Frau ist nicht berufstätig, er hat drei Kinder und wir fragen ihn, ob er mit seinem Monatslohn seine Familie ernähren kann?

Er sagt: Ja, kann er. Aber kurz darauf erzählt er, dass sein Hobby die Blumenzüchtung und der Anbau von holländischen Nelken sei.

Er sieht in uns interessierte Zuhörerinnen und wird immer gesprächiger. In seinen Gewächshäusern arbeiten für ihn zwei Arbeiter, jedem muss er monatlich 15.000 Som zahlen. Täglich fahre er auf das 10 km von seiner Wohnung entfernte Feld und kontrolliert die Arbeiter, denn holländische Nelken brauchen regelmäßige Pflege, wenn die Ernte gut sein soll.

Die Liebe zu allen Sorten von Blumen habe er von seiner Mutter, aber er züchte nur Nelken, weil die sehr gefragt und sehr stabil für den Transport sind. Drei Mal pro Woche schickt er ungefähr 2000 Nelken, verpackt in Papier und Kartons mit dem Bus nach Alma Ata. Manchmal reichen seine Nelken zum Internationalen Frauentag und zum Schulabschluss im Mai gar nicht aus. Bei guter Pflege macht er 4 – 5.000 Dollar Gewinn im Jahr, davon gibt er 10 Prozent seinen Arbeitern ab.

Für Ute E. und mich war diese Erzählung sehr aufschlussreich, wir schauen uns in der Fußgängerzone um und sehen viel Schmutz, Papier, Bierbüchsen und Flaschen....Lange Zeit ist hier nicht sauber gemacht worden.

Reiche Hochzeit

Ein weiteres Event in unserem Frauenprogramm ist, uns mit einer traditionellen Hochzeit bekanntzumachen. Dazu führt uns Farida Abdurachimowa, Vorsitzende des Frauenkomitees der Stadt, in die Familie von Herrn Farmanow, einem sehr bekannten Sänger klassischer usbekischer Musik, dessen jüngster Sohn vor einer Woche geheiratet hatte.

Bevor wir zu der Familie Farmanow fahren, berichtet uns Frau Abdurachimowa – eine kleine, etwas vollbusige, ungeschminkte, das dunkelbraune Haar glatt aus der Stirn eines großflächigen Gesichts gekämmt und zu einem Haartuff am Hinterkopf zusammengepflockt, mit Perlenkette und kaum sichtbaren goldenen Ohrringen – erst einmal in ihrem Büro über die Erfolge der usbekischen Frauenbewegung. Sie erwähnt einen Präsidenten-Erlass von 1995 mit dem Titel: „Zur Beschleunigung der Frauenemanzipation in Usbekistan“, auf dessen Grundlage die Frauenkomitees in staatliche Strukturen erhoben und damit zirka 450 Vorsitzende dieser Komitees zu Stellvertreterinnen auf alle staatlichen Ebenen adaptiert wurden. Das Taschkenter Parlament hat 60 Abgeordnete, davon sind 8 Frauen und eine davon ist Frau Farida Abdurachimowa. Der Präsident habe auch angeordnet, dass Frauen im Öffentlichen Dienst, wenn sie kleine Kinder haben, nur sieben statt acht Stunden bei vollem Lohn arbeiten. Das gelte für drei Jahre. Frauen in körperlich schweren Berufen (Bergbau, Tunnelbau, Chemieindustrie) erhalten 20% Lohnsteuerermäßigung. Auf meine Frage, ob der Präsident in seinem Erlass auch an die auf den Baumwollfeldern arbeitenden Mädchen und Frauen gedacht hat, antwortet sie: Ja. Mädchen unter 14 Jahren und schwangere Frauen dürfen nicht mehr auf den Baumwollfeldern arbeiten. Einzelheiten stünden im Erlass „Über die gesunde Generation.“

Vom 1. Stellvertreter des Bürgermeisters bekamen Ute E. und ich einen langen, ärmellosen, aus Baumwollsamt mit traditioneller Goldstickerei versehenen Chalat (Mantel) geschenkt, der zur Festtagskleidung von Mann und Frau gehört. Frau Abdurachimowa überreicht uns den für Mittelasien typischen grellfarbig geflammten Stoff aus Atlasseide, den wir uns zum Gruppenfoto um den Hals legten. Ute E. meint, der Stoff sei ein sehr praktisches Geschenk, man könne daraus vielleicht Sofakissen nähen. Sie hat recht und wir behalten den bunten Stoff, die prachtvollen Mäntel jedoch schenken wir der deutschen Schule Nr. 60 für deren Theatergruppe. Danach fahren wir zur Hochzeit in die typisch orientalische Mehrgenerationen-Wohnanlage der Farmanows.

Ich kannte ja das Anwesen von Chafiza und ihrem Mann, der auch aus einer bekannten Künstlerfamilie stammte, und deren Wohneinrichtung in Kokand nicht armselig war. Aber hier protzten weiße Schleiflack-Glasschränke italienischer Mode des vorigen Jahrhunderts, in denen vergoldete Service und buntbemalte Nippesfiguren aus Porzellan standen; an der Zimmerdecke hingen große kristallene Lüster, an den Fenstern golden schimmernde Seidengardinen und neben Türen altrosafarbene schwere Brokatvorhänge. Eine Wohlstandsfamilie, die ihren Reichtum demonstrierte.

In diesem pompösen Gästezimmer begrüßten uns die Bräute, es waren komischerweise drei. Eine Braut in eine cremefarbene, die zweite in eine schneeweiße und die dritte in eine purpurrote Seidenrobe mit dazu passenden Schleiern gekleidet, stehen stumm vor uns und geben uns Gelegenheit, ihre prächtige Kleidung zu bestaunen. Hinter ihren Schleiern können wir nur ein gelangweiltes Lächeln erspähen. Eines der Mädchen trug ein vergoldetes Krönchen im Haar, es war die jüngste von den Dreien und vermutlich die eigentliche Braut. Die anderen zwei waren wohl schon Männern versprochen oder vor kurzem verheiratet worden. Wir waren von all der Pracht und Farbigkeit geblendet; hätten wir mit den Bräuten ein Gespräch suchen sollen? War es ihnen hinter ihren filigranen Schleiern überhaupt erlaubt, mit uns zu sprechen? Während der vier Stunden, in denen wir zu Gast waren, zogen sich die Bräute mehrmals um. Das gehörte auch zum Ritual.

Von Dilnosa erfahren wir später, dass eine Braut noch vier Wochen nach der Hochzeit besonders festliche Kleidung tragen muss, das Haus aber nicht verlassen darf, jedoch die Gäste im Haus der Schwiegermutter zu bedienen hat.

Eine Frau, die am „Weltspracheninstitut“ unterrichtete, schildert uns mit emphatischer Hingabe die Details des traditionellen usbekischen Heiratsprozesses. Sie erwähnt keine eventuellen Veränderungen im Brauchtum im Laufe der Zeit, sondern betont stolz, dass in Usbekistan nur Jungfrauen die Chance haben, geheiratet zu werden.

18-Loch-Golfplatz in Junusabad

Was für Frauen und Mädchen eine vermeintlich neue Wohlfühloase wie die Ladenpassage „Plaza“ ist, auf die sie in Sowjetzeiten verzichten mussten, ist für die Männer der neue Golfplatz und daneben ein Tennisplatz. Etwa zwanzig Autominuten außerhalb der Stadt gelegen, aber auch per Metro zu erreichen. Bei aufmerksamer Betrachtung sieht man noch die Schutt- und Müllberge abgerissener alter Häuser.

Stolz erklärt man uns, dass es ein 18-Loch-Platz sei, der allen modernen Anforderungen für internationale Wettkämpfe entspräche und dass auch schon Ausscheide asiatischer Länder hier stattfanden. Es ist ein Joint Venture zwischen Südkorea, den USA und Usbekistan.

Unserem jugendlichen Begleiter gegenüber äußern wir, dass wir die Anlage in der Weite der Landschaft als sehr reizvoll empfinden, aber den Golfsport, selbst mit 18 Löchern, als langweilig. Die Behauptung einiger Berliner, der Golfsport sei für ältere, reiche Männer ein Ersatz für Sex, verkneifen wir uns zu erwähnen.

Man will uns etwas Gutes zukommen lassen und überredet uns zu einer Übungsstunde für Golfanfänger. Ute E. trifft mehr Bälle als ich, die schon die Hüftdrehung nicht hinkriegt und nach 20 Minuten die Show beendet. Eine Anfängerstunde kostet 30 $ – diese Kosten hätten sich die Beamten des Hokimiats sparen können. Ob Bürgermeister E. Diepgen Golf spielt, weiß Ute E. nicht. Präsident Karimow sei passionierter Tennisspieler.

Man bittet uns auch, die sich auf dem Gelände befindende „Schönheitsfarm“ anzuschauen. Na gut, machen wir. Die Räume für Friseur, Kosmetik etc. sind sehr klein, ein Wohlgefühl kann in ihnen kaum entstehen - der Berliner würde sie „Karnickelbuchten“ nennen – es war auch keine Frau zu sehen.

In den Gesprächen mit führenden Männern, egal auf welcher Ebene, wird uns Berlinerinnen gegenüber zum Ausdruck gebracht, dass man große Hochachtung vor dem Fleiß und dem Können der Deutschen hat und mit ihnen dauerhaft zusammenarbeiten möchte. Derartige Worte werden uns gegenüber geäußert, wenn kein Begleiter vom Außenministerium dabei ist.

Von usbekischer Seite hat man viele Wünsche. Zum Beispiel habe man von der Erfindung einer neuen Technologie zur Blutplasmaherstellung in der Berliner Charité erfahren. Zehn Blutspende-Stationen können zehn Tonnen Blutplasma pro Jahr erzeugen. In Usbekistan brauche man dringend eine solche komplette Station. Dafür wäre eine Investitionssumme von 1,2 Millionen DM notwendig. Usbekistan verfüge aber nur über „usbekische Som“ und keine konvertierbare Währung.

Wenn es einzig nach Ute E. ginge, würden die Vereinbarungen der Städtepartnerschaft zügiger abgearbeitet werden und bei gegenseitiger Sorgfalt auch eventuell einige Wünsche der usbekischen Seite berücksichtigt werden können. Sie hofft, aber zweifelt, dass es bei dem bevorstehenden Besuch von E. Diepgen zum Abschluss einer neuen, für beide Seiten realistischen Vereinbarung kommen wird.

Besuch der Mahalla von Santalat

Die Reise im Rahmen der Städtepartnerschaft wollte ich auch nutzen, um einige mit „Tadbirkor Ayol“ zusammen organisierte Projekte auf deren Nachhaltigkeit zu überprüfen. So besuchen Ute E. und ich auch Santalat Juldaschewa in ihrer Mahalla „Miskin“ im Südwesten Taschkents an der damals vorletzten Metro-Station der Chilanzar-Linie. Seit 1977 gibt es die erste Untergrund-Bahn Zentralasiens in Taschkent.

In der Stadt wie auf dem Land (etwa 62% beträgt die Landbevölkerung) ist Mahalla die an die gegenwärtigen sozialen und wirtschaftlichen

Gegebenheiten angepasste strukturelle Form einer traditionellen Gemeinschaft, die im Gesetz verankert ist und als Grundlage für Selbstverwaltung und nachbarlichen Verkehr der Bürger dient.

Die Mahalla hat in Usbekistan alle Zeiten überdauert – von Tschingis Khan bis Joseph Stalin. In sowjetischer Zeit behielt sie die halblegale Funktion einer religiösen Gemeinde. Jede hatte ihre geistlichen Vorsteher – einen Mullah und eine Otyn - , die zusammen mit Aksakalen (den „Ältesten“) das gesellschaftliche und auch das private Leben der Mahalla-Bewohner regelten. Sie bildeten die öffentliche Meinung und passten streng auf die Einhaltung traditioneller Lebensformen auf. Auf jede Verletzung der Mahalla-Ordnung folgte öffentlicher Tadel und das Meiden des Hauses des vermeintlich Schuldigen. Die Normen der Scharia hatten sich auch in den Jahrzehnten der Sowjetmacht nicht überlebt. Trotz aller Bemühungen des Staates wurde die Lebensweise von der Mehrheit der Bewohner befürwortet.

Heute werden etwa 300 Mahallas als abhängige Verwaltungseinheiten noch definiert, in denen die Mahalla-Autoritäten die Erziehung der Kinder, den Informationsverkehr und die Einhaltung des Verhaltenskodexes der Frauen kontrollieren. Die Mädchen werden zu absoluter Gehorsamkeit gegenüber den Eltern und später gegenüber dem Ehemann bzw. seiner Mutter erzogen. Die Frau hat in der Regel keinen Beruf, sie muss mit dem verdienten Geld des Mannes optimal wirtschaften, um die Familie, meist mit vielen Kindern, zu versorgen.

Die Mahalla gruppiert sich um eine Moschee, zu der oft auch eine Koranschule mit grünen Freiflächen und Teichanlagen gehört. Die meist eisernen Pforten der Wohnhöfe stehen auf der Moscheeseite, während die fensterlosen Lehmbauten der nachbarlichen Mahalla zugewandt sind. Als weltliches öffentliches Gebäude ist das Mahalla-Haus der einzige Bau mit Fenstern.

Die Mahalla, in der Santalat geboren wurde und bis heute lebt, gehört zu den materiell ärmeren, sehr kinderreichen. In der Regel leben drei Generationen in einem Haus.
Der durchschnittliche Lebensunterhalt betrug hier, 1996, 300-450 Som und für jedes Kind bekamen bedürftige Familien monatlich 75 Som als Unterstützung. Nur in 30% der Häuser gibt es kaltes Wasser, Elektroenergie, Gas und Müllabfuhr, in allen keine Kanalisation, vorwiegend Plumsklos.

Früher war es in muslimischen Familien üblich, die Mädchen schon im Alter von 13 – 14 Jahren zu verheiraten. Dann gab es ein Gesetz über Ehe und Familie, in dem stand, dass die zu Vermählenden mindestens

17 Jahre alt sein müssen. Jetzt trifft man zunehmend wieder auf Verstöße gegen dieses Gesetz, indem weitaus jüngere Töchter schon verheiratet werden. Es sind noch Kinder wenn sie aus dem Elternhaus zur Heirat in den Haushalt der Schwiegermütter gegeben werden. Das trifft vor allem auf streng religiöse Familien zu.

Die meist wenig gebildeten und unfreien Frauen leben mit dem Spruch: „Wie viel Gott gibt, soviel Kinder werden es auch sein." Familienplanung war noch ein unbekannter Begriff.

Von einer Ukrainerin, die im Juli 1998 das „Women and Children Center" mit finanzieller Unterstützung einer deutschen Stiftung gegründet hatte, wusste ich, dass es sehr schwer war, einheimische Fachkräfte für Projekte zu gewinnen und die meisten usbekischen Frauenärztinnen sexuelle Aufklärung und Verhütungsmittel ablehnten.

Als Ute E. und ich in die Mahalla „Miskin" kommen, sind wir über den derartig gravierenden Gegensatz in ein und derselben Stadt schockiert. Im neu erbauten Zentrum der Stadt wird Macht durch großzügige Raumverteilung und luxuriöse Gebäude demonstriert.

Taschkent nennt sich „Stadt der tausend Brunnen". Innerstädtische Kanäle gehören zum Stadtbild – große Wasserbecken, künstliche Wasserfälle, Fontänen und kunstvolle Wasserspiele – spenden im Sommer den Städtern Kühle und Erfrischung. Von diesem Reichtum kommt in „Miskin" nichts an.

Das Haus von Santalat und ihrem Ehemann steht an einem Ort mit dichtem alten Baumbestand, der in Taschkent „russische Bäume" genannt wird. Offenbar gehörte ein Baumpflanzungsprogramm zur russischen Kolonialstadt im 19. Jahrhundert. Die großen alten Bäume sorgen zwar für Kühle aber eben auch für Dunkelheit.

Viele sehr blasse, fast unterernährte Kinder erwarten schon die Gäste aus dem fremden Land. Barfuß laufen sie auf den sehr schmalen Sandwegen neben Ute E. und mir her und zeigen uns den Weg zum Haus von Santalat. Wie auf diesen schmalen Wegen im Brandfall einem Feuerwehrfahrzeug die Durchfahrt gelingt, bleibt für uns ein Rätsel.

Santalat hat einen Tisch mit Gebäck und Süßigkeiten vorbereitet. Der hochbeinige Tisch, der vor einem Wandschrank gleich neben der Tür zum großen Wohnraum aufgestellt ist, steht ansonsten in der Küche. Wir setzen uns auf Stühle und trinken zur Begrüßung erst einmal ein Schälchen grünen Tee. Santalat strahlt vor Freude, einen so seltenen Besuch hatte sie noch nicht in ihrem Haus. Sie führt uns stolz in einen Seitenflügel ihres Wohnhauses, in dem sie, zusammen mit ihrem Mann, die

Nähwerkstatt eingerichtet hat, denn das Komitee der Mahalla hatte ihr zu günstigen Bedingungen keinen Raum zur Verfügung gestellt.

Ihre älteste Tochter hat sich das Schneiderhandwerk zu eigen gemacht und leitet die jungen Mütter an. Diese dürfen eigentlich ohne Erlaubnis von Schwiegermutter oder Ehemann nicht Haus und Hof verlassen. So kommen einige von ihnen heimlich. Es bereite ihnen Freude, sie nähen gern in Gemeinschaft und auf einer elektrischen Nähmaschine, erzählt Santalat, aber manchmal jedoch gäbe es keinen Strom. Einige junge Frauen hat Santalat gebeten, die Frauen aus Deutschland zu begrüßen; nicht alle haben dazu die Erlaubnis bekommen.

An den Wänden hängen noch in Arbeit befindliche aber auch schon fertige Kleider und Kaftane aus Baumwollstoffen und Musseline. Bekleidung, die vorwiegend im Haus getragen wird. Der Schnitt der Kleider ist sehr einfach, keine taillierten, nur Hänger á la Baby Doll; ein Gürtel als Schmuckelement in der Alltagskleidung würde den muslimischen Traditionen zuwiderlaufen, wird mir später erklärt. Kein einziges Kleid aus Khan- Atlas oder etwas billigerem bunten Seidenstoff hängt hier. Im Vergleich zu den in Chafizas Atelier genähten Kleidern sind es überaus bescheidene Kleidchen.

Im Laufe unserer Unterhaltung frage ich Santalat, wann sie ihre fünf Töchter, die jüngste ist 10 Jahre, verheiraten wird. Sie nimmt mir die Frage nicht übel, antwortet prompt: Mein Mann und ich konzentrieren die Mädchen nicht auf das Heiraten, alle werden erst einmal einen Beruf erlernen, zwei von ihnen studieren bereits. Wir sind arm und können uns Hochzeiten nach althergebrachtem Brauchtum nicht leisten. Wir müssten uns für ein Leben lang verschulden. Übrigens hat Präsident Islam Karimow vor zwei Jahren ein Gesetz erlassen, welches Verschwendungssucht und Pompösität bei Hochzeiten, Familienfestlichkeiten und Gedenkfeiern und anderen Ereignissen in der Familie nicht zulässt. Reiche Usbeken würden diesen Erlass nicht beachten.

Santalats Mann, sehr sympathisch, kein dicker halsloser, sondern von schlanker und sportlicher Figur, bringt Ute E. und mich in seinem mindestens 30 Jahre alten Moskwitsch zurück in die Stadt. Er scheint ein sehr zurückhaltender Partner zu sein, an unseren Gesprächen nahm er nicht teil. Im Auto erzählt er uns, dass er für die Straßenbeleuchtung in Taschkent verantwortlich ist und immer viel zu reparieren ist. Wir bedanken uns auch bei ihm.

Die sieben Tage, die ich auf Senatskosten in Taschkent sein durfte, sind zu Ende. Ich habe aber noch vor, einige unserer NGO-Projekte zu besuchen.

Ute E. ist in der Nacht um 1 Uhr vom „Sheraton“ abgeholt worden. Bis dahin waren wir zusammen in meinem Zimmer und ich hätte sie in die Empfangshalle hinunter begleiten können. Ich habe es nicht getan und bereue, so faul gewesen zu sein. Zu meiner Entschuldigung kann ich nur sagen, dass ich am liebsten mitgeflogen wäre. Aber mein Ticket galt erst für eine Woche später. So frühstückte ich noch auf Hokimiatskosten und verließ kurz vor 10 Uhr zusammen mit Tadschichon das schöne „Sheraton“. Ich wusste, dass ich in Dildoras neuer Wohnung Unterkunft bekommen werde.

Ein letztes Mal bei „Tadbirkor Ayol“

Für meine Tagebuch-Notizen war mein Bemühen generell, da ich nicht schaffte, jeden Tag etwas aufzuschreiben, so doch wenigstens später meine wesentlichsten Erlebnisse so detailliert wie möglich festzuhalten. Also, meine Adresse für die letzten Tage meines Usbekistanaufenthaltes ist: Taschkent, Uliza Afrosiab 34/35, Wohnung Nr. 50.

Der vierstöckige Häuserblock, Stein-auf-Stein von ukrainischen Bauleuten nach dem Erdbeben erbaut, mitten in der Stadt an einer dreispurigen Autostraße gelegen, verschwand völlig in dichtem Baumgrün. Vom Balkon konnte ich, durch das Blätterwerk von Nuss-, Mandel- und Apfelbäumen hindurch, auf die Terrasse des in gelbem Klinkerstein gebauten Gebäude der südkoreanischen Botschaft sehen; aber leider auch die in drei Meter Höhe auf Stelzen plump und bedrohlich hängende Warmwasser-Rohrleitung.

Gegenüber derartiger Ästhetik des Hässlichen war ich schon durch S-Bahn-Fahrten ins Zentrum Berlins abgestumpft; empörte mich aber immer wieder, wenn mich in Augenhöhe die neben der S-Bahn kilometerlang verlaufenden Riesenrohre, nach Zusammenbruch der DDR mit unbegreiflichen Schriftzügen beschmiert, begleiteten. Berlin war, im Unterschied zu Taschkent, keine durch Erdbeben gefährdete Stadt, in der die Versorgungsrohre oberirdisch verlegt werden mussten. In Taschkent waren die Rohre nicht undefinierbar beschmiert.

In welchem Jahr Dildora aus der Vorstadtwohnung ins Stadtinnere gezogen war, habe ich nicht notiert. Nur, was Tochter Dilnosa mir auf meine Frage geantwortet hat, dass 1 Quadratmeter Wohnraum in der Stadt jetzt 4000 Som kostet und in den Vororten nur 1000 Som. Die normale Größe einer Stadtwohnung sei jetzt 160 m^2, einschließlich der Küche. Man könne jetzt alles, was sich über der Erde befindet, kaufen. Für

Wohnzwecke bekomme man Boden auf Lebenszeit zur Nutzung und zahle dafür Grundsteuer an den Staat. Land,
worauf man Handelsobjekte und Tankstellen bauen will, wird über die Staatliche Vermögensverwaltung verkauft. Unternehmerinnen zahlen seit dem Jahr 2000 30% weniger Miete für ihre Immobilien.

Tochter Dilnosa

In der etwa 100 m² großen Wohnung wohnt Dildora zusammen mit ihrer 26jährigen Tochter Dilnosa. Dilnosa absolvierte die ökonomische Fakultät der Taschkenter Universität, Fachrichtung Finanzen. In der Schule hatte sie Französisch gelernt und nach dem Studium arbeitete sie in einer französischen Firma, die das „Sheraton" baute. Sie ist jetzt in einer französischen Bankfiliale in Taschkent angestellt.. In Frankreich war sie bisher nicht. Aber in Israel und in der Türkei. In London besuchte sie ihren drei Jahre älteren Bruder Schachruch, der dort Betriebswirtschaft studierte. Dilnosas Vision ist, eine Bank für Unternehmerinnen zu gründen. Von den älteren Damen von „Tadbirkor Ayol" belächelt sie keine für diese Utopie.

Sie unterstützt finanziell ihren Vater, einen Professor für Mathematik, der an der Universität lehrt und eine neue Familie mit zwei kleinen Söhnen hat. Dilnosa fährt einen kleinen roten Daewoo Pico 200 oder so ähnlich, er habe 3.500 $ gekostet. Ihr Bruder fährt ein größeres Modell von Daewoo. Mutter und Geschäftsfrau Dildora kann nicht Auto fahren, sie nimmt ein Taxi.

Ich lernte Dilnosa bei meinem ersten Besuch 1994 kennen und die junge selbstbewusste Frau war mir von Anbeginn sympathisch. Damals erzählte sie mir, dass man sie als „alte Jungfer" bezeichnete. Wahrlich, sie war „schon" 20 Jahre alt, und noch keinem Mann versprochen. Nach Übereinkommen zwischen den Müttern hatte sie sich schon drei Mal mit einem jungen Mann getroffen, aber nie das Geschenk von ihm angenommen, weil er ihr nicht gefiel. Sie wollte aus Liebe heiraten und nicht auf Bestellung. Ihre Mutter machte ihr keine Vorwürfe, sie teilte die Haltung der Tochter. Trotzdem plagte Dilnosa ein schlechtes Gewissen gegenüber der Mutter, denn diese wurde ständig mit der Frage belästigt: Wann heiratet denn nun deine Tochter? Dies erzählte mir die zwanzigjährige Dilnosa.

Als ich nach sechs Jahren Dilnosa wiedersehe, lebt sie noch bei ihrer Mutter.

Die jetzige Wohnung wurde aus ehemals zwei Wohnungen neu gestaltet. Mit nach allen Seiten offenem zentralen großen Raum, Wasch- Dusch- und Toilettenraum, einer großen Küche mit rundem Holztisch und vier Stühlen in hellem Kiefernholz. Von Franzosen abgekauft, sagt Dilnosa. Alles sehr geschmackvoll und praktisch eingerichtet – kein billiger europäischer Standard, sondern auf ihre Bedürfnisse, Lebensweise und Eigenarten zugeschnitten. An den Wänden keine Teppiche sondern echte Bilder in Öl oder Aquarelle; eher abstrakt, auf alle Fälle nicht naturalistisch, bis auf das Porträt von Mutter Dildora in Öl. Einen Arbeits- bzw. Schreibtisch entdecke ich in der Wohnung nicht. Auch keinen Computer. Gearbeitet wird in den Büros, die Wohnung ist für beide Frauen zum Entspannen und zum Treffen mit Freunden eingerichtet. Ein großer runder Couchtisch im Wohnzimmer, mit in der Mitte drehbarer Platte, wie in chinesischen Restaurants üblich, gibt die Möglichkeit zu feiern.

Jede Frau hat ihren begehbaren Wandschrank, in dem eine Masse von sehr eleganten Kleidern hängt. In den Schubladen herrscht totale Unordnung. (Ich weiß, es ist nicht die feine Art, in fremde Schubladen zu schauen!) Jede wirft der anderen Unordnung und chaotische Lebensweise vor, aber in Wirklichkeit sind sich beide sehr ähnlich und sehr liebenswert. Sehr engagiert, lebhaft, auf alle Reize schnell reagierend, energisch und teilweise leicht überfordert. Männer, die solche Frauen zu lieben und schätzen verstehen, müssen in der Welt erst noch geboren werden, besonders in Usbekistan.

Wie bei meinen russischen Freundinnen liegen vor jedem Spiegel diverse Haarbürsten, Parfümfläschchen, voll und leer, und mehrere Lippenstifte.

Die äußerst temperamentvolle Dilnosa ist ständig in Aktion und bemüht die Wohnungseinrichtung noch schöner und praktischer zu gestalten; sie hängt nicht nur Bilder und Fotos an und um. Mutters Schuhe sammeln sich im Entree an und es gibt keinen Schrank, in den man sie wegräumen kann. Nun stolperte man auch noch über meine Schuhe. Dilnosa lässt einen Schuhschrank von einem Usbeken bauen, der in Deutschland einige Zeit arbeitete und der, so sagt Dilnosa, sich sauberes und schnelles Arbeiten von den Deutschen abgeguckt hat.

Dildora ist auf einer Dienstreise in Alma Ata/Kasachstan und ich kann in ihrem relativ kleinen Schlafraum mich ausbreiten. Das französische Bett steht neben einem begehbaren Schrank und davor ein immer zur Benutzung bereites Bügelbrett. Hinter den Fenstern des Schlafraumes führt ein langgezogener Balkon, an dem Weinranken sich schlängeln, und auf dem man bis an das andere Ende der Wohnung gelangen kann.

Trotz 35 Grad Hitze und anstrengendem Arbeitstag fühle ich mich hier wohl; ich schlafe gut in Dildoras Bett, decke mich nur mit einem Laken zu, dusche im rosafarbenen „Jacuzzi“.
Der in Intervallen anspringende Air-conditionaire stört mich nicht, und das späte Heimkommen von Dilnosa höre ich nicht. Sie schläft am anderen Ende der Wohnung

.

„Babulja“

Eines Abends, als ich in der Wohnküche gerade meine Beine hochgelegt hatte und im usbekischen Fernsehkanal Nachrichten in russischer Sprache anschaue, klingelt es an der Wohnungstür. Auf meine Frage, wer denn da sei, antwortet eine leise Stimme: “Babulja“.

Beim Öffnen der Innentür habe ich nicht einmal eine Vermutung, welche Person sich hinter der zweiten Holztür befindet; aber der warme leicht heisere Klang der Stimme ist mir vertraut und so ziehe ich den Riegel weg und öffne die Tür. Es ist Dildoras Mama, die weiß, dass ich bei ihrer Tochter wohne und sagt den Namen, mit dem alle Familienangehörigen sie liebevoll nennen. Ich freue mich, nehme die kleine Frau in meine Arme, weine, wir setzen uns. Sie in einen Sessel, ich auf einen Stuhl vor sie, um ganz nah bei ihr zu sein.

Wir hatten uns 1994 kennengelernt, als sie mit ihrem Mann in der Wohnung gegenüber der von Dildora am Stadtrand wohnte. Dort, wo für die Arbeiter und deren Familien des Textilkombinats Wohnblocks gebaut worden waren, bekam Tochter Dildora nach ihrem Volkswirtschaftsstudium(1975) ihre Arbeit und auch die Wohnung zugewiesen. Dildora hatte mit 19 Jahren geheiratet und als ihre beiden Kinder noch klein waren, ließ sie sich scheiden.

Ich erinnere mich noch gut an das Jahr 1994: an die schmackhaften Mantys, mit denen Dildoras Mama uns abends verwöhnte und an die weichen Samsas, die ich morgens in duftenden Gebirgshonig stippte, an unsere Gespräche bis spät in die Nacht hinein. Doch gar nicht gern an den schon um vier Uhr morgens einsetzenden Sprechgesang des Muezzin. Tadschichon und Dildora waren damals erst Anfang Vierzig, ich schon Mitte Fünfzig. Dildoras Mama etwa sechzig Jahre alt, holte damals ihre Hochzeits-Parandscha aus dem Sunduk, zog ihn an und demonstrierte uns, dass sie der Bräutigam nicht sehen durfte und sie nur durch die Drahtmaske Luft bekam.

Ihre Eltern hätten für sie aber keine schlechte Wahl getroffen, sagte sie uns. Ihr Mann sei all die Jahre gut zu ihr gewesen, ein sehr kluger

Mann und guter Chirurg, der in China studiert hatte. Sie war ihr Leben lang Apothekerin; Dildora ist ihr einziges Kind. Was die breiten Wangenknochen und ihre lebhaften Bewegungen anbelangt, ist Dildora ihrer Mutter ähnlich. Den kleinen stämmigen Körperbau der Mutter hat sie nicht, da kommt sie mehr in Vaters Richtung: groß, schlank, sportlich.

Von wem Dildora die Begabung hat, Gedichte zu schreiben –poetische, sehr kraftvolle, nicht weibisch-weinerliche um Verluste von Träumen oder Liebe – habe ich nicht nachgefragt.

Zurück zu Babulja, die sich den Tag im Mai 2000 spätabends freimacht, die für sie beschwerlichen drei Stockwerke hochsteigt, um mich wiederzusehen. Ich wusste nicht, dass Dildoras Eltern gleich neben dem Block wohnen, wo Dildora für sie eine Wohnung zu ebener Erde, mit kleinem an die Wohnküche anschließenden Gärtchen gekauft hatte. In der Wohnküche steht das Gitterbett mit dem kranken Vater und in Begleitung seiner Frau oder seines bei ihnen wohnenden Enkelsohnes Schachruch, kann er in den Garten gehen. Abends gibt man ihm Beruhigungsmittel, damit er nachts zur Ruhe kommt. Eine große Trauer liegt über der Familie.

Babulja fragt mich, wie es meiner Familie geht, meint, ich sähe gut aus, ob ich noch Arbeit habe. Als ich ihr mein Alter sage, ist sie sichtlich überrascht. Nur vier Jahre älter als ich ist Marfua - ich nenne sie mal so, um nicht immer dieses „Omachen“ zu benutzen. Seit 12 Jahren ist sie Rentnerin, ich bin es seit einem Jahr.

35 Jahre habe sie in der Apotheke gearbeitet und bekommt jetzt eine Rente von 4000 Som (nach offiziellem Kurs sind das etwa 20$). Der Ehemann, sechs Jahre älter als sie, ist mit 59 Jahren, ein Jahr vor Beginn des staatlich festgelegten Rentenalters, nach einem Schlaganfall zum Invalidenrentner geworden und bekommt 6000 Som im Monat. Seit fünf Jahren hat der Vater Alzheimer und sein Zustand verschlechtert sich zunehmend. Er erkennt keinen mehr aus der Familie, ist unberechenbar in seinen Handlungen und kann nicht allein gelassen werden. Unter Tränen sagt Marfua mir, dass sie mehr als vierzig Jahre Freud und Leid mit ihm teilen konnte und jetzt weniger unter dem an die Wohnung Gefesselt-Sein, als unter ihrer Hilflosigkeit dem geliebten Mann gegenüber, leide.

Sie spricht das Wort „geliebter Mann“ nicht, aber ihre mandelförmigen dunkelbraunen Augen weiten sich, die Tränen werden verdrängt und sie sucht in meinen weinenden Augen Bestätigung für ihr aufopferungsvolles Leben an der Seite des geliebten Menschen, der sie nicht mehr erkennt. Nicht um Mitleid zu erheischen erzählt sie ihre Geschichte, sondern sich einem vertrauten Menschen mitzuteilen – von Frau zu Frau. Marfua spricht mit mir etwas schleppend Russisch, leider spreche ich nicht Usbekisch; wir verstehen uns mit unseren Augen und Herzen.

Sie schließt das Gespräch mit der Feststellung ab, dass sie ohne die Unterstützung ihrer Tochter in größter Armut leben müsste.

EU – Projekt in Russland

Dollarschmugglerin?

Im November 1996 schreibe ich einen langen Brief an meine Mutter: *Mein liebes Muttichen, wie Du unschwer an dem Briefkuvert mit buntem Bildchen von Alexander Puschkin erkennen kannst, bin ich Deinem Rat nicht gefolgt und habe doch die Arbeit in Russland angenommen. Einerseits hoffte ich, die Berliner Consulting-Firma wird eine jüngere Frau der EU-Kommission in Brüssel vorschlagen, andererseits lagerte selbstgefällig, unbemerkt von meinem Verstand, hinten, tief unten in den blass gelben Windungen meiner linken Kleinhirnhälfte, doch ein kleiner Ehrgeiz. Mich lockte das Anspruchsvolle dieser Arbeit, das Wiedersehen mit Jura, Olga, Leonid und Wan Schu und natürlich auch das Geld. Lange Zeit zum Überlegen war mir nicht gegeben. Der Geschäftsführer der Berater-Firma meinte zu mir: Alter spielt bei der EU keine Rolle, soziale Kompetenz und Erfahrung in der Frauenszene sind dort viel wichtiger. Nun bin ich schon 14 Tage hier im Hotel „Ismailowa - Block Wega“, in einem zehn Quadratmeter großen Zimmer in der 26. Etage, in welches ich zusammen mit meinen Koffern und Taschen gerade so hineinpasse. Ich möchte, einsam und total nur auf mich gestellt, eigentlich nur weinen. Beim Aufkommen des Gedankens: Hast du das denn nötig?, sage ich mir, diese Umstände ertrage ich für meine Familie. So vermeintlich heldenhafte Sätze wie früher, etwas für Partei und Regierung leisten zu müssen, kommen an mich nicht mehr heran.*

Fünf Koffer kamen zusammen, mich erwartete doch mein geliebter russischer Winter und pelzgefütterte Stiefel, Pelzmütze, Pullover und dicke Strumpfhosen mussten mitgenommen werden, um sich nicht zu erkälten und auf ärztliche Behandlung angewiesen zu sein. Meine warmen Sachen reichten aus; nur meinen alten Pelzmantel bekam ich trotz Knöpfe zu versetzen über meinem Busen nur schwerlich geschlossen. Wie ein Klops wollte ich die europäischen Frauen in Russland nicht vertreten. Einen gediegenen und eleganten, nicht protzigen Mantel für sibirische Winter in Berlin zu bekommen, war nicht so leicht. Letzten Endes kauften wir für schlappe 2 600 DM einen Wintermantel in meinem Neuköllner Lieblingswarenhaus. Der Mantel sieht sehr schlicht aus, hat innen ein ausknöpfbares Nutriafell, ist leicht, sehr schön lang und wird mich gut vor Wind und Eistreiben auf sibirischen Flughafenpisten schützen. Mehrmals entschuldigte ich mich vor Manfred, von unserem wenigen Geld so viel für mich allein verwendet zu haben. Noch lange machte ich mir deshalb Vorwürfe und erst bei meinem ersten Besuch in Jekaterinburg, dachte ich nicht mehr an den Preis des Mantels. Meinen neuen Wintermantel, den mir die Frauen von „Karstadt" für die Reise gut einpackten während ich ihnen beim Scheckausfüllen erzählte, im Auftrag der EU mithelfe Frauenzentren in Russland aufzubauen, musste ich zu Hause auspacken. Mein wertvollstes Stück, so verpackt gelassen mit den Koffern aufzugeben, wollte ich nicht. Aber ihn in einen sechsten Koffer zu tun, hätte ich total die Übersicht über meine zusammengepumpten und geflickten alten DDR-Koffer verloren. Also zog ich den Pelzmantel auf mein Wolljackett und dampfte, mit Laptop und Aktentasche behangen, solange vor mich hin, bis mir eine, ihre Natürlichkeit porentief zugeschminkte Stewardess, den Mantel gnädiger Weise abnahm und im Airbus gesondert aufhängte. Endlich, meine Taschen und mich verstaut, saß ich eingeklemmt inmitten gut gekleideter Ehepaare, die sich flüsternd russisch unterhielten und mich als Fremdkörper in ihrem Aeroflot-Flugzeug betrachteten. Erschöpft aber froh, nun nach Moskau abzuheben, machte ich erst einmal die Augen zu. Ob und wer mich in Moskau-Scheremetjewo treffen wird, wusste ich nicht. Ich überlegte, was ich tun werde, wenn mich niemand abholt. Meine letzte Landung in Scheremetjewo lag 8 Jahre zurück. Inzwischen wird es wie auf allen Weltstadtflughäfen doch auch in Scheremetjewo Koffertransportkarren genügend geben. Damals bekam man für Dollars auf alle Fälle ein Taxi und konnte sich in ein Hotel fahren lassen. Dollars und Deutsche Mark hatte ich packenweise im Brustbeutel, also, meinte ich, werde ich das schon irgendwie bewältigen und träumte von daheim.

Nach knapp drei Stunden angenehmen Fluges, betrat ich wieder festen Boden, nicht wie vor 8 Jahren „sowjetischen", sondern nun „russischen", eingehüllt in die Wärme meines Mantels aus dem „Westen". Meine Aktentaschen den Zubringerbus hoch und runter schleppend, unsicher in die Ankunftshalle tretend, verlief die Passkontrolle wider Erwarten problemlos. Mein Einreisevisum aufgrund einer Einladung einer staatlichen Institution für dienstliche Zwecke zur einmaligen Einreise erteilt, reichte erst einmal aus. Diese Hürde war also genommen. Die russischen Ehepaare, die um mich herum im Flugzeug saßen wussten, in welche Ecke man rennen musste, um einen Koffertransportkarren zu erbeuten. Als ich es herausgefunden hatte, lächelten sie mich erstmalig an – es gab keine Karren mehr. Das Transportband ratterte und meine fünf Koffer trudelten nacheinander ein. Männer in dunkelblauen Kattunjacken schoben Transportkarren wichtig und leer an mir vorbei, boten ihre leeren Karren nicht an. Als ich dabei war, Stück für Stück meine

Koffer an einem Punkt zu sammeln, bat ich einen vorbeischiebenden Transportkarrer, mir zu helfen, ich würde ihn mit Dollars bezahlen. Er brabbelte irgendetwas und verschwand mit der Karre. Innerlich kochend stand ich vor meinem Haufen von Koffern und Taschen, das Transportband war inzwischen abgestellt, alle Passagiere waren schon in der Schlange zur Zollkontrolle; nur ich bin am Überlegen, wie ich es schaffe mein Gepäck zur Zollkontrolle zu bewegen. Der Transportkarrer, den ich angesprochen hatte, kam zu mir zurück, aus Mitleid oder weil ihn jemand beauftragt hatte, da die nächsten landenden Passagiere schon angekündigt waren. Er lud mit meiner Hilfe alle Koffer auf seine Karre und schob sie zur Zollkontrolle. Ich hätte ihn umarmen können. Nach dem Preis seiner Dienstleistung befragt, nannte er pro Gepäckstück einen enormen Rubelpreis. Auf dem Flughafen war weit und breit keine Wechselstelle zu sehen.

Erst einmal mit den Koffern durch die Zollkontrolle, dachte ich, dann werde ich weitersehen, vielleicht holt mich doch jemand ab. Der junge Mann, der meine Koffer schob, blieb neben mir stehen bis ich die Zolldeklaration ausgefüllt hatte. Die Formulare der Zolldeklaration waren noch die alten, sie riefen in mir widerliche Erinnerungen an vergangene Zeiten hervor. Beim Ausfüllen der Spalten „ausländische Valuta“ empfand ich jedoch Genugtuung. In Berlin konnte mir keiner der Herren sagen, wie viel Devisen man als Ausländer 1996 nach Russland einführen darf. Sollte ich den sehr großen Barbetrag lieber nicht aufschreiben und am Körper versteckt lassen? Ich schrieb die hohen Beträge ehrlich in die Zolldeklaration und ließ die Geldnotenpacken im Brustbeutel unter meiner linken Achselhöhle.

So stand ich vor einem großen, schlanken, blonden, glattrasierten Zollbeamten in enganliegender grüner Uniform, mit dickem Topas-Siegelring an der linken Hand; neben mir der Arbeiter mit meinen bunten Koffern. Der Beamte im grünen Rock zeigte auf den Ring an meinem kleinen Finger der rechten Hand und fragte, warum ich ihn nicht in die Deklaration geschrieben habe, auch Trageschmuck müsse man eintragen. Nachdem ich meine zwei Ringe und mein Goldkettchen eingetragen hatte, hielt er mir erneut die Zollerklärung hin und wollte wissen, ob ich mich nicht mit den Nullen bei den Dollarbeträgen geirrt habe, wofür ich so viel Geld denn benötige und welche Organisation mich eingeladen hat.

Ich erklärte ihm, dass das Geld nicht von George Soros sei, sondern, dass die Europäische Union zusammen mit der „Konföderation unternehmerischer Frauen Russlands“ in fünf Städten Frauenzentren nach europäischem Vorbild aufbauen will und dafür das Geld sei. Arbeitslosen und aus den Instituten und Betrieben hinausgedrängten Frauen zu helfen, neu Fuß zu fassen, sei doch eine gute Sache. Ein offizielles Schreiben auf Kopfbogen mit wichtigem Stempel, besaß ich nicht. Was sollte der Zollbeamte mit mir machen, ich hätte seine Mutter sein können. Er überlegte, dann schmunzelte er mich ungläubig an und wollte das Geld sehen. Ich begann unter dem Pelzmantel, dann unter dem Jackett rumzufingern, um den Brustbeutel ohne etwas auszuziehen über den Kopf ziehen zu können. Diese Situation war mir älteren Frau nicht peinlich, aber wahrscheinlich dem smarten jungen Mann, denn er forderte mich auf, ihm hinter die Barriere in einen Lattenverschlag zu folgen.

Ich verließ mein Gepäck und folgte ihm. Ungeübt, fast hilflos versuchte er die mit Banderolen versehenen Banknoten-Packen zu blättern. Wollte er sie nachzählen? Er tat es nicht, überlegte eine Weile und ich hatte den Eindruck, meine Worte der Begeisterung für meinen Auftrag hatte selbst ihn mitgerissen; auf dem Tisch vor mir sitzend, kaum den Altersunterschied zwischen uns wahrnehmend, fragte er, ob diese Frauenzentren auch Männern helfen würden? Ich: Ja klar, natürlich auch Männern!

Ein erneuter Redeschwall meinerseits prasselte auf den Schönen nieder, und sein Kringel auf meine Zollerklärung war erreicht. Beide erleichtert, verließen wir das abgetrennte Kabuff, ich zu meinen Koffern, er zu einer blondierten Schönen in weißer Bluse und grünem Rock, wahrscheinlich die Chefin vom Dienst, die ihn etwas fragte, er etwas antwortete, dann er auch ihren Kringel erhielt und mir mit seinem langen Arm bedeutete, diesen „internationalen" Tumult-Platz zu verlassen. In welches Abenteuer hatte ich mich eingelassen? Was wäre mit mir geschehen, wenn ich auf einen nicht so smarten und toleranten Zöllner gestoßen wäre, der die Dollar-Packen beschlagnahmt und mich vielleicht als Agentin gefangen genommen hätte?

Meine Koffer und Taschen durchwühlte keiner der Damen und Herren vom Zoll. Sie waren mit anderen, nicht so blassen und alten Typen wie ich, beschäftigt. Leicht erschöpft, die schwere Schwingtür des Zollsicherheitstraktes aufstemmend, stand ich nun inmitten einer sich drängelnden, Hälse reckenden Menschenmenge mit Blumen und diversen Schildern. Wie sollte ich in dieser dichten Menschenmasse ein Hinweis für mich, auf einem Pappschild oder ähnlichem, entdecken, das mir weiterhelfen würde. Ich bahnte dem Koffertransportkarrer und mir den Weg durch das beängstigende Spalier von Gästeempfangenden und Autos Anbietenden. Um ruhig zu überlegen, was ich machen werde, wenn mich keiner abholt, war kein Platz in dieser viel zu kleinen Halle.

Kurz vor der Ausgangstür entdeckte ich einen hochgewachsenen jungen Mann eine kleine Heftseite schüchtern vor der Brust haltend, auf der die Buchstaben TACIS und URSULA standen. Sehr vorsichtig ging ich auf meinen eventuellen Retter zu und hatte Glück – er wartete auf mich. Von der gegenüberliegenden Seite des sich allmählich auflösenden Spaliers, trat ein hellblondes zierliches Mädchen an uns heran und sagte in Englisch, ihr Name sei Maria. Vom jungen Mann hatte ich erfahren, dass er Pavel sei. Der Koffer-Karre-schiebende Mann ist auch einigermaßen froh, dass er mich und meine Bagage nun los werden wird. Er verlangte für seinen Dienst einen für mein Verständnis unverschämten Betrag von 120.000 Rubel. Rubel hatte ich nicht. Meine Entrüstung stößt weder bei Pavel und Maria noch beim Kofferkarrenschieber auf Verwunderung. Na gut, aber dann bitte eine Quittung. Nach 15 Minuten kommt er mit gestempelter Quittung wieder und bekommt von Pavel 120.000 Rubel. Pavel und Maria bringen mich im Hotelkomplex des ehemaligen „Olympischen Dorfes" der XXII Olympischen Sommerspiele in Ismailowo, vom Zentrum Moskaus mit der Metro in zirka einer Stunde erreichbar, unter.

Soweit, meine liebe Mama, mein erster Bericht aus Moskau. Ich habe ihn so ausführlich geschrieben, damit Du Dich in meine Situation besser einfühlen kannst und er Dich nicht traurig stimmt, sondern belustigt – wie am Ende auch mich. Bleib gesund und sei in Gedanken geküsst von Deiner U.

Leben in Moskau

Die folgende Schilderung entnehme ich auszugsweise aus meinen Tagebuchnotizen in den Jahren 1996/97. Ich wohne im Hochparterre eines sogenannten Chruschtschow-Baus in der Wohnung 23 des Hauses Nummer 19 in der Truschennikow Pereulok. Hierher kehre ich nach meinen Flügen nach Jekaterinburg, Tomsk, Samara, Ishewsk und St. Petersburg immer wieder zurück – sie ist sozusagen für eineinhalb Jahre mein Lebensmittelpunkt. Ein in Moskau arbeitender deutscher Kollege hat mir die zentral gelegene Wohnung vermittelt.

Meine Vermieterin, Dr. oec. Ludmilla Katschalina ist 60 Jahre alt, arbeitet noch in einem Institut und wohnt mit ihrer 85-jähigen Mutter jetzt ständig auf der Datscha, wo ich sie telefonisch erreichen kann. Monatlich zahle ich an sie 600 US-Dollar. Die Handlungsweise von Frau Katschalina, ihre Stadtwohnung zu vermieten, ist kein Einzelfall; selbst an

Bäumen hängen auf Schritt und Tritt Zettel mit Mietangeboten mit dazugehörigen Telefonnummern.

Große alte Bäume lassen in die 2-Zimmerwohnung mit Küche und Bad kaum einen Lichtstrahl. Die mit alten, dunklen, noch aus der Zarenzeit stammenden Möbeln und verstaubte vollgestopfte Bücheregale erhöhen die Düsterheit in den Zimmern. Nur in der sechs Quadratmeter großen Küche ist es ein wenig heller; und wärmer, wenn ich den Gasherd anschalte, um am Küchentisch arbeiten zu können. Ein Bett aus der Zarenzeit, in dem vielleicht im vorigen Jahrhundert noch eine Prinzessin mit einem Prinzen oder Liebhaber gelegen hatte,
ist nun, mit meiner Bettwäsche frisch bezogen, zwischen meinen Flügen in die Städte des Frauenprojekts, meine Schlafstätte.

Vor dem Küchenfenster steht ein Müllcontainer, den riesige schwarze Raben umfliegen und in denen morgens Männer herumwühlen. Männer schlagen Eiszapfen von den Dächern, denn von herabstürzenden Eisbrocken sind Leute schon erschlagen worden. Schneefräsen, die im Fernsehen gezeigt werden wie sie die Schneemassen per LKW ´s zum Fluss abtransportieren, reichen lediglich für das Zentrum der Stadt. In den übrigen Straßen bleibt der Schnee auf den vereisten Bürgersteigen liegen. Im Winter ist es sehr beschwerlich auf Moskaus Bürgersteigen zu laufen.

Die Dachrinne des Hauses Nummer 19 ist kaputt und so tropft Regen- und Tauwasser auf das Blechdach über dem Hauseingang, der sich direkt unter dem Küchenfenster und neben meinem Schlafzimmerfenster befindet. Das geht mir auf die Nerven, aber Gott sei Dank, bin ich viel unterwegs.

Der Wasserhahn in der Küche ist auch defekt, ständig läuft das kalte Wasser, mal mehr mal weniger; dafür kommt aus dem Hahn über der Badewanne nur heißes Wasser, was nicht zu regulieren ist; für mein Wäschewaschen aber günstig, denn mit der Waschlauge kann ich anschließend die Wohnung durchwischen. Der Staubsauger ist kaputt, für den Neukauf fordert die Vermieterin 200 US-Dollar.

Wenn ich durchgefroren aus Sibirien nach Hause komme, lasse ich als erstes das fast kochende Wasser in die Wanne um mich zu erwärmen. Der Kühlschrank ist laut wie ein startendes Flugzeug. Im Hausflur lebt eine Katze, die abends an meiner Stahl-Wohnungstür kratzt und vor der ich Angst habe; zu dem ohnehin stinkenden Hausflur kommt noch der Katzenuringestank.

Bei Erkundungsspaziergängen meiner unmittelbaren Umgebung entdecke ich zahlreiche Kliniken mit interessanten Denkmälern der dazugehörigen berühmten russischen Ärzte. Dabei komme ich an der Kathedrale des „Heiligen Archistratiga Michaila bei den Kliniken auf dem Jungfrauen Feld“ vorbei und kann im Schaukasten in altslawischem Russisch lesen, welche Dienstleistungen hier angeboten werden – nicht nur Gottesdienste und Fürbitten für Gesundheit und Erlösung, auch das Weihen von Wohnungen, Autos und vieles mehr. Priester Alexander Siminok gibt seine private und dienstliche Telefonnummer an, damit man mit ihm Termine vereinbaren kann. Hätte ich Zeit, würde ich ihn anrufen und fragen, warum im Hof der Kirche ständig eine Dampfwolke steht und heißes Wasser läuft. Von einer anderen Kirche mit dem Schild „Moskauer Patriarchat-Tempel der Wiedererrichtung des ehrlichen und Leben spendenden Kreuzes des Herrn“, kann ich frühmorgens die Kirchenglöckchen hören. An Sonn- und Feiertagen läuten sie um sechs, neun, dreizehn und um siebzehn Uhr.

Sobald es wärmer wird, komme ich auf meinem Weg zur Metro an mehr als 15 Verkaufsständen – Camping-Klapptische und Tapezier-Bretter gestützt von Holzkonstruktionen Marke „Eigenbau“ – vorbei, an denen Frauen einheimische Milchprodukte, Obst, Gemüse, Kartoffeln, Kekse, Süßigkeiten, Reinigungsmittel, Schuhputzzeug u.a., aber auch Hausschuhe, Trikotagen und Unterwäsche aus China anbieten. Männer liefern mit klapprigen LKW ´s morgens die Tische, Waagen, Kisten und Waren und holen dies abends wieder ab. Vor öffentlichen Gebäuden ist der Handel nicht erlaubt. Die Verkäufer von Alkohol und Zigaretten sitzen meist in Metall-Kiosken – mit Licht und Heizung – nicht wie die Frauen unter freiem Himmel; durch die kleinen Luken in den Metallbüchsen kann man nicht sehen, ob es vorwiegend Männer sind.

Manchmal kaufe ich mir bei älteren Frauen an der Metro-Station „Frunsenskaja“ einen hausgemachten Kartoffelsalat nach Moskauer Art. Viele Mütterchen sitzen hier und bieten „Hausgemachtes“ an, sobald ein Milizionär in Sicht ist, laufen sie weg und verstecken sich. In den Läden ist das Warenangebot groß, viel Importiertes, aber alles sehr teuer. Die preiswerteren einheimischen Produkte werden vorwiegend auf der Straße verkauft. Die Leute verdienen im Schnitt 900.000 Rubel (der Kurs liegt etwa bei 1 DM gleich 3.500 Rubel). Die verdeckte Arbeitslosigkeit ist hoch. Das Arbeitslosengeld beträgt rund 120.000 Rubel, etwa 36 DM. Die Altersrenten sind sehr niedrig, alle, außer der privilegierten Schicht, bekommen gleichmäßig wenig, egal wie lange sie gearbeitet haben. Der Gegensatz zwischen Arm und Reich hat immens zugenommen.

Brief vom 7. März 1997 an meinen Mann

„Mein lieber grauer Kater-Ehemann!
Weißt Du eigentlich, wie allein und einsam ich hier in dem düsteren Russland bin? Ich zähle jeden Tag bis zum Ende meines Kontraktes. Ende März habe ich zweidrittel meiner Zeit ´rum. Dann muss ich mich wieder umgewöhnen, aber ich hoffe sehr, Du hilfst mir dabei. Ich habe große Sehnsucht nach Dir und Deinen ruhigen Augen. Manchmal mache ich mir Vorwürfe, dass ich Dich allein gelassen habe und wir die wenige Zeit, die wir noch haben, nicht zusammen verbringen, sondern immer nur arbeiten. Andere Menschen, so glaube ich, organisieren ihr Leben mit mehr Erholung, Müßiggang und angenehmen Stunden. Vielleicht schaffen wir es doch noch, wenn ich wieder zu Hause bin. Ich habe es mir ganz doll vorgenommen, aber ohne Deine Hilfe wird es mir nicht gelingen. Ich lese abends Briefe von Anton Tschechow, die er 1903 vor allem an seine Frau Olga Knipper (1868-1959) geschrieben hat. A. Tschechow (1860-1904) litt an Tuberkulose und lebte oft *getrennt von seiner Frau, die als Schauspielerin am Moskauer „Kleinen Künstlertheater" Geld verdienen musste. Auf mich wirken seine Briefe an Olga, wie die eines großen liebenden kleinen Jungen, der sehr zärtliche Worte schrieb, aber manchmal auch über sehr unausgewogene Gefühle der geliebten Frau gegenüber. Auf alle Fälle ist Tschechow mir als Mann und Mensch viel näher als Leo Tolstoi (1828-1910). Seine „Kreutzersonate" habe ich zu Ende gelesen, teilweise mit Überwindung und Abscheu. Sein Nachwort verdeutlicht seine tiefe Religiosität und die Rückständigkeit seiner Philosophie im Vergleich zur damaligen europäischen. Tolstoi ist ja wohl auch nie aus seinem Russland herausgekommen. Morgen will ich das Wohnhaus von Tolstoi hier in Moskau besuchen. Ich war auf dem Nowodewitschi – Friedhof und habe die Gräber von A. Tschechow, W. Majakowski, Fjodor Schaljapin (1873-1938) und vielen anderen russischen Berühmtheiten gefunden. Als wir beide vor Jahren dort waren, mussten wir kein Eintritt bezahlen, jetzt kostet der Eintritt 10.000 Rubel und es gibt auch eine Broschüre anhand der man sich orientieren kann. Habe ich Dir gekauft.*

Hier in Moskau sind Plus drei Grad, der Schnee ist fast weggeschmolzen und Männer laufen mit Blumensträußen auf den Straßen; man feiert den Internationalen Frauentag faktisch schon eine ganze Woche lang. Wenn ich allein in meinem Zarinnen-Bett liege und an Dich denke, erzähle ich Dir, was mir auf dem Herzen liegt. Aber wenn ich dann, wie jetzt, es Dir schreiben will, habe ich alles vergessen. Ich möchte Dir etwas Lustiges und Anregendes schreiben, aber ich erlebe davon zu wenig. Bitte, denke an Deine Gesundheit und arbeite nicht so viel. Iss Obst und Gemüse und denke manchmal an mich. Bleibe mein größter Schatz und vergiss nicht die Vollmacht für das Benutzen des Moskauer Archivs zu besorgen. Deine U.

Tagebuchnotiz vom 12. April 1997:

Folgende Begebenheit muss ich unbedingt aufschreiben. In der Metro-Station „Park Kulturi" beim Übergang auf die Ringlinie hörte ich, wie eine brüchige Frauenstimme eine mir aus den 1950-er Jahren sehr vertraute Melodie singt. Leise singe ich den Text von „Iwuschka selönnaja nad rekoi sklanönnaja"...(Über dem Fluss geneigtes Weidenbäumchen) mit und bemühe mich, aus der mich schiebenden Menschenmenge herauszufinden, woher die Stimme kommt.

Ich erblickte eine etwa 65 Jahre alte Frau auf einem Klapphocker sitzend, mit einem Harmonium auf den Knien. Ihre schwarze Hornbrille ist mit Schnürsenkeln an den Ohren befestigt; ob sie Noten vor sich hatte, konnte ich nicht sehen.

Ein anderes Mal sehe ich sie auf einer anderen Metro-Station neben Verkäuferinnen von Zeitungen, Brillen, Monatsbinden u.a.m. direkt vor der Rolltreppe sitzen. Ich stellte mich ihr gegenüber; eine sehr ausgewaschene schwarze Strickmütze verdeckte komplett ihr Haar und in der Falte der Mütze war über dem linken Ohr der Brillenbügel eingeklemmt. Sie spielt dieses Mal Walzermelodien und vor ihr steht ihr Einkaufsroller mit weit geöffneter Tasche – eigentlich kein bescheidenes Gehabe für eine alte Dame, aber das gefällt mir an ihr. Die Leute werfen Geldscheine in die Riesen-Sack-Tasche; auch ich werfe einen Tausend-Rubel-Schein in den Sack. Sie bedankt sich leise, ihr Spiel nicht unterbrechend. Auf ihrem rechten sehr schäbigen Schuh hat sie einen runden Pappteller mit Glöckchen befestigt, mit dem sie Takt schlägt beziehungsweise den Rhythmus unterstreicht. Sie ist noch keine 65 Jahre alt, ihre Gesichtshaut ist noch ganz glatt, kleine listige Augen blicken hinter der Brille hervor.

Tagebuchnotiz vom 8. Mai 1997:

Seit Anfang der Woche sieht man auf der Straße und in der Metro vermehrt alte stattliche Männer, auch Frauen, mit vielen großen bunten Orden an der Brust. Bei manchen von ihnen reicht das Vorderteil der

Uniformjacke kaum aus. Der 9. Mai wird mit Militärparade, Festkonzerten für Kriegsveteranen, Volksfesten und staatlichen Auszeichnungen als „Tag des Sieges“ gefeiert. Der Vorschlag von Boris Jelzin, den 9. Mai in „Tag der Demut und Toleranz“ umzubenennen, hat sich nicht durchgesetzt.

Ich arbeite in diesen Tagen in Moskau und kann so Rundfunk- und Fernsehsendungen verfolgen. Eine Soziologin äußerte im Rundfunksender „Majak“ (Leuchtturm), dass durch die Vorgänge 1990/91, die zum Zerfall der UdSSR geführt haben, das Wertesystem der Russen total zerstört sei und der einzige, das Volk einigende Gedanke heute ist, dass Russland nach wie vor eine Weltmacht darstellt. Der Sieg über den deutschen Faschismus sei ein epochales, historisches Ereignis gewesen, das das Gesicht der Welt grundlegend verändert hat und für das die Menschheit verpflichtet ist, der Sowjetarmee ewig dankbar zu sein.

Im Fernsehen sendet man Interviews mit hochdekorierten Generälen, die ihre Enttäuschung und Ärger darüber zum Ausdruck bringen, dass sie, die in der Welt die beste Waffenindustrie und Atom-Raketen-Armee hatten, jetzt der jungen Generation einen Scherbenhaufen hinterlassen müssen.

In den Interviews werden nicht nur hochrangige Offiziere befragt und mir fällt auf, keiner der befragten Veteranen erwähnt auch nur mit einem Satz, dass auch andere Völker und deren Frauen und Kinder großes Leid erlitten haben. Alle, durchweg sämtliche Ränge, sprechen nur über ihre Heldentaten und das Leiden und die Opfer ihres Volkes.

Ich nehme mir die Zeit und fahre am Nachmittag zum „Poklonnaya Gora“ (Hügel der Verehrung). Am Ende des Kutusowski Prospektes, hinter dem Triumphbogen und dem Panoramamuseum der Schlacht von Borodino, erstreckt sich auf 135 Hektar das „Feld des Sieges“, anlässlich des 50. Jahrestages des Sieges im „Großen Vaterländischen Krieg“ am 9. 5. 1995 eröffnet. Erhoben über der Stadt ist das weitläufige Areal gut ausgewählt und gibt Platz für Monumentalbauten für die Ehrung von Kriegshelden. Sehr beeindruckend für Menschen, die überdimensionale Denkmäler lieben.Fast drei Stunden spaziere ich inmitten von festlich gekleideten Familien und Kriegsveteranen. Junge Frauen und Kinder überreichen mit Orden behängten grauhaarigen Männern Narzissen und Tulpen oder drücken ihnen einfach nur die Hand und bedanken sich bei ihnen. Auf den Rändern der zahlreichen Springbrunnen ruhen sich ältere Paare aus; die Männer, gekleidet in Uniformen oder gut geschnittenen Anzügen, neben sich Frauen, ebenfalls nicht ärmlich gekleidet.

1997 – Ein letztes Mal in Schelesnodoroschnaja

Bei meinen früheren Aufenthalten in Moskau traf ich mich mit meinem geschiedenen Mann; 1971 lernte Jura auch Manfred kennen. Als ich 1996/97 im Rahmen des TACIS-Programms der EU als Expertin im Projekt „Assistance to Russian Women Adapting to Labour Market Conditions in the Transition Period" für eineinhalb Jahre in Russland tätig war, bemühte ich mich Jura wiederzusehen. Mir gelang nicht ihn telefonisch zu erreichen. So entschied ich spontan, zu ihm zu fahren. Wie ich später von ihm erfuhr, hatte er seinen Telefonanschluss gekündigt, da er die Telefongespräche seiner armenischen Mitbewohner nicht mehr bezahlen konnte.

Wie ich vom Kursker Bahnhof nach Schelesnodoroschnaja kommen konnte, wusste ich nach 34 Jahren noch genau. Der 1945 erbaute Kursker Bahnhof war 1972 renoviert worden, das Bahnhofsinnengebäude vergrößert und die Fahrkartenschalter alle überdacht. Es hatte sich also seit meinem letzten Besuch einiges gebessert. Die Reisenden saßen im Wartesaal auf Bänken, aber viele lagerten immer noch auf dem Boden – ein Vielvölkergemisch aus den ehemaligen südlichen Sowjetrepubliken. Ich kaufte mir für 6.000 Rubel eine Fahrkarte für hin und zurück (etwa 1,70 DM) und setzte mich neben einen älteren Mann in Anzug mit Schlips, in dunkelblauem Mantel, mit kleinem Filzhut und dunkelbrauner Hornbrille, deren Bügel über der Nase mit etwas Weißem geklebt war. Der Mann las die ganze Fahrt über in einem Buch, stieg in Saltikowskaja aus und verabschiedete sich still von mir.

Eine Frau (mit goldenen Zähnen, in buntem Kopftuch und schmutzigem grünen Popeline-Mantel) bot Herrensocken - 1 Paar für 2.500 Rubel – mit dem Hinweis an, dass die Socken sich in jede Größe dehnen. Sie argumentierte, dass ein Eis genau so viel kostet, dass „ihr Mann oder Söhnchen" davon aber keine warmen Füße bekämen. Ein Großvater kaufte für seinen Enkel für 1000 Rubel eine Broschüre mit Märchen von E.T.A. Hoffmann. Männer verkauften Zeitungen und Bücher „Für Haus und Hof" für 30.000 Rubel, die im Laden angeblich das Dreifache kosten, aber schon vergriffen seien. Was nicht alles verkauft wurde: gefütterte Lederhandschuhe, Damenschuhe, runde Plastetischdecken und bunte Einkaufstüten aus Plaste – 6 Stück für 1.000 Rubel. Auf der Station Tschuchlina stieg eine alte Frau ein und sammelte Geld für einen Chram (Tempel), sagte aber nicht für welchen; Leute warfen Geldscheine in einen Pappkarton, der um ihren Hals hing und die Frau bedankte sich mit: Gott sagt Ihnen Danke!

Die Datscha von Juras Mutter stand früher 5-10 Minuten zu Fuß vom Bahnhof entfernt, in der Majakowski Straße, in der es jetzt keine Datschen mehr gibt. Jura wohnt jetzt in derselben Straße, jedoch in der vierten Etage eines Beton-Blocks.

Als ich das Haus betrete, bin ich entsetzt: die Briefkästen sind entweder zertrümmert oder ausgebrannt, im Treppenflur sind die Glühbirnen zerschossen, die hölzernen Wohnungstüren mit dicken Stahltüren vor Einbruch gesichert. Die Klingel geht nicht, ich klopfe. Eine junge Frau, neben sich zwei kleine Kinder, öffnet mir und lässt mich in die Wohnung. Ich traue meinen Augen nicht, Jura ist kaum wiederzuerkennen: das Gesicht ist zerschnitten, seine Vorderzähne fehlen. Seit dem Tod seiner Mutter wohnt er in einem der drei Zimmer in dieser Wohnung zusammen mit zwei jungen Familien, die aus Berg-Karabach geflüchtet sind. Seitdem sie bei ihm wohnen sei nicht mehr eingebrochen worden, sagt er.

Seine Mutter hatte in den Jahren an ihre Datscha ein Bad und eine Innentoilette anbauen lassen, es war letzten Endes eine Vollkomfort-Datscha daraus geworden. Niemand der Besitzer wollte aus seiner Datscha ausziehen, schon gar nicht für so wenig Geld, was als Entschädigung angeboten wurde. Nichts half, die Flächen wurden geräumt; der Dorfteich, die Bäume, alle Natur plattgewalzt, um 14-stöckige Betonklötze ohne Vorgärten an miserablen Betonstraßen zu errichten.

Jura erzählt mir, dass seine Mutter, nachdem sie mit dem Stiefvater in die neue Wohnung gezogen waren, eine kleine Datscha mit Garten im Wald gekauft hatte und sie dort Schweine hielten, die Jura vor Arbeitsbeginn versorgte. Das war in den 1980er Jahren, in denen Jura in leitender Position im Außenhandel arbeitete. Jetzt ist er Rentner, lebt inmitten seiner vielen Bücher in einem kleinen dunklen Zimmer.

Wir sitzen nebeneinander auf einer Bank in der Küche, zwischen uns ein kleiner Abstand, gegenüber steht ein Tisch, auf dem die freundliche junge Armenierin belegte Schnittchen und eine Flasche Krimsekt vorbereitet hat. Die Atmosphäre ist leicht beklemmend; ich überspiele meine Unsicherheit mit Lebhaftigkeit in meinen Bewegungen; Jura sitzt schweigend und folgt traurig-lächelnd meiner Erzählung. Sechzehn Jahre haben wir uns nicht gesehen und auch nicht miteinander korrespondiert.

Er erzählt von seinen Söhnen, dem Tod seiner Mutter, den Einbrüchen und Plünderungen seiner Wohnung und möchte, dass ich lange bleibe. Aber ich wollte unbedingt auch auf das Grab der Mutter meine roten Rosen legen. Auf der Busfahrt zum Friedhof zeigt Jura in die Richtung einer vollkommen zugewachsenen Hütte im Wald und bemerkte, das sei die neue Datscha, wo sie Schweine hielten, da es in den Läden, selbst in Moskau, nichts zu kaufen gab.

Wir finden die Grabstätte im Wald, mit einem sehr schönen großen Granitstein und Jura sagt, dass er den Grabstein aus Grusinien habe kommen lassen.

Ich frage ihn, ob er sich noch an die Worte seiner Mutter erinnere, als er ihr mitteilte, dass wir eventuell heiraten werden?

Er: Nein, warum sollte ich, sie liebte dich wie ihre Tochter. Zu meiner zweiten Frau hatte sie kein inniges Verhältnis.

Ich: Ja, das sagte sie mir 1971, als wir uns alle zum Brunch im Restaurant „National" trafen; sie weinte und wir umarmten uns.

Er: Ihre damaligen Worte: Wegen einer Deutschen willst du dein Vaterland verlassen? Alle Deutschen sind Faschisten – waren in dem Moment lediglich ein Zornausbruch mir, ihrem einzigen Sohn gegenüber....Sie rief Dich doch auch an und bat unter Tränen, Dich nicht scheiden zu lassen.

Ich: Ja, wo du es jetzt sagst, erinnere ich mich an das Telefongespräch und ihre Bitte.

Nach dem Friedhofsbesuch gingen wir nicht noch einmal in die Wohnung, es war schon dunkel geworden und Jura begleitete mich zum Bahnhof. Er ging mit mir über den Markt auf dem Bahnhofsvorplatz und stellte mich seinen grusinischen Freunden als seine „deutsche Frau" vor. Lange konnte ich mich mit den Männern nicht unterhalten, denn den Zug wollte ich nicht verpassen.

Der Abschied fiel uns beiden sehr schwer; wer weiß, ob ich jemals wieder hierher kommen werde. Jura lief noch neben dem schon fahrenden Zug her, mit Tränen in den Augen. Ich stand an der noch offenen Waggontür und konnte nicht weinen, der Schmerz war zu groß. Was hatte diese russische Gesellschaft aus meinem schönen und starken Juri Wassiljewitsch nur gemacht?

Nach meinem Besuch bei Jura schreibt er mir mehrere lange Briefe an meine Moskauer Adresse. Nach so vielen Jahren hatte ich ihn im Brief distanziert mit seinem Vor- und Vatersnamen und mit „Sie" angeredet. Er erwiderte darauf, dass ich *für ihn immer die kleine Bärin und der Knirps* (russisch Malysch) *bleiben werde.* Er schreibt: *Uljana, erinnerst Du Dich, wie Du nach Moskau kamst und Dir, der ungewöhnlich Gekleideten, die Leute hinterher spuckten, Du mir davon erzähltest, und ich mich seitdem bemühte, Dich vor ähnlichen Vorfällen zu beschützen. Mich zählte man im Institut zu den „ Stiljagie"* (ein aus dem Englischen übernommener Begriff für „Halbstarke"); *wie Du weißt, betrachteten uns alle im Institut gesondert. Viele beneideten uns, andere warteten auf das Ende unserer Liebe, aber der größte Teil, die Dozenten einbegriffen, bewunderten uns.*

Ja, er nannte mich „Malysch" und ich ihn „Starik" (Alter), aber die Reaktionen seiner russischen Dozenten und Kommilitonen waren mir nicht bekannt.

In seinen Briefen von 1997 schildert er Zustände, die vor und nach der Perestroika herrschten. Das Volk sei nicht nur ökonomisch sondern auch seelisch vollkommen heruntergekommen. Banditentum und Korruption herrschten seitdem. Auf die Straße konnte man ohne Gefahr weder abends noch morgens gehen. Seine Wohnung haben Banditen 13 Mal und die Datscha drei Mal geplündert. Die Räuber zerschnitten ihm sein Gesicht mit Messern und zertrümmerten seinen Oberkiefer.

Nach längerem Überlegen nahm er Armenier in seine Wohnung auf. Seitdem wird nicht mehr tagsüber eingebrochen. Er schreibt, es sind qualifizierte Autoschlosser mit ihren Frauen und Kindern, die nun ihn beschützen. Sie flüchteten aus der von herrlicher Natur umgebenen Stadt Goris, in der es keine Arbeit gibt, kein Gas, Wasser nur alle 24 Stunden, Strom nur morgens für eine Stunde, und die Aserbaidschaner die Grenzen vermint haben.

Jura, der lebenslustige, kommunikative Mann, traute sich nicht mehr in die Stadt unter Menschen. Er wollte mich nicht treffen, solange sein Oberkiefer nicht repariert ist. Zwei Millionen Rubel würden die Zahnarztkosten betragen, für ihn als Rentner eine unerschwingliche Summe. Seine Söhne verdienen gut, aber sie um Geld zu bitten, lehnte er ab. Seine armenischen Freunde schlugen vor, im April mit ihm nach Armenien zu fliegen und dort die obere Zahnleiste gut und bei weitem preiswerter machen zu lassen.

Ich schreibe ihm, dass ich bei meinem zweiten Besuch in Schelesnodoroschnaja ihm 200 Dollar für seine Zähne geben werde. Er äußert sich nicht dazu. In dem letzten Brief (19.6.1997) schreibt er, dass ich ihn aus dem *Morast gezogen* habe, er nun nicht mehr *odinok – ty so mnoi*! – (etwa so: er nicht allein sei, denn Du bist bei mir!). Er versichert mir, dass ich die einzige Frau bin, die er liebte und immer noch liebt.
(Vermutlich schrieb er diese Worte nachdem er eine oder zwei Flaschen Bier getrunken hatte).

Erst Anfang Oktober 2000 schreibe ich Jura wieder (per Einschreiben um sicher zu gehen, dass er den Brief trotz der demolierten Briefkästen auch erhält) und schicke ihm ein Foto seiner grünen chinesischen

Wollweste, mit den Worten, dass diese Manfred bei Arbeiten im Garten noch trägt und Jura erkennen möge, dass wir an ihn denken.

Eine Erwiderung erhalte ich nicht. Mein Brief kommt mit dem Aufkleber „Retour CN 15“ zurück, nachdem ich mich an das Service Center für Briefermittlung in Marburg gewandt hatte. In der Aufregung hatte ich nur den beschädigten Brief mit der durchgestrichenen Adresse von Jura gesehen und nicht den Stempel mit dem Wort „Decede“ – verstorben, begriffen. Ich kenne nicht sein genaues Sterbedatum, weiß nur, dass ich ihn vermutlich drei Jahre vor seinem Tod das letzte Mal sah.

Sommer 1997 - Nachforschungen in Moskau Konföderation der Unternehmerinnen Russlands

Die Union der Sozialistischen Sowjetrepubliken (UdSSR) ist 1991 auseinandergebrochen, ohne irgendein revolutionäres Begehren von Seiten des „einfachen Volkes“ - ein von M. Gorbatschow bevorzugter Begriff; von „Arbeiterklasse“ oder von „Proletariat“ wird nicht mehr gesprochen. Ehemalige Sowjetrepubliken erklären früher oder später ihre Unabhängigkeit von der Russischen Sowjetischen Föderativen Sozialistischen Republik (RSFSR), die nun zur Russischen Föderation (RF) umbenannt, immer noch ein Riesenreich mit 150 Nationalitäten ist. Als „erstes demokratisches Staatsoberhaupt in der Geschichte Russlands“ wird der aus dem Ural stammende Boris Jelzin (1931-2007) gewählt.

Im Ural, in der Stadt Jekaterinburg (ehemals Swerdlowsk) gründete Galina Karelowa die „Uraler Assoziation der Unternehmerinnen“ – in der Mehrzahl sind es Akademikerinnen, die sich den Marktverhältnissen schnell anpassten und zu aktiver Selbsthilfe entschlossen waren. Die Uraler Assoziation wird zur Keimzelle der „Konföderation der Unternehmerinnen Russlands“.

G. Karelowa hatte wie B. Jelzin am „Uraler Polytechnischen Institut S.M.Kirow“ studiert. Aufgrund der Leitung eines Jugend-Wohnbau-Projektes hatte sie Kontakt zu B. Jelzin als Bezirks-Partei-Sekretär des damaligen Swerdlowsk. Ich erwähne den Namen B. Jelzin, um zu erklären, warum ausgerechnet Galina Karelowa aus dem Ural in die Zentrale nach Moskau geholt wurde.

Galinas Elan wird in der Umbruchphase dringend gebraucht.

Für die in Russland heraufziehende Macht des Marktes ist die soziale Problematik für die „führenden Genossen“ – die blitzschnell zu „Business-Men“ und selbsternannten „Oligarchen“ mutierten – total zweitrangig; und da ist es gut, wenn Frauen wie Dr. Galina Karelowa sich für die

Rechte ihrer Landsmänninnen und aller sozial Schwachen aufrichtig engagieren. Die Projekte verfolgen vorwiegend soziale Ziele in dem Sinne, dass sie die Entwicklung des Unternehmertums von Frauen und Mädchen vorantreiben und von den örtlichen Behörden eine sie unterstützende Infrastruktur fordern. An der Entstehung dieser postsowjetischen „Frauenbewegung", beginnend im Ural und ausgebreitet auf ganz Russland, hatte Galina K. einen maßgeblichen Anteil.

Sie folgte B. Jelzin 1993 als Deputierte für den Föderationsrat aus Jekaterinburg nach Moskau, und unter ihrer Leitung wird eine „Sozialdoktrin Russlands" ausgearbeitet. An dieser zentralen Stelle in der Duma (Parlament) erhält sie als Erste Informationen über Angebote von Hilfeprogrammen internationaler Organisationen. Zum Beispiel das im Rahmen des TACIS-Programms (Technical Assistance for Independent States) von der Europäischen Union angebotene Frauen-Projekt: „Assistance for Russian Women. Adapting to Labour Market Conditions in the Transition Period" (Unterstützung für russische Frauen bei der Anpassung an die Arbeitsmarktbedingungen in der Übergangsperiode). Galina K. fährt nach Brüssel, bekommt für die „Konföderation der Unternehmerinnen Russlands" das EU-Projekt EDRUS-9502 zugesagt, und nun gilt es nur noch auszuwählen, welches westeuropäische Land das qualitativ beste und trotzdem für die EU preiswerteste Projekt anbietet.

Nach ein paar Einzelunterrichtsstunden in der „Berlitz"-Schule zur Wiederbelebung meiner englischen Sprachkenntnisse, präsentierten wir - das heißt, ich als „Longterm-Expert" und Werner T. als Projekt-Direktor - am 6. Juni im Büro von TACIS in der „Rue d´ Arlon" 88, Brüssel, vor der Evaluierungskommission unseren Projektvorschlag. Mit uns bewarb sich noch eine jüngere Frau aus Griechenland, ansonsten mittelalte Männer aus Italien, Serbien und Frankreich.

Mein Interview dauerte etwa eine Stunde – mein Englisch war flüssig und engagiert – , wie die Evaluierungskommission entscheiden wird, erfuhr man erst nachdem alle Bewerber angehört waren. Doch wenn ich die schmalen Hefter der Mitbewerber mit unserem prallen, acht Zentimeter dicken Ordner verglich, hatten wir Chancen. Der wesentliche Vorteil unseres Angebots schien nicht nur die sehr gründliche und ausführliche Ausarbeitung der einzelnen Lehrmodule zu sein, sondern er bestand vor allem darin, dass für viel mehr angebotenen Inhalt die Gesamtkosten weitaus geringer als die der anderen Bewerber waren. Warum? Ganz einfach: Alle Expertinnen des deutschen Projekts sprachen perfekt Russisch und das Schulungsmaterial war bereits ins Russische übersetzt. Der nicht unerhebliche Betrag für Übersetzungen und die

Dolmetscher für die Trainingsstunden, fiel im Kostenplan unseres Angebots also weg.

Mitspracherecht hatte auch die russische Seite. Die Direktorin von russischer Seite, Elena P., die am 6. Juni an der Evaluierung teilnahm, entschied sich auch für das deutsche Projekt und sein Team.

Damals, am 6. Juni 1996 war ich zum ersten Mal in Brüssel, und nach der Präsentation unseres Frauenprojekts blieb bis zur Abfahrt des Zuges noch Zeit und so äußerte ich den Wunsch, mir das wasserlassende Männlein von 1619 anzusehen, das ich aus Erzählungen meiner Eltern kannte; wobei ich bezweifle, ob meine Eltern die nur 61 Zentimeter kleine Figur je gesehen hatten. Der „Grand - Place" wurde von ihnen nicht erwähnt, denn von dem hätten sie bestimmt mehr Begeisterung empfunden. Wir suchten und fanden „Manneken Pis". Ich war enttäuscht, aber begeistert vom „Grand – Place".

Galina K. ermöglicht Moskau-Besuch meines Mannes

Also, Deutschland bekommt von der EU das Projekt EDRUS 9502 zugesprochen und ich fliege als „Longterm- Expert" Anfang Oktober 1996 nach Moskau. Die in meinem Tagebuch ausführlich festgehaltene Arbeit mit russischen Frauen 1996/97 in meine Familiengeschichte aufzunehmen, würde zu weit führen. Nur so viel, der Persönlichkeit von Galina K. verdanke ich, dass mein Mann ein Einreisevisum für die Russische Föderation bekam und es ihm so vor Ort möglich war, im Moskauer Archiv Dokumente über meine Großeltern einzusehen.

Deshalb noch ein paar Zeilen zur Person der Galina K. Die Familie von Galina K. – ihr Mann, ihr Sohn und ihre Eltern – lebt zu der Zeit, in der ich in Russland arbeite, noch in Jekaterinburg/Ural. Galina K. arbeitet in Moskau im „Ministerium für Arbeit und soziale Entwicklung" und fliegt nicht jedes Wochenende zu ihrer Familie.

In Regierungsverantwortung findet sie immer Zeit, auftretende Probleme des EU-Projektes mit mir zu besprechen; wir haben eine sehr freundschaftliche Beziehung, denn beide kommen wir aus „einfachen" Verhältnissen.

Als jüngstes Kind ist Galina im Juni 1950 in einer Arbeiterwohnsiedlung in Nischnjaja Salda (Unter-Salda), 150 km von Swerdlowsk (heute Jekaterinburg), geboren. Am Ostrand des Ural liegt Werchnjaja Salda (Ober-Salda) mit etwa 50.000 Einwohnern und einem Werk für die Produktion von Titan- und Titanlegierungen, das auf jenem Platz erbaut ist, wo im Jahre 1778 ein Eisenhüttenwerk und eine Gießerei standen.

Der Geburtsort von Galina bekam 1938 Stadtrecht und bereits seit 1912 führte die Eisenbahnlinie von Nischni Tagil nach Alapajewsk an Unter-Salda vorbei. (Der Vater des Komponisten Peter Tschaikowski war zwischen 1849 und 1853 Verwalter des Bergbaubezirks Alapajewsk und sein Sohn verbrachte hier seine Kindheit.)

Galinas Eltern leben bis zum Tode ihres Vaters (1998) in Unter-Salda und Galina besucht sie so oft es ihre Zeit erlaubt. Sie versorgt sie mit Lebensmitteln und Medikamenten. Unsere Gespräche sind vertraulich und von großer Offenheit. Galina K. erzählt, dass die Lebensbedingungen in Unter-Salda sehr hart und in keiner Weise komfortabel in dem Jahr ihrer Geburt waren und dass ihr Interesse in ihrer Jugend nicht gemeinnützigen Dingen galt. Sie war zwar ein aufgewecktes Mädchen, das ehrgeizig in der Schule Wissen aufnahm und zu den Besten zählte, dem aber wenig freie Zeit blieb, denn schon sehr früh musste sie der Mutter und Großmutter bei der Haus- und Gartenarbeit helfen. Bis auf den heutigen Tag habe sich in Unter-Salda an den Lebensbedingungen ihrer Eltern nichts geändert; es seien einfache Leute, die mit ihrem Leben zufrieden sind. Für die Verbesserung des sanitären Komforts für ihre Eltern habe bei aller Anstrengung auch ihr Einkommen bisher nicht ausgereicht.

In ihrer Funktion als DUMA-Abgeordnete und Vorsitzende des „Unterkomitees für internationale humanitäre, wissenschaftliche und kulturelle Zusammenarbeit" arrangiert sie, dass mein Mann Moskau und St. Petersburg besuchen kann. Die Begründung ist: Um vor Ort abzusprechen, inwieweit die Möglichkeit für ihn bestünde, Vorlesungen und Seminare zum Thema: „Entwicklung menschlicher Ressourcen" im Bildungszentrum des Ministeriums für Arbeit und soziale Entwicklung zu halten.

Mein Mann bekommt ein Einreisevisum für „geschäftliche Angelegenheiten" und besucht mich im Sommer 1997 in Moskau. Ich hatte die Einzelheiten, wie Galina K. das Einreise-Visum für meinen „Geschäfts"-Mann von ihren Mitarbeitern organisieren ließ, längst vergessen; bis heute bin ich ihr dafür sehr dankbar.

Urkundenfälschung westdeutsch

Mein Mann, der „gelernte Historiker" – wie er sich nach der Wende scherzhaft selbst bezeichnete – hatte sich seit er in meine Familie kam, schon intensiv mit dem Schicksal meines Onkels Gustav beschäftigt. Für seinen Moskaubesuch bereitete er sich gründlich vor, denn er hoffte, in den angeblich nun geöffneten Archiven der Profintern und Komintern anhand der Originaldokumente die wahren Zusammenhänge herauszufinden.

In Vorbereitung seines Besuches wandte ich mich am 7.Februar 1997 schriftlich in Russisch an Eleonora Schachnasarowa von der „Russischen Aufbewahrungsstelle für das Studium von Dokumenten der Neuzeit. Abteilung Dokumente der internationalen Bewegung der dreißiger Jahre“ mit der Bitte um Einsichtnahme meines Mannes in die Archivdokumente über meinen Großvater und meinen Onkel.
Diesem Ersuchen fügte ich eine Liste der einzusehenden Materialien bei. Gleichzeitig schrieb ich in Deutsch an das Ministerium für Sicherheit der Russischen Föderation. Mit einer von meiner Mutter ausgestellten Vollmacht für ihren Schwiegersohn vom 30. März ging ich zum Archiv und man sagte mir, dass laut Gesetzgebung eine von einem Notar beglaubigte Vollmacht für die Arbeit des Schwiegersohns im Archiv notwendig sei. Das faxte ich meinem Mann nach Berlin.

Anfang Juni kommt Manfred nach Moskau, vom Flughafen holt ihn meine Assistentin Maria ab, und bringt ihn in die Wohnung in der Truschennikow Pereulok. Ich habe noch in Jekaterinburg zu tun und komme erst nachts zurück. In dem Bett aus Zarenzeiten, kann ich nun nach einigen Monaten der Trennung, mit meinem Mann schlafen.

Nach dem Frühstück fahren wir zur Bolschaja Dimitrowka Nr. 15, das Gebäude des ehemaligen Instituts Marxismus-Leninismus, in dem sich jetzt das Archiv befindet. Auf einer Tafel neben dem Eingang steht die neue Bezeichnung: “Föderaler Archiv-Dienst Russlands. Russisches Zentrum für die Aufbewahrung und das Studium der Dokumente neuerer Geschichte“.

Der für die Archiv-Akten verantwortlichen Mitarbeiterin, Raissa Paradisowna, eine grauhaarige, leicht rundrückige ältere Dame, zeigen wir die von Rechtsanwalt und Notar Gerd Hentschel, Berlin am 29.5.1997 ausgestellte „Generalvollmacht der Frau Charlotte Herholz, geborene Sobottka“ und erfahren, dass sie uns die gewünschten Akten nicht vorlegen wird. Warum? Frau Paradisowna zeigt uns zwei Vollmachten.

In der einen Vollmacht erklärt *Erna Müller, geborene Sobottka, wohnhaft in 10177 Berlin, Marien-Straße 19*, dass sie *Hans-Dieter Rutsch und seinem Filmteam die uneingeschränkte Vollmacht für die Einsicht und die Filmaufnahmen von Dokumenten und Fotos aus der Personalakte meines Vaters Gustav Sobottka erteilt.* Originalunterschrift: Erna Müller, Berlin, 12. April1995.

In einer zweiten Vollmacht (ohne Datum) bevollmächtigt sie *Herrn Reinhard Müller, Hamburg, für den geplanten Film über meine*

Familienangehörigen: 1.) Gustav Sobottka, 2.) Elisabeth Sobottka, 3.) Gustav Sobottka jun. in Moskauer Archiven Dokumente einzusehen und davon Fotokopien zu erhalten. Diese Dokumente bilden die Grundlage für ein Filmprojekt der ARD (WDR), in dem über das Schicksal meiner Familie berichtet wird. Mit großem Dank für Ihre Hilfe: Erna Müller, geb. Sobottka. Beide Vollmachten sind von keinem Notar beglaubigt.

Mein Mann und ich können es nicht fassen. Wer ist denn „Erna Müller"?

Mit Hilfe der von meiner Mutter notariell beglaubigten Vollmacht für meinen Mann und meines perfekten Russisch überzeugen wir Frau Paradisowna, dass hier ein Betrug vorliegt, um an die Akten zu kommen. Ich versichere ihr, dass die einzige Tochter von G. Sobottka, nicht Erna Müller, sondern meine Mutter ist. Aber aufgrund der Vollmachten von Erna Müller ist Frau Paradisowna nicht befugt, uns die Akten vorzulegen; ich solle mich an ihren Vorgesetzten, Herrn Anderson, schriftlich wenden und als Enkelin die Einsichtnahme beantragen. Sofort folge ich ihrer Forderung und schreibe in Russisch den Antrag an Herrn Anderson. Unsere Zeit ist durch unsere russischen Ein- und Ausreisefristen sehr begrenzt, wer weiß, was uns noch erwartet.

Frau Paradisowna verlässt mit meinem handschriftlichen Antrag den Raum. Kommt nach 10-15 Minuten wieder.

Überzeugte sie ihren Chef von der Urkundenfälschung? Wahrscheinlicher für mich ist, Herr Anderson wusste von der Fälschung. Frau Paradisowna darf uns Akten zur Einsicht vorlegen.

Wie häufig der Hamburger Publizist im Jahr 1995 und auch später auf der Grundlage von Lügen und Fälschungen seine Recherchen machte, weiß ich nicht.

Mein Mann jedenfalls musste 1997 eine ganzseitige Verpflichtung unterschreiben, dass *die ihm ausgehändigten Kopien von Originaldokumenten ausschließlich für konkrete wissenschaftliche Forschungen, ohne das Recht auf deren Publikation ausgehändigt wurden, diese keiner anderen Person ohne Genehmigung des Archivs geben darf, sie in Gänze oder auszugsweise in Büchern, Zeitungen, Zeitschriften oder auf andere Weise, ohne entsprechenden Lizenzvertrag mit dem Archiv veröffentlichen darf, keine genauen Verweise über den Platz der Aufbewahrung (Suchdaten) der benutzten Dokumente er geben darf. Im Falle des Verstoßes dieser Verpflichtung bin ich bereit, die Verantwortung zu tragen und dem Russischen Zentrum der Aufbewahrung und Studium der Dokumente der neuesten Geschichte (RZChIDNI) zugefügten materiellen und moralischen Schaden zu ersetzen.* Datum, Unterschrift von M.K.

und Stempel vom „Komitee in Archivsachen beim Ministerrat der RSFSR."

Wurde Herrn Müller auch eine derartige Verpflichtung zur Unterschrift vorgelegt?

Mein Mann musste jedes von ihm eingesehene und zum Kopieren gewünschte Dokument einzeln aufschreiben und die Listen einer Person geben, die ihm die Kopien herstellte, jede Liste abzeichnete und der Vorgesetzte beglaubigte mit Stempel und seiner Unterschrift den Fakt des erlaubten Kopierens. An die Buchhaltung zahlten wir 404.000 Rubel.

Manfred hatte sich von diesem Archiv mehr versprochen – in den Akten der Komintern war vieles geschwärzt, und ganze Seiten sind herausgenommen. Man sagt uns, wir sollen uns an den FSB wenden, wo sich die NKWD-Akten befinden. (FSB ist das Akronym für den Geheimdienst der Russischen Föderation, Nachfolger des ehemaligen KGB, Komitee für Staatssicherheit und vom NKWD, Akronym für Volkskommissariat für innere Angelegenheiten).

Mit großer Beklommenheit, angsterfüllt, gehen wir in die Kusnetzki Most und stellen einen schriftlichen Antrag auf Benutzung der NKWD-Akten zum „Hitlerjugend"-Prozess. Der Antrag wird vom FSB zur Einsichtnahme ab 7. Juli 1997 genehmigt. Wie hinterlistig und gemein! Genau am 7. Juli 1997 endet unser Visum. Also müssen wir unverrichteter Dinge nach Hause. Ärger mit der russischen Staatssicherheit wollen wir nicht riskieren.

Wir beide sind wütend und erbost, denn es hieß doch von russischer Seite und auch von unseren Medien, die Archive seien geöffnet und auch für Verwandte zugänglich. Aber wenn überhaupt zugänglich, dann eben mit gefälschten Urkunden und mit US-$ und/oder Westmark.

Wer uns den Hinweis gegeben hatte, uns an Natalija Mussijenko von der russischen Bürgerrechtsbewegung „Memorial" zu wenden, weiß ich nicht mehr. Jedenfalls lud uns Natalja Mussijenko in ihre Wohnung ein; wir Drei waren uns gleich sympathisch.

Sie beschaffte uns zahlreiche Fotokopien von Dokumenten über meinen Onkel und den sogenannten „Hitlerjugend-Prozess". Wir gaben ihr als Dank 100 Westmark für ihre Organisation. Eine größere Summe hatten wir leider nicht übrig; das verstand Natalja.

Krankenhaus Kaschtschenko

Während unseres Besuchs bei Natalja Mussijenko erkundigten wir uns, wo sich die Nervenheilanstalt „Kaschtschenko“ befindet, in der meine Oma als Mutter eines angeblichen Volkfeindes gequält wurde, und wie wir am besten dorthin fahren können. Natalja erklärte uns die schnellste Verbindung. Nach knapp zwei Stunden stehen wir vor dem Hauptgebäude des „Krankenhauses namens Kaschtschenko“, wie die Nervenheilanstalt im Juni 1997 offiziell heißt.

Die Psychiatrie-Klinik ist noch aus zaristischen Zeiten, nach preußischem Muster angelegt. Um das zentrale Backsteingebäude liegen in weitläufigem Grün-Areal einzelne zweistöckige Häuser; einige vergittert, was auf geschlossene Verwahrung schließen lässt.

Draußen auf dem Gelände können wir uns frei bewegen. Nähere Auskünfte werden uns aber nicht erteilt. Die Begründung lautet: Das Archiv sei wegen Renovierung geschlossen. Höfliche Frage unsererseits: Seit wann und wie lange ist es geschlossen? Keine Antwort, sondern die Gegenfrage: Wozu interessiert Sie das?

Wir sind uns der Zwecklosigkeit der Frage, ob Krankenakten aus der Vorkriegszeit hier noch vorhanden sind, bewusst, fragen aber trotzdem. Keine Antwort.

Mein Mann und ich sind in einer sehr traurigen Stimmung. Für die Klärung unseres Anliegens hatten wir die uns gegenüber erwiesene Unfreundlichkeit und Feindlichkeit nicht erwartet. Wir verlassen das Anwesen, denn Dollarscheine besitzen wir nicht.

Leontjewskaja 2a - Frau Schegallo

Jetzt in dem Moment, in dem ich vorhabe unseren Besuch in der Leontjewskaja Uliza zu schildern, überlege ich, warum ich nicht schon früher – in den 1960er, 1970er, 1980er Jahren - jene Stätten in Moskau aufgesucht habe, wo meine Großeltern leiden mussten. Wie konnten mich meine Eltern zum Studium in dieses Land gehen lassen? Sie wussten doch bestimmt, wie unwürdig ihre Eltern und Schwiegereltern in Moskau behandelt wurden. Heute weiß ich, meine Eltern wussten nur Bruchstücke und waren zum Schweigen verpflichtet. Außerdem liebten sie einander und auch mich. Keiner wollte den anderen mit traurigen Details vergangener Zeiten belasten. Mein Glaube an die Wahrhaftigkeit der Ziele und Opferbereitschaft der sowjetischen Gesellschaft sollte erhalten bleiben.

Was heißt für den einzelnen Menschen in Zeiten von „Diktatur“ zu leben? Der heute in Wohlstand und vermeintlicher Freiheit lebende Mensch kann darüber, meines Erachtens, nur oberflächlich schwadronieren.

Also, im Juni 1997 suchen wir die Leontjewski pereulok auf. Sie hieß nach dem Krieg bis 1992 Stanislawski Straße, weil hier der international bedeutende Theatermann Konstantin Sergejewitsch Stanislawski von 1921 bis zu seinem Tode 1938 in einem klassizistischen Bau, im Haus Nr.6, wohnte. (Die Botschaft der DDR befand sich während meiner Studentenzeit in der Uliza Stanislawskowo). Die Mehrzahl der Häuser sind ein- und zweigeschossige Bauten vom Ende des 19. Jahrhunderts bzw. noch vor dem I. Weltkrieg erbaute.
Einige von ihnen wurden in der Stalin-Zeit aufgestockt, so auch das Haus Nr.2.

Eine marmorne Gedenktafel neben dem Haus Nr. 19 erinnert daran, dass hier von März bis Juli 1917 das Moskauer Komitee der Russischen Sozialdemokratischen Partei (Bolschewiki) und die Redaktion der Zeitung „Sozialdemokrat“ ihren Sitz hatten. In den 1930er Jahren befand sich im Haus Nr. 19 ein Büro der Profintern (ihr Hauptsitz war in der Soljanka Nr. 12) und sie hatte auch Haus 2 (damals nur drei Stockwerke) übernommen.Die Profintern brauchte nach Umstrukturierungs-Maßnahmen seit 1935 für ihre Mitarbeiter, die nach Moskau beordert waren – wie mein Großvater – , mehr Wohnraum. So ließ sie das alte Dach entfernen, setzte zwei Stockwerke in Beton-Ausführung mit Balkonen zur Straßenseite und ein neues Dach drauf.

Ein Kommandant führte das Haus, dieser erstattete monatlich der Profintern-Leitung Bericht über sämtliche Vorkommnisse im Haus. Dies schildert uns lebhaft und freundlich Nina Leonidowna Schegallo, die wir auf einem Dielenvorraum im 5. Stock antreffen.

Frau Schegallo bewohnt hier eine separate Wohnung, die Nummer 24. Nebenan in der Nummer 23, haben in den 1930er Jahren die Niederkirchners gewohnt, an die sich die über 80-Jährige noch erinnern kann. Sie hat die Verhaftung von Michael Niederkirchner durch den NKWD miterlebt und erinnert sich auch noch an das Datum: 3. Juli 1937.

Frau Schegallo zeigt uns ihre Wohnung, die jetzt aus einem etwa 20 Quadratmeter großen Wohnzimmer, einem halben Zimmer und einer Küche sowie Badezimmer besteht. Sie sagt, früher bestand das Haus nur aus Gemeinschaftsunterkünften.

Die Gemeinschaftswohnung (russ. Kommunalka), die wir im 4. Stockwerk begehen konnten, da sie 1997 unbewohnt war, besteht aus 14 Einzelzimmern und einer Gemeinschaftsküche. Die Zimmer 19 und 20, in denen meine Großeltern und mein Onkel Gustav bis zu seiner Verhaftung wohnten, befanden sich jedoch im 5. Stock. Hier hatte es 1995 oder 1996 einen Brand gegeben, sagt uns Frau Schegallo; die stark verkohlte Tür bestätigt dies. Den Schlüssel habe die Hausverwaltung mitgenommen. So können wir die Original-Zimmer meiner Großeltern und meines Onkels nicht besichtigen. Frau Schegallo versichert uns, dass Kommunalki im 4. und 5. Stock
identisch waren.

Wir sehen in der Gemeinschaftsküche einen Kohleherd, auf den 5-6 Töpfe passen und auf dem 14 Familien ihr Essen kochen mussten. Meine Großmutter hatte es also nicht weit zur Küche, sie brauchte nur quer über den Gemeinschaftsflur zu gehen, denke ich mir.

Frau Schegallo sagt: „Natürlich gab es oft Streitereien. Es wurde von Anfang an in mehreren Schichten gekocht, sodass immer der Essengeruch im Flur lag. Jeden Tag gab es Reibereien, was dem gemeinsamen Leben nicht zuträglich war. Die Badbenutzung war ebenso problematisch.“ Es gab zwei Toilettenbecken und eine einzige Badewanne für die 14 Familien. Zum Wäschewaschen konnte man den Trog unter dem Wasserhahn, natürlich nur kaltes Wasser, verwenden. Das Profintern-Haus in der Leontjewskaja 2a hatte insofern „Wohnheim“- Qualität, da von der Hausverwaltung generell Haus-, Tisch- und Bettwäsche geliefert, ausgetauscht und zentral gewaschen wurde. Die drei im Stellenplan der Hausverwaltung aufgeführten Reinemachefrauen, waren als Putzfrauen weniger fleißig denn als Zuträgerinnen für den NKWD, sie hatten freien Zugang zu den Zimmern.

Es waren sehr schwere Zeiten, nicht nur für die deutschen Antifaschisten, auch für die sowjetischen Menschen, erklärt uns Frau Schegallo. Aber für die Bewohner des Profintern-Hauses gab es eine Sonderversorgung, in die nicht alle einbezogen waren. In deren Genuss kam nur die erste Nomenklatura der Komintern. Mein Großvater gehörte wohl dazu, aber wie lange, konnte ich nicht herausfinden.

Ein Laden dieses Sonderversorgungssystems (russisch „Insnab“) befand sich im Keller des Profintern-Bürohauses in der Leontjewskaja Nr. 19. Mit einem Insnab-Ausweis hatte man die Berechtigung gegen Bezahlung Lebensmittel, Gemüse, Konserven und Importwaren, die in normalen Läden nicht geführt wurden, einzukaufen.

Diese versorgungsmäßige Bevorzugung Weniger lieferte genügend weitere Gründe für Spannungen unter den Bewohnern; wenn sie sich gegenseitig in die Töpfe guckten, den Wohlgeruch mancher Speisen auf dem Flur schnupperten, für die es in den normalen Läden die Zutaten nicht gab.

Henriette hat wahrscheinlich auch deshalb manche Speise und den duftenden Kaffee im Zimmer auf einem kleinen noch in Paris gekauften Elektrokocher, zubereitet. Offiziell war untersagt, auf den Zimmern zu kochen. Frau Schegallo sagt, dass dies auch andere Bewohner taten weil die Gemeinschaftsküche andauernd besetzt war. Sie könne sich nicht erinnern, dass der Kommandant oder Hausmeister jemals wegen der „verbotenen Kocherei“ eingeschritten sei.

Ich hatte nicht damit gerechnet, eine so liebenswürdige und auskunftsbereite Bewohnerin noch im Hause anzutreffen; wir waren ohne Blumen unterwegs. Aber zum Glück war in meiner Tasche ein Kasten Konfekt, mit dem wir uns herzlich bei Frau Schegallo bedankten.

Freunde aus Studentenzeiten

Meinem Mann hatte ich viel vom Schicksal meiner chinesischen Freundin erzählt. Auch, dass ich bei meinem letzten Besuch bei Wan Schu und Nikolai jenen Mann kennenlernte, der nach dem Studium für die Rückkehr Wan Schus nach China verantwortlich war und ich ihm erzählte, dass ich es zusammen mit Talia aus Albanien war, die halfen, Wan Schu vor ihm zu verstecken. Er lächelte daraufhin und sagte, für die Nichterfüllung seines Parteiauftrages kam er für drei Jahre ins Gefängnis.

Ich möchte Manfred mit Wan Schu und ihrem Ehemann Nikolai bekannt machen; den weiten Weg mit der Metro zu ihr kannte ich von meinem letzten Besuch im Jahr 1991.

Wan Schu und ich liegen uns noch in den Armen, da gilt die Aufmerksamkeit meines Mannes schon der mindestens 3 Meter langen Bücherwand im Flur. Die Männer kommen sofort in ein reges Gespräch – verständigen sich in gemixter Sprache von Russisch und Deutsch, teilweise komplett in Englisch.

Nikolai beschäftigt sich seit den 1990er Jahren intensiv mit Stalins politischen Verbrechen nach Lenins Tod.

Ich sage zu Nikolai, ich kannte den Begriff „Jeschowtschina“ nicht; zu DDR-Zeiten wurde hauptsächlich von den Verbrechen des KGB-Chefs

Lawrenti Berija gesprochen. Nikolai antwortet, es gibt keinen Unterschied, denn alle Verbrechen und „Säuberungen“ sind auf Befehl von J.W. Stalin erfolgt. Auf seine Veranlassung ist N. I. Jeschow (1885-1940) zum Chef des „Kommissariats für besondere Angelegenheiten, Personalfragen und Industrie“ schon im Jahre 1930 eingesetzt worden, und in diesem Amt befolgte er die Anweisungen Stalins, der den Terror und die Prozesse persönlich dirigierte und vorschrieb, welche Geständnisse bei prominenten Verhafteten zu erreichen seien, verschärfte vorgegebene Urteile und wies Erschießungen selbst an.

Der NKWD unter N. Jeschow reichte der Führungsgruppe um Stalin 383 Listen mit den Namen der als „Volksfeinde“, „Konterrevolutionäre“ und „Spione“ erfassten Personen mit kurzen Angaben über sie ein; weniger mit den tatsächlichen Beschuldigungen, als den potentiellen, gegen Stalin und sein Regime angeblich geplanten. Davon sind 362 Listen von Stalin persönlich signiert und damit sanktioniert. Die 383 Listen enthalten drei Kategorien von Urteilen mit Zuerkennung des Strafmaßes: Kategorie I: Erschießung; Kategorie II: Haft nicht unter 8 Jahren, Einweisung in Arbeits- und Straflager der GULAG: Kategorie III: Verbannung.

Im heutigen „Archiv-Fonds des russischen Präsidenten“ liegen diese Listen mit den Namen von etwa 44.000 Vertretern der internationalen Arbeiterbewegung und deren Söhne, sowie in der Sowjetunion lebenden oder arbeitenden Ausländern, sowjetischen Parteifunktionären, Armeekommandeuren und führenden Wirtschaftsfachleuten. In der Literatur wird die Zahl der gesamten Opfer der Jahre 1937 und 1938 mit 3 bis 4 Millionen Menschen beziffert.

Darunter befinden sich zwei Drittel des ZK der KPD und mehr als die Hälfte des Politbüros; per Stand 1997 sind von den erschossenen bzw. umgekommenen deutschen Kommunisten etwa 1.400 Namen erfasst. Ob auch G. Sobottka in jenen Listen stand, könne Manfred nur anhand der Akten erfahren, die aber seit 1993/94 im Archiv-Fonds des Präsidenten W. Putin unter Verschluss liegen.

Nikolai sagt: Das kannst du alles in den Briefen Stalins an seinen Vertrauten W. Molotow (1890-1986) nachlesen. Übrigens, hielt Molotow noch in hohem Alter an der Auffassung fest, die Repressionen seien politisch richtig und für die Aufrechterhaltung beziehungsweise Sicherung des Sowjetsystems notwendig gewesen; Molotow bedauerte nur, dass nicht gründlich „aufgeräumt“ wurde.

Die Männer unterhalten sich noch lange, ich bin eine Zeitlang bei Wan Schu in der Küche.

Eine Frage will ich aber an Nikolai noch loswerden: „Alle diese Verbrechen wurden von führenden Funktionären der KPdSU veranlasst und durchgeführt; waren sie der Meinung im Sinne des Marxismus-Leninismus zu handeln?“
Nikolai: „Die Ideologen der Partei waren zu keiner Zeit Marxisten und den Marxismus hatten sie längst schon zum Marxismus-Leninismus verfälscht. Das weiß doch dein Mann besser als ich.“

Frühstücks-Gespräche

In der Kindheit meiner Großeltern gab es sicherlich kein gemeinsames Frühstücken im Kreise der Familie. Auf dem Lande stand man sehr früh auf; Erwachsene und auch Kinder mussten früh die Tiere versorgen und im Sommer auf dem Feld arbeiten. Aus den Erzählungen meiner Mutter weiß ich, dass mein Großvater, wenn er nicht auf Reisen und sonntags zu Hause war, Wert darauf legte, gemeinsam mit Frau und Kindern zu frühstücken. In meinem Elternhaus gab es an Wochentagen auch kein gemeinsames Frühstücken. Nur sonntags deckte mein Vater den Tisch im Wohnzimmer, nicht in der Küche, und wir aßen die Stullen mit Butter und Leber- oder Teewurst; frische Brötchen mit selbstgemachter Marmelade oder Honig gab es nicht.

Als ich selbst eine Familie hatte, legten Manfred und ich Wert darauf sonntags – bis in die 1970er Jahre arbeiteten wir noch an Sonnabenden – gemeinsam zu frühstücken; die Töchter und ich kamen noch im Nachthemd oder Morgenmantel. Für alle war das Frühstück eine Gelegenheit in Ruhe von Erlebnissen zu berichten und Wünsche zu äußern.

Als wir Erwachsenen samstags nicht mehr arbeiteten und die Kinder nicht in die Schule gehen mussten, fuhren wir im Sommer meistens schon am Freitagabend auf unser „Grunzstück“.

Morgendliche Rentner-Unterhaltung

Ab Frühjahr 1999 bekamen Manfred und ich nach 45 Arbeitsjahren eine Altersrente. Unser Hauskredit war abgezahlt,die Töchter waren selbständig und so lebten wir in unserem Haus friedlich zusammen.

Ich schreibe bewusst „friedlich“ zusammen, denn das Problem, dass keiner von uns wusste, wie die nun freie Zeit sinnvoll zu gestalten wäre, hatten wir auch als Rentner nicht.

Manfred fuhr noch regelmäßig nach Berlin, um in der Bibliothek zu arbeiten, manchmal fuhr ich mit ihm und las in der Stadtbibliothek russische Zeitungen; die gemeinsamen Berlin-Fahrten nutzten wir auch für Museumsbesuche.

Wie in unserem bisherigen Eheleben hatten wir Respekt und Empathie für die speziellen Interessen des Partners. Am runden Frühstückstisch stimmten wir anhand eines Kalenders, in den jeder seine Termine eintrug, unsere persönlichen Vorhaben ab und wurden uns einig, wie wir den nächsten Tag und die Woche auch zusammen verbringen wollten.

Geweckt wurde ich oft mit Johann Sebastian Bach, meist mit Teilen aus den Goldberg-Variationen gespielt von Glenn Gould, mit dessen besonderem Klavierspiel Manfred mich bekannt machte. Manfred liebte nicht nur Pianisten, die klassische Musik interpretierten, sondern auch Jazz-Pianisten, vor allem Oscar Peterson. Aus unserem umfangreichen Schallplattenfundus berühmter Interpreten, wählte er als Weckruf, besonders energisch gespielte Stücke aus, stellte unsere Musikanlage ganz laut, damit ich die Musik im Schlafzimmer höre; Manfred wusste, bei Vivaldi, Chopin, Schumann oder Brahms verbliebe ich in gelassener Stimmung und würde mich aus unserem „Senioren-Bett" nicht sobald erheben.

Bei Regen saßen wir manchmal stundenlang beim Frühstück;
den Gesprächen mangelte es nie an Themenvielfalt. Meist war ich diejenige, die ein Thema anschnitt, was manchmal zu einem Streitgespräch führte, aber immer klärenden und nicht feindseligen Charakter hatte.

Zum Beispiel brachte ich mein Unverständnis zu Manfreds Anti-Haltung gegenüber neuer Technik zum Ausdruck, speziell zu allem, was mit Computer, Electronic etc. zusammenhing und bezeichnete ihn als „Anti-Technik-Freak". Ich meinte, ähnlich der Erfindung des Buchdrucks im 15. Jahrhundert, die revolutionär war und zu politischen und geistigen Veränderungen führte, sei auch die heutige Digitalisierung einer Revolution gleich, die in der Gesellschaft zu weitreichenden und tiefgreifenden Veränderungen führe. Manfred lächelte mich an und stimmte mir zu. Ja, aber, er sei eben ein konservativer Historiker, zwar ein optimistischer, der einige gute Traditionen bewahren möchte aber kein Zeithistoriker, der aktuelle Politik zu vertreten hat. Bis zu einem gewissen Grade verstand ich seine Denkungsart, vor allem wenn er Beispiele von bisher „missbrauchter Geschichte" anführte.

Eines Morgens empfing mich Manfred mit der Frage, wo denn der Spruch: „Die schärfsten Kritiker der Elche waren früher selber welche", abgeblieben sei. In der Wendezeit hatte Manfred ihn aus dem Klemke-„Magazin" herausgeschnitten und an die Wohnungsinnentür in der Fischerinsel gepinnt. Dieser Spruch zwang mir jedes Mal ein Lächeln auf, bevor ich die Wohnung verließ. Von wem dieser Spruch war, wusste ich nicht. Aber, natürlich wusste es mein Manfred, denn er hatte in der Stadtbibliothek nachgesehen und konnte mir nun sagen, dass das ein Zitat von dem westdeutschen Lyriker und Satiriker F. W. Bernstein sei. Mir gefiel der Spruch sehr gut, denn er war zeitlos. Aber leider hatte keiner von uns beiden ihn von der Wohnungstür beim Umzug aus der Fischerinsel abgemacht..

Wir stritten nicht immer. Manchmal las ich Manfred aus einem Buch, das ich gerade las, für mich bemerkenswerte Passagen vor und er hörte mir aufmerksam zu. Er empfahl mir Bücher von Umberto Eco, Adolf Muschg, Max Frisch, Günter Grass und Golo Mann, die er zuvor gelesen hatte. Die Bücher von Günter Grass trafen nicht meinen Geschmack und für die Lektüre der Bücher von Umberto Eco fehlten mir die kunstgeschichtlichen Kenntnisse. Ich las lieber die Bücher von Ingeborg Bachmann, Jean-Paul Sartre, Klaus Mann und Stefan Zweig.

Beide hatten wir Spaß unseren Geist aneinander zu reiben. Ich argumentierte meist emotional und aufgrund meines geringeren Faktenwissens anders als Manfred; ich war durch ordnende Definitionen nicht eingeengt. Ich regte mich immer wieder auf, wenn er mir stereotype Ordnungsbegriffe erklärte, die für mich nur Worthülsen für ideologische Verbrämungen darstellten, die ich schon früher nicht verstanden hatte.

Ich gab so lange nicht auf, seine Erklärungen zu hinterfragen, bis mein Kaffee nicht einmal mehr lauwarm war. Ich glaube, dass wir von diesen Gesprächen beide profitierten. Auch für Manfred hatten unsere Dispute einen gewissen Reiz meinen Gedankengängen zu widersprechen, mir Fakten und historische Zusammenhänge zu verdeutlichen und somit auch sein Gedächtnis in Training zu behalten.

Nicht widersprüchlich verliefen unsere Gespräche wenn wir die abendlichen Fernsehsendungen beim Frühstück auswerteten. Beide liebten wir politisches Kabarett.

Zu unserer unbedingten Fernsehunterhaltung gehörten der „Scheibenwischer“ mit Dieter Hildebrandt, Bruno Jonas, Georg Schramm und später „Neues aus der Anstalt“ mit Urban Priol und Georg Schramm, aber auch die lebensbesinnlichen Texte von Hans Dieter Hüsch, begleitet auf seiner Philicorda-Orgel.

Auch die Sendungen „Bio´s Bahnhof“, „Bei Bio“ und „Boulevard Bio“ waren fester Bestandteil unseres abendlichen Fernsehprogramms. Die späteren Kochsendungen von Alfred Biolek schauten wir nicht.

Roger Willemsen liebten wir sehr. Seine einstündige Talkshow „Willemsens Woche“ mit interessanten Persönlichkeiten am Tisch und mit dem Jazzmusiker Michel Petrucciani am Flügel, schauten wir mit Begeisterung.

Manfred war schon immer Leser von guten Kriminalromanen. Im Fernsehen ließ er keine Folge des „Der Bulle von Tölz“ und „Pater Braun“ mit Ottfried Fischer aus. Ich hatte auch Gefallen an diesen Serien gefunden, erkundigte mich am Frühstückstisch oft nach dem Ausgang des Krimis, da ich zwischendurch eingeschlafen war.

Meine Lieblingskrimiserien waren „Mord mit Aussicht“ mit Caroline Peters und Bjarne Mädel und „Marie Brand“ mit Mariele Millowitsch und Hinnerk Schönemann.

Auch mir gefielen die Filme „Wirtshaus“ und „Spukschloss im Spessart“ mit Lieselotte Pulver und Wolfgang Neuss. Und ich schaute sie mir auch ein zweites Mal an, aber kein viertes und fünftes Mal wie Manfred. Wie oft sich Manfred die „Feuerzangenbowle“ mit Heinz Rühmann anschaute, habe ich nicht gezählt. „Dinner for one“ ließen wir uns zu keinem Jahreswechsel entgehen.

Einmal erzählte ich von meinen ersten Eindrücken im Zusammenhang mit dem russischen Frauenprojekt. Ich brachte meine Enttäuschung zum Ausdruck, dass es in Russland viel schwieriger als in Usbekistan gewesen war, den Frauen die Bezeichnung „NGO – Nicht-Regierungs-Organisation“ und den Begriff „Sustainability – Nachhaltigkeit“ – zu erklären. Grund war nicht so sehr, dass es dafür keine adäquate russische Übersetzung gab, sondern dass die Bedeutungsinhalte in Russland völlig unbekannt waren. Selbst nach meinen unermüdlichen Erklärungen über Zivilgesellschaft und nachhaltige Ressourcen-Nutzung, wollten die Russinnen nicht begreifen, dass eine von der Regierung unabhängig agierende Organisation nützlich und für eine demokratische Entwicklung notwendig sei. Meiner Forderung, dass das mit EU-Geldern finanzierte russische Frauenprojekt auf Dauer auch „nachhaltig“ sein muss und die Anwendung dieses Prinzips generell für die Entwicklung einer modernen Volkswirtschaft gut ist, meinten einige, dass Nachhaltigkeit für die russische Ökonomie nicht notwendig sei, denn Russland habe unerschöpfliche Ressourcen. Wie weniger begriffsstutzig und beharrlich stur waren da doch meine usbekischen Unternehmerinnen. Kaum gegründet, ließ sich „Tadbirkor ayol“ 1993 im Ministerium für Justiz als NGO registrieren.

Ein weniger ernstes, meiner Meinung nach aber amüsantes Rentner-Gespräch, möchte ich auch noch erwähnen. Eines Morgens sagte ich zu Manfred, dass er eigentlich mehr „Weibliches“ in sich habe als ich, und ich einige männliche Eigenschaften. Ich führte Beispiele – ausnahmslos Kleinigkeiten – für meine Behauptung an. Er schien einigermaßen amüsiert, schaute mich zweifelnd an und fragte, ob ich denn noch nie etwas von „Yin und Yang“ gehört habe? Er nun wieder, der Schlaue, der alles schon weiß – dachte ich mir. Nein, wer sind denn Yin und Yang? Er erklärte mir, Yin und Yang seien keine Personen, sondern ein Begriff aus der chinesischen Philosophie. Na und, was heißt das? Es besagt, dass in jedem Menschen dieses gegensätzliche Paar enthalten ist und das eine ohne das andere nicht denkbar. Mal dominiere das Yin, mal das Yang und wenn beide Typen sich im Gleichgewicht befinden, fließen Energien im Menschen.

Ich verstand und sagte ihm, dann sei in unserer Partnerschaft doch alles in Ordnung; Yin und Yang sind zwar Gegensätze, die sich anziehen aber nicht einander ausschließen, sondern ergänzen. Manfred entgegnet mir, das habe er nie angezweifelt, auf diesem Prinzip habe unsere Ehe doch glücklich funktioniert, obwohl ich das oft nicht zugeben wollte.

Ich musste immer das letzte Wort haben und fragte: Warum lassen sich dann Partner meist aus kleinlichen Gründen scheiden? Seiner Meinung nach sei ein Grund, dass Männer aber auch Frauen, ihr Glück im Zusammenleben, nicht von der Qualität sondern der Quantität ihres Geschlechtsverkehrs herleiten. Da könnte er, bezogen auf die heutigen Verhältnisse, rechthaben.

Reisen bildet

1990 - erste Reise nach London

Aus Büchern und Filmen kannten Manfred und ich berühmte Städte wie Paris, London, Rom u.a., konnten aber keine der Städte in Westeuropa leibhaftig besuchen, um deren Kulturschätze wenigstens oberflächlich kennenzulernen.

Bei der Wahl unserer Reiseziele waren wir uns stets einig, denn wir hatten beide viel nachzuholen. In erster Linie sollten es Bildungsreisen sein. Als erste Stadt besuchten wir London und nutzen dafür die arbeitsfreie Woche zwischen Weihnachten und Neujahr. Bei unseren Kindern stießen wir anfangs auf Widerstand, denn sie bestanden darauf die Weihnachtsfeiertage mit ihnen zu verbringen. Nach einiger Diskussion erreichten wir bei ihnen Verständnis für unseren London-Reise-Wunsch. Aus den lebendigen Erzählungen ihres Vaters, als hätte er inmitten der Marx-Familie gelebt, konnten sie ermessen, wie wichtig diese Reise für ihren Vater war.

Als Manfred über K. Marx und F. Engels seine „Dokumentarberichte" schrieb, hatte er weder Trier, London, Paris, Brüssel oder Wuppertal-Elberfeld gesehen; im Unterschied zu einigen anderen Historikern der DDR, denen erlaubt war, in diese westeuropäischen Städte zu reisen und dort zu recherchieren. Er orientierte sich über die Aufenthaltsorte von Marx und Engels anhand von Reisehandbüchern westeuropäischer Städte aus vorigen Jahrhunderten. Für London und Umgebung benutzte er zum Beispiel das „Handbuch für Reisende. London und Umgebung" (mit Straßenverzeichnis, Stadtplänen etc.) von Karl Baedeker, Leipzig, 1887, neunte Auflage.

Für unsere Reise unmittelbar nach Mauerfall bereitete er sich jedoch anhand eines modernen London-Reiseführers (Verlag Terra magica) aus 1990 vor.

1990 wohnten wir noch in Berlin auf der Fischerinsel und ich fuhr am liebsten ins „Karstadt" am Herrmannplatz; nicht zum Shoppen, nur zum Gucken. Beim Nur-Gucken entdeckte ich „UNGER...der Ferienflieger". Kurz entschlossen buchte ich hier in der Filiale Nr. 10 bei Herrn Lietz, mit der Fluggesellschaft Dan-Air vom 25. bis 31.12.1990 eine Reise nach London/Gatwick. Für zwei Personen im Doppelzimmer mit Frühstück im „Hotel Slavia" (ziemlich zentral gelegen) bezahlte ich 1.794,- DM. In meinen Notizen sehe ich, dass wir 299,- DM zum Kurs von 1 Pfund Sterling gleich 2,97 DM, umtauschten; womit wir auskamen, denn der Besuch der meisten Museen war zu unserer Verwunderung kostenlos und in Restaurants oder Pubs gingen wir nicht; wie wir uns doch ernährten, habe ich nicht notiert.

Unsere Unterkunft „Slavia“ hätte ich nicht als „Hotel“ bezeichnet – es war ein typisch englisches Reihenhaus in viktorianischem Stil. Ein paar Stufen hinunter im Souterrain befand sich unser Zimmerchen, kalt und leicht muffig. Hier unten lernten wir das traditionelle „English Breakfast“ kennen. Wir waren die einzigen Hotelgäste, verständlich, denn zu Weihnachten bleibt man zu Hause.

Herr L. hatte nicht den „Boxing Day“ erwähnt, den traditionellen „Geschenkschachtel-Tag“ nach Weihnachten, an dem alle Läden geschlossen sind und kein öffentliches Verkehrsmittel fährt. So orientierten wir uns am ersten Tag zu Fuß, bei regnerisch ungemütlichem Wetter. Zwischendurch ruhten wir uns auf einer Bank in „Victoria Station“ aus.

Auch kamen wir mit einer älteren Dame ins Gespräch, die ihren Hund Gassi führte. Sie brachte zum Ausdruck, dass es erfreulich sei, dass wir Ostdeutschen nun auch London besuchen können. Die Unterhaltung mit dieser angenehmen Londonerin zwang uns, die jahrelang ungenutzten Sprachkenntnisse zu aktivieren. Wir unterhielten uns eine geraume Zeit; nur das Hündchen zerrte an der Leine und mahnte „Frauchen“ zum Weitergehen.

An den folgenden Tagen nieselte es nur ab und zu, oft schien sogar die Sonne. Es gab für uns so vieles zu sehen: Westminster Abbey, Buckingham Palace, Piccadilly Circus, Kings Road, Regent Street und vieles mehr. Im Wachsfiguren-Kabinett von Madame Tussauds stiegen wir hinab in die Chamber of Horrors, vorbei an Adolf Hitler und Jack the Ripper – beide hinter Glas.

Wie die Straße hieß, in der sich das Hotel „Slavia“ befand, weiß ich nicht mehr. Auf alle Fälle bewegten wir uns viel in der Untergrundbahn (Tube), aber nicht nur, meistens war das Wetter angenehm und wir gingen zu Fuß. Eines Tages stiegen wir in „Marble Arch“ aus, gingen durch den Hyde Park und sahen einen älteren Mann auf einer kleinen Kiste stehend von etwa 10 Leuten umgeben. Manfred erklärte mir, da sei „Speakers Corner“. Aha, für mich neu, dass, wer will oder es als nötig empfindet, auf die Kiste steigt und zu den Leuten spricht, um sie von etwas zu überzeugen oder einfach auch nur um seinen Frust abzulassen. Diese Art von Freiheit fand ich interessant und wollte hören, was den Speaker bedrückte; verstand ihn aber natürlich nicht. Die meisten Spaziergänger blieben bei ihm nicht stehen, sein Problem schien nicht zu interessieren.

Ach, es gab so vieles in London zu sehen und die Tage reichten nicht aus, all unsere Wünsche zu erfüllen. Auch in Warenhäuser gingen wir und trafen auf Käufer aus allen Erdteilen, die nach den Festtagen zu herabgesetzten Preisen ihre Einkäufe machten. Im „Harrods" kaufte ich mir einen Übergangsmantel und bei „Marks & Spencers" in der Oxford Street Tee in einem praktischen Keramikgefäß und zwei Royal Albert Tassen des Modells „Old Country Roses".

Britisches Museum und Highgate-Friedhof

Wie schon erwähnt, hatte sich Manfred intensiv auf die Reise vorbereitet. Mehr als 15 Adressen hatte er mit genauer Jahresangabe aufgeschrieben, wann Marx dort wohnte oder sich aufhielt. Nahm er sich vor, alle diese Orte nach 140 Jahren noch zu finden?

Unter anderem lese ich in seinen damaligen Notizen: „Zur Library of British Museum, Bloomsbury. Mitte Juni 1850 Zutritt für Marx. 29. Juni 1852 – Erneuerung der Lesekarte (durch Empfehlung Freiligraths an Sir Anthony Panizzi)".

Fast am Ende unseres Aufenthaltes entzweiten wir uns bei der morgendlichen Tagesplan-Abstimmung, denn Manfred wollte ins Britische Museum und ich in die „Tate Gallery". Die Bedeutung des Britischen Museums und der Bibliothek war mir nicht bewusst. Im Vergleich zu Manfred war meine inhaltliche Vorbereitung für London total ungenügend und „Google" gab es noch nicht. Teilweise hatte ich eine Aversion gegen Besuche von Museen – erst im Laufe unserer Ehe gelang es mir, mit ihm mehr als drei Stunden in einer interessanten Ausstellung die Dinge anzuschauen.

So ging an diesem Tag jeder allein seines Weges. Abends berichtete mir Manfred, dass er von der Größe und Vielfalt dieses historischen Museums überwältigt ist. Vor allem von dem Lesesaal, den man über die Eingangshalle erreicht und in dem K. Marx sein „Kapital" konzipierte. Allein dieser Reading Room mit seiner immensen Eisenkuppel sei eine Sehenswürdigkeit. Die Lese- und Arbeitstische seien radial um runde Bücherregale angeordnet. Einmalig!

Als er mir sagte, dass ich die Handschrift meiner verehrten Virginia Woolf hätte unter Glas anschauen können, bereute ich, ihm nicht gefolgt zu sein.

Später las ich, dass im Juni 1998 von Königin Elisabeth eine neue British Library neben „St. Pancras-Station" eingeweiht wurde. 1990 konnte Manfred noch die von alten Folianten geschwängerte Luft und

Atmosphäre des Lesesaals, in dem Marx tagelang seine Exzerpte anfertigte, in sich aufnehmen.

Das Grab von K. Marx zu besuchen, waren wir uns einig. Laut Baedeker aus dem Jahre 1887 gehörte „Hampstead Heath (130 m ü.d.M.) zu den am freiesten und schönsten gelegenen Punkten in der unmittelbaren Nähe Londons.“ Hier soll sich der Friedhof „Highgate“ mit dem Marx-Grab befinden.

Im Reclam-Buch über K. Marx schrieb Manfred, dass *das Grab sich heute (1970) nicht mehr an der gleichen Stelle befindet, an der Marx am 17.3.1883 beigesetzt wurde. Im 19. Jahrhundert war der Highgate-Friedhof ein Privatfriedhof mit Reihengräbern, die nach einer bestimmten Anzahl von Jahren eingeebnet wurden. Das stand damals auch dem Marx-Grab bevor. Die am Anfang der 20er Jahre des 20. Jahrhunderts noch junge Sowjetmacht wollte das gesamte Marx-Grab nach Moskau überführen. Doch die in Frankreich lebenden Enkel und Urenkel von Marx setzten durch, dass die Grabstätte mit Grabplatte in ihrem ursprünglichen Zustand in London erhalten blieb.*

So war der Kenntnisstand von Manfred 1970. Erst auf Grund unseres Besuchs in London 1990, erfuhr er weitere Einzelheiten über das Marx-Grab. So ergänzte er für die chinesische Ausgabe seines Dokumentarberichtes über K. Marx, wie die Umbettung des Grabes erfolgte. Nämlich, dass im Juli 1950 sich das „Marx Monument Committee“, bestehend aus führenden englischen Kommunisten, mit einem Aufruf an die internationale Öffentlichkeit wandte, Gelder zu sammeln, um auf dem Highgate-Friedhof einen größeren, leicht zugänglichen Grabplatz zu erwerben. 12.500 Pfund Sterling kamen zusammen, was ausreichte, die Pläne des Komitees zu verwirklichen. Die Spender waren Kommunistische und Arbeiterparteien sowie viele Einzelpersonen. Mit Zustimmung der Urenkel von Marx fand in der Nacht des 23. November 1954 die Umbettung der sterblichen Überreste von Karl und Jenny Marx, zusammen mit denen ihres Enkels Henry Longuet und der treuen Haushälterin der Familie, Helene Demuth, statt. 1955 wurde in dem neuen Marx-Grab auch die Urne der 1898 verstorbenen jüngsten Tochter Eleanor beigesetzt; die Urne war bis zu diesem Zeitpunkt in einem Gewerkschaftsbüro aufbewahrt worden. An Marx‘ 73. Todestag, am 14. März 1956, erfolgte dann die Einweihung des neuen Grabes als Grab- und Gedenkstätte.

In strömendem Regen (ohne Schirm) suchen wir im Dezember 1990 nach der letzten Ruhestätte und kommen an ein Häuschen, in dem man Eintrittsgeld von uns verlangt. Hinweisschildern mit „Marx-Grab“ folgen wir und stehen dann vor einem etwa zwei Meter hohen Granitsockel, von dem ein bronzener, von dem englischen Bildhauer Laurence Bradshaw (1899-1978) geschaffener Marx-Kopf herunterblickt. Auf der Vorderseite des Sockels liegt die von F. Engels 1883 gesetzte marmorne Grabplatte mit den Namen, den Geburts- und Sterbedaten der im Familiengrab beigesetzten Personen.

Im 1990er Reiseführer steht: *Das berühmteste Grab auf der neueren Ostseite ist das Grab von Karl Marx, das heute von einem hässlichen Denkmal aus den fünfziger Jahren überragt wird.* Dieser Feststellung entspricht unser Eindruck nicht. Wir empfinden es nicht als hässlich, sondern als würdiges Denkmal für den deutschen Philosophen.

Manfred schaut sich die Gräber in unmittelbarer Nachbarschaft an und weist mich auf den gegenüber liegenden Grabstein von Herbert Spencer (1820-1903) hin. Ein englischer Philosoph, der sehr feindliche Schriften über die Auffassungen von Marx verfasste.

Urlaube in Frankreich

Neue Freundinnen

Nach Ende der AB-Maßnahme bei der EpoG e. V. bekam ich, nach einem Jahr Arbeitslosigkeit, in der für arbeitslose Ostberliner Akademikerinnen aufgelegte AB-Maßnahme eine Arbeit. (Bei EpoG e. V. betrug mein Bruttogehalt monatlich: 3.588,- DM.)

Die AB-Maßnahme lautete: „Ausbau und Differenzierung des Beratungsnetzes in Ostberliner Frauenprojekten" und lag in der Verantwortung von „Wirkstoff e. V./Weiterbildung für Frauen". In einer begleitenden Qualifizierung sollten wir – es waren 15 Frauen –, die für unsere Tätigkeit notwendigen Kenntnisse, auf die Arbeit abgestimmte EDV-Fortbildung und ein individuelles Bewerbungstraining erhalten, um unsere Chancen auf dem ersten Arbeitsmarkt zu verbessern. Unsere Arbeitsstätte befand sich meistens in den Räumen von „Wirkstoff e. V." in der Rheinberger Straße 74 – 77, wo noch vor kurzem die Zonengrenze verlief. Das Motto von „Wirkstoff" e. V. lautete: „In Deutschland sind Frauen anerkannt als ´Wirkstoff´ für eine gesunde Gesellschaft." (Mein monatlicher Bruttolohn betrug: 2.927,- DM.)

Zur Einführung in die Frauenproblematik hörten wir erst einmal Vorträge von westdeutschen Frauen darüber, wie sie es angestellt hatten, das Selbstbewusstsein von Frauen zu stärken, sich selbst zu erkennen und zu verwirklichen. Hier lernte ich Angelika H. kennen; 13 Jahre jünger als ich, promovierte Philosophin, verheiratet und Mutter von drei Töchtern. Eine hübsche, brünette, schlanke und sehr lebhafte Frau. In einer Pause stellte sich heraus, dass Angelika die Tochter eines meiner früheren Arbeitskollegen ist, was die gegenseitige Sympathie noch erhöhte.

In einem der Vorträge schilderte uns die Referentin, die schon mehrere Frauenprojekte in Westberlin konzipiert hatte, wie in Seminaren für Selbsterkennung und Erhöhung des weiblichen Selbstbewusstseins, die Teilnehmerinnen mit Hilfe eines Spiegels den G-Punkt in ihrer Vagina erfühlen sollten, der sicher zu sexueller Erregung führe. Und als Beispiel für die Aufmüpfigkeit von jungen Frauen berichtete sie von einem Fall an der Kölner Universität, wo die Studentinnen mit in roter Tinte und Tomatenketchup getränkte Tampons ihre Dozenten bewarfen. Dazu meinte sie, das sei der Beginn der „Sexuellen Revolution" gewesen.

Angelika und ich schauten uns an und konnten unser Lachen kaum unterdrücken. Unsere Bilder von Revolution und weiblicher Emanzipation waren total andere. Angelika regte sich auf: Von welcher Frauenbewegung geht sie aus? Wir sind gewöhnt, wenn wir Vorträge hören oder auch selber welche halten, dass von einer Definition oder auch von zwei ausgegangen wird und das Thema durch These und Antithese erst einmal grob abgesteckt wird. Ich weigere mich dem journalistischen Drauflosgequatsche weiter zuzuhören, ich schalte ab. Ich sage zu Angelika, sie solle sich beruhigen, mir täte auch die so vergeudete Zeit leid. Wir müssten unsere Meinung dazu sagen, denn das Aufsuchen des G-Punktes als Gradmesser unserer Selbstverwirklichung anzunehmen und uns dies beibringen zu müssen, können die Supervisorinnen doch nicht ernsthaft meinen? Angelika antwortet mir: Na doch, sie gehen davon aus, dass Sex und Orgasmen am laufenden Band Garantien für eine Liebesbeziehung sind und daher die ostdeutschen Frauen erst darüber aufgeklärt werden müssen. Unsere Schwestern meinen es nur gut mit uns!

Von meinem Vater hatte ich 1976 das im Verlag Volk und Welt, Berlin, erschienene Buch „Memoiren einer Tochter aus gutem Hause" von Simone de Beauvoir geschenkt bekommen und auch gelesen. Die im gleichen Verlag erschienenen zwei Bände von „Das andere Geschlecht. Sitte und Sexus der Frau", schenkte mir Manfred. Ehrlich gesagt, las ich damals nur den ersten Band. Aber seitdem interessierte mich alles im Zusammenhang mit ihr und Jean-Paul Sartre.

Von Virginia Woolf waren auch einige Romane in DDR-Verlagen erschienen. Sie waren „Bückware", die die jungen Buchhändlerinnen aufgrund der Lehrtätigkeit von Manfred an der Leipziger „Fachschule für

Buchhandel“ ihm reservierten. So las ich von Virginia Woolf „Zum Leuchtturm“, „Mrs. Dalloway“, „Orlando“ u.a. Ihr Schreibstil, wie sie in inneren Monologen und lyrisch-bildhafter Sprache ihre Gefühle und Gedanken zum Ausdruck brachte, war für mich völlig neu; am Anfang musste ich manche Passagen mehrmals lesen.

Der Essay „Ein eigenes Zimmer“ traf auf meine damalige Situation – meinem Wunsch ein Zimmer nur für mich allein zu haben – dermaßen zu, dass ich von nun an alles über diese Schriftstellerin erfahren wollte. Was auch möglich wurde, denn nach dem Mauerfall hatte Manfred keine Probleme, mir aus der Vielzahl der Bücher von und über Virginia Woolf, mir Geschenke zu machen.

Als ich ihm erklärte: Ich bin Feministin, erwiderte er: Ich bin Feminist!

Jetzt habe ich mich durch Simone de Beauvoir und Virginia Woolf von meinem eigentlichen Erzähl-Thema ablenken lassen. Nämlich, dass Angelika es war, die mich mit ihren Freundinnen Johanna van Hoorn und Michelle Proust bekannt machte und deren „Wiese“ in Südfrankreich für Manfred und mich zum liebsten Erholungsort wurde.

Wohlfühloase mit Blick auf die Pyrenäen

Im September 1996 fuhren wir das erste Mal nach St. Denis in die Montagne Noir. Eine derart weite Reise mit dem Auto hatten wir noch nicht gemacht, zudem auch noch nach Frankreich, dessen Sprache wir nicht perfekt beherrschten. Anhand von ADAC-Autoatlas und Landkarten waren wir vorbereitet, einen Navigator gab es wohl damals noch nicht.

Manfred und ich wechselten uns beim Chauffieren ab, schafften pro Tag 500 km bis zum Einsetzen der Dunkelheit (wir hätten früher unser Haus verlassen müssen, aber…); bogen also von der Autobahnabfahrt Nr. 44 nach Amberg-Sulzbach ab, fuhren in Richtung Edelsfeld durch ein kilometerlanges Waldgebiet und trafen auf den Gasthof „Goldener Greif“ (seit 1438). Wir waren glücklich hier ohne vorherige Anmeldung von sehr freundlichen Besitzern ein Zimmer, zu bekommen. Bei all unseren Fahrten nach Südfrankreich übernachteten wir immer wieder im „Goldenen Greif“. Auf den Heimfahrten benutzten wir die französische Autobahn, mussten zwar Peage (Mautgebühr) zahlen, was aber etwa einer zweiten Übernachtung auf französischer Seite entsprochen hätte.

Auf der ersten Rückreise aus Frankreich schafften wir es bis Gundelfingen im Hochschwarzwald. Im Hotel-Ristorante „La Romantica“ bei Pasquale Enzo Londino, einem seit 30 Jahren in Deutschland mit seiner Familie lebendem Italiener, bekamen wir noch um 22 Uhr ein Zimmer und auch noch warmes Essen. Unter den vielsprachigen Gästen, von denen wohl die meisten wie wir auf der Durchreise waren, herrschte eine familiäre Atmosphäre. Mit unserem Englisch und Französisch hatten wir gleich Kontakt zum Wirt und auch zu anderen Gästen.

Beim Frühstück am Tisch vor dem Hotel auf der Straße sitzend, entdeckten wir in Sichtweite auf einem frisch gekalkten Kirchturm ein Nest mit Störchen. Für uns ungewöhnlich, auf einem Kirchturm ein Storchennest zu sehen. Manfred meinte, es sei bestimmt eine evangelische Kirche, denn Katholiken duldeten eine solche „Nestbeschmutzung" nicht. Zwei Mal übernachteten wir hier auf der Rückreise. Beim letzten Mal war uns in der Dämmerung der Kirchturm eine Orientierungshilfe, aber das Hotel von Pasquale Enzo Londino gab es nicht mehr.

Johanna und Michelle

Vier Mal verbrachten wir unseren Urlaub bei Joke und Michelle. 1992 hatten sie sich die etwa fünftausend Quadratmeter große „Wiese" gekauft und auf ihr ein Blockhaus gebaut. Vorher wohnten beide mit Michelles kleinem Sohn Martin in einer Mietwohnung im Nachbardorf Villeneuf. Der Vermieter hatte sie wegen Eigenbedarf gekündigt aber gab ihnen Zeit, sich eine neue Bleibe zu suchen. Die Frauen dachten sich, warum nicht etwas Eigenes aufbauen; die Bank gab ihnen für 15 Jahre Kredit; sie kauften die „Wiese" und begannen den Boden für sich zu nutzen.

Freunde halfen zwei gebrauchte, stillgelegte Mobil-Homes etwas erhöht aufzustellen und mit einer fast ebenso großen überdachten Holzterrasse zu versehen. Die Mobil-Homes waren mit Salon, zwei Schlafräumen, Toilette, Dusche und Kitchenette geräumig genug für mehrere Personen.

Michelles ursprüngliche Idee war hier auf der Wiese, in 800 Meter über dem Meeresspiegel, im Picotalen – so hieß der Fleck in der Nähe von St. Denis im Languedoc, zwischen Pyrenäen und Mittelmeer – , für Aids-Kranke eine Art Luftkurort einzurichten. Warum ihr, der gelernten Krankenschwester, dies nicht gelang, lag an den französischen Vorschriften, wie sie uns sagte.

Als wir 1996 das erste Mal im Picotalen Urlaub machten, war Michelle selbständige Unternehmerin, die mit ihrem alten Mercedes-Bus in den umliegenden Gebirgsdörfern der Montagne Noir alte und kranke Menschen betreute und versorgte. In dem Kleinbus hatten Rollstühle Platz, aber auch Möbel, Baumaterialien und Baumstümpfe.

Joke verließ seltener das Haus, sie bekam von Zeit zu Zeit Übersetzungsaufträge, die sie neben ihren „Mutterpflichten", so war mein Eindruck, erfüllte. Joke klärte mich über meinen falschen Eindruck auf, indem sie sagte: "Es ist unser Sohn. Michelle hat ihn entbunden, aber er ist auch mein Sohn." Das machte mir bewusst, wie altmodisch doch meine Vorstellung damals von Lebensmustern war.

Die zwei Frauen lebten mit ihrem Sohn, Hund „Bilbo" und zwei Katzen friedlich miteinander. Es sind tapfere Frauen, die selbst der stärkste Mistral-Sturm nicht so leicht umwarf und aus dem Gleichgewicht brachte. Von äußerer Erscheinung sind beide ziemlich gegensätzlich: Johanna, 1,80 Meter groß, sehr schlank, von knabenhafter Statur, mittelblond, eher der ruhige, von philosophischer Denkungsart geprägte Typ und Michelle ist kleiner, fraulicher, brünett, stets zu Späßen aufgelegt.

Joke nimmt neben der Hausfrau- und Mutterrolle auch die der Fremdenführerin wahr. In einem Flyer wirbt sie mit den Worten: *Wenn sie Ruhe und Sonne lieben, können sie einige Zeit bei uns verbringen. Sie können in den schönen Wäldern spazieren gehen und zum Baden in den Flüssen und kleinen Seen anhalten. Wir sind 1 km vom Dorf St. Denis entfernt und 7 km vom „Bücherdorf" Montolieu. Mit Carcassone und seiner mittelalterlichen Stadt in einer Entfernung von 22 km können sie den Reiz dieses Landes der Katharer entdecken und sich an seinen zahlreichen Sommerfestivitäten beteiligen. Ebenso können sie auch die Weine der Gegend kosten.*

Sie empfiehlt Manfred historisch interessante Sehenswürdigkeiten in der Umgebung und erklärt ihm auf der Landkarte, wie diese zu erreichen sind. So besuchten wir bei unserem ersten Urlaub die Grotte de Niaux in Tarascon-sur-Ariége, in der wir erstmalig Felszeichnungen von Ureinwohnern sahen; bestaunten die vom Zisterzienser-Orden im XI. Jahrhundert gegründete Abbaye (Abtei) de St. Marie de Villelongue; die in Saint-Papoul im selben Jahrhundert vom Benediktiner-Orden gegründete Abtei und in Fanjeaux das Haus des Dominikus. Einmalige Eindrücke für uns beide, auch für Manfred, den Historiker, der Bauten des XI. Jahrhunderts nur aus Büchern kannte.

Im Laufe der Jahre lernten wir nicht nur die Sehenswürdigkeiten der Umgebung, sondern auch die in den Bergdörfern lebenden Menschen kennen. Wir wurden von unseren Gastgeberinnen in ihr Leben einbezogen und es entwickelte sich eine vertrauensvolle Beziehung. Wir werden nicht nur einmal in ihr Haus zum Essen eingeladen, unter anderem um zu probieren, wie Austern schmecken – Michelle liebt Austern mit Zitrone zu schlürfen. Ich probiere, Manfred nicht. Bei schönem Wetter lädt man uns zum Grillen auf der Wiese ein. Johanna und Michelle sind Genießerinnen; keine Mahlzeit läuft bei ihnen ohne Aperitif und Wein und ohne Vor- und Nachspeise ab. Wir wollen uns ein wenig revanchieren, aber was hat unsere Berliner Küche schon an Originellem zu bieten?

1996, Johanna empfiehlt Manfred Sehenswürdigkeiten in der Montaigne Noir

Johanna, Manfred und Hündin Bilbo vor Blockhaus

1998 – Konzert von Michelle und Louis in Fontiers Cabardes

Notiz aus meinem Tagebuch

Samstag, 11-13 Uhr Einkauf bei E. Leclerc. Joke und Michelle haben dieses Wochenende frei und sie folgen unserer Einladung zum Abendessen – mit deutschem Kartoffelsalat und Halberstädter Würstchen. Als Dessert hatten wir bei E. Leclerc Obsttörtchen und mit Pudding-Creme gefüllte Pfannkuchen, oder wie meine Mutter sie nannte, „Berliner Ballen" gekauft. Obwohl die französischen Gewürzgürkchen im Gegensatz zu unseren strenger im Geschmack sind – weniger Zucker - habe ich den Kartoffelsalat mit ihnen und mit französischer Mayonnaise gut hingekriegt. Jedenfalls haben die Mädels gut gegessen und betont, dass es schmeckte und ich meine, sie haben es nicht aus purer Höflichkeit gesagt.

Alle Vier fühlten uns wohl und nach Aperitif und Wein lockerten sich unsere Zungen und wir Deutschen begannen ein wenig über unsere Herkunft zu sprechen.

Interessant war für uns, was Joke über ihre Eltern erzählte: Von ihrem holländischen Vater, der als Fremdarbeiter während des Krieges in Deutschland, in der Eifel, arbeiten musste. Die Familie ihrer deutschen Mutter stammte aus Ratibor (eine oberschlesische Industriestadt in der Nähe von Gleiwitz, heute Polen), in der Jokes Mutter 1924 geboren wurde und flüchten musste, nach Rheinland-Pfalz. Dort, in der Eifel lernte sie Jokes Vater kennen und lieben, und nach dem Krieg gingen beide in seine Heimatstadt Rotterdam. In Rotterdam wurde 1952 Johanna geboren. Von ihren zwei Brüdern lebt der eine mit seiner Frau in Mozambique und der andere in Rotterdam in der Nähe der Mutter.

Manfred fragt: „Johanna, also bist du zweisprachig aufgewachsen?"

Johanna: „Nein, zu Hause wurde holländisch gesprochen. Die deutsche Sprache war verboten. Ich wurde in der Schule als ´Muffe´ beschimpft, weil meine Mama Deutsche war. In den 1950er und 1960er Jahren war der Deutschenhass noch sehr groß. Heute nicht mehr."

Ich schalte mich in den Dialog ein und frage: „Du hast als Kind und Jugendliche bestimmt darunter sehr gelitten und trotzdem hast Du ausgerechnet Germanistik in Rotterdam studiert?"

Johanna: „Ja, ich fand die Sprache und vor allem die deutschen Märchen sehr schön. Und es war doch im wahrsten Sinne meine ´Muttersprache´."

Ich frage: "Welche Staatsbürgerschaft hast du heute?"

Johanna: „Die holländische."

Ich: „Keine doppelte, wo du doch solange schon in Frankreich lebst?"

Johanna: „Die doppelte Staatsbürgerschaft ist abgeschafft."
Manfred: "Das ist gut, in Deutschland wird sie noch praktiziert."
Ich: „Wenn du nicht mehr arbeitest, wer bezahlt dir Altersrente?"
Johanna: "Für die Jahre, die ich in Holland gearbeitet habe, der niederländische Staat und für die Jahre in Frankreich, der französische. Ich fühle mich als Europäerin!"

Michelle erzählt (in Englisch) über ihre Herkunft, dass ihre Vorfahren aus der Vendée, im Westen Frankreichs, unterhalb der Normandie, stammen. Arme Bauern waren, die nur eine Kuh besaßen und mit Leiterwagen auf der Suche nach einem besseren Leben ihr Dorf verließen. Michelles Vater baute Tabak an. Der Sog der Industrie führte die Familie in die Stadt Marseille und in Marseille wurde Michelle als Jüngste von drei Kindern 1955 geboren. Ihre zwei Brüder leben in Marseille und besuchen sie ab und zu.

Die Verhältnisse in Europa und der Welt haben sich Ende der 1990ger Jahre verändert; viele Menschen suchen nach ihrer Identität; Johanna, Michelle und auch wir fühlen uns als Europäer. Und das ist auch gut so.

„Club 620" in Fontiers-Cabardes

Hier in den Bergen im „Club 620" treffen sich von Zeit zu Zeit die „Aussteiger". Manfred verwendet diese Bezeichnung und ich mokiere mich darüber; aber Bernard Sattler, der Schmied aus der Schweiz, der seit einigen Jahren im Ort Saissac lebt, sagt: Ja, Manfred habe recht, es sind alles „Aussteiger" aus Zwängen des modernen Lebens, die hier ein freies Leben bevorzugen.

An einem Sonntagnachmittag nimmt uns Joke in ihrem Auto mit in den Club und bei dieser Gelegenheit lernen wir auch Michelles Mama kennen.

Unter dem Motto: „Aperitif Musical. Piano et Flute avec Louis et Michelle" kommen alle Freunde hier zusammen. Auf der Terrasse vor dem kleinen Restaurant findet sozusagen ein Open-Air-Konzert statt. Michelles Mama sitzt neben uns und wir beobachten, wie Michelle die Elektrik für das Konzert installiert und das vor dem Gartengrill stehende Yamaha-Klavier mit einem 30 kg-Gewicht beschwert, um dem synthetischen Klang des Klaviers bessere Resonanz zu verleihen. Bald darauf erscheint auch Louis, etwa 50 Jahre alt, ein seit 1990 hier mit seiner Frau lebender Holländer. Er ist von Beruf Dolmetscher für Englisch und Französisch und seine Frau ist Übersetzerin von amerikanischen Romanen ins Holländische. Joke sagt, die Frau verdient das Geld für den

Lebensunterhalt, denn sie arbeitet mehr als acht Stunden am Tag und die ganze Woche lang; sie sei aber introvertiert und nicht so geübt im Umgang mit Menschen wie ihr Mann Louis.

Louis, salopp in maisgelbem kurzärmeligem Oberhemd mit Seidentuch in linker Brusttasche, Zigarre im Mund wie Egon Olsen und einem Cognacschwenker hinter sich auf dem Kamin, setzt sich an das elektrische Klavier und eröffnet das Konzert. Michelle, gekleidet in eine azurblaue legere Seidenbluse zur leuchtend gelben leichten Baumwollhose – zufällig passend zu den gelben Socken von Louis — , steht mit ihrer Querflöte neben dem Klavier und erwartet ihren Einsatz. Als ich Joke sage, dass Louis mich mit der Zigarre im Mund an Egon Olsen aus den dänischen Filmen über die „Olsenbande“ erinnere, kann sie mit meiner Bemerkung nichts anfangen; sie sagt, skandinavische Filme und Kultur überhaupt, seien in Deutschland bekannter als in Frankreich, man wisse hier wenig über diese Länder.

Die dargebotene Musik gefiel uns. Wie man uns später sagte, ist sie von Louis speziell für Michelles Querflöte komponiert. In unseren Ohren klang sie wie eine Mischung aus Kaffeehaus- Unterhaltungsmusik und Troubadour-Gesängen. Michelle spielte vom Blatt, teilweise mit geschlossenen Augen, mit vollster Konzentration und Hingabe. Ich bewunderte ihre Nerven, denn Leute gingen mit Hunden, kleinen Kindern und Rucksäcken an ihr vorbei, um ins Innere des Restaurants zu kommen. Sie kam nicht aus dem Takt. Zwei 10-jährige Jungen wären zu gern auf ihren bunten Skate-Brettern an den Musizierenden vorbeigerollt, taten es dann aber doch nicht.

In Deutschland hätte schon längst jemand geschimpft. Hier regelt sich vieles ohne Schimpfen und Groll, man ist einfach viel toleranter, nicht nur den Kindern gegenüber. Das kann nicht nur mit der Landschaft und dem Klima zusammenhängen.

Am Ende des Open-Air-Konzerts erscheint der gebürtige Schweizer Bernard mit seiner blonden Freundin, mindestens 15 Jahre jünger als er. Er macht auf mich den Eindruck eines ältlichen blonden Machos — mit seinen von einem haarlosen Rondell lang auf die Schultern fallenden lockigen leicht ergrauten Haaren, im weit offenen, knapp über dem Bauchnabel endenden gestreiften langärmligen Oberhemd und weißen Jeans. Bernard holt seine Gitarre aus dem Auto und jazzt mit Louis und Michelle zum Vergnügen von uns allen.

Als wir vor drei Jahren Bernard in seiner Werkstatt in Saissac besuchten, war er noch sehr optimistisch, was Arbeitsaufträge für ihn als Kunst-Schmied aufgrund neuer Hausbesitzer aus Deutschland, den

Niederlanden und Frankreich hier in den Dörfern betraf. Jetzt sagt er uns, dass für ihn nicht genug zu verdienen sei und er jetzt etwas „total Neues“ macht: Er repariert alle Fabrikate von automatischen Anlagen für Verpackungen, weltweit. Naja, ich vermute, nach Reichtümern strebt er nicht, aber ich kann mich irren. Wir unterhalten uns Deutsch und Bernard stellt sichtlich erfreut fest, dass, obwohl er jahrelang nicht deutsch gesprochen hat, doch alle Vokabeln prompt da sind und selbst sein Schweizerdeutsch parat ist. Mit 25 Jahren sei er aus der Schweiz weggezogen, weil da jedes „Quadratmeterchen und Ideechen“ schon gesetzlich vorbestimmt und geregelt ist, es keinen Raum für spontanes Agieren gibt. Wir sprechen auch über die Weltlage und Bernard, ein leidenschaftlicher Europäer, meint, die europäischen Länder müssten mehr zusammenhalten, um den USA zu widerstehen.

Zum Essen gehen wir ins Innere des Restaurants und setzen uns an den Tisch, an dem die hübsche, schwarzlockige Marie mit ihrer 12 oder 13 jährigen Tochter sitzt. Marie, die uns donnerstags mit einem kleinen Renault-Lieferwagen frische Milch, Quark und Joghurt auf die Wiese bringt, kommt regelmäßig hierher zum Tanz. Maries Tochter ist die Halbschwester von Michelles Martin. Der leibliche Vater von beiden ist der aus Algerien stammende, charmante Ivan, der zwei eheliche Kinder hat und ab und zu auch im „Club 620“ vorbeikommt. So bekomme ich auch ihn einmal zu sehen, ein interessanter, schöner Mann; Joke sagt mir, er sei Kommunist. Sie meint, hier in den Dörfern leben einige Frauen allein und ziehen die Kinder ohne ihre Väter groß. Viele sind miteinander versippt und verschwägert. Aber soweit sie sich untereinander helfen können, tun sie es, nicht nur durch Ausgelassenheit an einem solchen Abend.

Joke trank Bier (sie liebte vor allem deutsches Bier, was wir ihr kastenweise mitbrachten) und Kognak und war recht ausgelassen; sie forderte mich zum Tanzen auf und stellte fest, dass ich gut tanze, wahrscheinlich weil ich führte. Manfred wurde von Michelle und Joke auch zum Tanz aufgefordert, sein anfängliches Weigern half ihm nichts.

Tagebuchaufzeichnungen

Bei unseren Wanderungen in die unmittelbare Umgebung ist unser ständiger Begleiter „Bilbo“, eine sehr liebe pyrenäische Hütehündin mit braunbeigem Wuschelfell, die lediglich mit lautem Bellen die Ankunft eines Fremden auf der Wiese ihren Herrinnen anzeigt, ansonsten eher auf Schmusen und Harmonie eingestellt ist. Manfred hatte von Anfang an

Bilbos vollste Sympathie. Wenn wir nicht mit dem Auto unterwegs sind, liegt Bilbo bei uns auf der Terrasse, lässt sich von Manfred streicheln und mit Käse füttern. Sobald wir loswandern, läuft sie vor uns, als wolle sie uns den Weg zeigen, guckt in jedes Mauseloch, spielt eine Weile mit dem Mäuschen und frisst es dann mit Haut und Haar. An schönen Tagen, wenn es nicht regnet, wandern wir mehrere Stunden ziemlich weite Strecken und immer ist Bilbo mit uns.

Wie schon beschrieben, brachte uns Marie Milch, Joghurt und Frischkäse sozusagen ins Haus. Frisches Baguette und Croissants holte ich vom Briefkasten an der Straße, aus einer Plastetüte, die mit breitem Gummiband an einen Pfosten und einem abgebrochenen Hockeyschläger mit Wäscheklammer, genau wie der Briefkasten, befestigt war. Kartoffeln, Käse und Honig kauften wir auf dem Markt in Revel.

Auf der Fahrt nach Revel durch die Orte Saissac und Mazamet, entdeckten wir schon bei unserer ersten Reise die „Poterie „Alibeu", die besonders mich beeindruckte und ich Manfred bei unseren Urlauben stets überzeugen konnte, in der riesigen Poterie vorbeizuschauen und bei Monsieur eine farbige, französische Keramik zu kaufen.

Jedes Mal besuchten wir die Mittelalter-Stadt Carcassone, aber vor allem das von uns nur 8 km entfernte Montolieu, das „Village des livres et des Arts". In das „Bücherdorf" führte eine sehr schmale, steile Straße ohne Bürgersteig, gerade so breit für nur ein Auto und ohne Spiegel, auf dem man sieht, ob ein Auto die Straße hinaufkommt. Im Laufe der Jahre hatte ich mit dieser Situation kein Problem mehr, und ich fand auch immer einen Platz, um unser Auto zu parken.

Stundenlang wandelten wir in den großen Hallen der ehemaligen Textilfabrik aus dem 17. Jahrhundert, schauten uns Bücher, Zeitschriften, Bildbände etc. in vielen Sprachen an, und kaufen auch jedes Mal. Unter anderem eine Bilddokumentation über die Leipziger Protestdemonstrationen aus 1989/90, herausgegeben vom „Neuen Forum" unter Professor Magirius. Ich frage mich, wer transportierte und verkaufte seine Bücher hierher nach Montolieu?

Nicht nur in der riesigen ehemaligen Fabrik unterhalb des Ortszentrums gelegen, kann man Bücher kaufen. Wir schlendern durch das mittelalterliche Städtchen, in dem sich ein Buchladen an den anderen reiht – meist kleine im Erdgeschoss eines Privathauses gelegene Läden, mit Blumentöpfen an den Eingängen. Schnökern gern in antiquarischen Büchern und ruhen uns danach in einem gemütlichen Café aus.

Notiz von Sonntag, 20.9.1998:

Oberhalb unseres Domizils haben wir in 1,5 km Entfernung das Restaurant „Zu den drei Seen“ entdeckt und kommen mit einer deutschen Frau – lebhaft, Mitte Vierzig, kastanienbraun gefärbtes Haar, kurzer Haarschnitt, schmale Goldringe an Fingern und Ohren – ins Gespräch. Sie ist in Meiningen/Thüringen geboren, 1956 nach Belgien ausgewandert und dort verheiratet. Ihre Tochter lebt in Saissac und arbeitet hier im Restaurant als Kellnerin; sie spricht Deutsch, Englisch, Flämisch und natürlich Französisch. Die Frau sagt, ihr vierwöchiger Urlaub reicht gerade aus, um ihre Kinder in Frankreich und Deutschland zu besuchen und betont, es sei für sie erfreulich, dass sie in St. Denis Deutsche und dazu noch Ostdeutsche trifft, die Welt sei eben doch ein Dorf.

Notiz von Montag, 21.9.1998:

Das gestrige Essen im Restaurant ist uns nicht bekommen, wir sind eine solche französische Bauernküche mit in Knoblauchöl gebackenen Krebsen, gegrilltem Entrecote und Canard-Brust nicht gewöhnt.
Heute, Morgendunst über dem Gebirge, immer noch vom fetten Essen miserabel um den Magen herum, stehen wir erst nach 10 Uhr auf. Auf der Terrasse gefrühstückt, gelesen, Manfred fest geschlafen, ich nur gedöst. Nachmittags mit Bilbo zur Lampy-Talsperre spaziert, sehr erholsam.

Manfred liest über die Kämpfe der Katharer dieser Gegend in Büchern, die ihm Joke gegeben hat, und sämtliche Prospekte über Landschaft, Burgen, Weine etc. In Montolieu hat er Bücher des Mittelalterforschers Jacques Le Goff (1924-1974) gekauft. Manfred, der mir gegenüber mal äußerte, er habe schon im Mittelalter gelebt, frischt die Kenntnisse aus seiner Studentenzeit auf und erklärt mir, dass auch er der Meinung wie Le Goff ist, dass das Mittelalter nicht nur düster war und die Menschen dumm und ungebildet. Ich meine, Manfred erhält hier viele neue Anregungen und sein Geist bekommt neue Nahrung.
Manfred beschäftigt sich vor unseren Touren mit der zu fahrenden Strecke, hat neben mir die Landkarte auf den Knien, sagt mir, aber oft zu spät, wo es langgeht; ich muss also auch höllisch aufpassen, nicht nur rechtzeitig im Gebirge in den richtigen Gang zu schalten, sondern auch auf die Wegweiser achten. In unserem Fall kann man schon von gegenseitiger Ergänzung sprechen, denn allein ohne ihn, könnte ich, trotz der übersichtlichen Kreisverkehre – als ehemalige DDR-Bürgerin lernte ich

erst hier „Carrefours" kennen – , diese Touren über die unzähligen Bergdörfer nicht fahren. Aber gerade das ist das Interessante für mich am Urlaub: Neues zu entdecken und zu erleben – ob Landschaften, Architektur, das Leben anderer Menschen, ihrer Kultur, ja, selbst neue Gerüche aufzunehmen.

Notiz von Dienstag, 22.9.1998:

Endlich hatten wir unsere Schwäche überwunden. Unser Unwohlsein hat uns in unseren Plänen ein wenig zurückgeworfen. Über den Tag unserer Rückfahrt nach Hause überlegen wir noch. Also fuhren wir heute erst einmal die Tour, die wir vor zwei Jahren schon gefahren waren und Weine aus Minervois gekauft hatten. Auch heute wollen wir Wein aus dieser Gegend unbedingt mitnehmen – trockenen Rotwein (vor allem für mich und Freunde) und den süßen Muscat de Saint-Jean de Minervois (für Manfred).

Aber auch unbedingt das Kloster in Caunes-Minervois und die Felsinselstadt im Flussbett der Minerve anschauen. Insgesamt eine sehr kurvenreiche Tour von 135 km. Manfred hat für uns die ebenere und weitere Strecke ausgesucht.

Die Sonne überstrahlt freigiebig die mit Weinreben bedeckten Täler des „Le pays Minervois" – ein weites Gebiet, durch das die Weinstraße zwischen dem Kanal Midi im Süden und der Montagne Noir im Norden verläuft. Wenn es nach mir gegangen wäre, wäre ich den meisten Schildern gefolgt, auf denen ein Château zur Dégustation und zum Vente de Vins einlud. Aber Manfred befürchtete, ich würde wirklich vom geplanten Weg abweichen und er demzufolge nicht zum Kloster und dem von ihm besonders geliebten Muscat-Wein kommen.

Unsere erste Station war das Städtchen Caunes-Minervois, in dem wir dieses Mal unser Auto nicht unter einer mehr als 300 Jahre alten Platane auf dem Place de la Republique, dicht an den Klostergemäuern abstellten, sondern etwas entfernter in der Avenue l´Argent Double, unter einer etwas jüngeren Platane. Uralte Platanen faszinieren mich immer wieder; mit Baumkronen, in denen man wohnen könnte, in denen immer ein kühles Lüftchen weht und man erhoben über allen Kleinlichkeiten des Lebens sein würde.

Wir spazierten über eine der drei den Fluss L´Argent Double überquerenden Brücken und gingen direkt auf das Kloster zu. Bei unserem Besuch vor zwei Jahren war wegen Restaurierungsarbeiten das Gelände abgesperrt. Aber es war uns damals möglich, die mächtigen karolingischen Kalksteinquader und Kapitelle aus dem Jahre 780 zu betrachten und auf uns wirken zu lassen. Jetzt sind moderne Häuser dicht an die mehr als tausend Jahre alten Klostermauern gebaut; an einigen Stellen werden die Mauern mit Stabilisierungsankern zusammengehalten, an anderen Stellen rankt Efeu über den rosa Marmor, als wolle er dessen Verblassung durch die südliche Sonne verzögern.

Im Unterschied zu mir wusste Manfred, dass die französischen Könige den Marmorbedarf für ihre Schlösser in Paris, Versailles und Fontainebleau aus Caunes-Minervois gedeckt hatten. Er entschied, drei Stücke dieses wunderschönen Gesteins von hier mitzunehmen, genauer, auf dem Weinanbaufeld die größten auszusuchen und in seinem Leinenbeutel verschwinden zu lassen. Ängstlich blieb ich auf dem Weg neben dem Feld stehen und hielt Wache. Niemand hinderte uns beim Stehlen; ganz in der Nähe hörten wir nur singende Frauen und pfeifende Männer bei der Ernte der prallen, dunkelroten Weintrauben. (Einen dieser Steine, den größten, stellte Manfred vor das Fenster meines Zimmers im Souterrain und so kann ich mich noch heute beim Schreiben meiner Familiengeschichte mit Wehmut an das Bild erinnern, wie Manfred den schweren Stein im Beutel eilig heranschleppte.)

In der Weinkooperative in dem Ort Liviniere des Cotes aux du Haut-Minervois decken wir unseren Weinbedarf von den Lagen St. Germain und Minervois. Auch dieses Mal müssten wir uns, gemessen an unserem Geldbeutel, beim Weinkauf zügeln. Aber wer weiß, wann wir wieder hierher kommen werden? (In der Kooperative kaufen wir Wein für 766 Ffrs. – nach damaligem Kurs umgerechnet für 229,- DM).

Nach dem für uns relativ anstrengenden Auswählen, Probieren und Kaufen, setzen wir uns auf einen Feldstein, lassen uns von den Düften von Lavendel, Thymian, Salbei und Pinien umwehen, essen unser Käsebaguette, trinken Wasser und sind zufrieden.

Sommer 1999 – Fahrt entlang der Côte d´Azur

Kunst ist Leben – Leben ist Kunst

Gemeinsame Interessen und Ansichten sind für ein harmonisches Zusammenleben der Menschen von enormer Bedeutung, vor allem zwischen Mann und Frau und besonders in deren reiferem Alter. Manfred und ich liebten gleichermaßen die Literatur, die Musik und die Kunst. Seit unserer Jugend liebten wir ein Leben lang die französische Literatur und Malerei, erst in unserem sechzigsten Lebensjahr hatten wir die

Möglichkeit, nach Frankreich zu reisen. Wir hatten also beide viel nachzuholen.

Das Buch „Matisse und Picasso. Eine Künstlerfreundschaft." von Francoise Gilot (verlegt bei Kindler) hatte mir erstmalig ein persönliches Bild von beiden Malern gegeben. Dass Picasso von dem 12 Jahre älteren Matisse wesentlich beeinflusst wurde, beide charakterlich sehr verschieden waren, beide Vögel, besonders Tauben liebten; dass Matisse ab 1917 meist in Cimiez/Nizza lebte und Picasso 1946 in der Nähe von Nizza mit seinen Keramikarbeiten begann, wusste ich bis dahin nicht. Ach, ich wusste so vieles nicht. Aber die detaillierten Beschreibungen im Buch von Francoise Gilot regten mich an, eine Reise nach Nizza zu planen. Manfred äußerte sich nicht dagegen. Also, buchte ich in dem französischen Reisebüro von Anita Blachnitz am Ernst-Reuter-Platz eine Autoreise vom 22.5. bis 5.6.1999 ans Mittelmeer; sieben Tage Aufenthalt in Cavalaire-sur-Mer und sechs Tage in Nizza. (Preis für Unterkunft gesamt: 1.589,-DM). In Cavalaire-sur-Mer wohnten wir in der Ferienwohnung von Madame und Monsieur Meunier und in Nizza in der Ferienwohnung Typ A von „Citadines Nice Buffa".

Rallye im Mauren-Massiv

Die Strecke auf deutscher Seite war uns durch unsere Fahrten nach St. Denis zu Joke und Michel bekannt, auf französischer Seite übernachteten wir dieses Mal in einem Hotel in Beaune. Im Mauren-Massiv, welches wir laut französischer Wegbeschreibung überqueren sollten, waren wir in eine Auto-Rallye geraten. Ungewollt behinderten wir mit unserem „enormen" Tempo die Rallye, was durch ständiges Hupen und Motoraufheulen-Lassen zum Ausdruck gebracht wurde. Unsere Aufregung kann sich nur derjenige vorstellen, der so etwas schon einmal mitgemacht hat.

Aus dem Baedeker erfuhren wir später, dass wir die *kurvige Gipfelstraße Route des Crêtes* (Kammroute) gefahren sind und zum Mauren-Massiv lasen wir: *Ein sehr sanfter und grüner Gebirgszug mit Kastanienbäumen und Korkeichenwäldern, erstreckt sich über eine Länge von 60 km oberhalb der Halbinsel von St. Tropez im Landesinnern. Es zählt zu den ältesten Gebirgsformationen Frankreichs. Im 9. und 10. Jahrhundert hatten die von Seeräuberei lebenden Sarazenen in La Garde-Freinet ihren Hauptstützpunkt eingerichtet.*

Am Lenkrad war ich und irgendwie gelang es uns, die Rallye-Strecke zu verlassen und unbeschädigt Cavalaire-sur-Mer, den kleinen *Familienbadeort* (Baedeker), zu erreichen.

Cavalaire-sur-Mer

Die Ferienwohnung der Meuniers liegt auf einer Anhöhe vor dem Mauren-Massiv. Früher befand sich hier ein Bauernhof, heute ist das Gelände großzügig wie ein Park gestaltet – mit Pinien, Pfirsich-, Feigen-, Apfel-, Zitronen- und Orangenbäumen. Das mehrstöckige Wohnhaus der Meuniers ist umgeben von Blumen, Strelitzien und Agaven. Nutzvieh gibt es nicht mehr, nur den Hund „Bobbi" und drei Katzen. Unsere Gastgeber sind freundliche ältere Herrschaften, beide so um die 70 Jahre. Monsieur erinnert mich an meinen Onkel Nickel – groß, weißhaarig von kräftiger Statur. Madame ist etwas kleiner, schlank, vornehm gekleidet, läuft mit einem Stock.

Die Ferienwohnung besteht aus einem Salon mit anschließender Terrasse, zwei kleinen Schlafzimmern und einer komplett mit Kühlschrank, Geschirrspüler und Waschmaschine eingerichteter Küche. Toilette und Dusche sind voneinander getrennt; die Armaturen erinnern uns an DDR-Zeiten. Alle Möbel sind gediegen aus Nussbaum, so etwa aus der Zeit um 1880. Der leicht muffige Geruch der alten Möbel kann selbst bei offenen Fenstern und Türen durch die Düfte der Provence nicht verhindert werden. All das ist unwichtig, denn wir verbringen die meiste Zeit am Meer, das zwanzig Minuten Fußweg entfernt ist.

Im Hafen von Cavalaire-sur-Mer werden Schiffsfahrten zu den umliegenden „goldenen Inseln" angeboten. Wir entscheiden uns für die größte von ihnen, für Porquerolles.

Der Kriminalautor George Simenon (1903-1989) kam oft auf diese Insel, die er als „die irdische Abteilung des Paradieses" bezeichnete und die, wie durch ein Wunder, von Immobilienspekulationen und Massentourismus verschont blieb. Sandwege führen durch Pinien- und Kiefernwälder zu Buchten mit glasklarem, türkisblauem Wasser. Es duftet nach Wacholder, Rosmarin und Myrte; an Spalieren der Villen ranken in üppiger Fülle die karmesinroten Blüten der Bougainvillea und viele Zugvögel haben hier ihr Refugium.

Dass Porquerolles bis heute paradiesisch blieb, ist vor allem Claude Pompidou, der Gattin des französischen Staatspräsidenten Georges Pompidou zu verdanken. Sie liebte die gegenüber dem Feriendomizil der Pompidous am Fort Bregancon gelegene Insel und überzeugte ihren

Mann, sie zu kaufen, um die unberührte Natur zu bewahren. 1971 ließ Pompidou die 1.248 Hektar große Insel vom französischen Staat kaufen und unter Naturschutz stellen. Bis dahin gehörte sie der Erbengemeinschaft von Jean-Francois Fournier, einem belgischen Ingenieur, der beim Bau des Panamakanals reich geworden war und 1912 die Insel für 1 Millionen Francs erworben hatte.

Wir waren Ende Mai 1999 nur wenige Stunden auf dieser Paradies-Insel, seither hat sich vermutlich vieles geändert. Doch überzeugt bin ich, dass die mehr als 100 Jahre alten Eukalyptusbäume im Dorf vor der Kirche Saint Nazaire (1849 von der Armee erbaut), rund um den „Platz der Armee", immer noch stehen. Nicht ganz sicher bin ich, ob auf dem zentralgelegenen Platz ältere Männer sich am Boule-Kugeln-in-den-Sand-Werfen immer noch erfreuen.

Sanary-sur-Mer

Wir wollen unbedingt den Ort besuchen, in den unsere Lieblingsschriftsteller vor den Faschisten flüchten mussten.
Am 10. Mai 1933 veranstalteten die NS-Studenten-Organisationen in allen Universitätsstädten Bücherverbrennungen. Dieser Tag ist seither das traurige Symbol der Unterdrückung der Geistesfreiheit und schließlich jeder Freiheit in Deutschland.

Am 23. August 1933 erschien die erste Ausbürgerungsliste des Hitlerregimes, auf der linke Politiker und viele Schriftsteller standen: Lion Feuchtwanger, Thomas Mann, Ernst Toller, Kurt Tucholsky, Alfred Kerr u.a.. Weitere Ausbürgerungslisten folgten. Nach Ablauf der Pässe waren die Verfolgten auf die Duldung der französischen Regierung angewiesen.

Von unserer Ferienwohnung sind es nur etwa 100 Kilometer bis Sanary-sur-Mer. Wir fahren bei herrlichem Sonnenschein
auf der Küstenstraße die direkt neben dem Meer verläuft.
Gelobt wurden seit jeher das milde Klima und die geschützte Lage der Orte am Mittelmeer in der hügelumsäumten Bucht zwischen Marseille und Toulon. Nach dem I. Weltkrieg sind sie vor allem von Künstlern französischer Prominenz als Urlaubs- und Wohnorte auserwählt.

In den 1930iger Jahren war Sanary-sur-Mer noch ein kleines verschlafenes Fischerdorf. Auf Fischer treffen wir auch im Sommer 1999 noch und sehen ihnen im Hafen zu, wie sie frischgefangenen Fisch verkaufen. Aber insgesamt ist von dörflichem Flair wenig geblieben. Sanary ist städtisch geworden und lebt vom Tourismus, ist unser Eindruck.

Die Häuser, in denen die Brüder Mann und deren Kinder, Lion Feuchtwanger, Bertolt Brecht, René Schickele, Ernst Bloch, Ludwig Marcuse, Franz Werfel, Stefan Zweig und eine Reihe anderer Schriftsteller und Künstler wohnten, sollen zum größten Teil noch stehen. Wir suchen nach der „Villa Tranquille", in der Thomas Mann im Sommer 1933 wohnte und hier seine Berufskollegen traf; und ganz in der Nähe soll die Villa von Lion und Marta Feuchtwanger gewesen sein. Aber wir sind nicht sicher wo genau, Hinweistafeln gibt es nicht. Wir laufen bis auf die äußerste Spitze des Ortsteils „La Cride", bewundern die Steilküste und die vielen wunderschönen Villen, aber eine Gedenktafel entdecken wir nicht. Später lese ich, dass auf Anregung des Schriftstellers Hansferdinand Döbler am 18. September 1987 in Sanary-sur-Mer eine Gedenktafel eingeweiht worden war und nach einiger Zeit von der Felswand gleich hinter dem Platz der einheimischen Boule-Spieler, an das Tourismusbüro auf der anderen Hafenseite angebracht wurde. Leider fanden wir diese Gedenktafel mit 36 Namen von deutschen und österreichischen Emigranten bei unserer Suche nicht. Aus dem Internet erfahre ich, dass inzwischen auch die Häuser der Emigranten gekennzeichnet sind und ein Rundgang durch die Orte in der weitläufigen Gemeinde führt, in der die Emigranten Zuflucht fanden. Alles braucht eben seine Zeit.

Notiz von Freitag, 28. Mai 1999.

Mich beschäftigte nun schon der bevorstehende Ortwechsel nach Nizza. Wir hatten wenig ausgepackt, doch genügend in den drei Zimmern und dem Bad verteilt, was zusammenzutragen und zu verpacken einige Zeit in Anspruch nahm. Im Baedeker lasen wir, dass sich in Ramatuelle das Grab von Gerard Philipe befindet, und das wollten wir uns unbedingt noch anschauen. Ein junges westdeutsches Paar, das mit seinem drei Monate alten Baby und der fünfjährigen Tochter in der Ferienanlage neben uns wohnt, meinte, Ramatuelle sei ein sehr idyllisches Dorf; der Name des Schauspielers Gerard Philipe war ihnen kein Begriff.

Die jungen Leute hatten recht. Ramatuelle ist ein idyllisches Dorf im Hinterland von St. Tropez, in welchem G. Philipe seine letzten Lebensjahre verbrachte. Hoch über dem Mittelmeer, umgeben von reichen Gräbern, finden wir unter einem riesigen Lorbeerbaum das mit Efeu zugewachsene Grab. Auf einer liegenden Steinplatte steht:
"Gerard Philipe 4 Decembre 1922, 25 Novembre 1959. Anne Philipe 20 June 1917, 16 Avril 1990". In Ramatuelle ist eine Schule nach ihm

benannt, sie liegt auf der Höhe des Friedhofs und das Lärmen der Schulkinder vertreibt meine traurige Stimmung.

Am 29. Mai 1999 kurz vor 11 Uhr verlassen wir Cavalaire-sur-Mer und fahren auf der teilweise direkt am Meer verlaufenden Autoroute d´Azur nach Nizza. Ein Blick aufs Meer zu werfen, um bei Sonnenschein das sich im Meer widerspiegelnden Azurblau des Himmels zu sehen, ist leider nur dem Beifahrer/in möglich, denn die rasanten Tempi vorbeisausender einheimischer Autos lassen uns nicht besinnlich die Atmosphäre genießen.

Nizza

Nach etwa 130 km Fahrt erreichen wir Nizza. Unser Hotel ist zentral hinter dem berühmten „Negresco", in der Rue Meyerbeer gelegen. Von der „Promenade des Anglais" aus, fanden wir gleich die richtige Abfahrt und auch eine Parkfläche für unser Auto. Um 13.15 Uhr sind wir zu früh angekommen, denn bei „Citadines du Buffa" ist bis 14 Uhr Mittagspause und die Rezeption geschlossen. Wir können unser Auto in der Straße unserer Unterkunft parken und gehen erst einmal auf die berühmte Promenade am Meer. Voilá! - unsere Aufregung legt sich zusehends.

Kurz nach 14 Uhr ist die Tür zu unserem Appartementhaus geöffnet, das Rollo hochgezogen und ein freundliches, blasses, blondes Mädchen lächelt uns an. Mein Englisch ist besser als mein Französisch, Manfred verstand beides und so verständigen wir Drei uns gut in Englisch mit französischen Worteinlagen. Unser Problem war unser Auto, denn schon bei unserem kurzen Aufenthalt sahen wir, dass die engen Straßen beidseitig mit ständig parkenden Autos zugestellt sind. Mademoiselle empfiehlt uns das Parkhaus, das sich eine Straße weiter in der „Avenue des Fleurs" befindet und zum „Citadines Appartementhotel" gehört. Sie erklärt uns den Weg dorthin. Aber vorher laden wir in dem Hof neben „Citadines du Buffa" unser Gepäck aus. Da der Verkehr in der Innenstadt mit Hilfe von Einbahnstraßen in Fluss gehalten wird, lief Manfred erst einmal die Straße ab, um zu sehen, wie er das in der Einbahnstraße abgestellte Auto in den Innenhof zum Ausladen unserer Sachen fahren kann. Ich hatte abgelehnt, mich wieder ans Lenkrad zu setzen. (Übrigens, wollte ich gleich bei der Ankunft links ab in den Innenhof fahren, einfach so; alles sehr eng hier, aber in der Nähe unseres Schlafplatzes). Bis auf das Gekaufte luden wir unseren Krempel ins Appartement 201, und danach fuhr Manfred das Auto zum Parkhaus. Ich suchte den Mann, mit dem Mademoiselle telefoniert hatte, fand ihn, gab ihm 250 Ffrs. für

7 Tage Unterstellen des Autos, er mir dafür eine Magnetkarte und erklärte, von welcher Straßenseite wir in das Parkhaus reinfahren können; in ein unterirdisches, wie ich verstand. Schon als Manfred das Wort „Parkhaus" hörte, sagte er: „Das kann ich nicht, das musst du machen." Ich habe genau wie er Angst und keine Erfahrung im Befahren dieser Monster, und nun noch ein unterirdisches! Mit Schrecken erinnerte ich mich an das Parkhaus in Perpignan 1998, aber was blieb mir übrig?

Notiz von Sonntag, 30. Mai 1999.

Marc Chagall ist neben Henri Matisse, Pablo Picasso, A. Renoir und A. Modigliani einer meiner Lieblingsmaler. Und so bin ich sehr erfreut, dass hier auf dem antiken Hügel von Cimiez in Nizza das „ Musée National Message Biblique Marc Chagall" existiert, extra für ihn erbaut. Auch wusste ich nicht, dass Marc Chagall (1887-1985) nach seiner Rückkehr aus den USA, zwanzig Jahre hier in Cimiez lebte und in Saint-Paul-de-Vence begraben ist. Seine Poesie, Heiterkeit und Phantasie mit denen er menschlich-natürliches Zusammenleben ausdrückt; seine geflügelten Pferde und Ziegen, die schwerelos über den Dächern des Städtchens schweben; grüne Kühe, die auf Dächern grasen; seine Tauben, Fische die Geige spielen; seine leuchtenden, lebensbejahenden Farben, Gelb und Blau, aber ein ganz anderes Blau als das von Henri Matisse; all das war meiner Gefühlswelt sehr nahe.

Hier in Nizza, im lichtdurchfluteten Museum, eingebettet in einen Park mit Pinien, Zypressen und Olivenbäumen, war ich überwältigt von der Farbenpracht der Bilder und der Mosaiken. Ich wusste nicht, dass es sich bei vielen seiner Bilder um Darstellungen von Bibeltexten des Alten Testaments handelte. Da ich nicht mit Geschichten aus der Bibel aufgewachsen bin und mich bisher damit auch nicht beschäftigt hatte, halfen mir Manfreds Erklärungen; aber den ganz tiefen Sinn, den der Künstler mit dem Bibeltext verbindet, verstand ich nicht. Ich interpretierte die Gemälde unbelastet, auf meine Weise, und erfuhr dabei auch geistigen Genuss. Besonders beeindruckten mich die fünf Versionen von „Das hohe Lied" (Altes Testament) in einem etwas kleinerem sechseckigen Raum, den man nach Betrachten von Fotografien aus dem Leben Chagalls erreichte. Auf fünf vorwiegend in Rottönen gemalten Bildern, erscheint das Liebespaar vereint in einer Figur, sich über alle menschlichen Widerwertigkeiten erhebend. Zu lesen ist die Widmung: „Für Vava, meine Frau, meine Freude und mein Glück". Als Bibelunkundige betrachtete ich diese Bilder als Hohelied auf die Liebe und Achtung zwischen Mann und

Frau – manch eine Frau würde sagen, recht sentimental von mir und fern aller Realität, aber das macht mir nichts, ich empfinde die geistige Symbiose wertvoller als die sexuelle. In der friedlichen Atmosphäre dieses Museums verbringen Manfred und ich mehr als vier Stunden und nur die Erschöpfung unserer Körper zwingt uns, das Museum zu verlassen.

Notiz von Dienstag, 1. Juni 1999.

Wir fahren zum Cap d´Antibes, um hier das Picasso-Museum zu besuchen. Antibes hat eine hübsche verwinkelte Altstadt; wir gehen über den „Place Masséna", auf dem sich unter einem großen Glas-Gusseisen-Dach der Markt befindet und erreichen ein paar Gassen weiter das gesuchte Picasso-Museum. Der wuchtige Kalksteinbau, auf einem Felsvorsprung hoch über dem Mittelmeer, im 12. Jahrhundert entstanden, von 1385 bis 1608 im Besitz von einem aus dem weitverzweigten Adelsgeschlecht der Grimaldis, unter Heinrich IV. in den Besitz der französischen Krone übergegangen, wurde 1925 zum „Musée Grimaldi".

Im Juli 1945 kam Picasso mit der französischen Fotografin Dora Maar nach Antibes und 1946, als er mit Francoise Gilot (Malerin) in Nizza Henri Matisse besuchte und ein für sich geeignetes Atelier suchte, trifft er den Konservator des damals noch kleinen Provinzmuseums im Grimaldi-Schloss. Jener schlägt ihm einen der Säle des Schlosses als Atelier vor, in dem Picasso sechs Monate arbeitete. 1966 wurde es zum „Picasso Museum".

Wir konnten es im Sommer 1999 nicht besuchen, es war geschlossen. Aber die Skulpturen auf der Terrasse des Schlosses schauten wir uns an, fotografierten sie, denn einen solchen Park, auf einem riesigen Felsen hoch über dem Meer, inmitten mediterranen Pflanzenreichtums, hatten wir beide noch nicht gesehen.

Ich bewundere Pablo Picasso weniger für das Abstrakt-Verkürzte seiner erotischen Gedanken und männlichen Gefühle, als für die enorme Vielfalt seiner Technik, Materialien und Experimentierfreudigkeit bis ins hohe Alter.

Vallauris

Wir fahren nach Vallauris, der Ort, den Picasso 1946 zum ersten Mal besuchte und in dem er in der Töpferwerkstatt „Madoura" des Ehepaares Ramié mit seinen keramischen Arbeiten anfängt und viel experimentiert. Von Vallauris hatten wir keinen Stadtplan, fanden nicht das örtliche Tourismus-Büro und auch nicht die Villa „La Galloise“. Ausgeschildert war dagegen „Picassos Romanische Kapelle“ –ein braunes Schild mit dem Piktogramm für Kirche. Diesem Schild folgten wir und kommen zu einer Mauer mit herrschaftlichem Portal, an dessen linker Seite zwei Marmortafeln uns sagen, dass wir unser Ziel erreicht haben: „Musée National Picasso“ und „Musée Vallauris“.

Wir betreten eine sehr alte nicht verputzte Kapelle; aus rohen, sauber zugehauenen und zusammengesetzten Steinen ist sie Muster romanischer Handwerkskunst, die uns heute noch das Gefühl von Ausgeglichenheit und In-sich-Ruhen vermittelt. Das Entrée rund wie ein Brunnen, mindestens sechs Meter im Durchmesser und ein Mehrfaches an gewölbter Höhe, vermittelt trotz der mächtigen Steinmauern, Geborgenheit und Freiheit zugleich. Der Besucher wird mit mehreren Vallauris-Vasen auf Picasso eingestimmt. Zwei Stufen hinunter und man steht in einem Tonnengewölbe und sieht auf zwei monumentale Wandbilder: „Der Krieg“ (links) und „Der Frieden“ (rechts). Die Darstellungen sind auf Holzfaserplatten von Picasso 1952 gemalt und auf ein Gestell am Tonnengewölbe aufgeschraubt.

An der Stirnseite ist später, in plakathafter Manier, das Streben der roten, schwarzen, gelben, weißen Menschen nach einer Welt in Frieden hinzugefügt. Von der gemauerten romanischen Kapelle ist dadurch nichts mehr zu sehen und das ist schade. Die so entstandenen Gegensätze sind zu schroff. Der Eindruck eines Bunkers mit künstlicher Beleuchtung stellt sich bei uns ein. Was kann die farbige Pappe der Gegenwart der steinernen Ewigkeit der Romanik entgegensetzen? Was die Bunkermentalität im Tonnengewölbe der hochstrebenden Romanik im Entrée? Aber Picasso kannte wahrscheinlich keinen Bunker; er konnte es sich leisten, um den Ersten und Zweiten Weltkrieg einen Bogen zu machen: Welch glücklicher Mensch!

Wir kannten das weltberühmte Wandgemälde „Guernica“, das Picasso 1937 gemalt hatte und in Madrid hängt. Das Thema „Krieg und Frieden“ beschäftigte Picasso sein Leben lang.

Auf der Suche nach der Töpfer-Werkstatt „Madoura“, orientieren wir uns an unserem Reisehandbuch und gehen die als „Hauptstraße des Ortes“ bezeichnete Straße entlang. Diese vermittelt uns den Eindruck eines großen Töpferladens mit viel Kitsch und Krempel. Nachdem wir wieder einmal in die entgegengesetzte Richtung gelaufen waren, kommen wir in eine schmutzige Straße mit heruntergekommenen Keramik- und Autowerkstätten und stoßen nach ein paar Schritten auf ein Schild, auf dem „Madoura“ steht. Seit Picassos Zeiten wurde hier wohl nicht mehr getöpfert; die großen Räume werden für eine Ausstellung seiner Keramiken genutzt, und man kann von den limitierten Auflagen etwas erwerben – der preiswerteste kleine Wandteller für 1000 DM – nebbich, würde unsere Freundin Thea sagen!

Schöne Sachen! Ich beobachte, wie zwei junge unschön dicke Amerikanerinnen, Anfang 30, in weißen kniefreien zerknitterten Bermudas und Adidas-Turnschuhen ohne Söckchen, die Verkäuferin überzeugen, einen großen herrlich farbigen Wandteller ohne Preisangabe aus der Ausstellung zu nehmen und ihr mit drei ausgestreckten Fingern zeigen, wieviel sie davon kaufen wollen. Vielleicht waren es Bankkauffrauen, die für die Christmas-Tombola der Bank „preiswerte“ Gewinne einkauften.

Manfred und ich verließen die in praller Sonne liegende abgedunkelte bessere Scheune und ich stellte für mich im Innern fest, mir auch in meinem weiteren Leben kein auch noch so klitzekleines Wandtellerchen – das 199. von einer zweihunderter Auflage – werde leisten können.

In einer der Töpfer-Straße für Touristen gefiel mir jedoch ein viereckiges Schüsselchen in den typischen Farben der Provence, die ich, wie ich Manfred klar machte, unbedingt für kleine Salatportionen brauche. Nachdem die Verkäuferin uns sagte, dass sie zweite Wahl sei, den alten Preis durchstrich und mir bedeutete, dass sie schön sei, aber nicht zum Backen im Ofen geeignet, kaufte ich sie. Während ich noch mit der Abwicklung meines Kaufs beschäftigt war, hatte Manfred sich ein Eis gekauft, was fast so viel kostete, wie die eben gekaufte kleine Salatschüssel.

In der Zeit, in der Manfred sein Eis aß, ging ich schon mal weiter und kam am Ende der Straße auf einen relativ großen Kunstsalon mit Bildern aus Keramik, Lampen, Möbeln etc. Ich ging in den Laden, wurde von einem großen, schlanken, graumelierten Mann beobachtet, wie ich vor einem länglichen Keramikbild in rustikalem Holzrahmen, unschlüssig hin- und wieder wegging. Die in Herbstfarben ausgeführte Keramik gefiel mir sehr, aber sie kostete 500 ffrs. Bei einer solchen Geldausgabe wollte ich Manfreds Einverständnis und, was wichtiger war, seine Meinung wissen, ob ihm das Bild ebenfalls gefällt. Er war wie so oft, weit und breit nicht zu sehen. Ich winkte den unter einer Treppe im letzten Winkel des Raumes versteckten Verkäufer heran, sagte irgendetwas von „Mon Mari“, machte ein gequältes, hilfloses Gesicht, lief aus dem ganz in Glas gefassten Laden hinaus und rief laut die Straße entlang nach Manfred. Wie so oft, hatte er mich aus den Augen verloren, kam aber schnellen Schrittes zurück und sah sich das Keramikbild an. Nun kam der Mann unter der Treppe hervor und erklärte uns, dass es eine besondere Keramikarbeit sei, nämlich auf Vulkangestein aufgetragene Farben und bei 2000 Grad mehrmals gebrannte. Wir kauften es und verabschiedeten uns mit „Grand merci".

Wir hatten Durst und entschlossen uns im Restaurant „Pablo" draußen zu sitzen und etwas zu essen. Aber auch hier machte man Feierabend, servierte uns aber gnädig zwei Flaschen Coca-Cola mit Eisstücken und Zitrone; so teure Cola hatten wir noch nie getrunken, aber mit dem Gedanken, hier hat vielleicht Picasso auch ab und zu seinen Durst gestillt, bevor er zu Francoise und den Kindern nach Hause ging, entspannten wir uns.

Henri Matisse - Chapelle du Rosaire de Vence

Schon voriges Jahr wollte ich mir die Rosenkranzkapelle von Henri Matisse ansehen und dachte in meiner Unwissenheit, der Ort Vence sei so um die Ecke von St. Denis, und auf der Rückfahrt von unserer „Wiese" durch einen Abstecher zu besuchen. Falsch gedacht. Die Entfernungen sind hier eben nicht kleinkariert sondern recht großzügig. Aber nun, im Juni 1999, hatten wir unser Quartier in Nizza und realisierten meinen Wunsch.

Die mittelalterliche Stadt Vence, ein ehemaliger Bischofssitz, ist umschlossen von einer wuchtigen Stadtmauer mit fünf Toren. Sie vereint verschiedene Baustile unterschiedlicher Epochen. Durch die von Henri Matisse (1869-1954) gestaltete „Chapelle du Rosaire" und dadurch, dass Marc Chagall hier seit 1949 lebte und hier begraben ist, ist sie zu einem Anziehungspunkt für Touristen aus aller Welt geworden.

Die Chapelle du Rosaire befindet sich auf einem Hügel etwas außerhalb der Stadt und man muss bergan laufen, wenn man nicht mit dem Shuttle-Bus gefahren werden möchte.

Henri Matisse war 77 Jahre alt, saß nach langer schwerer Krankheit im Rollstuhl und arbeitete vier Jahre an dieser Kapelle, die er als sein Lebenswerk bezeichnete. Er entwarf alles in dem asymmetrisch angelegten Raum: den achteckigen Grundriss der Kirche, ihre grün-gelbblauen Fenster, die Altarform, den Fußboden; er entwarf die Priestergewänder und malte, mit an einem langen Stock befestigten Pinsel, auf den weiß gekachelten Wänden.

Der ungläubige Matisse zeichnete auf stark verkürzte Weise die Kreuzwegstationen von Jesus Christus, die Jungfrau Maria mit dem Kind sowie den Heiligen Dominikus, den Begründer des Ordens. Die weißen

Wände reflektieren die durch die gelb-hellblauen Kirchenfenster hereingelassenen Strahlen der Mittelmeersonne, und so ist der Kirchenraum von Licht durchflutet und unterscheidet sich von gewohnten düsteren Kirchen.

Ich hatte es mir ganz anders vorgestellt, bin aber total ergriffen, denn dieser Raum drückt Lebensbejahung und nicht Furcht vor Bestrafung durch Gott, in Vertretung durch den Priester, oder Todesangst aus. Aber ich kann mir vorstellen, dass vielen Gläubigen diese Art von Kirche nicht gefällt. (Der ungläubige Pablo Picasso fand bei der Eröffnung 1951, das Ganze sähe wie ein Badezimmer aus.)

Die kleine Kirche ist Bestandteil eines Klosters für Dominikanerinnen, demzufolge im Privatbesitz dieses Ordens, der im Kampf gegen die Katharer im 13. Jahrhundert entstanden ist und es wird nur zeitweise zur öffentlichen Besichtigung geöffnet.

Frau Oberin des Bettel-Ordens wohnt in einer großartigen Villa, welche neben Kirche und Kloster gelegen, gleichzeitig Gästehaus des Ordens ist und von wo man einen herrlichen Blick über ein Tal hat.

Tief beeindruckt von der Chapelle du Rosaire und der das Kloster umgebenden Landschaft, verlassen wir das Gelände und schauen uns in der Stadt noch das von Marc Chagall im Baptisterium der „Kathedrale Nativité de la Vièrge“ hängende Mosaik „Moise sauvé des eaux“ an.

Bei intensiver Betrachtung von Kunstwerken denkt man nicht ans Essen, aber irgendwann bekommt man doch Hunger. In unserem Fall erweist es sich als praktisch, dass sich an der Rückseite der Kathedrale das Restaurant „Le Clémenceau. Au coeur de vieux village“ befindet und wir unseren Hunger und Durst mit Salat, warmem Ziegenkäse und Wein stillen können.

Für uns zwar ungewohnt an einer Kirchenmauer zu essen und zu trinken; aber was solls, wir gewöhnten uns bei unseren Reisen schnell an andere Sitten. Und nehmen gern unseren Imbiss bei sommerlicher Hitze in Restaurants an kühlen Kirchenmauern ein.

Auguste Renoir in Cagnes-sur-Mer

Gestärkt fahren wir nach Cagnes-sur-Mer, um die Villa „Les Colettes“ aufzusuchen, in der Pierre-Auguste Renoir (1841-1919) die letzten zwölf Jahre seines Lebens verbrachte. Bereits seit 1903 wohnte Renoir in Haut-de-Cagnes, bevor er das zwei Hektar große Grundstück mit Tausend Olivenbäumen kaufte. 1960 erwarb die Stadt das Grundstück samt Villa und machte es zu einer Renoir-Gedenkstätte. Die Villa wurde im

Originalzustand gelassen – im Atelier stehen noch Rollstuhl und Staffelei des Malers, und auch das große Fenster zum Garten ist noch mit engmaschigem Drahtzaun versehen, den Renoir anbringen ließ, um das Glas vor den ballspielenden Kindern zu schützen.

Ölgemälde sind kaum im Haus, aber Zeichnungen und farbige Reproduktionen auf Leinwand-Leporellos sind zu bewundern; dazu Fotografien, auf denen vorwiegend der schon alte, von Rheuma gequälte, in Decken gehüllte, gebrechliche Renoir zu sehen ist.

Beim Besichtigen der Wohnräume war ich, was die Zimmeraufteilung betrifft, an das Wohnhaus von Lew Tolstoi in Moskau, und was Helligkeit und Naturnähe betrifft, an die Datscha von Boris Pasternak in Peredelkino erinnert.

Insgesamt konnten wir also einen recht guten Einblick in die letzte Schaffensperiode von Renoir erhalten. Die fehlenden Gemälde kann man in Kunstalben nachschlagen. Renoir-Fotos konnte man leider in der Buchhandlung im Gärtnerhaus nicht kaufen. Na, gut.

Yves Klein, Christo, Ben Vautier

Der 4. Juni 1999 ist unser letzter Tag in Nizza und wir haben so vieles nicht gesehen. Einige Tage zuvor hatten wir beschlossen das „Musée d´ Art Moderne et d´ Art Contemporain“ nicht zu besuchen, weil uns die vor dem Museum stehenden plumpen, bunten Figuren als zu „supermodern“ erschienen und uns abstießen. Arbeiten moderner Künstler kannten wir von unseren Besuchen in Paris und London. Amerikanische Pop-Art entsprach nicht unserem Geschmack. Nachdem wir jedoch zeitgenössische Kunst in Vence gesehen hatten und die für uns „nicht so schlimm“ zu ertragen war, meinten wir, es könnte uns doch etwas entgehen und gingen in die Neustadt von Nizza, in der sich der Neubau des Museums für moderne und zeitgenössische Kunst befand. Zeit hatten wir noch.

Das schon rein äußerlich imposante, wuchtige Gebäude, auf einem ockerfarbenen Betonsockel errichtet, mit vier fensterlosen dreißig Meter hohen Quadertürmen aus weißem Marmor, verbunden durch geschwungene Stahlkonstruktionen, in den Himmel ragend, beeindruckte uns sehr. Manfred meinte, es könnte von Corbusier (1887-1965) sein.

Hier im Museum erfuhren wir Neues über Yves Klein (1927-1962), der aus Nizza stammte, hier lebte und viel mit Farbe und Material experimentierte; sein berühmtes Blau, eine dauerhafte Mischung von Farb- und Kunststoff, die er patentieren ließ, sahen wir original und auch erstmals Beispiele seiner „Anthropométrie“. Ein für uns bis dahin unbekannter Umgang eines Künstlers mit Farbe und Modell. Der Mensch wird mit Kleins blauer Farbe besprüht, oder wälzt sich darin, dann wird er auf Leinwand, Papier oder Pappe in verschiedene Richtungen gerollt, sodass Bewegung ins Bild kommt und zu guter Letzt hilft Klein mit Farbroller, Wischer oder auch Pinsel nach, um die Komposition zu vollenden.

Yves Klein experimentierte nicht nur mit seiner blauen Farbe, auch mit anderen Farben in Verbindung mit Feuer (Lötlampe, Bunsenbrenner etc.). Wenn man nun denkt, Y. Klein war nur auf moderne Effekte und Wirkungen aus, dann irrt man sich. Er konnte auch „richtig" malen, das sah man anhand des Bildes, das er von seiner Hochzeit malte und das im Zentrum des Saales hing.

Wie schon erwähnt, interessierte uns die Amerikanische Moderne einschließlich ihrer französischen Adepten weniger; demzufolge gingen wir durch diese Säle unaufmerksam, schauten nur sehr flüchtig. Im zweiten Stockwerk sahen wir Andy Warhols Siebdrucke „Dollarzeichen" und seine Tomaten-Konserven-Dose und im Saal von Christo war ich verwundert, dass er auch Gegenstände des Alltags – zum Beispiel Kinder- und Einkaufswagen, Auto-Dachgepäckträger mit Ohrensessel, Dosen und Flaschen – verpackte. In Berlin hatten wir nur verfolgt, wie er das Gebäude des Deutschen Reichstags verhüllte.

Im dritten Stockwerk galt meine Aufmerksamkeit besonders dem „Das Schwarze Kabinett" von Ben. Ich ging in das Häuschen und las mir die auf schwarze Wände gepinnten Skizzen, Sprüche mit Lebensweisheiten und Anpöbelungen durch, die manchmal kindlich-verspielt, zum Hinterfragen und Nachdenken anregen oder verschmitzt-originell zum Lächeln verführen. Ich fotografierte das für mich völlig Neuartige und wurde vom Aufpasser freundlich ermahnt.

Erst später las ich, dass Ben Vautier, ein Franzose, einer der bedeutendsten Vertreter der in den 1960er Jahren entstandenen „Fluxus" – Bewegung ist.

Nach Betrachten der modernen Kunstwerke nehmen wir auf der Dachterrasse den herrlichen Blick über die Stadt und die Meeresbucht mit und verlassen nach zwei oder drei Stunden das Museum. Wir laufen zurück in die Altstadt, in der mit Dunkelwerden das Leben wieder beginnt. Musikanten spielen auf, lebende Statuen erheischen Beifall und Münzen, Spaziergänger lassen sich von Zeichnern porträtieren, dazwischen ballspielende Kinder. Mit ein wenig Wehmut nehmen wir Abschied von Nizza und der Côte d´Azur.

Abschieds Gag von mir?

Ohne ein Abschiedsessen wollen wir uns von Nizza nicht trennen, also kehren wir abends am Hafen in die „Taverne Massena“ von Francis Cresci ein. Manfred bestellt sich seine obligatorische Vier-Käse-Pizza und Wein und schreibt folgendes in meinen Reisebericht: „Der Abschieds-Gag: Ursel sieht Leute Muscheln essen, möchte auch einmal in einem Restaurant Muscheln essen, wenigstens zum Abschied von Nizza. Frage an den Ober: Mariniert? Antwort: Ja. Zweite Frage: Sind die Portionen groß oder klein? Zweite Antwort: Normal! Was dann kommt, ist dramaturgisch gestaffelt. Zuerst die Serviette in einer silbernen Plasteverpackung, von der Ursel annimmt, es sei Zitrone. (Es war ein Tuch zum Hände Abputzen.) Nächster Akt: eine große leere Schüssel mit zwei Löffeln. Dann eine Weile nichts. Schließlich bringt der junge hübsche Ober (sie fotografiert ihn) einen großen Teller mit schwarzen Muschelschalen. Ursel hatte herausgepulte Muscheln und eine viel kleinere Portion erwartet. Sie weiß nicht, wie sie an die Muscheln rankommen soll. Eine Französin, die neben mir sitzt, erklärt ihr, dass sie mit Hilfe einer leeren Schale die übrigen vollen Schalen öffnen, das Muschelfleisch herausreißen und zum Mund führen muss. Es klappt! Und der volle Teller wird leer; na sagen wir: fast leer. Bravo!!! Abgang ins Citadines zur Nacht.“ (Ich enthalte mich auch heute noch jeglichen Kommentars, nur so viel: Im Unterschied zu Manfrd, den man zu jeder ihm ungewohnten Speise überreden musste, was mir schon gar nicht bei dem Muschel-Essen gelang, bin ich ein Mensch, der wenigstens alles probiert. Außerdem hatte ich schon Muscheln gegessen, die eigentlich nach nichts schmecken.)

Rühr mein Herz und sprich mit mir

Wann ist ein Mann ein Mann?

Vor Jahrzehnten schon stellte Herbert Grönemeyer in einem Lied diese Frage. Dass vor Manfred in jungen Jahren dieselbe Frage stand, zeigt mir seine mit Schreibmaschine verfasste Notiz mit der Überschrift: „Kein Mann“ – vermutlich nach einem Erlebnis mit seiner ersten Ehefrau.
Er schreibt: *Es ist wie Freude im ersten Anflug, ganz zart und fein. Dreimal küsse ich sie. Einmal aufs Auge: Schönheit! Einmal auf die Wangen: Gefühl! Und einmal auf den Mund: ein bisschen Sinnlichkeit! Mehr darf nicht sein, man muss sich zügeln.“… Ihrem plötzlichen Wunsch, nachts mit ihm bummeln zu gehen, folgt er erst nach beharrlichem Bitten ihrerseits. Weiter schreibt er: „Man darf nicht unwillig sein, wenn sie mit schelmischen Augen bittet; aber sie will plötzlich nicht mehr, wirft den Kopf in den Nacken und von ihren Lippen kommen die vernichtenden Worte: ´Du - bist – kein – Mann!´…*

Egal ob diese Worte nur so einfach zickig-weibisch dahingesagt waren, können sie doch einen sehr sensiblen Mann für sein weiteres Leben verunsichern.

Ich behaupte von mir, keine klischeehaften Meinungen über Männlichkeit im Allgemeinen vermittelt bekommen zu haben. In meiner Kindheit und Jugend waren Großvater und Vater meine männlichen Vorbilder. Den Großvater väterlicherseits kannte ich aus Erzählungen meines Vaters und meinen Schwiegervater nur aus Erzählungen meines Mannes. Diese Männer prägte eine Kindheit und Jugend in Armut und von schwerer körperlicher Arbeit zur Unterstützung des Überlebens der Familie. Sehr früh mussten diese jungen Burschen Ungerechtigkeit und Hass erfahren. Alle stammten aus ländlichem Milieu und sie alle strebten nach Bildung, verwandten ihr weniges Geld für den Kauf von Büchern und entwickelten sich zu standhaften Männern. Nach mehreren Jahren des Kennenlernens heirateten sie und übernahmen die Verantwortung für Frau und Kinder. *Von zu Hause* bekamen sie als sie heirateten nichts mit, und ihre Auserwählten stammten auch aus dem Arbeitermilieu. Diese Männergeneration lebte in einer schrecklichen Zeit von zwei Weltkriegen. Waren sie ihren Ehefrauen treu oder hatten sie „Romanzen“? (Heute nennt man es „Affären“).Waren sie nach heutigen Begriffen „sexy“? Ihre männlichen Vorbilder waren gewiss keine parfümierten, smarten amerikanischen Schauspieler.

Auf diesem familiären Hintergrund entstand mein Verständnis von „Männlichkeit".

Meine erste Ehe war eine „Studentenehe"; wir lebten nicht tagtäglich in einem Haushalt zusammen. Jura war schlank, sportlich, größer als ich, hatte Humor, liebte Musik, machte kleine Geschenke, führte mich in Restaurants, tanzte mit mir und erinnerte mich an mein Schauspieler-Idol Gerard Philipe. Er beschützte mich, die Deutsche, im fremden Land.

Unbewusst betrachtete ich mich in dieser Beziehung eher als „Objekt" der Begierde, entsprechend meiner damaligen Unkenntnis über das Glücksempfinden einer Frau.
Dass ich in all den Jahren unseres studentischen Zusammenlebens nicht schwanger wurde, betrachte ich als echten Liebesbeweis.

1963 lernte ich Manfred kennen. Vom Äußeren das ganze Gegenteil von Jura: mittelgroß, blonde Haarmähne, Schwermut in den Augen, selbstbewusst aber nicht weltmännisch auftretend, Distanz wahrend und eher schweigsam. Komisch, auch in ihm sah ich Gerard Philipe. Bei Manfred fühlte ich mich von Anbeginn unserer Beziehung nicht als „Objekt".

Der Ehrlichkeit halber muss ich gestehen, dass ich im Laufe meiner geistigen Entwicklung meine passive Objekthaltung verließ und mich als gleichberechtigte Partnerin verstand.
Erst durch Manfred kam ich zum Orgasmus und empfand diesen Moment als das Schönste im Leben einer Frau. Obwohl ich in vielen Situationen mein Herz auf der Zunge trage, sprach ich es ihm gegenüber nie aus. Nur wenn Milva ihren Titel „Zusammenleben" sang, stellte ich den Plattenspieler lauter, tanzte in seinem Beisein und sang lauthals den Text mit:
„Du fragst, warum ich so zufrieden mit dir zusammenleben kann. Ich mag dich, weil du klug und zärtlich bist und doch das ist es nicht allein... Du zeigst mir immer, dass es möööglich ist, ganz Frau und trotzdem frei zu sein... Weib, Vater, Lehrer, oder kleines Kind, das alles kannst du für mich sein... Wer wird als Frau denn schon geboren, man wird zur Frau doch erst gemacht..."

Mit 26 Jahren bekam ich mein erstes Kind. Nach sechs oder sieben Jahren unseres Zusammenlebens, ja, so ungefähr, denn Tochter Kathi ging in die erste oder zweite Klasse und Baby Anne war 1 Jahr alt, da sagte mein Mann zu mir, ich sei „frigide".

Was der Begriff allgemein betraf, wusste ich aus dem Buch von Theodor Hendrik van de Velde (1873-1937), das mein Vater, als ich 15 Jahre war, aus der hinteren in die vordere Reihe seines Bücherschrankes gestellt hatte und so mir „rechtzeitige Aufklärung“ ermöglichte.

Bei Van de Velde hatte ich „frigide“ als etwas organisch oder seelisch Krankhaftes im Sexualverhalten einer Frau verstanden. Aus dem Munde meines Mannes empfand ich es als schlimmste Beschimpfung. Vermutlich verglich er mich mit seiner ersten Ehefrau, die es verstand, ihn mit schlangentänzerischen, Striptease ähnlichen Körperbewegungen zu reizen und seine oder ihre Ergüsse so zu steigern, dass ihm die Nase blutete und ihm der Hinterkopf noch am nächsten Tag schmerzte....Das sagte er mir selbst, das habe ich mir nicht eifersüchtig ausgedacht! Stutenbissig zu sein, war nicht mein Niveau.

Verglichen mit diesen Reizen, war ich für ihn wahrscheinlich „frigide“, aber doch nicht empfindungslos. Ich tanzte auch nackt, schwang die Hüften und wackelte mit dem Busen, jedoch immer in der Art einer Clownsnummer. Typisch weibliche Raffinessen entsprachen nicht meinem Naturell, eher so kindliche Dinge, wie mich mit ihm zu balgen, ihn zu kitzeln, ihm splitternackt die Wohnungstür zu öffnen. Ich gestehe, die Wohnungstür öffnete ich so schamlos nur ein einziges Mal, denn ansonsten hatte Manfred seinen Schlüssel bei sich.

One-Night-Stands und Quikes kamen für mich nicht infrage. Ich wollte unser allmähliches Ineinander-Versinken genießen, mit ihm spielen, nicht im Dunkeln gleich zur Sache gehen; sein Gesicht sehen, mit ihm reden.

Die 1968er Freie-Liebe-Bewegung der Commune kannten wir beide nur aus den Medien; den Spruch: Wer zwei Mal mit derselben Frau pennt, gehört schon zum Establishment, konnte ich geistig nicht nachvollziehen. Meine Verhütungsmethode war altmodisch, mit Körpertemperatur messen nach Knaus Ogino und als es die Antibaby-Pille gab und die Gynäkologin diese auch verschreiben durfte, nahm ich Ovosiston für geraume Zeit ein.

In den ersten Jahren drückte ich mein Verlangen nach ihm eher, wie schon gesagt, mit burschikosen, kindlichen Neckereien aus, an die er sich gewöhnen musste. Natürlich wollte ich „genommen werden“, ihn in mir spüren, aber nicht als „Objekt“. Was uns auch gelang. Nie wieder nannte er mich „frigide“, aber ich bezeichnete mich einige Male ironisch-zynisch so, um ihn zu ärgern.

Unser Arbeitsleben nahm uns stark in Anspruch; beide wollten wir immer perfekt sein und zuverlässig handeln. Eigentlich waren wir aufgrund unserer Erziehung im Elternhaus sehr gegensätzliche Naturen. Manfred, der mehr in sich ruhende Mensch, nicht geschwätzig, nicht verwöhnt, immer nachdenklich bewahrend und ich, die impulsive, lebhaft ihre Meinung schnell, und ihre Wünsche und Ansprüche offen äußernde, die nichts versäumen, sondern immer Neues erleben wollte.

Beide brauchten wir viel Schlaf, mit dem Unterschied, dass Manfred der Frühaufsteher und ich die Eule war. Diese Tatsachen behinderten unser Eheleben nicht; wir waren einer Weltanschauung, liebten beide Musik, Literatur, hatten den gleichen Humor, respektierten und achteten einander und in uns beiden war ein gesunder Widerspruchsgeist vorhanden. Es waren die Widerwärtigkeiten des politischen Umfelds, die mich, aber besonders Manfred stark bedrückten. In den Jahren, als emotional gepanzerte und bornierte Parteifunktionäre Manfred demütigten und maßregelten, litt auch unser Geschlechtsleben. Ich wandelte mich in jener Zeit von der Gespielin zur mütterlich Liebenden.

Wohl fühlten wir uns am meisten an Wochenenden auf unserem Grundstück. Allein, nur mit uns und den Kindern. Hier waren wir frei und konnten Geist und Körper entspannen.

Bei mir kam die Lust, träge zu sein, meinen Busen an Manfreds Körper zu legen, mich wohlig an ihm zu rekeln, ihn zu umfluten.

Einige Male lockte ich ihn bei Vollmond auf unsere selbstgebaute stabile Matratzen-Schaukel; ich hatte mich im Planschbecken der Kinder frisch gemacht und lag nackt auf der Schaukel; er zog die Turnhose aus und legte sich zu mir. Er hätte stundenlang auf mir liegen können. Diese Momente in der Natur zu empfinden, hätte ich mir öfter gewünscht – das träge Lustgefühl des Nur-Körper-Seins und Verschmelzen zu einem Körper; denn so verstand ich Goethes Worte: „Sich einig mit der Natur fühlen“.

Mein Körper war bis zu meinem fünfzigsten Lebensjahr noch weiblich schön und später, als Manfred schon fast siebzig Jahre alt war, fanden wir immer noch unsere sexuelle Befriedigung. Im Rentenalter drückten Arbeitsbelastungen unsere Lustgefühle nicht mehr, unser Leben verlief in ruhigen Bahnen und wir – beide weniger Trieb- eher Kopf-gesteuert – in Jahrzehnten des Zusammenlebens angepasst, waren zu einem symbiotischen Paar geworden.

Erinnerung an persönliche Krisen

Als ich Kind war, vermittelten mir meine Eltern, Großeltern und alle mich umgebenden Freunde der Familie das Gefühl, ein besonderer kleiner Mensch zu sein – hübsch, klug, freundlich, aufgeschlossen, willensstark, meinen kindlichen Liebreiz geschickt einsetzend.

Als Jugendliche war ich strebsam, wissbegierig und voller Ideale. Ungefähr bis zu meinem 30. Lebensjahr hielt diese ideale Vorstellung, die ich von mir hatte, an, bis ich meine erste Enttäuschung erlebte. Ich scheiterte an dem Vorhaben eine Dissertation zu schreiben. Mein Mentor bezeichnete mich als unfähig politisch und analytisch zu denken, da meine eingereichte Arbeit nicht die von der Partei vorausbestimmten Thesen beinhaltete.

Im Laufe eines Lebens verdrängt man Krisensituationen. Meine früheren Tagebuchaufzeichnungen, die ich als 80-Jährige noch einmal lese, bringen mir kritische Situationen während meines Lebens mit Manfred in mein Gedächtnis zurück.

Im November 1979 notierte ich: *Wir sind zu unterschiedliche Charaktere. Er ist mir Feind, aber nicht fassbar, um mit ihm zu kämpfen. Sein ruhiges und immer gefasstes Wesen versetzt mich in eine Art Beklemmung, ich möchte mich immer frei machen, dabei habe ich durch seine Persönlichkeit vollste Freiheit. Ich weiß nicht was es ist, er gibt mir zu wenig äußerliche Anlässe damit ein Prickeln in mir aufsteigt und es warm ums Herz wird. So kapsele ich mich immer mehr ab und fühle mich einsam… Auch er zieht sich nach Streitereien in sich zurück. Im Unterschied zu mir, nimmt er die von ihm gefühlten Verletzungen auf und bewahrt sie tagelang in sich, um sie bei völlig unpassender Gelegenheit, für alle unerwartet, ausbrechen zu lassen. Mein Verhalten im Streit mit ihm ist anders, vielleicht bin ich weniger verletzbar als er, jedenfalls fresse ich meinen Frust nicht in mich hinein, sondern reagiere sofort – oft auch grob und beleidigend ihm gegenüber –, er bewahrt aber immer die Ruhe. Er erklärte mir, dass er als Kind jähzornig war, denn die Mutter schlug ihn oft ungerechtfertigt. Er lernte seine Wut in seinem Inneren zu verstecken. Ich wurde weder von Vater noch von Mutter geschlagen; meine frühkindliche Bockigkeit besänftigte meine Mutter mit ruhigen Worten.*

Seitdem er in verstärktem Maße Buchmanuskripte zu liefern hat, hilft er mir überhaupt nicht mehr; mit allem Kleinkram bin ich behaftet. Er geht lediglich mit den Kindern zum Arzt, aber das genügt mir nicht; ich muss ihn dazu bringen, feste Verpflichtungen im Haushalt zu übernehmen, ungeachtet, ob er zu schreiben hat oder nicht, denn er wird immer zu schreiben haben…. Am besten für mich wäre, mich von Manfred zu trennen. Als ich ihm sagte, ich will mich scheiden lassen, reagierte er nicht. Wahrscheinlich wäre eine zeitweilige räumliche Trennung eine Lösung, aber wohin soll ich gehen?

Meine Eltern mit meinen Problemen zu belasten will ich nicht und Möglichkeiten in ein Hotel für eine kurze Zeit zu gehen, gibt es nicht....

Ich muss mir selbst helfen, mir gewisse Vorsatzformeln aufbauen, mich nicht mehr so aufregen, wonach ich ganze Nächte nicht schlafen kann. Ich will nicht zu einer alten, hysterischen Megäre werden....Manfred leidet bis zum gewissen Grad auch, aber er wird nicht um ein klärendes, versöhnendes Gespräch bitten, da ja immer ich die Schuldige bin...

Ein paar Jahre später mache ich ihm aber auch mir Vorwürfe und drohe mit Scheidung. Dieses Mal reagiert er und meint, ich sei ein starker Charakter, der sich immer durchsetzen will. Er könne nicht mehr als arbeiten, denn das Geld nähme ich ja immer. Ich entgegne ihm, dass mir unsere „Arbeits-Gemeinschaft“ nicht genüge; es stimmt, dass ich das Geld nehme, aber er muss nicht für mich die Vielzahl an Aufträgen für publizistische Zeitungsartikel übernehmen, um Geld zusätzlich zu verdienen. Es sei ausschließlich sein Bedürfnis, so viel zu arbeiten, er sei ein „Workaholic“.

Was hätte er denn zu DDR-Zeiten mit dem verdienten Geld gemacht, hätte ich es nicht für Wohnen, Auto, Grundstück, Kleidung, Urlaub usw. ausgegeben? Es stimmt, ich habe nicht mit jedem Pfennig gerechnet, dafür war mir meine Zeit zu kostbar, denn es gibt viel schönere Dinge mit denen man die Zeit verbringen kann, als sein Geld zu zählen, welches man hat oder auf dem Sparbuch haben könnte. Klar, hätte ich anstelle von teuren Kleidern, Pullovern und ein Paar schicken Stiefeln, im „Exquisit“ gekauft, das Geld zur Sparkasse bringen können.

Nach dem Tod meines Vaters hatte ich von meiner Mutter 10.000 Mark bekommen und da ich eine Frau bin, die Freude daran hat, schick gekleidet am gesellschaftlichen Leben teilzunehmen, gönnte ich mir (für einen Bruchteil des Erbes) diese schönen Dinge.

Nebenbei bemerkt, bevorzugte Manfred auch modische, nicht billige Kleidung, sondern trug nur maßgeschneiderte Anzüge von Schneidermeister Sworowski, mit bügelfreien Oberhemden und französischen Seidenschlipsen, die ich im „Exquisit“ am Alexanderplatz kaufte.

Soweit meine damaligen „historischen“ Aufzeichnungen aus meinem Tagebuch. Meine Scheidungsandrohungen waren lediglich eine Form meiner Krisenbewältigung, letztendlich eine Hilfe für uns beide. Im Alter sagte ich Manfred mehrmals: “Du bist mein größter Schatz!“ Was von mir nicht einfach so als Floskel dahin gesagt war.

2012 – ein letztes Mal in Frankreich

Unsere jüngste Enkeltochter Charlotte Laura wurde im Jahr 2000 geboren. Da die ersten Jahre Tochter Anne noch keinen Kita-Platz für Lotti hatte, wohnte die Kleine bei uns. Sie schlief zwischen Opa und Oma im Ehebett. Wir fühlten uns verantwortlich für ihre Entwicklung; ich las ihr Märchen vor und wir hörten zusammen Musik von unseren Schallplatten. Charlotte war unser Sonnenschein. Opa tobte mit ihr im Garten, holte sie aus der Kita und später aus der Schule ab, ging mit ihr zum Arzt und hilft ihr später bei den Schularbeiten, vor allem in Englisch.

Mitte Januar 2012 herrschten eher herbstliche Temperaturen und Opa Manfred holte Lotti aus der Schule mit dem Auto ab, da es unangenehm regnete.

Ich hatte Lottis und Opas Lieblingsessen zubereitet – Hefeklöße mit Heidelbeeren und brauner Butter – , beide ruhten sich nach dem Essen aus und fertigten dann die Englisch-Hausaufgaben an. Ich nahm mir den mindestens sieben Kilogramm schweren Schulrucksack vor, um zu ergründen, welche Aufgaben überhaupt zu erledigen sind. Keine Schreibhefte, nur zahllose teils gedruckte DIN A4-Seiten, kein Lehrbuch sind im Ranzen. Auf meine Frage, welche Hausaufgaben zu erledigen sind, schaute mich Lotti nur mit ihren großen blauen Augen an. Tochter Anne hatte mir gesagt, dass für Lotti im Unterricht alles viel zu schnell geht, sie es nicht schafft, die Hausaufgaben in das Aufgaben-Heft einzutragen und die Lehrerinnen diese nicht an die Tafel schreiben.

Lotti hatte ihre eigene Rechtschreibung, sie verwechselte „v“ und „f“, „ä“ und „eu“ und ein „h“ setzte sie sehr sparsam ein. Ich bemühte mich, ihr die Wörter inhaltlich in deren Zusammensetzung zu erklären, denn wie mir schien, hatte unsere Lotti viel Erklärungsbedarf, den sie in der Schule nicht bekam.

Gesundheitliche Probleme

Opa Manfred (78 Jahre alt) hat auch seine Probleme; seine vor einigen Jahren eingesetzten Zahnimplantate scheinen zu wackeln – er geht manchmal vom Essenstisch und klebt etwas in seinem Mund fest. Unsere Zahnärztin Dr. Ilona Menzel in Berlin-Pankow stellt fest, dass die Implantate entfernt und durch ein Gebiss ersetzt werden müssen.

Für Kranksein, meine neue Zahnbrücke (rund 900 Euro) und das neue Gebiss für Manfred habe ich keine Euro-Reserven. Ich muss also unser Leben wieder sehr sparsam gestalten, denn außerdem steht auch der

Bau unserer Straße bevor, von dem wir nicht wissen, wie viel zu bezahlen sein wird. Die Bürgerinitiative streitet sich noch mit der Gemeindeverwaltung über die Höhe der Kostenbeteiligung von Seiten der Anlieger.

Zu den Zahnarztbesuchen in Pankow begleite ich Manfred, denn ich habe die Befürchtung, dass die Tortur der Entfernung der Implantate und Ziehung weiterer Zähne seinen Kreislauf stark belasten. Mein lieber Mann sah schlimm aus, ganz traurig und wirklich alt – die Wunde hörte nicht auf zu bluten und erst der Kieferchirurg ein paar Straßen weiter, brachte mit Laser endlich die Blutung zum Stoppen.

Die Fäden sind am Mittwoch, dem 1. Februar gezogen und Frau Dr. Menzel meint, in der Regel dauert die Heilung 4 – 6 Wochen, danach kann erst der Abdruck für das neue Gebiss gemacht werden; ein Übergangsgebiss für 400 Euro anfertigen zu lassen, lehnte Manfred, ohne mich zu fragen, ab.

Er sieht 10 Jahre älter aus; bei allen Hobbyhistorikern hat er sich abgemeldet, kann demzufolge ungestört an der Fertigstellung des III. Bandes der Ortsgeschichte arbeiten; nur Lotti und ich sehen ihn so beklagenswert.
Der Bürgermeister hatte ihm versprochen, die finanziellen Mittel für den Druck in den Haushaltsplan „einstellen“ zu lassen. Fragt sich nur, in welchem Jahr? In der Gemeinde folgt eine Haushaltssperre der anderen und die Sperre kann jeder Zeit als Ausrede dienen – dies äußere ich Manfred gegenüber bewusst nicht. Ich bin um seine gesunde Ernährung bemüht, püriere alles Gekochte zu Brei, presse ihm Saft und koche ihm Kakao.

Am 17. Februar waren wir 49 Jahre verheiratet, traditionell machten wir an diesem Tag – immer bei frostigem Sonnen-Winter-Wetter – einen ausgedehnten Waldspaziergang rund um den Fängersee in Eggersdorf, aber in diesem Jahr verzichteten wir auf den anschließenden Restaurantbesuch.

Die Krokusse, Narzissen und Tulpen deuten uns im Garten an: Der Frühling naht, es wird wärmer. Und auch Manfred geht es besser. Unsere Freunde Angelika und ihr Mann Kadét besuchen uns und berichten von ihrem letzten Urlaub bei Joke und Michelle. Wir bekommen wieder Lust auf unsere „Wiese“. Hinzukommt, dass sich in Manfreds Arm- und Kniebeugen ein juckendes Hautekzem entwickelt hat, das von seiner Freundin, Hautärztin Erika Z., mit Salben und Antibiotikum behandelt wird, aber dadurch nicht verschwindet und sie ihn in ein Krankenhaus überweisen will, was Manfred ablehnte. (Die Überweisung von Erika ins Krankenhaus finde ich später im Nachlass.)

Beide sind wir überzeugt, durch einen Klimawechsel das unangenehme Ekzem zu vertreiben und beschließen nach Frankreich zu fahren, dieses Mal über das Elsass. Kadét, versiert im Umgang mit dem Internet, verspricht uns, eine interessante Strecke und Hotels auszusuchen. Per e-mail schickt er uns seine Vorschläge für Orte und Übernachtungen, bucht auch die Unterkünfte, schreibt detailliert den genauen Streckenverlauf auf und gibt uns seinen Michelin-Autoatlas von 2010 mit.

Seit August 2007 haben wir ein bequemeres Auto, einen viertürigen VW Golf Plus automatic, mit Klimaanlage und eingebautem Navi, den wir uns nach meinem komplizierten Bruch des linken Schien- und Wadenbeins leisteten. (Die Unfallversicherung war uns für den Kauf eine große finanzielle Hilfe).

Fahrt nach Climbach

Am Samstag, dem 28. Juli 2012 verlassen wir um 11 Uhr unseren „Hof in Kliembach". (Bezeichnung von Kadét). Manfred fährt, er rast nicht und wir machen nach etwa 300 km Fahrt eine Pause, um unseren Kartoffelsalat mit Bouletten zu essen. Danach fahre ich bis zur Autobahnabfahrt Nr. 44 nach Amberg-Sulzbach, um wie all die Jahre zuvor, im „Goldenen Greif" in Edelsfeld zu übernachten.

Beim Abendessen erfahren wir in der Gaststube vom Ober, dass infolge der Nähe des Truppenübungsplatzes der USA in Grafenwöhr, von dem die Soldaten nach Afghanistan fliegen, das Restaurant noch immer gut besucht ist.

Beim Frühstück bedient noch jeden Morgen die 82jährige Mutter des Besitzers, Frau Heldrich, die Gäste und hilft in der Küche. Wir sagen ihr, dass wir das erste Mal vor 16 Jahren hier übernachteten, dass sie gut aussieht und wir uns freuen, sie gesund wiederzusehen.

Im Nieselregen verlassen wir Edelsfeld und fahren auf die E 50. Wir orientieren uns an der Stadt Landau in der Pfalz, die vor Climbach liegt; fahren an herrlichen Fachwerkhäusern im Elsass vorbei, steigen an den Bunkern der Maginotlinie nicht aus, da wir nicht ermessen können, wie weit Climbach, der kleine Ort unserer ersten Übernachtung noch entfernt ist.

So gegen 19,30 Uhr erreichen wir das „Hotel – Restaurant A L´Ange" in Climbach und beziehen nach Begrüßung durch die Wirtsleute – Mutter und Tochter, beide sprechen Deutsch – das winzige Zimmer Nr. 8. Da Kadét die elsässische Küche ausdrücklich empfohlen hatte, folgen wir der Einladung der Wirtin ins Restaurant und bitten sie uns bei der Wahl eines typischen Menüs zu helfen. Wir sind ihre einzigen Gäste.

Manfred isst gedünsteten Zander auf choucrout – Sauerkraut, von der Wirtin als typisch für die Region empfohlen – , für uns als Beilage zu Fisch sehr ungewöhnlich. Wir trinken den von uns geliebten Gewürztraminer und bezahlen 55,-Euro. (Das Zimmer kostete nur 58,- Euro und das für unsere Begriffe sehr karge Frühstück 17,- Euro).

Weiter geht's in Richtung Moulhouse. Vor Moulhouse kommen wir in einen Stau, weichen aber auf eine Straße mit Maut (Peage) aus. Der Automat nimmt meine Visa-Card nicht an, dröhnt es auf Französisch, was ich nicht verstehe. Manfred bleibt gelassen im Auto sitzen. Auf dem Display sehe ich endlich den zu bezahlenden Betrag, werfe Münzen in den Automaten, alles okay, Schranke geht hoch, ich fahre weiter. Hinter mir hatte sich eine Schlange gebildet, aber niemand hupte oder zeigte mit seinen Mittelfinger. Bei dem nächsten Maut-bezahl-Automaten ist es wieder anders; man zieht ein Ticket und bezahlt am Ende der Strecke. Falls ich noch einmal diese Tour fahren sollte, weiß ich Bescheid.

Violay im Zentralmassiv

So gegen 17 Uhr kommen wir in die Gegend von Chalon sur Saône, fahren in Richtung Villefranche sur Saône und verlassen auf Ausfahrt 31.2 die A 6 in Richtung Roanne. Wir fahren durch Tarare, einem kleinen Städtchen, 10 km südwestlich von Violay gelegen und unser Navi leitet uns zu dem sehr kleinen Ort im Gebirge im französischen Zentralmassiv, in dem Angelika und Kadét schon einige Male übernachteten. Sehr idyllisch – die aus den Fenstern schauenden Bewohner beobachten uns bei der Suche nach dem Hotel.

Das Hotel „Bar Hôtel Restaurant Perrier" mit einem Stern, von Perrier gegründet, jetzt von M. et Mme Jean-Luc Clot bewirtschaftet, ist wohl das älteste und liegt gleich neben der Kirche. An das Zimmer erinnere ich mich nur soweit, dass es sehr altmodisch eingerichtet war, mit sehr bunten Tapetenresten an Wänden und Türen, wie in Schlössern vor 200 Jahren, mit kleinem Sekretär, Fernseher und einem großen braunen, total durchgesessenen Ohrensessel. Geschlafen haben wir wie Tote! (Kosten für Übernachtung: 62,- Euro, für Frühstück 15,- Euro).

Um 9,30 Uhr verlassen wir Violay und es beginnt eine abenteuerliche Fahrt durch das Zentralmassiv und die Vogesen. Wir fahren auf der

Landstraße zwischen Lyon und Clermont-Ferrand. Manfred lenkt und ich bin bemüht ihn um die rechtwinkligen Zick-Zack-Kurven des Zentralmassivs zu leiten. Wir befolgen nicht Kadets Empfehlung *nach zweieinhalb Stunden dringend am Rastplatz „La Fayette" auf der Autoroute 75, Ausfahrt Nr.21 auszusteigen, einen preiswerten Espresso zu trinken* und eine *wunderschöne Aussicht über die Vulkane des Zentralmassivs zu genießen.*

Manfred fährt langsam, er hasst im Gebirge zu fahren und ich möchte ihm auch ermöglichen die Landschaft zu genießen, aber die superschmale Gebirgstrasse lässt keinen Fahrerwechsel zu. Er bringt die ungeliebte Bergtour tapfer hinter sich und ich bewundere und umarme ihn.

Viadukt de Millau

Pflicht ist, Ihr Lieben, so schreibt Kadét, *der Besuch der Raststätte vor der Brücke von Millau, nach der Ausfahrt Nr. 45. Man kann ziemlich nah an den Viadukt de Millau ´ranlaufen und dort ist alles über den Bau der Brücke dokumentiert. Es wird Euch sehr beeindrucken. Die beiden mittleren Pylonen sind zwanzig oder dreißig Meter höher als der Eiffelturm!*
Diesem Vorschlag von Kadét folgen wir und sind von dem filigran wirkenden ingenieurtechnischen Meisterwerk, das die beiden Ufer hoch über der Tarn-Schlucht verbindet und mit 2460 Meter die längste Schrägseilbrücke der Welt sein soll, fasziniert.

Wir fahren über den vierspurigen Viadukt, da klingelt mein Handy. Im Picotalen warten Angelika und Kadét schon mit dem Essen auf uns; wir haben aber noch weit zu fahren.
Endlich kommen wir – nach rund zweitausend Kilometern – in die uns bekannte Gegend von Montpellier und Beziers.

So gegen 22 Uhr sind wir glücklich im Picotalen. Im Dunkeln umarmen uns Joke, Angelika und Kadét mit den Worten: „Ihr seid Helden!" Ich meine, alle Drei waren nicht weniger glücklich wie wir, uns gesund und munter wiederzusehen.

Trotz der anstrengenden Fahrt auf Landstraßen im Gebirge, waren Eindrücke von der Gegend nur so erfahrbar und für uns grandios und einmalig. Selbst Manfred, dem das Lenken höchste Konzentration abverlangte, erlaubte sich ab und zu einen Blick in die majestätische Landschaft.

Wieder glücklich auf unserer „Wiese“

Seit unserem letzten Besuch hat sich viel verändert: Der Weg zu Joke und Michelle ist fest geschottert und es gibt im Ort einen kleinen Tante-Emma-Laden (Epicerie) mit einem Café im umgebauten Bahnhofsgebäude mit dem Namen „La Locomotive“.

Auch die Besitzverhältnisse im Picotalen haben sich geändert, der alte Bauer ist vor fünf Jahren gestorben und seine Kinder bewirtschaften jetzt nebenberuflich das Land. Es ist immer noch erlaubt, hoch über der Wiese sich die Flaschen mit Quellwasser aus einem Kran zu füllen.

Am Dienstag besuchen wir mit Joke das Dorf Brousses – Villaret, um dort eine Führung durch eine noch funktionierende Papiermühle aus dem 16. Jahrhundert mitzumachen. 1845 arbeiteten in Brousses noch etwa zehn Papiermühlen. Durch die Mühle führt uns eine 34jährige Freundin von Joke, deren Mutter mit ihr, als sie 12 Jahre alt war, von Deutschland nach Südfrankreich auswanderte und beide hier nun leben und arbeiten. Die Freundin demonstriert uns, wie heute aus Lumpen die verschiedensten Papiersorten hergestellt werden. Früher geschah das unter Zusatz von Elefantenscheisse, erklärt uns die Freundin. Sehr originell und aufschlussreich für uns.

Notiz, Mittwoch, 8.8. 2012
Frühstück um 10,30 Uhr. Sonnenschein pur. Die Pyrenäen sind klar sichtbar. Mit Erzählungen von Alexander Kuprin (1870-1938) bin ich fertig. War für mich eine echte Entdeckung. Habe angefangen „Arme Leute“ von Fjodor Dostojewski (1821-1881) zu lesen. Sehr heiß – 33 Grad, wenig Wind, liegen beide im Schatten. Ich schaue den vielen bunten Schmetterlingen zu, die in dem alten Schmetterlingsstrauch herumschwirren und Nektar naschen. Manchmal kommt einer und setzt sich zutraulich auf meinen großen Zeh. Ab und zu auch eine Art Libelle.
15,30 Uhr – Mittag essen. Bouletten aus Kalbfleisch-Farce, Salzkartoffeln, Tomatensalat mit an russische erinnernde französische Mayonnaise, Rotwein. Manfred schmeckt es und er kann wieder gut kauen.
16,30 bis 17,30 Uhr - lesen, ruhen, es ist noch sehr heiß.
18 bis 19 Uhr - Spaziergang bergan zum Bassin. Uns begegnen Autos mit Frauen am Steuer, die ihre Hunde um den Staudamm ausführen. Auf einer Bank sitzend beobachten wir sie und grüßen. Joke erzählt uns, dass unten in Carcassonne 44 ° C waren, sie aber einiges dort zu erledigen hatte.

Manfred meint, sein juckender Hautausschlag nimmt ab. Der Klimawechsel und die Sonne täten ihm gut.

Notiz, Donnerstag, 9.8. 2012

Ich bin um 9 Uhr aufgestanden, Manfred schon früher. Habe gut geschlafen, aber einen irren Traum gehabt, den ich Manfred am Frühstückstisch erzähle: Ich bin im Güterwaggon gefahren und vor Dieben, die in zwei Stunden den Zug überfallen werden, gewarnt worden. Panische Angst erfasst mich, mein Geld – ein dickes Paket mit vielen 5-Euro-Scheinen – stecke ich in meine Unterhose, direkt vor meine Scheide, in der Annahme, da werden mich die Räuber nicht abtasten. Gott sei Dank, ist es dazu nicht gekommen, ich wachte auf.

In meinen Traum war wahrscheinlich mein Erlebnis als „Dollarschmugglerin" aus dem Jahr 1996 zurückgekommen und durch das Lesen des Romans „Arme Leute" von F. Dostojewski entstanden. Die Lektüre ist quälend vor allem für heutige Lesegewohnheit. Manfred lese ich Stellen vor und er erklärt mir, dass es verschiedene deutsche Übersetzungen der Romane von Dostojewski im Laufe der Zeit gab. Ich hatte vor einigen Jahren ein Buch von Swetlana Geier (1923-2010) gelesen, in dem sie im Detail beschreibt, wie sie Dostojewskis Romane, im Unterschied zu früheren deutschen Übersetzungen, neu übersetzt. Aufgrund ihrer Methode änderte sie zum Beispiel den deutschen Buchtitel „Schuld und Sühne" in „Verbrechen und Strafe". Das wusste wiederum Manfred nicht.

Ich möchte unbedingt die „Poterie Alibeu", in der wir unsere gelbe Keramik-Lampe mit dunkelblauen Oliven gekauft hatten, besuchen. Joke sagt, es gibt sie noch an der Straße nach Revel. Manfred geht es nicht gut, also fahre ich. Durch die enggewundenen Straßen von Saissac begegnen uns wieder vor allem kleine Autos lenkende Frauen.

Gegenüber früher sind auf der Landstraße nach Revel Rastplätze angelegt, spezielle „Natural Parcs" eingerichtet und Campingplätze angezeigt. Die Franzosen haben also auch diese Gegend als ideales, ruhiges Urlaubsparadies entdeckt.

Die Strecke kommt mir viel weiter als vor 13 Jahren vor und ich will umkehren. Aber da, am Ende des Ortes Les Cammazes gibt es noch die „Poterie Alibeu". Das Anwesen ist meines Erachtens noch größer geworden; draußen stehen unter anderem große blaue Pflanztöpfe für die Parks reicher Leute, antike Vasen und Figuren, farbige Disney-Figuren, alles Mögliche, immer noch auch viel Geschmackloses für meine

Begriffe. Ich bin neugierig, ob es den freundlichen „Monsieur“ noch gibt? Ja, es gibt ihn noch.

Gleich stürze ich nicht zu Monsieur, sondern gehe an ihm vorbei und schaue mir erst einmal die vielen, recht bunten Speiseservice, Blumen- und Obstkörbe etc. an. Ein englischsprachiges Ehepaar mittleren Alters durchläuft schnell die Räume und die Frau kann laut nur mehrmals ihr „nice, very nice“ dem Mann hinterherrufen. Sie kaufen nichts, danken im Vorbeigehen höflich dem neben der Kasse stehenden Monsieur.

Etwas muss ich kaufen, um die Gelegenheit zu haben, Monsieur anzusprechen. Aber es soll auch einen Gebrauchswert haben. Ich entscheide mich für eine flache Schale (6,- Euro) und gehe zur Kasse.

Ich frage Monsieur, ob er Englisch spricht? Nein. Also radebreche ich mein Französisch und erzähle ihm, dass wir „il y a treize ans“ hier eine Keramik-Lampe kauften. Ja, er war schon damals Verkäufer in der Poterie; seit 33 Jahren arbeitet er hier. Ich darf ihn fotografieren. Freundlich lächelnd stellt er sich neben das Regal mit Honig und Gewürzen der Provence.

Ich bedanke mich und wünsche ihm Gesundheit – natürlich auf Französisch. Zufrieden verlasse ich den Töpferladen.

Es sind immer noch 33° C, aber mit der Klimaanlage ist es im Auto zu ertragen. Zum Abend hat es sich abgekühlt und wir machen unseren traditionellen Spaziergang bergan zum Staudamm.

Notiz, Samstag, 11.8.2012

Wir fahren auf den Markt nach Revel und kaufen dort ein frisches, dunkles rundes Brot. Das Brot schmeckt herrlich mit französischer Butter mit Meersalz. Und natürlich dazu Wein, direkt aus dem Schlauch der Wein-Kooperative in Pezens, in unser 3-Liter-Gefäß gefüllt.

Auf dem Rückweg machten wir auf Anraten von Joke einen Halt vor oder hinter Cammazes, um uns die „Rigole de Vauban“ anzuschauen. Sie führt Wasser aus vier nach Süden fließenden Flüssen in den Staudamm in Lampy, zu dem wir schon einige Male zusammen mit Bilbo gewandert waren.

Sébastien Le Prestre de Vauban (1633-1707) ist einer von Frankreichs berühmtesten Architekten, bekannt vor allem für seine Bunker- und Verteidigungsbauten. Er veranlasste den Bau von etwa 50 Durchlässen kleinerer Bäche und von Aquädukten, die Wasser aus dem Gebirge in den Canal du Midi führen. An einer dieser „Rigolen“ – ein etwa zwei Meter breiter, gemauerter Kanal – , kann man entlanglaufen und auf satt grünem Rasen, rechts und links sich ausruhen und Pick-Nick machen.

Wir gehen durch eine von alten Eichen gesäumte Allee, um in einem kleinen, von Joke empfohlenen Tee-Salon, ein hausgemachtes Eis zu essen und unseren Durst zu löschen. Draußen zeigt das Thermometer immer noch 30° C. Wir unterhalten uns mit der Besitzerin in Französisch.

Am Abend berichten wir Joke von der freundlichen Madame im „Salon de Vauban" und sie sagt, dass Madame seit ungefähr einem Jahr dieses kleine Café betreibt, in dem man auch Mittag essen kann und in dem auch Konzerte und Buchlesungen stattfinden. Madame habe bis dahin als Bankangestellte gearbeitet und wollte unbedingt etwas Neues anfangen. Sie ist ungefähr 50 Jahre, schlank, flink, kurzes Haar, allein im Salon und weiß bestimmt abends, was sie geleistet hat.

Notiz, Montag, 13.8.2012

Gestern war Ruhetag, wir liefen nur abends rund um den Stausee.

Auf Manfreds Wunsch fahren wir in die Ville des Livres nach Montolieu, denn er will unbedingt wieder in der mehrstöckigen Büchermanufaktur interessante Bücher entdecken.

Er kauft einen in Köln 2008 erschienenen Fotomontagebildband von Jean Heartfield (1891-1968). Was der Bildband in Deutschland gekostet hätte, weiß ich nicht, hier zahlen wir 15,- Euro. und mein lieber Mann ist glücklich, denn nun kann er seine Sammlung, des von ihm geschätzten Grafiker und Fotomontagekünstler um einen weiteren Bildband ergänzen.

Trotz schwer erträglicher Hitze spazieren wir durch die anheimelnden engen Gassen des Bücherdorfs, sehen uns im Museum die sehr interessante ständige Ausstellung „Konservatorium des Buchhandwerks und der Buchdruckerkunst" an, reißen uns dann aber los, denn wir müssen noch tanken. Fahren also nach Carcasonne, um bei Leclerc zu tanken.

Am Steuer bin ich, denn Manfred geht es nicht gut. Ich fahre also an die Säule 8 der Tankstelle, aber warum der Schlitz des Automaten meine Visa-Karte nicht annimmt, sagt er nicht. Eine neben mir tankende junge Frau erklärt mir freundlich warum nicht. Manfred sitzt erschöpft im Auto und ich flitze aufgeregt herum; hinter dem Auto wieder die Schlange. Ich erinnere mich, dass vor 13 Jahren, in einem dreihundert Meter entfernten Häuschen ein Mensch saß. Ich renne zum Häuschen, ja, ein Mann sitzt drin, der meine Situation schon beobachtete. Er erklärt mir, man könne nur an den Zapfsäulen 1 – 6 mit einer Visa-Card tanken. Aha, ich

zurück zum Auto, fahre es zu Zapfsäule 3 und - voilá! – Manfred steigt aus und zapft. Alles ganz einfach, man muss es nur wissen.
Habe letzten Endes alles gepackt, war zwar sehr aufgeregt, aber keiner hat gemeckert – kann stolz auf mich sein und mir auf die Schulter klopfen. Ist mein Manfred auch stolz auf mich? Vielleicht.

Kurz vor 18 Uhr sind wir wieder auf unserer Wiese und auf der Terrasse liegt eine Einladung zum Abendessen und Grillen um 19 Uhr.
Ja, wir kommen gern, was sollen wir mitbringen?
Joke: Wenn ihr wollt – Wein.
Ich nehme auch die weißen Ferrero-Mandel-Creme-Kügelchen mit, die ich vergessen hatte Angelika zu geben.

Auf der Wiese vor Jokes Haus ist schon ein langer Tisch mit einem afrikanischen Tischtuch gedeckt. (Joke, Michelle und Martin waren 1-2 Jahre bei Jokes Bruder in Mozambique.)
Ein paar Schritte bergab ist von Feldsteinen eingegrenzt die Feuerstelle (etwa 2,50 Meter in der Diagonale); Holzscheite sind aufgeschichtet und brennen schon lichterloh.

Michelle und ihr Bruder Gilbert reinigen die Roste und bereiten das Grillgut vor. Gilbert ist fünf Jahre älter als Michelle und mit seiner Frau im Wohn-Reise-Mobil hier im Süden unterwegs. Sie leben mit drei erwachsenen Töchtern in der Nähe von Bordeaux. Kadét sagt von Gilbert, dass er Kommunist sei, aber ziemlich nationalbewusst und verschwiegen. Mit uns sucht Gilbert nicht das Gespräch. Nur seine Frau unterhält sich mit Manfred irgendwie in Französisch, denn Englisch spricht die charmante, zarte Madame nicht. Mit „trink!“ ermuntert sie Manfred zum Trinken. Er ist höflich und prostet ihr zu; streichelt wohl aber lieber den Hund, der sich bei ihm unter der Bank niedergelassen hat. Manfred geht es nicht gut.

Wir sind acht Personen, aber die Würste und ein komplettes Schweinerücken-Stück (mindestens 2 Kg) könnten auch mehr Leute sehr satt machen. Ich fotografiere die kleine, aber tatkräftige Michelle, wie sie barfüßig mit einer großen Mistgabel die Glut sortiert.

Die Vorspeise ist Melone an Schinken, die Zutaten zu den Salaten sind alle aus dem Garten, das warme Kartoffelgratin mit Creme fraiche hat Joke zubereitet und teilt es aus. Und als Dessert, wo alle meinten, es geht nichts mehr in den Magen, kam die Schwägerin von Michelle mit zwei von ihr gebackenen noch warmen Apfeltarts und ihr Mann teilt dazu Vanilleeis aus. Köstlich!! Alle stöhnen, aber es schmeckt zu gut und ein Sommerabend in solcher Runde ist für mich und ich meine, auch für die Anderen, etwas ganz Besonderes.

Notiz, Montag, 20.8.2012

Bei all unseren bisherigen Besuchen hier in den Bergdörfern hatten wir es nicht geschafft, eine Bootsfahrt auf dem Canal du Midi zu machen. Dieses Mal nahmen wir es uns fest vor.

Joke erkundigte sich im Internet, wann und von wo man ab Carcassonne mit dem Boot auf dem Canal du Midi gefahren werden kann und bestellt uns Karten für 17 Uhr. In der Nähe des Bahnhofs ist die Anlegestelle des Schiffunternehmens „Lou Gabaret“. Es ist wieder ein sehr heißer Tag und wir haben noch viel Zeit, um in der Fußgängerzone der Neu-Stadt zu bummeln und unter Platanen im „Café Bastide“ am Neptun-Brunnen auf dem „Place de Carnot“ ein Eis mit Früchten zu essen.

Unsere Bootsfahrt dauerte zwei Stunden bis zur Écluse (Schleuse) de la Douce und wieder zurück. Mit kurzem Aufenthalt an der Station „L´epanchoir de Foucaud“ – wie ich verstanden habe – , hat hier ein leitender Ingenieur gewohnt. Jedoch nicht Pierre-Paul Riquet (Salzsteuereinnehmer, 1680 gestorben), der geniale Erfinder und Ideengeber für den Bau des 240 km langen Kanals, der über den Bergsattel zwischen Pyrenäen und dem Zentralmassiv verläuft und das Mittelmeer mit dem Atlantik verbindet.

An den Rändern des Kanals stehen riesige Platanen, deren Wipfel die Blätter in der Abendsonne zu goldenen Pünktchen flimmern lässt. Die ruhige Atmosphäre nehmen Manfred und ich schweigend in uns auf. Für mich hätte die Fahrt länger dauern können, ohne Zwischenaufenthalt, dafür wenigstens mit einer interessanten Schleuse.

Gegen 20 Uhr sind wir wieder im Picotalen. In Carcassonne seien mindestens 40 Grad. gewesen, sagt uns Joke. Sie und Michelle leiden auch unter der Hitze. Joke gibt Sprachunterricht per Telefon über Skyp und ihr laufe während der Arbeit der Schweiß die Arme hinunter. Selbst die Hündin leidet, sie bellt nicht.

Manfred hat sich gut erholt, sein Hautausschlag ist unter der südlichen Sonne und der frischen Luft fast gänzlich abgeheilt. Er sagt, die Autofahrt sei auch nicht anstrengend gewesen, er würde nächstes Mal wieder fahren, aber nicht über das Zentralmassiv. Auch ich habe mich erholt, obwohl mir die Hitze mehr als ihm zu schaffen machte. Das Autolenken im Gebirge war mir manchmal zu viel, aber es gab ja auch Ruhetage.

Unser Auto hat uns nicht enttäuscht, die 4.500 km insgesamt waren für den Motor auch mal gut, im Vergleich zu den kurzen Strecken, die wir sonst fahren. Und es stimmt, dass Automatic-Autos für Gebirgsfahrten ideal sind.

Am Donnerstag verabschieden wir uns von Joke und Michelle mit dem Wunsch, dass wir alle gesund bleiben mögen und uns im nächsten Jahr wiedersehen.

März 2013

Bei einer Ultraschall-Untersuchung entdeckt Manfreds Hausarzt bei ihm eine nicht deutlich erklärbare Stelle im Unterbauch und überweist ihn an die Charité. Wir fahren nach Berlin und Manfred wird einem Konsistorium von Ärzten vorgestellt.

Am 31. März feierten wir seinen 79. Geburtstag und vierzehn Tage später meinen 75. Mein einziger Wunsch war, es möge sich kein Karzinom in seinem Leib befinden. Den Verlauf der schrecklichen Krankheit kann ich immer noch nicht beschreiben ohne erneut in ein tiefes Loch der Traurigkeit zu versinken. Nur so viel: Manfred überstand 15 Chemotherapien relativ gut und war überzeugt, den Krebs zu besiegen. Auch mich überzeugten die Professoren der Charité, dass er es, aufgrund seiner „viel jüngeren biologischen Verfassung", schaffen wird. Er aß täglich brav seine Hühnerbrühe mit Ei, ich fuhr mit ihm im Mai zehn Tage in unser geliebtes Zinnowitz auf der Insel Usedom, wir gingen am Meer spazieren und aßen Fischbrötchen. Zwei, drei Tage nach der Chemo stand er auf, ging im Garten spazieren und setzte sich auch wieder an den Computer. Sein Kopf arbeitete gut.

Im Herbst 2012 hatte Manfred von der Vorsitzenden des Heimatvereines erfahren, dass die Druckkosten für seinen 3. Band der Ortsgeschichte von der Gemeinde bereitgestellt würden.

Im Geleitwort zum dritten Band schreibt die Vorsitzende: *Diesen dritten Band hätte M. K. ihnen gern selbst übergeben. Es war ihm nicht vergönnt. Am 5. September 2013 starb er nach schwerer Krankheit und hinterließ seine umfangreichen Erkenntnisse über die jüngere Geschichte unseres Ortes mit dem Hinweis: ´Manuskript mit noch erforderlichen Korrekturarbeiten´.*

Die Damen des DAKAPO-Verlages, Frau Hoffmann und Frau Michalski, kommen zu mir nach Fredersdorf und holen sich das Manuskript und den USB-Stick ab. Ich hatte ihnen gegenüber den Wunsch geäußert, bis zum 80. Geburtstag meines Mannes, den er nicht mehr erlebte, den dritten Band fertigzustellen, um diesen der Öffentlichkeit präsentieren zu können. Meine Bitte erfüllten sie mir.

Die Freunde des Heimatvereins verbanden die Präsentation des III. Bandes mit einer Gedenkveranstaltung an den verstorbenen Ortschronisten und Schöpfer der Ortsgeschichte. Zu der würdig gestalteten Feier kamen etwa 100 Leute in die neue „Kulturscheune" auf dem Gelände der „Fred-Vogel-Schule".

Der damalige Bürgermeister Dr. Uwe Klett schreibt unter der Überschrift *Alle guten Dinge sind drei* im Vorwort: *Mit dem Abschluss der heimatgeschichtlichen Trilogie vollendet sich nicht nur das Lebenswerk des Historikers, sondern wird zugleich ein unverrückbarer Grundstein gelegt für Neues – für ein geschichtliches Bewusstsein, das sich Nachgeborene erschließen können und wollen. Es ist keinesfalls gering zu schätzen, dass mit den drei Bänden die märkische Gemeinde Fredersdorf-Vogelsdorf über einen Geschichtsfundus verfügt, der seinesgleichen sucht. Ich bin mir sicher, dass alle, die in diesen Seiten blättern werden und den Geheimnissen unseres Werdens auf der Spur sind, mit Dankbarkeit auf jenen Verfasser zurückblicken, der in mühevoller Kleinarbeit den Staub der Jahrhunderte wegfegte, Unsichtbares, Verborgenes sichtbar machte und auch in kleinen Episoden den großen Geschichteverlauf nachvollziehbar gemacht hat. Die Zeit des Faschismus und des antifaschistischen Neubeginns nach dem grausamsten Kapitel deutscher Geschichte ist für einen Historiker Wagnis und Verpflichtung zugleich, weil es unsere Großväter und Großmütter waren, die zumeist mitliefen in der Zeit braunen Terrors, Verpflichtung, weil es eine historisch bleibende Notwendigkeit ist, den Nachgeborenen das Unbegreifliche und die Menschenfeindlichkeit zu erklären, aber auch Mut zu machen, dass Widerstand gegen Unmenschlichkeit im Kleinen auch möglich war und ist. Manfred Kliem hat diesen Anspruch gelebt und sein Werk erzählt davon. Mitläufertum, NSDAP-Aktivitäten, aber auch Widerstand von Mitgliedern der Arbeiterparteien und Vertretern der Kirche; Denunziationen, aber auch Hilfe Entrechteten gegenüber – all dies gab es auch hier im Ort, unter den Augen vieler. Man richtete sich ein, wurde zum Mörder oder zum Gehetzten. Auf die Frage, wie konnte dies alles geschehen, werden wir kaum erschöpfende Erklärungen erhalten, uns aber auf den Weg zu machen – dabei hilft uns Manfred Kliem. Ohne seine Geschichtsforschungen und vieler seiner Mitstreiter im Heimatverein würden die Wenigen, die aufrichtig waren und gegen den Strom schwammen, auf Ewigkeit ungenannt bleiben! Ihnen einen Namen zu geben, auch dafür sei dem Autor gedankt.*

M. K. mit seinen erwachsenen Töchtern

Opa Manfred mit Enkelin Charlotte im Garten

Weihnachten 2003

Arbeitsplatz im Dachgeschoss

M.K. vor „Brecht-Haus“ in Augsburg, Juni 2009

M. K. in Irland, Killybegs, September 2009

Ein letztes Mal in Zinnowitz/Usedom, Mai 2013

September 2013 – bis zuletzt gehofft

Wenn es in Gesprächen über Beerdigungen kam, sagte ich, dass meine Eltern in einer „Feuersozietät“ (sie nannten sie „Schmorverein“) waren. Und ich auch wie sie verbrannt werden möchte. Manfred äußerte sich bei solchen Gelegenheiten nie, lächelte mich nur an und dachte vermutlich im Innern, sie wird mich ja überleben und entscheiden, was mit meiner Leiche gemacht werden wird. Über die Beisetzung meines Großvaters und Vaters entschied nicht die Familie, sondern ungefragt „die Partei“. Die Grabrede bei der Beerdigung meines Großvaters hielt Otto Grotewohl und Männer in Bergmannsuniformen trugen die Urne und stellten diese in die Mauer des „Friedhofs der Sozialisten“ in Berlin-Friedrichsfelde. Wer die Grabrede für meinen Vater hielt, erinnere ich mich nicht. Seinen Trauerzug führten Männer in Armeeuniformen mit Fahnen unter Begleitung eines
Orchesters an. Meine Großmutter und Mutter beerdigten wir Kinder in aller Stille.

Das Abschiednehmen und die Urnenbeisetzung mit der Asche meines Mannes lag allein in meinen Händen. Meine jüngste Tochter half mir und stand mir bei. Wen sollte ich für die Abschiedsrede auswählen? Ich war total überfordert. Manfreds Freunde, Dr. Klaus Roeber und Dieter Kromphardt – beide evangelische Pfarrer – erklärten sich sofort bereit.

In die Trauerhalle des Friedhofs in Fredersdorf-Süd kamen mehr als hundert Personen. Der Bürgermeister, Mitglieder des Heimatvereins, Freunde aus dem Bund der Vertriebenen von Märkisch-Oderland, ehemalige Freunde, Kollegen und Studenten aus der Berliner Zeit waren gekommen, um Manfred die letzte Ehre zu erweisen.

Für die feierliche Umrahmung hatte ich CD´ s seiner Lieblingsmusik ausgewählt: Zum Betreten der Trauerhalle ein neunminütiges Klavierstück von Erik Satie, während der Gedenkzeit das Adagio aus dem Klavierkonzert von W. A. Mozart Nr. 23 in A major und aus L. van Beethovens Klaviersonate Nr. 7 in do minore das Adagio cantabile, beide Stücke von Clara Haskil gespielt, die zu Manfreds Lieblings-Pianistinnen gehörte. Und beim Verlassen begleitete die Trauergäste „Endless Journey“, gespielt vom Orchester James Last.

Die Grabstelle in einer von Ligusterhecke umgebenen Platz, hatte meine Tochter mit dem Bemerken ausgesucht: Mein Papa muss hier in Ruhe gelassen werden.

An der Grabstelle legte Klaus Roeber seine weiß-grüne lange Stola um den Hals und sprach beim Versenken der Urne ein Gebet speziell für seinen Gesinnungsbruder Manfred. Ich nahm kniend von meinem Mann Abschied.

Sommer 2014 – mein Rückblick

Nach dem Tod meines Mannes bin ich die Letzte aus der Familie, auf der die Hinterlassenschaft der Verstorbenen von drei Generationen nun lastet.

Man kann sich kaum die Fülle der Materialien, Dokumente, Briefe und Aufzeichnungen vorstellen, die Manfred, ein leidenschaftlicher „Bewahrer“ historischer Papiere, zu seinen Lebzeiten sammelte. Die mehrere tausend Bücher umfassende Arbeitsbibliothek befindet sich, von ihm fachmännisch geordnet, im Bungalow. Belletristik füllt die Schränke und Regale im Wohnhaus und auch Briefe, Fotografien und andere Schriftstücke der Familie sind im Wohnhaus untergebracht. Alles galt es zu sichten.

Dabei fand ich eine von meinem Mann erarbeitete Dokumentation von mehr als 100 DIN-A4 Seiten über Hans Boden, meinen Onkel. In ihr sind die Ergebnisse seiner Recherche aus 1997 in Moskau und frühere Kenntnisse chronologisch zusammengestellt. Ich lese zum ersten Mal eine Gesamtdarstellung über das Schicksal meines Onkels, über die Intrigen gegenüber meinem Großvater, dessen Bemühungen bei sowjetischen Instanzen, und ich bin zutiefst erschüttert. Mir wird bewusst, wie viel Mitgefühl, Zeit und denkerische Energie Manfred für diese Dokumentation aufgewendet hat. Hätte ich sie doch nur zu seinen Lebzeiten schon gelesen, wir hätten darüber sprechen können. Ich bereue, dass mir andere Dinge wichtiger waren; ich doch aber auch nicht eine Sekunde lang an einen Krebstod dachte, der ihn innerhalb eines halben Jahres von mir nahm.

Ich sehe seine Arbeit als ein Liebesbeweis zu mir und fühle mich verpflichtet das Wissen an meine Kinder weiterzugeben. Einerseits quälte mich psychisch diese Hinterlassenschaft, sie ließ mich nachts nicht schlafen, andererseits verlangte sie von mir vollste Konzentration, um die Schicksale der Männer, unter deren Verfolgung auch die Frauen litten, aufzuschreiben und nicht in Trauer zu versinken. Mein fester Wille war, endlich dahinterzukommen: Wofür mein Onkel geprügelt wurde und in Russland sterben musste. Ich kann mich nicht von dem Gedanken freimachen, dass er, aus welchen Gründen auch immer, vorsätzlich ermordet wurde.

„Selbstbezichtigungs – Erklärung"

Im Nachlass meines Vaters (gestorben 1983) finde ich eine von meinem Großvater (gestorben 1953) hinterlassene „Boden-Mappe", in der sich ein Umschlag befand, beschriftet von meinem Vater mit „Sept. 1971".

Mein Vater hatte anlässlich einer SED-Freundschaftsreise in die Koreanische Volksdemokratische Republik (KVDR) im August/September 1971 auf seine Bitte hin, auf der Rückreise aus Nordkorea von sowjetischen Genossen sieben Dokumente erhalten; unter anderem eine „Selbstbezichtigungs-Erklärung" meines Onkel Gustav.

Dieses Schriftstück, vier Niederschriften jeweils mit „Gans Boden" unterzeichnet, ist in russischer amtlicher Umgangssprache perfekt, setzt ausgefallene und seltener gebrauchte russische Vokabeln bei der Charakterisierung von Zusammenhängen gekonnt ein. Anklänge an deutsche Satzbauweise und Germanismen sind nicht vorhanden. Schreibtechnisch gliedert sie sich in Absätze, wobei jeder Absatz eine in sich geschlossene Gedankenführung enthält. Die inhaltliche Struktur folgt dramaturgischen Gesichtspunkten. Mein Onkel bezichtigt sich mehrerer Verbrechen gegen die Sowjetmacht, er gibt zu, ein von der GESTAPO in Deutschland ausgebildeter und in die Sowjetunion eingeschleuster faschistischer Agent und Saboteur zu sein.

In der 4. Niederschrift über zwei zeitlich voneinander getrennte Einzelverhöre am 10. März 1938, in denen weitere Beschuldigungskomplexe „abgearbeitet" werden, steht das Szenario für das angeblich von H. Boden geplante Attentat auf Stalin, Molotow oder Woroschilow: *Als ich zunächst nicht darauf einging, hat er (Beutling, U. K.) mich an das von mir im KZ unterschriebene Papier für die Gestapo erinnert und gedroht, dass die KPD und die Organe des NKWD erfahren werden, dass ich Kommunisten an die Gestapo verraten habe und dass die in Deutschland noch lebenden Geschwister erschossen würden. Ich war einverstanden und habe ihm versprochen, unter Einsatz meines Lebens zu erfüllen, was er von mir fordern würde. Im August 1937 gab mir Beutling die Anweisungen, den Terrorakt gegen Molotow zu verüben, wenn die Regierungsmitglieder nach dem Empfang W. P. Tschkalows (1904 – 1938, sowjetischer Testpilot. U.K.) zurückkehrten. Er gab mir als Waffe einen deutschen Revolver „Walter" und befahl, nicht in der Gorki-Straße auf das Auto mit Molotow zu warten, sondern während der Vorbeifahrt zu schießen. Als ich am andern Tag die Tat vollziehen wollte, erwies es sich als unmöglich durch die große Menschenmenge und den Miliz-Cordon zum Auto mit Molotow vorzudringen. Dadurch misslang es, den*

Terrorakt zu verüben. Am andern Tag habe ich mich wieder mit Beutling getroffen. Er beschimpfte mich wegen meines Versagens, drohte, wenn ich ein zweites Mal seinen Auftrag nicht erfülle, andere Maßnahmen von ihm getroffen werden. Die Waffe hat er mir abgenommen.
Die letzten Zeilen der „Erklärung“ schreibt der reuige Verbrecher, in der Hoffnung mit seinen freimütigen Geständnissen Milde des Richters zu erreichen.

Zunächst hatte mein Mann Zweifel an der Echtheit der „Selbstbezichtigungs-Erklärung“, denn Gustavs Russisch war zu dürftig einen derartigen Text zu verfassen. Der Gedanke einer Fälschung schied aus; der NKWD brauchte keine Fälscher, die die Schrift des Häftlings nachmachten. Der Aufwand wäre zu groß gewesen. Mit brutalsten Terrormaßnahmen der Prügeloffiziere konnte jeder noch so standhafte Gefangene zum Abschreiben von Selbstbezichtigungen gezwungen werden.

Gewissheit erhielten wir aber erst anhand der Kopien, die Anfang der 1990er Jahre im NKWD-Archiv von der russischen Bürgerrechtsbewegung MEMORIAL gemacht wurden und die uns Natalja Mussijenko 1998 gab. Beide Kopien, die aus dem Besitz meines Vaters und die von MEMORIAL, stimmten überein.

In seinem Widerruf vom 29. Dezember 1938 schreibt H. Boden, er habe sich bei seiner Niederschrift *„an die Vorgaben des Untersuchungsführers Kusin* gehalten.

Der 40-jährige Theodor Beutling wurde 9 Tage vor meinem Onkel vom NKWD festgenommen, schwer gefoltert und ebenfalls zu Aussagen gezwungen. Für T. Beutlings Freilassung setzten sich W. Pieck und G. Dimitroff ein. Obwohl er die erzwungenen Aussagen vor dem Militärgericht im März 1939 widerrief, blieb Beutling weiterhin im Butyrka-Gefängnis. Am 21. April 1941 lautete das Urteil: „Acht Jahre wegen Teilnahme an einer antisowjetischen Organisation“ und er kam in ein Lager in der ASSR Komi.

„Gruppe Hitlerjugend - Akte N.9.871“

Die im Keller der Lubjanka unter Folter erreichte Selbstbezichtigung wird an die Staatsanwaltschaft übergeben. Wortwörtlich heißt es: *In Moskau Informant eines ausländischen Geheimdienstes, vorgesehen für ein Attentat auf W. Molotow, sollte Nachfolger des deutschen Subresidenten Beutling in Moskau werden, Mitglied der Hitlerjugend in Moskau, stand an der Spitze der deutschen Diversions- und Schädlingsgruppe im NATI-Betrieb.*

Die „Sache Gans Boden“ wird als Akte Nr. 9.871 in den sogenannten „Hitlerjugend-Prozess“ eingeordnet. Die Untersuchungsakten zur „Gruppe Hitlerjugend“ umfassen sieben Bände. In der Akte Nr. 9.871/ Sache Gans Boden sind die „ermittelten Tatbestände“ aufgeführt, unter anderem auch sein Widerruf aller in den Verhören erpressten Aussagen. Auf Beschluss des Militärtribunals des Moskauer Militärgebiets vom 2. März 1939 erfolgte die Anklage.

Natalia Mussijenko

Frau Mussijenko von „Memorial“ bestätigte, dass ihre Nachforschungen ergeben haben, dass mein Onkel in ein bereits vorher in ein in Umrissen ausgearbeitetes Konzept der Existenz einer in Moskau subversiv tätigen Gruppe „Hitlerjugend“ eingeordnet wurde und angeklagt war. Dass in Moskau eine „Gruppe Hitlerjugend“ illegal agiert, war für das sowjetische Massenpublikum ein wirkungsvolles Thema, das drehbuchartig vorbereitet und vom NKWD thematisch abgearbeitet wurde. Der „Hitlerjugend“-Prozess sollte zunächst als großer öffentlicher Schauprozess durchgeführt werden. Es sollte der vierte große Schauprozess unter NKWD-Chef N. Jeschow werden. Deshalb arbeiteten die Untersuchungsführer im Februar und März 1938 so verbissen an den „Geständnissen“.

Von Juni bis Oktober 1938 wurde im 1. „Hitlerjugend“-Prozess die Auffächerung in nichtöffentliche Einzelprozesse vor dem Militärkollegium des Obersten Gerichts der UdSSR für das Moskauer Gebiet vorgenommen, aber es kam nur ein Teil der für den Prozess vorbereiteten Untersuchungshäftlinge zur Verurteilung. Hans Boden gehörte zu denen, über die noch nicht verhandelt worden war.

Natalja sagt, dass es in Moskau nie eine „Gruppe Hitlerjugend“ gegeben hat. In den Verhören wurden die etwa 100 deutschen und österreichischen Gefangenen mit Stockschlägen auf den Kopf und Rücken, von meistens zwei bis drei NKWD-Offizieren bis zur Bewusstlosigkeit gefoltert, um die ins Konzept passenden „Ergebnisse“ zu erreichen.

Seit 1939 zog das NKWD im Butyrka-Gefängnis die bereits in den Lagern des GULAG-Systems schuftenden Untersuchungsgefangenen deutscher Herkunft zusammen. Der Kreis ging weit über die Zahlen im 1. und 2. „Hitlerjugend“-Prozess Verurteilten hinaus. Nach dem deutsch-sowjetischen Freundschaftsvertrag von Oktober 1939 bestand von sowjetischer Seite der Plan, zumindest einen Teil dieser Gefangenen an Hitlerdeutschland zu übergeben.

Außer den kommunistischen Inhaftierten mussten auch viele deutsche Facharbeiter und Ingenieure, die zeitweilig in NKWD-Haft waren, den Weg nach Deutschland antreten. Die Zahl der zivilen Betroffenen, die in Deutschland als „Rückkehrer“ bezeichnet wurden, soll mehr als 10.000 Personen umfasst haben.

Im Februar 1940 erfolgte ein erster großer Transport von Deutschen aus dem Butyrka-Gefängnis zur Auslieferung an Hitler-Deutschland an die Grenze nach Brest-Litowsk.

Mein Onkel gehörte nicht dazu, vielleicht wäre er dann am Leben geblieben.

Intrige Ulbrichts

Aufenthaltsgenehmigung erforderlich – damals wie heute

In mir, die nicht Rechtswissenschaften studierte, ist ein ungenaues Bild des Begriffs „Illegalität“ vorhanden. Nicht nur was ihn in den Jahren der Hitler- und Stalin-Diktatur betraf, sondern aufgrund der Genfer Konvention für Menschenrechte und heutiger Verhältnisse der vernetzten, globalisierten Welt. Ich vermute, viel hat sich in den beinahe 100 Jahren für einen um „Asyl“ bittenden Menschen nicht geändert. Die Fälle wegen politischer Verfolgung sein Land verlassen zu müssen, haben leider zugenommen. Eine „Aufenthaltsgenehmigung“ des betreffenden Staates zu erhalten, um nicht als „illegal“ in dem fremden Land verfolgt zu werden, ist ein Problem - damals wie heute.

Meinem Großvater wurde Ende 1935 für Moskau die erste Aufenthaltsgenehmigung mit dem Vermerk erteilt: “Gültig ohne Vorlage des nationalen Passes.“ Sein Reisepass lag unter Verschluss in der Personalabteilung der Komintern. Ende Juni 1938 lief seine letzte Aufenthaltsgenehmigung ab. Für die Gewährung einer neuen ist ein Arbeitsstellennachweis erforderlich. Zu diesem Zeitpunkt ist mein Großvater jedoch arbeitslos.

Auf dem Passamt (“Büro Propuskow des Nationalen Komitees für Ausländer“) in der Kusnetzki Most 5/21 wird ihm erklärt, dass keine Akten darüber vorhanden sind, *wie und woher wir nach Moskau gekommen wären.* Zum wiederholten Mal ist G. S. auf der Ausländerbehörde und ihm wird mit einer Ansiedlung 100 km von Moskau entfernt gedroht und gleichzeitig gesagt, dass kein Wohnraum verfügbar sei und er sich selbst um eine Wohnung kümmern müsse. Für meine Großeltern bedeutete dies Verweisung in die Obdachlosigkeit, denn frei verfügbaren Wohnraum gab es weder in Moskau noch in den Vororten. Eine Ansiedlung in einem Moskauer Randgebiet hätte bedeutet, sich um den inzwischen im Butyrka-Gefängnis befindenden Sohn schwerlich kümmern zu können.

Doch dann erfährt mein Großvater in der Komintern, dass sein Antrag auf Aufenthaltserlaubnis für Moskau befürwortet und an das Passamt abgeschickt wurde. Dort kam sie aber nicht an. Mit der Erledigung war W. Ulbricht befasst. Hat er die Erledigung hintertrieben? Am 25. November 1939 ist G. S. wieder auf dem Passamt und ihm wird die Frist von 10 Tagen bis zur Ausweisung aus Moskau gestellt. Endlich, am 7. Dezember 1939, erhält G. S. eine Aufenthaltserlaubnis für Moskau, für sich und seine Frau.

Schon Anfang Juli 1938 hatte sich G. S. brieflich an Georgi Dimitroff mit der Bitte um Hilfe in der Notlage gewandt. G. S. kannte Dimitroff aus der gemeinsamen Arbeit im Mitteleuropäischen Sekretariat der Komintern in Berlin (1928 bis 1932).

Es war der Bulgare Georgi Dimitroff (1882-1949), der sich letzten Endes für die in Frage gestellte Moskauer Aufenthaltsgenehmigung für meine Großeltern, für Arbeitsbeschaffung und für eine monatliche Pension für G.S. einsetzte. Auch Pierre Vigne, Präsident der französischen Bergarbeiter-Föderation, der im Frühjahr 1939 von der Arbeitslosigkeit von G. S. erfahren hatte, ließ ihm mitteilen, wenn er keine Arbeit habe, solle er nach Frankreich kommen, Vigne würde ihm helfen, eine Arbeit zu finden.

Sein sächsischer Landsmann Ulbricht dagegen unterließ keine Gelegenheit gegen G. S. zu intrigieren.

Stalinist Walter Ulbricht

Walter Ulbricht (1893-1973) ist zu jener Zeit KPD-Vertreter im Exekutivkomitee der kommunistischen Internationale (EKKI) und verantwortlich für die „Kader-Arbeit“.

Im Buch von H. Weber und A. Herbst steht geschrieben, dass ab 1935 W. Pieck in Moskau *der Leiter der Exil-Führung während der blutigen Stalinschen Säuberungen, der zwei Drittel der gleich ihm emigrierten deutschen Kommunisten zum Opfer fielen, als Parteivorsitzender fungierte*, doch *Ulbricht der mächtigste Mann in der Emigrations-KPD* war, der *die stalinistischen Säuberungen der dreißiger Jahre persönlich und politisch unbeschadet in Moskau überstand.* Ja, beide Parteifunktionäre überstanden diese schlimmen Jahre „unbeschadet“. Wohl aber mit dem

Unterschied, dass sich W. Pieck *darum bemüht hatte, die Massenverhaftungen von deutschen Emigranten im höchsten Parteigremium – dem Politbüro der KPdSU – zur Sprache zu bringen, und sich mehrfach dafür einsetzte, einzelne Kommunisten bzw. deren Kinder aus den Klauen des NKWD freizubekommen.*
(Siehe: Ulla Plener, in: „Verratene Ideale. Zur Geschichte deutscher Emigranten in der Sowjetunion in den 30er Jahren." Oleg Dehl, trafo verlag, Dr. Wolfgang Weist, Berlin 2000, Seiten 372/373).

In der „Boden-Mappe" finde ich den mehrseitigen handschriftlichen Lebenslauf meines Großvaters, der, von ihm ein Tag nach Verhaftung angefordert, an das „Büro Pieck" am 6. Februar 1938 geht – die Reiseschreibmaschine „Mercedes" war am Tag zuvor bei der Verhaftung des Sohnes beschlagnahmt worden.

In diesem Lebenslauf schildert G. S. den Werdegang seines jüngsten Sohnes in Moskau. Zum Briefwechsel mit dem Ausland schreibt er detailliert die Namen der in Paris lebenden deutschen Personen auf, mit denen sein Sohn unter dem Namen „Hans Boden" 1936 aus Moskau korrespondierte. G. S. schreibt, da sein *Name in Paris sowie in England bekannt ist, hatte ich mich ebenfalls der Pariser Genossen bedient, um der INO-Press-Redaktion Material über die Stachanow-Bewegung zukommen zu lassen. Erhielt dann unter dem Namen ´Hans Boden´ von der Redaktion auch Antwort… Als ich im Mai 1937 durch die Presse von meiner Ausbürgerung erfuhr, befand sich unter den Ausgebürgerten auch mein ältester Sohn Bernhard, der in Berlin lebte. Meine ebenfalls in Berlin lebende Tochter Charlotte hatte durch Heirat einen anderen Namen, weshalb sie wohl nicht auf die Ausbürgerungsliste kam. Ich, sowie die Mutter waren natürlich sehr interessiert, was mit dem Jungen im faschistischen Deutschland geschehen ist…*
G. S. nannte auch die Namen der Personen, an die er seine Bitte äußerte, in Erfahrung zu bringen, wie es seinen Kindern in Berlin geht, ob sie noch leben, noch Arbeit haben usw.

Zu den Besuchen seines Sohnes im Klub ausländischer Arbeiter „Ernst Thälmann" in Moskau, schreibt er, dass *er außer französischen nur russische Lehrbücher aus der Bibliothek entlieh. Ein anderer Grund, der ihn in den Klub zog, war auch wahrscheinlich die Tatsache, dass nach dem Einzug der medizinischen Arbeiter in den Klub, eine große Anzahl junger Mädchen fast ständig abends im Klub anwesend waren. Für einen Burschen von 23 Jahren ist das natürlich auch ein Anziehungspunkt.… Der Direktor des Klubs vertrat jedoch den Standpunkt, dass die Deutschen im Klub nichts mehr zu suchen hätten, sie dürften nur dann herein, wenn besondere Veranstaltungen von den Deutschen organisiert würden. Aus diesem Grund verwehrte der Klubdirektor den Umtausch von Büchern an Tagen, an denen der Klub zwar offen war, aber nicht für deutsche Leser. Wie mir mein Sohn mitteilte, hat er aus diesem Grund mit dem Klubdirektor zweimal eine Auseinandersetzung gehabt.... Ich versichere nochmals, dass ich sowie die Mutter uns sehr gefreut haben, dass der Junge sich in verhältnismäßig kurzer Zeit in das Leben des Sowjetlandes eingefügt hat und stets nur Gutes über sein Arbeitsverhältnis berichtete... Seine Verhaftung war uns ein vollkommenes Rätsel.*

Im letzten Abschnitt des Schreibens bittet G. S. *die Partei und die Organe der Komintern, bei den entsprechenden Stellen dahin zu wirken, dass eine restlose Aufklärung erfolgt. Deshalb habe ich auch vorstehende Angaben gemacht, die eventuell für die Aufklärung dienlich sein könnten.*

Ende November 1938 wurde G.S. abends vom NKWD angerufen, man möge Wäsche und Kleidungsstücke an den Eingang der Malaja Lubjanka 14 bringen. Mutter Henriette bringt einen „gefütterten Ledermantel, Filzstiefel, Wäsche und Schuhe". Es schien um Kontaktaufnahme wegen der Freilassung des Sohnes zu gehen.

Am 10. Januar 1939 schrieb G. S. eine Eingabe an das Sekretariat der Komintern mit der Bitte, sich um die angekündigte Freilassung seines Sohnes zu kümmern. Daraufhin erfolgte am 13. Januar 1939 eine „Unterredung" bei W. Ulbricht über die Inhaftierung des Sohnes und wegen einer Arbeitsbescheinigung.

Ein reger Schriftwechsel zwischen Ulbricht und der Personalabteilung der Komintern in „Sobottkas Angelegenheit" nimmt danach seinen Lauf. „Vertraulich" schreibt Ulbricht, um die seit Juli 1938 bestehende Anstellung von G.S. in der Redaktion der „Deutschen-Zentral-Zeitung" rückgängig zu machen, wörtlich: *Gegen eine Anstellung des Genossen Sobottka in der Redaktion* der „D-Z-Z" haben wir nichts einzuwenden... Wir machen jedoch darauf aufmerksam, dass der Sohn des Gen. Sobottka – 18 Jahre alt (falsch, H. Boden ist zu dem Zeitpunkt schon 23 Jahre. U.K.) – hier von Organen des NKWD verhaftet wurde."

„Evers-Erklärung"

Im Lebenslauf vom 6. Februar 1938 hatte G. S., soweit ihm bekannt, auch die Situation im Klub „Ernst Thälmann" geschildert, was jedoch für W. Ulbricht nicht ausreichend war und er an Heinz Evers (1887-1968)

den Auftrag erteilt, die Vorgänge im Moskauer Klub nochmals zu schildern. H. Evers verfasst handschriftlich einen mehrseitigen Brief in Deutsch *An den Genossen Walter*, der am 29.11.1938 bei Ulbricht abgegeben wird. In diesem Brief beschuldigt Evers mehrere deutsche Kommunisten, indem er schreibt: *Im Klub gab es eine Gruppierung, die unter der Maske ´aktive´ Klubarbeit, eine parteifeindliche Tätigkeit entfaltete. Führer der Gruppe war Erich Steffen (Wagner), der in enger Verbindung stand mit den Trotzkisten Jarrikow (ehemaliger Leiter des Inobüros W.C.S.P.C.) und mit einer Gruppe von Schriftstellern im Sowjetverband, die später in einem Prozess als Anhängsel der konterrevolutionären Trotzki-Sinowjew-Bucharin-Banditen entlarvt wurden. In der Klubgruppe traten besonders folgende Personen hervor:... Bruno Schramm, Lotte Schramm.... und seit Ende November 1936 auch Gustav Sobottka. Von letzterem wurde mir vor Kurzem aus einem Gespräch mit Malow bekannt, dass er – Sobottka – in enger Arbeitsgemeinschaft mit Remmele stand und für ihn Materialien zusammenstellte. Das ist vielleicht ein Hinweis dafür, dass die Klubgruppe im Auftrag der Neumann-Remmele arbeitete, um für deren Politik eine Basis im Klub zu schaffen... Vom Juni bis Oktober 1936 arbeitete ich als Instrukteur für die künstlerische Selbstbetätigung im Klub. Ich verstand damals nicht, warum die oben genannte Gruppe von Anfang an gegen mich eingestellt war....* Am Ende des Briefes schreibt Evers, dass *einige Leute verhaftet und dann der Klub geschlossen wurde... Auch Sobottka mit Frau und Sohn waren in dieser Zeit sehr aktiv im Klub... Unter den Verhafteten befindet sich der Sohn der Sobottkas, und in Verbindung mit dieser Verhaftung sind zwei Äußerungen der Frau Sobottka bemerkenswert: 1.) ´Der Sohn muss für den Vater büßen.´ 2.) ´Wenn sie aus NKWD kommen, uns auch noch zu holen, ich habe schon zwei Koffer gepackt´.*
Ulbricht lässt den handschriftlichen Evers-Text mit Schreibmaschine abschreiben und veranlasst die Übersetzung ins Russische. Jede einzelne Seite – ich habe die Fotokopien - trägt den Stempel des RZChIDNI (Russisches Zentrum zur Aufbewahrung und Erforschung von Dokumenten der neuesten Geschichte) „Ohne Recht auf Publikation“ F 495, op 205, d. 35, Blätter 53, 54, 55, 56, 64, 65.

Seit 1. Februar 1939 liegt die Evers-Erklärung ins Russische übersetzt (Blätter 53 und 54) vor. Gleich danach informiert Ulbricht die Personalkommission der Komintern, dass eine vom KPD-Mitglied Evers *angeführte Äußerung von Frau Sobottka: ´Der Sohn muss für den Vater büßen´ sich darauf bezieht, dass auf den Namen von Hans Boden die Korrespondenz Sobottkas für feindliche Auslandsverbindung lief.... Ich bitte diese Angelegenheit nachzuprüfen, da es wenig Zweck hat, den Vater, Gustav Sobottka zu fragen, bevor nähere Anhaltspunkte vorhanden sind.*

Penibel gesammelte Verdächtigungen gegen den alten Sobottka werden übergeben und Ulbricht fordert seine „parteimäßige Überprüfung".

Unter anderem soll Martha Arendsee zu den von Evers erhobenen Beschuldigungen eine Erklärung abgeben. Die Berlinerin Martha Arendsee (1885-1953), die mit ihrem Mann Paul Schwenk(1880-1960) auch im Moskauer Exil leben musste und die G. S. schon aus dem Preußischen Landtag kennt, schreibt am 6. Februar 1939 an die deutsche Vertretung in der Komintern einen mehrseitigen Brief. In dem Brief heißt es: *Zu der Mitteilung des Gen. Hum, dass Gen. Evers der Vertretung mitgeteilt hat, ich hätte geäußert, dass Genossin Sobottka gesagt habe ´ihr Sohn müsse die Schuld des Vaters büßen´, habe ich zu erklären, dass ich niemals zu Gen. Evers, noch zu seiner Frau oder einer anderen Person eine derartige Äußerung getan habe. Mit Gen. Evers oder seiner Frau habe ich überhaupt niemals eine Unterhaltung geführt. Den Gen. Evers habe ich im letzten Jahre einmal im Vorbeigehen auf der Treppe getroffen... Zu meinem Verhältnis zu den Sobottkas folgendes: Ich war mehrmals bei ihnen zu Gast, in der letzten Zeit öfters, da die Genossin Sobottka es übernommen hat, für den Betrieb, wo wir beide arbeiten, mich im Häkeln anzulernen. Gelegentlich von Aussprachen, was wohl der Grund der Verhaftung des Sohnes sein könnte, waren Gen. Sobottka, wie auch seine Frau, stets der festen Überzeugung, dass der Sohn nichts Unrechtes getan haben kann. Es sei möglich, dass die Vorgänge im Klub Schuld an der Verhaftung seien. (...) Von einer etwaigen Schuld des Vaters war keine Rede, ich konnte deshalb auch zu niemandem eine derartige Äußerung machen, da Genossin Sobottka niemals auch nur dem Sinne nach gesagt hat ´Der Sohn muss die Schuld des Vaters büßen.´ Zu dem Verhältnis der Genossin Sobottka und Evers erzählte sie mir Anfang des Monats, dass sie öfter Streit mit Frau Evers wegen Küchenbenutzung hat, zuletzt am 1. Februar, wo sie abends das Essen für ihren Mann zurecht machte. Mit kommunistischem Gruß Martha Arendsee.*

Ich kann mir Rangeleien zwischen beiden Frauen am Kochherd vorstellen, denn Berta Evers war als Archivarin im Verständnis von Henriette eine „Studierte" und sie nur „Hausfrau"; aber G. S. war im Rang höher als Evers und hatte vermutlich eine bessere Lebensmittelkarte. Aber das von mir nur am Rande bemerkt.

W. Ulbricht schreibt am 14. Februar 1939 an die Personalabteilung des EKKI: *Anliegend übersenden wir Ihnen die Äußerungen der Gen. Martha Arendsee zur Angelegenheit Sobottka. Wir machen darauf aufmerksam, dass Gustav Sobottka in der Redaktion der ´Deutschen Zeitung´ arbeitet. Die dortige Kaderabteilung hat von uns Charakteristiken ihrer Mitarbeiter angefordert, die Mitglieder der KPD sind. Wir kommen mit die Klärung (kein Schreibfehler. U. K.) dieser Frage nicht weiter, wenn nicht die Kaderabteilung Informationen erhält, warum Hans Boden, der Sohn von Gustav Sobottka, vom Sowjetgericht verurteilt wurde. Wichtig wäre festzustellen den Inhalt der Briefe, die an die Adresse von Hans Boden aus dem Ausland gekommen sind.* Er fordert die Überprüfung der Zulässigkeit der Anstellung des G.S. in der Redaktion der „Deutschen Zeitung", zumal *der Fall Boden überhaupt nicht geklärt ist, er also der Vater eines Staatsfeindes ist.*

Das Sekretariat der Komintern hatte an die Staatsanwaltschaft und den NKWD eine „List of Petitions in 1939" von 135 Fällen deutscher Inhaftierter zur Überprüfung gegeben. Darunter befand sich auch der Name von Hans Boden.

Ulbricht, der im Besitz dieser Liste und der Eingaben Sobottkas vom 22.12. 1939 an den Profintern-Chef Losowski und Dimitroff war, denunziert bei der Komintern-Leitung erneut meinen Großvater. Dieser habe in Moskau und gewiss schon in der Weimarer Republik Verbindungen zu dem Partei-Abweichler und Feind Heinz Neumann unterhalten, und als Beweis legt er seinem Schreiben die von ihm initiierte „Evers-Erklärung" bei.

Ich kenne mich nicht in den internen Auseinandersetzungen innerhalb der KPD der 1920er und 1930er Jahre aus, will mich auch nicht damit beschäftigen. Nur das noch erwähnen, E. Steffen, H. Neumann, H. Remmele und M. Moritz wurden im Jahr 1937 verhaftet und alle gleich oder später erschossen. Der Sohn von Bruno und Lotte Schramm, Günter – vier Jahre jünger als mein Onkel - , wird am 19. Juni 1937 verhaftet, nach fünf Monaten entlassen, am 8. Februar 1938 erneut festgenommen, am 28. März 1938 wegen „konterrevolutionärer Tätigkeit in der KPD" zu zehn Jahren Arbeitslager in der Autonomen Sozialistischen Sowjetrepublik Komi verurteilt und kommt dort 1942 um. Auch Albert Zwicker, Leiter des Klubs, wird am 16. Februar 1938 verhaftet, zu fünf Jahren Lager in der ASSR Komi verurteilt und stirbt dort 1943.

Heinrich Evers kehrte Ende September 1947 nach Berlin zurück, wird SED-Mitglied, ist Parteiveteran und stirbt im Alter von 81 Jahren in Ost-Berlin.

Nach dem Lesen der „Evers-Erklärung“, ist bei mir der Eindruck entstanden, dass H. Evers, den Ulbricht vermutlich nicht einmal näher kannte, von ihm benutzt wurde.

Von meinen Freunden, Kinder ehemaliger Emigranten und Verfolgter in der UdSSR hatte ich schon früher erfahren, dass Ulbricht auch in anderen Fällen stalinistischer Verfolgungen zu keinerlei Hilfe für die Opfer bereit war. Für mein Verständnis war Ulbricht das beste Beispiel eines feigen, skrupellosen, seelenlosen deutschen Apparatschiks (ostdeutsch) ohne jegliches Gewissen.

W. Ulbricht wurde nicht nur von mir gehasst. Sehr traurig ist, dass es bis heute immer noch Leute gibt, die die Leistungen der Werktätigen der DDR auch mit seinem angeblichen Organisationstalent begründen und stolz auf ihren sächsischen Landsmann sind.

Meine frühe Antipathie zu den Ulbrichts erweist sich als begründet.

Freunde raten mir, meine Entrüstung über die Intrigen des Ulbricht nicht in meine Familiengeschichte aufzunehmen, meine Gefühle seien rein subjektiver Natur. Das mag stimmen und für sie gemein klingen, wenn ich erwähne, dass meine Antipathie schon aus meiner Kindheit als 9-jähriges Mädchen herrührt. Es ist zwar lange her, als ich mit meinen damaligen Spielkameraden Solveig und Theo Heckert am Strand des Ostseebades Göhren auf Rügen rumtobte und Frau Lotte die einzige Frau war, die ständig meckerte und uns Kinder fortjagte. Ich fragte meine Großmutter, wer diese böse Frau sei, sie sagte mir deren Namen und meinte, ich solle ihr aus dem Weg gehen, denn Frau Lotte mag keine Kinder.

Mein Kindheitserlebnis am Ostseestrand ist mir bis heute im Gedächtnis geblieben.

Beherrschend für mich als Kind und Jugendliche waren in jener Zeit Bilder des väterlichen Wilhelm Pieck (1876-1960), der mit seiner Tochter Eleonore Pieck Theater- und Opernhäuser besuchte. Erst nach meiner Rückkehr vom Studium (1961) kam W. Ulbricht in mein Blickfeld. Mir, die ich seit Kindheit an ein rheinisch-westfälisches Hochdeutsch und klare Aussagen meiner Eltern gewöhnt war, war der sächsische

Singsang, der zudem mir unverständliche, verschlüsselte Parteidogmen von sich gab, abstoßend und sehr unsympathisch.

Nachdem ich 2014 in den Akten über die Stellung und das Verhalten Ulbrichts während der Moskauer Emigration generell und speziell die „E-vers-Erklärung" lesen kann, ist mir klar geworden, dass meine tiefe Antipathie nicht unbegründet ist.

Ich kann mir nun auch erklären, warum meine Eltern bis zu ihrem Tod mit mir nicht über die Intrigen des W. Ulbricht gegenüber meinen Großeltern sprachen. Innerhalb der SED-Gremien fanden Machtkämpfe mit offenem und verdecktem Visier statt. Jahrzehnte zurückliegendes Abweichen vom Beton-Weg nach „rechts, links, oder ultralinks" wurde von Ulbricht nicht vergessen, sondern bis ans Lebensende nachgetragen. Dem war nicht nur meine Familie ausgesetzt, das ist mir schon bewusst.

Mit Freundin Siglinde sprechen wir über die zurückliegende Zeit; sie liest auch Teile meines Manuskripts und fragt mich, ob
mein Großvater und Ulbricht vielleicht einfach nur Rivalen bei der Erlangung von höheren Parteiämtern waren?...Nein, auf keinen Fall. Mein Großvater war in erster Linie Gewerkschaftler, der für seine Bergleute kämpfte und kein Ideologe; zudem waren ihre Charaktere total unterschiedlich. Mein Großvater musste schon als Fünfjähriger Kühe des Gutsbesitzers in den Masuren hüten, wird geprügelt, arbeitet mit 14 Jahren schwer körperlich unter Tage im Bergwerk, trägt schon als Kind zum Unterhalt der sechsköpfigen Familie im Ruhrgebiet bei, heiratet mit 23 Jahren, zeugt drei Kinder und ist für seine Familie ein verantwortlich sorgender Vater, trotz aller Belastungen durch seine Funktionen (1909 – 1939) in der westeuropäischen Gewerkschaftsbewegung der Bergarbeiter.

Im Gegensatz zu meinem Großvater, einem ausgesprochenen Familienmenschen, dessen Liebesleben im Vergleich zu dem Ulbrichts, langweilig erscheinen mag, ist Ulbricht für mich, lediglich ein seelenloser Bürokrat.

Inwieweit mein Großvater ein charismatischer Redner war, kann ich nicht beurteilen, ich war 15 Jahre alt als er starb. Aber eines weiß ich genau, er glühte für seine Bergleute, war in seinen jungen Jahren ihr Anführer in Streiks. Er war impulsiv und nicht immer zurückhaltend in seinen Äußerungen. Ich kann mir vorstellen, dass er auch teilweise sehr ungeduldig gegenüber einigen sehr bequemen Mitarbeitern war. Aber niemals Schwächeren und uns Kindern gegenüber. Von äußerer Erscheinung war mein Großvater groß, von stattlicher Statur, mit markantem Kopf, was man von Ulbricht nicht sagen konnte.

Bei der 1. Berichterstattung der Leiter der drei KPD-Initiativgruppen vor J. W. Stalin Anfang Juni 1945 verlangte er als einziger von Stalin dafür zu sorgen, dass die Vergewaltigungen in Mecklenburg-Vorpommern und überhaupt, per Befehl verboten und die Offiziere und Soldaten bestraft werden.

In einer solchen Situation war nicht nur furchtloses, selbstbewusstes Auftreten, sondern auch die Beherrschung der russischen Sprache ausschlaggebend. Vermutlich sprach der Deutsche ein besseres Russisch als der Grusinier. Und das sächsisch gefärbte Russisch von Ulbricht?

Im Buch „ Deutsche Kommunisten“ von Herrmann Weber und Andreas Herbst steht: *Gustav Sobottka starb am 6. März 1953. Bedrückt wegen der Ermordung seines Sohnes Gustav in der Sowjetunion und auch der folgenden Krankheit seiner Frau, soll er Stalin insgeheim so sehr gehasst haben, dass er über dessen Tod am 5. März 1953 noch jubelte, aber vor Aufregung einen Tag später selbst starb.* Das klingt sehr lakonisch, aber es stimmt.

Meine Mutter sagte mir damals: „Auf dem Gesicht deines toten Opas war ein Lächeln.“

Ich war zu der Zeit Schülerin der 9. Klasse und ging in schwarzer Kleidung in die Schule. Alle Schülerinnen und Schüler wurden zur Trauerfeier für J.W. Stalin in der Aula der Oberschule versammelt und hatten in FDJ-Kleidung zu erscheinen. Ich wurde gerügt, da ich nicht die blaue FDJ-Bluse trug, sondern ein schwarzes Kleid. Ich sagte, dass ich um meinen gestorbenen Opa trauere, nicht um Stalin. Ich musste ganz hinten in der Aula sitzen. Hätte ich damals schon von den Verbrechen Stalins an seinem Volk und meiner Familie gewusst, wäre ich nicht in die Schule gegangen und hätte mich geweigert, an der Trauerfeier für Stalin teilzunehmen.

Ralph Giordano

Zu Weihnachten 2014 schenkte ich mir das Buch von Ralph Giordano (1923-2014) “Von der Leistung kein Zyniker geworden zu sein“ und versprach mir von dem Titel eine Art Lebens-Weisheits-Verkündigung. Das Buch ist eine Zusammenstellung seiner Reden und Schriften über Deutschland in den Jahren 1999 bis 2011, in Köln 2012 erschienen. Mit folgender Feststellung bestätigt mir Giordano meine Erkenntnis, indem er auf der Seite 327 schreibt: *Faschismen gab es viele – den italienischen, den spanischen, portugiesischen, ungarischen, argentinischen, chilenischen und andere, den Nationalsozialismus aber nur einmal. Die ahistorische Nivellierung des Nationalsozialismus und seine Verwandlung in Faschismus haben bezeichnenderweise ihren Ursprung im Stalinismus. Irgendwann zu Komintern- oder Kominform-Zeiten ist von „höchster Stelle" dieser Austausch angeordnet worden, einfach um im Zusammenhang mit „Nationalsozialismus" den Begriff „Sozialismus" zu vermeiden (den niemand so geschändet hat wie der Stalinismus)....*

Hätte mein Onkel den Sowjet-Terror überlebt, wie hätte er, der junge gläubige Kommunist, die Verursacher seines Todes und deren Befürworter benannt?

Wozu Rehabilitierung?

Ich kehre noch einmal zum Schicksal meines Onkels zurück.
Am 22. September 1940 stirbt Hans Boden. Alles in mir sträubt sich, unter diesem – gefälschten und mit Blut besudelten – Namen meinen toten Onkel Gustav zu erkennen.

Als der Vater am 17. Oktober 1940 im Butyrka-Gefängnis wie gewöhnlich Geld abgeben will, wird die Annahme verweigert. Daraufhin geht er zum NKWD in der Kusnetzki Most 24 und fragt nach dem Verbleib seines Sohnes und ob dieser noch am Leben sei. Der Beamte versichert ihm, dass sein Sohn lebt, es ihm gut gehe, er solle am 22. Oktober wiederkommen, da würde er erfahren, in welchem Gefängnis er jetzt sei. Am 22. Oktober 1940 sagt ihm ein anderer Beamter, dass es dem Sohn gut gehe, seine Akte läge beim Militärtribunal. Am 14. November 1940 wird G.S. im NKWD mitgeteilt, „dass man dort nichts wisse vom Tod meines Sohnes." Um Näheres zu erfahren, solle er sich an das Gefängnis Matrjosnaja Tischina wenden. Am 18. November 1940 teilt ihm auf seine Eingabe hin das Gefängnis mit, er solle in acht Tagen wiederkommen. Dann, am 26. November (seit zwei Monaten ist mein Onkel tot) wird ihm von einem Beamten gesagt, sein Sohn befände sich wieder im Butyrka. Am Tag darauf sagt ihm nach längerem Drängen meines Großvaters ein anderer Beamter, dass sein Sohn nicht mehr lebt. Auf seine Eingabe (an das NKWD) würde noch eine schriftliche Antwort erfolgen, die jedoch nie kommt.

Am 4.12.1940 wendet sich G.S. an den Staatsanwalt des Obersten Militärgerichts des Moskauer Gebiets zwecks Rehabilitierung seines Sohnes, die ihm auch versprochen wird; aber eine Woche später wird mitgeteilt, nicht der Staatsanwalt, sondern das NKWD müsse die Rehabilitierung vornehmen.

Am 13.12.1940 hatte das NKWD die Akte H. Boden geschlossen. Doch erfolgte keine öffentliche Bekanntgabe, die dem Charakter einer Rehabilitierung von sowjetischer Seite entsprach. Für die Untersuchungseinstellung wird der Tod des Angeklagten gemäß Art.4 § 1 der StPO (Strafprozessordnung) der RSFSR als alleiniger Grund angegeben. Angeklagt war mein Onkel gemäß Art. 58, § 6 (Spionage), § 8 (terroristische Handlungen) und § 11 (Vorbereitung bzw. Begehung o.g. Straftaten).

In mehreren Telefongesprächen fordert G. S. Aufklärung über den Tod seines Sohnes zu bekommen. Er erhält aber keinerlei Antwort.

In einem scharf formulierten Brief an den Regierungschef W. Molotow fordert G. S. die Rehabilitierung des Sohnes und seiner eigenen Person vor der Öffentlichkeit. Er gelte als „Vater eines Spions", was nicht zutreffend ist. G.S. erhielt *weder eine Auskunft noch eine Antwort*, wie er am 17. März 1941 notiert.

Mit Brief vom 17. März 1941 fordert G. S. den Justizminister der UdSSR Vsewolod Merkulov auf, zu veranlassen, *dass mir und meiner Frau mitgeteilt wird, wann und an welcher Krankheit mein Sohn gestorben ist. Wo die Leiche meines Sohnes beerdigt ist und sie zu einer würdigen Einäscherung freigegeben wird. Ich bin stolz auf meinen tapferen Sohn und kann deshalb nicht dulden, dass er irgendwo verscharrt bleibt, als ein Verbrecher am Kommunismus. Die Freigabe der Leiche zur Einäscherung würde gleichzeitig eine Rehabilitierung meines verstorbenen Sohnes sein, der doch nichts im Wege stehen kann und mir ausdrücklich gesagt wurde, dass mein Sohn entlassen würde. Die Rehabilitierung ist auch notwendig, da niemand glaubt, dass mein Sohn eines natürlichen Todes gestorben ist.*

Auch an G. Dimitroff hatte sich G. S. gewandt, um die Todesursache seines Sohnes in Erfahrung zu bringen und den Leichnam zur Beerdigung zu erhalten. Dimitroff leitete die Bitte an den Justizminister weiter und erhielt von V. Merkulow die Antwort, dass eine „Bescheinigung" über die Todesursache des Sohnes am 23. Mai 1941 überreicht worden sei; die Leiche sei bereits kremiert. Am 16. Juni 1941 ließ Dimitroff über andere deutsche Emigranten meinen Großvater davon in Kenntnis setzen.

Bis zu seinem Tod (1953) gelang es meinem Großvater nicht, weder die wahren Umstände des Todes seines Sohnes erklärt zu bekommen, noch dessen Rehabilitierung zu erreichen.

Epilog

In der UdSSR gab es seit 1. September 1961 den „Beschluss in der Sache Boden G. G. alias Sobottka G.“. Darin steht, dass
nach Einsicht in die Untersuchungsarchivsache N P-22720 über die Anklage, sowie der Materialien der Nachuntersuchung, durch den Gehilfen des Militärstaatsanwalts des Moskauer Militärbezirks, Oberstleutnant der Justiz W. R. Sjubin, sich *die Anklage gegen Boden G. G. auf seinen eigenen Aussagen sowie auf die Aussagen der in anderen Strafsachen verurteilten Müller-Brückmanns A. O., Beutlings T. A., Dittbenders W. K., Gröhnerts K. K., Guts B. A. und Petersen H. T. stützten…. Durch die Nachuntersuchung wurde festgestellt, dass Boden zur strafrechtlichen Verantwortung unbegründet herangezogen und die Straftat gegen ihn fabriziert wurde.*
Die Festlegung lautet: *1. Der Beschluss der Moskauer Stadtverwaltung des NKWD der UdSSR vom 13. Dezember 1940 über Boden Hans Gustavowitsch ist aufzuheben. 2. Die Strafsache gegen Boden ist wegen des nicht vorhandenen Verbrechens einzustellen. 3. Die Akte Boden G. G. ist ins Archiv zu übergeben.*

Dieses Dokument vom 1. September 1961 - drei Seiten in Russisch, ohne Stempel eines russischen Archivs – finde ich erst im Juli 2014 in der „Boden-Mappe“.

Deutschland ist vereinigt

Die Berliner Mauer ist gestürmt, Deutschland ist vereinigt. Die Verbitterung gegenüber dem russischen Staat, der weiterhin seinen stalinistischen Terror nicht eingesteht, nahm bei mir zu. Manfred und ich beschlossen, nicht locker zu lassen und das Thema der nicht erfolgten Rehabilitierung meines Onkels wieder aufzunehmen.

Auf unser schriftliches Ersuchen im Juli 1997 beim Moskauer Militärstaatsanwalt teilt uns Andrea Schwalm von der Botschaft der Bundesrepublik Deutschland in Moskau mit, dass die Botschaft von der Militärhauptstaatsanwaltschaft um die Weiterleitung unseres Ersuchens gebeten wurde. Unter dem „Betreff: Rehabilitierung von durch sowj. Militärtribunale verurteilten oder durch das NKWD verfolgten Deutschen“ schickt sie uns eine Rehabilitierungsbescheinigung vom 16. Juli 1997 und später auch eine Sterbeurkunde des Boden Gans Gustavowitsch. In dieser Sterbeurkunde, ausgestellt am 7. April 1998, steht, dass Hans Boden am 22.09.1940 starb und am 27. Dezember 1940 in die Sterberegistratur unter der Nummer 2924 eingetragen ist. Sterbegrund: Tuberkulose der Lunge und des Darms."

In der Rehabilitierungsbescheinigung der Militärhauptstaatsanwaltschaft vom 16. Juli 1997 heißt es, dass „H. Boden am 4.2.1938 von der NKWD-Verwaltung des Gebiets Moskau verhaftet und am 26.1.1939 gemäß der Artikel 56-6, Abs.1, 58-8 und 58-11 des StGB der RSFSR zur strafrechtlichen Verantwortung gezogen wurde. Am 22. September 1940 ist er in der Haftanstalt gestorben. Die Strafakte von Boden Hans Gustavowitsch wurde am 4. September 1961 von der Militärstaatsanwaltschaft des Moskauer Militärbezirks geschlossen, da kein Verbrechen vorlag. Gemäß der Artikel 3 und 8 des Gesetzes der Russischen Föderation „Über die Rehabilitierung von Opfern politischer Repressionen" vom 18. Oktober 1991 wird Hans Gustavowitsch Boden (alias Sobottka Gustav Gustavowitsch) hiermit rehabilitiert. Leiter der Abteilung Rehabilitierung, L. P. Kopalin, Stempel, Unterschrift."

Kein Wort über die mit Prügel erpressten Geständnisse und unberechtigte Einordnung in den sogenannten „Hitlerjugend"-Prozess. Mein 25jähriger Onkel ist einfach nur „gestorben".

Soweit die Erledigung durch unsere Botschaft im Jahre 1998.

Leider werde ich nie erfahren, wo mein Onkel und mit ihm die vielen willkürlich vom sowjetrussischen Terror umgebrachten Deutschen – ob zu Tode gequält oder gnadenlos abgeknallt – beerdigt sind.

Ein russischer Archivar nannte mir Orte in Moskau, wo „Opfer des KGB abgelegt worden sind." Er nennt: den Waganker Friedhof, den Donskoi Friedhof mit einem Krematorium und Gräbern von nicht angeforderten Leichen, den Schießübungsplatz des Moskauer NKWD in Butowo, wo nur die von August 1937 bis Oktober 1938 namentlichen Opfer (20.700 Tote) liegen, das Jausowski Krankenhaus und die ehemalige Datscha von G. G. Jagoda (Chef des NKWD von 1934-1936) in Butowo, wo noch bis 1953 Erschießungen stattfanden.

Mein 25-jähriger Onkel Gustav ist ermordet worden und nicht als Märtyrer gestorben. Wer hat das Recht einen Menschen wegen seiner Gesinnung oder Glaubens zu töten? Und welche Bedeutung hat eine Rehabilitierung von Familienangehörigen für mich heute, im 21. Jahrhundert? Fragen über Fragen. Es fällt mir schwer meine Empfindungen zu verdrängen. Klar, haben sich die politischen Verhältnisse im Weltgeschehen verändert; aber leider hat die Brutalität des Terrors nicht abgenommen. Im Namen von Religionen und Gesinnungen werden Menschen immer noch gefoltert und gemordet. Politökonomischen

Machtstrukturen stehen in der heutigen vernetzten Welt viel mehr technisch ausgereifte, schnellere und gründlichere Methoden der gegenseitigen Bespitzelung als je zuvor zur Verfügung. Haben aber auch in gleichem Maße Bildung, Aufklärung, Moral, Ethik, Toleranz, zugenommen? Ich behaupte, das Gegenteil ist der Fall: Dummheit, Engstirnigkeit, Verlogenheit, Oberflächlichkeit, Intoleranz sind weltweit im Vormarsch.

An meine Töchter

Mein Vorhaben, unsere Familien-Geschichte aufzuschreiben, ist nicht aus dem Grund entstanden, da es heutzutage modern zu sein scheint, Generationen in ihrer Entwicklung zu schildern, sondern aus dem Wunsch heraus, als letzte Nachlassverwalterin, Euch das Leben und die Schicksale Eurer Vorfahren näherzubringen und die Möglichkeit zu geben, Eure „Wurzeln“ zu erkennen; wobei kein Mensch sich aussuchen kann, in welche Welt und welche Familie er geboren wird.

Mein Bemühen um keine spektakuläre (ein heutzutage von Medien oft gebrauchtes Wort), sondern um eine authentische Darstellung, wurde erleichtert, da mir Nachlässe von drei Generationen zur Verfügung standen. Ich brauchte viel Zeit über die historischen Umstände und Fakten zu lesen, die Zusammenhänge zu begreifen und von ihnen nicht erdrückt zu werden. Wenn bei Euch der Eindruck entstanden ist, meine Gefühle und Gedanken über Gebühr ausgebreitet zu haben, so hängt das damit zusammen, dass ich erst nach dem Tod Eures Vaters mich intensiv mit den Originaldokumenten beschäftigte,
vieles erfuhr, von dem ich bisher nichts wusste und mir bewusst wurde, dass Manfred leider recht hatte, wenn er sein Manuskript (1990/91) mit der Überschrift versah: „Familie in drei Generationen verfolgt.“ Eure Urgroßeltern und Großeltern traten für humanistische, fortschrittliche Ideale ein und wurden von der Nazi-Diktatur verfolgt.

Die detaillierte Schilderung der Kindheit und Jugend Eures Urgroßvaters Gustav – aufgewachsen in gottesfürchtender Familie, der schon als Junge hinterfragte, warum Gott auf der Erde soviel Armut und Ungerechtigkeit zulässt? – erklärte mir seinen späteren Weg zum Arbeiterfunktionär. Wie es üblich war, ließ er alle drei Kinder evangelisch taufen und konfirmieren.(Dies erfuhr ich erst anhand der Kirchenbücher auf meiner „Wurzelsuche“ in den 1990er Jahren.) Ich bin die erste und einzige in der Familie, die nicht getauft und konfirmiert wurde.

Wie die meisten Männer, hat Euer Vater seine Probleme für sich behalten, um mich nicht zu belasten und einfach nur selbst stark zu sein.

Die Tatsache, dass seine Leberwerte trotz gnadenloser „Abwicklung" aus der Universität, sich nach dem Umbruch normalisierten, bewies mir, dass er psychisch unter der Behinderung seiner wissenschaftlichen Arbeit durch den SED-Staat, sehr litt.

In der KPD und in der SED war jedes Mitglied ein „Kader", keine Person. Die „Kader-Akte" eines Parteimitglieds enthielt minutiös geführte Niederschriften über seine von der „Generallinie der Partei" abweichenden Standpunkte, subjektive Antipathien einzelner Funktionäre und war Grundlage für die Überprüfung seiner Parteiverbundenheit und damit der Beurteilung seiner beruflichen Tätigkeit. Das Parteimitglied kannte seine Akte nicht – vergleichbar der „Stasi-Akte" –, erst 1990 konnte sich Manfred seine „Kader-Akte" beschaffen.

Dieser Praxis unterlagen Eure Vorfahren meinerseits.
Nach fast 100 Jahren dahinterzukommen, welcher der Funktionäre meinem Großvater, dem Kumpel aus dem Ruhrgebiet nicht gewogen war, von ihm vielleicht beleidigt oder gekränkt wurde und ihn denunzierte, ist natürlich absurd. Im Verlauf meines Studiums der Dokumente ist mir bewusst geworden, nicht nur eine einzelne Person, sondern die Parteihegemonie ermöglichte, dass Anschuldigungen, einmal wie Dominosteine aufgestellt, sich bis in das letzte Glied der Familie auswirkten.

Als letztes Glied betrachte ich unsere Familie, denn seit Euer Vater in die Familie der „Sobottkas" kam, war er der SED-Diktatur ausgesetzt. Mich beschäftigt immer noch die Frage, was wäre aus Eurem Vater geworden, wäre er nach dem Studium ins Museum nach Wernigerode gegangen, nicht Parteimitglied geworden und nach Westdeutschland gegangen.

Euer Vater war ein sehr kluger, die Dinge kritisch hinterfragender Wissenschaftler. Sein Ansinnen bestand darin, sein Wissen an Andere weiterzugeben. Mit seinen Marx-Engels-Dokumentarberichten und seinen anderen Publikationen wollte er aufklärerisch wirken. Aber mit derart gehässigen Beschuldigungen über Jahre hinweg, hatte er nicht gerechnet. Sein Forschen und detektivisches Aufspüren von Unentdecktem in Archiven entsprach seinem Berufsethos als Historiker und Philosoph, er wollte wahrhaftig sein und mehr Licht in das Dunkel der Geschichte bringen; diese Arbeit beseelte ihn und verlieh ihm geradezu Glücksmomente.

Ich, die dienende, einfältige Ehefrau, mehrfach unbewusst in der Rolle des Sancho Pansa neben dem gegen Windmühlen kämpfenden Don Quijote, wusste vor Jahren nichts über die Einzelheiten der Denunziationen und Verleumdungen von Seiten karrierebewusster

Parteifunktionäre an der Universität. Erst durch die Beschäftigung mit den Dokumenten aus dem Nachlass Eures Vaters wurde mir klar, dass, wer einmal in dem Netzwerk des Apparates der Partei, die „immer Recht hat“, als „kleinbürgerlicher Wissenschaftler“ registriert war, verfolgt und bestraft wurde, konnte sich nicht wehren.

Euer Vater war ehrlich bemüht das Gedankengut von Marx und Engels in seiner Ganzheit geistig zu erfassen, historische Inhalte zu verdeutlichen und eine unverfälschte Geschichte der deutschen Arbeiterbewegung den Studenten zu vermitteln. Was ihm gegen alle Widerstände auch gelungen ist. Dabei half ihm sein starker, eigenwilliger Charakter, der sich von seiner Forschung nicht abbringen ließ.

Meinen Vorvätern und Eurem Vater wurde als schlechte Charaktereigenschaft „Eigenwilligkeit“ vorgeworfen. Ich hoffe, auch Ihr verfolgt eigenwillig Eure Ziele, lasst Euch dabei nicht unterkriegen, wehrt Euch gegen Ungerechtigkeit und verhaltet Euch solidarisch Menschen gegenüber, die unschuldig in seelische Not und Armut geraten sind.

Euer Vater war durch mangelnde Ernährung während und nach dem Krieg oft krank. Als junger Mann erkrankte er zweimal an Hepatitis und lag mehrere Wochen im Krankenhaus. Sein Leberleiden begründete auch in seinen späteren Mannesjahren Zustände von Apathie und Unwohlsein, was mir und sicherlich auch Euch, nicht immer erklärbar war. Manfred jammerte und klagte nicht, er zog sich in solchen Gemütszuständen zurück und überwand sie durch Lesen und Arbeiten an seinen Texten.

Bestimmt erinnert Ihr Euch auch an solche Situation, wenn eine von Euch ihn bat, eine Geschichte vorzulesen und er sich damit herausredete, er könne nicht lesen, er könne nur schreiben. In seiner Kindheit hatten weder Vater noch Mutter ihm etwas vorgelesen. Schon mit fünf Jahren konnte er selber lesen.

Über seine Kindheit sprach Euer Vater mit mir kaum, und für Euch war sie auch nicht von besonderem Interesse. Wenn er Euch erzählte, dass er als Junge auf der Straße Pferdeäppel für die Tomatenpflanzen einsammelte, lachtet ihr ihn aus – erinnert ihr Euch daran?

Ich erfuhr Einzelheiten über die Herkunft seiner Eltern aus seinem Dokumentarbericht, den er mit 56 Jahren verfasste und den ich erst in seinem Nachlass fand. In dieser Chronik schildert er auch die Umstände der Flucht und Vertreibung aus seiner Geburtsstadt Grünberg (heute Zielona Góra). Nach mehrmaligem Lesen konnte ich mich in die schreckliche Lage des zehnjährigen, nicht wohlgenährten kleinen Jungen versetzen, der die Strapazen von Flucht und Vertreibung erfahren hat.

Diese Kindheitserlebnisse mussten von ihm ins Unterbewusstsein verdrängt werden, denn erst nach dem Untergang der DDR konnte darüber gesprochen werden. Natürlich waren die Wunden nach 46 Jahren einigermaßen vernarbt, doch kamen sie im Alter in seine Alpträume zurück; wenn er laut aufschrie, um sich schlug, aus dem Bett fiel und ich ihn beruhigte. Dazu müsst Ihr wissen, dass es die aus der Heimat vertriebenen besonders schwer hatten. In der DDR wurden sie offiziell als „Umsiedler“ bezeichnet und mussten über ihr Schicksal schweigen.

Aus der Vertreibungskatastrophe wurde aufgrund der Vertriebenenverbände in der alten BRD, die die Rückgabe der deutschen Ostgebiete forderten, ein Politikum gemacht. In der DDR gab es keine Zusammenschlüsse von Vertriebenen, das galt als Revanchismus und die „Heimat“ zu erwähnen, war verpönt. In der BRD gab es seit August 1952 ein „Lastenausgleichsgesetz“, das unter anderem die Verluste durch Vertreibung aus „früher zum Deutschen Reich gehörenden Gebieten östlich von Oder und Neiße“ finanziell entschädigte.

Sabine Bode stellt in ihrem Buch „Die vergessene Generation. Die Kriegskinder brechen ihr Schweigen“ (Klett-Cotta, 35. Auflage, 2019) auf Seite 112 fest: *Es gab keine wirkliche Solidarität mit den Flüchtlingen. Der Lastenausgleich wurde zwar von der ganzen Bevölkerung finanziert, aber er löste bei den Westdeutschen eher Neid aus; in der Regel gönnte man es den Flüchtlingen nicht, dass sie für erlittene Verluste in einem gewissen Umfang entschädigt wurden.*
Diese Einschätzung bezog sich nur auf die Bevölkerung in Westdeutschland. Die nach Ostdeutschland geflüchteten Familien bekamen vom Staat keine Unterstützung für einen Neuanfang, abgesehen von den Neubauern, die durch die Bodenreform Land bekommen hatten. Neidgefühle konnten nicht entstehen – alle waren arm in Ostdeutschland.

Nach der Wiedervereinigung Deutschlands zahlte die BRD den nach Ostdeutschland vertriebenen 3.000 oder 4.000DM pro Person – genau weiß ich es nicht mehr. Diesen Betrag erhielt Euer Vater 1997.

Manfred und ich gehörten zu der Generation, die zwischen 1930 und 1945 geboren wurde und in westdeutschen Publikationen als „Kriegskinder“ bezeichnet werden. Beide wurden wir vor dem Krieg gezeugt; unsere Mütter traf nicht das Schicksal während eines Fronturlaubes des Mannes noch geschwängert zu werden und im Krieg, womöglich auf der Flucht, ein Kind zu gebären. Schlimme Frauenschicksale! Jedoch nicht verwunderlich in Anbetracht der Tatsache, da die Mehrzahl der deutschen Bevölkerung sich wohlwollend zu den Nazis verhielt. Eure Vorväter gehörten nicht zu den Nazi-Verbrechern, waren auch keine

„Mitläufer“ der Faschisten, sondern Hitler-Gegner, die ihr Leben gegen ihn, und nicht freiwillig im Krieg für das Nazi-Regime einsetzten.

Hunger, Kälte, die Angst des Verlorengehens, mit dem Zug nicht mitgenommen zu werden, erschossen zu werden – all diese Traumata hat Euer Vater als Zehnjähriger erlebt. Sie sind bis zu seinem Tod in seinem Gedächtnis geblieben. Meine Kriegserlebnisse und Nachkriegsdemütigungen waren mit denen Eures Vaters nicht vergleichbar.

Auch was sein Wissen anbelangte – nicht nur von Geschichte, sondern auch der Naturkunde, der Physik, Chemie und Geografie – , konnte ich mich mit ihm nicht messen. In all diesen Dingen war er mein Lehrer und ich seine Schülerin. Seine Redeweise war in keinem Fall „apodiktisch“. Weder in den Vorlesungen vor Studenten, in Vorträgen zu preußischer Geschichte, noch in den Wintervorträgen, die er als Rentner mehrere Jahre im Heimatverein Fredersdorf-Vogeldorf hielt. Er war in keinem Fall ein „Bildungsangeber“ – auch wenn er auf Euch vielleicht manchmal so wirkte.

Wenn Ihr den Abschnitt über Krisen Eurer Eltern lest, so wisst Ihr auch, dass es in jeder Ehe auch Krisenzeiten gibt. Und Ihr wisst auch, dass die Liebe zwischen zwei Menschen so facettenreich ist, wie die Menschen selbst es sind.

Ich liebte Euren Vater sehr, konnte es ihm nur nicht ständig sagen und ich meine, ihm ging es genauso. Manfred war kein Draufgänger, kein übersättigter Genießer, ästhetisierender Zyniker, herzenskalter Charmeur – er war ein kluger, nachdenklicher, ironischen Humor liebender, scheuer, bescheidener Mensch, der seine Liebe durch Taten für die Familie zum Ausdruck brachte.

Zu unserer Zeit war es, wie heute, nicht üblich, jedes Mal ein Telefongespräch mit einem lieben Verwandten, mit: Ich hab dich lieb! – zu beenden. Wir schrieben uns Briefe und Postkarten noch mit der Hand, nicht per Short Message Service oder WhatsApp mit dem Smartphone und beendeten unsere Nachricht nicht mit einem Smiley. Unser Wissen schöpften wir aus Büchern und Lexika, mit Wörterbüchern übersetzten wir fremdsprachige Texte.

Das soll nicht vorwurfsvoll klingen. Auch Ihr habt ja als Kinder und Jugendliche noch handschriftliche Briefe geschrieben und mit Hilfe von Fremdwörterbüchern Texte übersetzt. Die technischen Möglichkeiten der Kommunikation haben sich eben erweitert. Ob aber auch die Menschen ehrlicher wurden und sich dadurch näher gekommen sind, bezweifle ich. Vieles ist zu oberflächlichen stereotypen Floskeln geworden. Angeberei, Vortäuschen falscher Tatsachen, Lügen oder Notlügen,

Fake-News sind leider gesellschaftsfähig geworden. Und das ist nicht gut so – meines Erachtens.

Wenn ich Manfred meine Schwächen und Fehler eingestand – was mehrmals geschah – , entgegnete er mir: Ich liebe Dich doch. Wobei ich mich dann über das „doch“ aufregte. Manfred hatte es nicht leicht mit mir. Im Vergleich zu ihm war ich viel unpraktischer, handwerklich total unbegabt und stets auf seine Hilfe und Unterstützung angewiesen – selbst beim Kuchenbacken. Bilder einzurahmen, einen Nagel in die Wand zu schlagen, Möbel auszumessen, um sie im Raum maßgerecht einordnen zu können, war allein sein Ding.
Auf meine Wünsche an ihn reagierte er stets; wenn nicht gleich, so doch in seinem Verständnis von „sofort“, worauf ich mich immer verlassen konnte.

Als junge Frau meinte ich, meinen Geliebten erziehen zu können, zu erreichen, dass er so wie ich fühle und handelt. Es waren Kleinigkeiten, die ich an ihm ändern wollte.
Manchmal war ich grob und widerspenstig ihm gegenüber, habe ihn unbewusst in seinem nachdenklichen In-sich- versunken-Sein mit meinen Belanglosigkeiten gestört.

Zum Beispiel ärgerte mich am Anfang unserer Ehe, wenn er sich, noch im Bett neben mir liegend, sehr genüsslich, wie mir schien, fast zwanzig Minuten lang rasierte. Seine Erklärung war, er habe viele Wirbel in seinem Bart. Später, wenn er sich vor einem Theaterbesuch oder Vortrag, nicht nur elektrisch, sondern danach auch noch nass rasierte, wusste ich sein Bemühen zu schätzen. Damals war es noch nicht sexy, mit einem Ein- oder Zwei-Tage-Bart in der Öffentlichkeit aufzutreten. Wenn er nicht aus dem Haus ging, rasierte er sich auch mal nicht. Als er sich während einer Kur in Karlsbad einen gepflegten Oberlippenbart stehen ließ, gefiel mir das, obwohl das Bärtchen beim Küssen krabbelte. Aber seine Parteikollegen kritisierten ihn deswegen.

Und Euer Vater, gelang es ihm, mich zu erziehen? Ja, er, der Belesene und Entdecker noch unerforschter Wahrheiten, erzog mich zu konzentriertem Lesen wissenschaftlicher Bücher, zu tieferem Verständnis von Komponisten klassischer Musik und zu besserem Erfassen historischer Zusammenhänge. Aber ich, die weniger belesen war, wehrte mich oft historische Tatsachen, die seiner Meinung nach in zeitgenössischen DDR-Publikationen falsch dargestellt waren, von ihm erklären zu lassen. Wenn ich mich empörte, verstummte er freundlich lächelnd. Heute weiß ich, dass er in allen Fällen recht hatte.

Im Unterschied zu mir war sein Konzentrationsvermögen immens. Er konnte unter allen Bedingungen arbeiten. Ein Bild ist mir unvergesslich: Im Wohnzimmer sitzt auf seinem linken Oberschenkel die kleine Anne und Vater Manfred schreibt seinen im Kopf formulierten Text in die auf seinem rechten Oberschenkel stehende Schreibmaschine; rings um beide auf dem Teppich, stapeln sich die blauen Marx-Engels-Ausgaben und dazwischen krabbelt die Schildkröte.

Ich weiß nicht, ob Ihr Euch heute, zurückblickend, darüber beklagt, von Euren Eltern in eine Krippe und Kindergarten geschickt worden zu sein. Das Vorhandensein in der DDR von Kitas mit gut ausgebildeten Kindergärtnerinnen gab uns beiden, die wir voll berufstätig waren, die Gewissheit, dass Ihr dort liebevoll betreut wurdet. Wenn Ihr heute, beeinflusst durch Anti-DDR-Bildungs-Propaganda, meint, „eine schwere Kindheit" durchgemacht zu haben, so stimmt das nicht. Ihr wurdet von Euren Eltern und auch Großeltern mit Liebe umsorgt und alles ermöglicht, um Euch eine glückliche Kindheit zu garantieren. Wenn Ihr heute anderer Ansicht seid, so tut es mir leid.

Ich schildere bewusst unsere Bemühungen eine größere Wohnung zu bekommen, damit Ihr ein eigenes Zimmer hattet. 1977 auf der Fischerinsel – ihr wart 8 und 13 Jahre alt - hatten wir vier Räume und Manfred bekam auch ein sehr kleines Arbeitszimmer mit Schreibtisch – an dem er selten arbeitete. Er bevorzugte den Tisch im Wohnzimmer oder den in der Küche; auch inmitten familiären Treibens konnte er sich konzentrieren.

Er verbot mir Ordnung in seine Manuskriptstapel zu bringen und Staub auf den Arbeitstischen zu wischen. Irgendwann einmal sagte ich ihm, er würde wohl sicher gern in einem Turm, wie M. Montaigne, B. Brecht in seinen Augsburger Jugendjahren oder E. Hemingway in Kuba, inmitten all seiner Bücher arbeiten und ihn würden nicht Staub und Mäuse stören. Er entgegnete mir darauf, dass sei eigentlich keine schlechte Idee, aber dann käme keiner von uns zu ihm in den Turm, er brauche aber unsere Umgebung, um arbeiten zu können.

Seine erste Schreibmaschine hatte er sich von seinem ersten Stipendium gekauft. Sie ist mir mit vielen Lagen Blaupapier geblieben. Nachdem wir unser eigenes Haus (ohne Turm) gebaut hatten, richtete er sich in einer Ecke im Dachgeschoss seinen Computer-Arbeitsplatz ein.

Apropos „Schreibmaschine". Die Schreibmaschine Eurer Großmutter Charlotte – Marke Libelle Nr. 13256 – wurde *auf Grund des § 1 des Gesetzes über die Einziehung kommunistischen Vermögens vom 26.5.1933, bei dem früheren kommunistischen Abgeordneten Sobottka zugunsten des Landes Preußen eingezogen, da sie zur Förderung kommunistischer Umtriebe bestimmt und gebraucht ist.* (Schreiben des „Geheimen Staatspolizeiamtes, Prinz-Albrecht-Straße 9, vom 15.7.1933). Und die Reise-Schreibmaschine „Mercedes" Eures Urgroßvaters wurde bei der Verhaftung seines Sohnes von der sowjetischen Staatssicherheit beschlagnahmt. In jenen Zeiten war eine Schreibmaschine als Arbeitsmittel noch von hohem Wert.

In der Wendezeit hatte ich einige Überredungskunst aufzubringen, um Euren Vater davon zu überzeugen, einen Computer zu kaufen. Doch bald erkannte er die Vorzüge des Rechners, in den er schnell sein im Kopf Formuliertes, spätere Ergänzungen und Korrekturen ohne Tipp-Ex zu benutzen, schreiben konnte. In der ersten Zeit vergaß er manchmal noch seinen Text abzuspeichern, aber mit jedem neuen Computer beherrschte er die Software vollkommener.

Die Fredersdorfer Hobby-Forscher kamen im Laufe der Jahre zu ihm mit immer neuen Entdeckungen von Zeitzeugen und deren Vorfahren, denen er mit seinem Einfühlungsvermögen in alte Zeiten intensiv zuhörte und daraufhin seine Manuskripte ergänzte. Ohne Ausdauer, seinen Fleiß und die moderne Technik hätte Euer Vater in den letzten fünfzehn Jahren seines Lebens es nicht geschafft, drei dicke Bände über die Ortsgeschichte von Fredersdorf und Vogelsdorf der Nachwelt zu hinterlassen.

Enttäuschungen

Am Schluss möchte ich noch etwas zu Enttäuschungen aufschreiben, die jeder Mensch im Laufe eines Lebens durchmacht. Dabei denke ich nicht an eine Vielzahl von kleinen Kümmernissen, die unweigerlich im Umgang mit lieben, vertrauten oder auch weniger sympathischen Menschen entstehen. Gravierende Enttäuschungen, die meine Großeltern, Eltern und Euer Vater von ihren Gesinnungsgenossen erfuhren; die sie observiert, verleumdet, gedemütigt, ein Leben lang unter Druck gesetzt haben und zum Schweigen verurteilten, habe ich ausführlich beschrieben.

Dagegen sind meine Enttäuschungen unbedeutend; für mich gab es keine Entbehrungen, ich wuchs nach dem Krieg in friedlichen Aufbauzeiten auf und wurde von Enttäuschungen und Zweifeln meiner Eltern ferngehalten.

Meine Enttäuschungen beziehen sich auf die heutige Zeit, unter anderem darauf, wie Schriftstellerinnen heute die Vergangenheit in

Ostdeutschland reflektieren. Eine von ihnen schreibt in ihrem Buch über die *Kriegsgeneration, die durch Hitler sozialisiert und zwischen Ruinen groß wurde, die nur tote, abwesende oder orientierungslose Eltern kannte, unglaubwürdige Lehrer hatte, den Sturz aller Instanzen und eine angstbesetzte Zukunft vor sich hatte....Die also schwer angeschlagen war und trotzdem irgendwie durch das Vakuum des Nachkriegs musste...Die in der postfaschistischen DDR der fünfziger Jahre als Synthese zwischen eingekapseltem Hitler und neuer Diktatur, als genuinem Basisraum für das Kommende leben musste....*

Diese, also meine Generation und die Eures Vaters, gehörte nach Meinung der Autorin *zur klassischen Aufbau-Generation, deren Jung-Nazis jetzt den neuen Machthabern zujubelten. Anfang der fünfziger Jahre war die Mehrheit der renitenten Altkommunisten aus der ´Partei neuen Typus´ ausgesäubert worden und durch Alt- und Jung-Nazis ersetzt....*
Diese Behauptung erweitert besagte Autorin – 1960 in Dresden geboren, nach ihrem Germanistik-Studium in Jena im August 1989 nach Westdeutschland geflohen – , dass *die nach dem Mauerbau 1961 geborenen Kinder*, also Ihr, meine Töchter, als *Mauerkinder und Hitlers Enkel, die mit dem politischen Auftrag ausgestattet worden waren, den Kommunismus real werden zu lassen. Sie waren die Fackelträger für die rote Zukunft, nur hatte sie niemand danach gefragt....*

Die DDR wird als „postfaschistisch“, Eure Eltern als „Jung-Nazis“ und Ihr als „Enkel Hitlers“ verallgemeinert.
Am Schluss ihres Buches „Umkämpfte Zone“ (Klett-Cotta Verlag 3. Auflage, 2019) stellt die Autorin die Frage: *Was ist zu tun, um die Gewaltgeschichte des Ostens so zu bewältigen, dass er sie hinter sich lassen kann?*

Diese Frage ist von der Autorin nach mehr als siebzig Jahren nicht zufällig gestellt, denn die „PEGIDA“-Bewegung, die AfD-Partei mit „völkischem Flügel“, die „Identitären“ und „Reichsbürger“ finden im Jahr 2015 den meisten Zuspruch in Orten von Sachsen, Thüringen und Brandenburg. Wobei die Autorin nicht erwähnt, geschweige denn einer Analyse unterzieht, dass die rechtsextremen Parteien (SRP, NPD, DVU, REP) in der alten BRD entstanden sind und die geistigen Urheber und Gestalter dieser Bewegungen sind.

Das Entstehen der „PEGIDA“ (Abkürzung für: Patriotische Europäer gegen die Islamisierung des Abendlandes) ist meines Erachtens nicht allein mit der vermeintlichen „Gewaltgeschichte des Ostens“ zu begründen. Mit populistisch-aggressiven Losungen wird die in 2015 entstandene Unmutsstimmung der Ostdeutschen benutzt und geschürt.

Die Demonstranten in Dresden und anderen ostdeutschen Städten sind keine „Enkel Hitlers", „Jung-Nazis" und auch nicht „Das Volk". Längst haben sich in den 25 Jahren nach Mauerfall die Menschen „hüben" mit „drüben" vermischt. Den meisten Deutschen geht es finanziell besser, auch im Osten. Wer jedoch den Wahlversprechen nach wie vor glaubt, die Leute im Osten könnten ausnahmslos das Vermögensniveau der Westdeutschen erreichen, ist einfach nur dumm. Die meisten Ostdeutschen sind jedoch nicht dumm; sie wissen, dass Hass und Neid in der Bevölkerung zu schüren, keine Grundlage für Demokratie und erfolgreiche Politik ist.

In den Medien ist mir aufgefallen, dass einige Interviewer/innen heutzutage gern Leute nach ihrer Identität befragen. Im Deutschlandfunk zum Beispiel wird die Frage gestellt, inwieweit Eltern ihre Kinder prägen. Dabei bezieht man sich auf Sigmund Freud (1856-1939) und stellt fest, dass die ersten sechs Jahre für ein Kind die prägendsten sind und das Kind wehrlos ist. Frauen meiner Generation schildern, wie sie von ihren aus dem Krieg heimkehrenden Vätern mit Schlägen erzogen wurden und heute noch unter psychosomatischen Krankheiten leiden.

Ja, Manfred und ich waren „Kriegskinder", aber keine „Jung-Nazis" und Ihr seid keine „Enkel Hitlers". Unsere Väter waren nicht NSDAP-Mitglieder und keine „Hitler-Mitläufer", die ihre Kinder verprügelten. Vater Erich schlug Manfred nie. Mein Vater erzog mich streng, aber geschlagen wurde ich von ihm nie. Er gab mir Schutz und unterstützte mich in allen Lebenssituationen. In unseren Familien wurden Werte wie Ehrlichkeit, Aufrichtigkeit, Fleiß, Respekt nicht durch Züchtigung vermittelt. Die Männer meiner Familie waren mir Vorbilder in ihrer Lebenshaltung und Gesinnung. Von mir kam als Kind und Jugendliche nicht der Spruch: So wie meine Eltern möchte ich auf keinen Fall werden!

Als ich mit 17 Jahren meinen ersten Lebenslauf schrieb, legte mein Vater, nach heutigem Verständnis ein „Altkommunist", Wert darauf, dass ich ihn mit den Worten beginne: Ich bin die Tochter des Maurers und der Stenotypistin... Also, Arbeiterkind, was in der DDR ausschlaggebend für meine weitere Entwicklung war. Auch Euer Vater war ein Arbeiterkind. Eure beiden Großelternpaare stammten nach heutiger Definition aus dem sogenannten „Prekariat" – ein anderes Wort für Unterschicht. Ich weiß nicht, ob man heute im Lebenslauf noch erwähnen muss, welche Berufe die Eltern hatten.

Ihr, in der DDR geboren und aufgewachsen, seid Kinder von sogenannten „akademisch gebildeten" Eltern, die nach heutiger Begriffswelt nicht zur „Unter"- sondern zur „Mittelschicht" gehören. Auf der Grundlage

Eures Studiums und Eurer Berufstätigkeit gehört Ihr auch zur Mittelschicht. Meine Erwähnung der sozialen Schichten bezweckt lediglich, dass Ihr bitte in keinem Fall, aufgrund Eurer Herkunft und ostdeutschen Werdeganges, Euer Selbstwertgefühl verliert.

Die Alten, wie auch Ihr, die Jungen in unserer Familie, verfolgten stets mit Interesse das Weltgeschehen und meinten, mit unserem Engagement ein wenig „die Welt verbessern" zu können. Jetzt als Achtzigjährige kann ich keine, noch so kleinen Ansatzpunkte, eines Modells für eine friedliche und gerechtere Gestaltung unserer Welt erkennen. Vielleicht gibt es sie schon in den Köpfen einiger klugen und besonnenen Menschen und ich weiß nur nicht davon. Aber eines weiß ich, das globalisierte Finanzkapital ist so stark und wird einen reformierten Kapitalismus niemals zulassen; und die Mehrheit bündelt ihre Kräfte nicht, damit demokratische Gesetze vervollkommnet werden, um eine gerechtere Verteilung von Vermögen für das Wohlergehen aller Menschen zu erreichen.

Als einen Lichtblick empfinde ich die Tatsache, dass der von den Wohlstandsgesellschaften verursachte schleichende Klimawandel, die zunehmende Armut weltweit, die Vernichtung von Natur- und Artenvielfalt – endlich in die Köpfe der um die Umwelt besorgter Menschen eingedrungen ist. Ich bezweifle aber, ob im Bewusstsein der meisten Menschen die volle Tragweite der Gefahr, die von moderner Technik ausgeht, die ja leider nicht nur zu Fortschritt und besserem Verständnis der Völker untereinander, sondern auch zu gegenseitiger Vernichtung führt, – auch schon tief verankert ist.

„Spaß"-Drohnen können per Joystick im Garten und bewaffnete Drohnen vom heimatlichen Tisch aus, zum angeblichen Schutz von kriegführenden Soldaten ferngelenkt werden.

Die Gefahr von Kriegen ist nicht gebannt. Immer noch stehen sich zwei Gesellschaftssysteme feindlich gegenüber, die von gegenseitiger Bedrohung ausgehen und einen erheblichen Teil ihrer Staatshaushalte nicht für Bildung und Gesundheit der Bevölkerung ausgeben, sondern für militärische Verteidigung und Angriffsabwehr mit Hilfe künstlicher Intelligenz und Algorithmen zum Töten.

Digitales Wettrüsten ist zu nuklearer Abschreckung hinzugekommen. Cyber-Söldner und Hacker agieren in aller Welt nicht aus rationalen Handlungsmotiven, sondern um Ruhm zu erlangen und ihren Spaß am Zerstören zu haben. Die Cyber-Doktrin der USA ist 2018 erneuert worden; im Fall, dass Gewaltandrohung nicht glaubhaft beim Gegner ankommt, werden in der Folge ferngelenkte Raketen eingesetzt. Ein grauenvolles Szenario gegen das sich die Völker nicht wehren können.

Nun geht nicht nur „das Gespenst des Kommunismus“ in Gestalt der Mächte Chinas und Nordkoreas um, sondern ein mutierender Virus versetzt die Menschen in Angst und Schrecken. Dem Kapital wesensfremde, der im untergegangenen „sozialistischen Lager“ oft angewandte Begriff „Solidarität“, erlebt eine Renaissance.

Meine lieben Töchter, die Ihr Mütter und verantwortungsbewusste Staatsbürgerinnen seid, lasst Euch nicht manipulieren, entwickelt kein Herdenverhalten sondern bleibt nachdenklich, hinterfragt Inhalte und Worte kritisch und seid so aufgeschlossen der Welt gegenüber, wie Ihr es als Kinder und Jugendliche gewesen seid. Lasst Euch nicht zu einem klischeehaften Urteil über Personen hinreißen, sondern bemüht Euch sie in ihrem Umfeld zu verstehen und wenn nötig, zu helfen. Verkriecht Euch nicht mit Euren Partnern in Eure kleine Welt von Haus und Garten. In den Händen und Köpfen Eurer Generation liegt die Verantwortung für die Zukunft Eurer Kinder und Enkel.

28. November 2020

ISBN 978-3-7541-4948-5
www.epubli.de